Raasch

Systementwicklung mit Strukturierten Methoden

Jörg Raasch

Systementwicklung mit Strukturierten Methoden

Ein Leitfaden für Praxis und Studium

2., durchgesehene Auflage

mit 270 Bildern

HANSER

Carl Hanser Verlag München Wien

Prof. Dr. Jörg Raasch lehrt im Fachbereich Elektrotechnik und Informatik
der Fachhochschule Hamburg angewandte Informatik und Betriebssysteme.

Die Deutsche Bibliothek – CIP-Einheitsaufnahme

Raasch, Jörg:
Systementwicklung mit strukturierten Methoden : ein Leitfaden
für Praxis und Studium / Jörg Raasch. – 2. Auflage – München ;
Wien : Hanser, 1992
ISBN 3-446-17263-7

Umschlagkonzeption: Hans Peter Willberg
Druck: Druckerei Sommer GmbH, Feuchtwangen
Bindung: Ludwig Auer, Donauwörth
Printed in Germany

Für

Hanni,

meine lieben Eltern,

und den einsamen Leser,
der an seinem Schreibtisch sitzt
und dicke Fachbücher liest.

Vorwort

Dieses Buch wurde für **Praktiker** geschrieben. Wer die dargestellten Methoden anwenden will, der sollte hier umfassend Rat finden. Deswegen ist es auch für **Studenten der Informatik** und **anderer Fachrichtungen** besonders interessant, die einen **praxisorientierten Zugang** zu modernen Methoden der Systemanalyse finden möchten. Das Buch soll auch als Methoden-Handbuch für Anwender von **CASE-Tools** nützlich sein.

In diesem Buch werden einige Methoden dargestellt, die sich erst in Amerika, inzwischen aber auch in steigendem Maße in Europa zu einem **Industriestandard** entwickelt haben. Dies sind:

- **SA** Strukturierte Analyse (Kapitel 4),
- **RT** Real-Time-Erweiterung der Strukturierten Analyse (Kapitel 5),
- **SM** Semantische Modellierung der Datenstrukturen (Kapitel 6),
- **SD** Strukturiertes Design (Kapitel 7).

Daneben gewinnt heute die

- **OOA** Objektorientierte Analyse (Kapitel 8)

immer mehr an Bedeutung. Bei der Beschreibung der objektorientierten Analyse werden Beziehungen zu den älteren Methoden aufgezeigt, die hier eine "Verjüngungskur" erfahren. Sie werden in ihren jeweiligen Kapiteln weitgehend im Hinblick auf objektorientierte Denkweise formuliert.

Die Qualität des Ergebnisses ist von der Qualität der Vorgehensmethodik und von der Qualität der Werkzeuge abhängig. Dieser Zusammenhang wird heute in der Systementwicklung wiederentdeckt. Dieses Buch handelt daher eigentlich nur von einem **Problem**: wie kann man strukturiert in Erfahrung bringen, welche konzeptionell wesentlichen Anforderungen an ein System zu richten sind und wie kann man aus diesen Anforderungen ein qualitativ hochwertiges Systemdesign herleiten? Die Semantik muß erfaßt werden, das ist das Hauptproblem und die entscheidende Voraussetzung für ein erfolgreiches System. Die technische Umsetzung eines guten Konzeptes ist dann häufig die einfachere Aufgabe.

Ausgangspunkt der Darstellung ist in Kapitel 1 eine Analyse der Probleme, mit denen die Software-Entwicklung heute noch auf breiter Basis zu kämpfen hat. Diese werden stets im Projektzusammenhang betrachtet.

Über die Qualitätsmerkmale für Software-Produkte ist viel nachgedacht worden. Wir geben in Kapitel 2 eine Gliederung der Merkmale an, die zwischen Merkmalen unterscheidet, die vom Anwender genannt werden und solchen, die in der konkreten Projektsituation normalerweise vom Entwickler eingebracht werden müssen.

Bei der Betrachtung der Qualitätsanforderungen im technischen und kommerziellen Bereich sind zwei wichtige Beobachtungen festzuhalten:

1 In den **Normen für Rechner mit Sicherheitsaufgaben** sowie in den **rechtlichen Anforderungen für kommerzielle Systeme** finden wir die elementaren Qualitätskriterien wieder.

2 Die Realisierung von Systemen, die diesen Qualitätskriterien genügen, erfordert die **Vorgehensweise im Rahmen strukturierter und formaler Methoden**, die durch eine geeignete **Toolunterstützung** sicherstellen, daß systematische Fehler frühzeitig erkannt und bereinigt werden können.

Kapitel 3 enthält wichtige Vorbereitungen für den Hauptteil des Buches, der den Methoden gewidmet ist. Neben grundlegenden Begriffen aus der Systemtheorie und Erkenntnistheorie werden einige Anforderungen artikuliert, die an das Ergebnis einer Systemanalyse unbedingt zu richten sind. Damit wird der Rahmen für die Methodendarstellungen abgesteckt. Wichtig ist auch eine Diskussion der "Ansätze" zur Systemanalyse, hinter denen sich eigentlich die unterschiedlichen **Zerlegungsstrategien** verbergen. Diese bestimmen die Vorgehensweise in erheblichem Maße. Von der Wahl der richtigen, d.h. der Aufgabenstellung angemessenen, Zerlegungsstrategie ist der Projekterfolg entscheidend abhängig.

Für das Verständnis der Methoden ist auch die Unterscheidung von Basistechniken und Entwicklungsmethoden (Kapitel 3.3) bedeutsam. Methoden sind dadurch gekennzeichnet (Kapitel 3.4), daß es mehrere Betrachtungsebenen gibt. Für Methoden gibt es eine syntaktische Ebene (**Modellierung**) und eine semantische Ebene, die weiter in einen konzeptionellen Teil (**Modellbewertung**) und einen Vorgehens-Teil (**Methoden**) zerfällt. Diese drei Teile bilden die Rahmengliederung bei der Darstellung jeder einzelnen Methode in den Kapiteln 3 bis 8.

Der Methodeneinsatz erfordert eine eigene Vorgehensweise, die sowohl im Ganzen wie auch im Detail nicht mit den klassischen Vorgehensmodellen übereinstimmt. Das ist auch kein Wunder. Schließlich wurden diese Vorgehensmodelle und auch Richtlinien **um 1970 herum** formuliert. Damals konnte man nicht ahnen, in welcher Weise in den neunziger Jahren die Systementwicklung betrieben wird, welche **Hilfsmittel** heute prinzipiell nutzbar sind (PC, Workstation), welche **Aufgaben** die heute zu entwickelnden Produkte zu bearbeiten haben und welche Bedeutung ihre korrekte Funktion für unsere **Sicherheit** haben kann.

Kapitel 9 behandelt daher eine neue Vorgehensweise für das Projektmanagement, die den Projektleiter einfach ermutigt, sein **Projekt wie ein System zu spezifizieren** und dabei möglichst vorhandene, wiederbenutzbare Bausteine zu verwenden. Die einzelnen Konstruktionsschritte werden wie Werkzeuge einer Werkstatt angewandt, um in der jeweiligen Aufgabenstellung zu helfen.

Die modernen Methoden, die hier dargestellt werden, können von den Entwicklern nur akzeptiert werden, wenn sie die Arbeit wirklich erleichtern und keine neuen Probleme aufwerfen. Der Leser befindet sich in seinem Projekt in einer ohnehin schwierigen Situation. Es ist nicht erforderlich, die Liste seiner Probleme noch durch neue Probleme der Methodik zu verlängern. Im Gegenteil: Methoden sollten dem Leser, d.h. dem tätigen Projektentwickler das Leben so angenehm und leicht wie möglich machen, damit er sich auf die inhaltlichen Probleme konzentrieren kann. Daher habe ich versucht, dieses Buch so verständlich wie möglich zu schreiben.

Dieses Buch soll gleichzeitig als Lehrbuch wie als Nachschlagewerk benutzbar sein. Der Leser wird an vielen Stellen kleinere Redundanzen finden. Wichtige Gedanken werden kurz wiederholt, um den Quereinstieg zu erleichtern. Über den Index oder über Querverweise kann man dann den primären Ort für die Darstellung der Details finden. Bei der sequentiellen Durcharbeitung helfen die Redundanzen, sich an Bekanntes zu erinnern und Unbekanntes im informellen Beispiel kennenzulernen. Es entsteht der **"déjà-vu-Effekt"**. Mit dem Ziel der größtmöglichen Gesamtverständlichkeit ist dieser beabsichtigt. Dadurch glaubt der Leser aber vielleicht auch, daß die dargestellten Inhalte alle ganz einfach sind, so daß man sie einfach überlesen kann. Vor dieser Einschätzung sei gewarnt.

Es gibt aber auch Kapitel, die der noch nicht mit dem Thema vertraute Leser bei erstmaliger Lektüre schwierig finden wird. Ich kann mir vorstellen, daß hierzu das Kapitel 5 gehört, wo die Modellierung der wahren Anforderungen für Real-Time-Systeme dargestellt wird, und auch Kapitel 6.3, wo die konzeptionelle Basis der Datenmodellierung besprochen wird. Aber auch für andere Stellen, die der Leser zunächst nicht versteht, gilt folgende Empfehlung: **man konzentriere sich beim ersten Durchlesen auf die Beispiele**, die in jedem Kapitel vorhanden sind, und versuche, anhand der Beispiele den Inhalt zu verstehen. Im zweiten Durchgang wird dann die theoretische und konzeptionelle Seite bestimmt verständlich sein.

Hier ist natürlich auch eine Warnung angebracht. Die Beispiele gehen alle auf konkrete Projektsituationen zurück. Eigentlich ist dies ein Buch über die Projekte, an denen ich mitgearbeitet habe und über meine Freunde, Kollegen und Studenten. Praktisch alles ist selber in der Praxis erlebt. **Aber natürlich ist die Realität viel komplexer als es in den Beispielen dieses Buches angedeutet werden kann.** Die Beispiele sollen alle das Prinzip zeigen und sind daher eher von der Komplexität befreit, die gar zu oft das konzeptionelle Detail vernebelt.

Viele Beispiele sind inhaltlich verbesserbar. Am schönsten wäre es, wenn der Leser zu dem Ergebnis kommt: "ok, die Methode habe ich nun verstanden. Aber die betriebswirtschaftlichen bzw. technischen Inhalte der Anwendung erfordern eine viel detailliertere Betrachtung. Die Methode will ich benutzen, aber ich kann das inhaltlich besser machen...". **Diesen Punkt zu erreichen, ist mein Ziel.** Hier sollte der Leser ermutigt werden, seine Gedanken in eigenen Modellen zu präzisieren. Allein durch das Lesen wird man die Inhalte eventuell nicht verstehen.

Dieses Buch verdankt den folgenden Methodenentwicklern sehr viel:

Peter Chen, C.J. Date, Tom Gilb, Derek Hatley, Tom De Marco, Stephen McMenamin, John Palmer, Imtiaz Pirbhai, Meilir Page-Jones, Peter Coad, Edward Yourdon.

Die grundlegenden Werke dieser Autoren, die im Literaturverzeichnis aufgeführt sind, durchdringen alle Kapitel dieses Buches. Daher wird häufig auf explizite Literaturverweise zu Details verzichtet. Dem Leser seien die Werke dieser Autoren zur vertiefenden Lektüre empfohlen.

In diesem Buch wird versucht, die unterschiedlichen Ansätze der einzelnen Methoden zu einem einheitlichen **Gesamtkonzept** zusammenzufügen. Dabei ergibt sich, daß zahlreiche Lücken geschlossen werden, auf die bei isolierter Darstellung der einzelnen Methoden meist keine zufriedenstellenden Antworten gegeben werden. Es wird jedoch bewußt darauf verzichtet, sich von den Werken der genannten Autoren vordergründig durch eine "eigene", "neue", aber jedenfalls andere Terminologie abzuheben. Wir benutzen also die Terminologie der amerikanischen Kollegen und erleichtern damit dem Leser die breitere Orientierung.

Ich möchte allen Personen, die zum Gelingen dieses Buches beigetragen haben, herzlich danken. Natürlich können nicht alle hier aufgezählt werden.

Meine früheren und jetzigen Kollegen, Teilnehmer meiner Seminare und Studenten haben mich durch ihre Fragen zur Klarheit der Darstellung veranlaßt.

Ich danke Herrn Franz-Josef Heller für seine Mitarbeit in der Konzeptionsphase dieses Buches.

Herr Gunther Schedlinski (IBM-Hamburg) hat mich bei der Literatursuche sehr unterstützt. Herr Dr. Uwe Schmidt (FH-Wedel) hat zu den Kapiteln 2. und 7.2.3 einige wichtige Anregungen beigesteuert.

Kapitel 8.2.2 ist im wesentlichen der Diplomarbeit von Herrn Christian Ott entnommen.

Viele Absolventen haben durch die guten Ideen in ihren Arbeiten manche wichtige Anregung geliefert. Hier möchte ich mich neben den bereits genannten besonders bei Michael Gertz, Ingeborg Göldner, Monika Hass, Thomas Mohme, Ralf Schaffer, Anne Schüler, Uwe Seemann bedanken.

Mein Dank gilt den Freunden und Kollegen, die bereit gewesen sind, die schwere Aufgabe des Korrektur-Lesens zu übernehmen:

Frau Prof. Helga Carls (FH Hamburg), Frau Anne Schüler (Putz & Partner, Hamburg), Herren Dr. Hans-Jürgen Meckelburg (Rheinisch-Westfälischer TÜV - Essen), Prof. Dr. Ulrich Raubach (FH Wedel), Gerhard Rathmann (Instrumatic Electronic Systems GmbH - München), Werner Fischer, Michael Gertz, Uwe Neumann (Putz & Partner, Hamburg),

Herrn Christian Rauscher vom Hanser-Verlag gebührt mein besonderer Dank für seine fachliche und freundschaftliche Betreuung des Buchprojektes.

Ich danke meiner lieben Frau Hanni für so viele Dinge, die nichts mit Systemanalyse, Informatik und Büchern zu tun haben.

Hetlingen

Jörg Raasch

Inhaltsverzeichnis

1. Probleme der Software-Entwicklung

Seit vielen Jahren spricht man von einer Software-Krise und meint damit, daß Software in der Regel nicht termingerecht fertiggestellt wird, in der Entwicklung die geschätzten und genehmigten Budgets regelmäßig überschritten werden, die Wartungskosten jede Schätzung übertreffen und dies alles bei eher mangelhafter Gesamtqualität des Software-Produktes.

Jenes entspricht nämlich selten den Anforderungen des Anwenders. Funktionen werden teilweise falsch, teilweise gar nicht wahrgenommen. Informationen werden nicht in der gewünschten Form geliefert. Weiterhin ist das Software-Produkt oft unzuverlässig, hat Sicherheitslücken, produziert viel zu lange Antwortzeiten und die Entwickler selber sind mit seinen internen Eigenschaften auch nicht zufrieden.

Wie kommt es zu dieser unerfreulichen Situation? Dieses Kapitel versucht, eine Antwort auf diese Frage zu geben. Was kann man dafür tun, daß künftige Produkte diese Mängel nicht mehr haben? Diese Frage bestimmt den Inhalt der restlichen Kapitel dieses Buches. Dabei werden wir Wege aufzeigen, wie man es wesentlich besser machen kann als bisher.

Aber eines sei vorweggenommen: es gibt trotz neuer Methoden und phantastischer Tools, die diese Methoden effizient anzuwenden gestatten, nicht den geringsten Anlaß zur Euphorie. Software ist nicht billig. Software zu entwickeln, ist eine ernste Sache, die gründliche Kenntnisse voraussetzt. Wir befinden uns heute in einer Situation, in der man von Software-Ingenieuren sprechen muß. Die Zeit der Programmierkünstler und angelernten Autodidakten ist endgültig vorbei. Softwareentwicklung erfordert detaillierte Kenntnisse genau wie die Entwicklung anderer technischer Produkte. Softwareentwicklung ist eben eine technische Disziplin.

1.1 Qualität - Kosten - Zeit

Ein **Projekt** ist gegeben, wenn eine definierte Aufgabe mit vorgegebenen Ressourcen zu einem vorgegebenen Termin gelöst werden soll.

Schon diese Definition (vgl. z.B. /BALZERT-82/ S.475) enthält das Problem. In ihr ist von Qualität keine Rede. Natürlich läßt sich der Satz leicht um den Begriff der Qualität erweitern. Die Definition eines Projektes darf eben nicht nur aus der Perspektive der Entscheidungsträger vorgenommen werden, die sich schweren Herzens überreden lassen, ein Projekt zu genehmigen und die entsprechenden Mittel bereitzustellen. Das Management hält gar zu häufig die Qualität für selbstverständlich. Dafür wird doch wohl bezahlt, was Qualität auch immer sein mag. Wenn Qualität nicht erbracht wird, hat man jede Möglichkeit, Nachbesserung zu fordern oder Minderung geltend zu machen. Jedenfalls glaubt das Management oft, sich über die Qualität keine besonderen Gedanken machen zu müssen.

Die Entwickler wollen natürlich Qualität erzeugen, das verlangt schon das Selbstverständnis vom Datenverarbeiter. Auch sie halten Qualität für selbstverständlich, jedenfalls im gedanklichen Raum von Arbeitsverträgen oder Kundenaufträgen. Wenn es ihnen nicht gelingt, diese Qualität zu erzeugen, dann wird das Problem bei einem selber gesucht, was an sich kein schlechter Ansatz ist. Meist wird aber nicht erkannt, was die wirklichen Ursachen mangelhafter Qualität sind.

In der Absicht, Kosten zu sparen, werden **Fehlsteuerungen** des Projektes durch das Management unternommen, die sich katastrophal auswirken können.

- Hier ist zunächst das **whiscy-Syndrom ("why isn't Sam coding yet?")** zu nennen. Das Management ist oft der Ansicht, EDV-Leute seien nur produktiv, wenn sie in der Codierungsphase am Terminal sitzen und Programmcode erzeugen. Die Notwendigkeit der Erstellung eines Konzeptes wird nicht hinreichend beachtet. EDV-Projekte sind teuer, also müssen Kosten gespart werden, egal was das kostet. Und EDV-Leute, die nicht programmieren, gelten erst einmal als nicht produktiv.
- Entscheidend ist auch die Fehleinschätzung der Qualität als projektdefinierender Faktor. In dem **Kräftedreieck zwischen Kosten, Qualität und Terminen** (Bild 1.1-1) kann man jeweils zwei dieser Faktoren festhalten, den dritten hat man dann nur noch schwer unter Kontrolle.

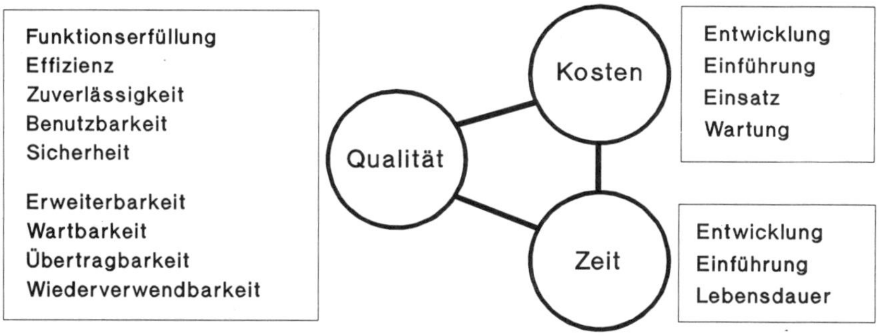

Bild 1.1-1: Qualität - Kosten - Zeit

* Will man eine definierte Qualität zu einem vorgegebenen Termin erreichen, so muß man ein entsprechendes Budget bereitstellen.
* Will man eine vorgegebene Qualität zu einem ebenfalls vorgegebenen Budget erreichen, so muß man Zeit haben (zum Beispiel Schulungs- und Einführungsmaßnahmen zur Bereitstellung neuer Mitarbeiter im Projekt kann man sich dann nicht leisten).
* Und schließlich, wenn die Kosten vorgegeben sind und das Projekt zu einem bestimmten Termin fertig sein muß, dann hat man die Qualität nicht mehr unter Kontrolle. Dieser letzte Fall ist der häufigste bei sparsamen Managern und er löst das größte Erstaunen aus, wenn Kompromisse in der Qualität notgedrungen akzeptiert werden müssen. Aber die in der Entwicklung eingesparten Kosten müssen in der Wartung des Systems eventuell mehrfach wieder zugesetzt werden.

Ein Ausweg aus diesen Zielkonflikten ist in der nächsten Verfeinerungsstufe der Hauptkategorien Qualität, Kosten, Zeit zu sehen. Diese gliedern sich jeweils in eine Menge von Unterzielen auf. In einem konkreten Projekt sollte man auf Verfeinerungsebenen verhandeln und Qualitätsziele präzise definieren sowie im Hinblick auf das Projekt in ihren jeweiligen Bedeutungen mit Prioritäten versehen. Dies muß man allerdings auch tun. In den Gesprächen zur Projektdefinition redet man also auch aufgabenbezogen über die Zielhierarchie von Qualitätskriterien, d.h. über Qualitätsmerkmale, die man im Projekt wahrscheinlich nicht erreichen wird. Damit kommt man auf bewertete Ziele, die leichter einzuhalten sind.

- Entwickler dürfen keine Projektziele akzeptieren, die nur qualitativ formuliert sind und daher nicht konkret bewiesen oder widerlegt werden können. Zum Beispiel "Wir wollen bessere Antwortzeiten" ist kein nachprüfbares Ziel. Man müßte dann schon präziser quantifizieren "Ein halbes Jahr nach Einführung sollen die Antwortzeiten von 90 % aller Transaktionen unter 3 sec. liegen". Ein solches Ziel kann man nachprüfen (vgl. /GILB-88/ Kap. 3, 8, 9, 10). Natürlich ist es mühsamer, Ziele in nachprüfbarer Form zu definieren. Das Management muß sich (ohnehin) angewöhnen, seine strategischen **Ziele in meßbarer Form** zu präzisieren. Jedes Ziel muß in quantifizierter Form festgelegt werden. Der Entwickler darf pauschal-verbale Richtungsaussagen nicht mehr als Ziele akzeptieren.

Viele Probleme in der Systementwicklung sind also auf das Management zurückzuführen, oder wie Tom Gilb meint:

> "Die einzige Person, die für einen EDV-Mißerfolg zur Verantwortung gezogen werden sollte, ist der Manager, so weit oben in der Hierarchie wie möglich" (vgl. /GILB-88/ S. 15).

1.2 Mängel existierender Systeme

In der Branche redet man seit vielen Jahren von einer Software-Krise. Folgende Effekte sind wirksam:

- Im Laufe der Zeit werden immer bessere und leistungsfähigere Hardware- und Basissoftware-Produkte (z.B. Datenbanksysteme, Standard-Software, Implementierungsumgebungen der vierten Generation) verfügbar. Der Anwender möchte diese nutzen, aber es stehen zu wenige Entwickler zur Verfügung, die Anwendungen entsprechend den Anforderungen der Anwender bereitstellen können. Es entsteht ein **Anwendungsstau**.
- Heutige Systeme sind wesentlich **komplexer** als die entsprechenden Anwendungen vor einigen Jahren. Man rechnet, daß heute bis zu 80 % der Funktionalität für **Sicherheitsmaßnahmen** (vgl. Kapitel 2.3) oder für die **ergonomische Gestaltung** (vgl. Kapitel 2.4.1) der Benutzerschnittstelle aufgewandt werden müssen. Dies ist auch der veränderten Problemlage voll angemessen.
- **Fehlsteuerungen des Managements** (s.o.) führen dazu, daß die Konzeption der Verfahren gar zu oft vernachlässigt wird. Die Folge ist, daß die Systeme unzuverlässig werden und daß die **Wartungskosten** jede Erwartung übertreffen. Bei vielen installierten Systemen ist der Gesamtaufwand der Nutzungs- und Wartungsphase ein Vielfaches der ursprünglichen Entwicklungskosten (Bild 1.2-1). Die Kosten der Wartung bei "Einsparungen" in den frühen Projektphasen sind weit höher als erwartet. Hierzu wurden im Laufe der Jahre zahlreiche Statistiken erhoben (z.B. /ROSS-76/, /BOEHM-77/, /COLLOFELL-WOODFIELD-82/, /RAMAMOORTY-et.al.-84/). Die darin enthaltenen Anteile der Wartungskosten an den Gesamtkosten schwanken je nach Projekt zwischen 50 % und 400 %.
- Im Laufe der Nutzung von Systemen pflegen sich die **Anforderungen an das System zu verändern**. Ursachen können zum Beispiel neue Management-Anfor-

derungen, Diversifikation des Unternehmens in neue Märkte, veränderte Gesetze und Vorschriften sein. Dadurch werden Weiterentwicklungskosten verursacht.

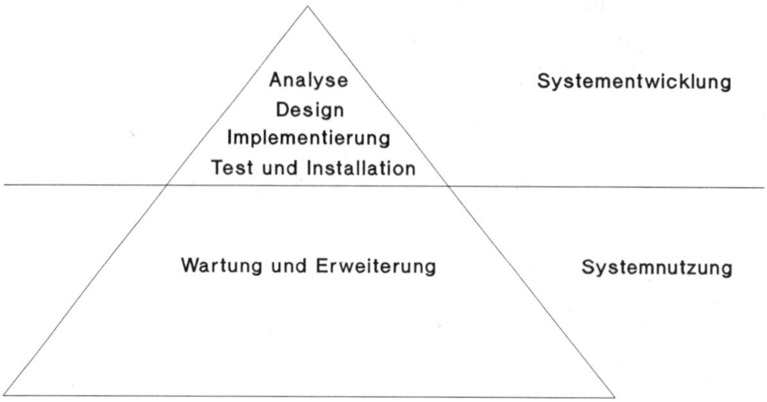

Bild 1.2-1: "Eisbergeffekt": Wartungskosten vs. Entwicklungskosten

- Die Systeme entsprechen häufig nicht den **Anforderungen der Benutzer**. Darüberhinaus sind die installierten Systeme oft unsicher und weisen eine viel zu hohe **Fehlerhäufigkeit** auf.
- Auch die **Performance** von Systemen ist meist verbesserbar, dies ist oft ein Hauptanliegen der Anwender. Im Laufe der Zeit steigen die Fallzahlen der Verfahren so an, daß die vergrößerte Auslastung der benutzten Rechner zu immer schlechteren Antwortzeiten führt. Dabei werden leicht die Grenzen der Leistungsfähigkeit einer Modellreihe erreicht. Ein Übergang auf einen leistungsfähigeren Rechner verbietet sich oftmals, weil die Anwendungssysteme nicht ausreichend portabel sind. Eine Umstellung würde einfach zu viel kosten und der Erfolg wäre nicht sicher. Es kommt dann nur eine Neuentwicklung in Frage.
- Mangelhafte Performance, Benutzerfreundlichkeit und Funktionalität beeinträchtigen die Akzeptanz bei den Anwendern in der Einführungsphase, eventuell sogar bis weit in die Nutzungsphase hinein. Hierfür ist als Ursache auch eine unzureichende Beteiligung der Sachbearbeiter des Anwenders zu nennen. Diese entsteht, wenn die Sachbearbeiter nicht innerhalb der Konzeptionsphase in ausreichendem Maße befragt werden oder wenn das Management ohne Rücksprache Projektziele definiert.
- In vielen Firmen werden Pläne für den EDV-Einsatz nicht im Kontext eines EDV-Gesamtkonzeptes entworfen. Anwender und Manager entnehmen Messebesuchen, Gesprächen mit Anbietern und Zeitungsartikeln ihre Ideen für Anwendungen. Diese werden aber nicht mit den EDV-Verantwortlichen gemeinsam entwickelt. Die EDV-Verantwortlichen im eigenen Hause werden gar nicht oder zu spät beteiligt. Wenn dann Probleme aufgezeigt werden, dann ist die Schuldzuweisung klar: die EDV-Abteilung blockiert mal wieder die Entwicklung. Entscheidungsträger sollten sich gut überlegen, ob sie ihre Konzepte von Systemanbietern vorschreiben lassen, die ein eigenes Verkaufsinteresse in den Vordergrund ihrer Bemühungen stellen müssen. Neutrale Berater und die eigenen EDV-Spezialisten können meistens den besseren Rat geben.

- **Dokumentation** wurde früher in Ermangelung geeigneter Methoden und rechnergestützter Tools manuell und nachträglich erstellt. Dies war stets eine ungeliebte Aufgabe für den Entwickler, der natürlich die kreative Entwicklungstätigkeit einer nachträglichen akribischen Beschreibung längst "funktionierender" Systeme vorzieht. Daher war die Dokumentation eines Systems niemals vollständig und korrekt, auch nicht unmittelbar nach seiner Entwicklung. Das lebende System hat sich dann durch Wartungsmaßnahmen oft von der Dokumentation entfernt, das System wurde **"totgepflegt"**. Im alltäglichen Streß des Entwicklers war es manchmal schwierig, die ursprüngliche Dokumentation zu finden. Diese enthielt auch nicht die tatsächlich benötigten Informationen. Deshalb hat man oft Systeme gepflegt, ohne die Dokumentation näher zu beachten oder gar fortzuschreiben. Dementsprechend stimmt die Dokumentation im Laufe der Zeit immer weniger mit dem Produkt überein, bis eines Tages besonders weitblickende Leute die Dokumentation wegwerfen, da sie ohnehin nicht hilfreich ist und künftige Wartungsentwickler eher in Sackgassen führt. Wenn dann die Lage sich weiter verschlechtert, dann werfen dieselben weitblickenden Leute sogar den Quellcode weg, damit niemand mehr das zerbrechlich gewordene Produkt weiter verändern kann. Dies ist natürlich eine Überzeichnung, sie enthält aber dennoch viel Wahres, wie manch eine Organisation aus leidvoller Erfahrung bestätigen kann.
- In manchen Firmen ist der direkte Kontakt zwischen dem Analytiker und dem Anwender (Kunden) unterbrochen. Der Vertrieb spricht mit dem Kunden, dessen Anforderungen gefiltert weitergegeben werden. Eine präzise Klärung der Anforderungen kann deshalb nicht stattfinden.
- Heute überträgt man Rechnersystemen oft eine erheblich größere Verantwortung als früher. Fehler in sicherheitsrelevanten technischen Systemen können leicht viele Menschenleben gefährden (Flugsicherung, Reaktorsteuerung, ABS-Systeme, ...). Im kommerziellen Bereich sind die Rechte des Bürgers betroffen (Datenschutz) oder Sachmittel in erheblicher Größenordnung gefährdet (Ordnungsmäßigkeit der Buchhaltung, Produktionssteuerung, ...). Schließlich werden Rechnersysteme auch im militärischen Bereich eingesetzt. Auswirkungen fehlerhafter Funktionen dieser Systeme können wir uns kaum vorstellen. Die Sicherheit von Rechnersystemen hat heute eine ganz andere, viel dramatischere Bedeutung als noch vor einigen Jahren. Qualitätsmängel in den angedeuteten Systemen dürfen wir nicht hinnehmen. Über den Einsatz dieser Systeme und über die Entscheidungsbefugnis, die man den Systemen tatsächlich überträgt, müsste viel sorgfältiger und unter ethischen Erwägungen entschieden werden, als dies in vielen Fällen geschieht (Beispiel: Abschuß eines zivilen Passagierflugzeuges im Persischen Golf, weil es von einem Rechnersystem als Militärflugzeug identifiziert wurde). Allerdings werden heute gerade im Bereich sicherheitsrelevanter Systeme durch Normen und Prüfverfahren wesentliche Fortschritte erzielt (vgl. /DIN V 19250/, /DIN V VDE 0801/01.90/, /MECKELBURG-JANSEN-90/).Dies werden wir in Kapitel 2.3 näher erläutern.

1.3 Wirtschaftliche Aspekte

Je früher im Projekt ein Fehler gemacht wird und je später er erkannt wird, desto höher sind die Kosten zu seiner Beseitigung. Fehler treten aber auch umso später in Erscheinung, je früher sie gemacht werden. Hierzu gibt es zahlreiche Untersuchungen und Statistiken (Bild 1.3-1, vgl. /GI-87/ S. 18). Die Fehler, die in der Realisierung gemacht werden, sind auf der Basis einer verbindlichen und korrekten Vorgabe durch die Analyse leicht zu finden und zu beseitigen. Meistens wird eine Wiederholung von Integrationstests erforderlich, die jedoch wegen des Aufwandes auch oft unterbleibt oder nur teilweise durchgeführt wird. Dagegen haben Fehler der Konzeptionsphase meist zur Folge, daß das Konzept und des weiteren zahlreiche Komponenten der Realisierung geändert werden müssen. Danach muß auch die Realisierung angepaßt werden, wodurch neue Fehler entstehen können. Andererseits stößt man oft auf Unglauben. "In unserem Unternehmen ist das anders". Man vermeidet bewußt, sich die unbequemen Zahlen, für die natürlich auch oft Personen direkt zur Rechenschaft gezogen werden könnten, zu erheben und einer gewissen wenigstens internen Öffentlichkeit zur Gewinnung von Erfahrungen aus Erlebnissen zugänglich zu machen.

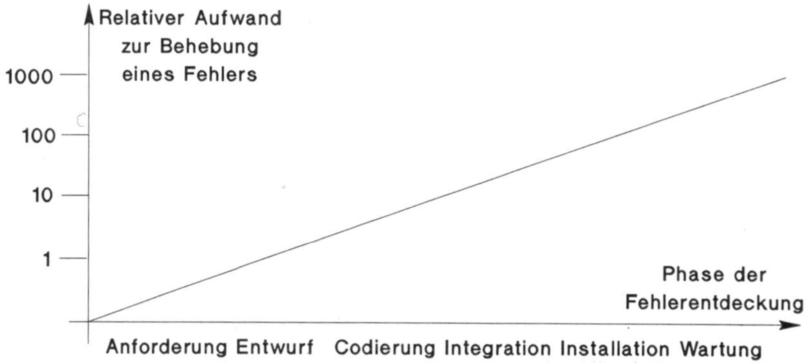

Bild 1.3-1: Aufwand zur Fehlerbehebung

Schätzungen besagen darüberhinaus, daß viele Systeme gar nicht eingeführt werden, weil die Qualität nicht ausreicht. Oder Systeme werden vor der Zeit durch neue ersetzt.

Das Hauptproblem ist die geschilderte Fehlsteuerung durch das Management (whiscy-Syndrom). Diese führt dazu, daß nur vordergründig die direkt sichtbaren Kosten der Entwicklungsphase betrachtet und optimiert werden. Die Folge dieser Teiloptimierung sind erhebliche Wartungsprobleme und eine mangelnde Akzeptanz durch den Anwender (Bild 1.3-2). Der Flächeninhalt unter der Kurve zwischen Einführungszeitpunkt und Ablösungszeitpunkt ist zugleich ein Maß für die Wartungskosten wie für die Probleme, die der Anwender mit dem System hat. Je kleiner die Fläche für ein konkretes Produkt ist, desto geringer sind die Kosten der Wartungsphase und desto besser ist die Akzeptanz des Produktes durch den Anwender.

Durch den Einsatz von Methoden werden die Projektkosten zeitlich anders verteilt. Die Kostenspitze wird stärker in die Nähe des Projektstartes gerückt. Allein aus betriebswirtschaftlicher Sicht ergibt sich damit keine Verbesserung. Es müssen aber folgende inhaltliche Effekte erzielt werden:

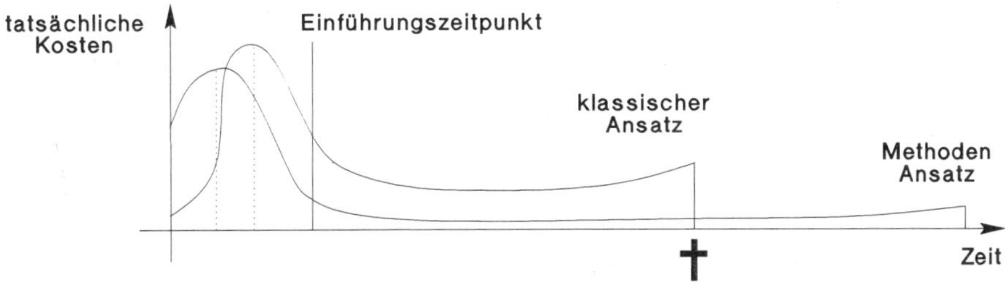

Bild 1.3-2: Verlauf der Projektkosten

- **Die Konzepte müssen besser werden.** Durch genauere Systementwicklung und präzise Planung aller Systemeigenschaften werden zwar Kosten in der Entwicklung gebunden, aber die Gesamtkosten des Systems reduzieren sich.
- Zum Zeitpunkt der Einführung sollen **möglichst wenige Restfehler** im System enthalten sein, und diese sollen in möglichst späten Phasen der Entwicklung entstanden sein. Damit ist ihre Beseitigung mit weniger Kosten verbunden und der Anwender hat in der Einführungsphase über weniger Fehler zu klagen.
- Die Lebensdauer des entwickelten Systems soll verlängert werden (Bild 1.3-3).

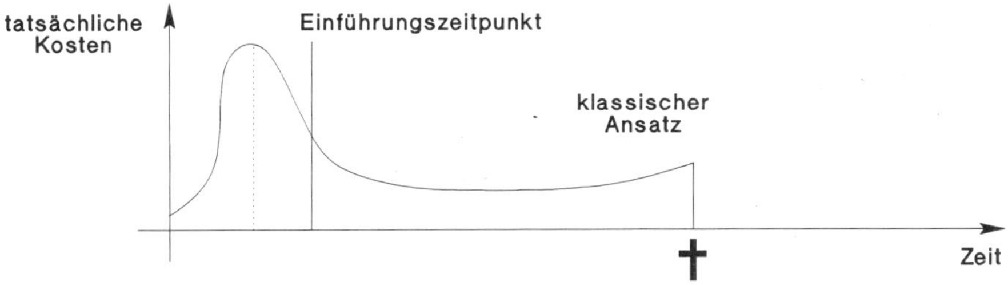

Bild 1.3-3: Verlauf der Projektkosten, Einsatz von Methoden und Tools

- Vor allem müssen aber die Zuverlässigkeit und die Sicherheit der Systeme gesteigert werden. Aufgrund der rechtlichen und technischen Vorschriften hat man gar nicht die Wahl, nach veralteten Vorgehensweisen zu entwickeln und damit Probleme in der Nutzungsphase zu riskieren.

Bereits in den frühen Phasen der Systementwicklung muß daher erheblich investiert werden, um spätere Folgekosten zu vermeiden. Das Management sollte also umdenken. Statt einer Teiloptimierung der Kosten in der Entwicklungsphase muß eine Optimierung der Gesamtkosten des Systems stattfinden, und zwar unter Berücksichtigung der möglichen Lebensdauer des Systems. Ein quantitativer Nachweis der behaupteten langfristigen Kostenvorteile wird hier nicht durchgeführt. Es sollte dennoch nicht schwer fallen, angesichts der dringend erforderlichen Qualitätsverbesserungen (Ordnungsmäßigkeit der Datenverarbeitung, Zuverlässigkeit, Sicherheit) den Entwicklern größere Freiräume zu verschaffen und sie mit geeigneten Tools auszustatten.

Aber allein durch eine Vergrößerung der Budgets für die Entwicklung kann eine Verbesserung nicht mit Sicherheit erzielt werden. Inhaltliche Maßnahmen sind begleitend erforderlich. Die Entwickler müssen veranlaßt werden, Methoden konsequent einzusetzen. Dies ist in größeren Projekten nur praktikabel, wenn auch die entsprechenden Tools zur Verfügung stehen. Umgekehrt erzwingen die Tools bis zu einem gewissen Grade die Benutzung der Methoden. Es ist verkehrt, nur ein Tool zu erwerben und auf das große Wunder zu warten. Entwickler brauchen Zeit, die neuen Vorgehensweisen zu akzeptieren und wirklich effektiv damit umzugehen.

Die Situation ist eigentlich noch schwieriger als bei der Einführung von CAD-Systemen. Der Maschinenbau bleibt derselbe, nur der Vorgang der Konstruktion wird mit Tools unterstützt. Den Konstrukteuren hat man eine Zeit der Umgewöhnung ohne weiteres gegönnt. Für die Software-Ingenieure muß wenigstens das Gleiche gelten. Sie müssen neben der Gewöhnung an neue Produktionsmittel auch "ihren Maschinenbau" neu erlernen.

Hier sind noch folgende Aspekte wesentlich:

- Es ist oft hilfreich, eine **Risikoanalyse** (vgl. /GILB-88/ Kap. 6) durchzuführen. Welche Kosten entstehen eigentlich, wenn das System wegen Qualitätsmängeln für ein paar Stunden ausfällt?
    * Wenn zum Beispiel ein Fertigungssteuerungssystem für einen Vormittag ausfällt, dann steht die Produktion. Eventuell sind die Kosten eines einzigen derartigen **Produktionsausfalls** leicht gegen die gesamten Entwicklungskosten aufzurechnen!
    * Einige Organisationen sind durch fortschrittlichen EDV-Einsatz **von der Technik sehr abhängig** geworden. Fällt die EDV für zwei oder drei Tage aus, so hört das Unternehmen einfach auf zu existieren.
    * In **Systemen mit Sicherheitsverantwortung** (z.B. Flugsicherung) haben Qualitätsmängel des Systems weitreichende Konsequenzen, die nicht einfach nur kostenmäßig bewertet werden dürfen. Menschenleben sind in Gefahr.
- **Andererseits haben die Entwickler meist die schlechtesten Werkzeuge**. Der Gedanke, den Systementwicklungsprozeß selber durch geeignete Software zu unterstützen, setzt sich erst langsam durch. Die wichtigsten Werkzeuge des Systemanalytikers sind in vielen Firmen immer noch Bleistift und Papier. Die Kinder des Schusters bekommen eben als letzte eigene Schuhe. Andererseits schätzt man heute, daß die meisten Organisationen die Produktivität ihrer Software-Entwicklung durch Nutzung aller verfügbaren und in der jeweiligen Aufgabenstellung anwendbaren Methoden und Tools verdoppeln könnten (B. Boehm, vgl. /NEWPORT-86/).

Was kann also das Management tun?

1 **Mittel bereitstellen** zum Erwerb von Tools und zur Schulung der Mitarbeiter.

2 **Freiräume schaffen**, damit die Mitarbeiter umlernen können. Die neue Entwicklungsumgebung muß auf breiter Basis akzeptiert werden. Wenn dies nicht gelingt, muß man sich auf Dauer an die Folgen der Software-Krise gewöhnen.

3 **Projekte anders als in der Vergangenheit steuern.** Es ist wesentlich, Qualität meßbar zu definieren und von den Projektleitern klare und vor allem realistische Planungen für das Projekt zu fordern.

1.4 Weshalb scheitern Software-Projekte ?

Zahlreiche Einflüsse können ein Projekt zum Scheitern bringen. Nur wenige sollen hier ausführlicher angesprochen werden, viele weitere könnten leicht ergänzt werden.

1.4.1 Projektmanagement

Hauptursache ist zunächst ein schwaches Projektmanagement. Fehlende Kontrollen, fehlende Projektnachbereitungen, unklare Kompetenzen unter den Entwicklern, steigender Kommunikationsaufwand bei vielen Projektbeteiligten und fehlende Qualitätssicherung sind erfolgskritische Faktoren. Projektmanagement bedeutet Führung. Ein basisdemokratischer Ansatz ist völlig fehl am Platze. Von jedem einzelnen Entwickler muß Leistung abgefordert werden. Natürlich darf er auch Fehler machen, insbesondere wenn diese erkannt und zügig beseitigt werden. Die Führung eines Projektes ist für den Projektleiter daher keine leichte Aufgabe. Er muß bereit und in der Lage sein, auch einmal kritische Mitarbeitergespräche zu führen.

Oft wird aber bereits in der Definition des Aufgabenumfanges der entscheidende Fehler gemacht. Projektleiter neigen manchmal dazu, die im Projekt zu erwartenden Aufwände nicht realistisch zu schätzen. Aus persönlichem Ehrgeiz soll erreicht werden, daß das Projekt zustande kommt und dem Projektleiter die Möglichkeit zu weiterem Kompetenznachweis als Basis für die weitere Karriere eröffnet. Zu knappe Schätzungen sind der Ausgangspunkt für viele Probleme im Projekt.

Aus dem Kräftedreieck Kosten-Qualität-Zeit kann man sich nur befreien, wenn man bereits zu Anfang des Projektes eine klare Zielhierarchie erarbeitet, diese mit dem Anwender abstimmt und begleitend zum Projektfortschritt fortschreibt. Die gesamte Funktionalität des Systems wird nur selten bereits zum Einführungszeitpunkt benötigt. Daher kann man oft ohne Gefahr für den eigentlichen Erfolg die Fertigstellungszeitpunkte einzelner Verfahrensteile entzerren. Hier gilt die sog. 80-20-Regel (auch Pareto-Prinzip), die in vielen Anwendungsbereichen gültig ist (Bild 1.4-1).

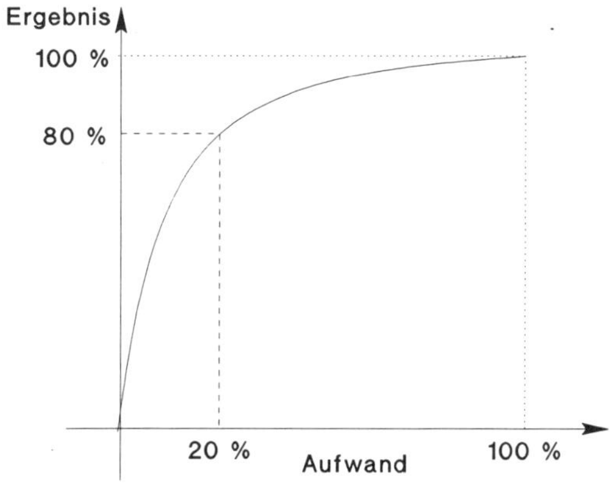

Bild 1.4-1: 80-20-Regel ("Pareto-Prinzip")

Meistens ist ein großer Teil des Gesamterfolges (z.B. 80 %) mit einem sehr kleinen Teil des Gesamtaufwandes (z.B. 20 %) erreichbar. Die beste Strategie für den Projektleiter, um sich aus dem Kräftedreieck zu befreien, besteht darin, die 80 % der Leistung, die mit 20 % des Aufwandes erreichbar sind, frühzeitig zu identifizieren und danach seine Planung auszurichten. Es müssen also die Teile des gesamten Funktionsumfanges identifiziert werden, die für eine Arbeit des Anwenders mit dem System unverzichtbar sind. Diese bilden die Aufgabenstellung für die erste Projektstufe ("**must**"). Dann gibt es Funktionen, die für eine wirtschaftliche Arbeit mit dem System erforderlich sind, aber nicht unbedingt zum Einführungszeitpunkt bereits vorliegen müssen. Diese bilden die zweite Projektstufe ("**should**"). Die dritte Stufe enthält schließlich die Komfort-Funktionen, die im System in seiner endgültigen Ausbaustufe enthalten sein sollen, die aber auch vorläufig noch in ihrer Realisierung verschoben werden können, ohne daß gravierende Nachteile für die Basis-Funktionsfähigkeit des Systems besteht ("**nice to have**"). Diese Funktionen der dritten Stufe verursachen zu ihrer Realisierung meist erheblichen Aufwand, ohne daß der Grenznutzen des Systems wesentlich gesteigert wird. Daher kann man diese Funktionen ohne Gefahr zu einem späteren Zeitpunkt fertigstellen. Aufgabe des Projektleiters ist es, diese Zuordnung unter dem Gesichtspunkt der Erfolgsabsicherung so durchzuführen, daß ein führbares Projekt entsteht, das zielorientiert am eigentlichen Problem arbeitet und nach seiner ersten Entwicklungsstufe bereits sichtbare Erfolge vorweisen kann. Der Anwender ist mit einer solchen Aufteilung meistens sehr einverstanden, weil sie eine Nutzbarkeit der grundlegenden Funktionen zum frühestmöglichen Zeitpunkt vorsieht.

Kosten- und Terminüberschreitungen treten auch auf, weil vom Vertrieb Kampfpreise gemacht werden, um einen Auftrag zu bekommen. Dies ist auch in Ordnung. Allerdings dürfen aus diesen Kampfpreisen nicht die internen Budgets hergeleitet werden. Man darf nicht auf realistische Schätzungen verzichten, die Ebenen des Vertriebs und der Produktentwicklung sind zu trennen (zu den Regeln, die beim Schätzen zu beachten sind, vgl. /DEMARCO-82/ Kap.2, zu den Verfahren vgl. /HERRMANN-83/).

Das Vorgehensmodell klassischer Projektmanagementsysteme sieht vor, daß die Tests des Systems die letzten Aktivitäten vor der Einführung darstellen. Der **Testaufwand** wird gar zu häufig unterschätzt und verdrängt. Er dient außerdem als Dispositionsmasse. Wenn das Projekt nicht termingerecht fertig wird, dann wird ausgerechnet in der Phase des Systemtests gespart.

1.4.2 Konzept und Lösung

Häufig ist auch das Problem zu beobachten, daß der Entwickler zu früh in Lösungen denkt. Bereits im ersten Gespräch mit dem Anwender entsteht in seiner Vorstellung ein Konzept, das durch geradlinige Realisierbarkeit gekennzeichnet ist. Irgendwann, meistens nach etwa 15 Minuten des ersten Gespräches äußert dann der Anwender eine Anforderung, die mit dem noch völlig undurchdachten Konzept im Kopf des Analytikers nicht verträglich ist. Dann entsteht leicht die Gefahr, daß der Analytiker anfängt, dem Anwender seine Anforderungen auszureden. Dabei sollte er doch erst einmal versuchen, eben diese Anforderungen zu verstehen. Je nach Überzeugungskraft und Durchsetzungsfähigkeit entsteht dann ein "Konzept", mit dem weder der Anwender noch die EDV-Abteilung gut leben kann. Es ist einfach eine schlechte Kompromißlösung.

Hervorgerufen wird dieser Effekt oft durch eine falsche Eitelkeit des Analytikers. Er glaubt, nur dann als Experte auftreten zu können, wenn er in jeder Situation aus dem Stand eine Lösung anbieten kann. Natürlich verbietet es dieselbe Eitelkeit, diese Lösung später zu revidieren. Vor diesem Effekt muß man sich hüten! Kein Anwender erwartet im Ernst, daß man einfach Lösungen aus dem Stand hervorzaubert. Manch ein Anwender ist sogar unangenehm berührt, wenn man seine Anforderungen nicht sorgsam durchdenkt. Jedenfalls wird immer akzeptiert, wenn man darauf verweist, die verstandenen Anforderungen erst einmal gründlich durchdenken zu wollen und dann unter sorgfältiger Abwägung aller Realisierungsmöglichkeiten ein Konzept zu präsentieren. Nur selten will der Anwender sofort eine Lösung.

1.4.3 Veränderte Anforderungen

Projekte, die sich über einen Zeitraum von mehr als nur ein paar Wochen erstrecken, haben noch mit einem weiteren Problem fertigzuwerden. Die Anforderungen des Anwenders ändern sich während der Projektlaufzeit. Dafür gibt es folgende Ursachen:

- Die Umwelt des Unternehmens unterliegt einer ständigen Veränderung. Neue Gesetze, Vorschriften, Unternehmensziele müssen berücksichtigt werden.
- Je konkreter über Systemdetails gesprochen wird, desto besser kann der Anwender seine Anforderungen artikulieren. Dies sind die **"wibni's"** ("wouldn't it be nice if ... ", "wäre es nicht schön, wenn das System auch noch folgende Anforderungen berücksichtigen würde..."). Diese Äußerungen des Anwenders sind erwünscht! Sie zeigen dem Analytiker eine wachsende Identifikation mit dem Projekt. Hier werden auch manche Anforderungen klar, die bei der abstrakten Fragestellung, welche Eigenschaften das neue System haben sollte, nicht so leicht geäußert werden können. Von einem bestimmten Zeitpunkt des Projektes ab, wenn nämlich das Sollkonzept oder etwas später das Design seiner Fertigstellung entgegensieht, können diese neuen Anforderungen allerdings auch empfindlich stören, denn eventuell müssen wesentliche Teile des Entwurfs überarbeitet oder gar neu gefaßt werden. **Diesen Aufwand muß man eben eingehen.** Allerdings kann der Projektleiter mit Augenmaß und Einfühlungsvermögen in die Problemlage des Anwenders manche dieser neuen Anforderungen auf eine spätere Entwicklungsstufe des Systems verschieben. Dies geht aber nur mit Anforderungen der zweiten oder dritten Stufe ("should" oder "nice to have").
- Viele dieser wibni's entstehen aber auch dadurch, daß der Analytiker nicht rechtzeitig die wahren Anforderungen des Anwenders erkannt oder entsprechende Äußerungen nicht richtig eingeordnet hat. Hier können Methoden und Tools helfen, rechtzeitig die Anforderungen festzustellen und die richtigen Rückfragen zu formulieren.

1.4.4 Akzeptanzprobleme

Für viele Projekte sind Akzeptanzprobleme gegenüber dem Projekt, dem Analytiker, dem zu entwickelnden System ein kritischer Erfolgsfaktor. Diese (und weitere) meist gruppendynamischen Probleme erfordern echte Führungsmaßnahmen.

- Wenn aufgrund von Rationalisierungsmaßnahmen Arbeitsplätze in Gefahr sind, dann darf man sich nicht wundern, wenn die Sachbearbeiter das Projekt sabotieren. Das Management muß ein klares Konzept entwickeln, was aus den Arbeitsplätzen werden soll. Die Entscheidungen müssen rechtzeitig vor Projektbeginn allen Betroffenen erklärt werden, damit aus Unsicherheit keine Gerüchte entstehen. Wenn tatsächlich Arbeitsplätze abgebaut werden sollen oder müssen, dann sollten die erforderlichen Auseinandersetzungen zwischen Firmenleitung und Mitarbeitern und Betriebsrat möglichst vor Beginn des Projektes abgeschlossen und zu einer für alle akzeptablen Lösung geführt worden sein. Der Projektverantwortliche muß darauf achten, daß die Analyse nicht von Rationalisierungsängsten der Betroffenen gefährdet wird. Er muß darauf achten, daß das Management keine Unklarheiten offenläßt, dann aber auch den bereits erklärten Standpunkt aktiv mittragen und gegebenenfalls erklären oder doch wenigstens einer Klärung zuführen. Es ist erfolgskritisch, sich auf ein Projekt einzulassen, bei dem diese Fragen erst nachträglich geklärt werden sollen, oder bei dem die Mitarbeiter kein Vertrauen in die Zusicherungen der Geschäftsführung mehr haben.

- Die mangelnde Akzeptanz eines Projektmitarbeiters beim Anwender kann leicht entstehen, wenn der Projektmitarbeiter nicht mit seinen Gesprächspartnern auf Anwenderseite zusammenarbeiten kann. In diesem Falle muß rechtzeitig eine Auswechslung der Person entschieden werden, bevor Fronten entstehen, die sich in der Folgezeit leicht verhärten können. Manche Menschen können eben nicht zusammenarbeiten. An solch einer Frage darf man das Projekt nicht scheitern lassen. Für den verantwortlichen Projektleiter bedeutet dies, daß er alle Schritte seiner Mitarbeiter intensiv beobachten muß. Er darf sich nicht darauf beschränken, nur Arbeitsaufträge zu erteilen und das Budget zu verwalten. Einen wirklich guten Analytiker erkennt man allerdings auch daran, daß er derartige Probleme nicht hat. **Er kann zuhören und ist immer freundlich und spricht nicht nur fachchinesisch.** Durch seine offene und freundliche Grundhaltung gewinnt er zügig das Vertrauen seiner Gesprächspartner.

- Schließlich sind Akzeptanzprobleme gegenüber dem entwickelten System möglich. Diese entstehen, wenn gravierende Unterschiede zwischen den Erwartungen des Anwenders und den Möglichkeiten und der Verständnisbereitschaft des Analytikers hinsichtlich der Anforderungen an das neue System bestehen. In diesem Buch wird die Auffassung vertreten, daß der Analytiker nach den **wahren Anforderungen** an das System suchen muß. Dies sind Anforderungen, die bei jeder denkbaren Implementierung erfüllt werden müssen, weil dies von der Aufgabenstellung und unternehmerischen Zielsetzung her erforderlich ist. Dieser Maßstab liefert dem Analytiker eine gewisse Hilfe in der Argumentation und im Prozeß der Gewinnung von Erkenntnissen. Dabei tritt allerdings immer wieder das Problem auf, daß der Anwender Implementierungsdetails der Vergangenheit oder undeutliche Vorstellungen vom neuen System für die wahren Anforderungen hält. Unsere Vorgänger in der Systemanalyse sind daran nicht ganz unschuldig, denn sie haben früher gerne technische Sachzwänge als Naturgesetz verkauft. Hier haben wir einen Bereich, der viel Sachlichkeit, aber auch Geduld und Überzeugungskraft des Analytikers erfordert.

1.4.5 Methodische Unterstützung des Analytikers

Bisher geht man in der Praxis in vielen Firmen nach dem "Wasserfall"-Vorgehensmodell (Bild 1.4-2, vgl. /BOEHM-81/) vor.

Dabei werden alle Aktivitäten, die schließlich zum Projektabschluß führen sollen, in ein Phasenkonzept eingeordnet, das in einer hierarchisch aufgebauten Checkliste alle durchzuführenden Aktivitäten enthalten soll. Die Aktivitäten werden dabei oft zu Hauptaktivitäten, diese wiederum eventuell über einige hierarchische Zwischenstufen zu Phasen zusammengefaßt. Am Ende jeder Phase findet eine Meilenstein-Sitzung mit den Entscheidungsträgern statt, in der über Erfolge berichtet und über weitere Schritte entschieden wird. Die nächste Phase darf eigentlich erst begonnen werden, wenn die vorangegangene durch eine Meilensteinsitzung abgenommen wurde. Werden beim Meilenstein Qualitätsmängel oder Abweichungen von der Zielsetzung erkannt, so müssen die entsprechenden Aktivitäten wiederholt werden.

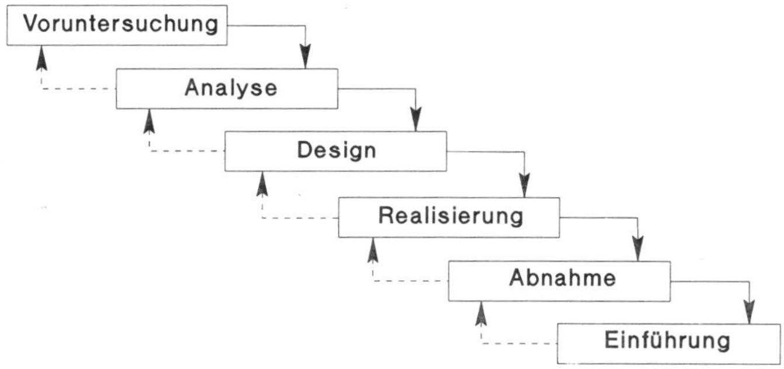

Bild 1.4-2: "Wasserfallmodell" (Boehm)

Diese Vorgehensweise klingt für viele einleuchtend. Sie enthält aber auch schwerwiegende Mängel (vgl. hierzu auch /HALLMANN-90/ S.21).

- Meilensteinsitzungen liegen im konkreten Projekt meistens zeitlich so weit auseinander, daß sie zur Qualitätssicherung ungeeignet sind (vgl. /ZELLS-90/ Kap.2.5: "Inchpebbles" sind zur Qualitätssicherung weit besser geeignet als "Milestones"). Eine Maßnahme zur Qualitätsverbesserung bedeutet nämlich, daß bei Wiederholung der Aktivitäten neuer Aufwand entsteht, der nicht vorgesehen und eingeplant war. Gerne wird dann der Kompromiß geschlossen, daß die Mängel in der nächsten Phase bei Nutzung der falschen Vorgaben bereinigt werden, mit ungewissem Ausgang. In diesem Fall entspricht das Phasenergebnis nicht den Qualitätsanforderungen und es wird auch meistens nicht nachträglich verbessert. Es besteht die Gefahr, daß Fehler in folgende Phasen verschleppt werden, wo sie dann nicht mehr kritisch erkannt werden.
- Das Vertrauen in Checklisten ist in der Branche recht verbreitet. Dabei können Checklisten nicht so erstellt werden, daß sie für alle Projekte gleichermaßen anwendbar sind. Der nach methodischer Unterstützung suchende Analytiker wird in der Checkliste der Aktivitäten einige finden, die in seinem Projekt nicht anwendbar sind. Außerdem kann er nicht sicher sein, daß die Checkliste wirklich alle Aktivitäten enthält, die für ihn von Bedeutung sind. Schließlich ist in den meisten Organisationen nicht sichergestellt, daß nach jedem Projekt die Checklisten auch im Zuge einer Projektnachbereitung fortgeschrieben werden. Auf Checklisten kann man sich also nicht verlassen. Ihr einziger Wert besteht darin,

daß sie den Analytiker gelegentlich auf Ideen bringen, die er sonst vielleicht nicht hätte oder ihn an Vergessenes erinnern.

- Das ganze Projekt arbeitet auf einen Einführungstermin hin. Zwischendurch kann fast nur über Kosten- und Terminverfolgung festgestellt werden, ob man noch im Plan ist. Das Projektende wird dann auch über die Ausschöpfung des Budgets oder die Erreichung des Termins oder beides für beendet erklärt. Die Qualität spielt dabei de fakto eine eher untergeordnete Rolle. Mindestens werden im Projekt alle Entscheidungen an der Einhaltung von Kosten und Terminen orientiert und nicht unbedingt an den Qualitätszielen.
- Es gibt keine ausreichende methodische Führung des Entwicklers (Bild 1.4-3).

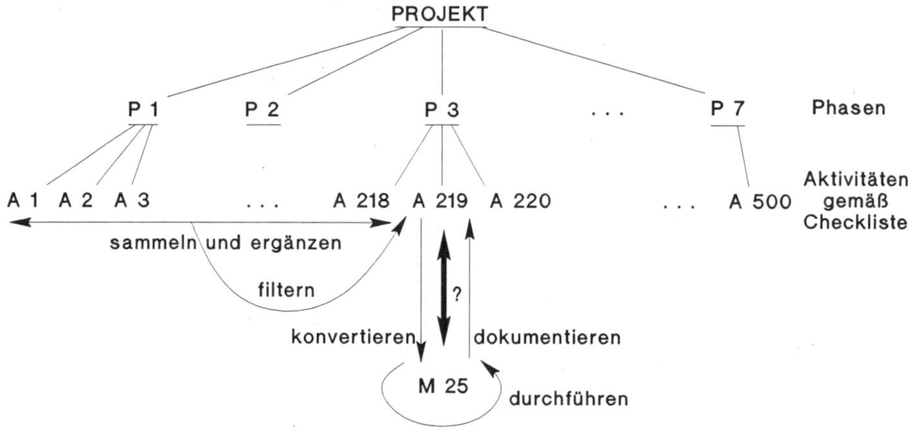

Bild 1.4-3: fehlende methodische Führung des Entwicklers

Wenn dieser eine Aktivität (z.B. mit der Ordnungsnummer 219) durchführt, so muß er alle bei früheren Aktivitäten entstandenen Dokumente (häufig individuell gefärbte Protokolle in Fließtext) durchsehen, um die für ihn relevanten Informationen zu finden. Dabei kann leicht etwas übersehen werden. Er muß die relevanten Informationen herausfiltern, sammeln und systematisch ergänzen. Dann erhebt sich die Frage, ob es eine Methode oder Basistechnik gibt, die er mit Vorteil nutzen kann. Ist eine solche gefunden (im Bild M25, z.B. Entscheidungstabellentechnik), so muß er die inhaltlich benötigten Informationen so konvertieren, daß er die Methode (von meistens kleiner Reichweite) überhaupt anwenden kann. Nach Durchführung der Aktivität muß das Ergebnis so dokumentiert werden, daß der Kollege, der eine nachfolgende Aktivität bearbeitet, das Ergebnis wiederfinden kann. Natürlich ist es häufig so, daß der Entwickler an sich "im Thema" ist. Vielleicht hat er auch an vielen früheren Aktivitäten selber mitgewirkt. Dann ist es für ihn in der Regel nicht sehr schwer, die benötigten Informationen zu finden. Es entsteht aber auch eine **trügerische Sicherheit**, denn niemand kann sicherstellen, daß er alle relevanten Informationen kennt und entsprechend auch beachtet.

- Dieses Vorgehensmodell geht in seinem Kern auf die frühen siebziger Jahre zurück. Damals gab es noch nicht die heute relevanten Methoden und es gab auch keine maschinellen Tools, die der Entwickler an seinem Arbeitsplatz nutzen konnte. Die Vorgehensmodelle sind aber meistens auch nicht fortgeschrieben worden, um diese neueren Entwicklungen angemessen zu berücksichtigen. Die Vorgehensweise ist auch den Methoden nicht in jedem Falle angemessen. Es werden Aktivitäten verlangt, die in den Methoden keine Bedeutung haben, weil die Ergebnisse anderweitig erzielt werden. Andererseits erfordert jede Methode eine eigene Vorgehensweise, die von den alten Vorgehensmodellen gar nicht vorausgesehen werden konnte. Meistens werden jedoch in den Firmen die Vorgehensmodelle als verbindlich für jeden Entwickler vorgeschrieben. Daher ist es erforderlich, im Zusammenhang mit den Methoden die Vorgehensmodelle des Projektmanagements anzupassen (vgl. Kapitel 9).

1.4.6 Planung, Kontrolle und Steuerung

Begleitend zum Vorgehensmodell enthalten Projektmanagement-Systeme auch Hilfsmittel zur Kosten- und Terminkontrolle. Bei Ergebniskontrolle der Durchführung kann festgestellt werden, daß neue Steuerungsmaßnahmen vorgesehen sind. Diese beziehen sich auf eine Einflußnahme auf die Durchführung oder eine Fortschreibung der Planung. Hier ist zu fordern, daß in jedem Falle durch das Projektmanagementsystem bereits sichergestellt wird, daß die dritte (und eigentlich wichtigste) Dimension, die Qualität, nicht nur zu den Beurteilungskriterien hinzugefügt wird, sondern sogar die beherrschende Rolle spielt. Das Projektende sollte erreicht sein, wenn die zu Projektanfang spezifizierten Qualitätskriterien erfüllt sind. Das Projektende sollte nicht mehr nur nach Budget- und Kostengesichtspunkten beendet werden (Bild 1.4-4).

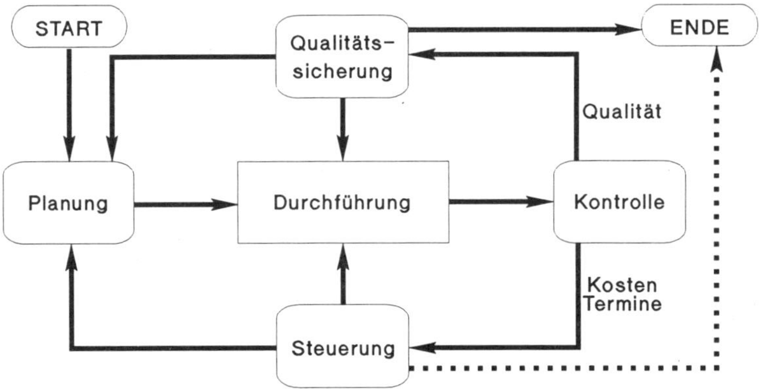

Bild 1.4-4: Der Regelkreis des Projektmanagements

1.5 Vorgeschlagene Maßnahmen

Zur Lösung der Software-Krise werden mehrere Lösungsansätze vorgeschlagen, von denen wir einige hier abwägen wollen. Das Ergebnis wird sein, daß man nicht erwarten darf, durch einige vordergründig preiswerte Sofortmaßnahmen eine entscheidende Verbesserung zu erreichen oder gar die anstehenden Probleme auf einen Schlag zu lösen. Von manchen Systemanbietern werden unseriös "Lösungen der Software-Krise" verkauft, die eigentlich auf keiner langfristig tragfähigen Grundlage stehen. Zu einer sorgfältigen Analyse des Anwendungsbereiches gibt es keine billige Alternative.

1.5.1 Enduser - Produkte

Zunächst gibt es den Ansatz, Teile der Systementwicklung auf den Anwender als Entwickler zu übertragen. Hierfür werden Produkte angeboten, die einen elementaren Zugang zu erheblicher Rechnerleistung ohne tiefere Systemkenntnisse eröffnen. Man spricht hier auch von **Individueller Datenverarbeitung (IDV)**. Auch die Verbreitung von Personal Computern in der Fachabteilung fällt gelegentlich in diese Kategorie.

Der Gedanke zu diesem Schritt liegt zunächst nahe. Weshalb sollte sich die Fachabteilung nicht selber mit ihren komplizierten Auswertungen herumschlagen? Dann wird die EDV-Abteilung von diesen zeitraubenden Routinearbeiten entlastet und kann sich Höherem zuwenden. Es gibt aber auch Probleme:

- Diese Systeme sind als Hilfe für ad-hoc-Abfragen geeignet (Berichtswesen), jedoch nicht so sehr für die Anwendungsentwicklung.
- Meistens bleibt es aber nicht bei ein paar Routine-Auswertungen. Die Fachabteilung versucht, eigene Anwendungen in eigener Regie zu entwickeln. Dann muß man sich wenigstens nicht immer mit dem unbequemen EDV-Personal auseinandersetzen. Wenn man nur mit sich selber redet, dann gibt es keine abweichende oder gar gegensätzliche Auffassung.
- Man versucht dann, ohne Systemanalyse vorhandene Daten auszuwerten. Die wahren Anforderungen werden nie erhoben. Stattdessen werden Hilfskonstruktionen in Ermangelung organisatorisch durchdachter Lösungen realisiert. Die Anwendungsentwicklung merkt eventuell nicht mehr, welche Daten wirklich gebraucht werden. In einer Fachabteilung gelöste Problemstellungen werden von einer anderen völlig anders behandelt, wobei geeignete Schnittstellen fehlen und die Datenbestände nicht übergreifend konsistent zu halten sind. Es entstehen **Insellösungen**, die mit den Informationsbeständen anderer Abteilungen nicht mehr kompatibel sind.
- Die Fachabteilung löst ohne Unterstützung durch fachkundige Systemanalytiker ihre Probleme eventuell nicht auf dem technisch und organisatorisch erreichbaren Niveau.
- Insgesamt entsteht für das Unternehmen ein Qualitätsverlust zugunsten der Bequemlichkeit der Entwickler und Anwender.

1.5.2 Standard-Software einsetzen

In einigen Anwendungssituationen ist die Entscheidung zu treffen, ob man ein Verfahren selber individuell an die Situation angepaßt entwickeln will, oder ob man durch Kauf einer Standardsoftware den gleichen Effekt erreichen kann ("make or buy"). Oft hält man den Kauf einer Standardsoftware für billiger, zumal sich leidgeprüfte Manager vielleicht lieber mit einem externen Anbieter auf juristischer Ebene auseinandersetzen als intern von eigenen Mitarbeitern von einem Tag auf den nächsten vertröstet zu werden, wobei die Kosten steigen. Heutzutage haben viele Standardprodukte auch eine gefällige Funktionalität anzubieten, die viele Anwender auf Anhieb überzeugt. Probleme erkennt man freilich erst, nachdem man das System eingeführt hat und nach einiger Zeit alle Tiefen ausgelotet hat.

Es ist davor zu warnen, eine Standardsoftware zu kaufen, ohne daß man seine wahren Anforderungen genau kennt. Diese kennt man aber erst nach einer Systemanalyse. Es besteht sonst die Gefahr, daß Unterschiede in den Annahmen der Standardsoftware über Verarbeitungserfordernisse nicht zur Realität des Unternehmens passen. Man muß natürlich vermeiden, die betrieblichen Abläufe des Unternehmens blind der Software anzupassen.

Andererseits basiert Standardsoftware meistens auf betriebswirtschaftlicher oder technischer Theorie, die eigentlich in jedem Unternehmen gleich sein sollte. Findet man in konkreter Anwendungssituation dennoch Abweichungen von der Theorie, so kann dies gute Gründe haben. Abweichungen können aber auch ein Indikator dafür sein, daß die Organisation des Anwendungsbereiches grundsätzlich überprüft werden muß. Meistens besteht die Lösung dann nicht darin, einfach ein Software-Produkt zu kaufen, sondern die Organisation muß untersucht und verbessert werden. Danach ist die Standardsoftware eventuell einsetzbar. Oder man kennt genau die Gründe, weshalb dies nicht der Fall ist.

Erweiterungen und Änderungen von Standardsoftware sind nur in engen Grenzen möglich, soweit nämlich vom Anbieter langfristig konstante Schnittstellen garantiert werden. Bei jedem Releasewechsel müssen individuelle Erweiterungen auf Anpassungsnotwendigkeit überprüft werden.

Ohne eine Systemanalyse zur Klärung der wahren Anforderungen an das neue System ist also der Erwerb von Standardsoftware nicht zu empfehlen.

1.5.3 Prototyping

Regelmäßig entstehen neue Modeworte, die dem verzweifelten (sic!) Manager neue Lösungswege seiner nur durch Einsatz von Investitionsmitteln lösbaren Probleme auf billigem und schnellem Wege suggerieren. Eines dieser Worte ist das "Prototyping", in Verbindung mit seiner Steigerungsform "Rapid Prototyping". Diese Worte haben einen seriösen Kern (vgl. z.B. /HALLMANN-90/), aber sie werden nicht immer in dieser Bedeutung benutzt.

Der Grundgedanke ist zunächst überzeugend. Man hat oft erleben können, daß der Anwender seine Wünsche erst dann richtig artikulieren kann, wenn er erkennt, was er schließlich als EDV-System erhalten wird. Je konkreter das künftige System erkennbar wird, desto präziser äußert sich der Anwender. Also entsteht die Frage, wie man es schaffen kann, möglichst früh ein präzises Bild des späteren Systems zu entwerfen.

Zum seriösen Kern gehört auch der Grundsatz, daß der Prototyp wegzuwerfen ist. Das spätere System entsteht nach dem Muster der Benutzerschnittstelle des Prototyps, wird aber nach allen Regeln des Software-Designs konstruiert. Demgegenüber wird der Prototyp, der natürlich nicht viel kosten darf und schnell entwickelt werden muß, unter Nutzung effizienter Tools kurzfristig erstellt, aber meist ohne sorgfältiges Design. Seine Aufgabe ist ja auch nur, die Benutzerschnittstelle vorstellbar zu machen, um den Analyseaufwand zu verkleinern.

In der Praxis entstehen aber folgende Gefahren:

- Die wahren Anforderungen des Anwenders sind nicht durch Prototyping zu erheben, sondern nur durch eine sorgfältige Systemanalyse. Der Anwender ist ein Experte an seinem Arbeitsplatz. Als solchen interessieren ihn die Routinearbeiten, die 80 % seiner Tätigkeit ausmachen, weitaus weniger als die wenigen Sonderfälle, die ihn noch inhaltlich fordern. Daher nennt der Anwender die augenblicklich wesentlich erscheinenden Anforderungen aus der Perspektive der Sonderfälle der letzten Tage, und er stellt diese in einer Form dar, die ihre Rolle als Sonderfall verbirgt. Es besteht die Gefahr, daß Wichtiges vergessen wird und daß die Eigenschaften des Systems an wenigen Sonderfällen ausgerichtet werden. Auf dieses Problem werden wir in den Kapiteln 4.3.5 und 6.4.2.5 zurückkommen. **Zur Erkennung der wahren Anforderungen ist der Prototyping-Ansatz nicht ohne weiteres geeignet.** Die subjektive Färbung einzelner Äußerungen kann allerdings zum Teil eliminiert werden durch Befragung einer großen Zahl von Anwendern.
- In der Systemanalyse werden **nicht nur die Eigenschaften des EDV-Systems** entwickelt. Dies wäre ein sehr gefährliches Vorgehen, das zwangsläufig zu einer Teiloptimierung führt. Häufig findet man die Situation vor, daß das eigentliche Problem des Unternehmens gar nicht so sehr in seiner Datenverarbeitung liegt, sondern in den organisatorischen Abläufen. Diese müssen dann mit dem Ziel einer wirklichen Verbesserung der Unternehmensabläufe auch Gegenstand des Projektes sein. Die Verarbeitungen außerhalb des Rechners werden aber durch Prototyping nicht bzw. nur sehr mittelbar und unzureichend erfaßt.
- Wenn der Prototyp schon eine gewisse Verarbeitung erlaubt, dann entsteht beim Anwender leicht die Forderung, diesen Prototyp doch schon **übergangsweise zur Produktion benutzen** zu können. Dies darf auf keinen Fall akzeptiert werden! Sonst produziert man mit einem System, dessen Grundkonzept "quick and dirty" ist.
- Durch Prototyping werden eventuell **Lösungsansätze präjudiziert,** die später nur noch schwer modifiziert werden können. Es kann leicht vorkommen, daß man im Prototyping Detail-Lösungen verspricht, die man später nur schwer einhalten kann. Eine systematische Erarbeitung des Designs hat ja noch nicht stattgefunden.
- Die **Freiheitsgrade** des Prototyping werden leicht überschätzt. Bei präziser Analyse des Anwendungsbereiches ist das Prototyping nur noch zur Bestimmung der Prozessorzuordnung nutzbar. Diesen Gedanken werden wir in Kapitel 4.5.2.1 aufgreifen. Wenn die wahren Anforderungen an das neue System modelliert sind, dann liegen die Verfahrensinhalte fest. Sie sind höchstens noch im Rahmen der Qualitätssicherung zu modifizieren.
- Die **Konventionen der Software-Ergonomie** liegen (hoffentlich) unternehmensweit fest. In einem integrierten Gesamtverfahren, aber sogar auch in einer losen Sammlung von Insellösungen muß es Standards für den Bildschirmaufbau ge-

ben, damit sich möglichst jedes Verfahren mit einheitlicher Benutzerschnittstelle präsentiert. Diese Konventionen sind nicht vom Anwender modifizierbar.

Die einzigen Freiheitsgrade des Prototyping liegen also in einem Masken-Painting innerhalb der ergonomischen Konventionen und der durch die Systemanalyse systematisch erarbeiteten Vorgaben. Manchmal kann man allerdings durch Prototyping die **Akzeptanz** des Benutzers verbessern. Schließlich dient Prototyping dem Zweck der **Qualitätssicherung**, falls etwas vergessen wurde.

Es sei auch darauf hingewiesen, daß manche Standardsoftware-Produkte ohne systematische Nachteile ein Prototyping erfordern. Dies gilt zum Beispiel bei der Entwicklung von Expertensystem-Anwendungen. Dort liegen aber auch grundsätzlich andersartige Verhältnisse vor. Man benutzt Expertensystem-Schalen, die die Verarbeitungslogik anwendungsunabhängig enthalten (Inferenzmaschine) und ergänzt dazu die anwendungsabhängige Wissensbasis, häufig im interaktiven Betrieb. Solche Expertensysteme sind eigentlich zeitlebens Prototypen, denn es gibt auch im produktiven Einsatz immer wieder die Notwendigkeit, die Wissensbasis zu ergänzen.

Dementsprechend gelten folgende Empfehlungen:

- Man darf das Prototyping **erst nach abgeschlossener Analysephase** anwenden, wenn man nämlich die wahren Anforderungen an das neue System kennt. Das Prototyping wird dann zu einem festen und beinahe unverzichtbaren Bestandteil der Vorgehensweise, mit dem Ziel der **Qualitätssicherung**, der **ergonomischen Optimierung von Benutzerschnittstellen** und der **Einbeziehung des Anwenders**.
- **Der Prototyp ist in jedem Falle wegzuwerfen**, d.h. nicht als Basis für das Programmdesign zu verwenden. Sein Nutzen liegt allein in der Abstimmung der Benutzerschnittstelle des EDV-Systems.

1.5.4 Reverse Engineering

Bei Ablösung eines Vorgängersystems entsteht sofort die berechtigte Frage, welche Komponenten dieses Systems auch künftig noch zu benutzen sind. Bei den restlichen Komponenten entsteht die Hoffnung, daß man aus dem implementierten System rückwärts wieder einige grundsätzliche Eigenschaften entnehmen kann, die den Analyse-Prozeß erleichtern oder gar ersetzen. Vielleicht hat das alte System eigentlich seine Aufgabe erfüllt, es muß nur aus Gründen erneuert werden, die außerhalb der wahren Anforderungen zu finden sind.

Auch bei diesem Ansatz, der unter der Bezeichnung "Reverse Engineering" diskutiert wird, ist übersteigerter Optimismus fehl am Platz. Zwar enthält das System womöglich alle erforderlichen Verarbeitungsalgorithmen in codierter Form, aber die Bedeutung des Codes (die Semantik) ist normalerweise nicht dem Code alleine zu entnehmen. Wenn dann andere Informationsquellen, z.B. die Dokumentation des Vorgängersystems, sich als nicht sehr ergiebig herausstellen, so liefert eine Analyse des Codes kaum brauchbare Erkenntnisse. Eine Rückgewinnung der Spezifikation aus implementiertem Code ist normalerweise nicht möglich.

Auch diesen Standpunkt werden wir in einem späteren Kapitel näher begründen (Kap. 3.1.5). Allerdings sind Techniken des Reverse Engineering in manchen Situationen des Entwicklers von großem Interesse.

- Oft muß man die Wartung eines älteren Systems übernehmen. Dann sind Techniken gefragt, mit denen man den Einarbeitungsaufwand minimieren kann, auch wenn dabei keine perfekte Dokumentation mehr entstehen kann.
- Zu Beginn eines Analyseprojektes wäre es oft recht nützlich, ohne großen Aufwand das alte System mit seinen Mängeln untersuchen zu können. Natürlich hat man dafür wenig Zeit.
- Auch bei Anwendung der neueren "Vorwärts"-Methoden entsteht der Wunsch, die Korrektheit eines Konstruktionsschrittes beweisen zu können. Durch geeignete Hilfsmittel kann dies gewiß nicht in jedem Falle automatisiert erfolgen, aber die inhaltliche Tätigkeit des Beweisens kann eventuell erleichtert werden.
- Vernünftige Reverse-Tools wären überaus hilfreich bei der Qualitätssicherung.

Hinsichtlich der häufig gepriesenen Ansätze des Reverse Engineering ist also Skepsis angebracht, jedoch pragmatische Hilfen sind nützlich.

2. Anforderungen an das Software-Produkt

Als Ausgangspunkt für die Beschäftigung mit den Entwicklungsmethoden ist ein klarer Qualitätsbegriff erforderlich, der sich natürlich an der Anwendung der Software-Produkte und den aus dieser Anwendung resultierenden Anforderungen richten muß. Dabei sind folgende Aspekte maßgeblich:

- Die Anforderungen an Systeme mit Sicherheitsverantwortung.
- Die Rechte des Betroffenen bei kommerziellen Anwendungen.
- Die Ordnungsmäßigkeit und Revisionierbarkeit von kommerziellen Verfahren.
- Die durch EDV-Einsatz eintretende Veränderung der Arbeitswelt.
- Die Akzeptanz der Produkte durch den Anwender.
- Die Wirtschaftlichkeit der Produkte.

Durch diese Problemkreise werden Forderungen der Gesellschaft, des Bürgers, des Anwenders und des Einsatzes von Software-Produkten in Unternehmen und in der Verwaltung angesprochen, die im Hinblick auf die Tätigkeit des Analytikers und Software-Entwicklers präzisiert und operationalisiert werden müssen.

Eine elementare Definition des Qualitätsbegriffs ist leider nicht möglich. Daher wird eine Zerlegung des Begriffs in mehrere Dimensionen vorgenommen. Diese Dimensionen oder **Qualitätseigenschaften** (auch **Qualitätskriterien**) sollten jede für sich einfacher definiert und gemessen werden können. Sie sollten voneinander unabhängig sein und gemeinschaftlich alle relevanten Aspekte abdecken.

Eine Präzisierung des Qualitätsbegriffs für Software-Produkte in diesem Sinne ist vor vielen Jahren begonnen worden. Hierzu gibt es auch zahlreiche Veröffentlichungen, die eigentlich schon seit längerer Zeit eine klare Zieldefinition vornehmen. Dabei hat sich eine umfassende Begriffshierarchie herausgebildet, die auch feine begriffliche Nuancen zu unterscheiden gestattet (vgl. /BALZERT-82/ S.11).

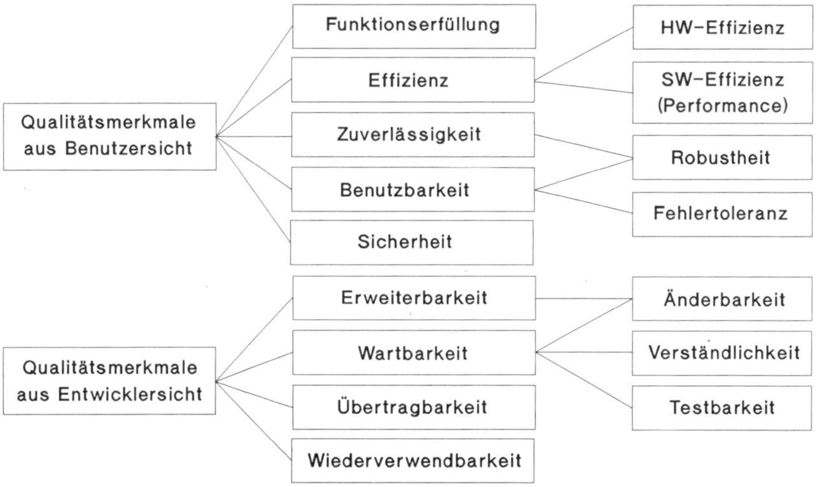

Bild 2-1: Software-Qualitätseigenschaften

Wir benutzen eine etwas vereinfachte Begriffshierarchie (Bild 2-1). In diesem Buch werden neun Hauptziele definiert, die den Qualitätsbegriff für den Praktiker besonders handlich machen, aber gleichwohl das Wesentliche enthalten. Eine weitere Detaillierung könnte leicht vorgenommen werden.

Wir unterscheiden Ziele, die vor allem vom Anwender artikuliert werden, von den Zielen, die der Anwender normalerweise von sich aus nicht fordert und die daher vom Entwickler in die Diskussion eingebracht werden müssen. Die Grenzlinie zwischen diesen Zielklassen ist fließend. Diese Aufteilung ist auch nicht in jedem Fall anwendbar. Sie soll aber vor allem dem Entwickler zeigen, an welchen Stellen er schwerpunktmäßig seine technische Kompetenz einbringen muß. Hier gibt es eine soziale Verantwortung des Informatikers, der "als Erfinder" oft die erste und letzte Instanz ist, die mit klarem Sachverstand beurteilen kann, ob die Ergebnisse seiner Arbeit sinnvoll benutzt werden.

Um dies noch einmal richtig klarzustellen: Sollte zum Beispiel irgendwo in der Welt aufgrund eines Softwarefehlers ein Flugzeug abstürzen, so ist dafür ein Software-Entwickler wenigstens moralisch verantwortlich. Sein Management kann es versäumt haben, die geeigneten Projektvoraussetzungen zu schaffen. Wenn dies der Fall ist, so mußte der Entwickler entsprechende Warnungen formuliert und durchgesetzt haben. Denn er kann die Tragweite mangelhafter Sicherheitsvorkehrungen als Techniker am besten beurteilen. Ansonsten ist natürlich das Management verantwortlich (s. Kap. 1.1 und vgl. /GILB-88/ S.15).

In Kapitel 2.3 erfolgt eine Präzisierung der Anforderungen für technische und in Kapitel 2.4 für kommerzielle Anwendungen. Für die technischen Anwendungen sind hier die Anforderungen an Systeme mit **Sicherheitsverantwortung** genauer zu definieren, so wie sie in Normen und Vorschriften niedergelegt worden sind. Für kommerzielle Systeme erfolgt ein Ausblick auf die Prinzipien der EDV-Nutzung und in diesem Zusammenhang eine Berücksichtigung der Aspekte des **Datenschutzes**, der **Ordnungsmäßigkeit** und der **Revisionsfähigkeit**. Außerdem richtet sich der kommerzielle EDV-Einsatz nach einigen organisatorischen Gesichtspunkten aus der Sicht der Durchführung in der Produktionsabteilung großer Rechenzentren. In diesen Kapiteln soll deutlich werden, in welcher Weise die eher abstrakt formulierten Qualitätseigenschaften eine erhebliche Praxisrelevanz gewinnen.

Die Qualitätseigenschaften stehen untereinander im Konflikt, d.h. sie sind meistens nicht alle gleichzeitig optimierbar. Im Projekt ist es daher erforderlich, die zu erreichenden **Qualitätsziele** unter Beachtung der anwendungsspezifischen Anforderungen präzise zu definieren und eine **Zielhierarchie** entsprechend der Anwendungserfordernisse und der aus Entwicklersicht beizusteuernden Kriterien vorzunehmen. Dies wird in Kapitel 2.5 erläutert.

2.1 Qualitätsmerkmale aus Anwendersicht

2.1.1 Funktionserfüllung

Funktionserfüllung ist ein Maß für die Übereinstimmung zwischen geplantem und tatsächlich realisiertem Funktionsumfang.

Dem Anwender präsentiert sich das Software-System über dessen Benutzerschnittstelle, die verschiedene Funktionen zur Nutzung anbietet. Er ist meistens primär an den Funktionen interessiert, die er als Unterstützung seiner Aufgabenstellung anwenden kann.

Nach der Einführung eines Software-Systems ändert sich manchmal die Betrachtungsweise. Besonders in der Anfangsphase ist der Anwender nicht gleich mit allen Funktionen so vertraut, daß er sie gleichermaßen effizient nutzen kann. Auch mit Blick auf die zu bearbeitenden Fallzahlen sind nicht alle Funktionen gleich wichtig. Während der Nutzung stellt sich heraus, daß die Funktionen, die die Routinearbeit abwickeln, am wichtigsten sind. Diese Unterscheidung zwischen Routine- und Komfortfunktionen frühzeitig zu treffen, ist meist nicht das Hauptanliegen des Anwenders. Dadurch besteht die Gefahr, daß zu große, unübersichtliche und zu teure Systeme entstehen und installiert werden. Für den Systemanalytiker ist es wesentlich, die wahren Anforderungen klar zu erkennen und danach das System zu planen.

Die Funktionserfüllung ist das entscheidende Kriterium für die Nützlichkeit aus Benutzersicht. Sie wird in der Entwicklungs- oder Auswahlphase oft stark in den Vordergrund gestellt und führt dann leicht zur Planung umfangreicher Systeme, die mit verfügbaren Mitteln an Zeit und Budget nicht realisierbar sind. Nach Systemeinführung sind meistens andere Qualitätskriterien wichtiger.

Für das Projekt ist ein vorläufiger Verzicht auf einige Funktionen oft der einzige Weg, (scheinbar) den Termin zu halten. Zur Erfolgsabsicherung des Projektes gilt daher die Empfehlung, nach einem zu Anfang des Projektes entwickelten Stufenplan vorzugehen, der natürlich mit dem Anwender abzustimmen ist. Bereits fertiggestellte Systemteile sollten so früh wie möglich dem Anwender zur Durchführung von Praxistests übergeben werden. Dies gilt auch dann, wenn eine Verschiebung von Funktionen auf den Zeitraum nach Fertigstellung der ersten Stufe nicht möglich ist (z.B. bei Systemen der Prozeßsteuerung). Dennoch muß man im Konzept das Gesamt-System ausformulieren oder wenigstens langfristig gültige Schnittstellen zu noch nicht realisierten Verfahrensteilen definieren. Damit wird eine künftige Weiterentwicklung des Systems bereits im Konzept offengehalten und ermöglicht.

2.1.2 Effizienz

Die Effizienz ist das Ausmaß der Inanspruchnahme von Betriebsmitteln (Hardware) durch das Software-Produkt bei gegebenem Funktionsumfang.

Dabei sind Speicherbedarf, Zeitbedarf, Durchsatz und Antwortzeiten besonders zu berücksichtigen. Die Effizienz war lange Zeit aufgrund hoher Hardwarekosten das beherrschende Qualitätsmerkmal. Im Laufe der Zeit wurde die Hardware immer leistungsfähiger und kostengünstiger. Daher sind Kompromisse in der Hardware-Konfiguration meistens nicht mehr erforderlich. Eine Ausnahme gibt es lediglich bei manchen eingebetteten Systemen, wenn nämlich aufgrund der Konstruktion des Gesamtsystems einige Beschränkungen in der Dimensionierung des Steuerungsrechners gesetzt sind (Beispiel: ABS-System).

Man unterscheidet gelegentlich die Effizienz hinsichtlich der Hardware-Ausstattung (**Hardware-Effizienz**) von der Effizienz hinsichtlich minimaler Antwortzeiten bzw. Laufzeiten (**Software-Effizienz, Performance**).

Optimiert man das Software-System in Richtung Hardware-Effizienz, so entsteht eine geringere Gesamtqualität. Die Wartbarkeit, Portabilität, Erweiterbarkeit werden etwa bei Nutzung einer rechnernahen Sprache (Assembler) oder anderer spezieller Eigenschaften der Implementierungsumgebung, des Rechners oder der Endgeräte eventuell stark beeinträchtigt. Daher gelten folgende Empfehlungen:

1) Kompromisse zugunsten der Hardware-Effizienz sollte man nach Kräften vermeiden. Sie führen leicht zu unangemessen vergrößerten Wartungskosten.
2) Hardware ist im Vergleich zu den Kosten der Wartung in der Regel billig.

2.1.3 Zuverlässigkeit

Zuverlässigkeit ist gegeben, wenn das System die geforderten Leistungen erbringt, ohne fehlerhaft in gefährliche oder sonst unerwünschte Zustände zu gelangen. Technische Systeme mit Sicherheitsverantwortung müssen stets in einem sicheren Zustand gehalten werden.

Die Zuverlässigkeit ist heute der entscheidende Qualitätsmaßstab geworden. Unzuverlässige Software ist wertlos, egal, wie effizient sie ist. Bei einigen Anwendungen sind Ausfallkosten weitaus größer als die gesamten EDV-Kosten inclusive Entwicklung und Hardware (Beispiel: Prozeßautomatisierung). Ein ineffizientes System kann nachverbessert werden (Tuning), ein unzuverlässiges nur schwer. Zuverlässigkeit ist durch **konstruktive Voraussicht** (/BALZERT-82/ S.21ff) erreichbar, und nicht nachträglich in das Produkt "hineinzutesten". Sie muß daher schon in der Konzeption konstruktiv berücksichtigt und geplant werden. In der Realisierungsphase können noch fehlerhafte Moduln die Entwicklung anderer Moduln eventuell so behindern, daß erhöhter Implementierungsaufwand erforderlich wird.

Schlechte Zuverlässigkeit von Software kann heute Katastrophen ungekannten Ausmaßes verursachen. Im kommerziellen Bereich droht mindestens Datenverlust. Dagegen sind die Auswirkungen der Ineffizienz beinahe unschädlich: lange Wartezeiten sind unangenehm aber oft harmlos im Vergleich zu Auswirkungen fehlerhafter Software.

Zuverlässigkeit umfaßt die **Robustheit**. Ein System kann nur dann als zuverlässig gelten, wenn jegliche Fehlbedienungen vom System erkannt und mit Fehlermeldung zurückgewiesen werden.

Ein Software-System ist robust, wenn es auch auf alle unvorhergesehenen Eingaben vernünftig reagiert. Vernünftige Reaktion bedeutet dabei, daß alle Fehler, die der Benutzer machen kann, vom Programm abgefangen und in eine verständliche Fehlermeldung umgesetzt werden. Darüberhinaus darf eine Verarbeitung von Eingaben nur stattfinden, wenn in den Eingaben des Benutzers keine Fehler erkannt worden sind.

2.1.4 Benutzbarkeit

Die Benutzbarkeit (auch Benutzungskomfort, Benutzerfreundlichkeit) umfaßt alle Software-Eigenschaften, die dem Anwender oder Bediener ein einfaches, angenehmes und damit gleichzeitig effizientes und fehlerarmes Arbeiten mit dem Software-Produkt gestatten. Dabei sind viele ergonomische Kriterien zu berücksichtigen: Lernaufwand, Installationsaufwand, Bedienerbelastung, Häufigkeit von Bedienungsfehlern, einfache und einheitliche Benutzeroberfläche, Robustheit, d.h. Unanfälligkeit gegen falsche Bedienung und Benutzung.

Der Begriff der **Ergonomie** ist grundlegend für alle technischen und organisatorischen Systeme, die auf die Arbeitswelt einen Einfluß haben.

"Ergonomie bedient sich naturwissenschaftlicher Methoden zur Beschreibung menschlicher Eigenschaften, von Arbeitsabläufen, -plätzen, -organisationen und -umgebungen, um durch Anpassung der Arbeit an die menschlichen Eigenschaften vor allem die Gefahr einer organisatorischen Überbelastung durch Arbeit so unwahrscheinlich wie möglich zu machen, aber auch dem Menschen höchsten Nutzen aus dem Einsatz seiner Fähigkeiten und Fertigkeiten sowie dem Gebrauch von Arbeitsmitteln und Gütern zu gewährleisten." (/FÄHNRICH-87/ S.211)

Im Entwicklungsprojekt sind immer wieder folgende Probleme aufgabenspezifisch zu lösen:

* Wie gestaltet man Benutzeroberflächen ?
* Wie gestaltet man Bedieneranleitungen ?
* Wie gestaltet man Schulungen und Lehrmaterial ?
* Wie gibt man dem System "autodidaktische Fähigkeiten"

2.1.4.1 Software-Ergonomie

In den letzten Jahren hat die Software-Ergonomie, also die Gestaltung von Benutzerschnittstellen, erfreuliche Fortschritte gemacht. Andererseits ist die Situation auf dem Softwaremarkt durch ein hohes Maß an Uneinheitlichkeit gekennzeichnet. Es gibt viele ansprechende Konzepte für die Gestaltung der Benutzerschnittstellen, aber fast alle sind verschieden. Selbst wenn in einer konkreten Installation nur geringfügige Unterschiede der Benutzerschnittstellen vorliegen, ist die Situation für den Anwender schwierig. Er muß sich bei seiner Arbeit ständig umstellen, je nach den Eigenschaften und Forderungen der Software, die er gerade benutzen will. Dies ist aus dem Blickwinkel der Ergonomie nicht sinnvoll. Daher werden wir in diesem Kapitel einige grundsätzliche Anforderungen an Benutzerschnittstellen darstellen, ohne jedoch durch Bezug auf konkrete Produkte den Anspruch auf längerfristige Gültigkeit der Regeln zu verlieren.

Aufgaben und Probleme der Benutzerschnittstellen

Betrachten wir zunächst ein Beispiel aus einem anderen technischen Bereich. Ein Automobil hat auch eine Benutzerschnittstelle. Diese hat folgende Aufgaben:

- Sie soll eine fehlerfreie Bedienung und eine wirtschaftliche Nutzung des Systems ermöglichen.
- Sie soll spürbare Qualität vermitteln: Türklinke, Türengeräusch, Armaturenbrett aus Holz. Diese Teile des Systems nimmt der Fahrer jeden Tag mindestens unbewußt wahr. Sein Vertrauen zum System wird sehr stark durch das spürbare Qualitätserlebnis geprägt.
- Die Arbeitsumwelt des Anwenders wird nach arbeitswissenschaftlichen und ergonomischen Erkenntnissen gezielt gestaltet (Hardware-Ergonomie): menschengerecht einstellbare Sitzposition, Erreichbarkeit der Bedienungsinstrumente, Ablenkung des Fahrers vermeiden, Übersichtlichkeit der Karosserie.
- Gleichzeitig vermittelt die Benutzerschnittstelle ein **vereinfachtes gedankliches Modell der tatsächlichen Funktion**: Gaspedal + Kupplung + Schalthebel als Modell für die tatsächlich komplexere Technik des Motors, Getriebes usw.

(Beispiel: wer kann genau die Aufgabe, Funktionsweise, Konstruktion und technische Berechnung der Beschleunigungspumpe im Vergaser erklären? Den meisten Fahrern reicht das einfache Model aus: "wenn ich Gas gebe, dann beschleunigt das Auto.").

- Es gibt einige wesentliche Einrichtungen zur Überwachung des Systemzustandes: Instrumente.
- Es gibt zahlreiche zusätzliche Hilfsfunktionen, die mit der eigentlichen Aufgabenstellung nur wenig direkt zu tun haben: Uhr, Radio, Klimaanlage.

Diese Eigenschaften von Benutzerschnittstellen finden sich auch in ergonomisch hochwertigen Softwareprodukten wieder. Bei der Konstruktion von Software-Systemen müssen Probleme von Benutzern im Umgang mit EDV-Systemen gewissenhaft beachtet werden:

- Zunächst ist zu bedenken, daß die meisten Benutzer beim ersten Kontakt mit einem Rechnersystem ihre **Schwellenangst** überwinden müssen.
- Der Benutzer hat **Angst vor Fehlern**, die er bei Bedienung des Systems machen kann und deren Folgen er nicht übersieht. Ihm ist die interne Funktionsweise des Systems unbekannt, besonders im Fehlerfall. Daher benötigt er genau wie der Autofahrer ein in den technischen Details vereinfachtes gedankliches Modell der tatsächlichen Funktion.
- Oft hat der Benutzer **gesundheitliche Vorbehalte** gegen die Arbeit an Bildschirm-Arbeitsplätzen. Hinzu kommen allgemeine Vorbehalte gegen den EDV-Einsatz (Rationalisierung, Eingriff in die Privatsphäre, der "gläserne Mensch").
- Weiter ist zu berücksichtigen, daß nicht anwendungsgerechte Systeme, die also nicht die wahren Anforderungen des Anwenders abdecken, zwangsläufig zu der Erfindung von systemfremden Hilfskonstruktionen und ineffektiven organisatorischen Regeln führen.

Aber auch die Datenverarbeitung hat meistens noch Probleme im Umgang mit Benutzern:

- Der Benutzer kennt meist nur einen kleinen Teil der Funktionalität (Beispiel: Textsystem).
- Wenig benutzertolerante Systeme zwingen den Benutzer dazu, eventuell sinnlose Fragen zu beantworten, um dem Formalismus des Systems zu entsprechen.
- Das System muß das **"Kausalitätsbedürfnis"** des Benutzers befriedigen, d.h. auch in schwierigen Situationen immer für den Benutzer eine verständliche Erklärung bereithalten. Jede Aktion des EDV-Systems muß für den Benutzer **vorhersehbar** sein. Das System muß gerade im Fehlerfall besonders "freundlich" sein. Es muß Fehlbedienungen erkennen und erklärend zurückweisen (**Fehlertoleranz** und **Robustheit**). Diese Erklärung muß genaue Auskunft in der Sprache des Anwenders geben, was die genaue Ursache des Fehlers war und welche Maßnahmen zu seiner Beseitigung möglich und erforderlich sind. Fehler müssen gerade bei Maskenfolgen innerhalb von Funktionsketten frühzeitig zurückgewiesen werden.

- Durch eine freundliche Benutzerschnittstelle muß die Notwendigkeit für Spezialwissen des Anwenders über Datenverarbeitung im Allgemeinen und das System im Besonderen so gering wie möglich gehalten werden.
- Schließlich muß die Benutzerschnittstelle als der sichtbare Teil des Software-Systems **Vertrauen durch Qualität** vermitteln.

Veränderung der Arbeitswelt

Der Entwickler darf sich im Rahmen seiner sozialen Verantwortung als Informatiker nicht auf das Gestalten von Benutzerschnittstellen (Anpassung einer Maschinenschnittstelle an den Menschen) und auf das Gestalten von Arbeitsplätzen beschränken. Er muß vielmehr die **Arbeitsinhalte bewußt gestalten**. Ein einfacher, nicht zusätzlich beanspruchender, selbsterklärender, fehlertoleranter und verläßlicher Dialog, der eine anforderungsarme, monotone Aufgabe unterstützt, macht diese nicht anregender (vgl. /FÄHNRICH-87/ S.30). Die Arbeitsgestaltung, d.h. die Festlegung rechnerunterstützter Aufgaben mit gewünschten Anforderungen, beginnt natürlich bei der Problemanalyse. Folgende Aspekte sind zu berücksichtigen:

- Technische Systeme müssen ausgehend von erwünschten Arbeitsaufgaben der Menschen projektiert werden. Dies muß bei der Konstruktion eines neuen Systems (vgl. Kap. 4.5.2, **Prozessorzuordnung**) berücksichtigt werden.
- Dabei sollte man dem Menschen keine mehr oder weniger zufällig verbleibenden Restfunktionen übertragen, sondern bei aller technischen Unterstützung seiner Tätigkeit sollen dem Menschen verantwortungsvolle Tätigkeiten zugeordnet werden. Das Rechnersystem ist zur Unterstützung seiner Tätigkeit gedacht. Normalerweise kann und soll der Mensch nicht ersetzt werden. Hier ist neben den ergonomischen Aspekten die Frage der Zuordnung von Entscheidungskompetenz an Rechnersysteme zu beachten. In Kapitel 3.1.1.2 werden wir die Aufgaben des Sachbearbeiters, die seine nicht-formalisierbare Urteilskraft erfordern, bewußt der **"Spontanen Hülle"** des Systems zuordnen, die in jedem System gefunden werden kann.
- Es gibt viele Ursachen für die Unzufriedenheit mit Anwendungen. Ergonomische Aspekte gehören dazu. In vielen Fällen spielen die Bedürfnisse und Eigenschaften der Benutzer beim Systementwurf noch keine nennenswerte Rolle.

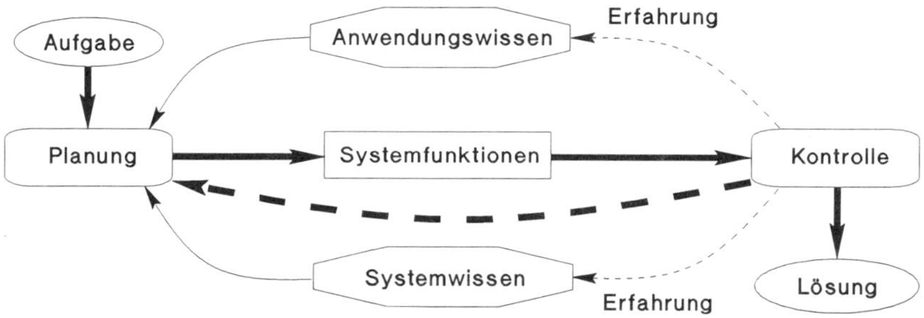

Bild 2.1-1: Regelkreis der Systemnutzung

Bei der Nutzung eines Software-Systems ist das gedankliche Modell eines Regelkreises nützlich (Bild2.1-1), in dem der Benutzer bei der Lösung seiner Aufgaben mit dem System im Laufe der Zeit immer mehr Kompetenz hinsichtlich der Bedienung des Systems, der Kenntnis über das Anwendungssystem und auch über allgemeinere EDV-Hintergründe gewinnt. Das System sollte also die autodidaktische Tätigkeit des Benutzers unterstützen.

2.1.4.2 Anforderungen an die Benutzerschnittstelle

Für Dialoganwendungen können aus ergonomischer Sicht zahlreiche Anforderungen aufgeführt werden, die natürlich sofort als Kriterien bei der Auswahl von Rechner- und Basis-Software-Systemen oder auch zur Formulierung von Entwicklungsstandards dienen können. Benutzerschnittstellen sollten unabhängig von der benutzten Technologie den folgenden Grundsätzen folgen:

.1 Durchgängigkeit, Einheitlichkeit

Innerhalb der gesamten Anwendungs- und Arbeitsumgebung, auch anwendungs-übergreifend, müssen alle Anwendungssysteme gleichartige Benutzerschnittstellen aufweisen.

.2 Dialoggestaltung

Die vom System bereitgestellte Nutzbarkeit von Funktionen muß sich dem Kenntnisstand des Anwenders flexibel anpassen lassen.

.3 Menügestützte Arbeitsweise

Führung des Benutzers durch einen Menübaum an die jeweils gewünschte Funktion in einheitlicher Weise.

Der Benutzer darf keinen Zugang zur Kommandozeile des Betriebssystems haben.

.4 Maskengestaltung

Bildschirminhalte müssen genau die im jeweiligen Arbeitsschritt relevanten Informationen wiedergeben. Bildschirme dürfen nicht mit Informationen überladen sein. Die wiedergegebenen Informationen müssen strukturiert dargeboten werden. Hier kann auch die sparsame Nutzung der Farbattribute bei geeigneten Endgeräten nützlich sein.

.5 Standardfunktionen

Das Dialogsystem muß neben den Kernfunktionen des Anwenders zusätzliche Dienste anbieten, die den Umgang mit dem Software-System erleichtern und absichern. Zum Beispiel gehören hierzu Dienste der Bürokommunikation, Mailing, Notizbuch, Wiedervorlagelisten.

.6 Fehlertoleranz und Fehlertransparenz

1 Das System muß im Falle eines erkannten Fehlers besonders freundlich sein und den Benutzer mit Einfühlungsvermögen informieren.

2 Das System muß immer bedienbar bleiben, d.h. alle auftretenden Fehlerbedingungen müssen abgefangen werden.

.7 Hilfesysteme, Nachrichten, Handbücher

Man vermeide Handbücher in gedruckter Form. Ein Dialogsystem sollte sämtliche Informationen, die für den Benutzer relevant sind, online zur Verfügung stellen.

.8 Technische Konsequenzen

Die Bereitstellung einer hochwertigen und orthogonalen Benutzerschnittstelle ist nur sinnvoll möglich, wenn das System intern ein gutes Design aufweist.

Im Anhang geben wir eine ausführlichere Checkliste über die Anforderungen an Benutzerschnittstellen an, in der auch noch die Hardware-Ergonomie angesprochen wird. Diese Checkliste hat natürlich dieselben Nachteile wie jede Checkliste (s. Kap.1.4.5): der Benutzer darf nicht sicher sein, daß sie alle für ihn relevanten Details enthält, und im Hinblick auf eine gegebene Anwendungssituation werden auch einige nicht relevante Details enthalten sein. Aber vielleicht führt die Checkliste mal einen Benutzer auf einen Gedanken, den er sonst nicht gehabt hätte. Weitere Hinweise findet der Leser zum Beispiel bei (/BALZERT-88/, /LAUTER-87/, /FÄHNRICH-87/).

2.1.5 Sicherheit

Unter dem Begriff der Sicherheit fassen wir alle System-Eigenschaften zusammen,

- die verhindern, daß ein technisches System in einen gefährlichen Zustand gerät,
- die verhindern, daß Software-Systeme und EDV-Verfahren unbefugt benutzt werden,
- die verhindern, daß Daten oder Programme unbeabsichtigt oder mutwillig zerstört oder verfälscht werden (z.B. Viren),
- und die dafür sorgen, daß eine ordnungsgemäße und revisionsfähige Verarbeitung im Sinne geltender Normen und Gesetze und anderer Rechtsvorschriften sichergestellt wird (Datenschutz, Grundsätze ordnungsgemäßer Speicherbuchführung,...).
- Durch Datensicherheit wird angestrebt, daß Daten und Programme stets auf dem letzten Sicherungsstand restauriert werden können.
- Für technische Systeme gelten besondere Normen und Vorschriften für die Klassifikation von Anwendungen, ihre Konstruktion und Abnahme (Zertifizierung).

Die Sicherheitsmaßnahmen umfassen neben Eigenschaften der Software auch das organisatorische Umfeld und die Hardware.

Beispiele für wesentliche System-Eigenschaften aus dem Blickwinkel der Sicherheit sind:

- Vor allem bei technischen Systemen, aber auch im kommerziellen Bereich, die **Diversität**, d.h. die **unabhängig redundante Auslegung wichtiger Systemteile** zusammen mit dem erforderlichen Redundanzmanagement. Man erwartet, daß man bei Ausfall eines solchen kritischen Systemteils mit dem anderen (seinem "Zwilling") noch sicher weiterarbeiten kann. Natürlich muß der verantwortliche Benutzer umgehend von dem Ausfall der Komponente informiert werden.
- Die Prüfung der Zugriffsberechtigung.
- Maßnahmen die sicherstellen, daß der Zugriffsbereich unter keinen Umständen verlassen werden kann, auch nicht im Fehlerfall.
- Bei Datenbanksystemen die Verfahren zur Verarbeitung von Checkpoint/Restart, Backup, Recovery sowie die Sicherstellung der Konsistenz auf Transaktionsgrenze und der automatischen Restaurierung des letzten konsistenten Zustandes im Fehlerfall.

2.2 Qualitätsmerkmale aus Entwicklersicht

2.2.1 Erweiterbarkeit

Erweiterbarkeit ist das Ziel, auch noch nach Fertigstellung den Leistungsumfang des Software-Produktes durch Einbau zusätzlicher Funktionen zu verändern und dabei einer speziellen Anwendungssituation anzupassen.

Die Erweiterbarkeit ist dann in relativ weitreichender und wirtschaftlicher Form gegeben, wenn das interne Softwaredesign hochwertig ist. Sobald die einzelnen Komponenten stark voneinander entkoppelt sind, aber jede für sich einen großen internen Zusammenhalt aufweisen (diese Begriffe werden wir in Kapitel 7.3 präzise definieren), ist eine Anpassung der Komponenten ohne Fernwirkungen und auch ihre Wiederbenutzbarkeit in anderen Aufgabenstellungen leichter zu erreichen.

Erweiterbarkeit kann prinzipiell durch die Zeit gemessen werden, die für eine Änderung oder Anpassung der Software jeweils erforderlich ist. Diese hängt stark von den Maßnahmen ab, die für die Softwareänderung ergriffen werden müssen.

Hier sind mehrere Fälle zu unterscheiden:

1 Eine Softwareänderung ist **nur durch den Hersteller** möglich (**geschlossenes System**).

Dies kann leicht sein aufgrund guten Designs oder schwer wegen problematischer Schnittstellen und Mängeln in der funktionalen Strukturierung des Systems. Der Anwender muß auf die nächste Version warten und ist von der Bereitschaft des Herstellers zur Änderung abhängig.

Beispiele sind die Compiler für Programmiersprachen.

2 Eine Änderung oder Systemerweiterung **kann durch den Anwender über definierte Schnittstellen erfolgen** (**offenes System**).

Dies ist ein komfortabler Weg, aber Gewährleistung durch den Anbieter der Software und das Versionen-Management für das System werden schwieriger. Der Aufwand für Anpassungen liegt beim Anwender. Für den Anbieter ergibt sich damit das Erfordernis, extern verfügbare Schnittstellen langfristig konstant zu halten.

Ein Beispiel ist in den **User-Exits** des Systemsorts in der IBM-Großrechnerwelt zu finden. Der Benutzer (als Anwendungsprogrammierer) kann dem Sortierprogramm eigene Routinen für die Vor- und Nachbearbeitung der zu sortierenden Datensätze mitgeben.

Häufig wählt ein Hersteller auch den Weg, Zugriffe auf die Systemdatenbanken (über hierfür bereitgestellte Moduln!) zu erlauben. Die Datenstrukturen bzw. ihre logische Repräsentation in den Übergabeparametern der Zugriffsmoduln muß dann natürlich langfristig konstant gehalten werden. Bei dennoch erforderlich werdenden Änderungen der Datenstruktur müssen Konversionsprogramme bereitgestellt werden, damit der Nutzer seine älteren Datenbestände sicher umstellen kann.

3 **Customizing** (Anpassung des Systems an spezielle Benutzerforderungen ohne Source-Code-Änderung ausgelieferter Programme).

Diese Alternative wird von vielen Softwarehäusern gewählt. Mehrere Lösungswege sind gangbar:

- Systemleistungen werden über **Tabellen** angesteuert (z.B. Anpassungen von Endgeräten), so daß Änderungen des Systems ohne Modifikation des Quellcodes möglich werden.
- **Beeinflussung des Link-Laufes** (nicht benötigte Systemleistungen werden nicht in das System eingebunden, setzt entsprechende Programm-Maßnahmen voraus). Der Benutzer (als Anwendungsprogrammierer) erhält neben einer lauffähigen Grundversion des Systems eine Funktionsbibliothek, die er auch individuell ergänzen kann. Aus dieser kann er benötigte Funktionen aufgabenspezifisch auswählen und in sein eigenes System einbinden.

  Beispiele sind etwa im CAD-Bereich zu finden, wenn spezielle Geräte (z.B. Plotter) von der CAD-Software aus anzusprechen sind.

Es muß darauf hingewiesen werden, daß eine Integration verschiedener Verfahren bei gleichzeitiger Nutzung von anpassbarer Software erhebliche Anforderungen an die Verfügbarkeit und Qualität der offenen Schnittstellen enthält. Die Einbindung von Standard-Software in ein integriertes EDV-Gesamtkonzept fällt in diese Problemklasse.

2.2.2 Wartbarkeit

Die Wartbarkeit eines Software-Systems wird nach der Zeitdauer beurteilt, die im produktiven Einsatz nach Auftreten und Meldung eines Fehlers erforderlich ist, um diesen zu lokalisieren und zu beheben. Auch dieses Qualitätsziel ist abhängig von den Design-Eigenschaften. Unterziele sind **Verständlichkeit, Änderbarkeit** und **Testbarkeit**.

Die Behebung eines gefundenen Fehlers ist meistens leichter als seine Lokalisation. Jedoch ist die Wahrscheinlichkeit hoch, bei einer Fehlerkorrektur neue Fehler einzuführen. Ein strukturiertes Systemkonzept erleichtert die eindeutige Lokalisierung von Fehlern. Der Aufbau des Systems und seine Dokumentation tragen erheblich zur Verständlichkeit bei und unterstützen damit auch die Wartbarkeit. Schließlich muß die Philosophie des Systems klar sein, seine Schnittstellen müssen einfach und zuverlässig sein.

Hier läßt sich provokativ ein Maßstab angeben: jeder Modul des Anwendungssystems muß von einem vorgebildeten Außenstehenden in weniger als etwa zehn Minuten komplett verstanden werden können. Dazu ist unter anderem erforderlich, daß die statische Programm-Notation im Quellcode mit dem dynamischen Programmablauf übereinstimmt.

Weiterhin muß sichergestellt werden, daß die Gefahr von **Fernwirkungen** einer Fehlerbereinigung gering ist.

Fehler müssen **reproduzierbar** sein, dies hat Anforderungen an das Moduldesign zur Konsequenz (vgl. Kap. 7.2, möglichst **Moduln mit Gedächtnis** vermeiden und die **Kopplung** von Moduln gering halten).

Daneben gibt es auch technische Maßnahmen, die tendenziell die Wartbarkeit verbessern. Systemteile und auch einzelne Moduln müssen sich gut testen lassen. Dazu ist das Vorhandensein entsprechender Tools und dokumentierter **Testtreiber** eine wichtige Voraussetzung.

2.2.3 Übertragbarkeit, Portabilität

Ein System ist portabel, wenn es leicht in eine neue oder andere Hardware- oder Software-Umgebung überführt werden kann.

Welche Probleme sind zu lösen, wenn ein Software-Produkt von einer Hardware-Umgebung auf eine andere übertragen werden soll? In welchem Umfang und an welcher Stelle im System werden Hardware-Eigenschaften oder Eigenschaften von Basis-Software (Betriebssystem, Datenbanksystem, Compiler,...) bewußt oder gar unbewußt und undokumentiert ausgenutzt ?

Die Portabilität hat eine steigende Bedeutung gewonnen (vgl. /LECARME et.al. 89/). Die Hardware hat heute zwar eine erhebliche physikalische Lebensdauer, aber ihre Nutzungszeit in konkreter Installation ist meistens kürzer als die gesetzlichen Abschreibungszeiträume. Weil neue Anwendungen hinzukommen und auf der bisherigen Hardware nicht mehr performant abgebildet werden können oder aufgrund von gestiegenen Fallzahlen werden Rechner oftmals vor der Zeit durch größere oder gar andere Modelle abgelöst. Dieser Effekt ist auf allen Hardware-Ebenen vom PC bis zum Großrechner zu beobachten.

Die Software muß wegen der erheblichen Investitionskosten, aber mehr noch wegen der langfristig abzusichernden Datenkonsistenz eine wesentlich längere Lebensdauer als die Hardware haben. Dies ist schon bei Betriebssystemen ablesbar, die teilweise in immer wieder verbesserter Form eigentlich schon über zwanzig Jahre vertrieben werden. Es gilt aber auch für Anwendungssysteme, die oftmals mehr als zehn Jahre im Einsatz sind. Softwareentwickler müssen sicherstellen, daß die Software diese Zeiträume trotz weitreichender erforderlich werdender Änderungen übersteht. Durch entsprechenden Systemaufbau muß eine hohe Wartbarkeit gewährleistet werden. Dies muß auch mit großer konstruktiver Voraussicht geschehen. Bereits bei der Entwicklung können und müssen Stellen erkannt werden, die änderungsempfindlicher als andere sind. Diese gilt es so zu gestalten, daß eine später tatsächlich erforderlich werdende Änderung das Design in seiner Grundkonzeption nicht verletzt.

Das Ziel muß angestrebt werden, Software so stabil zu entwickeln, daß Änderungen nur motiviert sein können von

- neuer Technologie (Hardware, RISC-Prozessoren, neue Datenbanksysteme),
- neuen Konzepten zur Mensch/Maschine-Kommunikation (Dialog statt Batch, Windowtechnik,...),
- neuen Anwender-Anforderungen (auch z.B. neue Gesetze).

Die aufgrund solcher Veränderungen der Systemumgebung notwendig werdenden Änderungen sollen nur jeweils bestimmte Software-Schichten betreffen, nicht das Gesamt-Konzept des Systems.

2.2.3.1 Software-Architektur

Die Konstruktion von Softwaresystemen geht, oftmals unbewußt, vom Konzept der **virtuellen Maschine** aus.

Der Hardware-Prozessor ist zwar in der Lage, elementare Operationen in seiner Maschinensprache der Reihe nach auszuführen. Diese Sprache ist aber für die Lösung anwendungsnaher Aufgaben insofern ungeeignet, als sie den programmierenden Benutzer zwingt, sein inhaltliches Problem in einer fremdartigen, der technischen Struktur des Hardware-Prozessors angepaßten Sprache zu formulieren. Daher entwickelte man Sprachen, die dem Benutzer besser angepaßt sind. Sie stellen auch eine Maschine (einen endlichen Automaten) dar, aber es gibt (meistens) keine physikalische oder **reale Maschine**, die diese Sprache direkt umsetzen kann. Da die Sprach-Maschine nur auf der realen Maschine simuliert wird, spricht man von einer **virtuellen Maschine**. Man benötigt Interpreter oder Compiler, um die Operationen der virtuellen Maschine in die Operationen der realen Maschine umzusetzen.

Dieses Konzept gilt nicht nur für Programmiersprachen. Jedes Anwendungssystem kann als virtuelle Maschine aufgefaßt werden. Dem Benutzer wird der Eindruck einer realen Maschine vermittelt. Aufgabe der Software ist es, die virtuelle Maschine auf einer realen Maschine zu simulieren. Dies geschieht vernünftigerweise in mehreren **Schichten**. Eigentlich bildet jede dieser Schichten eine virtuelle Maschine. Diese Schichten werden bewußt so konstruiert, daß sie in möglichst vielen Anwendungszusammenhängen benutzbar sind. Die Definition der Schichten führt zu einer Software-Architektur. Die Grenzen zwischen den Schichten heißen **Schnittstellen**. Jede Schicht hat eine **obere** und eine **untere** Schnittstelle. Die obere Schnittstelle heißt auch **Oberfläche** (gelegentlich redet man daher auch von **Benutzeroberflächen**). Diese repräsentiert die Eigenschaften der virtuellen Maschine gegenüber ihren Nutzern.

Betrachten wir die Architektur eines Softwaresystems, so sollten wir immer mehrere interne Schichten wiederfinden, zwischen denen vernünftige Schnittstellen definiert sind. Im Modellbild der Software-Architektur werden diese Schnittstellen grafisch als waagerechte Trennlinie dargestellt (Bild 2.2-1). Durch diese Schnittstellen zwischen Schichten erhält man eine **vertikale Schichtung**.

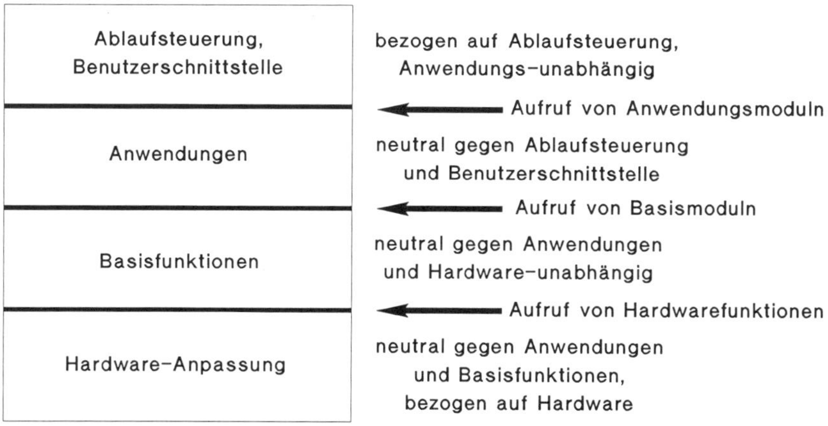

Bild 2.2-1: vertikale Schichtung

Aber auch innerhalb jeder Schicht ist eine weitere Strukturierung möglich und qualitätsfördernd. Die einzelnen Aufgaben, die eine Schicht bearbeitet, sollten voneinander unabhängig, also möglichst getrennt sein. Damit erreicht man kleine, überschaubare und leicht pflegbare Einheiten. Die Aufteilung einer Schicht in unabhängige Aufgaben führt zu einer **horizontalen Schichtung**, die Trennung zwischen Aufgaben einer Schicht wird im Modellbild durch senkrechte Linien repräsentiert (Bild 2.2-2).

Es gilt die Regel, daß jede Funktion einer Schicht sämtliche Funktionen der darunterliegenden Schichten benutzen darf. Dabei sind wichtige Schnittstellen zur Herstellung der **Unabhängigkeit** zu respektieren. Innerhalb der Schichten sollte man mit der Benutzung anderer Funktionen zumindest vorsichtig sein.

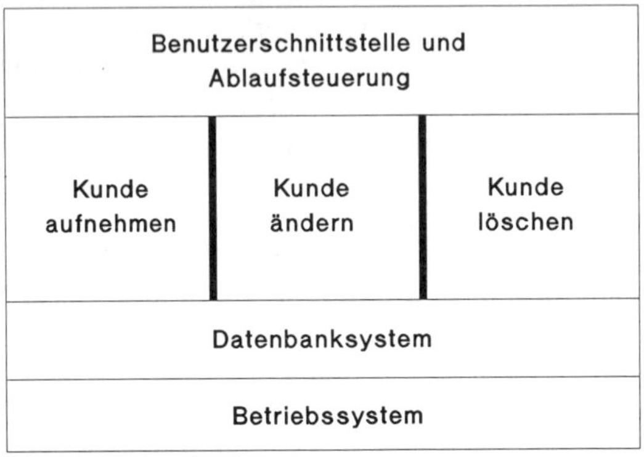

Bild 2.2-2: horizontale Schichtung

Ziel der technischen Strukturierung eines Softwaresystems sollte also stets die Entwicklung einer vertikalen Schichtung und damit Aufteilung der Gesamtaufgabe in wiederbenutzbare virtuelle Maschinen und gleichzeitig innerhalb jeder Schicht bzw. virtuellen Maschine eine horizontale Schichtung zur Entkoppelung der einzelnen Aufgaben der Schicht sein.

2.2.3.2 Portabilität und Software-Architektur

Das Ausmaß, in dem ein Softwaresystem portabel ist, hängt entscheidend von der Software-Architektur ab. Wenn es im Schichtenmodell der Software klare Schnittstellen gibt, die eventuell sogar internationalen Standards folgen, dann ist Portabilität leichter zu erreichen. Man kann die oberen Schichten weiterverwenden, wenn man die Hardware-abhängige Schicht austauscht oder anpaßt oder wenn man die entsprechende Schicht des anderen Herstellers benutzen kann (Bild 2.2-3). Solch eine Anpassung ist besonders effektiv möglich, wenn die zu ändernde Schicht eine gute horizontale Schichtung aufweist.

Beim Design eines Systems kann man also durch Maßnahmen zur horizontalen und vertikalen Schichtung und durch Definition fester und langfristig konstanter Schnittstellen dafür sorgen, daß ein Auswechseln einzelner Bausteine leicht möglich ist. Entscheidende Voraussetzung für Portabilität ist damit auch die Definition von Schnittstellen, die langfristig nicht geändert werden. Hier sind natürlich besonders **genormte Schnittstellen** von Interesse, die einen Austausch von Komponenten verschiedener Systeme prinzipiell ermöglichen. Als Beispiel für eine in hohem Maße portable Architektur betrachten wir das Betriebssystem UNIX (Bild2.2-4).

Bis auf wenige Teile des Systemkerns ist das gesamte UNIX-Betriebssystem in der Sprache C realisiert, für deren Sprachumfang es Normungen gibt (ANSI-Standard).

Will man also das Betriebssystem UNIX auf einen neuen Prozessortyp anpassen, so benötigt man eigentlich nur einen C-Compiler, der portablen C-Code in ANSI-Standard in Richtung auf die Maschinensprache des neuen Prozessors auflöst. Der in der Maschinensprache des neuen Prozessors manuell zu entwickelnde Code bleibt auf wenige rechnerabhängige Details beschränkt und macht nur einen verschwindend kleinen Teil des Gesamtcodes aus.

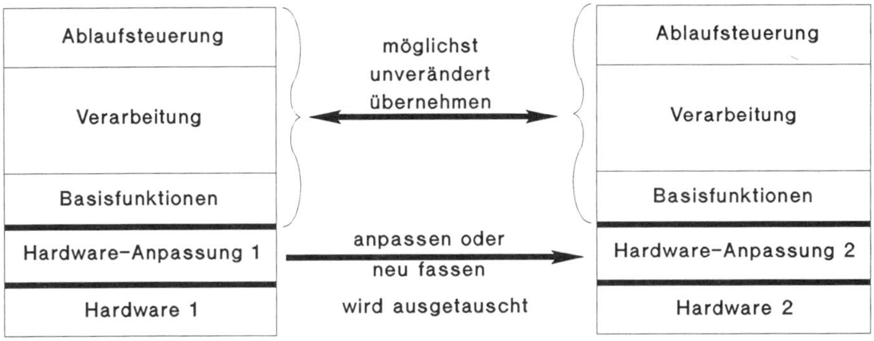

Bild 2.2-3: Portierung durch Austausch der Hardware-abhängigen Schicht

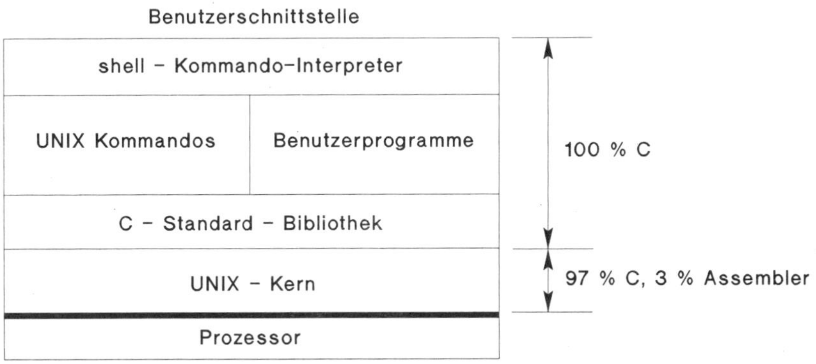

Bild 2.2-4: portable Architektur von UNIX

In der Praxis ist die Portierung natürlich nicht immer so ganz einfach. Man versucht daher bei besonders wichtigen Standards eine Validierung der Implementierungen durchzuführen.

2.2.4 Wiederverwendbarkeit

Wiederverwendbarkeit (Reusability) ist die Anwendung von bereits entwickelten Software-Komponenten in anderen Umgebungen, für die sie ursprünglich nicht geplant waren.

Japanische Firmen versuchen, in ihren Projekten einen Wiederbenutzungsgrad von 70 - 80 % zu erreichen (vgl. /YOURDON-89d/ S.229). Auf breiter Basis wurde Software bisher jedoch nicht wiederverwendbar konzipiert.

Wiederverwendbarkeit (Reusability) ist nicht in wünschenswertem Umfang nachträglich erreichbar. Bereits bei der Systemkonzeption müssen Vorkehrungen getroffen werden, die später eine Wiederbenutzung in anderen Zusammenhängen eröffnen. In diesem Zusammenhang werden folgende Konzepte diskutiert (vgl. /BIGGERSTAFF-PERLIS-89/):

- Wiederbenutzbare Bibliotheken von Funktionen und Objekten.
- Zusammensetzung vorhandener Systeme unter einer neuen gemeinsamen Steuerung.
- Generator-basierte Systeme, die aus vorgefertigten Entwürfen Systemteile einer Zielumgebung erzeugen.

Diese Ansätze stehen zumeist noch am Anfang ihrer Entwicklung. Mehrere Probleme sind erkennbar:

- Reusability auf der Basis von Funktionenbibliotheken bringt nicht den erhofften wirtschaftlichen Erfolg.
- In den meisten Architekturen vorhandener Systeme befinden sich die in hohem Maße wiederbenutzbaren Funktionen in den unteren Schichten und behandeln recht allgemeine Basisaufgaben. In den oberen Designschichten werden immer speziellere Aufgaben bearbeitet.
- Dies führt zum VLSR-Problem (Very Large Scale Reusability): ein wirklicher Nutzen entsteht erst, wenn man die oberen Designschichten wiederbenutzbar machen kann.
- Daher sind Standards bezüglich der Software-Architekturen erforderlich, die es bisher nur für spezielle Umgebungen gibt.
- Daneben tritt das Problem auf, wiederbenutzbare Funktionen und Objekte in den verschiedenen Firmen der Branche zu finden und im Rahmen der Nutzungsrechte durch andere auf breiter Basis zur Verfügung zu stellen. Hier entstehen auch Probleme der Gewährleistung. Die in eine Reuse-Bibliothek aufgenommenen Komponenten müssen validiert werden. Der Aufbau einer solchen Bibliothek erfordert erhebliche Investitionen als Vorleistung, bevor ein sichtbarer Nutzen entsteht.

Für die praktische Entwicklungsarbeit scheinen folgende Empfehlungen und Entwicklungsgrundsätze angebracht, um die Situation wenigstens lokal und evolutionär zu verbessern:

- Portabilität ist eine Voraussetzung für Wiederverwendbarkeit. Die dort aufgeführten Überlegungen sind also zu übernehmen.
- Man sollte Quellcode-orientierte Spezifikation in jedem Falle vermeiden. Stattdessen muß die Abhängigkeit des Designs von einer speziellen Implementierungstechnologie so spät wie möglich in den Entwicklungsprozeß eingebracht werden.
- Vorhandene Standards sind nach Möglichkeit zu benutzen. Dies gilt nicht nur für die Sprachnormen, sondern vor allem auch für Architekturnormen.
- Es gilt, den **"NIH-Faktor"** ("Not Invented Here") zu überwinden. Entwicklungsabteilungen müssen lernen, daß der Gesamterfolg entscheidend ist. Dieser hängt nicht davon ab, daß alle Details im Hause entwickelt worden sind.

- Im Großen ist die Wiederverwendbarkeit verwandt mit der Portabilität. Im Kleinen geht es darum, die einzelnen Komponenten des Systems so zu entwickeln, daß sie auch in veränderter Aufgabenstellung nutzbar sind. Zum Beispiel muß beim Moduldesign darauf geachtet werden, daß stets allgemein nützliche Moduln entstehen. Vor Verabschiedung einer Modulspezifikation ist stets noch einmal zu prüfen, ob sich die Wiederverwendbarkeit durch einige einfache Maßnahmen steigern läßt.
- Man sollte mehrere Stufen der Wiederverwendbarkeit unterscheiden. In einer gegebenen EDV-Organisation ist es unabdingbar, konzeptionell festzulegen, welche Maßnahmen lokal ergriffen werden können und sollen, um die Wiederverwendbarkeit zu steigern. Wenigstens gehören dazu Konventionen zur DV-Umgebung und zur Sprachumgebung (Programmentwicklungs-Richtlinien) sowie zur Qualitätskontrolle, zum Versions- und Konfigurationsmanagement.

2.3 Systeme mit Sicherheitsverantwortung

Dieses Kapitel beschreibt die besonderen Anforderungen an technische Systeme mit Sicherheitsverantwortung. In derartigen Systemen spielt die Software häufig eine wesentliche Rolle bei der Nutzung des Gesamtsystems. Wir geben hier einen Einblick in den Inhalt der wesentlichen Normen und Vorschriften (/DIN V 19250/, /DIN V VDE 0801/01.90/). In diesen werden weitere Details beschrieben. Außerdem beziehen wir uns auf ein Symposium des RWTÜV und TÜV Rheinland, das im Oktober 1990 in Köln durchgeführt wurde, und dessen Beiträge in einem Tagungsband (vgl. /MECKELBURG-JANSEN-90/) niedergelegt sind.

Kernpunkt der Sicherheitsdiskussion ist die **Risikoanalyse** (vgl. auch /GILB-88/ Kap. 6), die bei sicherheitsrelevanten Systemen Ausgangspunkt für die **Definition von Anforderungsklassen** ist. Für jede der Anforderungsklassen werden Maßnahmen festgelegt, die für ein konkretes System zu ergreifen sind.

Logischer Hintergrund dieser Anforderungen und Maßnahmen sind die in den Kapiteln 2.1 und 2.2 aufgeführten Qualitätsmerkmale, vor allem die Sicherheit und die Zuverlässigkeit, deren Gegenstandsbereich von der Software auf das gesamte System erweitert werden kann. Sicherheit und Zuverlässigkeit sind stets aus der Perspektive des Gesamtsystems zu beurteilen, die Software ist nur ein Subsystem.

Grundlegende Anforderung an alle Systeme mit Sicherheitsverantwortung ist eine hohe Fehlertoleranz, die sich in den folgenden Eigenschaften ausdrückt (vgl. /PHILIPP-90/):

- Das System sollte **fehlerarm** sein.
    * Die **Einführung von Fehlern** in den Prozeß sollte vermieden werden.
    * Die **Lebensdauer eines Fehlers** sollte minimiert werden.
    * Es sollten **Entwicklungsmethoden** verwendet werden, die die Entdeckung und Beseitigung eines Fehlers unterstützen.
- Das System sollte in der Lage sein, die Auswirkungen von Fehlern zu begrenzen.
    * Wenn ein Fehler auftritt, dann muß sich das System **selbst in einen wohldefinierten, als sicher anzusehenden Zustand versetzen.**

  * Das System muß trotz eines erkannten Fehlers seine **Funktion fortführen** (wenigstens den Teil seiner Funktionalität, der für einen Verbleib des Systems im Bereich sicherer Zustände erforderlich ist).
  * Das System muß in der Lage sein, den **Benutzer** über jede Abweichung von einem normalen Zustand zu **informieren.**
- Das System muß gegen nicht autorisierten Zugriff und nicht vorgesehene Benutzung geschützt sein.

2.3.1 Betriebliche und sicherheitsbezogene Funktionen

Viele technische Systeme, die heute eingesetzt werden, übernehmen eine erhebliche Verantwortung. Ihre Fehlfunktion kann Menschen in ernste Gefahr bringen. Seit Beginn der industriellen Revolution haben technische Systeme diese Eigenschaft. Aber in den letzten Jahren hat sich doch die Größenordnung verändert:

- Das mögliche **Ausmaß einer Katastrophe** ist größer geworden. Es ist eben ein Unterschied, ob ein Kessel in einem konventionellen Kraftwerk explodiert, oder ob ein Kernreaktor schmilzt oder ein Flugzeug abstürzt. Die Größenordnung der maximal möglichen Folgen bestimmt heute die **Anforderungsklasse.**
- Heutige Systeme haben eine **umfangreichere Funktionalität** und damit verbunden eine **wesentlich größere Komplexität.**

Frühere Technologien benutzten noch nicht elektronische Steuerungen. Um damalige Systeme immer in einem sicheren Zustand zu halten, hat man daher für jeden zu regelnden Parameter Sicherheitsgrenzen statisch vergeben. Betrachten wir zum Beispiel einen technischen Prozeß, dessen Sicherheit von zwei Parametern Temperatur T und Druck p abhängig ist (vgl. /MECKELBURG-90/ S.8-9):

> " In konventioneller Technik werden aus Sicherheitsgründen ein Grenzwertgeber für den Druck (p_{stat}) und ein Grenzwertgeber für die Temperatur (T_{stat}) eingesetzt. Damit sind die Möglichkeiten, den Prozeß zu betreiben, stark eingegrenzt. Durch den Einsatz elektronischer Steuerungen besteht aber die Möglichkeit, die Sicherheitsgrenzen in Abhängigkeit von Temperatur und Druck dynamisch zu verändern (Bild 2.3-1).

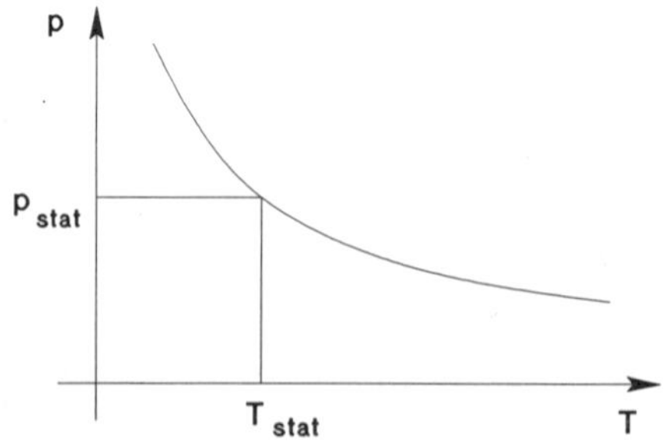

Bild 2.3-1: statische und dynamische Sicherheitsgrenzen

> Damit kann der Prozeß in erweiterten Grenzen sicher betrieben werden. Aus Gründen eines guten Wirkungsgrades kann dies vorteilhaft sein. "

Durch den verbreiteten Einsatz von Steuerungselektronik mit frei programmierbarer Verarbeitungslogik ist der Funktionsumfang und die Komplexität des Regelungsteils stark angewachsen. Die Funktionalität eines **MSR-Systems (Messen-Steuern-Regeln)** kann stets in zwei Bereiche aufgeteilt werden:

- **betriebliche Funktionen**, die keine besonderen Sicherheitsaufgaben wahrnehmen, und
- **Funktionen mit Sicherheitsaufgaben**. Diese sind besonders gegen Fehlfunktionen abzusichern, hierzu gehören also sicherheitstechnische Maßnahmen. Diese müssen selber auch sicher sein. Diese sich gegenseitig hochschaukelnden Sicherheitserfordernisse führen dazu, daß in kritischen Systemen der größte Teil der Funktionalität auf Sicherheitsfunktionen entfällt.

Der ursprünglich vorhandene Funktionsumfang steigt also durch die Möglichkeiten der elektronischen und programmierbaren Steuerung, diese bedingt wegen der erforderlichen Sicherheitsmaßnahmen eine weitere Steigerung der Funktionalität und damit der Komplexität des Systems. Die Sicherheitsmaßnahmen müssen ihrerseits ebenfalls sicher sein.

Ein technisches System wird durch Steuerungen und Regelungen überwacht. Zum Gesamtsystem gehören neben dem Prozeß, der die eigentliche betriebliche Aufgabe abbildet, noch ein MSR-System zur Überwachung und Regelung, das mit dem Prozeß über Sensoren (Meßwertaufnehmer) und Aktuatoren (Stellglieder) verbunden ist. Der Mensch überwacht den Prozeß im wesentlichen durch eine Benutzerschnittstelle zum MSR-System und greift nur selten selber in die Steuerung manuell ein (Bild 2.3-2).

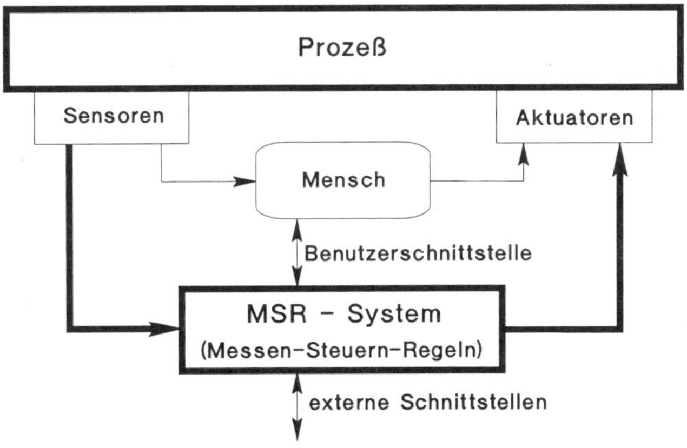

Bild 2.3-2: Prozeßüberwachung durch ein MSR-System

2.3.2 Risikoanalyse

Die sicherheitstechnischen Anforderungen werden durch eine Risikoanalyse des Gesamtsystems ermittelt. Dazu ist es erforderlich, daß das Risiko meßbar gemacht wird. Hier tauchen mehrere Grundprobleme auf:

- Es müssen Aussagen über sehr kleine Wahrscheinlichkeiten gemacht werden.
- Auch Risiken, die sich eigentlich einer numerischen, eventuell sogar kostenmäßigen Bewertung entziehen, müssen vergleichbar gemacht werden.

Trotz dieser Bedenken folgen wir dem gedanklichen Konzept der Risikoreduzierung durch Nicht-MSR- und MSR-Schutzmaßnahmen, wie es in der Vornorm DIN V 19250 vorgeschlagen wird (Bild 2.3-3).

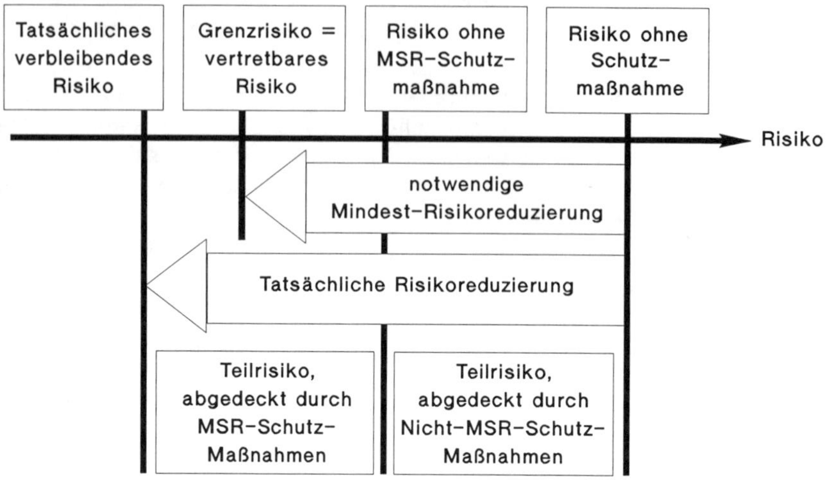

Bild 2.3-3: Risikoreduzierung durch Schutzmaßnahmen

Nach Kenntnis der Systemfunktionen werden deren Risiken geschätzt, woraus sich eine Anforderungsklasse des Systems ableiten läßt. Die Anforderungsklasse bestimmt dann die erforderlichen Schutzmaßnahmen, um das Risiko auf ein tatsächlich verbleibendes Risiko abzusenken. Wenn dieses kleiner als das vertretbare Risiko (das Grenzrisiko) ist, dann gilt die MSR-Funktion als sicher.

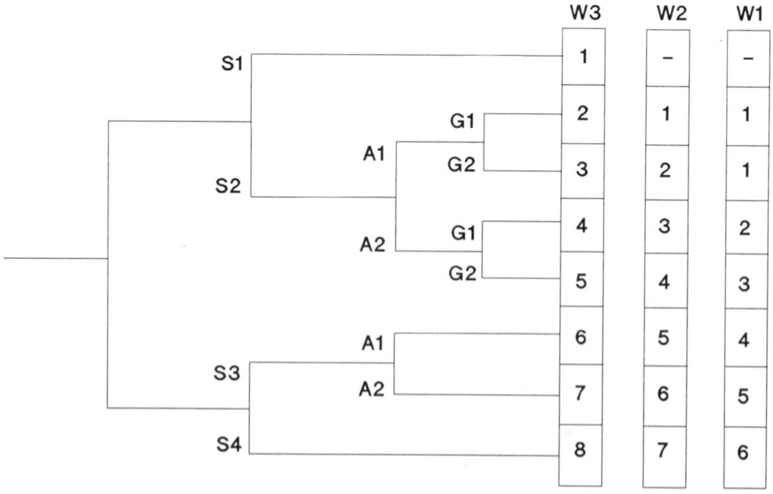

Bild 2.3-4: Risikograph und Anforderungsklassen

Eine exakte Quantifizierung des Risikos ist meistens nicht möglich. Sie ist eigentlich auch nicht erforderlich. Was dagegen benötigt wird, ist eine verbindliche Regelung, welche Maßnahmen in welchen Risikoklassen ergriffen werden müssen. Eine Klassifizierung erfolgt daher in Abhängigkeit von Schätzungen der Parameter Schadensausmaß, Aufenthaltsdauer im Gefahrenbereich, Gefahrenabwendung und Eintrittswahrscheinlichkeit des unerwünschten Ereignisses. Je nach geschätzter Ausprägung dieser Parameter wird die Anforderungsklasse zugeordnet (Bild 2.3-4)

Bedeutung der Parameter:

Schadensausmaß:

S1 leichte Verletzung

S2 schwere irreversible Verletzung einer oder mehrerer Personen oder Tod einer Person

S3 Tod mehrerer Personen

S4 katastrophale Auswirkung, sehr viele Tote

Aufenthaltsdauer im Gefahrenbereich:

A1 selten bis öfter

A2 häufig bis dauernd

Gefahrenanwendung:

G1 möglich unter bestimmten Bedingungen

G2 kaum möglich

Eintrittswahrscheinlichkeit des unerwünschten Ereignisses:

W1 sehr gering

W2 gering

W3 relativ hoch

In Abhängigkeit von der ermittelten Anforderungsklasse ergeben sich die sicherheitstechnischen Maßnahmen. Diese sind Inhalt der Vornorm DIN V VDE 0801.

2.3.3 Fehlerarten

Ursachen für einen gefährlichen Systemausfall können statistische oder systematische Fehler sein.

Statistische Fehler sind Defekte und Komponentenausfälle der Hardware, die abhängig von der Alterung nach einer bestimmten Lebensdauerverteilung im laufenden Betrieb auftreten.

Systematische Fehler sind von Anfang an in der Baueinheit vorhanden. Sie bleiben eventuell längere Zeit unerkannt und wirken sich erst bei bestimmten Systemzuständen (Konstellationen von Situationsparametern) aus. Eigentlich sind systematische Fehler vermeidbar, nur in der Praxis ist dies meist mit sehr hohen Kosten verbunden.

Daneben gibt es noch Fehler, deren Wahrscheinlichkeit des Auftretens außerordentlich gering ist, so daß sie im Hinblick auf Fehlerbetrachtung und ergreifbare Maßnahmen ignoriert werden können bzw. müssen (Fehlerausschluß). Dies sind die **akzeptierten Fehler**, die ein **Restrisiko** hinterlassen.

2.3.4 Sicherheitsmaßnahmen

Gegen die nicht-akzeptierten Fehler müssen geeignete Maßnahmen ergriffen werden.

Statistische Fehler können grundsätzlich nicht vermieden werden, aber man kann die Wahrscheinlichkeit ihres Auftretens verringern. Wenn dies nicht ausreicht, so muß man die Fehlerauswirkung durch Einführung von Redundanz (Doppeltauslegung wichtiger Baugruppen) verkleinern.

	statistische Fehler		systematische Fehler		akzeptierte Fehler
	Verringerung der Wahrschein-lichkeit	Beherrschung der Auswirkung	Vermeidung	Beherrschung der Auswirkung	
Konzept Entwurf Konstruktion Fertigung Inbetriebnahme Betrieb					

Bild 2.3-5: Maßnahmen und ihre Phasenabhängigkeit

Systematische Fehler erfordern Maßnahmen zu ihrer Vermeidung. Wenn jedoch das Risiko so hoch ist, daß man den Einfluß unerkannter systematischer Fehler ausschalten muß, so sind noch Maßnahmen zur Beherrschung der Fehlerauswirkung möglich. Hierzu gehört die Einführung **diversitärer Redundanzen** (d.h. Redundanzen mit ungleichartigen Mitteln).

Fehler

vor Inbetriebnahme, z.B.:
- Analysefehler
- Designfehler
- Konstruktionsfehler
- falsche Beuteileauswahl und Dimensionierung
- Fertigungsfehler

nach Inbetriebnahme, z.B.:
- zufällige Fehler in der HW
- Fehler durch falsche Nutzung oder Wartung
- Fehler durch nachträgliche Änderungen
- Fehler durch äußere Einflüsse

Maßnahmen zur Fehlervermeidung
- Strukturierte Methoden verwenden
- CASE-Tools verwenden
- Simulation
- Baumusterprüfung
- unterschiedliche Entwicklungsteams

Maßnahmen zur Fehlerbeherrschung
- redundante Hardware
- redundante (diversitäre) Software
- Selbsttest
- RAM/ROM-Test
- E/A Test
- CPU-Test
- rückgelesene Ausgaben

Bild 2.3-6: Fehler und korrespondierende Maßnahmen

Einzelne Maßnahmen können schwerpunktmäßig nur in bestimmten Phasen ergriffen werden. Außerdem unterscheidet man konstruktive Maßnahmen von den analytischen.

Für eine wirksame Fehlerbekämpfung ist es unerläßlich, Fehler zunächst nach ihrer Entstehungsquelle zu klassifizieren. Die einfachste Unterteilung unterscheidet Fehler, die einschließlich bis zur Inbetriebnahme entstanden sind von den Fehlern nach der Inbetriebnahme. Für beide Fehlerarten sind Maßnahmen zur Fehlervermeidung und zur Fehlerbeherrschung möglich (Bild 2.3-6).

Die Vornorm DIN V VDE 0801 beschreibt in Maßnahmen und Checklisten, was alles auf Hardware- und Software-Ebene zur Fehlerbekämpfung unternommen werden kann. Ein Schwerpunkt liegt bei den Fehlern, die **vor Inbetriebnahme in das Produkt eingeführt** worden sind und die **systematischer Natur** sind. Diese lassen sich durch den **Einsatz von Methoden und Tools** des Software-Engineering rechtzeitig finden und eliminieren.

Auf Hardwareseite ist eine Sicherheit vor statistischen Fehlern wohl nur durch Redundanz wichtiger Baugruppen erreichbar.

2.4 Kommerzielle Anwendungen und Systeme

Auch im Bereich der kommerziellen Anwendungen werden erhebliche Anforderungen an die Qualität der benutzten DV-Systeme gestellt. Manchmal sind die möglichen Folgen nicht so spektakulär wie bei technischen Systemen, nur selten sind Menschenleben direkt in Gefahr. Aber bei Versagen der Sicherheitsmechanismen kommerzieller Systeme kann die Privatsphäre des Bürgers verletzt werden. Dies wurde etwa im Zusammenhang mit der Volkszählung 1987 in der Öffentlichkeit leidenschaftlich diskutiert. Qualitätsmängel einer Fertigungs-Steuerungs-Software können ein Unternehmen in den Ruin führen. Fehler in einer Börsen-Software könnten eine Wirtschaftskrise auslösen.

Qualitätsmängel haben aber oft auch eine ganz alltägliche Größenordnung, die von vielen kaum noch richtig wahrgenommen wird (hierin liegt die eigentliche Gefahr für unsere Grundrechte!). Welcher Leser hat nicht schon mehrere Wochen auf eine Kostenerstattung von einer Krankenkasse oder Versicherung warten müssen. Wer hat nicht schon Reklame mehrfach unter Angabe ganz geringfügig verschiedener Adressen erhalten und sich dabei gewundert, welchen Firmen seine Adresse offenbar bekannt ist. Manch einer hat vielleicht eine Mahnung über einen negativen Betrag erhalten, weil er versehentlich einen zu hohen Betrag überwiesen hatte. Und wir alle möchten zusammen mit Altbundeskanzler Helmut Schmidt zum Beispiel unsere Stromrechnung lesen können. Seine berühmte, weil von vielen geteilte, Forderung aus den frühen 70er Jahren ist bis heute noch nicht in allen Bereichen realisiert!

In diesem Kapitel betrachten wir die Qualitätseigenschaften im Bereich kommerzieller Anwendungen. Gesichtspunkte der Wirtschaftlichkeit und des strategischen EDV-Einsatzes in Unternehmen sind wesentlich an der Praxis-Definition der Software-Qualität beteiligt. Die rechtlich relevanten Anforderungen an kommerzielle Systeme gehen von gesetzlichen Regelungen aus.

2.4.1 Wirtschaftlichkeit

Ausgangspunkt für den kommerziellen Einsatz von Datenverarbeitungsfunktionen ist immer das Bestreben eines Anwenders, durch den EDV-Einsatz einen Wirtschaftlichkeitseffekt zu erzielen, d.h. die Wirtschaftlichkeit der Aufgabenerledigung zu verbessern.

EDV-Anwendungen werden als Investitionen behandelt. Über ihre Einführung wird daher nach den Ergebnissen einer Investitionsrechnung entschieden, in der auch die Entwicklungskosten berücksichtigt werden. Hinsichtlich der verschiedenen Verfahren zur Investitionsrechnung verweisen wir auf (/ALTROGGE-88/, /BLOHM-LÜDER-88/). Daneben werden Verfahren der Wirtschaftlichkeitsrechnung (Kosten-/Nutzenanalyse) angewandt, um auch den nicht direkt bewertbaren Nutzen zu berücksichtigen (/ZANGEMEISTER-76/).

Durch den systematischen Ansatz der Investitionsrechnung steht eigentlich auch das Instrumentarium bereit, aus der Sicht des Anwenders die typischen Qualitätseigenschaften des Entwicklers (Wartbarkeit, Änderbarkeit, ...) zu fordern. Wer über eine Investition nachdenkt und schließlich entscheidet, muß auch die künftige Absicherung sicherstellen.

In der Praxis zeigt sich aber noch sehr oft, daß die Planungen der Investitionsrechnung durch die Detailprobleme des Alltags modifiziert werden, die durch eine eher rustikale Vorgehensweise im Projekt entstehen.

Bei der ökonomischen Definition des Projektes werden Kosten und Termine diskutiert. Dies geht nur auf der Basis von Schätzungen, die von Fachleuten, den Entwicklern, durchgeführt werden. Die Probleme der Aufwandsschätzung sind allerdings meistens nicht durch ein paar formale Schätzmethoden zu lösen (vgl. /DEMARCO-82/ Kap.2). Den Entwicklern muß ganz deutlich folgender Sachverhalt klar werden:

> Zwar sieht das Management in der konkreten Projektbegleitung meistens nur Kosten und Zeit (s. Kapitel 1), weil nur diese Parameter in den Investitionsrechnungen auftreten. Aber die Definition der Qualität wird dennoch vom Entwickler selber vorgenommen, sowohl die geplante, wie auch die tatsächlich erreichte Qualität. Der Investitions-Entscheider akzeptiert in einem rational geführten Unternehmen im Prinzip im Rahmen der Investitionsfreiräume des Unternehmens jede Investition, die sich amortisiert und die einen Gewinn einbringt. Es ist der vordergründige Ehrgeiz des Entwicklers, der glaubt, sein Problem mit einem kleineren Budget lösen zu können.

2.4.2 Integration

Entscheidende Vorteile entstehen für ein Unternehmen nur selten aus der isolierten Ausstattung einzelner Arbeitsplätze mit EDV-Instrumenten. Erst durch Integration der einzelnen Verfahren entsteht der durch den EDV-Einsatz erhoffte Effekt.

Wichtigstes Ziel der Integration von EDV-Verfahren ist die **verfahrensübergreifende Daten- und Methodenkonsistenz**. Integration strebt an, jede benötigte Information nur einmal im gesamten Unternehmen zu speichern und jedesmal bei Bedarf zu nutzen. Aber auch die im gesamten Unternehmen benutzten Funktionen soll es nur einmal geben, **Redundanzen sollen stets auf der Ebene des gesamten Unternehmens vermieden werden**. Der dadurch entstehende Vorteil liegt auf der Hand: redundanzfreie Arbeit vermeidet Mehrfacherfassung und Mehrfachverarbeitung von Daten. Wenn jede Information und jede Verarbeitungsregel nur jeweils an einer Stelle im Unternehmen gespeichert ist, dann läßt sich die Datenkonsistenz leichter aufrechterhalten. Erforderlich werdende Änderungen betreffen immer nur eine Stelle. Konsistenz wird erreicht, Aufwand gespart und Fehler werden vermieden.

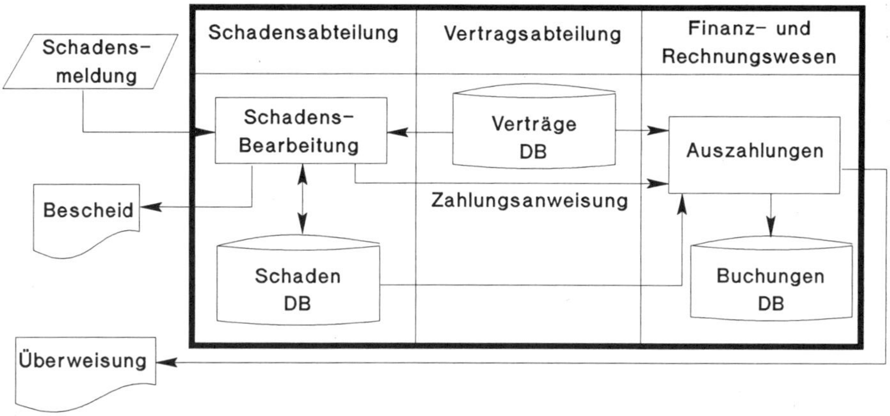

Bild 2.4-1: Integration in der Versicherung

Betrachten wir als Beispiel eine Versicherung. Bei Regulierung eines Schadens durch die Schadensabteilung muß selbstverständlich erst eine Zuständigkeitsprüfung erfolgen. In der Datenbank der Versicherungsverträge muß geprüft werden, ob sich der Schadensfall auf einen gültigen Vertrag bezieht. Hier wäre es nicht sinnvoll, wenn die Schadensabteilung ihr eigenes Informationssystem über Versicherungsverträge entwickeln würde. Ähnliche Integrationsbeziehungen betreffen das Finanz- und Rechnungswesen. Eine sinnvolle Verarbeitung ist nur in der Integration der Verfahren zu erkennen. Hierbei muß aber folgender Umstand hervorgehoben werden: wenn etwa die Schadensabteilung auf die Vertragsdatenbank zugreift, dann darf sie dazu nur vorgefertigte, von der Vertragsabteilung bereitgestellte Funktionen benutzen, die die Vertragsdatenbank gegen jeden Zugriff durch Funktionen anderer Verfahrensteile kapseln. Die Integrität des Datenmodells und die Unabhängigkeit der Funktionen von der physikalischen Speicherungsform erfordern derartige Zugriffsfunktionen. Die in den Datenbanken gespeicherten Informationen müssen **versteckt** und **gekapselt** werden.

Als weiteres Beispiel betrachten wir nun ein Handelsunternehmen. Sein hauptsächliches Geschäft findet in den Abteilungen Einkauf / Lagerhaltung / Verkauf / Buchhaltung statt. Natürlich entsteht eine effektive Datenverarbeitung erst dann, wenn etwa sämtliche Informationen über Artikel, die das Handelsunternehmen braucht, aus einer integrierten Datenbank (über geeignete Zugriffsfunktionen) entnommen werden.

Schließlich können wir ein beliebiges Unternehmen betrachten. Ein zeitnahes Berichtswesen mit ausführlichen Planungsinformationen über die aktuellen Daten zur Unternehmensführung (Controlling) erfordert auf operativer und dispositiver Ebene ein hohes Maß an Integration der Verfahren.

2.4.2.1 Definition des Begriffs "Integration"

S1,S2 seien EDV-Systeme zur Unterstützung von Ausschnitten der Realitätsbereiche R1,R2. S1 und S2 heißen (im strengen Sinne) **daten-integriert**, wenn gelten:

(1) Es ist eine Kommunikation zwischen S1 und S2 technisch implementiert, die einen Datenaustausch in beiden Richtungen ermöglicht (K12, K21).

(2) Alle Daten, die von beiden Systemen S1, S2 benötigt werden (also aus der Durchschnittsmenge von R1 und R2), werden nur in einem der Systeme gespeichert und verwaltet und dem anderen System über die entsprechende Kommunikation bei Bedarf verfügbar gemacht.

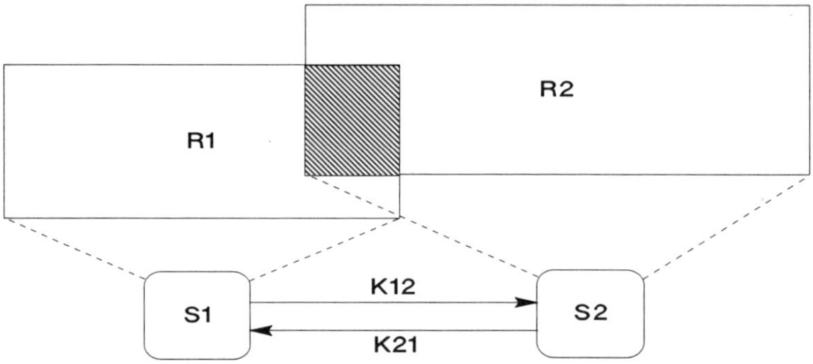

Bild 2.4-2: Definition der Daten-Integration

Durch Daten-Integration entsteht also eine gemeinsame, redundanzfreie Datenbasis aller Teilverfahren eines Gesamtsystems.

S1 und S2 heißen **funktional integriert**, wenn gelten:

(1,2) S1 und S2 sind daten-integriert.

(3) S1 und S2 sind als Anwendungsverfahren in eine Software-Architektur eingebunden, laufen also unter einer gemeinsamen Ablaufsteuerung ab (Menü-Handler oder Kommando-Interpreter), die alle Funktionen aller Teilverfahren S1, S2, ... gleichartig behandelt.

(4) Coderedundanz wird auf Ebene des Gesamtsystems S = S1 + S2 +... vermieden (d.h. auf Ebene des Gesamtsystems wird sichergestellt, daß keine Mechanismen mehrfach entwickelt und implementiert werden, gemeinsamer Pool von Basisfunktionen).

(5) Einheitliche Benutzerschnittstellen in allen Teilsystemen (Ergonomie).

(6) Zentrale Systemfunktionen werden allen beteiligten Systemen einheitlich zur Verfügung gestellt, z.B.

- einheitliche Fehlerbehandlung,
- einheitliche Nutzung von Hilfsdateien durch alle integrierten Verfahren (Schlüsselverzeichnisse, Programmkonstanten, Tabellen, Nutzungsberechtigungen, Prüfdateien: BLZ, PLZ+ORT).

(7) Übergreifende Verfahren (z.B. Adressverwaltung, Bankverbindungen) werden als übergreifende integrierte Teilverfahren implementiert, unter sorgfäl-

tiger Berücksichtigung der Anforderungen aus allen nutzenden Teilsystemen.

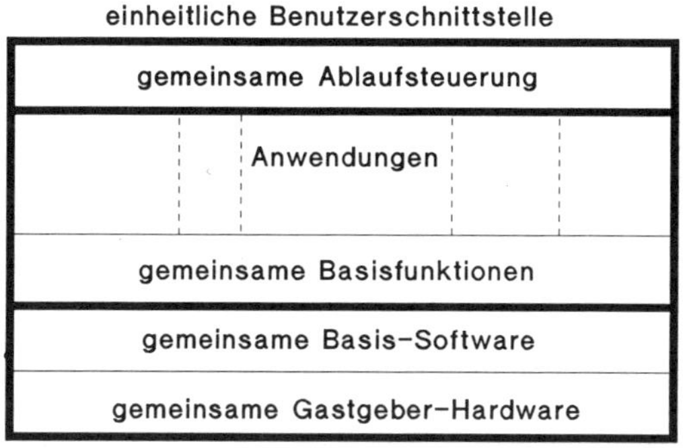

Bild 2.4-3: Definition der funktionalen Integration

Funktions-Integration bedeutet also gemeinsame systemtechnische Einbettung von Teilsystemen mit klar definierten Schnittstellen.

2.4.2.2 Schnittstellen zwischen Teilverfahren des integrierten Systems

Trotz Integration müssen die Verfahren in ihrem eigenen Weiterentwicklungszyklus unabhängig bleiben. Daher muß man **logische Schnittstellen** zwischen den Verfahren entwickeln, die zu einer Unabhängigkeit von der Datenorganisation im Partnerverfahren führen. Diese können ausgeführt werden als Unterprogramm- oder als Datei-Schnittstelle (mit eigenen Datenkapselungsmoduln).

* **Call - Schnittstelle :**

  z.B. call **AUSZAHLEN (Empfänger_Nr, BLZ_Nr, KTO_Nr, Betrag, Returncode)** als logische Schnittstelle zur Finanzbuchhaltung. In den Parametern des Unterprogrammaufrufs werden alle Informationen mitgeteilt, die man auch auf einen Scheck schreiben würde.

* **Datei - Schnittstelle :**

  z.B. eine Datei der Geschäftsvorfälle eines Teilverfahrens zur Information anderer Verfahren. Derartige Vorkehrungen sind zum Beispiel wünschenswert, wenn in einem Fertigungsbetrieb die Aufnahme eines Kunden durch die Auftragsbearbeitung auch noch eine weitere Betreuung durch andere Unternehmensbereiche zur Folge haben muß.

Außerdem muß darauf geachtet werden, Primärschlüssel zu definieren, die ihren Wert für ein Objekt niemals ändern. Dies ist nur möglich mit Identnummern-Schlüsseln, die keine qualifizierenden Bestandteile enthalten. In Kapitel 6.3.3 werden wir dies genauer erläutern.

Im Zusammenhang mit objektorientierter Vorgehensweise gilt diese Regelung in verschärfter Form. Die Datenobjekte werden so gekapselt, daß sie von außen nur über die dafür vorgesehenen Funktionen (Methoden) über Message-Verbindungen nutzbar sind.

2.4.2.3 Integration und Wirtschaftlichkeit

Integration von Verfahren entsteht also vor allem aus wirtschaftlicher Motivation. Es muß verhindert werden, daß zahlreiche Sachbearbeiter oder auch nur wenige Abteilungen ihre jeweils eigene Insellösung pflegen und dabei redundante Daten speichern, nicht kompatible Funktionalitäten benutzen und Prüfregeln so interpretieren, wie es ihnen gerade in den Sinn kommt. Das Unternehmen muß sich nach außen hin einheitlich präsentieren und nach innen ohne vermeidbare Reibungsverluste funktionieren.

Verfahren müssen entwickelt werden, um eine genau den berechtigten Ansprüchen (den wahren Anforderungen) entsprechende Lösung auf dem Rechner bereitzustellen, die alle rechtlichen Randbedingungen beachtet und auch sonst die erforderlichen Vorteile mit sich bringt. Dazu muß eine Kommunikation zwischen Anwender und Entwickler stattfinden.

EDV-Leistung kann im Stapelbetrieb (Batch) oder im Dialogbetrieb bereitgestellt werden. Seit einiger Zeit versucht man die Batch-Verarbeitungen auf ein Minimum zu reduzieren, das zur Druckausgabe von Kundenmitteilungen, Rechnungen, Bescheiden u.ä. oder zum Datenträgeraustausch unabdingbar ist. Im Bereich der Datenpflege und Einzelfallbearbeitung ist jedoch heute Dialogbetrieb angestrebt. Die indirekte offline-Datenerfasssung hat nämlich schwerwiegende Nachteile: im Zeitpunkt des Prüfens im Batch steht der Auskunftsträger (Sachbearbeiter) nicht mehr zur Verfügung. Also können fehlerhafte Fälle nur ausgesteuert und von der weiteren Verarbeitung ausgenommen werden, zur Abarbeitung in einem späteren Lauf.

Heute strebt man daher an, die Datenerfassung direkt durch den Sachbearbeiter online im Rahmen der Sachbearbeitung durchführen zu lassen. Dann stehen nämlich die Prüffunktionen des EDV-Systems uneingeschränkt zur Verfügung. Fehler können erkannt, zurückgewiesen und sofort durch den Sachbearbeiter korrigiert werden.

Aufgrund gewachsener Batch-Strukturen und mangelhafter Integration der Verfahren hat man in vielen großen Organisationen die schlimme Erfahrung machen müssen, daß durch EDV-Einsatz die Bearbeitungsdauer vom Einzelfällen länger statt kürzer wurde. Man mußte auch feststellen, daß die Sachbearbeiter schlechter informiert waren als erwartet, weil in anderen Abteilungen die Daten in einem anderen Rhythmus gepflegt wurden.

Mit der Integration der Verfahren und der Ablösung von Batchverarbeitungen durch Dialogverfahren werden folgende Hauptziele erreicht:

- **Schnellstmögliche Sachbearbeitung** aus der Sicht des Einzelfalls.
- **Schnellstmögliche Aktualität der Daten** herstellen, damit andere Sachbearbeiter auf möglichst aktuellen Daten ihre Verarbeitungen aufbauen.

Diese Ziele werden wir auch in der Systemanalyse zum beherrschenden Kriterium machen. Im Rahmen der Strukturierten Analyse empfehlen wir die **essentielle Zerlegung**, die im logischen (essentiellen) Kern des Systems diese beiden Ziele unterstützt (vgl. Kapitel 4.3.2.4).

Integrierte Datenverarbeitung muß also benutzt werden, damit nicht durch Insellösungen im Datenmodell eine insgesamt inkonsistente Situation entsteht. Es gibt aber auch Gesichtspunkte im Außenverhältnis. Für den externen Partner (Kunde, Versicherter,...) ist das Unternehmen eine Einheit, er versteht nicht, daß eventuell jede

Abteilung oder jeder Bereich des Unternehmens andere Informationsstände bereithält und sich daher das Unternehmen uneinheitlich präsentiert. Dies kann sich auf Dauer auch nur ein Monopolist leisten.

2.4.3 Rechtsgrundsätze und Internes Kontroll-System

Eine EDV-Nutzung setzt stets die Beachtung rechtlicher Grundsätze voraus. An diese ist die Fachabteilung als EDV-Anwender gebunden. Wird die EDV-Abteilung im Auftrag der Fachabteilung tätig, so ist sie gewissermaßen temporär, nämlich für die Zeit der Auftragsdurchführung, als Teil der Fachabteilung anzusehen, und daher an dieselben Rechtsvorschriften gebunden. Darüberhinaus ist die EDV-Abteilung an die Fachabteilung berichtspflichtig in der Frage, welche Verarbeitungen mit welchen Daten durchgeführt wurden.

Der EDV-Einsatz hat sich in jedem Fall nach den Vorschriften

- der **Datensicherheit** (vgl. /GRAEF-GREILLER-82/, /WECK-84/, /MARTIN-81/ Kap. 20),
- im Falle der Verarbeitung personenbezogener Daten des **Datenschutzes** (vgl. /BDSG-77/, /HEILMANN-REUSCH-84/),
- der **Grundsätze ordnungsgemäßer Speicherbuchführung** (/GoS-78/),

und nach einigen weiteren Rechtsvorschriften zu richten. Man hat erwogen, für die aus der rechtlichen Situation herzuleitenden Maßnahmen allgemeine **Grundsätze ordnungsgemäßer Datenverarbeitung (GoDV)** zu formulieren. Diese sollen regeln, wie die Datenverarbeitung zu organisieren, zu dokumentieren und zu überwachen ist (vgl. /SCHUPPENHAUER-82/, /FAMA-87/). Dementsprechend werden Maßnahmen zur EDV-Dokumentation, zur EDV-Arbeitsabwicklung und zur Sicherung der Funktionsfähigkeit ergriffen.

Ein Unternehmen kann als ein komplexes System aufgefaßt werden, das Rückkopplungsmechanismen zum selbsttätigen Ausgleich von Störungen des reibungslosen Ablaufes benötigt. Derartige stabilisierend wirkende Rückkopplungen sind das Ergebnis eines Internen Kontroll-Systems (**IKS**). Der Begriff des IKS hat seinen Ursprung im Rechnungswesen, wird aber heute umfassender definiert (/RAUBACH-90/):

> Unter einem **Internen Kontroll-System IKS** wird die Gesamtheit
>
> aller Vorschriften, Regeln, Handlungs- bzw. Arbeitsanweisungen sowie organisatorischer Maßnahmen verstanden,
>
> die die Rechtsnormen und die Einhaltung unternehmerischer Ziele garantieren bzw. fördern sollen.

Das IKS übernimmt die permanenten und simultanen Kontrollfunktionen bei der täglichen Arbeit der Fachabteilungen (/ALDRUP-90/ S. 19) und dient damit gleichermaßen der Einhaltung von Rechtsnormen wie der Einhaltung von Unternehmenszielen. Daher werden entsprechend der Größe des Risikos in die Arbeitsabläufe im Unternehmen personelle und sachliche Kontrollen eingebaut, die ein Eintreten des Risikofalles verhindern und diesen aufdecken sollen.

Bei Realisierung von EDV-Verfahren muß darauf geachtet werden, daß die erforderlichen Kontrollen, die im manuellen Verfahren von Menschen vorgenommen werden, **nunmehr auch vom EDV-System wahrgenommen werden**. Es ist weiterhin darauf zu achten, daß die Verarbeitungen des EDV-Systems sowie alle implementierten Kontrollmechanismen für den berechtigten Anwender verständlich bleiben.

Bei der Darstellung der Methoden werden wir auf den Punkt, an dem die Mechanismen des IKS einzufügen sind, besonders hinweisen (vgl. im Bereich kommerzieller Anwendungen Kap. 4.5, im Bereich technischer Anwendungen Kap. 5.4.2.).

Das IKS hat für kommerzielle Verfahren eine ähnliche Bedeutung wie die konstruktive Befolgung der Sicherheitsnormen im technischen Bereich. Beide sind praktischer Ausdruck der allgemeinen Qualitätsziele für Software-Produkte. Der Anwender fordert Qualität, indem er Gesetze und Normen festlegt.

2.5 Definition von Qualitätszielen

Wir kennen nun die Bestandteile der Qualität, dies sind die Qualitätseigenschaften in den Kapiteln 2.1 und 2.2 und viele weitere Eigenschaften, die wir ergänzen könnten.

Wir haben auch gesehen, daß die Anforderungen der Benutzer gerade aus dem Blickwinkel der Sicherheit und Zuverlässigkeit durch Normen und Gesetze beschrieben sind, in denen wir die Qualitätseigenschaften wiedererkennen (Kap. 2.3 und 2.4).

Nun befinden wir uns im Projekt. Ziele werden vom Management bzw. vom Anwender genannt. Diese klingen zunächst recht pauschal.

> "Wir brauchen gute Antwortzeiten",
>
> "Wir brauchen eine hohe Verfügbarkeit",
>
> "Die Reaktionszeit auf eine Schadensmeldung muß auf das absolute Minimum reduziert werden",
>
> "Die Aktualität der Datenbanken muß gesteigert werden",
>
> "Wir müssen die Effektivität der Verkäufer um 20 % vergrößern".

Zunächst erkennen wir kaum einen Bezug zu den bekannten Qualitätszielen. Die genannten Zielsetzungen des Projektes können wir auch nicht direkt in meßbare Ziele für die Projektgestaltung oder gar in konkrete Aktionen umsetzen.

Ausgehend von allgemeinen Unternehmenszielen werden derartige Ziele im Rahmen der strategischen Unternehmensplanung zum Beispiel für den EDV-Einsatz formuliert. Dabei ist es häufig nicht zu vermeiden, daß die erste Zielformulierung recht abstrakt und global ausfällt. Die Umsetzung ist dann Aufgabe der entsprechenden Fachleute.

Zu Projektbeginn besteht das Hauptproblem darin, die richtigen Ziele für das Projekt zu erkennen. Ziele können aus mehreren Quellen stammen.

1 Vom Management des Anwenders werden Top-Level-Management-Ziele genannt, als direkter Ausfluß der strategischen Unternehmensplanung, Beispiel: ".. die Effektivität der Verkäufer um 20 % steigern".

2 Vom Anwender-Sachbearbeiter werden Ziele aus seiner ganz speziellen Blickrichtung heraus genannt, Beispiel: ".. Antwortzeiten des Auftragsverfahrens müssen verbessert werden."

3 Bei Prüfung der Aufgabenstellung im Hinblick auf Sicherheitsverantwortung oder Verarbeitung von personenbezogenen oder sonst kritischen Daten werden die speziellen Ziele aus Normen und Gesetzen in Zusammenarbeit von Anwender und Entwickler ergänzt.

4 Der Analytiker sollte unter allen erkannten Zielen die erfolgskritischen herausfinden. Dies sind diejenigen Ziele, deren Nichterfüllung für das System oder für das Projekt vernichtend wirkt.

Ziele vom Typ 1 müssen heruntergebrochen werden auf meßbare Ziele. Ziele vom Typ 2 sind vielleicht nur Unterziele von viel wichtigeren Hintergrundzielen. Diese gilt es zu erkennen.

Aus diesen unterschiedlichen Quellen muß ein einziges **konsistentes Zielsystem** formuliert werden, dessen Einzelziele gegenseitig unabhängig sind und die gemeinsam alle Qualitätseigenschaften abdecken.

In der Definition von Qualitätszielen folgen wir Tom Gilb (/GILB-88/ Kap.9), der fordert, daß zu Beginn jedes Projektes genau festgelegt wird, welche Ziele erreicht werden müssen. Die Ziele müssen dabei so formuliert werden, daß man ihren Erfüllungsgrad messen kann, **jedes Ziel muß quantifizierbar sein.**

2.5.1 Skalierung von Zielen

Im Hinblick auf eine konkrete Systementwicklung kann jede mögliche Eigenschaft im Rahmen der Zielsetzung des Systems zur Formulierung eines **Qualitätszieles** herangezogen werden. Hierfür kommen neben den dargestellten Qualitätseigenschaften natürlich auch alle anderen in Betracht, auch Kosten und Terminziele. **Jedes Ziel muß meßbar definiert werden.** Dies gilt auch für schwer definierbare Ziele. Diese werden hierarchisch in Bündel einfacherer Ziele zerlegt, die aber paarweise unabhängig sind, solange bis nur noch einfache skalierbare Ziele vorliegen. Beim Zerlegen versuche man, die bekannten Qualitätsziele wiederzuerkennen (allerdings nur wenn dies ohne Zwang möglich ist). Dann kann man nämlich eventuell auf bekannte Maßstäbe zurückgreifen.

Ein Manager muß eigentlich jedes Ziel quantifizieren können. Natürlich muß der Entwickler oftmals dabei helfen, die allgemeine und inhaltliche Zieldefinition in eine Formulierung zu bringen, die das Ziel zu einer meßbaren Eigenschaft macht.

Wenn wir also beschreiben, wie man für einfache Ziele eine Skalierung vornimmt, dann ist auch das Problem der Qualitätsmessung für komplexe Ziele im Prinzip gelöst. Ohne Beschränkung der Allgemeinheit gehen wir dann von **einfachen Zielen** aus, zu denen es jeweils eine **Skala** und ein **Meßverfahren** gibt.

Qualitätsausprägungen zu messen ist nur möglich, wenn eine Skala vorliegt. Wir werden hier rezeptartig angeben, welche Schritte zur Definition einer Skala erforderlich sind:

1 die lineare Ordnungsstruktur erkennen,

2 den universellen Nullpunkt erkennen,

3 die algebraische Struktur erkennen (feststellen, ob man mit den Ausprägungen rechnen kann)

4 den Skalentyp festlegen (nominal, ordinal, metrisch),

5 die Skala kalibrieren, d.h. Meßwerte erkennen, die Vergleichsmaße festlegen, zwischen denen ein Kontinuum stetig ergänzt werden kann.

Beispiel: Durchlaufzeit für einen Vorgang in der Schadensabteilung einer Versicherung:

Zur Skalendefinition: metrische Skala, positive reelle Zahlen mit ihrer linearen Ordnung, kommutative Halbgruppe bezüglich der Addition und der Multiplikation, d.h. mit den Ausprägungen kann man innerhalb semantischer Grenzen rechnen. Der Meßwert ist die Zeit zwischen Posteingang und Postausgang. Auch ein statistischer Beobachtungsansatz ist wählbar, eine Messung vieler einzelner Ereignisse liefert letztlich eine Verteilung der Bearbeitungszeiten als Basis für die **Kalibrierung** der Skala.

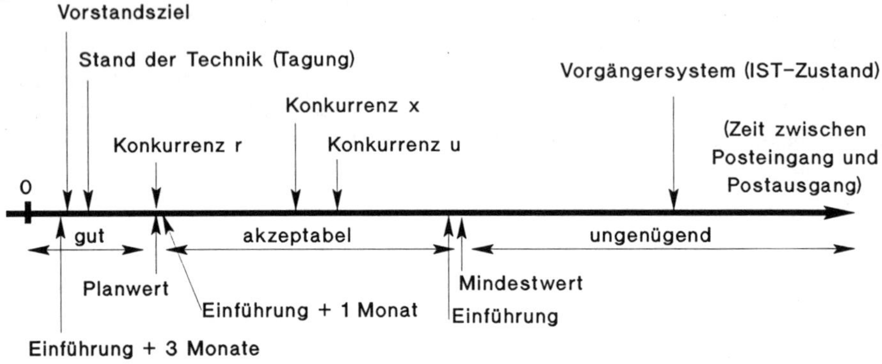

Bild 2.5-1: Skala zur Durchlaufzeit

Haben wir uns für eine Skala entschieden, so werden als erstes markante Skalenpunkte eingetragen. Hierzu gehört auf jeden Fall die **heutige Ausprägung** des Merkmals, bekannt gewordene **Konkurrenz-Meßwerte** und Ergebnisse von Tagungen oder aus der Literatur, die in etwa den **Stand der Technik** beschreiben. Schließlich gibt es Werte, die der Anwender schon seit langem erträumt und die seine Akzeptanz in angenehme Größenordnung transferieren würde.

Die damit erkannte Umgebungssituation dient nun als Voraussetzung für die Formulierung von Plänen, deren Realisierung vom neuen System erwartet wird. Hier gilt es, die Skala um weitere Pegeldefinitionen anzureichern. Ein wichtiger Wert ist der **absolute Minimalwert**, der unter keinen Umständen unterschritten werden darf. Dieser Wert läßt sich meistens sinnvoll festlegen nach Würdigung der Werte des Vorgänger-Verfahrens oder der Konkurrenz.

Dann sollte man einen **Planwert** definieren für den Zeitpunkt unmittelbar nach Einführung.

Wir müssen auch eventuell geltend machen, daß die besseren Werte erst nach einiger Zeit des praktischen Einsatzes durch Optimierungsaktivitäten zustande kommen, die innerhalb der Entwicklung noch nicht durchgeführt werden können. Zu ergänzen sind demnach Planwerte nach Abschluß der Optimierungsphase, also vielleicht ein halbes Jahr nach Einführung. Schließlich kann man zwischen "absoluter Mindestwert" und "Stand der Technik in dieser Qualitätsdimension" noch weitere Werte hervorheben. Damit gehe man sparsam um. Was man wirklich benötigt ist eine klare Zieldefinition und für jedes Ziel die **absoluten Minimalwerte** und **realistische Planwerte**.

Insgesamt entsteht ein Bild über die Größenordnung der Zielwerte, über die bei der Projektdefinition gesprochen wird. Das Ziel der Gespräche über Ausprägungswerte kann nicht sein, in allen Dimensionen die Optimalwerte zu Minimalwerten zu erklären. Vielmehr muß im Sinne einer Erfolgsabsicherung der Minimalwert in allen Disziplinen so klein wie möglich gewählt werden, so daß in den späten Projektphasen noch genügend Spielraum für eine gezielte Verbesserung der wirklich erfolgskritischen Dimensionen besteht.

An dieser Stelle ist im Praxisprojekt mit umfangreichen Diskussionen zu rechnen. Der Anwender möchte sich natürlich nicht mit Mindestwerten zufriedengeben und definiert daher gerne die Optimalwerte oder doch wenigstens die Werte der Konkurrenz als Minimalwerte. Dem können und dürfen wir nicht folgen!

Natürlich besteht das Ziel des Projektes darin, in allen Qualitätseigenschaften hervorragende Ausprägungen zu erarbeiten. Aber als vorsichtige Projektleiter versuchen wir als erstes, den Erfolg des Projektes grundsätzlich abzusichern.

Für den Projekterfolg ist es absolut entscheidend, so schnell wie möglich in den Akzeptanzbereich zu gelangen. Dort ist der Anwender zwar noch nicht begeistert, aber er könnte mit der Lösung leben. Die Lösbarkeit ist bewiesen. Jetzt gilt es nur noch, die Lösung zu optimieren, die Ausprägungen einzelner Qualitätsparameter zu verbessern. Es sei aber auch an dieser Stelle darauf hingewiesen, daß solch ein Vorgehen bei einigen Qualitätseigenschaften nicht möglich ist. Zum Beispiel ist die Zuverlässigkeit eine Eigenschaft, die konstruktiv beherrschend ist und nicht nachträglich in das Produkt hineingetestet werden kann.

In allen Qualitätsdimensionen, wo dies möglich ist, sollte man die Minimalwerte so klein wie möglich ansetzen. Dann haben wir nämlich die Möglichkeit, recht früh im Projekt ein laufendes System mit diesen Eigenschaften zu erreichen und können uns dann ganz der Optimierung und der Anpassung an tatsächliche Erfordernisse widmen. Im Zustand langsam erschöpfter Projektressourcen, dem wir uns im Projekt zwangsläufig nähern, müssen wir alles Denkbare unternehmen, um **Handlungsspielräume** zu erhalten. Zum Ende des Projektes wird es immer schwieriger, die erforderlichen Faktoren gezielt zu verbessern. Dann ist jede Möglichkeit, die noch verfügbaren Ressourcen auf die tatsächlich harten Anforderungen zu verlagern, äußerst willkommen. Dem Anwender ist auch nur mit einem System gedient, das alle Qualitätseigenschaften in einem ausgeglichenen Verhältnis aufweist.

Wenn wir eine Skala gefunden haben, so können wir darauf mehrere Punkte einzeichnen, die als interessante Werte unsere Projektentscheidungen beeinflussen. Es gibt Mindestwerte, die wir unbedingt erreichen müssen. Dies sind etwa die Werte des Vorgänger-Verfahrens oder die Werte der Konkurrenz. Die Skala wird praktischerweise in drei Bereiche aufgeteilt: **ungenügend** ("starvation"), **akzeptabel** ("hungry but alive"), **gut** ("not hungry"). Die englischsprachigen Attributwerte stammen von Tom Gilb (/GILB-88/ S.153).

Betrachten wir als Beispiel das Qualitätsmerkmal "Zufriedenheit des Kunden". Dies ist ein komplexes Merkmal, das wir sogleich in einfachere Merkmale zerlegen müssen. Unter diesen kommt auch die Durchlaufzeit für Geschäftsvorfälle vor, die wir messen können.

Ziel: Zufriedenheit des Kunden

zerlegt: kurze Durchlaufzeiten
gute Aktualität der Speicherinhalte des Verfahrens
hohe Angebotsqualität
knappe Preiskalkulation
guter Service
......

Ziel: kurze Durchlaufzeiten

Skala: pos. reelle Zahlen, die den Zeitraum zwischen Posteingang und Postausgang in <Tagen,Stunden,Minuten> wiedergeben.

Test: Stichprobe über einen Zeitraum von x Tagen, Verteilung der Durchlaufzeiten einzelner Geschäftsvorfälle ermitteln.
Testergebnis ist das 90 % - Quantil.

D.h. zum Beispiel drei Monate lang (bzw. x Tage) wird für jeden Vorgang die Durchlaufzeit gemessen. Danach wird die Zeit t bestimmt, für die gilt: 90 % aller Durchlaufzeiten waren kürzer als t.

Schlechteste Werte:

Vorgängersystem: 3 Monate
Konkurrenz: 10 Tage (Firma x lt. Beobachtung von Verkäufer y)
12 Tage (Firma u lt. Beobachtung von Verkäufer v)

schlechtester vorübergehend noch akzeptabler Wert: 15 Tage

Beste Werte:

Konkurrenz: 1 Tag (Firma r lt. Beobachtung von Verkäufer s)

Referenz:

Tagung: 0,8 Tage
(Tagung "Die Organisation der Sachbearbeitung", Vortrag von Felix Hepper, Knox Oil Houston)

Vorstand: 3 Stunden
(Wilhelm Oberboss, Rede zur Weihnachtsfeier 1990)

Plan:

Einführungszeitpunkt: < 15 Tage (bescheidener Anfang)
1 Monat nach Einf.: 1 Tag
3 Monate nach Einf.: 2,5 Stunden

Begründung:
- Tuning nach Einführung
- Fachabteilung muß nach Einführung zunächst Rückstände abarbeiten. Hierfür werden 3 Monate vorgesehen.

2.5.2 Konzeptionelle Einordnung

Die erkannten und meßbar gemachten Ziele gilt es nun, in das Projektgeschehen konzeptionell einzuordnen.

2.5.2.1 Akzeptanzbereiche

Betrachten wir noch einmal den Gedanken, den Projekterfolg zunächst an den Minimalwerten zu orientieren. Der Einfachheit halber denken wir uns ein Projekt, bei dem nur zwei Qualitätseigenschaften relevant sind. Diese können wir in einer Grafik (Bild2.5-2) darstellen.

Auf den Skalen der Qualitätsmerkmale tragen wir die Werte der Kalibrierung ein. Dabei ergibt sich als Teilmenge des Kartesischen Produktes beider Qualitätsmerkmale ein Akzeptanzbereich, jeder Punkt dieser Teilmenge beschreibt einen Projektausgang, mit dem der Anwender mehr oder weniger zufrieden wäre. Die Zufriedenheit steigt aber, je weiter sich der Meßwert vom Minimalwert entfernt. Volle Zufriedenheit entsteht erst, wenn das im Projekt entwickelte Produkt in allen Dimensionen die geplanten Werte übertrifft.

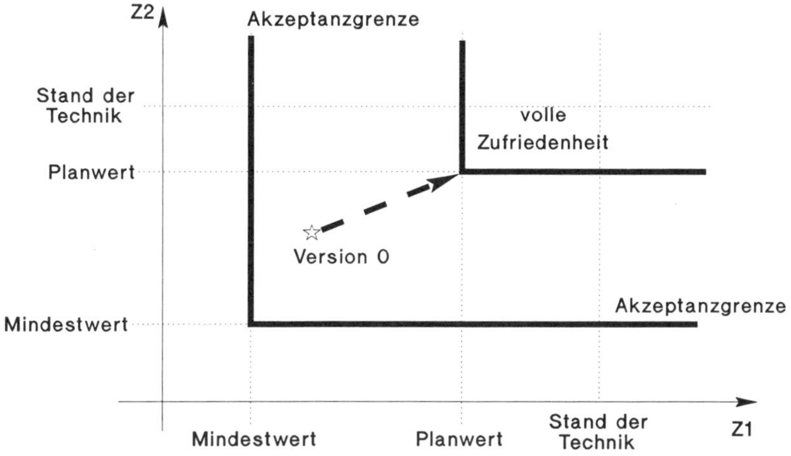

Bild 2.5-2: ein Projekt mit zwei Qualitätseigenschaften

Zwar wird jeder Projektleiter oder sonst verantwortliche Entwickler bestrebt sein, in allen Qualitätseigenschaften das Optimum zu erreichen, aber dies gelingt nur selten auf Anhieb. Eine realistischere Strategie strebt an, so schnell wie möglich in allen Qualitätsdimensionen den minimal zu erbringenden Wert zu erreichen, so daß der Projekterfolg erst einmal gesichert ist. Danach kann in einer Nacharbeitsphase der volle Funktionsumfang mit Blick auf noch verfügbare Ressourcen bereitgestellt werden (vgl. evolutionäre Auslieferung, Kapitel 9.1.4 und /GILB-88/). Außerdem wird der bereits ausgelieferte Funktionsumfang iterativ verbessert, jedenfalls an den Stellen, wo dies aufgrund zu großer Zielabweichung erforderlich ist.

Hier sind Fehler des Projektmanagements möglich:

Einer der Projektmitarbeiter beschäftigt sich unbeirrbar damit, eines der Ziele zu optimieren und ignoriert dabei vollständig die Ausprägungen anderer, vielleicht wichtigerer Ziele (Bild 2.5-3).

Im Punkt P1 sollte die Kraft aller Entwickler wohl besser darauf gelegt werden, die Ausprägung des Qualitätszieles Z2 zu verbessern, als den ohnehin schon vorzüglichen Wert von Z1 noch weiter zu steigern. In den Positionen P2 ist allerdings jeweils eine andere Betrachtung möglich. Aber auch hier darf die im Projekt investierte Arbeitskraft nicht vom Hobbydenken einzelner nicht führbarer Mitarbeiter abhängen. Die Projektleitung muß auf der Basis der verabschiedeten Qualitätsziele die Arbeitskraft der Mitarbeiter zielgerichtet einsetzen.

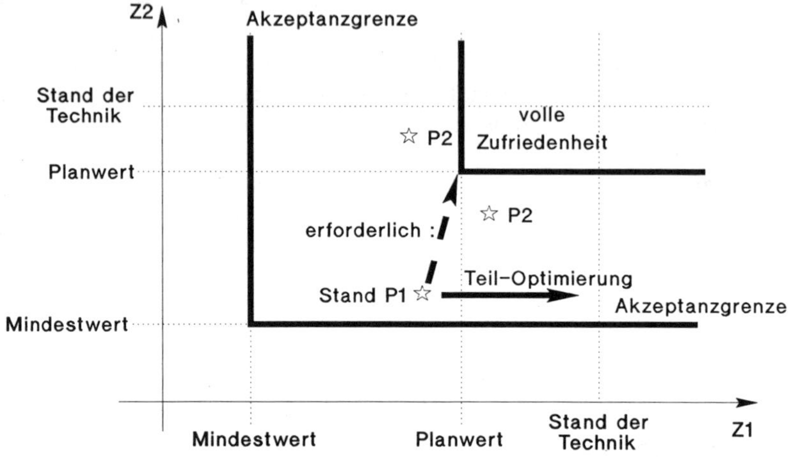

Bild 2.5-3: Teiloptimierung

Die Qualitätsausprägungen einer einzelnen Dimension sind für das Projekt nicht entscheidend. Es kommt darauf an, ein in allen Dimensionen ausgewogenes System zu erzeugen. Teiloptimierungen entstehen immer dort, wo ein Qualitätsmerkmal zum isoliert betrachteten Faktor gemacht wird und alle anderen Merkmale ignoriert werden. Eine Optimierung über den als optimal vereinbarten Wert hinaus darf man sich nur leisten, wenn alle anderen Merkmale bereits im Optimalbereich sind. Sonst entsteht eine Verschwendung von Projektressourcen.

Danach läßt sich aber auch beschreiben, wie eine Optimierungsstrategie beschaffen sein muß. Diejenigen Ziele müssen identifiziert werden, die in ihrer Ausprägung am weitesten vom Planwert entfernt sind. Diese zu verbessern ist eine unbequeme Aufgabe, sie benötigen die größte Zuwendung, ist aber für den Gesamterfolg des Projektes ausschlaggebend.

Manch einem Praktiker könnte das vorgestellte Konzept zu abstrakt vorkommen. In konkreter Projektsituation hat man doch ein konkretes Problem, da hat man für solche "theoretischen" Erwägungen "einfach keine Zeit".

Diese Ausreden sind absurd. Wenn man schon für die Ausführung zu wenig Zeit hat, dann muß man sich wenigstens für die Planung die Zeit nehmen. Ein geschickter Navigator kann das Schiff vielleicht noch rechtzeitig vor dem Sturm in den Hafen bringen, ein starker Ruderer ohne Übersicht gewiß nicht.

Wer diese Vorgehensweise der behutsamen aber zielgerichteten Definition und Abstimmung von Qualitätszielen und der Ausrichtung der Ressourcen nach Differenzen zum Optimalwert nicht wenigstens intuitiv beherrscht, wird auf Dauer als Projektleiter keinen Erfolg haben. Aber die intuitive und gefühlsmäßige Management-Technik reicht in komplexen Projekten nicht aus. Man muß Ziele bewußt machen und meßbar definieren.

Nun darf man andererseits aus der Zieldefinition kein neues Hobby machen. Es kommt darauf an, die wirklich kritischen Ziele zu erkennen, zu beobachten und durch gezielte Managementmaßnahmen steuernd auf die Mitarbeiter einzuwirken. Andere Ziele, die auch identifiziert sind, die aber nicht erfolgskritisch sind, werden aus den quantitativen Erwägungen besser herausgelassen und weiter qualitativ gesteuert. Sie werden aber nicht vergessen!

2.5.2.2 Ergänzung durch Qualitätssicherung

Für den Gesamterfolg entscheidend ist der Grundsatz, daß sich der Entwickler nicht nur auf den Standpunkt zurückziehen darf, die Fachabteilung werde die wahren Ziele schon kennen. Wie oben geschildert ist es Aufgabe des Entwicklers, die Zielvorgaben zu konkretisieren, auf den wahren Kern zu führen und dabei die wesentlichen Vorschriften und Gesetze in Erinnerung zu bringen. Er ist die richtige Person dafür, denn der Anwender denkt entweder in globalen Unternehmenszielen oder in Problemen des Alltags und beides ist nicht das angemessene Abstraktionsniveau.

Außerdem gehört es zur sozialen Verantwortung des Informatikers, in den Projekten sicherzustellen, daß Normen und Gesetze, die eine sichere Nutzung der Produkte anstreben, auch beachtet werden.

Durch die Qualitätssicherung wird also die Menge der zu beachtenden Ziele ergänzt und konsistent gemacht.

2.6 Zusammenfassung - Qualität

Die in den Kapiteln 2.1 und 2.2 definierten Qualitätseigenschaften führten immer wieder auf folgende generelle Beobachtungen:

Die jeweilige Qualitätseigenschaft läßt sich in hohem Maße erreichen, wenn

- in der Systemanalyse die **wahren Anforderungen** an das System ermittelt werden,
- im Design nach **konstruktiven Grundsätzen** gearbeitet wird, die
  - zu einer hochwertigen **Software-Architektur** führen,
  - **Kopplung** minimieren und gleichzeitig **Zusammenhalt** von Komponenten maximieren.

Diese Grundsätze müssen offenbar notwendigerweise erfüllt sein, wenn man die Qualitätsziele erreichen möchte.

Die in den folgenden Kapiteln darzustellenden Methoden haben alle das Ziel, genau in dieser Problemlage die richtige konstruktive Unterstützung zu liefern. Bei der Durchführung der Methoden werden wir viele Argumentationen wiederfinden.

3. Modelle und Methoden

Die in allen Anwendungsbereichen der Softwaresysteme geforderte Qualität stellt hohe Anforderungen an Analytiker und Entwickler und an ihre Vorgehensweise in der Systementwicklung. Im Vergleich zu den etablierten Disziplinen hat sich die Systementwicklung allerdings noch sehr stark um ihre Grundlagen zu kümmern.

In den letzten zwanzig Jahren sind Methoden entwickelt worden, die wir in den folgenden Kapiteln darstellen werden. In diesem Kapitel werden die erforderlichen Vorbereitungen getroffen.

3.1 Modellbau

3.1.1 Systeme

Den Ausgangspunkt für die Beschreibung der Methoden bildet der Begriff des Systems. Wir verzichten jedoch darauf, fachübergreifend zu definieren, was ein System ist. Stattdessen grenzen wir die Systeme ein, denen unser vordringliches Interesse gilt.

Wenn wir von einem System sprechen, dann ziehen wir immer eine Grenze. Der Teil der Realität, dem unsere Konstruktionsabsicht gilt, wird zum Inneren des Systems, der Rest der Welt bildet das Äußere. Dementsprechend unterscheiden wir

- die **black-box**-Betrachtung, bei der wir das System von außen untersuchen, ohne seine innere Struktur besonders zu beachten, und
- die **white-box**-Betrachtung, bei der wir das System von innen untersuchen, ohne seine Umgebung besonders zu würdigen.

In unserer Vorstellung gehen wir davon aus, daß wir das Innere verstehen, kontrollieren und organisieren können und daß zur Umgebung des Systems definierte Schnittstellen bestehen. Durch diese Aufteilung wird die Komplexität der Gesamtsituation reduziert. Systeme bilden selber Bausteine (**black box**), die nach außen durch ihre Schnittstellen definiert sind. Bei der Analyse der Systemumgebung benutzt man diese Bausteine, bevor man das Innere des Systems genau kennt. So können komplexe Systeme als Verknüpfung von einfacheren Subsystemen analysiert werden.

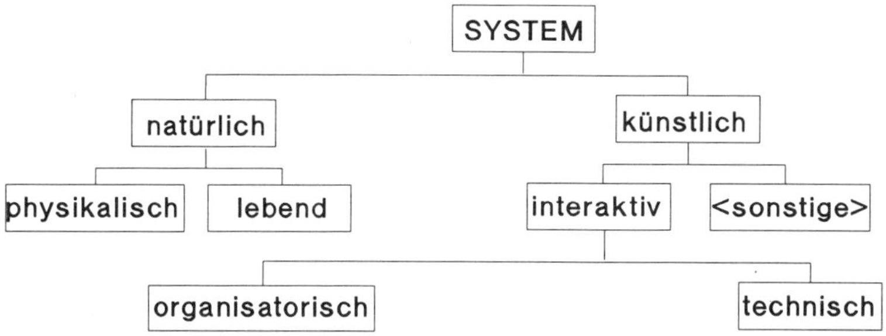

Bild 3.1-1: Klassifikation von Systemen

Systeme lassen sich (in Anlehnung an /YOURDON-89c/ Kap. 2) grob klassifizieren in natürliche und künstliche Systeme (Bild 3.1-1).

Künstliche, d.h. vom Menschen hergestellte Systeme treten in unterschiedliche Beziehungen zu natürlichen Systemen: sie modifizieren und steuern, ersetzen sogar lebende Systeme. In vielen dieser vom Menschen hergestellten Systeme werden heute Computer eingesetzt, einige könnten ohne Computer nicht existieren. Oft sind auch lebende Systeme als Teil von künstlichen Systemen aufzufassen oder umgekehrt.

Einige allgemeine Prinzipien der Systemtheorie sollen hier genannt werden.

- Je spezialisierter ein System ist, desto weniger ist es in der Lage, sich an veränderte Umweltbedingungen anzupassen.
- Je größer ein System ist, desto mehr Ressourcen sind für seinen Unterhalt erforderlich.
- Systeme sind immer Teile von umfassenderen Systemen und können ihrerseits in Subsysteme aufgeteilt werden.
- Die meisten Systeme wachsen.

Unter den künstlichen Systemen sind vor allem die **interaktiven Systeme** von Interesse. Dies sind Systeme, auf die die Umgebung einwirkt und die ihrerseits auf die Umgebung einwirken. Organisationssysteme genauso wie technische Systeme sind Beispiele.

3.1.1.1 Ereignisse, Auslöser, Reaktionen

Ein interaktives System wird nur tätig, wenn ein für das System bestimmtes **Ereignis** eintritt, auf das das System reagieren kann oder muß, und wenn das System von diesem Ereignis erfährt.

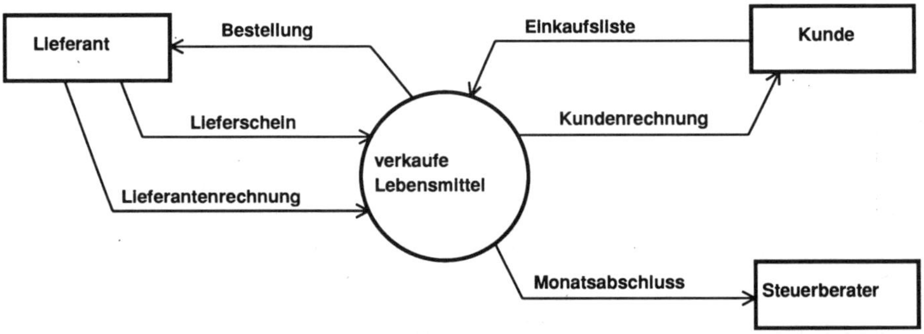

Bild 3.1-2: Beispiel für ein interaktives System

Betrachten wir als einfachstes Beispiel einen Lebensmittelladen in dörflicher Umgebung ("Tante-Emma-Laden"). Dieses System "verkaufe Lebensmittel" hat die Aufgabe, auf folgende **Ereignisse** zu reagieren:

- Kunde wünscht Lebensmittel.
- Es ist Zeit, den Monatsabschluß durchzuführen.
- Der Lieferant liefert neue Lebensmittel zum Verkauf an.

Der Kunde kann Lebensmittel wünschen, aber er wird sie nie erhalten, wenn er nicht seinen Wunsch äußert. Das System kann für den Kunden also tatsächlich nur tätig werden, wenn es von dem Ereignis erfährt.

Ereignisse, auf die ein System reagiert, können sein:

- **externe Ereignisse**, ausgelöst in der Systemumgebung,
- **zeitliche Ereignisse**, ausgelöst durch Erreichen eines bestimmten Zeitpunktes.

Das System erfährt von dem externen Ereignis durch das Eintreffen eines Auslösers. Der **Auslöser** ist ein Datenfluß, der die zum Ereignis gehörende Information übermittelt. Die Aufgabe des Systems besteht dann darin, die zum Auslöser passende **Antwort** zu erarbeiten.

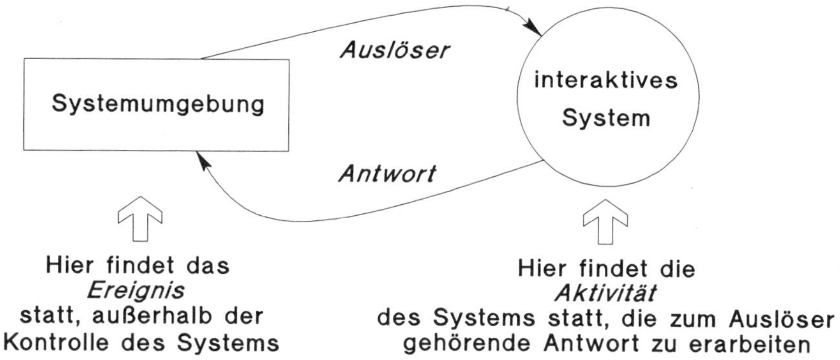

Bild 3.1-3: Ereignis und Systemreaktion

Die externe Reaktion auf den Auslöser ist ein Datenfluß mit allen Angaben, die an die Umgebung als Reaktion auf das Ereignis abgegeben werden müssen. Diesen Datenfluß nennen wir Antwort. Auch die Reaktion auf ein zeitliches Ereignis führt meistens auf einen Antwort-Datenfluß, der das System verläßt.

Vorläufig beschränken wir uns bei der Betrachtung zeitlicher Ereignisse auf solche, die man in einen Kalender eintragen könnte. Erst im Zusammenhang mit Real-Time-Systemen benötigen wir eine erweiterte Definitionsmöglichkeit für kontextabhängige zeitliche Ereignisse.

Interaktive Systeme reagieren auf **externe** und auf **zeitliche Ereignisse**. Diese Ereignisse finden aber stets außerhalb des Systems (in der Umgebung) und außerhalb der Kontrolle des Systems statt.

Dabei darf man nicht nur das bisherige oder das künftige EDV-System als System ansehen. Ein System ist vielmehr der Teil des Unternehmens oder der technischen Anlage, der für die gesamte Aufgabenerledigung zuständig ist. Wir wollen erreichen, daß sich stets die gesamte Systemreaktion auf ein Ereignis vollständig im Inneren unseres Systems befindet. Systeme sollen nicht nur Teile der Aufgaben bearbeiten und Teilergebnisse erstellen und weiterleiten sondern möglichst jeden Vorgang abschließend bearbeiten. Nur dann erfüllen die einzelnen Systemteile jeweils eine kompakte, zusammenhängende Aufgabe und sind untereinander nur schwach gekoppelt.

Ein Modell des Systems enthält daher stets die gesamte Verarbeitung, auch die Schritte des Sachbearbeiters. Dabei werden folgende Ziele verfolgt:

- Später, bei Festlegung der Aufgaben der beteiligten Prozessoren, soll frei entschieden werden können, welche Aufgaben von welchem Prozessor (Sachbearbeiter, Rechner, ...) durchgeführt werden.

- Auch die Aufgaben des Sachbearbeiters sollen in den Modellen beschrieben werden. Damit wird eine vollständige Systembeschreibung angestrebt. Gleichzeitig entstehen damit grundlegende Informationen zu Stellenbeschreibungen bzw. Organisationsanweisungen.

Dies ist eine Empfehlung. Die im Folgenden beschriebenen Methoden erlauben ohne weiteres auch die Begrenzung der Untersuchung auf das EDV-System. Dies ist bei der Entwicklung technischer Systeme auch meist eine ratsame Vorgehensweise, aber mindestens bei betriebswirtschaftlichen Anwendungen wird aus den geschilderten Gründen der umfassendere Ansatz empfohlen.

3.1.1.2 Spontane Hülle und geplanter Kern

Wie reagiert das System auf ein Ereignis ? In vielen Fällen ist der Lösungsweg zur Erarbeitung der Antwort des Systems festgelegt, bevor das Ereignis eintritt. Wir sprechen dann von einer **geplanten Reaktion**. Muß jedoch das System erst den Lösungsweg erfinden, z.B. weil ein unvorhergesehenes Ereignis eintritt, so liegt eine **spontane Reaktion** vor.

In existierenden Systemen gibt es auch vorhersehbare Ereignisse, auf die im System trotzdem spontan reagiert wird. Sie treten entweder zu selten auf oder sie betreffen neue Probleminhalte oder sie gelten als zu komplex, um geplant bearbeitet zu werden.

Die spontane Reaktion wird meistens durch den Menschen erarbeitet, die geplante ist durch ein EDV-System unterstützbar. In der Systemanalyse konzentriert man sich auf die geplante Reaktion, denn nur diese kann man vorab entwerfen.

Oft ist es schwer, spontane und geplante Reaktion zu trennen. In einigen Projekten werden Aufgaben als geplante Reaktion modelliert, die eigentlich spontan bearbeitet werden müssten. Die Folge ist eventuell eine Verschwendung von Projektressourcen und damit ein eventuell erhebliches Erfolgsrisiko. Es besteht die Gefahr, daß die eigentliche Aufgabe nicht zielorientiert verfolgt wird.

> Angenommen, in einem Projekt soll eine Software für die Leistungsabrechnung einer Autowerkstatt erstellt werden. Man könnte dann die Aufgabe mißverstehen, indem man die Beratungstätigkeit des KFZ-Meisters im System modelliert, was nicht zur Aufgabe gehört. Damit würde man Kapazität verbrauchen, die an anderer Stelle fehlt.

In den zu untersuchenden Systemen tritt auch der umgekehrte Fall auf: aufgrund gewachsener Organisationsformen werden Aufgaben als spontane Reaktion angesehen, die eigentlich geplant werden könnten und müßten. Das System sucht dann stets einen neuen individuellen Lösungsweg. Der Lösungsweg ist exakt spezifizierbar, aber es liegt keine verbindliche Beschreibung vor, nach der die Sachbearbeiter sich richten könnten. Im Ergebnis erscheint das Systemverhalten uneinheitlich und wenig effektiv.

> Wenn ein Projekt zur Analyse eines Finanzamtes durchgeführt werden soll , so tritt neben der operativen Bearbeitung der Einkommensteuererklärungen sofort auch die Beratungstätigkeit der Steuerbeamten in das Blickfeld der Analytiker. Wenn man als Steuerzahler Probleme mit der Erstellung der Einkommensteuererklärung hat, so kann man von den Finanzbeamten Beratung erhalten, die meistens durchaus im Interesse des Steuerzahlers erteilt wird. Im Sinne der Bürgernähe der Verwaltung gehört diese Aufgabe heute erfreulicherweise untrennbar

zum Aufgabenspektrum der Beamten. Eine komplette Analyse dieser Aufgabe im Rahmen einer Analyse des Systems würde erheblichen Aufwand erfordern, weil die Komplexität der Steuergesetzgebung aus der Sicht von Einzelfällen berücksichtigt werden müßte. Hier ist anhand der Aufgabenstellung des Projektes genau zu prüfen, ob dieser Bereich nicht besser in der spontanen Hülle belassen werden sollte.

Eine wichtige Aufgabe im Projekt, die über den Gesamterfolg entscheiden kann, ist daher die sichere **Identifizierung der geplanten Reaktionen**.

In praktisch jedem Projekt tritt irgendwann in der Analyse die folgende Situation ein. Der Anwender behauptet, eine bestimmte Fallkonstellation muß vom System im geplanten Kern bearbeitet werden können, "sonst ist das ganze System wertlos". Bei genauerer Prüfung kann man aber feststellen, daß die geschilderten Fälle zwar auftreten, sie machen aber nur einen verschwindend kleinen Teil sämtlicher zu bearbeitender Vorgänge aus. Die Konzeption des Systems sollte man zumindest in der ersten Version natürlich nicht auf diese Spezialfälle ausrichten.

Wie kommt der Anwender auf seine Behauptung? Er ist Experte an seinem Arbeitsplatz (vgl. Kap. 4.3.5). Die Routinearbeit erledigt er nebenbei. Sie interessiert ihn eigentlich nicht mehr. Was ihn interessiert sind die wenigen Spezialfälle, die ihn noch inhaltlich fordern. Wir müssen in der Systemanalyse sicherstellen, daß unsere ohnehin meist knappen Ressourcen nicht für die Reaktionen auf Spezialfälle vergeudet werden, die praktisch nie auftreten. Solche Spezialfälle werden in der spontanen Hülle (manuell) bearbeitet. Leider ist einige Erfahrung notwendig, um diese Fälle zu erkennen und mit Behutsamkeit gegenüber dem Anwender die Ausgrenzung in die spontane Hülle zu begründen.

Die spontanen Reaktionen sind für das System nicht etwa nebensächlich. Sie tragen nämlich dazu bei, daß der Kern des Systems, der die Erarbeitung der geplanten Reaktionen zur Aufgabe hat, erfolgreich ist bzw. überhaupt tätig werden kann. Die spontanen und die geplanten Reaktionen des Systems wirken zusammen zur Gesamtreaktion. Daher bestehen die Systeme aus einem **"geplanten Kern"**, der die Erarbeitung der geplanten Reaktionen zur Aufgabe hat und einer **"spontanen Hülle"**, die den Kern umgibt und die für ihn tätig ist.

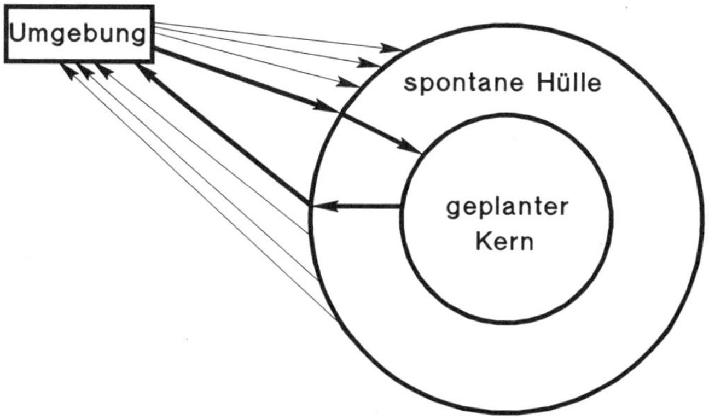

Bild 3.1-4: Spontane Hülle und geplanter Kern

Die spontane Hülle hat unter anderem folgende Aufgaben:

- Relevante Ereignisse aus der Flut der Umgebungsreize herausfiltern. Systeme mit geplanten Reaktionen reagieren nicht auf jedes Ereignis der Umgebung.
- Ereignisse **aktiv** herbeiführen, auf die der Kern geplant reagieren kann (Beispiel: Verkaufsgespräch: Im Rahmen eines informellen Gesprächs erteilt der Kunde schließlich Aufträge an das System, auf die es geplant reagieren kann).
- Entscheiden, wann der geplante Kern tätig werden muß.
- Inhaltliche Übersetzung von Anforderungen der Umgebung in die Möglichkeiten des Systemkerns (Beispiel: Erstellung von statistischen Auswertungen durch eine Methoden-Beratungsstelle).
- Prüfungen durchführen, die nicht oder nur unzureichend im Kern durchgeführt werden können (Beispiel: medizinische Risikoprüfung in einer Krankenversicherung).
- Spezialfälle manuell bearbeiten, die wegen ihrer Seltenheit nicht vom Systemkern behandelt werden.
- Informelle Kommunikation mit der Umgebung. Die Umgebung beraten.

Die spontane Hülle tritt in Systemen auf, bei denen akzeptiert werden muß, daß ein Teil der Gesamtreaktion nicht spezifiziert werden kann. Manchmal wird versucht, diesen Bereich durch Ausweitung des Kerns zu verkleinern. Bei den meisten organisatorischen Systemen wird aber die spontane Hülle noch signifikante Tätigkeiten enthalten. Technische Systeme etwa zur Prozeßsteuerung zeichnen sich dadurch aus, daß das Systemverhalten in weiten Bereichen spezifiziert werden muß und kann. Die spontane Hülle ist dann meistens auf wenige Überwachungsaufgaben reduziert. Aber nur selten ist sie nicht vorhanden.

- Sogar bei eingebetteten Systemen, die eigentlich völlig autonom ihre Aufgabe erfüllen, gibt es meistens noch Reste einer spontanen Hülle. Beim ABS-System eines Automobils findet man eine Kontrollanzeige, die leuchtet, wenn das System defekt ist und in der Werkstatt überprüft werden muß. Letzte Reste der Überwachungsaufgabe werden also dem Anwender überlassen, der mit seiner schwer formalisierbaren Urteilskraft in Situationen reagiert, für die das System keine codierte Lösung bereithält.
- Überwachungszentralen und Prozeßwarten in Fertigungsbetrieben sowie in Kraftwerken sind weitere Beispiele für die Notwendigkeit einer spontanen Hülle auch im Bereich technischer Anwendungen. Stets bleibt eine nicht formalisierbare Urteilskraft erforderlich. Die entsprechenden Arbeitsplätze sind zwar oft genug ziemlich eintönig (solange nichts außergewöhnliches passiert), aber dem Überwacher wird eine enorm verantwortungsvolle Aufgabe zugewiesen.

Gibt es nun Kriterien für die Entscheidung, welche Systemteile in der spontanen Hülle anzusiedeln sind? Zunächst ist alles, was einem festen Algorithmus folgt, Kandidat für den geplanten Kern. Mängel des Kerns sind durch die spontane Hülle ausgleichbar, aber nicht umgekehrt. Am Anfang eines Projektes muß damit gerechnet werden, daß der spontanen Hülle des Altsystems viele Aufgaben zufallen, die eigentlich innerhalb des Systemkerns abgebildet werden könnten. Ziel der Analyse ist es auch, diejenigen Aufgaben in den Kern zu ziehen, die spezifizierbar sind, aber bisher uneinheitlich und individuell durchgeführt wurden. Andererseits werden bestimmte Tätigkeiten in der spontanen Hülle verbleiben.

Aber auch in der spontanen Hülle gibt es EDV-Anwendungen. Hierzu gehören Expertensysteme, mit denen man versucht, die Kompetenz des menschlichen Experten wenigstens im Bereich der Routineaufgaben nachzubilden. Weiterhin sind hier Decision-Support-Systeme (DSS) für die Unternehmensplanung und für das Controlling und Berichtswesen zu nennen, allgemein fast alle Werkzeuge der Unternehmensplanung und Statistik, die nicht regelmäßig, sondern ad hoc entsprechend aktueller Fragestellungen angewandt werden müssen.

3.1.1.3 Interaktive Systeme

In Anlehnung an /MCMENAMIN-PALMER-84/ Kap. 2.2 umreißen wir die Merkmale interaktiver Systeme wie folgt:

> Ein **interaktives System** hat die Aufgabe, auf Ereignisse in der Umgebung zu reagieren. Auslöser geben Nachricht vom Eintreten des Ereignisses. Das System erarbeitet dann die Antwort. Diese setzt sich aus spontanen und geplanten Teilen zusammen. In der Systemanalyse konzentriert man sich auf die geplanten Reaktionen, deren Lösungsweg vorab festgelegt und in einer formalen Sprache ausgedrückt werden kann. Die Zusammenfassung dieser Beschreibungen bildet die Spezifikation des Systems. Wer über diese Spezifikation verfügt, kann die Aufgaben des Systems wahrnehmen. Man nennt diese Systeme auch **transportabel.**

3.1.2 Modell und Realität

Veränderungen bestehender Systeme haben meistens erhebliche Auswirkungen auf die Menschen, die in diesen Systemen arbeiten, und auf andere Systeme. Diese Auswirkungen müssen sorgfältig geplant werden. Ein Konzept ist erforderlich, in dem alle Eigenschaften des Systems durchdacht worden sind, bevor sie in die Realität umgesetzt werden. Vor Änderung des Systems müssen alle Maßnahmen in einem Modell konzipiert werden.

Der Modellbegriff entstammt der Erkenntnistheorie. Wir können die Realität nur verstehen und beeinflussen, wenn wir uns in unserer Vorstellung ein Abbild der Realität verschaffen, das Unwesentliches wegläßt und unsere Gedanken auf den Kern konzentriert.

Ein **Modell** (auch **"Abstraktion"**) ist

> "... ein Objekt, das auf der Grundlage einer Struktur-, Funktions- oder Verhaltensanalogie zu einem entsprechenden Original von einem Subjekt eingesetzt und genutzt wird, um eine bestimmte Aufgabe lösen zu können, deren Durchführung mittels direkter Operationen am Original zunächst oder überhaupt nicht möglich bzw. unter gegebenen Bedingungen zu aufwendig ist." (/KLAUS-BUHR-71/ S. 729)

Durch Modellierung von Systemen werden folgende Ziele angestrebt:

- frühzeitige Fehlererkennung,
- Erleichterung der Kommunikation mit dem Anwender,
- Kostenminimierung.

Man muß im Rahmen der Systemanalyse verläßliche Aussagen über die Realisierbarkeit von Konzepten gewinnen, bevor diese Konzepte in die Realität umgesetzt werden. Fehler, die sich in eine Systemspezifikation einschleichen, sollen möglichst früh im Projektverlauf erkannt und beseitigt werden, solange diese Nachbesserung noch nicht viel kostet. Hierfür benötigt man Modelle.

Fehler entstehen bereits durch Kommunikationsprobleme zwischen Analytiker und Anwender (vgl. Kap. 4.3.5). Der Anwender hat nach Jahren der spezialisierten Berufstätigkeit Schwierigkeiten, überhaupt nur seine Tätigkeit einem Außenstehenden zu erklären. Der Analytiker kann daher leicht die Äußerungen des Anwenders falsch verstehen oder falsch einordnen. Daneben besteht die Gefahr, daß der Analytiker mit vorgefassten Lösungsideen in die Gespräche mit dem Anwender eintritt. Noch problematischer ist meist die Definition neuer Systemanforderungen. Es entstehen Mißverständnisse, die nur dann kostengünstig bereinigt werden können, wenn sie früh erkannt werden.

Der Entwurf von Modellen für das spätere System verfolgt mehrere Ziele. Die wichtigsten, kritischen Aspekte des Systems sollen erkannt und mit dem Anwender besprochen werden. Dies ist nur effektiv möglich, wenn die unwichtigen Details ignoriert und damit von den systembezogenen Überlegungen abgetrennt werden. Änderungen und Korrekturen der Benutzeranforderungen sollen mit geringen Kosten und minimiertem Risiko diskutiert und planvoll in das Modell eingefügt werden. In jedem Falle muß verifiziert werden, daß der Analytiker die Umgebung des Anwenders korrekt verstanden und in einer Weise modelliert hat, daß später der Systemdesigner und der Programmierer das System den wahren Anforderungen des Anwenders entsprechend implementieren können.

Für alle technischen Disziplinen ist die Modellierung von Systemen eine traditionelle Selbstverständlichkeit. Kein Architekt wird ein Haus bauen, ohne vorher die Anforderungen anhand eines Grundrisses mit dem Bauherrn abgestimmt zu haben. Ohne technische Zeichnung wird ein Maschinenbauer keinen Entwurf an die Fertigung übergeben können.

Für die Konstruktion von Systemen und von Software muß dies auch gelten. Es ist auch bei kleinen Systemen nicht zu akzeptieren, wenn eine Realisierung ohne vorherigen Entwurf und Abstimmung mit dem Anwender erfolgt.

Die Verantwortung für die Wahl der geeigneten Entwurfsmethode liegt in allen technischen Disziplinen beim Entwickler. Dies muß auch für die Entwicklung von Softwaresystemen gelten. Die Gestaltungshoheit des Anwenders findet eine Grenze bei der Methodenwahl. Für andere technische Disziplinen ist dies eine Selbstverständlichkeit. In der Software-Entwicklung aber haben es die Entwickler meist noch nicht geschafft, diese Grundlage dem Anwender klar zu machen. Der Anwender dagegen glaubt, da er beim Analytiker keine überzeugende Methodik wie bei einem Architekten vorfindet, Entwicklung wäre eine Aufgabe, bei der er in allen Punkten mitreden könne. **Analytiker und Anwender müssen umlernen.**

Ein Modell erstellen bedeutet, Aspekte der Realität, die für die Aufgabenstellung unwesentlich sind, wegzulassen und damit die Aufmerksamkeit auf die wesentlichen Gesichtspunkte zu konzentrieren. Dieser **Abstraktionsprozeß** muß aber vom Anwender mit vollzogen werden. Die Modelle müssen so gestaltet werden, daß eine inhaltliche Beurteilung aller Details durch den Anwender möglich ist. Dazu ist es nötig, die Festlegungen des Modells in die Realität zu übersetzen (Interpretation). Das Modell ist nur akzeptabel, wenn seine in die Realität übertragenen Eigenschaften ein funktionierendes System ergeben, das die wahren Anforderungen des Anwenders realisiert.

Was sind wahre Anforderungen? Darunter werden die Eigenschaften des Systems verstanden, die bei jeder denkbaren Implementierung vorhanden sein müssen. Implementationsabhängige Eigenschaften werden also ausgegrenzt. In der Praxis geht es darum, die Anforderungen und Systemeigenschaften herauszufinden, die der Anwender tatsächlich benötigt. Er kann sie vielleicht nicht in einer systematischen Form äußern. Vielleicht haben für ihn auch Tagesprobleme den Vorrang gegenüber den unternehmerischen und strategischen Zielen seiner Tätigkeit. **Das Prinzip, nach den wahren Anforderungen zu suchen,** ist damit ein wichtiger Maßstab für den Analytiker. Dabei können leicht folgende **Fehler** gemacht werden:

- Wahre Anforderungen werden vergessen.
- Falsche Anforderungen werden erfaßt.
- Wahre Anforderungen werden mit Begriffen aus einer bestimmten Technologie beschrieben.

Diese Fehler führen zwangsläufig zu einem größeren Zeitaufwand für die Modellierung, zu komplexeren und weniger übersichtlichen Modellen, deren Vollständigkeit und Korrektheit nicht leicht geprüft werden kann und damit insgesamt auch zu verschlechterter Wartbarkeit. Am schlimmsten aber ist, daß sowohl die Anwender wie die Analytiker nicht mehr unvoreingenommen Alternativen untersuchen.

Im Rahmen der Systementwicklung muß der Anwender alle Modelldetails abnehmen. Dabei ist es besonders wichtig, in einer ersten Stufe den logischen Kern des Systems noch ohne Rücksicht auf Implementierungsdetails zu modellieren, festzulegen und abzustimmen. Erst wenn Einigkeit über die **eigentliche Zielsetzung** des Systems besteht, macht es Sinn, die Implementierung dieses Kerns im Einklang mit den zu beachtenden Randbedingungen auszulegen. Die in den folgenden Kapiteln dargestellten Methoden unterstützen diese grundsätzliche Vorgehensweise.

Eine Hauptschwierigkeit des Modellbaus liegt darin, daß ein Kompromiß gefunden werden muß zwischen

- Verständlichkeit für den Anwender,
- Präzision des Entwurfs,
- Implementierungsunabhängigkeit.

Manchmal wird vorgeschlagen, für Abstimmungszwecke spezielle Versionen der Modelldarstellungen, sog. **FEO-Diagramme** (Bild 3.1-5, "for exposition only") zu erzeugen. FEOs sind nützlich, um das Modell für den Anwender noch verständlicher zu machen. Sie sind vergleichbar mit perspektivischen Zeichnungen des Hausentwurfs, die ein Architekt nur für den Bauherrn zeichnet, die er aber für die Konstruktion des Hauses nicht benötigt.

Durch Abstimmung auf der Basis von FEOs können erhebliche Fehler entstehen. FEOs sind Modelle des Modells. **Man muß vermeiden, diese vereinfachenden Modelle zum Gegenstand von Abstimmungen zu machen.** Es besteht nämlich die Gefahr, daß der Anwender wichtige Teile des Modells nicht zur Kenntnis nimmt und damit zu Fehlentscheidungen gebracht wird. Außerdem bedeutet die Erstellung von FEOs einen zusätzlichen Aufwand. Für Vorstandspräsentationen und Steuerungssitzungen sind FEO's allerdings manchmal recht nützlich.

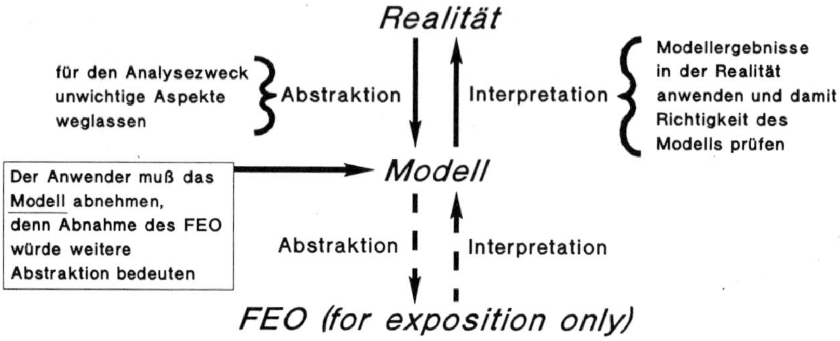

Bild 3.1-5: Modell und Realität

3.1.3 Modellierung von Systemen

Es gibt unterschiedliche Hilfsmittel zur Modellierung. Eine Roman-ähnliche Fließtextspezifikation, und auch natürlich eine Sammlung von vielen etwas kleineren derartigen textlichen Darstellungen, ist in gewissem Sinne als Modell anzusehen. Eine Fließtextspezifikation hat jedoch gravierende Nachteile:

- Sie ist nicht auf Vollständigkeit und Korrektheit zu prüfen.
- Die tatsächlich gedanklich geplanten Systemeigenschaften müssen nicht unbedingt aus dem Text hervorgehen.
- Sie kann mehr kosten als die Realisierung des ganzen Systems.
- Der Analytiker hat keine Möglichkeit zu verifizieren, daß er die wahren Anforderungen des Anwenders verstanden hat und daß diese im Modell auch für andere verständlich enthalten sind.
- Der Text ist meistens nicht als Planungsgrundlage zu gebrauchen.
- Er gibt dem Entwickler keine Anleitung über die als nächstes durchzuführenden Schritte.

Aus diesen Gründen bleibt die Fließtextspezifikation, die von vielen so geliebt wird, aber nur weil sie keine Methoden kennen, der Literatur vorbehalten, wo wir ihre Mehrdeutigkeit und die Möglichkeit, auch zwischen den Zeilen Informationen zu übermitteln, dort sogar das Eigentliche mitzuteilen, bei passender Gelegenheit, und dann aber ausgiebig, genießen wollen.

In der Systemanalyse haben verwirrende Darstellungen wie die im letzten Absatz keinen Platz. In den Strukturierten Methoden verwenden wir weitgehend standardisierte Spezifikationsmittel.

Die Strukturierten Methoden enthalten Hinweise und Vorschriften zur syntaktischen wie zur semantischen Ebene der Modellierung. Das bedeutet, es werden nicht nur Regeln zur Erstellung von formal korrekten Zeichnungen und Texten angegeben. Daneben werden auch die konzeptionellen Grundlagen und die Vorgehensweisen erläutert. Das Schema in Bild 3.1-6 ist daher als universelle Grobgliederung für die Darstellung der einzelnen Methoden aufzufassen.

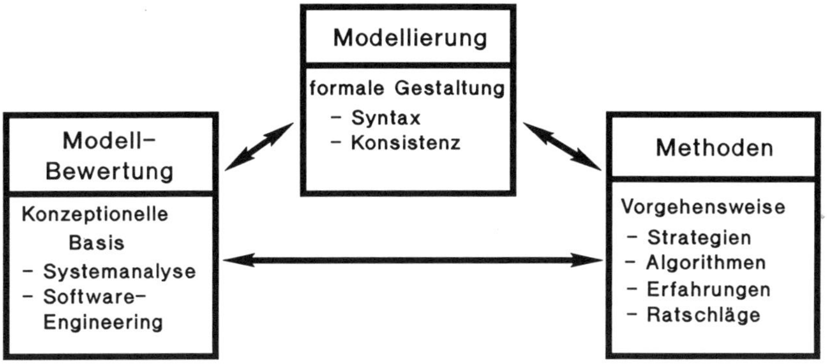

Bild 3.1-6: drei Denkebenen für die Modellbildung

Methoden sind meist einzeln nicht in der Lage, den gesamten Entwicklungsprozeß vom ersten Gespräch mit dem Anwender bis zur Einführung des fertigen Systems und darüberhinaus auch die Wartungsphase bis zur Ablösung des Systems zu unterstützen. Daher müssen mehrere Methoden mit jeweils eigenen Leistungsschwerpunkten in Phasen des Lebenszyklus zusammengeführt werden, um gemeinsam möglichst ohne Lücken und ohne Überschneidungen das gewünschte Resultat zu erbringen. Bei der Darstellung der Methoden in den folgenden Kapiteln wird dieser Aspekt besonders berücksichtigt.

Die **Modellierungsebene** enthält Regeln zur formalen Gestaltung von Modellen und zur Konsistenzprüfung. Mit diesen Regeln hat der Entwickler die Möglichkeit, syntaktisch fehlerfreie Modelle zu erstellen und Fehler in seinem Verständnis des Systems sowie unvollständige Angaben des Anwenders aufzuspüren. Viele inhaltliche Fehler äußern sich vordergründig dadurch, daß die Spezifikation auch noch formale Fehler enthält. Formale Fehlerfreiheit ist eine Voraussetzung für weitergehende inhaltliche Prüfungen und Abstimmungen mit dem Anwender.

In der **Modellbewertung** werden die für den Anwendungsbereich der Methode relevanten konzeptionellen Grundlagen dargestellt. Die Modellbewertung gibt an, welche Eigenschaften ein Modell haben sollte. Diese Eigenschaften müssen bei der Konstruktion berücksichtigt werden. Es wird auch aufgezeigt, was passiert, wenn man gegen diese Kriterien verstößt.

Daneben gibt die Bewertungsebene Hilfen zum Umgang mit der Komplexität realer Systeme. Es kommt darauf an, eine Systemspezifikation zu erarbeiten, die an keiner Stelle einen Leser durch zu hohe Komplexität überfordert (Prinzip der Lokalität). Alle erforderlichen Informationen sollen an der dafür vorgesehenen Stelle in der Spezifikation auch sicher gefunden werden. Das komplizierte System muß in einfache Teile zerlegt werden, die möglichst unempfindlich gegenüber Änderungen sind.

Methoden beschreiben die Vorgehensweise von den ersten noch vorläufigen Modellen bis zum Endprodukt, das mit der Methode zu erzielen ist. Als Hilfe für den

Analytiker gibt es hier sowohl strenge Regeln, die unbedingt zu befolgen sind, wie auch Erfahrungen und Ratschläge.

Die Entwicklung von Modellen für Systeme sollte den folgenden Leitsätzen genügen (vgl. /YOURDON-89a/ S. 228,229):

"Modelling is good" (Modellierungsebene)

Im Software-Engineering müssen wir genauso vorgehen wie die Ingenieure anderer Disziplinen. Keine Fertigung ohne abgenommene Konstruktionszeichnung!

"Partitioning is good" (Modellbewertung)

Komplexe Systeme sind nur beherrschbar, wenn sie in handliche Teile zerlegt werden. Neben Qualitätskriterien benötigen wir vor allem Hilfen bei der Zerlegung in langfristig stabile Teile.

"Iteration is good" (Methoden)

Man darf sich nicht scheuen, auch vorläufige Entwürfe im Modell festzuhalten. Dann werden nämlich Inkonsistenzen offenkundig sichtbar und können gezielt bereinigt werden. Das menschliche Gehirn ist besonders leistungsfähig in folgender Hinsicht:

- prinzipiell neue Ideen haben,
- noch inkonsistente Entwürfe schrittweise verbessern ("Kritik ist leichter als Kunst", vgl. /MEYER-88/ S.352).

Diese Leistungen, die mit heutigen Rechnersystemen nicht darstellbar sind, müssen wir auch für die Systemanalyse nutzen (vgl. /DEMARCO-78/ S. 69).

Das Selbstverständnis des Analytikers muß sich ändern. Er ist heute nicht mehr jemand, der abgesicherte Lösungen erzeugt, die vom Anwender letztlich hingenommen werden müssen. Stattdessen erarbeitet er mehr oder weniger vorläufige Modelle, die noch Lücken und auch noch Fehler enthalten können. Sein Erfolg besteht darin, diese Mängel frühzeitig zu finden und in einer Phase zu bereinigen, wo dies noch nicht viel kostet. Der Analytiker ist also jemand, der ständig auf "seine" Fehler hingewiesen wird, und der jede Kritik an seinem Modell freudig entgegennimmt, weil er aufgrund dieser Kritik sein Modell verbessern kann.

Die Denkebenen sind alle weitgehend voneinander unabhängig und dennoch aufeinander angewiesen. Insbesondere sei auf die Unabhängigkeit zwischen der Methodenebene und den anderen Ebenen hingewiesen. Das Ergebnis läßt sich oft auf mehreren unterschiedlichen Wegen erreichen. Andererseits gibt es zu einer Notation auch oft mehrere unterschiedliche Philosophien, die vorgeschlagen werden.

Die Modellierung von Systemen innerhalb der Analyse wird manchmal als reine Darstellungsaufgabe von anderweitig erzielten Ergebnissen mißverstanden und ausschließlich als Dokumentationstechnik betrachtet. Die Strukturierten Methoden werden aufgefasst und dargestellt als additive Verknüpfung von elementaren Basis- und Darstellungstechniken, die seit langem bekannt sind (vgl. /BALZERT-89/ S.54 ff).

Solch ein Ansatz berücksichtigt aber nur die syntaktische Ebene. Hauptsächlicher Inhalt der Methoden ist jedoch nicht eine bestimmte Modellnotation. Das Wichtigste ist bei allen Entwicklungsmethoden die zugehörige semantische Ebene, die konstruktiv qualitätssichernde Kriterien zur Modellbewertung bereitstellt und darüberhinaus Anleitungen zur Vorgehensweise von den ersten vorläufigen Modellen bis zur fertiggestellten Spezifikation des künftigen Systems gibt.

3.1.4 Anforderungen an das Methodendokument

Methoden helfen nicht nur bei der Darstellung von Ergebnissen, sondern vor allem auch bei deren Herleitung. Am Ende der Anwendung steht regelmäßig ein Dokument, das wir **Methodendokument** nennen wollen. In Kapitel 9 wird aufgezeigt, in welcher Weise aus der Integration von Methoden ein angepasstes Vorgehensmodell als Basis für das Projektmanagement konstruiert wird. Dann werden die Methodendokumente zu Phasenergebnissen.

Bevor Methoden vorgestellt werden, sollen in diesem Kapitel die übergreifenden Anforderungen an das Methodenergebnis zusammengestellt werden. Dies geschieht unter Beachtung der speziellen Sichtweisen aller Beteiligten. Entscheidend ist zunächst die Anwendersicht.

Anwenderfreundlichkeit: (aus Anwendersicht)

Wir wollen im Projekt erreichen, daß der Anwender mitwirkt, indem er alle erforderlichen Informationen bereitstellt und den Analytiker auf Fehler hinweist. Daher muß das Methodendokument gut **lesbar** und für ihn **nachprüfbar** und **verständlich** sein. Verständlichkeit des Modells bedeutet auch, daß die Modellnotation keine großen Abstraktionen erfordert. Die einzelnen Elemente müssen so suggestiv wirken wie die Zeichnungselemente im Grundriß des Architekten.

Qualität des Methodendokuments: (aus Entwicklersicht)

Der Analytiker oder Entwickler knüpft ebenfalls konkrete Erwartungen an den Methodeneinsatz. Eine Methode wird nur angewandt, wenn sie die **Arbeit erleichtert** und **effektiver** gestaltet und dabei hilft, **frühzeitig Fehler zu erkennen**.

Wichtigste Forderung ist die **Konsistenz** der Ergebnisse. Das Methodendokument darf keine Widersprüche enthalten, und es muß im Detail jede gewünschte Präzision zulassen.

Änderbarkeit und **Wartungsfreundlichkeit** des Methodendokuments kann nur entstehen, wenn das Dokument **keine Redundanzen** enthält, wenn also jede Information nur einmal im Dokument, und zwar an der "richtigen" Stelle, dargestellt ist.

Das Methodendokument soll **vollständig** sein. Daneben soll es keine Notwendigkeit zur Erzeugung weiterer Dokumente zum selben Gegenstand geben.

Stets sollte der **grafischen Darstellung** der Vorzug gegeben werden. Es gilt, Fließtext-Spezifikationen in natürlicher Sprache möglichst zu vermeiden. Diese sind eindimensional und mehrdeutig. Das Verständnis komplexer Zusammenhänge wird dadurch erschwert. Darüberhinaus eröffnet eine Fließtext-Spezifikation kaum Möglichkeiten der Kontrolle auf Vollständigkeit und Widerspruchsfreiheit und ist weder nutzbar als Planungsinstrument noch als Produktdokumentation.

Weiterhin ist zu fordern, daß die Methoden ihre Ergebnisse in handliche Teile **zerlegen**, die sowohl der Entwickler wie auch der Anwender leicht verstehen kann. Meist wird es neben der Zerlegungsstrategie des Entwicklers eine Strategie zum Verstehen des Ergebnisses geben (**"Lesemodell"**). Hier muß gefordert werden, daß die beim Entwickeln entstandene Zerlegung gleichzeitig für den Anwender die verständlichste ist.

Die Methoden müssen also Strategien zur Aufteilung der Beschreibung in handhabbare Teile bereitstellen (**schrittweise Verfeinerung**).

Projektbezug: (aus Projektsicht)

Letztendlich ist der Methodeneinsatz nur möglich, wenn er sich wirtschaftlich gestalten läßt. Dazu müssen bei Anwendung der Methoden auch tatsächlich genau die Dokumente entstehen, die als Projektergebnis benötigt werden.

Die Dokumentation muß **iterativ** erfolgen. Die früher üblichen Dokumentationsrichtlinien werden in dieser Form beim Methodeneinsatz nicht mehr eingesetzt. Stattdessen erfolgt die Dokumentation **schritthaltend.** Nur Dokumente, die ohnehin im Rahmen der Methodenanwendung erstellt werden müssen, bilden zusammen das Methodendokument. Außerdem werden mit dem Anwender abgestimmte Arbeitsunterlagen **unverändert in das Ergebnis übernommen.** Eine nachträgliche Ausarbeitung einzelner Entwicklungsteilergebnisse muß vermieden werden.

Die neuere Entwicklungsmethodik fordert, daß eine Bindung der entwickelten Ergebnisse an eine konkrete Implementierungsumgebung stets so spät wie möglich erfolgt. Daher wird das Methodendokument **implementierungsunabhängig** gehalten. Der Entwickler sollte seine Gedanken nicht vor der Zeit mit Implementierungsdetails belasten. Stets steht die Frage, **WAS** das System tun soll, im Vordergrund vor der Frage, **WIE** dies implementiert werden kann oder soll. Methoden helfen dabei, wenn die Kriterien der Modellbewertung beachtet werden. Stets ist eine Unterscheidung zwischen physischen Überlegungen (unter Berücksichtigung von Implementierungsdetails) und logischen (konzentriert auf die Substanz oder Essenz des Systems) erforderlich.

Bei konventioneller Vorgehensweise werden oftmals bereits früh im Projekt Implementierungsrandbedingungen nicht nur berücksichtigt, sondern im Projekt zum zentralen Thema gemacht. Die Implementation ist zweifellos wichtig, aber noch wichtiger für den Gesamterfolg des Projektes ist eine klare Definition der eigentlichen Zielsetzung des Systems als Ausgangspunkt für eine spätere Implementierung. Daher sollen die Randbedingungen der Implementierung erst zu einem Zeitpunkt Eingang in die Systemgestaltung finden, wenn die logische Substanz des Systems klar definiert ist.

Die geforderte **Implementierungsunabhängigkeit** steht im Widerspruch zu der Auffassung einiger Analytiker, die glauben, man müsse doch erst einmal prüfen, ob die verfügbare Hardware für die Aufgabenstellung ausreicht. Zunächst spricht wenig dagegen, durch frühe Abschätzung der Fallzahlen die grundsätzliche Machbarkeit einzugrenzen. Die dabei erzielbaren Ergebnisse sind jedoch meist anfechtbar oder sogar wertlos. Eine seriöse Durchführbarkeitsstudie läßt sich erst erstellen, wenn die wahren Anforderungen an das System bekannt sind. Dies ist weder vor Beginn des Projektes noch etwa zum Ende der IST-Analyse abschließend möglich, sondern erst nach Erstellung des SOLL-Konzeptes.

Diese strenge Auffassung steht im Gegensatz zu der Durchführung zahlreicher Praxisprojekte. Tatsächlich muß zu Beginn des Projektes der Kostenrahmen abgegrenzt werden. Es ist jedoch klar, welche Gefahren für das Projekt durch Fehlschätzungen entstehen können. Spätere Nachforderungen wegen zu optimistischer Schätzung der Gesamtkosten verärgern leicht den Auftraggeber. Eventuell können die aufzubringenden Mehraufwände den Auftraggeber sogar in den Ruin treiben. Zu pessimistische Schätzungen können andererseits das Entstehen des Projektes im Ansatz verhindern.

Soweit Methoden nicht den gesamten Projektverlauf **durchgängig** vom ersten Gespräch mit dem Anwender bis zur Ablösung des Systems unterstützen, müssen Übergänge zwischen den Methoden definiert werden. Die Methoden müssen klare Schnittstellen zu alternativ oder ergänzend anwendbaren und zu nachfolgenden Methoden aufweisen. Im Projekt muß darüberhinaus durch eine zentrale Stelle über die Methodenintegration gewacht werden.

Methoden müssen in ihrem Vorgehensmodell so standardisiert sein, daß die Teilergebnisse von Methodenschritten **als Planungsinstrument brauchbar** werden. Dies ist unabdingbare Voraussetzung für eine zielorientierte Projektplanung in kleinen Schritten und für eine begleitende konstruktive Qualitätssicherung (inkrementelle Systementwicklung).

Die Systementwicklung unter Verwendung von Methoden soll weiterhin besonders **effizient** erfolgen. Dies ist in besonderem Maße abhängig vom Vorgehensmodell, das die Methodenschritte zur kleinsten Einheit wählt und von der systematischen Ablage von Teilergebnissen, auf denen spätere Methodenschritte aufbauen müssen.

Schließlich muß das Methodendokument **als Produkt-Dokumentation brauchbar** sein und später **bei der Wartung eine nützliche Unterlage** darstellen.

Zusammenfassung:

Folgende Anforderungen werden an das Methodendokument gerichtet:

aus Anwendersicht:

Lesbarkeit, Nachprüfbarkeit, Verständlichkeit

aus Entwicklersicht:

Effizienz, frühe Fehlererkennung, Konsistenz, Änderbarkeit, Wartbarkeit, Redundanzfreiheit, Vollständigkeit, grafische Darstellung, Zerlegung

aus Projektsicht:

iterative und schritthaltende Dokumentation, Durchgängigkeit, Implementierungsunabhängigkeit, Planbarkeit, Effizienz, Dokumentationsqualität, nützliche Wartungsunterlage.

Durch Einsatz von Methoden müssen Ergebnisse (Dokumente) erzeugt werden, die diesen Anforderungen entsprechen.

3.1.5 Syntax, Semantik und Pragmatik

Auf die Wichtigkeit der Unterscheidung zwischen syntaktischer und semantischer Ebene ist bereits hingewiesen worden. Die **Syntax** legt Regeln fest, nach denen im Rahmen der Theorie zulässige Objekte gebildet werden dürfen, die **Semantik** untersucht die Beziehung zwischen diesen Objekten und ihrer Bedeutung. Die **Pragmatik** schließlich untersucht die Beziehung zwischen Worten mit ihrer Bedeutung und Menschen, die den Worten eventuell eine andere Bedeutung zumessen. Wir benutzen diese Begriffe aus der Erkenntnistheorie in der innerhalb der Informatik üblichen Weise.

Die Entwicklung von Systemen hat stets das Ziel, aus einer womöglich knapp gehaltenen Vorgabe ein Ergebnis zu konstruieren. Dabei ist die Vorgabe zwar semantisch klar abgegrenzt, für das funktionierende System ist jedoch Präzision auf syntaktischer Ebene erforderlich (Bild 3.1-7).

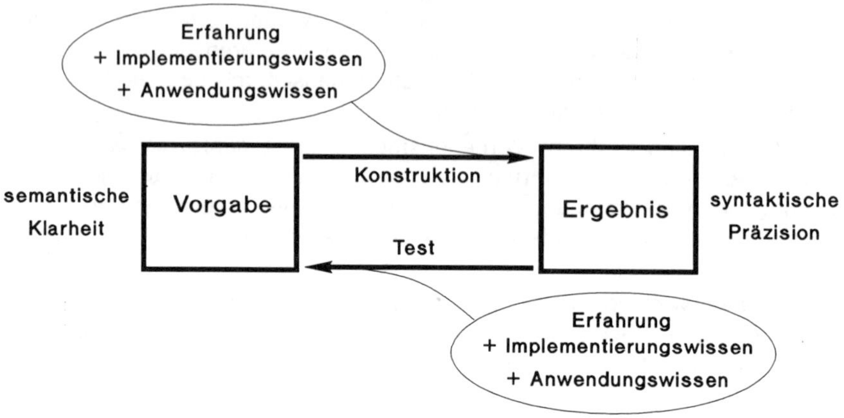

Bild 3.1-7: Syntax und Semantik

Abgesehen von elementaren Übersetzungen enthält die Vorgabe normalerweise nicht alle Informationen, die für die Konstruktion des Ergebnisses benötigt werden. Die Konstruktion erfordert zusätzliche Informationsquellen: Erfahrung, unformalisiertes Anwendungs- und Konstruktionswissen. Diese zusätzlichen Informationsquellen entstehen durch Erfahrung, Ausbildung und frühere Erlebnisse des Entwicklers und werden zum größeren Teil während des Entwicklungsprojektes systematisch erschlossen.

Dabei können inhaltliche Fehler entstehen. Mit Hilfe des konstruierten Ergebnisses ist daher stets zu prüfen, ob dieses Ergebnis noch mit der Vorgabe verträglich ist. Eigentlich ist hier ein Beweis der Korrektheit des konstruierten Ergebnisses erforderlich (**Verifikation**). Die in praktischen Systementwicklungen übliche Komplexität der Aufgabenstellung verbietet leider meistens die Durchführung der Verifikation durch Beweisen im mathematischen Sinne. Im Normalfall kann man nur auf einer eher kleinen Teilmenge des Definitionsbereiches die Richtigkeit des Ergebnisses zwar systematisch, aber doch eben nur stichprobenartig prüfen. Diesen Vorgang nennt man **Testen.** Beim Testen sind prinzipiell die gleichen Informationsquellen wie bei der Konstruktion zu benutzen, denn das konstruierte Ergebnis ist zwar syntaktisch genau festgelegt, enthält ohne besondere Dokumentationsmaßnahmen jedoch kaum Informationen zur Bedeutung des Ergebnisses. Diese muß aber mit der Vorgabe abgestimmt werden.

Dieser grundlegende Prozeß des Konstruierens und Testens tritt auf allen Ebenen der Systementwicklung auf, nicht nur beim Programmtest. So kann man durchaus ein Pflichtenheft gegen die Ergebnisnotiz des ersten Gespräches mit dem Anwender (Auftraggeber) testen, oder das fertige Produkt gegen seine ursprüngliche Zielsetzung.

Die Systementwicklung läßt sich auffassen als Folge von Konstruktionsschritten nach einem Vorgehensmodell, das im Falle der Strukturierten Methoden durch diese vorgegeben wird. Wenn man nun Tools zur rechnergestützten Systementwicklung (CASE-Tools) einsetzt, so entsteht beim Entwickler oft die Frage, welche Konstruktionsschritte vom Tool ohne weiteren Eingriff selbständig durchgeführt werden können. Kandidaten wären zum Beispiel:

- automatische Code-Generierung,
- automatischer Beweis der Programmkorrektheit,
- automatischer Übergang Analyse - Design,
- Reverse-Engineering.

Diese Konstruktions- und Testschritte sind von rechnergestützten Tools nur insoweit unterstützbar, wie sie über die zusätzlichen Informationsquellen Erfahrung, Anwendungs- und Konstruktionswissen verfügen, jedenfalls soweit es für den betrachteten Konstruktionsschritt erforderlich ist. Im Prinzip setzt dies voraus, daß die Tools über künstliche Intelligenz verfügen, je nachdem, wie groß der durch Konstruktion bzw. Test zu überbrückende Unterschied ist. Was der menschliche Experte (mangels Philosophie) nicht schafft, kann auch ein Tool nicht leisten.

Diese Überlegung zeigt, daß Erwartungen bezüglich automatisierter Systementwicklung nicht zu hoch geschraubt werden dürfen. Je mehr der Konstruktionsschritt einer reinen Übersetzung ähnelt und je geringer das erforderliche Hintergrundwissen ist, desto eher können Tools in die Lage versetzt werden, die Konstruktion selbständig durchzuführen, desto geringer ist aber auch der damit verbundene Nutzen. Im anderen Extrem müssten Hauptprobleme der künstlichen Intelligenz, nämlich

- das Common-Sense-Problem (Darstellung der Kenntnisse, Erfahrungen und Urteilsfähigkeit eines normal ausgebildeten Menschen im Alter von zwanzig Jahren),
- Erkennung natürlicher Sprache,

im wesentlichen gelöst sein, was heute noch nicht der Fall ist (vgl. /WEIZENBAUM-76/ Kap. 7,8, sowie /DREYFUS-86/ Kap.5).

3.1.6 Ansätze zur Systemanalyse

Im Laufe der Jahre wurden mehrere Ansätze zur Systemanalyse entwickelt und in der Praxis erprobt. Hauptanliegen dieser Ansätze ist der praxisgerechte Umgang mit der immer größer werdenden Komplexität der untersuchten Systeme. Die Komplexität zu beherrschen bedeutet, das System in möglichst elementare Teile mit einfachen Schnittstellen zu zerlegen. Mit den "Ansätzen zur Systemanalyse" sind also in Wirklichkeit ihre **Zerlegungsstrategien** gemeint.

Methoden lassen sich nach ihrer Zerlegungsstrategie einordnen. Dabei ist zu berücksichtigen, daß es zu einer Modellsyntax auf der Methoden-Ebene mehrere verschiedene Zerlegungsstrategien geben kann. Dies ist zum Beispiel bei der Strukturierten Analyse der Fall. Früher hat man die top-down-Vorgehensweise empfohlen, die ausgehend vom Systemkontext eine funktionsorientierte Zerlegung vornimmt. In der Praxis hat sich an vielen Stellen erwiesen, daß dieser Ansatz eine zielorientierte Projektdurchführung nicht erzwingt. Heute bevorzugt man daher die essentielle Zerlegung, die Nachteile der funktionsorientierten und der datenorientierten Zerlegung gleichermaßen vermeidet. Die essentielle Systemanalyse wird im Kapitel 4 dargestellt.

3.1.6.1 Anforderungen an eine Zerlegungsstrategie

Zerlegungsstrategien haben die Aufgabe, die Komplexität des Systems dadurch zu bewältigen, daß das System in kleine handhabbare Teile zerlegt wird. Diese Teile sollen möglichst stabil sein, d.h.

- zwischen den Teilen sollen nur einfach strukturierte Schnittstellen bestehen, von denen geringe Neigung zur Änderung erwartet wird,
- nötig werdende Änderungen sollen sich auf einzelne Teile lokalisieren lassen und nicht die anfangs gewählte Zerlegung beeinträchtigen,
- Änderungen sollen keine unbeabsichtigten Fernwirkungen zur Folge haben, die einzelnen Teile sollen entkoppelt sein.

Außerdem soll die Zerlegung pragmatisch sein, d.h. zu der Alltagswelt der Anwender und der Entwickler in natürlicher Beziehung stehen.

3.1.6.2 Funktionsorientierte (funktionale) Zerlegung

Die Hauptfragestellung : "Welche Funktionen muß das System bereithalten?" ist vor allem dann zu beantworten, wenn man ähnliche Systeme kennt. Umfangreiche Erfahrung des Analytikers in ähnlichen Projekten ist erforderlich. Sie trägt dazu bei, Implementationsschwächen älterer Systeme künftig zu vermeiden. Diese Vorgehensweise ist bei Projektleitern als Basis für die Personaleinsatzplanung beliebt (welche Programme mit welchem Schwierigkeitsgrad sind insgesamt zu erstellen?). Probleme:

- Die Datenmodellierung wird zweitrangig abgehandelt. Daten sind für das Unternehmen aber wichtiger als Funktionen.
- In der Regel keine Durchgängigkeit zum Datenbank-Design.
- Die Analyse wird zu wenig berücksichtigt (Kostenberg in der Wartung).
- Die funktionale Zerlegung bildet tatsächlich nur eine ungenaue Basis für Projektplanung

3.1.6.3 Datenorientierte Zerlegung

Diese verfolgt schwerpunktmäßig die Fragestellung: "Welche Daten werden gespeichert/verarbeitet?". Die Analyse der benötigten Datenstrukturen erfolgt meist über konventionelle Interviews. Dabei wird der Blick erst in zweiter Linie auf die erforderlichen Funktionen gerichtet. Der datenorientierte Ansatz möchte die Datenstrukturen der Zukunft nicht von den Funktionen der Vergangenheit abhängig machen. Datenstrukturen stellen eine strategische Unternehmensressource dar, die beständiger ist als die Verarbeitungsprozesse. Weitere nachträglich zu realisierende Funktionen sind leicht zu erstellen, wenn die Datenstrukturen zukunftssicher sind. Probleme:

- Bei der Erkennung von Objekten im Problemraum gibt es so gut wie keine methodische Hilfe (außer allgemeiner Fachkenntnis des Analytikers im Anwendungsbereich).
- Eine Kapselung der Daten durch Funktionen ist nicht Gegenstand der rein datenorientierten Zerlegung und muß vom Analytiker extra definiert werden. Die datenorientierte Zerlegung beabsichtigt zunächst eine Offenlegung der Datenstrukturen für die Entwicklung beliebiger Anwendungsfunktionen.
- Es werden oft nur die Daten erkannt, die jemand im Unternehmen für wichtig hält.

Peters weist darauf hin, daß Datentypen im Unternehmen ein verwaistes Dasein führen (vgl. /PETERS-88/ Kap. 3.3.5), d.h. niemand in der Organisation ist verantwortlich oder direkt ansprechbar im Hinblick auf ursprüngliche Definition, künftige Änderungen und koordinierte Benutzung durch künftige Projekte. Folglich ist die benötigte Information nur schwer zu erheben.

Der rein datenorientierte Ansatz liefert keine "Garantie" auf Vollständigkeit der Objekte und Relationen (in Abhängigkeit von der Kenntnis des Anwendungsbereiches bis zu 95 % erreichbar) und der Attribute (meist nur höchstens 70 % erreichbar, Rest durch Nachbesserung).

In den Unternehmen ergibt sich darüberhinaus ein praktisches Problem: überalterte Verfahren enthalten oft Daten, von denen niemand mehr weiß, wozu sie einst gebraucht wurden. Man sehe sich Satzaufbauten bestehender Verfahren an. Diese sind allerdings oft funktionsorientiert entstanden und werden deshalb in der bestehenden Form nicht mehr benötigt.

3.1.6.4 Essentielle Zerlegung

Die essentielle Zerlegung strukturiert die Vorgehensweise anhand folgender Fragestellungen, die **integriert** verfolgt werden:

- Auf welche **Ereignisse** muß das System reagieren ?
- Über welche **Objekte** der Systemumgebung muß sich das System Informationen merken ?

Die Ereignisse in der Umgebung, auf die das System reagieren muß, sind aufgrund der Zielsetzung des Projekts relativ leicht zu erheben. Entscheidend ist jedoch, daß die Fragestellungen nach den Ereignissen und nach den Objekten integriert verfolgt werden. Damit rückt die essentielle Zerlegung in die Nähe des objektorientierten Ansatzes.

Das Ziel der "ereignisorientierten Zerlegung der Aktivitäten" und der "objektorientierten Zerlegung des Speichers" ist formal leicht zu erreichen. Bereits in der Grundkonzeption des Systems werden gravierende Probleme real existierender Systeme beseitigt :

- Verkürzung der Durchlaufzeiten / Bearbeitungszeiten
- Aktualität der gespeicherten Daten

Die essentielle Zerlegung ist auch als Basis für die objektorientierte Analyse und als Entwurfsmethodik für objektorientierte Realisierung geeignet.

3.1.6.5 Objektorientierte Zerlegung

Die objektorientierte Zerlegung strebt an, neben der prozeduralen Abstraktion (Funktionen über Schnittstellen nutzen) eine Datenabstraktion zu realisieren (Daten nur über Funktionen nutzen). Daher werden im Problemraum Objekte implementiert, die Daten kapseln und diese nur über exklusive Methoden (Services) nach außen verfügbar machen. Der Benutzer eines Objektes darf nicht wissen, wie die gekapselten Daten tatsächlich gespeichert oder verarbeitet werden. Er sendet eine Nachricht (Message) an das Objekt, das daraufhin die bezeichnete Methode ausführt und als Antwort eine Nachricht zurücksendet. Die Datentypen und die grundlegenden Verarbeitungen sind vollständig gekapselt und dem Anwender verborgen.

Daneben ist für die objektorientierte Zerlegung das Konzept der Vererbung (wird definiert in Kapitel 8) kennzeichnend, das der Beherrschung der Daten- und Funktionenredundanz dient.

Die Objektorientierte Zerlegung ähnelt zunächst recht stark der datenorientierten Zerlegung. Im Problemraum der Anwendung werden (Daten-) Objekte identifiziert, die jedoch stets zusammen mit den darauf definierten Methoden betrachtet werden. Damit entstehen Einheiten,

- die einmal erkannt meistens keinen grundsätzlichen Änderungen mehr unterworfen sind. Was sich ändern kann, sind die Attribute und Methoden, aber die relevanten Objekte bleiben erhalten (gilt entsprechend auch für die datenorientierte Zerlegung),
- die enthaltene Daten über grundlegende Methoden kapseln und damit die tatsächliche Datenstruktur dem Anwender verbergen.

Objektorientierte Zerlegung führt damit zu Einheiten, die frühzeitig im Projekt erkannt werden und die normalerweise für die Laufzeit des Projektes und häufig auch für die gesamte Lebenszeit des Systems stabil sind.

3.1.6.6 Trends

Die Zeiten ändern sich. Früher standen Batchverfahren mit einfacher äußerer Struktur der Datenobjekte bei komplexem innerem Aufbau (Satzartendateien mit variabler Satz- und Feldlänge) im Blickfeld der Entwickler. Dies wurde durch die verfügbare Technologie der Implementierung diktiert. Dementsprechend waren die Programmstrukturen sehr komplex, denn sie mußten Funktionen wahrnehmen, die heute das Datenbanksystem übernimmt.

Heute entwickeln wir Dialogverfahren mit relationalen Datenbanken. Diese haben zwar elementare, aber nicht immer einfache Datenstrukturen. Die zugehörigen Programmstrukturen sind dagegen meist einfacher geworden. Im Dialog benötigt man häufig nur noch die Basisverarbeitungen : Neuanlegen, Ändern, Löschen von Datenobjekten. Die Bereitstellung komfortabler Informationsfunktionen wird durch die relationalen Datenbanksysteme erheblich vereinfacht.

Daher bevorzugt man heute die essentielle Zerlegung gegenüber der funktionsorientierten und der rein datenorientierten Zerlegung. In Zukunft wird die objektorientierte Zerlegung (Konstruktion abstrakter Datentypen mit Vererbungsstruktur) noch an Bedeutung gewinnen, insbesondere wenn durchgängig anwendbare objektorientierte Implementierungsumgebungen verstärkt angeboten werden.

In immer stärkerem Maße setzt sich eine einheitliche Systemanalyse durch. Es ist nicht mehr die Frage, mit welcher Methode vorgegangen wird. In jedem Falle sind mehrere Spezifikations-Ebenen auszuformulieren - Daten, Funktionen, Zustände. Dabei werden jeweils die am besten geeigneten Notationen der Strukturierten Analyse, der Real-Time-Analyse und der Semantischen Modellierung der Datenstrukturen benutzt. Alle Ansätze dienen nur dazu, die wahren Anforderungen des Anwenders zu erkennen und nach dieser Vorgabe die richtigen Abstraktionen zu entwickeln.

3.2 Qualitätssicherung

Parallel zur Konstruktion von Ergebnissen aus Vorgaben muß die Qualität dieser Ergebnisse gesichert werden. Jedes erzielte Teilergebnis muß den lokal definierten Qualitätskriterien genügen (vgl. /DGQ-NTG-86/, /SCHMITZ et.al. 83/, /SNEED-83/). Dies ist eine notwendige (aber eventuell noch nicht hinreichende) Bedingung für globale Qualität.

Man unterscheidet konstruktive und analytische Qualitätssicherung. Die **konstruktive Qualitätssicherung** muß integraler Bestandteil der Konstruktion des Systems sein. Sie wird durchgeführt mit Hilfe von Methoden, Tools, der Benutzung eines den Methoden angepassten Vorgehensmodells und durch Eigenschaften der Entwicklungsumgebung und erfordert eine ständig präsente kritische Begleitung aller Konstruktionsschritte.

Analytische Qualitätssicherung stellt erst nach der Konstruktion fest, ob Qualität erzeugt wurde und setzt Anforderungen, die im Rahmen einer Nachbesserung noch zu erfüllen sind. Probleme entstehen durch die Notwendigkeit, nachträglich Fehler zu finden (Test durch Außenstehenden), was für den Qualitätssicherer meist eine schwierige und zeitraubende Aufgabe ist, die ohne maschinelle Unterstützung nur selten erfolgreich durchgeführt werden kann. Daneben bedeutet die Rückweisung eines von Mängeln behafteten Systems meistens eine teilweise Neufassung, die mit Blick auf knappe Projektressourcen gar zu oft wegdiskutiert wird.

Um Fehlentwicklungen zu vermeiden und Entwicklungskosten zu reduzieren, sollte sich eine Qualitätssicherung auf konstruktive Aktivitäten konzentrieren. Diese müssen untrennbar und sogar für den Entwickler möglichst unkenntlich und als unverzichtbarer Bestandteil in das Vorgehensmodell integriert werden. Das Vorgehensmodell muß so beschaffen sein, daß **die Qualitätssicherung von den Konstruktionsschritten nicht mehr zu trennen ist**, und daß der Entwickler die Schritte der Qualitätssicherung als hilfreiche und unverzichtbare Bestandteile seiner Tätigkeit empfindet.

Der Einsatz von Methoden und Tools muß die Kreativität des Analytikers fördern und dazu beitragen, daß Fehler bereits im Ansatz vermieden werden. Es darf dem Analytiker und dem Entwickler gar nicht mehr möglich sein, etwas anderes als Qualität zu erzeugen. Dabei reicht es nicht aus, sich auf organisatorische Maßnahmen und formale Richtlinien zu beschränken. In einem Projekt, das unter den Restriktionen von Kosten und Zeit steht, können diese nämlich ohne maschinelle Hilfe weder eingehalten noch kontrolliert werden.

In der Implementierungsphase sind es die Eigenschaften älterer Programmiersprachen, die Fehler des Entwicklers zulassen und die von ihm daher eine besondere Disziplin verlangen. Durch Einsatz neuerer Sprachen, die aus ihrer Definition heraus bestimmte Fehlerquellen gar nicht mehr zulassen, können Fehler im Ergebnis vermieden werden.

Ähnliche Probleme liegen in den frühen Projektphasen vor. Je größere Freiheiten dem Analytiker vom Vorgehensmodell und von den Dokumentationsregeln gelassen werden, desto disziplinierter muß er vorgehen und desto leichter kann er Fehler machen, die erst sehr viel später erkannt werden. Desto schwieriger wird auch die Qualitätssicherung.

Gleich zu Beginn eines Projektes sollte auch die Qualitätssicherung mit den zu benutzenden Hilfsmitteln und mit dem zu erwartenden Aufwand fest eingeplant werden, nicht erst wenn die halbe Arbeit getan ist. Eine nachträgliche Qualitätssicherung fertiger Ergebnisse ist problematisch.

Dem Analytiker und dem Entwickler werden zugleich Kreativität und Disziplin abverlangt. Dies findet in einem Projekt mit meist engen Kosten- und Zeit-Restriktionen statt. Der schmale Pfad zwischen diesen Einflußfaktoren ist also gangbar zu machen. Dies ist Anliegen der Entwicklungsmethoden und der neueren Umgebungen für die Implementierung.

Konstruktive Qualitätssicherung hat also mehrere Inhalte:

- Sichern der kreativen Freiräume.
- Vermeidung von Fehlern bereits beim Konstruktionsprozeß.
    * Vermeidung von formalistischen Dokumentations- und Vorgehensregeln, die kaum inhaltliche und qualitätssichernde Hilfen bieten und sich in der Praxis ohne Toolunterstützung weder einhalten noch kontrollieren lassen.
    * Schritte der Qualitätssicherung untrennbar in das Vorgehensmodell integrieren, so daß der Entwickler kaum noch merkt, daß er gerade die Qualität sichert.
    * Qualitätssicherungsmaßnahmen so gestalten, daß sie vom Entwickler subjektiv als echte und unentbehrliche Hilfen angesehen werden, die seinen persönlichen Erfolg im Projekt steigern.

Qualitätssicherungsmaßnahmen sollten in einer ersten Stufe zu einem großen Teil vom Entwickler selbst durchgeführt werden. Wenn er seine Ergebnisse mit anderen bespricht, so sollten diese bereits formal konsistent und fehlerfrei sein. Die Nutzung von Tools ist dabei eine erhebliche Hilfe. Der Entwickler erhält durch die Prüffunktionen einen genauen Maßstab für die formale Korrektheit seines Entwurfs. Die Qualitätskontrolle spielt sich zunächst im "intimen Verhältnis mit dem Rechner" ab. Dadurch werden komplizierte Kritik-Diskussionen, die leicht persönlich genommen werden, vermieden. Qualitätskontrollen durch andere sollten sich also auf Inhalte beziehen. Eine Qualitätsabnahme kann aber nur durch eine andere Person oder Instanz durchgeführt werden (Projektleiter, andere Entwickler, QS-Team, Anwender, ..).

3.3 Basistechniken

Durch den Methodeneinsatz werden folgende Ziele angestrebt:

- Anleitung und Führung des Analytikers/Entwicklers in allen Schritten des Entwicklungsprozesses, so daß keine Entwurfsentscheidung unbegründet bleibt oder in der Vorgehensweise nicht vorhergesehen wird.
- Durchgängigkeit und Integration der Entwicklungsschritte ohne logische Brüche.
- Integration der Qualitätssicherung in die Entwicklungsarbeit.

In der Methodendiskussion ist folgender Irrtum weit verbreitet: viele Autoren und Praktiker glauben, daß Methoden nur die Aufgabe haben, anderweitig erzielte Ergebnisse darzustellen. Daher ist eine Unterscheidung von Methoden und Basistechniken sinnvoll.

Methoden

- geben Anleitungen für die Durchführung einer möglichst langen Kette von Aktivitäten im Vorgehensmodell,

- enthalten neben einer Syntax konkrete Hinweise auf semantischer Ebene, insbesondere Definition einer Zerlegungsstrategie und Beschreibung eines Vorgehensmodells,
- bedienen sich lokal gerne geeigneter Basistechniken.

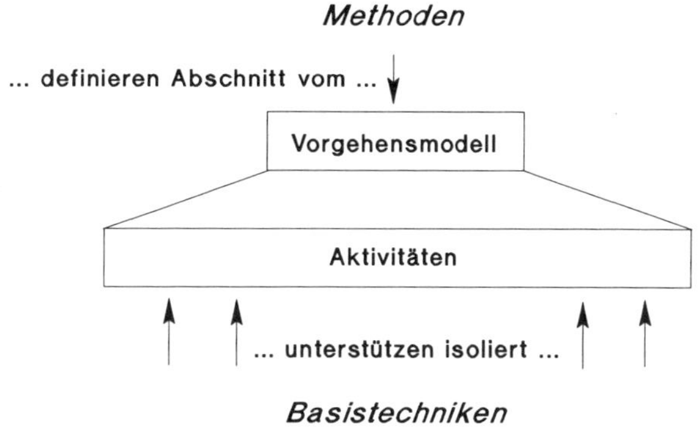

Bild 3.3-1: Unterscheidung von Methoden und Basistechniken

Basistechniken

- dienen nur zur Darstellung von Ergebnissen auf Ebene der Aktivitäten des Entwicklungsmodells,
- unterstützen einzelne Arbeitsschritte im Entwicklungsprozeß, geben aber keine Hinweise auf eine durchgängige Entwicklung, sie sind meist nicht an eine konkrete Phase im Entwicklungsprozeß gebunden, sondern fast überall anwendbar,
- sie helfen meistens nicht bei der Anleitung des Analytikers in der Durchführung der Projektaktivitäten im Hinblick auf ein durchgängiges Entwicklungsmodell.

Dennoch sind Basistechniken nützliche und teilweise unverzichtbare Bestandteile von Entwicklungsmethoden. Im Rahmen der Entwicklungsmethoden müssen Details genau spezifiziert werden. In diesen Fällen wird gern auf Basistechniken zurückgegriffen.

Zum Beispiel ist eine Entscheidungstabelle ein geeignetes Werkzeug, um komplexe Fallunterscheidungen zu spezifizieren. Entscheidungstabellen geben aber keinen Hinweis darauf, wie man ein Projekt zu führen hat, wie man die Inhalte der Entscheidungstabelle erhebt, welche Informationen aus vorhergehenden Aktivitäten benötigt werden und an welchen Stellen im Entwicklungsprozess sie überhaupt eine Rolle spielen.

Zu den Basistechniken zählen wir Entscheidungstabellen, Pseudocode, Zustandsgraphen, HIPO, Jackson, Nassi-Shneiderman-Diagramme, SADT, Petrinetze. Auf eine detaillierte Darstellung dieser Techniken, die in zahlreichen Büchern gefunden werden kann, wird hier verzichtet.

3.4 Methoden

In der Entwicklung eines Systems sind regelmäßig drei Ebenen zu unterscheiden, deren Ergebnisse in allen Phasen genau zueinander passen müssen:

- die Ebene der **Zustände und Ereignisse**

- die Ebene der **Prozesse und Objekte**
- die Ebene der **Objekte und Relationen zwischen Objekten**

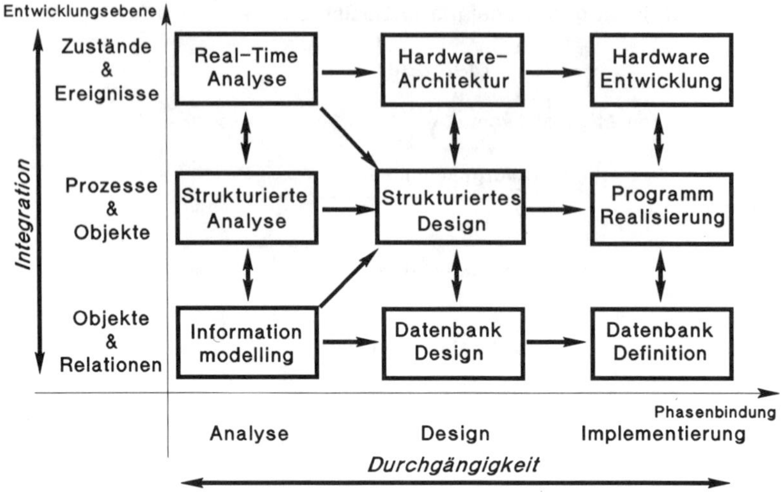

Bild 3.4-1: Integration und Durchgängigkeit der Strukturierten Methoden

Die Integration der Entwicklungsmethoden soll dazu führen, daß die unterschiedlichen Entwicklungsebenen der einzelnen Methoden redundanzfrei zueinander passen.

In kommerziellen und technischen Datenbankanwendungen benötigt man neben der Strukturierten Analyse immer auch die Semantische Modellierung der Datenstrukturen (Information Modelling), denn die Speicherung wichtiger Informationen über eventuell längere Zeiträume ist wesentliches Kennzeichen dieser Anwendungen. Die Real-Time-Erweiterung braucht man in kommerziellen Anwendungen nur selten.

In technischen Anwendungen, vor allem in der Prozeßsteuerung, liegen entgegengesetzte Verhältnisse vor. Hier steht neben der Spezifikation der Prozeßebene mit Hilfe der Strukturierten Analyse die Zustands- und Ereignisebene im Vordergrund. Prozesse müssen oft beim Eintreten komplexer Bedingungen ohne Verzug gestartet werden. Diese Bedingungen hängen z.T. von externen oder von kontextfreien Zeitereignissen ab. Daneben muß auch die Möglichkeit gegeben werden, innerhalb des Systems Zustände und Ereignisse zu erkennen und gegebenenfalls die zur Erarbeitung der Reaktion erforderlichen Prozesse zu aktivieren. Die Real-Time-Erweiterung der Strukturierten Analyse erlaubt die erforderlichen Spezifikationen. Dagegen spielt bei Prozeßsteuerungen die Datenmodellierung im Hinblick auf die Organisation von Datenbanken meist nur eine untergeordnete Rolle.

Durchgängigkeit hat zum Ziel, auf methodischer Ebene möglichst jeden Schritt zu erklären und dabei aufzuzeigen, welche Informationen im einzelnen benötigt werden und wo diese herkommen. Dabei muß die Dokumentation der Ergebnisse redundanzfrei erfolgen. Sonst können bei Änderungen der Spezifikation leicht Inkonsistenzen entstehen. Aber auch die Entwicklung selber muß redundanzfrei durchgeführt werden, denn sonst werden Projektressourcen durch Doppelarbeit verbraucht.

In den einzelnen Phasen werden unterschiedliche Methoden angewandt. Dafür gibt es gute Gründe. Die Methoden sind auf die Bedürfnisse der Phasenbindung und der Darstellungsebene angepasst. Damit wird maximale Effizienz erreicht, denn abhängig von der Aufgabenstellung des Projekts kann die Methodenunterstützung präzise gestaltet werden.

Hier wird deutlich, daß die klassische Vorstellung des Projektmanagements, ein einziges Vorgehensmodell wäre tauglich für jede Art von Projekten, nicht tragfähig sein kann. Dieser veraltete Ansatz führt dazu, daß sich das Vorgehensmodell im Allgemeinen erschöpft und dem Entwickler im Detail keine wirksame Hilfestellung bietet. Nur auf hinreichend abstrakter Ebene sind alle Projekte ähnlich. Bei der konkreten Entwicklungsarbeit hilft ein derartig allgemeines Vorgehensmodell aber nur bedingt weiter.

Unser Ansatz bedeutet daher auch, daß man in Ermangelung eines einzigen universell brauchbaren Vorgehensmodells wenigstens für jeden Projekttyp (kommerzielle Datenbankanwendungen, Prozeßsteuerung auf Basis vorhandener bzw. zu entwickelnder Hardware usw.) ein genau angepasstes Vorgehensmodell benötigt. Mit den damit zusammenhängenden Fragen werden wir uns im Kapitel 9 dieses Buches näher befassen.

Mit dem Methodeneinsatz werden noch weitere allgemeine Ziele verfolgt:

- Methoden dürfen die Kreativität des Entwicklers nicht behindern. Sie dürfen nicht dazu führen, daß gute Ideen in dogmatischer Regelbefolgung erstickt werden.
- Vielmehr müssen die Ideen des Entwicklers aufgenommen werden und effektiv in das Modell eingefügt werden. Ein klares Modell soll dabei helfen, im richtigen Moment die richtige Idee zu haben.
- Daneben müssen Methoden zeigen, wie man Ergebnisse systematisch erarbeitet. Methoden müssen auch dann helfen, wenn man keine "zündende Idee" hat.
- Gegenüber manchen Ideen ist allerdings auch Skepsis angebracht. Zum einen sind wirklich gute Ideen seltener als man gemeinhin glaubt. Zum anderen kann eine spontane Idee auch dazu führen, daß der Entwickler sich in diese "verliebt" und sich langsam aber sicher von der Vorgabe entfernt. Dies ist manchmal der Beginn einer teuren Sackgasse. Methoden müssen sichere Maßstäbe zur Handhabung derartiger Situationen liefern.
- Methoden müssen eine aufwandsminimale Unterstützung des Entwicklers im Vorgehensmodell liefern.

4. SA Strukturierte Analyse

4.1 SA - Übersicht zur Strukturierten Analyse

4.1.1 Die Funktion

Die Strukturierte Analyse (im folgenden nur noch kurz "SA") hat sich seit ihren Anfängen in der Mitte der siebziger Jahre zu der wichtigsten Standardmethode der Systemanalyse entwickelt. Sie erlaubt die Entwicklung von Modellen des Anwendungsbereiches, die gleichzeitig einen Überblick über das betrachtete System wie die Betrachtung jedes erkannten Details in einem einheitlichen Modell ermöglichen. Hierdurch und durch die einfache Modellnotation wird Verständlichkeit des Modells für alle Gruppen von Anwendern erreicht, vom Vorstand bis zum Sachbearbeiter.

Ein besonderer Vorteil der SA ist die einfache Modellnotation, die sich intensiv grafischer Mittel bedient, um das Modell genauso übersichtlich zu gestalten wie etwa die Grundrisse eines Architekten. Grafiken der SA zeigen die Komponenten des Modells und ihre Schnittstellen. Zur präzisen Definition der Bedeutung, der Zusammensetzung und der Funktionsweise der Details in Funktionalität und Datenstruktur werden standardisierte textliche Mittel benutzt. Eine mehrdeutige und schlecht überprüfbare Spezifikation in freiem Fließtext wird verhindert. Das SA-Modell eines Systems enthält alle zur Beschreibung wesentlichen Informationen. Zusätzliche methodenexterne Dokumentationsmittel werden nicht benötigt.

Informationen aus den Gesprächen mit dem Anwender können einfach und ohne einschränkende Formalismen und ohne komplizierte Syntaxregeln notiert und systematisch in das Modell eingefügt werden. Im Modell wird stets die integrierte Sicht auf Datenflüsse, Datenelemente und Prozesse aufrechterhalten. Hierbei ergeben sich einige wichtige Konsistenzregeln, die vor allem die Modellnotation betreffen. Durch die Konsistenzprüfungen werden aber auch inhaltliche Probleme des Modells sichtbar. Fehler liegen zum Beispiel vor, wenn im Modell Prozesse noch nicht funktionieren, weil die Daten noch nicht zu den Verarbeitungen passen, oder weil Informationen aus der Systemumgebung noch fehlen. Viele inhaltliche Probleme sind bereits durch Konsistenzprüfung des Modells aufzuspüren.

Die Strukturierte Analyse ist für mehrere Zerlegungsstrategien anwendbar.

- Ausgangspunkt war die **funktionsorientierte Zerlegung** (/DEMARCO-78/), die in einem top-down-Ansatz vom System als Ganzes ausgeht und jeden Prozeß schrittweise verfeinert bis zur Ebene von elementaren Prozessen, die sinnvoll durch eine Prozeßspezifikation (PSPEC) beschrieben werden können. Im Verlauf dieser Verfeinerung werden auch die Datenelemente identifiziert, die mit der Umgebung ausgetauscht werden bzw. die im System gespeichert werden. Die Normalisierung dieser Datenstrukturen (vgl. Kap. 6.3.2) führt zu einem Datenmodell, das als Basis für das Datenbank-Design in der nachfolgenden Realisierung geeignet ist. Ein Hauptproblem dieses Ansatzes ist die mangelnde Betonung der Datenstrukturen als zentrale Informationsquelle für den Analytiker (vgl. Kap. 3.1.6.2).
- Die **essentielle Zerlegung** gleicht die Nachteile des funktionsorientierten Ansatzes aus. Eine Analyse der Ziele des Systems führt meist geradlinig auf die

Ereignisse, auf die das System zu reagieren hat. Jedem Ereignis wird ein Prozeß zugeordnet, der die Aufgabe hat, die zum Ereignis gehörende Systemantwort zu erarbeiten. Die essentielle Zerlegung verfolgt damit eine **inside-out-Strategie.** Die für die Verarbeitung erforderlichen Datenelemente werden entsprechend der Struktur der Objekte im Problemraum zusammengefaßt. Dadurch entsteht ein Datenmodell, das mit wenigen zusätzlichen Maßnahmen zu normalisieren ist.

- Ereignisorientierte Zerlegung der Funktionalität und objektorientierte Zerlegung des Speichers des Systems tragen den Anforderungen der funktionsorientierten und der datenorientierten Zerlegung gleichermaßen Rechnung. Diese Vorgehensweise führt zu einem sehr klaren und nachvollziehbaren inneren Systemaufbau. Die Vorteile der essentiellen Zerlegung werden in Kap. 4.3.4.7, wenn alle einführenden Erläuterungen dargestellt sind, geschlossen zusammengefaßt. Probleme können jedoch entstehen, wenn man sehr große Systeme in einem Modell entwickelt. Diese besitzen nämlich sehr umfangreiche und daher eher schwer verständliche Datenkataloge und manchmal ziemlich triviale Prozesse zur Pflege der Datenspeicher.
- In diesem Buch wird die **essentielle Zerlegung weiterentwickelt** in Richtung auf die **objektorientierte Zerlegung** (Kap. 4.4.6). Dabei nutzen wir die essentielle Zerlegung vornehmlich zur Modellierung abstrakter Datentypen als Basis für ein objektorientiertes Modell.
- In Kapitel 6.4.6 wird deutlich werden, wie man auch auf der Basis einer rein datenorientierten Zerlegung zu einem SA-Modell kommen kann.

Die Modellnotation der SA ist sehr einfach und pragmatisch. Wie der Analytiker damit umgeht, welche Zerlegungsstrategie er wählt, das bleibt seine Verantwortung.

Hinsichtlich der Vorgehensweise (Methodik) hat man prinzipiell die Wahl zwischen folgenden Alternativen:

- Modellierung des neuen Systems mit Studium eines oder mehrerer Vorgängersysteme (: = induktiver Ansatz),
- Modellierung des neuen Systems allein unter Beachtung der an das System gerichteten Ziele und Anforderungen, also ohne Studium von Vorgängersystemen (: = deduktiver Ansatz).

Obwohl die erste Alternative Vorteile besitzt hinsichtlich der Vollständigkeit der Untersuchung, wird heute immer mehr die zweite Alternative vorgezogen. Das Projekt darf sich nicht zu lange mit der Untersuchung und mit der Dokumentation von Vorgängersystemen aufhalten, zumal der Erkenntnisgewinn oft in keinem wirtschaftlichen Verhältnis zum Aufwand steht.

In zahlreichen Projekten muß ein Vorgängersystem mit veralteter Technologie abgelöst werden. Derartige Systeme wurden vielleicht vor zwanzig Jahren entwickelt. Die Anwender, die damals an der Formulierung der Anforderungen beteiligt waren, haben heute andere Funktionen oder sie haben die Firma verlassen. Das Gleiche gilt für die Entwickler des Vorgängersystems. Aber auch die Wartungsentwickler sind im Laufe der Zeit eventuell mehrfach ausgewechselt worden. Darüberhinaus ist die Dokumentation der Verfahren meistens desolat. Dies charakterisiert oft genug die Ausgangssituation für ein Projekt.

Dennoch werden wir auch die Vorgehensweise mit Untersuchung von Vorgängersystemen darstellen (Kap. 4.4.2), weil sie in speziellen Projektsituationen und bei Anwendung in geeigneten Teilbereichen gelegentlich vorteilhaft genutzt werden kann. Außerdem enthält diese Vorgehensweise viele Schritte zur Verbesserung eines noch nicht zufriedenstellenden Modells, die wir in vielen Anwendungen zur Optimierung benutzen können.

Entwicklungsmethoden sind von den Basistechniken durch die Ausformulierung der drei Denkebenen **"Modellierung, Modellbewertung, Methoden"** abgehoben (vgl. Kap. 3.1.3). Dieser Rahmengliederung folgt dieses Kapitel genau wie die folgenden methodenbezogenen Kapitel. Wir werden aber stets die Darstellung mit einem **Beispiel** beginnen, das einige Hauptaspekte der jeweiligen Methode herausstellt. Die Beschreibung der Strukturierten Analyse beginnen wir zusätzlich mit einer Rahmengliederung für die Vorgehensmethodik, die auf die ursprüngliche Formulierung der Methode von De Marco zurückgeht.

4.1.2 Rahmengliederung der Analyseschritte

Diese Rahmengliederung stellt zwei Prinzipien heraus, die in den vorangehenden Kapiteln bereits angesprochen worden sind:

- die Implementationsunabhängigkeit der Analysephase: die konzeptionellen Überlegungen im Projekt sollen logisch und auch zeitlich gegliedert werden in physische Überlegungen, die sich auf eine Implementierung beziehen und logische, d.h. implementationsfreie Überlegungen.
- die Trennung von Ist-Analyse und Soll-Konzept: Gedanken, die sich auf ein Vorgängersystem beziehen (IST-Analyse), sind sorgfältig zu trennen von den Gedanken zum künftigen System (SOLL-Konzept).

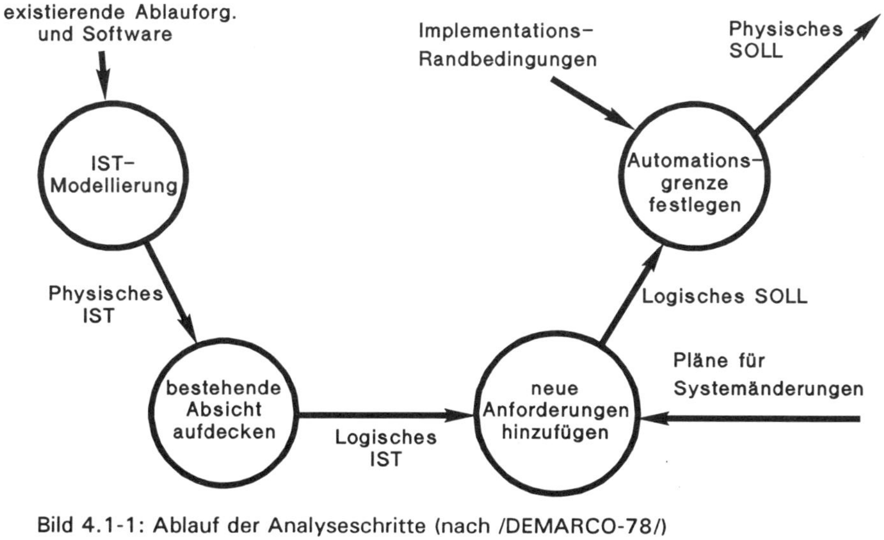

Bild 4.1-1: Ablauf der Analyseschritte (nach /DEMARCO-78/)

Die Teilphasen sind wie folgt abzugrenzen:

Physisches Ist (PI) - physikalisches Modell des Vorgängersystems :

beschreibt die gegenwärtige Organisation des Systems, Berücksichtigung von Implementierungsdetails zulässig.

Logisches Ist (LI) - essentielles Modell des Vorgängersystems :

beschreibt die gegenwärtige Organisation des Systems, befreit von Implementierungsdetails.

Logisches Soll (LS) - essentielles Modell des künftigen Systems :

beschreibt die künftige Organisation des Systems. Dabei wird das Logische Ist um neue inhaltliche Anforderungen erweitert.

Physisches Soll (PS) - Inkarnationsmodell des künftigen Systems:

beschreibt die künftige Organisation des Systems nach Hinzufügung von Implementierungsdetails.

Es wird also ein Modell entwickelt, aus dem der Reihe nach physikalische Aspekte der Vergangenheit entfernt und neue Anforderungen und Implementierungsrandbedingungen des neuen Systems systematisch hinzugefügt werden.

Diese Darstellung der Teilphasen der Strukturierten Analyse dient heute nur noch der gedanklichen Gliederung des Vorgehens. In Projekten hat sich diese Vorgehensweise, die mit einer detaillierten Untersuchung eines implementierten Vorgängersystems beginnt, oft **nicht sehr bewährt**. Es besteht nämlich die Gefahr, daß die Analytiker sehr viel Zeit und Kapazität mit diesem ersten Schritt verbrauchen und dabei auch Informationen erheben, die für das Projekt eigentlich gar nicht benötigt werden. Eine systematische Darstellung aller Fehler des Vorgängersystems ist auch eher geeignet, das Projektklima zu vergiften. Man muß zwar herausfinden, welche Schwachstellen tatsächlich vorliegen. Aber man sollte immer darauf achten, daß man mit berechtigter fachlicher Kritik auch die richtigen Adressaten trifft. Die Sachbearbeiter, die die "Schwachstellen" erfunden haben, hatten meistens keinen besseren Rat zur Verfügung.

Heute hat sich die Auffassung durchgesetzt, daß der Analytiker so schnell wie möglich ein Abbild des neuen Systems entwickeln sollte. Daher hat sich die essentielle Zerlegung als zentrale Methode der Strukturierten Analyse etabliert, was freilich Experten, die vor zehn Jahren Tom DeMarco's vorzügliches Buch (/DEMARCO-78/) gelesen haben, nicht daran hindert, unbeirrbar von hierarchischer Top-Down-Zerlegung der Funktionalität zu reden.

4.1.3 Beispiel - Flugkarten-Verkauf

In einem ersten Beispiel soll ein kurzer Überblick über die Modellnotation und die Vorgehensweise der essentiellen Modellierung gegeben werden. In den folgenden Kapiteln werden diese Hilfsmittel detailliert erläutert.

Nehmen wir an, es soll ein System entwickelt werden, das den Verkauf von Flugkarten als Aufgabe hat. Ein erstes Gespräch mit dem Auftraggeber gibt Auskunft über die Hauptziele des Systems. Danach muß das System auf zwei Ereignisse reagieren können:

1. Ein Kunde wünscht Auskünfte über angebotene Flüge.

Dann muß das System die entsprechende Auskunft geben können. Dabei muß auch beachtet werden, daß ein Flug bereits ausverkauft sein könnte.

2. Ein Kunde möchte eine Flugkarte kaufen.

Dann muß das System alle dafür erforderlichen Tätigkeiten durchführen. Der Kunde muß die Karte erhalten (die in unserem stark vereinfachten Beispiel auch als Rechnung gelten mag) und ein Buchungssatz muß an die Buchhaltung gegeben werden, die die Abwicklung des Zahlungsverkehrs zur Aufgabe hat.

Das System bezieht seine Existenzberechtigung allein aus diesen beiden grundsätzlichen Aufgaben und ihrer pünktlichen Erledigung. Alles andere, was zur Bewältigung dieser Aufgaben noch erforderlich sein mag, gehört nicht zu den grundlegenden Aufgaben.

Das Ergebnis des ersten Gesprächs fassen wir in einer Ereignistabelle zusammen:

Ereignistabelle - Flugschalter

lfd	Ereignis	Auslöser	Antwort
1	Kunde wünscht Fluginfo	Fluganfrage	Flugauskunft
2	Kunde bucht Flug	F_Karten_Bestellung	Flugkarte Buchungssatz

Die Beziehungen des Systems zu seiner Umwelt und damit auch die Abgrenzungen gegen andere Systeme werden in einem Kontextdiagramm festgehalten (Bild 4.1-2).

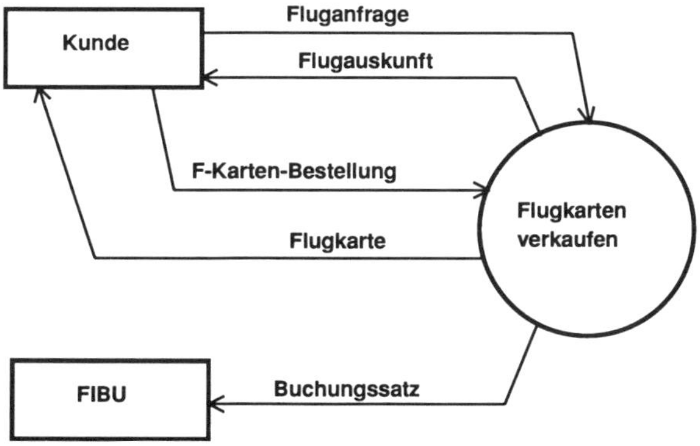

Bild 4.1-2: Flugkarten-Verkauf, vorläufiges Kontext-Diagramm

Soweit nicht durch frühere Projekterfahrung offenkundig, wird nun durch Rückfragen beim Anwender die Zusammensetzung der Auslöser und Antworten hinterfragt. Das Ergebnis wird im Datenkatalog festgehalten:

Buchungssatz	= Name + Flugnr + Betrag
F-Karten-Bestellung	= Name * des Fluggastes * + Flugnr + Startzeit
Fluganfrage	= * Frage nach möglicher Flugverbindung * Termin + Route
Flugauskunft	= ["Flug nicht im Angebot"
	| "kein Platz frei"
	| Preis + Startzeit + Zielzeit + Flugnr]
Flugkarte	= Name + Flugnr + Startzeit + Route + Preis
Route	= Startort + Zielort

Startzeit = Datum_Zeit
Zielzeit = Datum_Zeit
Datum_Zeit = Tag + Monat + Jahr + Stunde + Minute

Als nächstes entwickeln wir den inneren Aufbau des Systems. Dabei gehen wir ereignisorientiert vor: zu jedem externen Ereignis definieren wir einen Prozeß, der die Aufgabe erhält, die Reaktion auf das Ereignis zu erarbeiten. Das Ergebnis wird in einem Datenflußdiagramm (DFD) notiert (Bild 4.1-3).

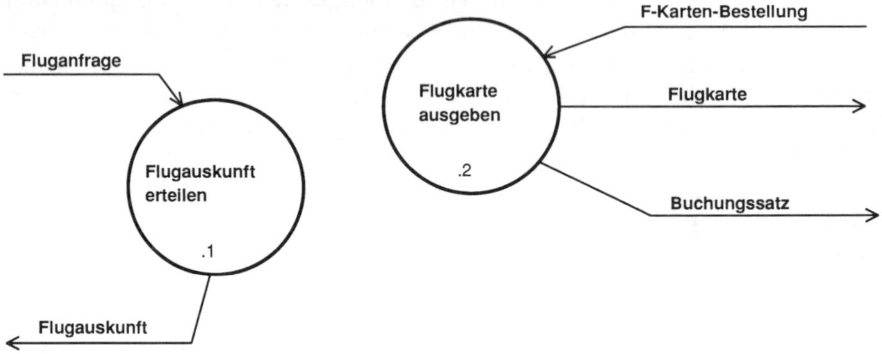

Bild 4.1-3 Flugkarten-Verkauf, vorläufige Ebene 0

Im konkreten Projekt ist dieses **vorläufige Diagramm** nur ein "latentes Zwischenbild", das in dieser unfertigen Form nicht aufgehoben wird.

Aus der Zusammensetzung der bereits bekannten Datenflüsse und dem Verständnis der bereits identifizierten Prozesse stellen wir fest, welche Daten diese Prozesse noch brauchen, um ihrer Aufgabe gerecht zu werden. Eine kurze Überlegung führt zu dem Ergebnis, daß ein Speicher nützlich wäre, der über jeden konkret stattfindenden Flug alle Informationen bereithält, die man für die Flugauskunft braucht (Bild 4.1-4).

Flug = * zu jedem stattfindenden Flug ein Eintrag : *
@Flugnr + @Flugdatum + Route
+ Startzeit + Zielzeit + Preis + Anzahl_freie_Sitze

Hier wurden Attribute (Datenfelder), die später als **Bestandteile des Primärschlüssels** benutzt werden, durch das Zeichen @ gekennzeichnet.

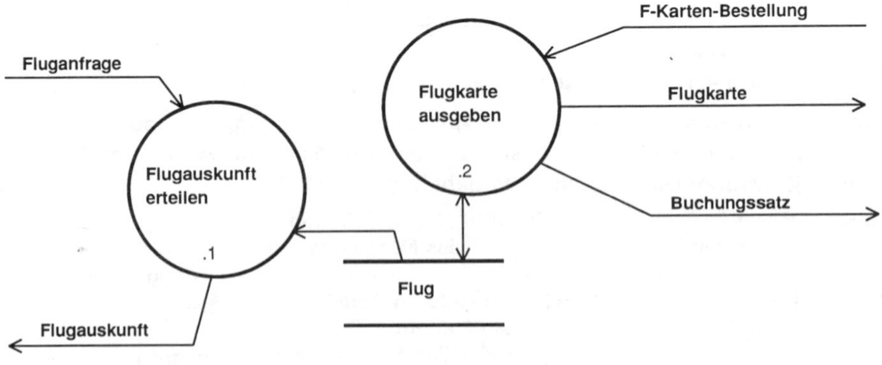

Bild 4.1-4: ergänzte Ebene 0

Dieser Speicher wird aber von den bisherigen Prozessen sehr stiefmütterlich behandelt. Es werden nur Daten gelesen, aber abgesehen von der Fortschreibung des Eintrages für "Anzahl_freie_Sitze" werden keine Daten erzeugt. Das System muß aber von den konkret stattfindenden Flügen Kenntnis erhalten. Wir brauchen dringend eine sogenannte Verwaltungsaktivität, die den Speicher "Flug" mit allen vom System benutzten Daten aktualisiert. Rückfragen beim Auftraggeber führen uns auf folgende Erkenntnisse:

- Die Routenplanung als Unterabteilung des Vertriebs gibt dem System stets Informationen über den Flugplan, sobald diese vorliegen.
- Kurzfristige Änderungen werden auch von der Routenplanung bekanntgegeben.

Damit ergänzen wir die Ereignistabelle um folgende Einträge:

Ereignistabelle - Flugschalter (Ergänzung)

lfd	Ereignis	Auslöser	Antwort
3	Vertrieb gibt neue Route bekannt	Flugplan	--
4	Vertrieb gibt kurzfristige Änderung des Flugplanes bekannt	Flugänderung	--

Auf diese Ereignisse benötigt die Umgebung keine Antwort des Systems. Die entsprechenden Aktivitäten sind nur dazu da, die Voraussetzungen für das Funktionieren der grundlegenden Aktivitäten zu schaffen.

Natürlich müssen wir jetzt nachfragen, wie die neuen Auslöser aufgebaut sind. Hier das Ergebnis:

Flugänderung	= <alt> Flugplan + <neu> Flugplan + gültig_ab + gültig_bis
Flugplan	= Flugnr + Route + { Wochentag } + Preis + Flugzeugtyp + Flugzeugname + { Zwischenlandung }
gültig_ab	= Datum_Zeit
gültig_bis	= Datum_Zeit
Zwischenlandung	= Flugnr + Startort + Startzeit + Zielort + Zielzeit

Beim Überprüfen unseres Modells stellen wir fest, daß von der Routenplanung nur der Typ und der Name des Flugzeugs mitgeteilt wird. Dadurch ist das Flugzeug eindeutig identifiziert. Aber die Anzahl der Sitzplätze des Flugzeugs ist dem System noch unbekannt.

Wir fragen den Anwender und erhalten die unvermeidliche Antwort: "Wieviele Sitzplätze das Flugzeug hat, das weiß hier jeder!" Erst nach langer Diskussion holt der Anwender einen handgeschriebenen Zettel unter der Schreibunterlage hervor und gibt zu: " Wie die Kollegen das machen, das weiß ich nicht. Ich lese aber die Rundbriefe der Technik-Abteilung und schreibe mir die Flugzeugdaten heraus, die ich benötige.".

Als freundliche Systemanalytiker beglückwünschen wir den Anwender für seinen Erfindungsreichtum und sein Engagement, denken uns unseren Teil, aber ganz im Stillen! Natürlich haben wir es hier mit einem Ereignis zu tun, das eigentlich eine geplante Reaktion erfordert. Diese ist jedoch im System nicht vorgesehen. Es wird dem Sachbearbeiter überlassen, das Problem innerhalb der spontanen Hülle auf seine ganz individuelle Art zu lösen. Wir nehmen das Ereignis in unsere Ereignistabelle als neuen Eintrag auf und ergänzen den Datenkatalog.

lfd	Ereignis	Auslöser	Antwort
5	Technik erwirbt neues Flugzeug	F-Eigenschaften	--

F-Eigenschaften = Flugzeugtyp + Flugzeugname + Anzahl_Sitze

Innerhalb der Aktualisierung des Flug-Speichers brauchen wir also als lokalen Datenspeicher noch das "Flugzeug", mit folgendem Datenkatalog-Eintrag:

Flugzeug = * zu jedem Flugzeug der Fluggesellschaft : *
@Flugzeugtyp + @Flugzeugname + Anzahl_Sitze

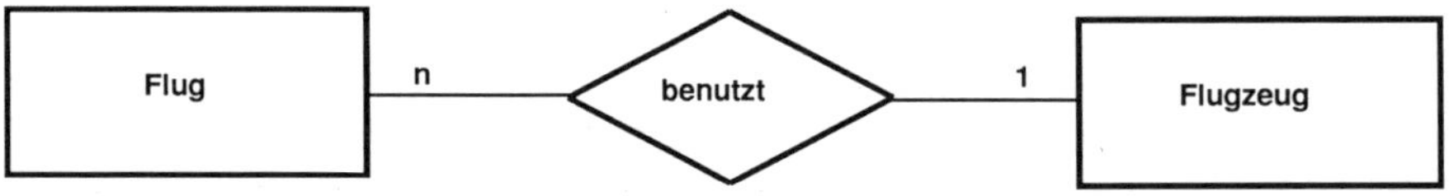

Bild 4.1-5: Datenmodell Flugkarten-Verkauf

Die Speicher "Flug" und "Flugzeug" stehen in einer datentechnischen Beziehung zueinander. Zu jedem Flug gibt es genau ein Flugzeug, mit dem der Flug abgewickelt wird. Umgekehrt spielt ein gegebenes Flugzeug diese Rolle für (hoffentlich) sehr viele Flüge. Diese Relation drücken wir in einem Entity-Relationship-Diagramm (vgl. Kap.6) aus (Bild 4.1-5). Damit können wir das Modell ausformulieren. Das Kontextdiagramm wird vervollständigt (Bild 4.1-6).

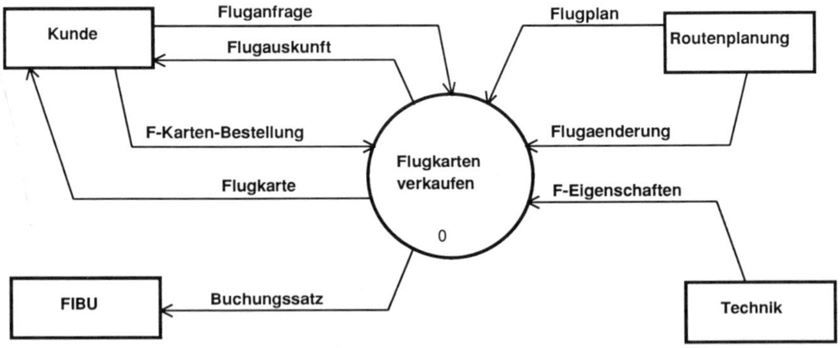

Bild 4.1-6: Kontextdiagramm

Die Ebene 0 (Bild 4.1-7) und das Diagramm für Prozeß 3 auf Ebene 1 (Bild 4.1-8) können wir ebenfalls in endgültiger Form darstellen.

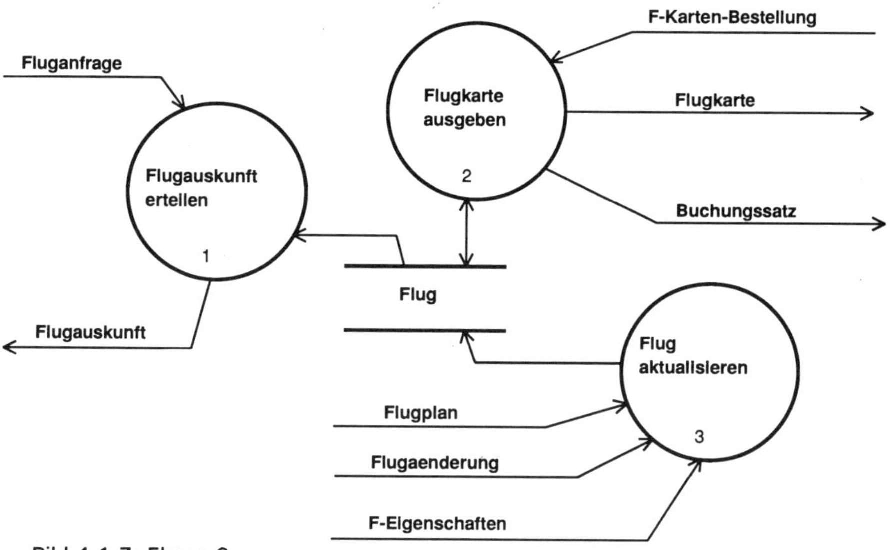

Bild 4.1-7: Ebene 0

Der Prozeß "3 Flug aktualisieren" faßt mehrere elementare Verwaltungsaktivitäten zusammen.

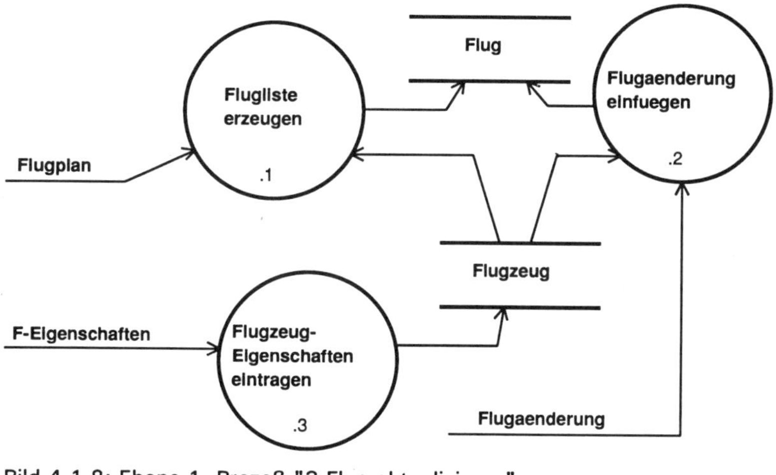

Bild 4.1-8: Ebene 1, Prozeß "3 Flug aktualisieren"

Die Prozesse werden jetzt im einzelnen in "Strukturierter Sprache" spezifiziert, in der wir sogleich eine "Übersetzung von Pseudocode in Umgangssprache" erkennen. Zum Beispiel für den Prozess 1 "Flugauskunft erteilen" notieren wir als PSPEC (Prozeßspezifikation):

```
NAME:    1;1          TITLE:    Flugauskunft erteilen
Fuer Flug
     mit Flugdatum = Termin der Fluganfrage
     und Route     = Route der Fluganfrage
          wenn Anzahl_freie_Sitze > 0
               Flugauskunft *alle Angaben aus Flug-Eintrag * aufbereiten und ausgeben
          sonst
               "kein Platz frei"
wenn nicht gefunden
     "Flug nicht im Angebot"
```

Auf diese Weise spezifizieren wir alle Prozesse, die nicht weiter durch ein Datenflußdiagramm (DFD) verfeinert werden.

Der vervollständigte und alphabetisch sortierte Datenkatalog hat insgesamt folgende Einträge erhalten:

benutzt	= @Flugnr + @Flugdatum + @Flugzeugtyp + @Flugzeugname
Buchungssatz	= Name + Flugnr + Betrag
Datum_Zeit	= Tag + Monat + Jahr + Stunde + Minute
F-Eigenschaften	= Flugzeugtyp + Flugzeugname + Anzahl_Sitze
F-Karten-Bestellung	= Name * des Fluggastes * + Flugnr + Startzeit
Flug	= * zu jedem stattfindenden Flug ein Eintrag * @Flugnr + @Flugdatum + Route + Startzeit + Zielzeit + Preis + Anzahl_freie_Sitze
Flugänderung	= <alt> Flugplan + <neu> Flugplan + gültig_ab + gültig_bis
Fluganfrage	= * Frage nach möglicher Flugverbindung * Termin + Route
Flugauskunft	= ["Flug nicht im Angebot" | "kein Platz frei" | Preis + Startzeit + Zielzeit + Flugnr]
Flugkarte	= Name + Flugnr + Startzeit + Route + Preis
Flugplan	= Flugnr + Route + { Wochentag } + Flugzeugtyp + Flugzeugname + { Zwischenlandung } + Preis
Flugzeug	= * zu jedem Flugzeug der Fluggesellschaft : * @Flugzeugtyp + @Flugzeugname + Anzahl_Sitze
gültig_ab	= Datum_Zeit
gültig_bis	= Datum_Zeit
Route	= Startort + Zielort
Startzeit	= Datum_Zeit
Zielzeit	= Datum_Zeit
Zwischenlandung	= Flugnr + Startort + Startzeit + Zielort + Zielzeit

Damit ist das **vorläufige Modell** des Flugkarten-Systems fertig. Prüfbedingungen, die dazu dienen, Fehler der Systemumgebung abzuwehren, haben wir noch nicht modelliert. Dies wird erst später, vor der Implementierung, erforderlich. Zum Beispiel wird im konkreten System sicher beim Verkauf einer Flugkarte erst geprüft, ob Plätze frei sind. Diese Prüfung ist aber nicht Gegenstand des essentiellen Systemkerns, sondern wird in einer äußeren Schale des Systems organisiert, die für Prüfungen zuständig ist (Administration).

Das Modell wird nun mit dem Anwender besprochen. Dabei können sich noch Änderungen ergeben. Zum Beispiel können wir schon jetzt folgende Ansätze zur Weiterentwicklung erkennen:

- Platzbuchung: Name, Adresse und Telefonnummer des Fluggastes erheben und fortschreiben,
- Ereignis " Flug wird gestrichen " behandeln, dabei betroffene Fluggäste benachrichtigen.

Die Vorgehensweise der essentiellen Zerlegung ist in Bild 4.1-9 zusammengefaßt. Sie wird aber natürlich im folgenden noch ausführlich dargestellt.

Die zielorientierte Vorgehensweise geht also von den Ergebnissen der ersten Gespräche mit dem Anwender aus. In einem Brainstorming werden die Ereignisse erkannt, auf die das System geplant reagieren muß. Dabei muß besonders auf die Abgrenzung zu den Ereignissen mit spontanen Reaktionen geachtet werden. Ergebnisse werden in der Ereignistabelle zusammengestellt, die eine direkte Umsetzung in die essentielle Ebene des Modells sowie die Formulierung des Kontextdiagramms erlaubt. Sämtliche Schnittstellen des Systems und sämtliche Speicher werden mit dem Anwender abgestimmt. Bevor also in größerem Umfang Projektressourcen verbraucht sind, wird die eigentliche Aufgabe des Systems und seine Abgrenzung zu anderen Systemen mit den entsprechenden Schnittstellen abgestimmt und festgelegt. Erst dann erfolgt die detaillierte Ausarbeitung der essentiellen Aktivitäten.

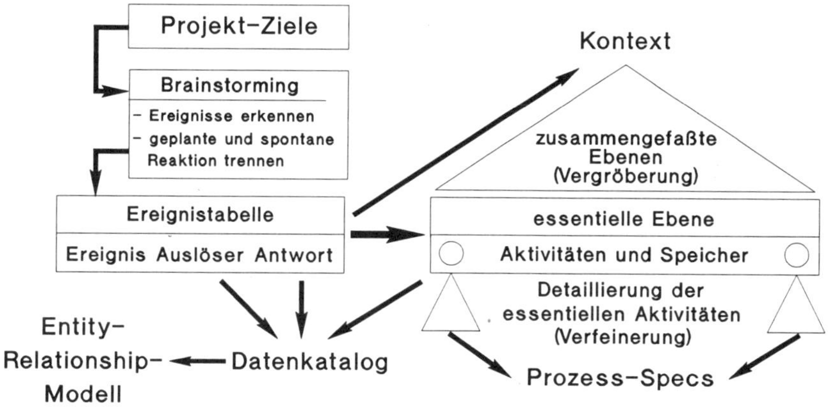

Bild 4.1-9 : von der Ereignistabelle zur Essenz

Im weiteren Projektverlauf würde nach Ergänzung der Prozesse zur Prüfung und Qualitätssicherung (Administration) sowie der Prozesse zur Kommunikation mit der Systemumgebung (Infrastruktur) darüber entschieden werden, mit welchen Prozessoren (Sachbearbeiter, Rechner) jede einzelne Aufgabe künftig durchgeführt werden soll. Für jeden Prozessor ist dann die Implementierung der Prozesse und Speicher zu konstruieren. Wird ein Rechner benutzt, so sind Programme und Datenbanken zu realisieren. Der manuelle Bereich wird konstruiert durch Festlegung von Stellenbeschreibungen und Vorschriften zur Ablauforganisation.

4.2 SA - Modellierung - Modellnotation

Die SA-Notation ist suggestiv für den Anwender, leicht zu erklären und einfach zu lernen. Regeln braucht eigentlich nur der Entwickler (Analytiker), der in diesem Kapitel vollständig informiert werden soll. Obwohl vielleicht der erste Eindruck dagegen spricht, wird sich herausstellen, daß die SA-Notation nur sehr wenige formale Restriktionen für die praktische Modellierung enthält. Diese sind auf das absolut erforderliche Maß reduziert und stehen ausnahmslos in außerordentlich direktem Zusammenhang zur Qualität des zu entwickelnden Modells.

In diesem Kapitel werden die Regeln zur Formulierung von Modellen syntaktisch festgelegt. Daneben werden die Konsistenzregeln beschrieben, die überall im Modell als Vorbedingung für inhaltliche Richtigkeit erfüllt sein müssen. Später wird sich erweisen, daß gerade diese Konsistenzregeln wichtige Rückfragen beim Anwender motivieren bzw. eigentlich erst ermöglichen. Bei reiner Fließtextspezifikation sind die unklaren Details meistens so in Formulierungen versteckt, daß man gar kein Problem an der Stelle vermutet.

Bei der Beschreibung der formalen Regeln bevorzugen wir eine besonders kurze und knappe Formulierung ohne nähere Herleitung. Weitere Details sind der Literatur zu entnehmen (/DEMARCO-78/, /YOURDON-89c/).

Modelle werden durch Datenflußdiagramme (DFD) grafisch beschrieben. Datenflußdiagramme enthalten kaum Informationen über die einzelnen Datenstrukturen, aber sie zeigen die **Existenz** von Speichern und die für die Nutzung dieser Speicher erforderlichen Funktionen (funktionale Kapselung der Speicher). Integriert mit dieser Darstellung werden die Prozesse durch Prozeßspezifikationen (PSPECs) und die Datenflüsse und Speicher durch Einträge in einem Datenkatalog (auch Datadictionary) spezifiziert.

4.2.1 Grafische Mittel

4.2.1.1 Datenflußdiagramme - DFD

In den Datenflußdiagrammen gibt es für die logischen Bestandteile des Systems folgende grafische Symbole:

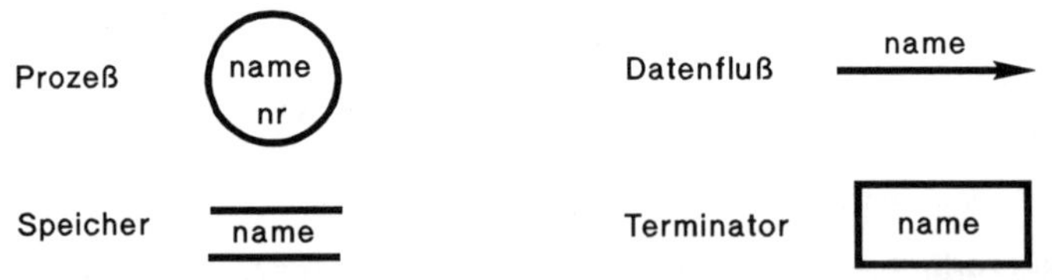

Bild 4.2-1: grafische Symbole in DFDs

Prozesse werden durch Kreise mit einem Namen und einer hierarchisch gebildeten Nummer dargestellt. Sie haben die Aufgabe, Eingabedaten in Ausgabedaten zu konvertieren und enthalten den dafür benötigten Algorithmus. Prozesse unterliegen einem Konzept zur schrittweisen Verfeinerung: ist der Inhalt eines Prozesses einfach beschreibbar, so wird er durch eine **Prozeßspezifikation** beschrieben. Sonst wird er in der nächsten Verfeinerungsebene durch ein **Datenflußdiagramm** (abgekürzt **DFD**) näher unterteilt, so daß kleinere Einheiten entstehen, die dann leichter beschrieben werden können. **Prozeßspezifikationen (PSPECs)** werden nur an der untersten Verfeinerungsebene angefertigt (s. Bild 4.2-2).

Datenspeicher werden durch zwei parallele Striche dargestellt. Sie stellen einen temporären Aufenthaltsort für Daten dar. Dieser wird benötigt, wenn der Entstehungszeitpunkt der Daten verschieden vom Nutzungszeitpunkt ist. Die Zusammensetzung (Attributierung) der Speicher wird im **Datenkatalog** spezifiziert. Normalerweise enthält ein Speicher mehrere oder sogar viele gleichartig aufgebaute Gruppen von Informationen, die jeweils einem Individuum, eine Ausprägung bezeichnen. Diese werden auch **Instanzen** oder **Tupel** genannt (vgl. Kap. 6. Semantische Modellierung).

Datenspeicher sind passiv. Daten werden nur eingestellt oder entnommen, wenn ein Prozeß dies explizit veranlaßt. Der Speicherinhalt wird nicht geändert, wenn ein Datenpaket entnommen wird (nondestructive read).

Datenflüsse sind Kanäle für Informationsflüsse mit bekannter Zusammensetzung. Sie repräsentieren "Daten in Bewegung". Datenpakete können über diese Kanäle übertragen werden und lösen dann den empfangenden Prozeß datengetrieben aus. Die Zusammensetzung der Datenpakete charakterisiert den Kanal. Sie wird im Datenkatalog beschrieben.

In diesem Fall spricht man von **primitiven** oder **diskreten Kanälen**. Daneben kommen vor allem in technischen Anwendungen **kontinuierliche Kanäle** vor, etwa wenn ein Meßwert statisch anliegt, d.h. wenn in jedem Zeitpunkt ein aktueller Wert verfügbar ist. Diese Kanäle sind nicht geeignet, einen empfangenden Prozeß zu aktivieren. Wir kommen im RT-Kapitel darauf zurück.

Die SA-Notation läßt auch ohne weiteres die Modellierung von Materialflüssen zu. Hiervon in einem gemischten Modell Gebrauch zu machen wird jedoch nicht empfohlen, weil die Überprüfung der Konsistenzregeln wesentlich schwieriger wird (vgl. /PAGE-JONES-88/ S.155). Wir gehen grundsätzlich davon aus, daß nur die informationsverarbeitende Seite des Systems modelliert wird.

Im **Kontextdiagramm** verzeichnet man die anderen Systeme, gegen die sich das gerade betrachtete System abgrenzt, durch **Terminatoren**. Diese werden nicht näher beschrieben und treten im betrachteten Modell nur als Sender und Empfänger von Daten auf. Die Datenflüsse zwischen Terminatoren und dem System stellen die **Schnittstellen** oder **Außenbeziehungen** des Systems dar. Auf den Aufbau oder die interne Arbeitsweise der Terminatoren hat man aus Sicht des gerade betrachteten Modells keinen Einfluß. Beziehungen zwischen Terminatoren werden im DFD-Modell nicht dargestellt (vgl. Kap. 4.2.1.3).

4.2.1.2 Verfeinerung

Die oberste Ebene der Verfeinerungshierarchie ist das Kontext-Diagramm. Es stellt das betrachtete System durch einen einzigen Prozeß dar, und ist vollständig in der Aufzeichnung der Terminatoren. Der Kontext dient nur zur Dokumentation der Terminatoren und der Schnittstellen des Systems. Am Kontext kann man daher die Funktionsweise des Systems nicht erklären.

Jeder Prozeß wird durch ein DFD oder eine PSPEC jeweils mit gleichen Außenbeziehungen verfeinert. Alle Eingabe-/Ausgabe-Datenflüsse des verfeinerten Prozesses müssen auch im verfeinernden DFD vorkommen und umgekehrt (Datenfluß-Gleichgewicht). Der Verfeinerungsprozess wird solange fortgeführt, bis es möglich ist, den betrachteten Prozeß in einer PSPEC zu beschreiben. PSPECs sollen nicht kürzer als eine halbe und nicht länger als eine ganze Seite sein. Der Prozeß soll eindeutig und gleichzeitig minimal beschrieben werden.

Ein Diagramm, das verfeinert wird, bezeichnen wir auch jeweils relativ zur Position in der Verfeinerungsstruktur als **Parent-Diagramm**, das verfeinernde als **Child-Diagramm**.

Für jeden nicht durch ein DFD verfeinerten Prozess muß es eine PSPEC (auf unterster Verfeinerungsebene) geben. Durch Beschreibung auf unterster Verfeinerungsstufe wird Redundanz vermieden. Prozesse, die durch eine PSPEC verfeinert werden, heißen auch **primitive Prozesse** (dies ist natürlich kein Werturteil) oder **Elementarprozesse**.

Jedes DFD trägt die hierarchisch gebildete Nummer des Prozesses, der gerade verfeinert wird. **Prozessnummern** werden aus der **Diagrammnummer**, einem Dezimalpunkt und einer DFD-lokalen Nummer gebildet (s. Bild 4.2-2). Die Prozeßnummer hat keine inhaltliche Bedeutung, gibt also nicht etwa eine Bearbeitungsreihenfolge an. Jedes Diagramm erhält die Nummer des Prozesses, den es verfeinert. Jede Prozeßspezifikation erhält die Nummer des Prozesses, den sie beschreibt. DFDs und PSPECs werden getrennt nach diesem Schlüssel abgelegt. Die Datenkataloge werden alphabetisch nach Namen sortiert. Bei manueller Modellierung sollten geeignete Formblätter entworfen und deren Benutzung verbindlich vorgeschrieben werden. Auf jedem Dokument muß natürlich auch Datum und Bearbeiter vermerkt werden (vgl. hierzu /BELLIN-SUCHMAN-89/).

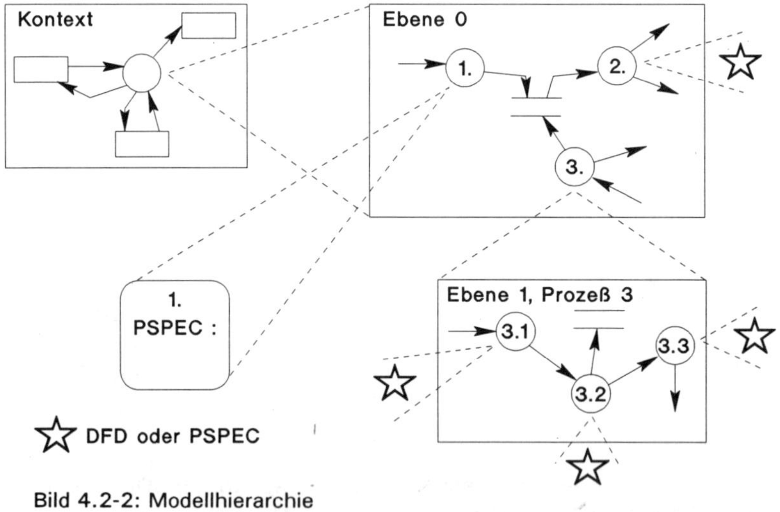

Bild 4.2-2: Modellhierarchie

Notizen oder andere Dokumente dürfen nicht an Diagramme auf höheren Verfeinerungsebenen angefügt oder außerhalb des Modells erstellt werden. Derartige Darstellungen sind überflüssig, redundant und bergen die Gefahr von Inkonsistenzen. Ziel des Methodeneinsatzes ist es hier, die Modellbeschreibung innerhalb der Modellierungsregeln so präzise wie möglich zu fassen. Dann werden auch keine zusätzlichen Dokumente benötigt.

Die **Verfeinerungstiefe** muß nicht für alle Prozesse einer Ebene gleich sein. Man sollte jedoch vermeiden, triviale Aktivitäten aus einem komplexeren Ganzen herauszubrechen, um lokal auf einer oberen Ebene einen Abschluß der Verfeinerung zu erzwingen. Daher erreicht man in Modellen meist überall annähernd gleiche Verfeinerungstiefe. Eine weitere Verfeinerung kann jedoch sinnvoll sein, wenn der Prozeß mehrere nicht näher verwandte Funktionen ausführt (zufälliger Zusammenhalt) oder wenn der Prozeß nicht sinnvoll benannt werden kann. Auf funktioneller Ebene lassen sich auch hier die Qualitätskriterien des Moduldesigns anwenden (vgl. Kapitel 7.3).

Datenspeicher erscheinen erst auf der Ebene, wo sie von mindestens zwei Prozessen genutzt werden. Dabei gelten die folgenden Regeln:

- Speicher werden in verfeinernden Diagrammen eingetragen, auch wenn sie dort nur von einem Prozeß benutzt werden (scheinbare read-only-Speicher).
- Alle Referenzen aus dem Datenspeicher müssen eingezeichnet werden, auch wenn die Prozesse erst auf einer noch tieferen Ebene auftreten.

Beim **Lesen** des Modells wird ausgehend von der obersten Ebene das Modell betrachtet (**Lesemodell**, s. Kap. 3.1.4). Dabei werden Prozesse durch ein DFD auf der nächsten Stufe verfeinert. Ein SA-Modell enthält gleichermaßen den Überblick wie jedes relevante Detail und erlaubt daher dem Leser die Überprüfung aller für ihn jeweils relevanten Inhalte. Die Vorgehensweise bei der Modellentwicklung erfolgt jedoch meist nach einer anderen Strategie (s. Kapitel 4.4).

4.2.1.3 Syntaktische Regeln

Jeder Datenfluß in jedem Diagramm muß mit mindestens einem Prozeß verbunden sein. Es sind also keine Datenflüsse zwischen Terminatoren und keine direkten Datenflüsse zwischen Speichern erlaubt. Im Kontext darf es keine Datenspeicher, in Verfeinerungen keine Terminatoren geben.

Verboten sind:

- Datenspeicher, die nur beschrieben, aber niemals gelesen werden,
- Datenspeicher, die nur gelesen, aber niemals beschrieben werden,
- Prozesse, die Daten ausgeben, die sie nicht erhalten haben,
- Prozesse, die Daten erhalten, die sie aber nicht ausgeben oder zur Ermittlung der Antwort benötigen.

Die Richtung eines Datenflusses wird durch die Pfeilrichtung angegeben. Unterschiedliche Datenflüsse zwischen zwei Prozessen werden als separate Pfeile dargestellt. Kontroll-Flüsse, die nur einer Beschreibung des Systemzustandes oder einer Steuerung der Verarbeitung dienen, werden im DFD nicht aufgeführt, sondern sind der Prozessbeschreibung in der PSPEC zu entnehmen (vgl. auch hier das RT-Kapitel). Die Verarbeitung wird im SA-Modell nur durch das Eintreffen von Datenpaketen und das Erreichen von kontextfrei definierten Zeitpunkten gesteuert.

Jeder Prozeß und jeder Datenfluß muß einen Namen haben (Ausnahme: Datenflüsse zwischen Prozeß und Speicher).

4.2.1.4 Semantische Regeln

4.2.1.4.1 Namensgebung

In Modellen werden Prozesse, Datenspeicher und Datenflüsse stets mit Namen bezeichnet, die das jeweilige Objekt möglichst kurz aber dennoch semantisch eindeutig bezeichnen, und die eine eindeutige Verbindung zum Eintrag im Datenkatalog bzw. zur PSPEC schaffen. Unterschiedliche Objekte erhalten immer verschiedene Namen. **Namensgleichheit bedeutet stets Inhaltsgleichheit.**

Namen müssen aussagekräftig sein. Sie müssen die Bedeutung und Wichtigkeit des bezeichneten Objektes wiedergeben und dürfen keine Interpretationsspielräume zulassen. Namen müssen weiterhin ehrlich sein, d.h. alle Bestandteile des bezeichneten Objektes im Namen andeuten. Darüberhinaus muß man leere Worte (z.B. "Eingabe verarbeiten") genauso wie technische Kürzel vermeiden (z.B. "AG053"). Auch Personen-Namen oder Abteilungsbezeichnung enthalten Details der Implementierung und sind daher in einem logischen, d.h. implementationsfreien Modell nicht zulässig.

Ein **Prozeßname** wird aus einem starken Verb, das eine Aktion exakt beschreibt und einem Substantiv (Objekt im Singular) gebildet. Prozeßnamen kann man häufig gut nach den vom Prozeß erzeugten Ergebnissen vergeben ("Schnittpunkt berechnen", "Rechnung buchen", "Rechnung erstellen", usw.). Wenn einem Prozeß kein guter Name gegeben werden kann, ist dies meist ein Hinweis auf noch vorhandene Modellierungsprobleme (zufälliger Zusammenhalt). In diesem Fall sollte man das Modell ggf. lokal neu fassen oder weiter verfeinern.

Beispiele	Verben		Substantive
ok	prüfen berechnen ermitteln suchen	buchen eintragen entfernen erstellen	Buchungsnummer Schnittpunkt Strafmandat Rechnung
Vorsicht !	erzeugen aufbereiten ändern	verteilen drucken	Datensatz Datei
vermeiden !	verarbeiten		Daten Information

Häufig wird man feststellen, daß in diesem Sinne gute Namen vor allem den Prozessen auf essentieller Ebene und darunter gegeben werden können. Zusammengefaßte essentielle Prozesse sind wesentlich schwieriger mit einem guten Namen zu versehen. Hier werden jedoch die Regeln zur Vergröberung der essentiellen Ebene etwas helfen (vgl. Kap. 4.3.2.4).

Der **Name eines Datenflusses** enthält nur ein Substantiv, das aber inhaltlich nicht eine Verarbeitung beschreiben darf. Dieser Name darf durch einen zusätzlichen "Modifier" ergänzt werden (Bild 4.2-3), der den Verarbeitungszustand beschreibt (z.B. KDNR , <geprüfte>KDNR). Diese Modifier dienen dazu, im Datenkatalog zusätzliche Einträge für jeden Bearbeitungsstand zu vermeiden. Dennoch wird empfohlen, Modifier eher sparsam dort einzusetzen, wo die Verständlichkeit des Modells noch gesteigert werden kann.

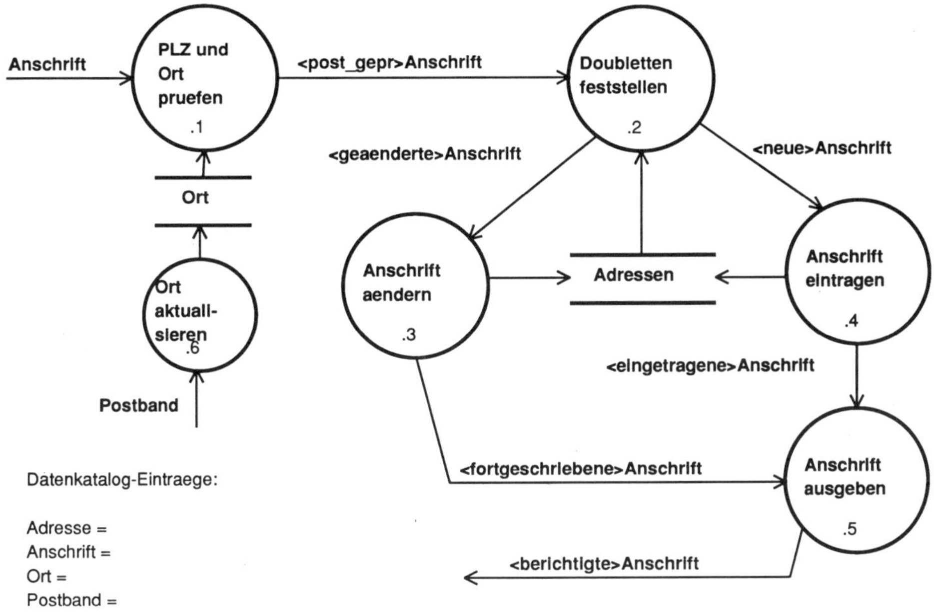

Bild 4.2-3: Benutzung von Modifiern

Der **Name eines Speichers** besteht aus einem Substantiv, das auf den Inhalt hinweist. Gut strukturierte (normalisierte) Speicher lassen sich meistens einfach mit einem Namen versehen, der zu Objekten in der Systemumgebung eine Beziehung herstellt. Der Name des Speichers wird charakterisiert durch die Namen der Instanzen, also der identisch zusammengesetzten individuellen Exemplare, die temporär gespeichert werden. Im Normalfall reicht es aus, hier ein Substantiv im Singular zu verwenden ("Kunde" für den Kundenspeicher). Gelegentlich ist man aber versucht, einem Datenfluß denselben Namen zu geben wie einem Speicher, der nämlich die im Datenfluß übertragenen Pakete sammelt. In diesen Fällen sollte man als Speichernamen das Substantiv im Plural wählen (Bild 4.2-4).

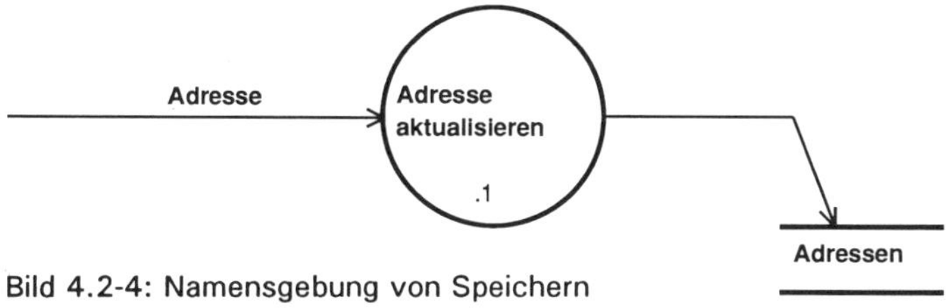

Bild 4.2-4: Namensgebung von Speichern

Jeder Datenfluß und jeder Datenspeicher muß einen Namen haben, über den die Definition im Datenkatalog eindeutig gefunden werden kann. Datenflüsse zwischen Prozessen und Datenspeichern erhalten jedoch nur dann einen Namen, wenn vom Prozess nicht alle Attribute des Datenspeichers benutzt werden. Bei der Namensgebung darf nicht die Zusammensetzung oder Verwendung beschrieben werden (diese steht im Datenkatalog bzw. im DFD).

Diese Regeln zur Namensgebung sind grundlegend. Sie haben eine Bedeutung über den Bereich der Strukturierten Analyse hinaus. Bei den anderen Methoden werden darauf nur noch kurze Hinweise gegeben.

4.2.1.4.2 Datensichten

Im Modell sollen nur Datensichten des gegenwärtig betrachteten Modells berücksichtigt werden, keine anderen außerhalb des Modells. Wenn man etwa eine Auftragsbearbeitung modelliert, so sind die Informationsbedürfnisse der Fertigung gegenüber der Artikeldatei nicht relevant. Innerhalb des Modells dürfen **nur die wahren Anforderungen, also die eigenen Sichten auf die Datenspeicher** spezifiziert werden. Außerdem müssen alle überflüssigen Datenflüsse, Speicher, Attribute (Felder) von Datenflüssen und Speichern aus dem Modell entfernt werden.

4.2.1.4.3 Fehlerbearbeitung

Fehlerbehandlungen haben meist keinen wesentlichen Einfluß auf die Philosophie des Systems. Bei einigen Systemen gibt es aber externe Ereignisse, die Fehler genannt werden. Ein Beispiel sind die Ereignisse, auf die etwa ein Montageleitstand in einer flexiblen Montagezelle zu reagieren hat. Dies sind im wesentlichen Ausnahmesituationen, die selbstverständlich zu Reaktionen im System führen müssen. Fehler, die auf externe Ereignisse zurückzuführen sind, werden also modelliert. Auch Fehler, die ein Zurücksetzen innerhalb des Systems erfordern, werden modelliert (Beispiel: Gegenbuchung bei einer fehlerhaften Buchung in der Finanzbuchhaltung).

Die erforderlichen Reaktionen des Systems auf Fehler der Umgebung werden dagegen erst bei der Konstruktion des neuen Physischen Sollmodells spezifiziert. Diese Fehler werden außerhalb des eigentlichen Systemkerns abgewiesen. In Kapitel 4.3 wird dies dargestellt. In der Designphase erfolgt eine Konstruktion der Fehlerbehandlung im Rahmen des Moduldesigns (Kap. 7.). Bei Gesprächen mit dem Anwender werden eventuell wichtige Informationen zu Prüfregeln bekannt. Diese dürfen nicht verlorengehen und werden daher in den PSPECs der Prozesse des Administrationsringes (vgl. Kap. 4.3.4.3) spezifiziert.

Das System wird im laufenden Zustand modelliert. Prozeduren zum Starten und Beenden des Systems sowie zur Datensicherung sind physikalische Details, die frühestens zum Physischen Soll hinzugefügt werden.

Fehler, die ein Restaurieren von Datenbanken (mit Utilities) erfordern, werden nicht beschrieben, sondern im Rahmen der DB-Administration bei Systemeinführung verfahrensübergreifend geregelt.

4.2.2 Textliche Mittel

4.2.2.1 Prozeßspezifikationen - PSPEC

Die von einem Prozeß durchzuführende Transformation muß spezifiziert werden. Die Strukturierte Analyse zwingt den Analytiker dazu, bereits in der Analysephase eine Präzision anzuwenden, die im konventionellen Vorgehen erst viel später, in der Designphase, aufgebracht wird. Jedes Mittel zur eindeutigen Beschreibung eines Prozesses ist in der PSPEC zulässig. Am einfachsten ist meist die Spezifikation in **Strukturierter Sprache**. Dies ist eine "Übersetzung von Pseudocode in die Sprache der Anwender". Es muß erreicht werden, daß der Anwender diese Spezifikationen versteht und inhaltlich abnehmen kann.

Strukturierte Sprache vermeidet literarische Mehrdeutigkeit und Interpretationsfähigkeit und -bedürftigkeit. Es werden daher nur einfache Satzstellungen benutzt. So wird etwa bei Bedingungen immer erst der Erkennungsteil und dann der Aktionsteil beschrieben.

Wie beim Pseudocode erfolgt eine Beschränkung der Kontrollstrukturen auf die Konstrukte:

- Sequenz (einfache Sätze),
- abgeschlossene Entscheidung (auch Fallunterscheidung),
- abgeschlossene Wiederholung,
- Blockstruktur (Kontrollblöcke mit jeweils nur einem Eingang und einem Ausgang).

Die Verwendung von Sprunganweisungen ist verboten. Anweisungszeilen werden gemäß Schachtelungstiefe eingerückt, um die Übersichtlichkeit zu erhöhen.

Oft ist bei einer Sequenz von Anweisungen deren Reihenfolge beliebig. Um in die Spezifikation nicht eine "falsche Anforderung" durch Angabe einer willkürlichen Reihenfolge einzufügen, notiert man am Beginn der Sequenz in der PSPEC etwa "ohne Reihenfolge:". Die Kontrollstruktur Sequenz hat damit zwei Ausprägungen: "Sequenz" (mit Reihenfolge), "Sequenz ohne Reihenfolge". Damit werden im SA-Modell auch innerhalb von Prozessen parallele Verarbeitungen ermöglicht.

Bei Fallunterscheidungen muß man besonders auf Vollständigkeit der Alternativen achten. Man sehe daher in jedem Falle einen "Chaos-Ausgang" (ansonsten ...) vor. In diesem sammeln sich alle Spezialfälle an, die der Anwender nicht artikuliert hat und nach denen der Analytiker zu fragen vergaß. Beim nächsten Gespräch mit dem Anwender müssen die noch offenen Fragen geklärt werden.

Die in einer PSPEC vorkommenden Worte müssen sich stets in eine der folgenden Klassen einordnen lassen:

- im Datenkatalog erklärte Namen,
- lokale Namen,
- reservierte Logik-Worte (Konstrukte der Strukturierten Programmierung in umgangssprachlicher Übersetzung),
- Worte ohne Bedeutung, zur Verbesserung der Lesbarkeit,
- Makros, die mehrere Anweisungen zusammenfassen, soweit das Wort keine Fehlinterpretation zuläßt,

  (Beispiel: "Flugkarte aufbereiten und ausgeben": Bei gegebenen Datenkatalogeinträgen liegt die Bedeutung dieser Anweisung sowohl für den Analytiker wie für den Anwender fest.).

Unterschiede:

	Strukturierte Sprache	Pseudocode
Kommunikation	Anwender - Analytiker	Analytiker - Designer
Orientierung	Verfahrensinhalt	Implementation
Syntax	für Anwender verständlich	ähnlich Programmiersprache

Neben der Strukturierten Sprache sind auch andere Beschreibungsmittel anwendbar, solange sie eine eindeutige Spezifikation erlauben und für den Anwender verständlich sind. Hierzu gehören etwa Entscheidungsbäume und -tabellen, die bei komplexen Entscheidungen (z.B. Prüfregeln) mit Vorteil genutzt werden.

Die Wahl des tatsächlich zu benutzenden Algorithmus für eine spezifizierte Aufgabe sollte man wo immer es möglich ist, dem Designer überlassen, also in spätere Phasen der Systementwicklung verschieben. Dann kann nämlich unter eventuell bereits vorhandenen wiederbenutzbaren Moduln aus Methoden-Bibliotheken oder unter Standardsoftware-Produkten die praktikabelste und billigste Lösung gefunden werden. **Dies ist aber natürlich nur zulässig, wenn die wahren Anforderungen genau spezifiziert sind.**

Die Spezifikation kann auch durch die Angabe von **Vorbedingungen** und **Nachbedingungen (preconditions / postconditions)** sowie durch **Zusicherungen (assertions)** und **Varianten/Invarianten** geschehen, mit denen die Aufgabe des Prozesses eindeutig und nachprüfbar festgelegt werden kann. Hier achte man jedoch darauf, daß inhaltliche Konsistenzprüfungen möglich bleiben (sind alle Informationen vorhanden, die der einzufügende Algorithmus benötigt? Welche Informationen erzeugt der Algorithmus tatsächlich unter Berücksichtigung aller Ausnahmebedingungen?). Besonders nützlich ist die Spezifikation mit Preconditions/Postconditions, wenn (vgl. /YOURDON-89c/ S.214ff)

- der Anwender auf einen veralteten Algorithmus festgelegt ist, den man gerne ersetzen würde,
- der Designer und der Realisierer definitiv verschiedene Algorithmen überprüfen sollen, um den bestmöglichen zu identifizieren. Dies kann eine Hilfe sein, unfruchtbare aber zeitraubende Gespräche über die relativen Vorzüge einzelner Algorithmen zu vermeiden. Diese Vorzüge stellen sich ohnehin meistens im Lichte der Implementierung anders dar als bei manueller Tätigkeit.

Für die Benutzung der Pre-/Postconditions als Beschreibungsmittel in PSPECs gibt es ein einfaches Kriterium, das auch für die anderen Beschreibungsmittel gilt: **was auch immer beschrieben wird, es muß für den Anwender verständlich sein**. Wir dürfen nicht aus eingeschränkter Perspektive der Software-Systeme die Spezifikation in Richtung auf Design und Realisierung optimieren. Sonst bauen wir vielleicht ein System, dessen Korrektheit beweisbar ist. Aber weil der Anwender uns nicht verstanden hat und dies vielleicht nicht zugeben wollte, ist es nicht das richtige System.

In manchen Systemen kann auch eine präzise Spezifikation mit Formeln, Tabellen und Grafiken erfolgen. Es ist sogar zulässig, z.B. im Falle komplizierter Algorithmen anstelle einer individuellen Spezifikation auf eine externe Formelsammlung oder sogar auf entsprechende Literatur zu verweisen. Dabei muß aber auf das Lokalitätsprinzip geachtet werden. Außerdem kann wie oben bereits ausgeführt die Überprüfung der Konsistenzregeln schwierig werden.

Wir betrachten nun zwei Beispiele für Strukturierte Sprache. In einem System zur Auftragsbearbeitung kommt folgender Prozeß "Auftrag prüfen" vor (Bild 4.2-5).

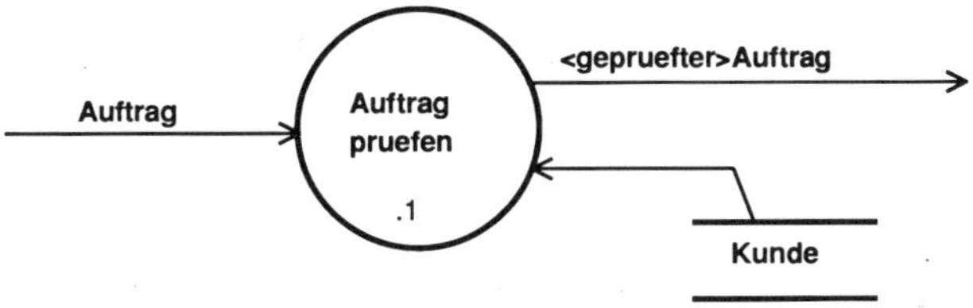

Bild 4.2-5: Beispiel für Strukturierte Sprache

In der PSPEC findet sich dann mit Sicherheit etwa folgende Formulierung in Strukturierter Sprache:

Finde Kunde zur Kundennummer aus Auftrag

Zur Verbesserung der Lesbarkeit für den Anwender hat der Analytiker aber vielleicht folgende Formulierung gewählt:

Finde den Kunden zur Kundennummer, die dem Auftrag entnommen wurde

Im Datenkatalog findet man dazu die folgenden Einträge:

Auftrag	= Auftragsnummer + Kundennummer + Auftragsdatum + ...
Kunde	= Kundennummer + Name + ...

Damit ist jedes Wort in der PSPEC klassifizierbar:

finde..zur..aus	ist ein Zugriff auf den Datenspeicher (Konstrukt)
Kunde, Kundennummer, Auftrag	sind im Datenkatalog definierte Namen
restliche Worte	bedeuten nichts, erhöhen aber die Lesbarkeit

Das Zusammenspiel von DFD, Datenkatalogeinträgen und PSPECS wird auch an folgendem Auszug aus dem "Flugkarten-Verkauf" (s. Kap. 4.1.3) deutlich:

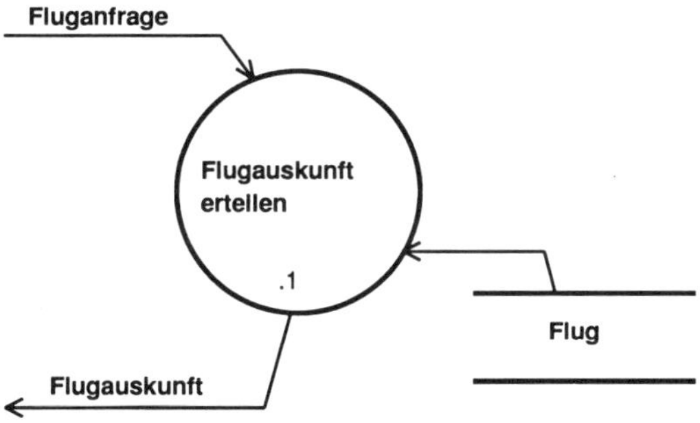

Bild 4.2-6: Beispiel aus "Flugkarten-Verkauf"

Datenkatalog-Einträge:

Flug	= * zu jedem Flug ein Eintrag : * @Flugnr + @Flugdatum + @Route + Startzeit + Zielzeit + Preis + Anzahl_freie_Sitze
Fluganfrage	= * Frage nach möglicher Flugverbindung * Termin + Route
Flugauskunft	= ["Flug nicht im Angebot" | "kein Platz frei" | Preis + Startzeit + Zielzeit + Flugnr]

PSPEC: Flugauskunft erteilen

```
Für Flug
      mit Flugdatum = Termin der Fluganfrage
      und Route     = Route der Fluganfrage
            wenn Anzahl_freie_Sitze > 0
                  Flugauskunft * alle Angaben aus Flug-Eintrag * aufbereiten und ausgeben
            sonst
                  "kein Platz frei"
wenn nicht gefunden
      "Flug nicht im Angebot"
```

Gelegentlich wird der Ansatz verfolgt, für die Strukturierte Sprache Konventionen zu definieren, die eine automatisierte Codegenerierung ermöglichen. Je enger diese Konventionen gefasst werden, desto eher erscheint die Codegenerierung möglich (s. Kap. 3.1.5). Ein solches Vorgehen birgt jedoch Gefahren. Ziel der Strukturierten Analyse ist die Erhebung der wahren Anforderungen des Anwenders, in allen für eine zielorientierte Entwicklung des neuen Systems erforderlichen Details. Die wahren Anforderungen müssen vom Anwender abgenommen werden, deswegen muß das Modell vor allem für ihn verständlich sein. Die Strukturierte Sprache muß stets der Erfahrungswelt des Anwenders angepaßt werden. Durch einschränkende Konventionen für die Strukturierte Sprache besteht die Gefahr, daß die Sprachebene des Anwenders verlassen wird. Zugunsten einer eher vordergründigen Teiloptimierung der Codierungsphase (die meist ohnehin nicht das entscheidende Problem für die Qualität des Software-Produktes darstellt) wird auf die Verständlichkeit für den Anwender verzichtet. Es ist zwar nicht auszuschließen, daß sich gelegentlich das Erforderliche mit dem Nützlichen gut kombinieren läßt, **aber Vorrang in der Analysephase hat in jedem Falle die Verständlichkeit für den Anwender.**

4.2.2.2 Datenkatalogeinträge

Im Datenkatalog wird jeder Datenfluß und jeder Speicher in seiner Zusammensetzung beschrieben.

Datenkatalog-Syntax

Name	Symbol	Bedeutung
Zusammensetzung	=	ist äquivalent zu, ist zusammengesetzt aus
Verkettung	+	und (Aufzählung)
Selektion	[../..]	entweder oder
Iteration	{}	mehrfaches Auftreten von
	1{...}6	1 bis 6 mal ...
Option	()	kann vorhanden sein
Diskreter Wert	".."	der Wert der Variablen
Kommentar	*..*	zusätzliche Information
Schlüsselkandidat	@name	Zugriff über name erforderlich
Modifier	<..>	kommentierende Ergänzung zum Namen

Mehrfach benutzte Datenelemente, die in Speichern oder Datenflüssen als Teil vorkommen, können im Sinne einer vereinfachten Backus-Naur-Form ausgelagert werden. Hier wird jedoch empfohlen, die Schachtelungstiefe sinnvoll zu begrenzen.

Natürlich steht dieses Verfeinerungskonzept auch für die Definition der Speicher zur Verfügung.

Nicht weiter unterteilbare (primitive) Datenelemente werden durch namentliche Aufzählung der möglichen Werte definiert. Im Datenkatalog müssen Angaben über Herkunft und Verarbeitung der Daten vermieden werden, sonst entsteht Redundanz.

Der Datenkatalogeintrag eines Speichers besteht einfach aus der Aufzählung der Attribute (Felder). Umschließende geschweifte Klammern sind überflüssig. In der Semantik des Speichers ist ja bereits festgelegt, daß mehrere, sogar beliebig viele, individuelle Instanzen vorhanden sein können.

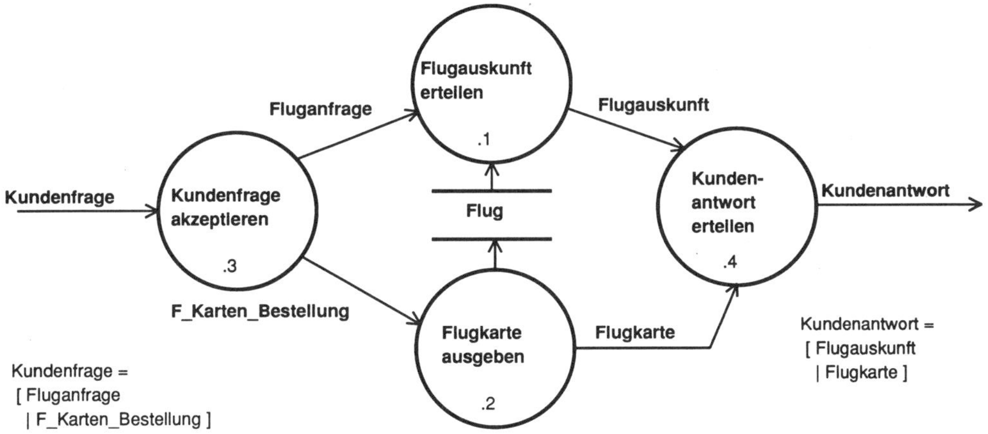

Bild 4.2-7: Transaktionszentren und Paketkanäle

Wenn in einem Modell sehr viele Ereignisse modelliert werden sollen, dann führt dies zu einem eventuell sehr unübersichtlichen Kontextdiagramm. Diese Komplexität im Kontext ist reduzierbar durch "Paketdatenflüsse" oder "Paketkanäle", d.h. durch Zusammenfassung mehrerer Datenflüsse. Dadurch werden jedoch Transaktionszentren (auspacken & verteilen, einsammeln & einpacken) erforderlich (s. Bild 4.2-7). Außerdem wird die Klarheit des Modells nicht gesteigert. Ein besserer Ausweg ist die Zerlegung des umfangreichen Modells in mehrere einfachere Teilmodelle. In Kapitel 4.4.7 werden hierzu Regeln zur Kontextabgrenzung besprochen.

In einigen Dialekten der Strukturierten Analyse sind auch gesplittete Datenflüsse erlaubt. Dabei darf beim Verfeinern eines DFD ein Datenfluß in seine Bestandteile (Datenelemente) zerlegt werden. Eine Konsistenzprüfung (Balance) der Verfeinerungsstruktur ist dann nur über den Datenkatalog möglich. Die Inhalte der DFDs sind nicht mehr unmittelbar für den Leser verständlich, da er die Datenfluß-Balance nicht leicht nachvollziehen kann. Aus diesem Grunde wird von der Nutzung dieser Modellierungstechnik abgeraten. Da man gesplittete Datenflüsse nicht unbedingt benötigt, wird hier nicht näher auf sie eingegangen.

Innerhalb der Strukturierten Analyse werden nicht die physikalischen Datenformate oder implementierungsabhängige Verschlüsselungen dokumentiert, sondern nur die inhaltliche Bedeutung der Datenelemente. Die implementationsabhängigen Festlegungen erfolgen später in der Designphase.

Durch Kommentare in den Datenkatalogeinträgen kann man die Bedeutung des Eintrags erklären und den Inhalt abgrenzen. Dies erhöht zwar die Lesbarkeit, birgt aber die Gefahr in sich, daß man Redundanzen einführt. Außerdem könnte der Anwender angesichts ausführlicher Kommentare darauf verzichten, die Details genau zu prüfen und abzunehmen. Kommentare sind also vorsichtig zu benutzen. Ein Kommentar ist immer dann angebracht, wenn durch Namensgebung und Beschreibung der Zusammensetzung die Bedeutung des Objektes noch nicht klar wird.

4.2.3 Formale Qualität und Balance

Es folgt eine Checkliste der wichtigsten Regeln.

- **Balance der Verfeinerungsstruktur:**
  * Datenfluß-Gleichgewicht: sind beim Verfeinern / Vergröbern keine neuen Datenflüsse dazugekommen ?
- **Balance von DFDs zum Datenkatalog:**
  * Jeder Datenfluß und jeder Speicher müssen im Datenkatalog hinsichtlich ihrer Zusammensetzung beschrieben sein.
  * Jedes Datenelement im Datenkatalog muß entweder in einem anderen Datenkatalogeintrag oder in einem DFD vorkommen.
- **Balance von DFDs zu den PSPECs:**
  * Jedem Prozeßsymbol in jedem DFD muß genau ein verfeinerndes DFD oder genau eine PSPEC zugeordnet sein, aber niemals beides zugleich.
  * Jeder PSPEC muß genau ein Primitiv-Prozeß in genau einem der DFDs zugeordnet sein.
  * Ausgaben müssen sich überall im Modell aus den zugehörigen Eingabe erzeugen lassen.
    . Die Ausgaben jedes Prozesses müssen aus seinen Eingaben erzeugbar sein.
    . Die Speicher müssen die richtigen, tatsächlich benötigten Inhalte haben. Jedes Attribut des Speichers muß durch einen Prozeß eingepflegt worden sein, und jedes Attribut muß durch einen Prozeß tatsächlich auch benutzt werden.
- **Balance von PSPECS zu den DFDs und Datenkatalogeinträgen:**

  Jede Datenreferenz in jeder PSPEC muß einer der folgenden Bedingungen genügen:
  * sie stimmt überein mit dem Namen eines Datenflusses oder eines Datenspeichers, der direkt mit dem spezifizierten Elementarprozeß verbunden ist, **oder**
  * sie ist ein lokaler, innerhalb der PSPEC definierter Begriff, **oder**
  * sie erscheint als Komponente in einem Datenkatalogeintrag eines Datenflusses oder Speichers, der mit dem spezifizierten Elementarprozeß verbunden ist.

- **Balance von Datenkatalog zu den DFDs und PSPECs**
  * Jeder Datenkatalogeintrag muß in einer PSPEC, einem DFD oder in einem anderen Datenkatalogeintrag benutzt werden (sog. "Ghost-data" vermeiden).
- **Balance von ERD (Entity-Relationship-Diagramm, vgl. Kap. 6.) zu DFDs und PSPECs**
  * Jeder Speicher jedes DFDs muß einem Entitytyp des ERD entsprechen.
  * Namen von Datenspeichern in DFDs müssen mit den Namen der entsprechenden Entitytypen im ERD übereinstimmen.
  * Die Datenkatalogeinträge müssen sowohl Speicher der DFDs wie die jeweils zugehörigen Entitytypen und Beziehungstypen des ERD beschreiben.
  * Die Beziehungstypen des ERD müssen in den PSPECs fortgeschrieben werden (später, in Kap. 4.4.4.5, wird erläutert, daß wir normalerweise Beziehungstypen nicht als Speicher in den DFDs darstellen).
- **semantische Regeln:**
  * Sind die geschilderten elementaren Syntaxregeln eingehalten?
  * Sind die Namen für Prozesse, Datenflüsse, Speicher **aussagekräftig, eindeutig** und den Regeln entsprechend gebildet worden?
  * Sind keine Namen vergessen worden?
  * Sind keine Kontrollflüsse im DFD enthalten (die nur den Zustand des Systems darstellen und die Verarbeitung steuern, aber die selber nicht verarbeitet werden)?

4.3 SA - Modellbewertung

In diesem Kapitel wird die konzeptionelle Basis von SA-Modellen dargestellt. Das Hauptgewicht liegt dabei auf der Zerlegungsstrategie.

Die essentielle Zerlegung wird in den grundlegenden Werken über die Strukturierte Analyse (/MCMENAMIN-PALMER-84/, /YOURDON-89c/) propagiert und ausführlich dargestellt. Wir schließen uns in fast allen Punkten der dort vorgestellten Terminologie an, denn es wäre für den Leser nicht nützlich, eine weitere Terminologie angeboten zu bekommen.

4.3.1 Die Essenz eines Systems

4.3.1.1 Perfekte Technologie

Wichtige Hilfsmittel der Beschreibung von Systemen sind die Prozesse, Speicher, Datenflüsse und Terminatoren. Diese stellen im Hinblick auf die Modellierung eine Abstraktion dar, es werden nur die für die Analyse wichtigen Aspekte aus der Realität herausgegriffen.

In der Implementierung der Systeme werden die Prozesse von **Prozessoren** durchgeführt. Dies können sowohl Rechner wie auch z.B. Menschen sein. In den Systemen sind auch Speicher implementiert, d.h. es gibt Systemteile, die zur Speicherung von Daten geeignet sind und die im Rahmen der Implementierung die Aufgabe zugewiesen bekommen, für jeweils genau spezifizierte Daten diese Speicherung durchzuführen. Beispiele für Speicher sind Magnetplatten, Disketten, Listen, Ablagekörbe, Aktenarchive usw. Schließlich sind auch Datenflüsse im System implementiert. Das können Belegflüsse in einer Ablauforganisation sein, aber auch z.B. Masken an der Benutzerschnittstelle oder Schnittstellendaten von Programmen.

Systeme werden immer mit einer konkreten **Technologie** implementiert. Die wichtigsten Teile der Technologien sind Prozessoren, die Aktivitäten ausführen können, und Speicher, die Daten speichern können.

Die **Inkarnation** eines Systems ist die Gesamtheit aller Prozessoren, Speicher und sonstigen Hilfsmittel, die benutzt werden, um die essentiellen Aktivitäten und Speicher eines Systems zu implementieren.

Dabei stehen nur reale Technologien auf dem gerade erreichten bzw. auf dem im Projekt vorhandenen Stand der Technik zur Verfügung. Diese realen Technologien haben Mängel, auf die bei der Implementierung eines Systems intensiv Rücksicht genommen werden muß:

- Prozessoren brauchen für jede Aufgabe Zeit, sie können Fehler machen und sind teuer.
- Speicher haben außerdem nur eine endliche Kapazität.

Wegen dieser Unzulänglichkeiten muß man im implementierten System spezielle Maßnahmen vorsehen, um die gewünschten Systemeigenschaften trotzdem realisieren zu können.

Die Anpassung der in der Analyse entwickelten Modelle an die Grenzen der Implementierungstechnologie muß allerdings erst später erfolgen, nachdem der logische Kern (die Essenz) des neuen Systems modelliert ist. Wenn man nämlich die Systemanalyse auch im konzeptionellen Bereich mit den Problemen der verfügbaren Technologie belastet, kuriert man nur die Symptome und dringt nicht zu den Ursachen vor. Die in der Systemanalyse entwickelten Modelle sollen zeitlos und implementationsunabhängig sein. Wenn neuere Technologien eingesetzt werden sollen, dann darf der logische Kern des Systems deswegen nicht neugefasst werden müssen.

Deshalb verfolgen wir zusammen mit den genannten Autoren der Strukturierten Analyse ein gedankliches Modell der **"perfekten internen Technologie"**. Es wird angenommen, Prozessoren würden keine Zeit zur Aufgabenerledigung benötigen, wären wirklich zuverlässig und billig, Speicher bräuchten keine Zeit für Datenzugriffe, hätten unendliche Speicherkapazität und wären ebenfalls billig.

Wie würden die Systeme unter solchen Voraussetzungen aussehen ?

Es müssten innerhalb des Systems keine Vorkehrungen mehr gegen die Grenzen der verfügbaren Technologie berücksichtigt werden.

Das Konzept der perfekten Technologie erleichtert die Vorstellung der **Implementationsunabhängigkeit**. In der Systemanalyse suchen wir die **Essenz**, d.h. diejenigen Systemteile, die unabhängig von der Implementierung vorhanden sein müssen.

> Betrachten wir etwa eine Versicherung. Welche Aufgaben hat diese Versicherung vor 50 Jahren gehabt, welche wird sie in 50 Jahren noch haben ? Im Laufe der Zeit ändern sich Gesetze und Vorschriften. Aber die eigentliche Aufgabenstellung bleibt im logischen Kern unverändert erhalten. Das System Versiche-

rung muß heute wie damals wie in der Zukunft auf prinzipiell dieselben Ereignisse reagieren. Dies ist die **Essenz**.

Auch die Essenz ändert sich im Laufe der Zeit. Aber die Implementierungstechnologie ändert sich wesentlich schneller. Deswegen ist es sinnvoll, sich in der Systemanalyse zunächst auf die Essenz zu konzentrieren.

Das Konzept der perfekten Technologie ist aber zur Diskussion mit den Anwendern meist ungeeignet. Dazu liegen bei diesen zu viele Erlebnisse mit nicht-perfekter Technologie vor.

Heute zu entwickelnde Systeme werden eine Lebenserwartung von zehn bis zwanzig Jahren haben. In diesem Zeitraum wird die benutzte Hardware mit Sicherheit mehrfach ausgetauscht werden. Die Hardware wird billiger, leistungsfähiger und immer zuverlässiger. Sie kommt im Laufe der Zeit unserer Vorstellung von perfekter Technologie immer näher, natürlich ohne sie jemals wirklich zu erreichen. Dennoch bedeutet das Konzept der perfekten Technologie, daß wir in der Systemanalyse den Hardware-Fortschritt vorausahnen. Die entwickelten Systeme werden zukunftssicherer, weil wir die technologieabhängigen Systemteile in den Randzonen des Systems ansiedeln.

Das Konzept der perfekten Technologie kann nur innerhalb unseres Einflußbereiches angewandt werden, d.h. innerhalb des gerade untersuchten Systems. Die Umgebung ist nicht perfekt, sie macht Fehler, die vom System abgewiesen werden müssen und ist eventuell sogar feindlich eingestellt, versucht unser System zu überlisten. Daher muß die Essenz geschützt werden. Diese Aufgabe übernimmt eine Schale, die den essentiellen Systemkern umgibt, der physikalische Ring (Bild 4.3-1). Dieser ist weiter unterteilt in die Administration, die Fehler der Umgebung abweist und die Qualität der Antwort des Systems sichert, und die Infrastruktur, die alle Aufgaben der Kommunikation mit der Umgebung wahrnimmt.

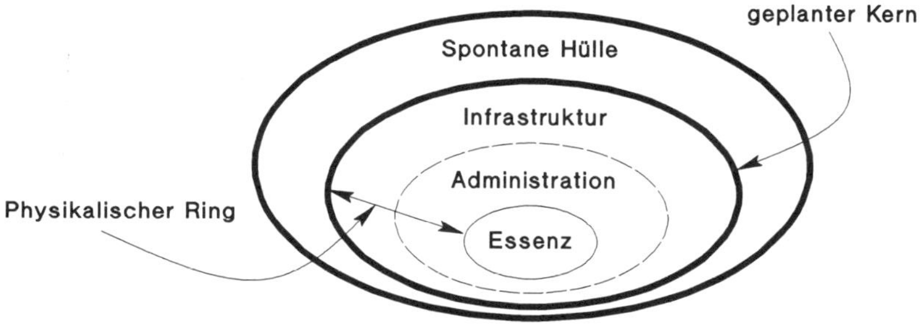

Bild 4.3-1: der physikalische Ring

4.3.1.2 Bestandteile der Essenz

grundlegende Aktivitäten:

Eine Aktivität heißt grundlegend, wenn sie dazu beiträgt, die eigentliche Zielsetzung des Systems zu erreichen. Grundlegende Aktivitäten müssen bei jeder denkbaren Implementierung des Systems ausgeführt werden.

Im Beispiel des Flugkarten-Verkaufs (Kap. 4.1.3) besteht die eigentliche Zielsetzung des Systems in der Erteilung von Flugauskünften und im Verkauf von Flugkarten. Das

System kann jedoch nur arbeiten, wenn auch die erforderlichen Speicher von geeigneten Aktivitäten verwaltet werden. Andere Aufgaben sind implementationsabhängig. Wird das System zum Beispiel unter Benutzung eines Computers implementiert, so muß man regelmäßig Sicherungen der Datenbestände durchführen. Wegen nicht-perfekter Implementierungstechnologie könnten nämlich Fehler auftreten, die einen Datenverlust zur Folge haben. Diese Aufgabe ist nicht etwa nebensächlich. Aber sie gehört auch nicht zur eigentlichen Zielsetzung des Systems.

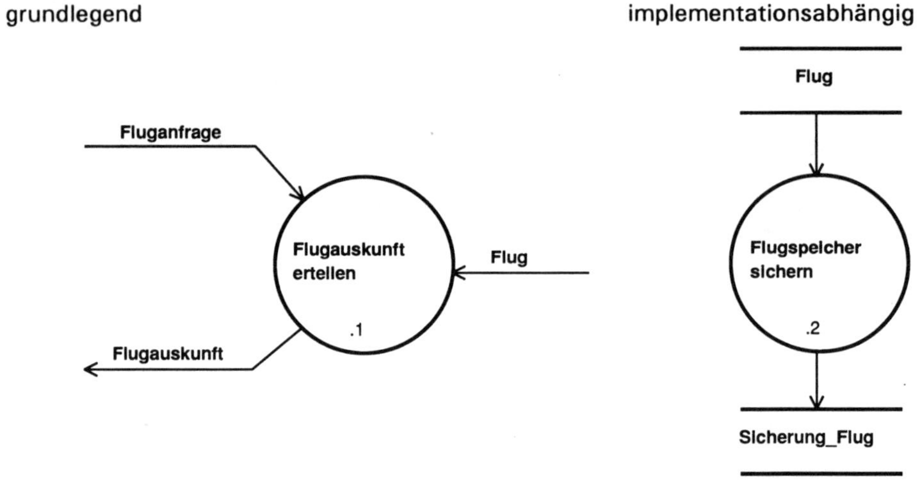

Bild 4.3-2: grundlegende und implementationsabhängige Aktivitäten

Eine grundlegende Aktivität wird durch ein externes oder zeitliches Ereignis ausgelöst. Die Aktivität beginnt, sobald das System die Nachricht über das Eintreten des Ereignisses erhält oder erkennt. Die Definition der Nachricht erlaubt es dem System, das Eintreten des Ereignisses zu erkennen.

essentielle Speicher:

Von der eigentlichen Aufgabenstellung her ist es nur erforderlich, daß für die konkrete Fluganfrage die zugehörige Flug-Information sofort zur Verfügung steht. Woher diese Information kommt, ist zunächst unwesentlich. Sie könnte etwa im selben Moment von der Routenplanung abgefragt werden. Wenn allerdings viele Anfragen eintreffen, so ist es nicht praktikabel, jedesmal eine Rückfrage an die Routenplanung zu richten. Dieses andere System wird schnell ungeduldig werden und verlangen, daß das Verkaufssystem nicht ständig dieselben Anfragen stellt. Daher ist das Verkaufssystem darauf angewiesen, eine eigene Datensicht für Flüge einzurichten, aus der jederzeit die benötigten Informationen entnommen werden können. Deswegen richtet man für das Verkaufssystem einen eigenen Speicher für Flüge ein (wie dieser implementiert wird, das wird sehr viel später geklärt. Die Modellierung von Datensichten bedeutet nicht, daß auch entsprechende Speicher später innerhalb des betrachteten Systems implementiert werden. Bei objektorientierter Vorgehensweise würde man grundsätzlich Speicher kapseln und mit dem "Partnersystem", d.h. mit dem Objekt, Messages austauschen.).

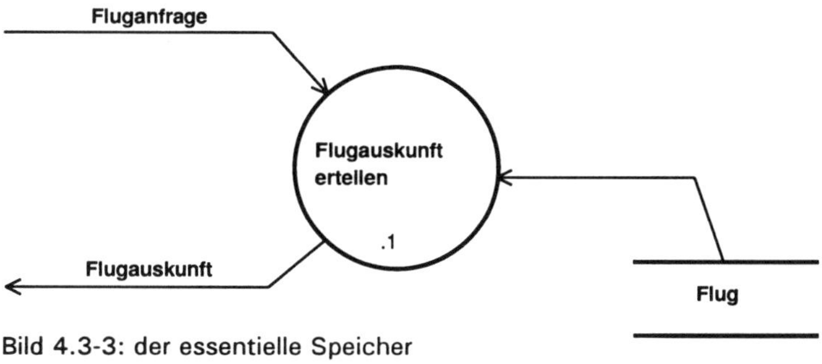

Bild 4.3-3: der essentielle Speicher

Die Gesamtheit aller Daten, die sich ein System merkt und die seine grundlegenden Aktivitäten brauchen, heißt essentieller Speicher. Systeme müssen sich Daten merken, weil die Umgebung nicht perfekt ist, oder manchmal nicht willig ist, mit dem System zusammenzuarbeiten.

Gespeicherte Daten, die von grundlegenden Aktivitäten benötigt werden, stammen aus der Umgebung oder entstehen bei Ausführung der grundlegenden Aktivitäten.

Verwaltungsaktivitäten:

Wie besorgt sich das System die Daten, die es sich merken muß? Und wie wird sichergestellt, daß die Daten, die in grundlegenden Aktivitäten gebraucht werden, immer auf dem neuesten Stand sind?

Dies wird durch die Verwaltungsaktivitäten bewerkstelligt, die den essentiellen Speicher erstellen und verwalten, dabei Daten einfügen, speichern, aktualisieren und löschen. Verwaltungsaktivitäten reagieren auf externe Ereignisse, ihre Reaktion ist aber nicht die Ausgabe eines Ergebnisses an die Umgebung, sondern Aktualisierung essentieller Speicher.

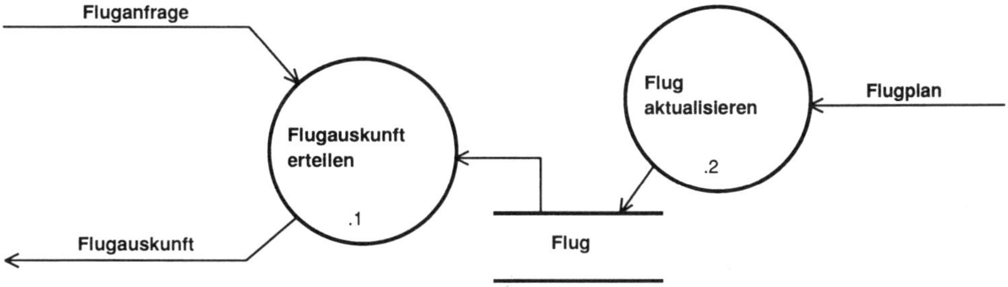

Bild 4.3-4: Beispiel für eine Verwaltungsaktivität "Flug aktualisieren"

Häufig wird der essentielle Speicher im Rahmen der Durchführung einer grundlegenden Aktivität fortgeschrieben. Dann spricht man auch von zusammengesetzten essentiellen Aktivitäten.

Essentielle Aktivitäten sind also grundlegende oder Verwaltungsaktivitäten. Grundlegende Aktivitäten können auf externe oder zeitliche Ereignisse reagieren. Zu jedem dieser Aktivitätentypen gehören eigene Datenflußverbindungen. Betrachten wir folgendes Beispiel aus einer vereinfachten Auftragsbearbeitung.

	Ereignis	Auslöser	Antwort
1	Kunde erteilt Auftrag	Kundenauftrag	Auftragsbestätigung
2	Zeit für Monatsbericht	--	Monatsbericht
3	Kunde ändert Anschrift	Anschriftänderung	--

Der zugehörige Ausschnitt aus dem DFD der essentiellen Ebene (Bild 4.3-5) zeigt die charakteristischen Richtungen der Datenflüsse:

Ereignis 1 erfordert eine grundlegende Aktivität, die auf ein externes Ereignis reagiert. Ereignis 2 erfordert ebenfalls eine grundlegende Aktivität, die jedoch auf ein zeitliches Ereignis reagiert ("immer am 3. des Folgemonats: ..."). Dagegen führt Ereignis 3 auf eine Verwaltungsaktivität. Man beachte, daß zu jedem Typ von Prozessen charakteristische Datenflußrichtungen gehören.

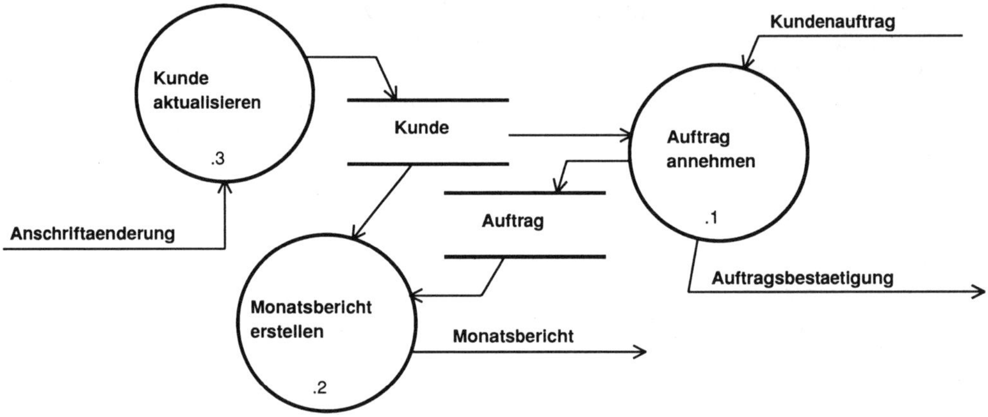

Bild 4.3-5: Datenflußrichtungen für essentielle Aktivitäten

4.3.2 Essentielle Zerlegung

4.3.2.1 Erkennen von Ereignissen

was ist ein Ereignis ?

Ereignisse finden in der Systemumgebung statt und müssen dort gesucht werden. Sowohl zeitliche als auch externe Ereignisse liegen außerhalb der Kontrolle des Systems.

Hier gibt es folgende Fehlermöglichkeiten:

- Eine Aktivität innerhalb des Systems wird leicht mit dem Ereignis verwechselt.
- Es werden falsche zeitliche Ereignisse modelliert (Implementierungsdetails, z.B. Stapelbetrieb). Echte zeitliche Ereignisse sind implementierungsunabhängig und werden durch Objekte außerhalb des Systems bestimmt (Beispiel: "Zeit für Monatsbericht" wird bestimmt durch jemanden, der den Monatsbericht außerhalb des Systems benötigt und daher anfordert).

wie erkennt man ein Ereignis ?

Ereignisse mit geplanten Reaktionen werden im geplanten Kern des Systems bearbeitet. Dieser ist meist von einer Spontanen Hülle umgeben. Eine Schwierigkeit bei der Modellierung besteht darin, die geplante Reaktion als Teil der Gesamtreaktion zu erkennen bzw. vorauszuplanen.

Zur Erkennung eines externen Ereignisses muß man die **wahre Quelle des Auslösers** finden, nicht die äußere, physikalische Erscheinungsform. Dazu werden Paketkanäle aufgespalten, denn sie fassen nicht nur mehrere externe Ereignisse sondern eventuell auch mehrere wahre Quellen von Ereignissen zusammen. Bei der Suche nach Ereignissen muß man nach Aktionen von anderen suchen, nicht nach Aktionen des Systems.

Zum Beispiel in einer Arztpraxis ist das Ereignis "Patient tritt ein" nur die äußere Erscheinungsform des wirklichen Ereignisses "Patient ist krank" oder "Patient sucht Rat".

Der Kunde kann sich gegenüber der Auftragsbearbeitung eines Fertigungsunternehmens per Anruf oder per Brief melden. Für das essentielle Modell ist der Inhalt der Kommunikation wesentlich, nicht die Verpackung der Information (Bild 4.3-6).

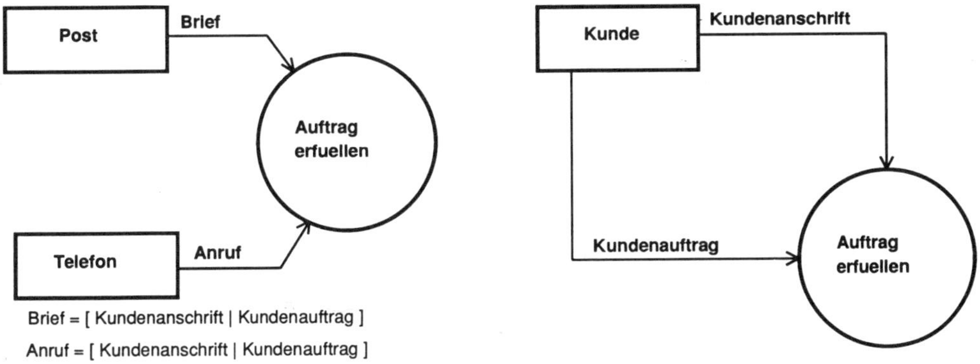

Bild 4.3-6: wahre und falsche Terminatoren

Entsprechendes gilt für den Empfänger der Antwort. Es gilt, den wahren Empfänger zu finden, nicht seine äußere Erscheinungsform.

wie modelliert man ein Ereignis ?

Ein externes Ereignis äußert sich gegenüber dem System durch einen Datenfluß über die Systemgrenze, der natürlich im Datenkatalog beschrieben werden muß. Im Kontextdiagramm ist der zugehörige Terminator ersichtlich und die PSPEC des erkennenden Elementarprozesses beginnt mit der Entgegennahme des Auslösers. Hier sollte man einen Kommentar in die PSPEC einfügen ("Ereignis: Kunde wünscht Flugauskunft").

Externe Ereignisse werden benannt in der Form:

externes_Objekt aktives_Verb Objekt

Für ein zeitliches Ereignis ("Kalender-gesteuert") wird kein Datenfluß eingetragen - die Uhr wird im SA-Modell nicht modelliert (vgl. Kap. 4.3.3), Kontrollflüsse werden nicht dargestellt. Die PSPEC des erkennenden Prozesses fängt mit der Zeit-Spezifikation an. Auch hier ist empfohlen, in der erkennenden PSPEC einen Kommentar einzufügen ("Ereignis: Zeit für Monatsbericht").

Zeitliche Ereignisse werden benannt in der Form:

Zeit für <Datenfluß>

Im RT-Kapitel werden zusätzlich Ereignisse betrachtet, die durch komplexe logische Verknüpfung von Zeitpunkten, Ereignissen und Bedingungen ausgelöst werden.

Die Ereignistabelle ist Ausgangspunkt für die essentielle Zerlegung. Sie enthält eine Liste der Ereignisse und nennt die zugehörigen Auslöser und Antworten (Beispiel s. Kapitel 4.1.3).

Auslöser und Antwort sind Datenflüsse und müssen entsprechend benannt werden. Ein Auslöser ist der Datenfluß, durch den das System Kenntnis vom Ereignis erhält. Die Antwort ist der Datenfluß, den das System als Reaktion auf das Ereignis und als Ergebnis einer systeminternen Aktivität an die Umgebung abgibt. Hier kann man leicht den Fehler machen, das Ereignis mit dem Auslöser oder der Aktivität des Systems zu verwechseln. Genauso leicht kann die Aktivität des Systems mit der Antwort verwechselt werden (s. Bild D1-3).

Es wird empfohlen, die Einträge in der Ereignistabelle zu numerieren und diese Nummern im (vorläufigen) essentiellen DFD als Bestandteil der Prozeßnummern weiterzuverwenden.

Das Kontextdiagramm enthält außer den Auslösern (die essentielle Aktivitäten auslösen) und Antworten (die als Ergebnis einer Systemaktivität an Terminatoren gegeben werden) eventuell noch weitere Datenflüsse, die auch zu den Außenbeziehungen gehören. Betrachten wir hierzu etwa den Schalter einer Wechselstube (Bild 4.3-7, vgl. Beispiel 5 in Kap. 4.4.6.5).

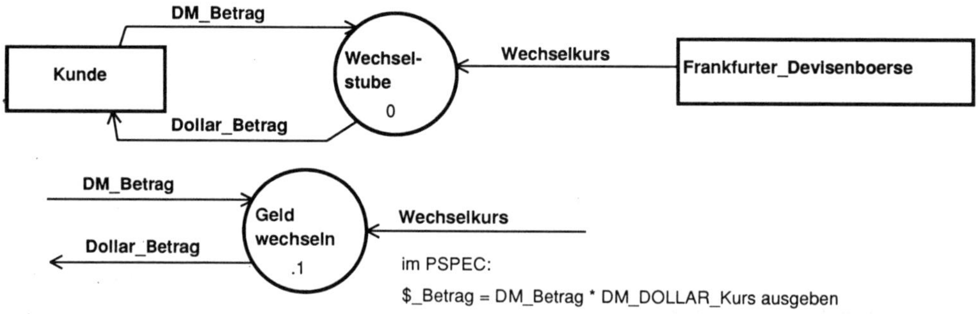

Bild 4.3-7: "Informanten" in der Wechselstube

Dieses System reagiert vor allem auf das Ereignis "Kunde will Geld wechseln", von dem es durch den Auslöser "DM_Betrag" erfährt. Darauf wird die Antwort "Dollar_Betrag" ausgegeben. Für diese Tätigkeit wird der Wechselkurs benötigt, der letztlich von den internationalen Devisenmärkten definiert wird. Wir könnten den Wechselkurs als Auslöser für eine triviale Verwaltungsaktivität modellieren, die einen internen Speicher fortschreibt (oft als Stecktafel implementiert). Auf diesen Prozeß können wir aber auch verzichten, wenn wir der grundlegenden Aktivität "Geld wechseln" ermöglichen, jederzeit den aktuellen Wechselkurs dem Terminator "internationale Devisenmärkte" zu entnehmen. Derartige Terminatoren ähneln Speichern, deren interne Struktur aber nicht (bzw. nicht durch den Schnittstellen-Datenfluß) definiert ist. Solche Datenflüsse wie "Wechselkurs" nennen wir **Informanten**. Diese haben folgende Eigenschaften:

- Sie stehen zur Verfügung ohne Rückfrage.
- Sie können zu jeder Zeit benutzt werden.
- Sie müssen nicht im System gespeichert werden.
- Sie werden innerhalb eines anderen Systems aktualisiert.

Die Informanten sind also zusätzliche Input-Datenflüsse des Systems, die einfach zur Verfügung stehen, aber keine Ereignisse auslösen.

4.3.2.2 Ereignisorientierte Zerlegung des Systems in essentielle Aktivitäten

Jedem grundlegenden Ereignis wird ein Prozeß zugeordnet, der genau die Aktivitäten ausführt, die das System als Reaktion auf das Ereignis ausführen muß und der **vollständig** ist: das System muß stillstehen, wenn alle zur essentiellen Aktivität gehörenden Teilaktivitäten ausgeführt worden sind, bis das entsprechende Ereignis wieder eintritt oder bis ein anderes Ereignis eintritt.

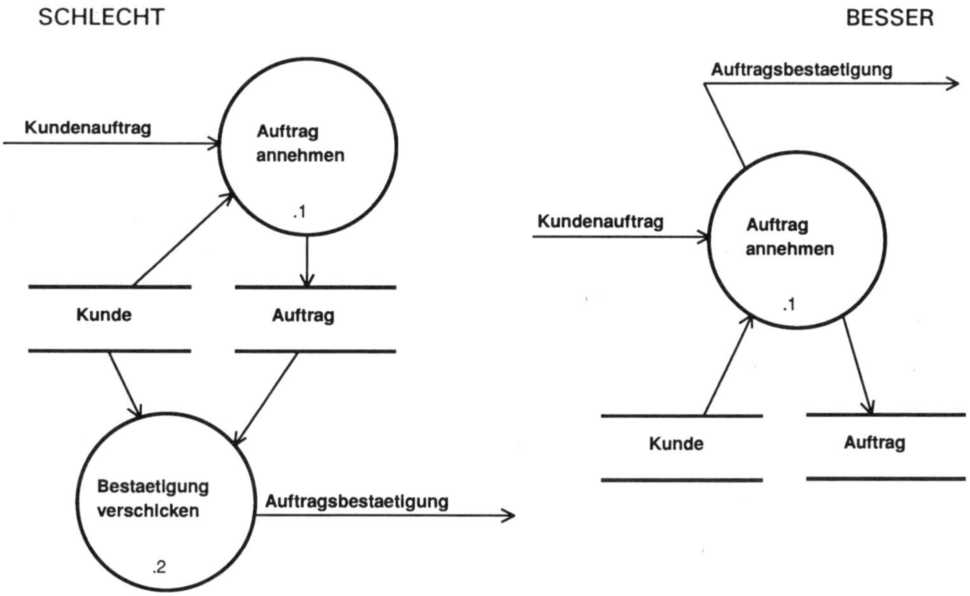

Bild 4.3-8: vollständige Systemreaktion

Als Beispiel zur vollständigen Systemreaktion betrachten wir nun ein einfaches System zur Materialausgabe aus einem Lager. Dieses reagiert nur auf zwei Ereignisse:

lfd	Ereignis	Auslöser	Antwort
1	Arbeiter braucht Material	Materialanforderung	Ausgabeschein Bestellauftrag
2	Lieferant liefert Material	Lieferschein	--

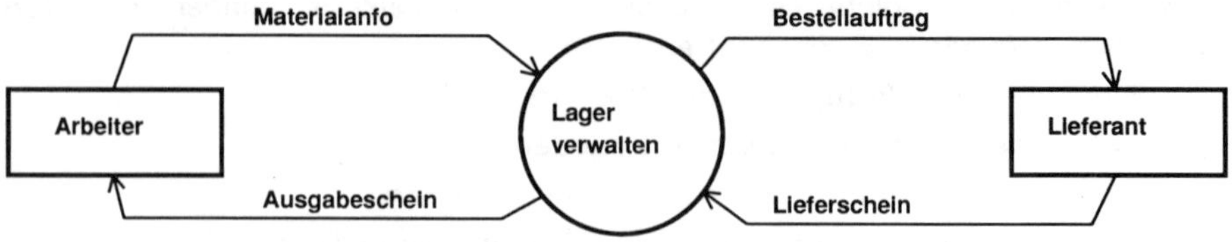

Bild 4.3-9: Kontext Materialentnahme

Die Materialentnahme aus dem Lager führt auch dazu, daß Mangel erkannt wird. Als Folge soll das System einen Bestellauftrag ausgeben.

Auf der Ebene 0 (Bild 4.3-10) befinden sich bereits die essentiellen Aktivitäten ".1 Material bereitstellen" und ".2 Lieferung entgegennehmen". Bei der zweiten Aktivität wird auch ein Liefantenverzeichnis aktualisiert, das beim Nachbestellen innerhalb der Materialbereitstellung benutzt wird.

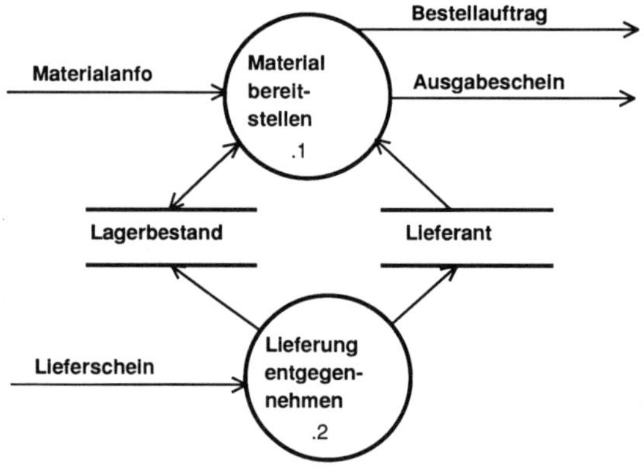

Bild 4.3-10: Ebene 0 Materialentnahme

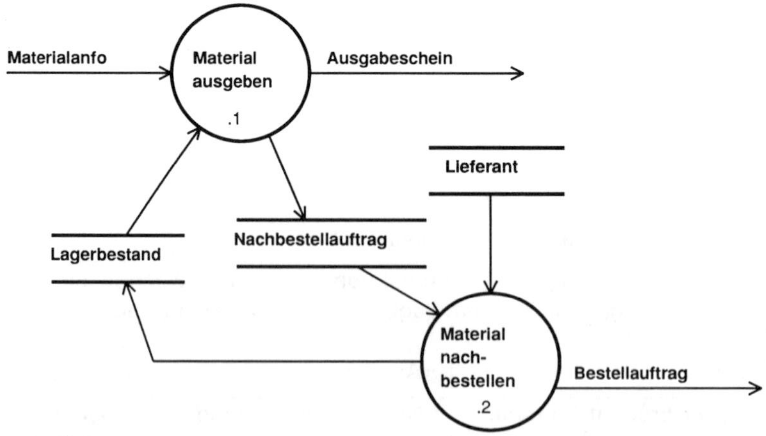

Bild 4.3-11: Ebene 1, Prozeß 1: Material bereitstellen - falsches zeitliches Ereignis

Die Verfeinerung der essentiellen Aktivität ".1 Material bereitstellen" enthält zwei Aktivitäten, "1.1 Material ausgeben" und "1.2 Material nachbestellen". Bei der Materialausgabe in Prozeß 1.1 wird anhand des Lagerbestandes und aufgrund von Strategien zur Bedarfsermittlung (Höchstbestand, Meldebestand, Sicherheitsbestand, vgl. /SPECHT-88/ Kap. 4.3.2.2) ggf. Mangel im Lager festgestellt.

Dies ist bereits bei der Materialausgabe möglich. Wenn man diese Feststellung nur zu bestimmten Zeitpunkten vornimmt (Bestellrhythmusverfahren), so führt man eine "falsche Anforderung" ein (Bild 4.3-11). Wenn man für die Nachbestellungen wie in Bild 4.3-11 einen Speicher einführt, so ergibt dies ein falsches zeitliches Ereignis. Prozeß "1.2 Material nachbestellen" kann dann nur durch ein zeitliches Ereignis Kalender-gesteuert aktiviert werden. Damit wäre aber die essentielle Aktivität in Prozeß 1. nicht vollständig. Es würden noch Auftragsreste im System verbleiben bis zu dem Zeitpunkt, wo sie gemäß Terminplanung abgearbeitet werden.

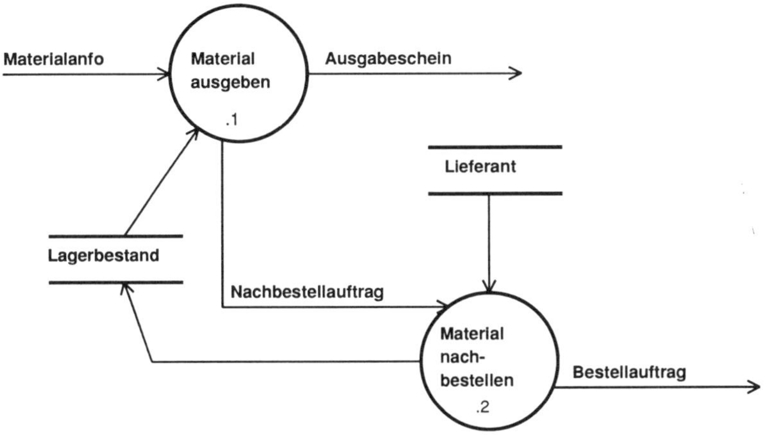

Bild 4.3-12: Ebene 1, Prozeß 1: Material bereitstellen -vollständige Systemreaktion

Wenn man jedoch perfekte Technologie voraussetzt, ist eine Nachbestellung sofort möglich. Der Speicher "Nachbestellauftrag" muß daher in einen Datenfluß umgewandelt werden (Bild 4.3-12). Dadurch wird der Prozeß ".2 Material nachbestellen" sofort aktiviert, wenn vom Prozeß ".1 Material ausgeben" ein Nachbestellauftrag ausgegeben wird.

Nur die Modellierung in Bild 4.3-12 führt also auf eine vollständige essentielle Aktivität. Es ist auch von den Strategien zur Lagerführung her am vorteilhaftesten, wenn sofort bei Mangelerkennung der Nachbestellauftrag fertiggestellt wird, gerade im Hinblick auf moderne Lagerführungsstrategien ("Just-in-time").

Eine konkrete Implementierung mag das Bestellrhythmusverfahren nahelegen. Man kann durch die Implementierung gezwungen sein, Bestellaufträge zu sammeln, um sie im Paket zu versenden. Dies ist etwa bei Nutzung der Briefpost der Fall. Es ist in dieser Implementierung nicht sinnvoll, für jeden kleinen Auftrag ein Bestellschreiben zu versenden. Wenn also die Implementierung und die Eigenschaften der Systemumgebung dazu zwingen, Sammelaufträge auszugeben, so muß man darauf reagieren. **Dies geschieht jedoch in der Infrastruktur.** Die in der Essenz fertiggestellten Aufträge werden dort in einem Puffer gesammelt, so daß sie nach Aufbereitung eventuell als Sammelauftrag versandt werden können (Bild 4.3-13). Bei anderer Implementierung, z.B. durch Datenfernübertragung zum Zulieferbetrieb, ist eine solche Pufferung nicht erforderlich.

Die Information, daß Mangel im Lager vorliegt, wird auch so früh wie möglich von der Essenz ermittelt und liegt im System vor. Lediglich Schwächen der Implementierung können verhindern, daß diese Information auch sofort genutzt wird.

Hier erkennt man den entscheidenden Vorteil der implementierungsunabhängigen Modellierung essentieller Aktivitäten: wenn sich die Implementierung ändert, z.B. durch Übergang auf Datenfernübertragung zum Zulieferbetrieb, dann muß die Essenz nicht geändert werden. Durch Konzentration auf das Wesentliche sind die essentiellen Aktivitäten unempfindlich gegenüber Änderungen.

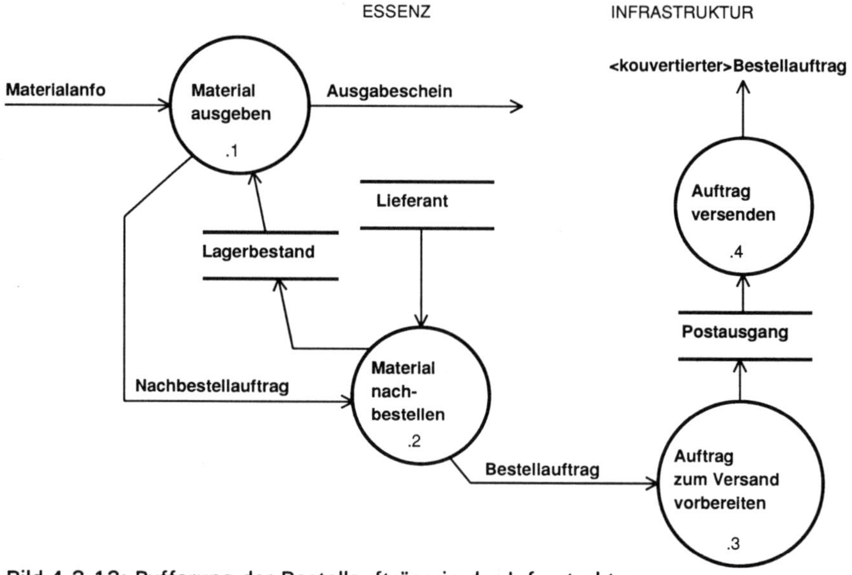

Bild 4.3-13: Pufferung der Bestellaufträge in der Infrastruktur

4.3.2.3 Objektorientierte Zerlegung des essentiellen Speichers

Die Gesamtheit aller Informationen, die das System in seinem Inneren speichern muß, wird im essentiellen Speicher gehalten (Bild 4.3-14). Dieser muß zerlegt werden, weil er sonst einen zu komplizierten Aufbau hat und damit komplizierte Such- und Pflegemechanismen erfordert.

Speicher werden so zerlegt, daß es zu jedem Objekt der Systemumgebung, über das das System sich Daten merken muß, einen Speicher mit genau diesen Daten gibt.

Vorgehensweise (vorläufig):

- In der realen Welt außerhalb des Systems werden Objekte identifiziert,
- Datenelemente werden zusammengefaßt, die die Wahl eines Objektes beeinflußt haben,
- Jeder Gruppe von Datenelementen wird ein Name gegeben, der zu dem modellierten Objekt der realen Welt paßt.

Objekte können sich auf reale Dinge (Kunde, Flugzeug, Artikel) oder auch auf abstrakte Dinge (Vertrag, Angebot, Auftrag) beziehen. Sie sind "eine Simulation von Dingen, die in Wirklichkeit außerhalb der Systemgrenzen liegen" (/DEMARCO-78/).

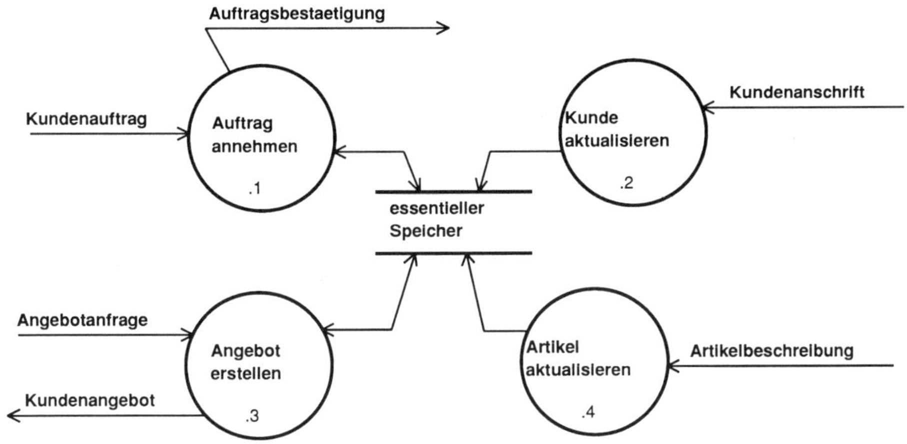

Bild 4.3-14: Systemausschnitt ohne Zerlegung des Speichers

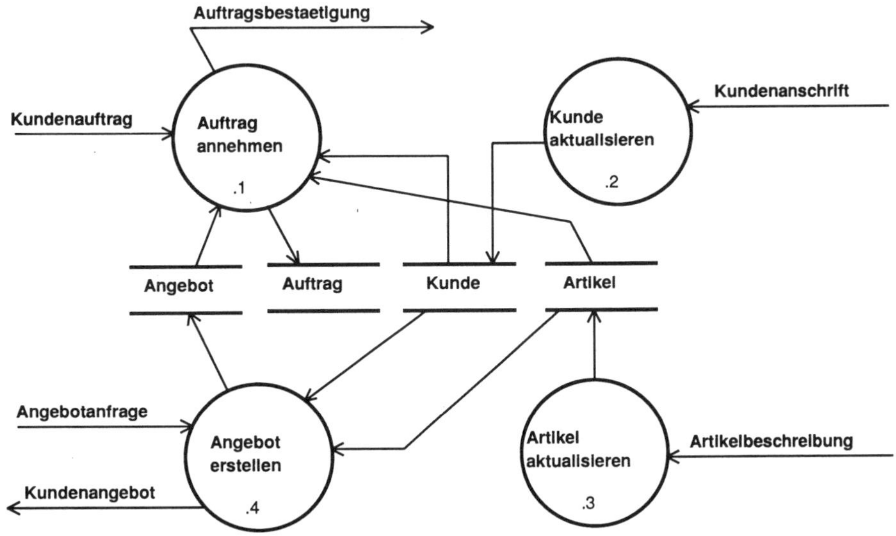

Bild 4.3-15: Systemausschnitt mit essentieller Speicherzerlegung

Objektorientierte Zerlegung erleichtert die Normalisierung des Datenmodells. Dabei werden Speicher von Redundanzen befreit. Aktivitäten, die mit diesen Speichern arbeiten, werden von der Pflege und Verarbeitung der Redundanz befreit.

4.3.2.4 Resultat dieser Zerlegung

Das durch die essentielle Zerlegung entstandene Modell hat eine Reihe von höchst willkommenen Eigenschaften.

Die essentiellen Aktivitäten kommunizieren nicht direkt miteinander, sondern beziehen sich nur auf Inhalte essentieller Speicher und sind damit **voneinander entkoppelt** (Bild 4.3-16). Durch die Gliederung der Funktionalität des Systems in vollständige ereignisorientierte Prozesse wird die **Lokalität** des Modells besonders unterstützt.

Zwischen essentieller Ebene und dem Kontextdiagramm muß die Diagrammhierarchie noch vervollständigt werden, die essentielle Ebene wird vergröbert. Dazu gelten folgende Regeln:

- Jede zusammengefaßte Gruppe von Prozessen sollte inhaltlich verwandt sein, d.h. verwandte Systemantworten produzieren.
- Datenspeicher werden nach Möglichkeit gekapselt. Daher erhält man oberhalb der essentiellen Ebene eine geringere Anzahl von Speichern.
- Dabei wird das Lokalitätsprinzip eingehalten. Die Anzahl der zusammengefaßten Prozesse wird nach Möglichkeit sinnvoll begrenzt (vgl. Kap. 4.3.3 "Grad der Komplexität").

Vergröbern heißt also, Datenspeicher und Prozesse auf einem höheren Abstraktionsniveau zu einer Einheit zusammenzuführen **(Bildung von abstrakten Datentypen).**

Die essentielle Ebene enthält nur essentielle Aktivitäten, die nicht über Datenflüsse miteinander kommunizieren, sondern die sich nur der Speicherinhalte bedienen, die von anderen essentiellen Aktivitäten bereitgestellt wurden.

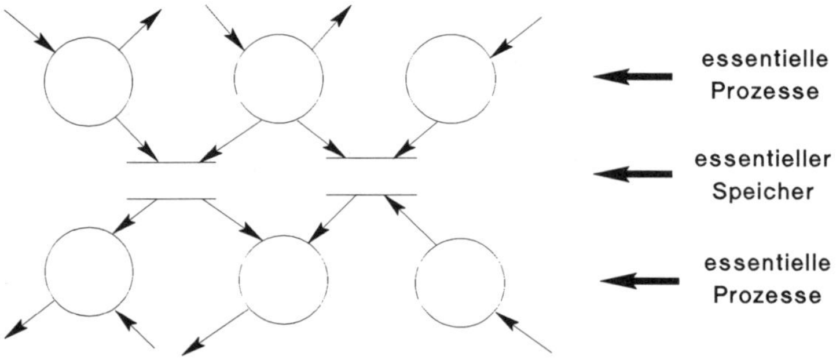

Bild 4.3-16: essentielle Zerlegung

Die Verfeinerung einer essentiellen Aktivität enthält auf Prozeßebene Fragmente der essentiellen Aktivität. **Diese kommunizieren über Datenflüsse.** Sonst würde man falsche zeitliche Ereignisse einführen. Beim Verfeinern werden folgende weitere Regeln beachtet:

- Die Verfeinerung eines essentiellen Prozesses erfolgt aufgrund einer funktionalen Zerlegung (vgl. Kap. 4.4.2.1). Wenn ein Prozeß zu kompliziert zu beschreiben ist, wird er weiter verfeinert.
- Die Zerlegung der essentiellen Aktivität in Child-Prozesse erfolgt nach Gesichtspunkten des Zusammenhalts der in der essentiellen Aktivität enthaltenen Funktionen. Hierbei sind auch die Datenelemente zu beachten, die innerhalb des Prozesses zwischen den identifizierten Funktionen die Kommunikation sicherstellen. Die Kopplung der Funktionen soll minimiert werden.

- PSPECs sollten erst dann notiert werden, wenn die DFD-Modellierung mit dem Anwender abgestimmt ist und stabile Verhältnisse hinsichtlich der Zerlegung erreicht sind.

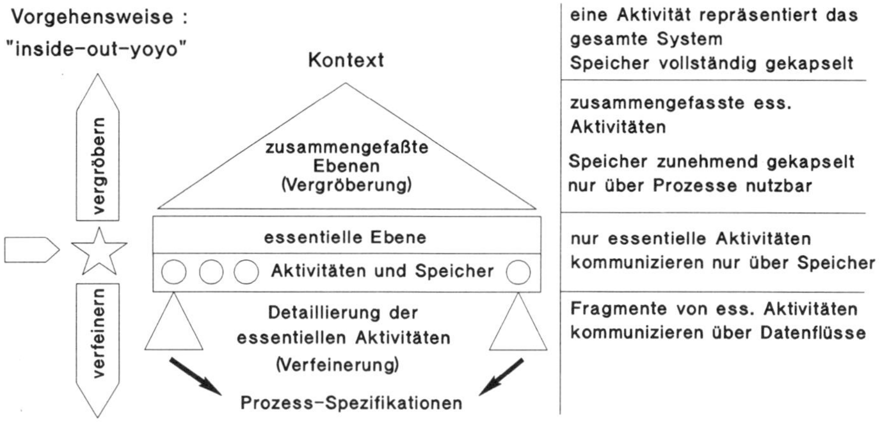

Bild 4.3-17: Eigenschaften der Verfeinerungsebenen

Diese beiden Schritte zur Vervollständigung des Modells beinhalten also grundsätzliche Konstruktionsschritte, die in vielen Bereichen der Software-Konstruktion von Bedeutung sind:

- **Vergröberung bedeutet kurz "Bildung Abstrakter Datentypen",**
- **Verfeinerung bedeutet kurz "Faktorisieren (bzw. funktional zerlegen), um den Zusammenhalt der Prozesse zu vergrößern und ihre Kopplung zu verkleinern"** (vgl. Kap. 7.3.3.1).

Die essentielle Zerlegung besitzt für die Formulierung des Modells mehrere entscheidende **Vorteile**. Einer davon ist die bereits in der Grundkonzeption des Modells angelegte **Vermeidung häufiger Probleme real existierender Systeme.**

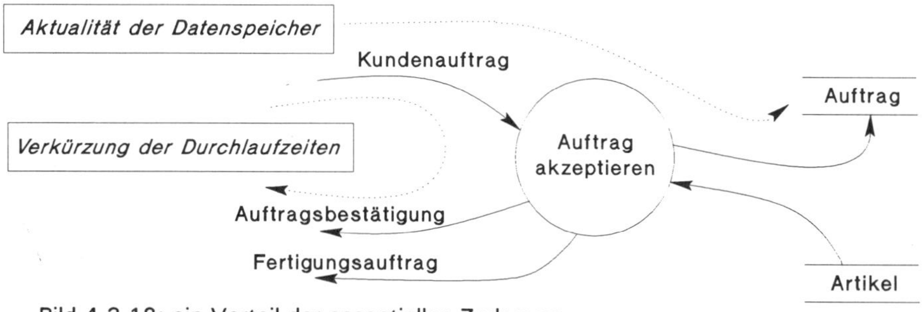

Bild 4.3-18: ein Vorteil der essentiellen Zerlegung

Implementierte Systeme besitzen oft wenigstens einen der folgenden Mängel:

- die **Durchlaufzeiten** für die Bearbeitung eines Einzelfalls sind zu lang,
- die **Aktualität der Datenspeicherinhalte** entspricht nicht dem tatsächlichen Informationsstand.

Diese Mängel können der entscheidende Ausgangspunkt für das Analyseprojekt sein. Die essentielle Zerlegung vermeidet diese Mängel im logischen Kern des Systems (Bild 4.3-18). Restprobleme können bei essentieller Zerlegung nur noch im physikalischen Ring auftreten und dort abhängig von den Möglichkeiten der Systemumgebung gezielt ausgeräumt werden.

4.3.2.5 Das essentielle Modell

Das essentielle Modell eines Systems ist ein vollständig formal konsistentes SA-Modell, das keine Implementationsdetails enthält. Die wahren Anforderungen des Anwenders werden wiedergegeben, das sind diejenigen Speicherinhalte und Verarbeitungsfunktionen, die unabhängig von der gewählten Implementierung verfügbar sein müssen. Edward Yourdon schlägt für das essentielle Modell eine Gliederung vor, die erneut den Systemgedanken betont und deshalb auch hier aufgeführt werden soll (vgl. /YOURDON-89c/ S.326). Danach besteht das essentielle Modell aus zwei Komponenten:

- dem **Umgebungsmodell** (environmental model):
  * Es besteht aus dem Kontext-Diagramm, einer Ereignisliste (Ereignistabelle) und einer Kurzbeschreibung der Aufgabe des Systems.
  * Dadurch werden die äußeren Schnittstellen und Randbedingungen des Systems und damit auch des Entwicklungsprojektes festgelegt, während das eigentliche System als **black-box** behandelt wird.
- dem **Verhaltensmodell** (behavioral model):
  * Es besteht aus allen DFDs außer dem Kontext, dem Entity-Relationship-Diagramm, PSPECs, Datenkatalogeinträgen und im Falle der Real-Time-Erweiterung auch aus den Kontrollspezifikationen (zusammengesetzte CSPECs, vgl. Kap. 5.).
  * Daher beschreibt das Verhaltensmodell das Innere des Systems mit allen Details als **white-box**.

Diese Gliederung ist auch in unserer Vorgehensweise stets gegenwärtig. Ausgangspunkt des Projektes ist das Umgebungsmodell, das als erstes entwickelt wird und die Projektdefinition enthält.

4.3.3 Prinzipien der essentiellen Modellierung

Die im folgenden aufgeführten Prinzipien der Modellierung haben grundsätzlichen Charakter. Sie gelten auch für die anderen Methoden, die in den folgenden Kapiteln dargestellt werden.

Grad der Komplexität

Das Modell soll an jeder Stelle nur so komplex sein, daß auch ein durchschnittlich qualifizierter Leser gerade nicht überfordert wird. Folgende Faktoren beeinflussen die Komplexität des Systems :

- Anzahl der Komponenten eines Modells
- Komplexität jeder einzelnen Komponente
- Schachtelungstiefe der einzelnen Komponenten
- Komplexität der Kommunikation zwischen den Komponenten

- Aussagekraft der Namen
- Übersichtlichkeit der Gestaltung des Modells

Es gibt Regeln zur Beschränkung der Komplexität, deren Befolgung empfohlen wird, z.B.:

- Ein DFD sollte nicht mehr als 7 +/- 2 Prozesse enthalten. Diese Regel geht auf einen grundlegenden Artikel von George A. Miller (/MILLER-56/) zurück, der die Grenzen der menschlichen Auffassungsgabe im Kurzzeitgedächtnis untersucht. Dieser Artikel hat auch im Software-Engineering erhebliche Bedeutung gewonnen. Alle Anstrengungen, im Bereich des Software-Engineering Abstraktionen zu entwickeln, sind stark von den Arbeiten von Miller beeinflußt. Das Kurzzeitgedächtnis ist beim Verständnis eines Modells durch den Nicht-Entwickler die entscheidende Instanz, die über die Verständlichkeit des Modells entscheidet. Wenn wir erreichen wollen, daß unsere Modelle vom Anwender abgenommen werden, müssen wir die Beobachtungen von Miller beachten.
- Eine PSPEC sollte im Ausdruck auf eine Druckseite passen, aber länger als eine halbe Druckseite sein.

Von diesen Regeln sollte nicht ohne Not abgewichen werden. Einige Autoren (z.B. /GANE-SARSON-79/) messen diesen Regeln eine geringere Bedeutung bei und erlauben grundsätzlich und ohne Einschränkungen DFDs mit 50 Prozessen und mehr. Wir glauben zusammen mit /MCMENAMIN-PALMER-84/ und mit /DEMARCO-78/, daß derartige Diagramme fast nur für den Urheber sofort verständlich sein können. Andererseits führt eine strikte Einhaltung der angegebenen Regeln bei etwas größeren Projekten zu erheblicher Verfeinerungstiefe, die die Zugänglichkeit zur Spezifikation eher erschwert. Hierzu müssen folgende Argumente aufgeführt werden:

- Die Regeln zwingen in der Systemspezifikation zur **Beachtung des Lokalitätsprinzips**. Dies ist beabsichtigt. Die Modelle sollen so zerlegt werden, daß kleine und wirklich überschaubare Einheiten entstehen. Das ist gerade der Haupteffekt der Zerlegung. Entsteht bei einem Modell die Notwendigkeit des häufigen Blätterns, so wurde gegen das Lokalitätsprinzip verstoßen.
- Es ist **nicht sinnvoll, zu große Kontexte als Projektinhalt abzugrenzen**. Besser ist es, nur eine beschränkte Anzahl von essentiellen Aktivitäten im Modell auszuarbeiten und für die restlichen weitere Kontexte zu definieren. In Kapitel 4.4.6 werden Regeln und Empfehlungen zur Kontextabgrenzung besprochen, die eine praktikable Aufteilung des Gesamtprojektes in Teilprojekte ermöglichen.

Dennoch ist in bestimmten Situationen eine Abschwächung der Regeln vertretbar, **solange die Verständlichkeit nicht verletzt wird**. So wird etwa bei Vergröberung der essentiellen Ebene eine Zusammenfassung von essentiellen Aktivitäten erzwungen, die nicht immer zu einer natürlichen Kapselung von Speichern führt. Was wäre, wenn ein Speicher von 15 essentiellen Aktivitäten benutzt wird? Nach der Regel müßte man gewaltsam unterteilen. Die Kapselung der Speicher hat aber Vorrang vor formalen Kriterien. **Daher ist es sinnvoll, diese Regeln etwa wie folgt abzuschwächen:**

- Die essentiellen Aktivitäten eines Modells werden bereits auf Ebene 0 des Modells dargestellt. Da auf essentieller Ebene die Prozesse stark entkoppelt sind, darf ein DFD mit essentiellen Prozessen ruhig mehr als 9 Prozesse enthalten. Allerdings liegt bei spätestens 20 Prozessen eine Grenze der Praktikabilität. Dies setzt natürlich voraus, daß das modellierte System auf nicht mehr als ca. 20 Ereignisse zu reagieren hat. Diese Einschränkung ist bei praktisch interessierenden Systemen unrealistisch. In Kapitel 4.4.6 werden wir diese Frage wieder aufgreifen und Regeln zur Kontextabgrenzung darstellen, die durch geschickte Definition von Teilprojekten eine Beschränkung der Modellgröße ohne Verzicht auf die Anwendbarkeit der Methode in größeren Systemen erlauben.

- Wenn die Verständlichkeit des Modells dadurch **gesteigert** wird, darf eine PSPEC auch länger als eine oder kürzer als eine halbe Seite sein.

Eine vergröbernde Zwischenebene zwischen dem Kontextdiagramm und der essentiellen Ebene ist eigentlich nur dann anzustreben, wenn

- dabei sinnvolle Datenkapseln entstehen,
- oder wenn das System zu viele essentielle Aktivitäten enthält.

minimale essentielle Modelle

Hat man mehrere Möglichkeiten, eine essentielle Aktivität auszudrücken, so wähle man diejenige, die die wenigsten Aktivitäten und Speicher und innerhalb jeder Aktivität die geringste Komplexität hat (**einfachste Modellierung mit der geringsten internen Komplexität**).

In den Modellen werden alle Eigenschaften des Systems weggelassen, die sowieso selbstverständlich sind. **Die Uhr wird im SA-Modell z.B. nicht modelliert.** Jedem Prozeß steht stets die aktuelle Uhrzeit und das Datum zur Verfügung, wenn er es braucht (jeder Sachbearbeiter hat eine Armbanduhr, jedes Programm kann die aktuelle Systemzeit abfragen). Also gibt es keine Datenflüsse zur Darstellung der aktuellen Zeit und keine Prozesse, die diese erzeugen oder als Dateneingabe verarbeiten. Erst bei der Modellierung von Real-Time-Systemen wird hier eine Ausnahme erforderlich (vgl. Kap. 5.). Auch die routinemäßige Fehlerabweisung von Falscheingaben wird innerhalb der Strukturierten Analyse nicht modelliert (s. 4.2.1.4.3).

technologische Neutralität

Die Definition der Essenz eines Systems soll keine Hinweise auf die Technologie beinhalten, die zur Implementierung benutzt wird.

In Projekten treten beim Modellieren leicht folgende Fehler auf:

- Aus der Analyse eines Vorgängersystems wurden nicht alle Implementierungsdetails entfernt (**physikalische Überbleibsel**).
- Der Anwender und der Analytiker denken einzeln oder gemeinsam zu früh in Lösungen und berücksichtigen Implementierungsdetails, ohne vorher die Essenz vollständig und konsistent modelliert zu haben (**zu frühe Technologieabhängigkeit**).

perfekte interne Technologie

Bei Modellierung der Essenz eines Systems wird nur innerhalb des Systems perfekte interne Technologie vorausgesetzt. Es werden jedoch keine Annahmen über Eigenschaften der Technologie der Systemumgebung getroffen. Man muß sogar davon ausgehen, daß die Systemumgebung nicht über perfekte Technologie verfügt. Es kommt auch oft vor, daß sich die Umgebung des Systems beabsichtigt oder unbewußt feindlich verhält. Daher werden diejenigen Eigenschaften der Technologie im

Modell berücksichtigt, die dem System von der Systemumgebung aufgezwungen werden.

4.3.4 Die Anatomie von Systemen

In diesem Kapitel wird der logische Aufbau von Systemen näher untersucht. Dies ist aufschlußreich, weil daraus wichtige Hinweise für die Konstruktion von Systemen herzuleiten sind. Außerdem wird klar, welche Probleme der Analytiker in der Systemanalyse zu lösen hat.

Ausgangspunkt ist die schalenförmige Systemstruktur, die schon in Kap. D1.1.2 und 4.3.1.1 angesprochen wurde. Danach ist die Essenz des Systems umgeben von mehreren Ringen, der **Spontanen Hülle, Infrastruktur** und **Administration** (s. Bild 4.3-1). Die Spontane Hülle ist bereits gewürdigt worden. In diesem Kapitel werden als erstes Infrastruktur und Administration näher betrachtet. Das Kapitel 4.3.4.4 zur Inkarnation eines Systems zeigt auf, welche Systemeigenschaften real existierende Systeme kompliziert machen und welche Maßnahmen dagegen oft unternommen werden. Danach werden Systeme und ihre Prozessoren betrachtet.

In der Implementierung des Systems kann nur ein Prozessor die Reaktion auf ein Ereignis ausführen. Prozessoren sind nicht perfekt, sie machen eventuell Fehler, sind langsam und teuer. Ein Prozessor besteht aus mehreren Komponenten: Eingabeeinheit, zentrale Verarbeitungseinheit, Speicher und Ausgabeeinheit zur Umwelt (Bild 4.3-19).

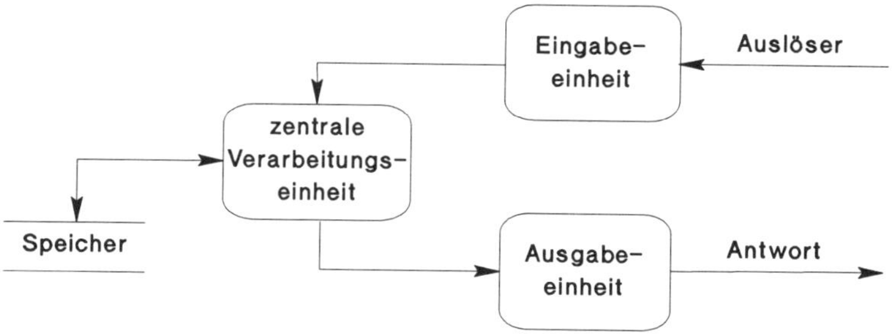

Bild 4.3-19: logischer Aufbau eines Prozessors

Dieser Aufbau hat einen Einfluß auf die äußere Erscheinungsform von Systemen und ist Ursache für die Charakteristika nicht-perfekter Technologie. Durch die genannten Einschränkungen entstehen im System neue Aktivitäten, die nicht zur Essenz gehören.

Die Aktivitäten, die in den Eingabeeinheiten und Ausgabeeinheiten lokalisiert sind, gehören zum System. Manchmal werden sie für das eigentliche Problem gehalten. Hier sind tatsächlich wichtige Systemaufgaben auszuführen, aber noch wichtiger für den Projekterfolg und für die transportable Systemdefinition ist die Erkennung der eigentlichen Systemaufgaben, der Essenz, die in der zentralen Verarbeitungseinheit implementiert werden muß.

Der geplante Kern enthält neben der Essenz einen Physikalischen Ring, der die Essenz umgibt (s. Bild 4.3-1). Dieser enthält Aktivitäten zur Prüfung und Qualitätssicherung

(Administration) und zur Kommunikation mit anderen Systemen und Prozessoren (Infrastruktur).

4.3.4.1 Beispiel - Angebote erstellen

Betrachten wir zunächst einen Sachbearbeiter (Prozessor) innerhalb des Systems Auftragsbearbeitung, der die Aufgabe hat, eingehende Aufforderungen zur Angebotsabgabe zu bearbeiten. Er erstellt also Angebote, die er dem Kunden zuschickt. In diesem Beispiel konzentrieren wir uns auf das Ereignis "Kunde wünscht Angebot" und lassen andere Ereignisse, ohne die auch dieses Ereignis nicht behandelt werden könnte, unberücksichtigt.

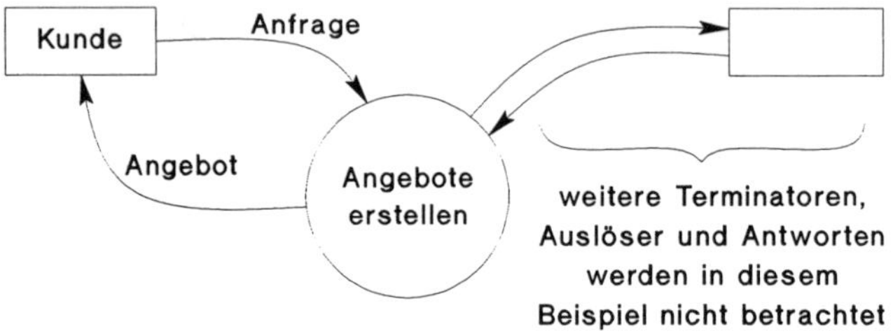

Bild 4.3-20: Kontext Angebote erstellen

Einige Teile seiner Tätigkeit für das System werden im Modell nicht ausformuliert, denn sie gehören zur Spontanen Hülle. Hierzu gehört auch die zur Angebotsbearbeitung benötigte Fachkenntnis, die eine Machbarkeitsprüfung genauso ermöglicht wie die inhaltliche Kalkulation und die Marketing-Strategie. Wenn jedoch in der Spontanen Hülle die Dinge soweit gereift sind, daß ein Angebot auch wirklich erstellt werden kann, dann tritt der geplante Kern in Aktion.

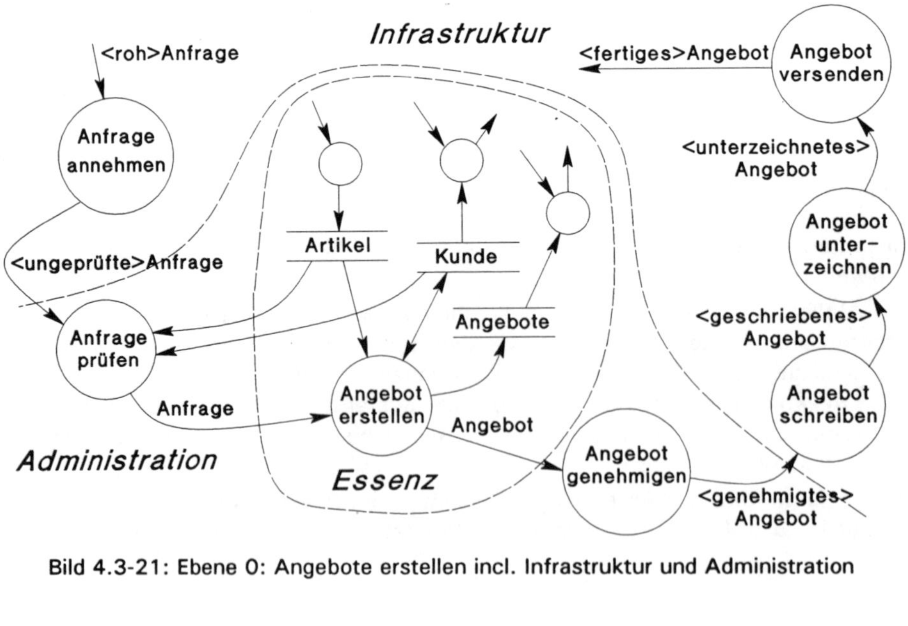

Bild 4.3-21: Ebene 0: Angebote erstellen incl. Infrastruktur und Administration

Sind alle inhaltlichen Klärungen erfolgt, so findet die Entgegennahme der Aufgabe statt, der Arbeitsplatz wird zur Angebotsbearbeitung eingerichtet und die bekannten Fakten werden auf dafür vorgesehene Formulare und Berechnungsbögen eingetragen. Es folgt die Eingangsprüfung des Vorgangs auf Zuständigkeit, formale Richtigkeit und Vollständigkeit der Unterlagen. Erst danach nimmt der Sachbearbeiter die eigentliche Angebotserstellung vor. Aufgrund von Artikellisten wird der Preis incl. Mehrwertsteuer berechnet.

Der Sachbearbeiter weiß, daß er Flüchtigkeitsfehler machen könnte (auch wenn er dies öffentlich niemals zugibt). Schon um später keine Vorwürfe einstecken zu müssen, nimmt er eine Qualitätssicherung vor. Falls dabei Fehler aufgedeckt werden, wird die Bearbeitung wiederholt. Wenn alles fehlerfrei ist, erfolgt der Versand. Das Angebot wird geschrieben, unterzeichnet und postalisch verschickt.

In diesem Ablauf sind neben der essentiellen Aktivität "Angebot erstellen" noch Aufgaben der Eingangsprüfung und der Qualitätssicherung sowie der Übersetzung und des Transports zu erkennen. Diese Aufgaben sind für das System zwar unverzichtbar, aber sie sind implementationsabhängig und gehören dem physikalischen Ring an.

Es ist zu erkennen, daß die Essenz nur einen ziemlich kleinen Teil der Gesamtaufgabe ausmacht. **Dieser Teil ist aber implementierungsfrei formulierbar.** Bei Änderung der Implementierung muß nur der physikalische Ring geändert werden.

4.3.4.2 Infrastruktur

Die Infrastruktur hat die Aufgabe, die Kommunikation zwischen dem Systemkern und der Umgebung zu ermöglichen. Dazu sind auch Funktionen des Transports und der Übersetzung der externen in die systeminterne Sprache (Codierung, Repräsentation von Fakten) sowie der Reorganisation für eigene Zwecke, Sortieren, Synchronisation und anderes erforderlich.

Im obigen Beispiel "Angebote erstellen" sind die Entgegennahme bis zur Eintragung in Formulare und Berechnungsbögen sowie die Angebotsschreibung, Unterzeichnung und der postalische Versand Konzessionen an die Systemumgebung und gehören zur Infrastruktur.

Infrastruktur ist aber auch erforderlich zur Kommunikation zwischen Prozessoren eines Systems. Die einem Prozessor in der Implementierung zugewiesenen Aufgaben machen ihn zu einem Subsystem, auch wenn diese Aufgaben aus der eingeschränkten Sicht des Prozessors noch keinen erklärlichen oder zusammenhängenden Sinn ergeben. Infrastruktur zwischen Prozessoren erlaubt den Zugriff auf Teile des essentiellen Speichers, die von mehreren Prozessoren benutzt werden.

Wenn mehrere Prozessoren an einer Aufgabe beteiligt sind, dann besitzt eventuell jeder Prozessor einen privaten Speicher. Die Infrastruktur organisiert dann die gemeinsame Nutzung der Speicherdaten durch mehrere Prozessoren und die Synchronisation der Prozessoren und sendet Zwischenergebnisse zum nächsten Prozessor weiter.

4.3.4.3 Administration

Aufgabe der Administration ist es, Fehler der Umgebung und eigene Fehler zu erkennen und zu beseitigen. Der essentielle Kern des Systems kann daher immer davon ausgehen, daß die Auslöser geprüft sind und die Antworten noch validiert werden (Qualitätssicherung).

Administration ist aber auch erforderlich bei der Kommunikation zwischen Prozessoren, die wir als implementationsabhängige Subsysteme identifiziert haben. Prozessoren führen zusätzliche Prüffunktionen durch, um Fehler anderer Prozessoren und der Infrastruktur zu finden, sowie Qualitätssicherungsfunktionen, um die eigene Arbeit zu überprüfen.

4.3.4.4 Die Inkarnation eines Systems

In einem konkreten System kann man meistens die Essenz nicht direkt erkennen. Oft ist es ein großes Problem, die Essenz eines Systems durch Analyse einer Inkarnation herauszufinden. Die Essenz ist nämlich implementiert mit technologischen Komponenten, die keinen wirklichen Zusammenhang mit der Essenz haben. Sehr oft enthält die Inkarnation auch Aktivitäten, die nichts mit den geplanten, transportablen Reaktionen zu tun haben, die für die Entwicklung wesentlich sind. Schließlich ist die in der Inkarnation benutzte Technologie nicht perfekt und sie ist bei Vorgängersystemen meist auch veraltet.

Durch Randbedingungen der Implementierung werden Schranken der Technologie für die Struktur eines Systems gesetzt. Stets sind bei der Implementierung die Kosten und die begrenzte Kapazität der Technologie zu berücksichtigen. Die Technologie erlaubt daher nur beschränkte und spezialisierte funktionale Leistungsmerkmale und besitzt eine begrenzte Zuverlässigkeit. Die Folge sind Systemeigenschaften real existierender Systeme, die die Suche nach der Essenz schwierig machen.

1 - Zerstückelung :

Verschiedene Teile einer essentiellen Aktivität werden von verschiedenen Prozessoren ausgeführt. Dies ist in vielen Organisationen zu beobachten, bei denen die Arbeitsteilung weit fortgeschritten ist (Taylorisierung). Ein Geschäftsvorfall wird von einer größeren Anzahl von Mitarbeitern bearbeitet, von denen jeder aber nur einen sehr kleinen Beitrag zur Gesamtaufgabe leistet.

Die Folgen sind eine lange Durchlaufzeit für Geschäftsvorfälle und eine erhebliche Fehleranfälligkeit. Vorgänge können sich überholen, so daß sie in falscher Reihenfolge abgearbeitet werden. Dadurch werden komplexe Fehlerprüfungen erforderlich. In der Analyse müssen die zahlreichen Fragmente der Aufgabe in einem komplizierten Puzzle zusammengesetzt werden, wenn man die essentielle Aktivität vollständig aus dem Vorgängersystem erkennen will.

Die Zerstückelung eines Systems ist in der Praxis meist unvermeidlich. Nur selten kann man einen dedizierten Prozessor für eine einzige Aufgabe installieren. Ein einziger Prozessor mit ausreichender Kapazität könnte auch zu teuer sein.

2 - Redundanz :

Informationen werden im Gesamtsystem mehrfach (redundant) aufbewahrt, weil der Zugang zu den Datenspeichern nicht immer möglich ist. Bevor relationale Datenbanksysteme aufkamen, hat man häufig den gesamten Inhalt eines Falles in einem einzigen Datensatz oder wenigstens in einer Gruppe von Folgesätzen aufbewahrt. Ein derartiges Datenmodell ist nicht normalisiert, enthält also Redundanzen. Dies hatte zur Folge, daß Aktivitäten Redundanz zu pflegen und zu verarbeiten hatten. Aufgaben, die eigentlich auf die gedankliche Ebene des Datenbanksystems gehören, wurden von der Anwendung wahrgenommen.

Es gibt aber auch Redundanz in den Aktivitäten und Prozessoren. Wird ein Fragment einer Aktivität im Rahmen mehrerer anderer Aktivitäten durchgeführt, so ist keineswegs sichergestellt, daß diese Aktivität immer auf die genau gleiche Weise erledigt wird. Nehmen mehrere Mitarbeiter in mehreren Arbeitsgruppen in einer Organisation die an sich gleiche Aufgabe wahr, so werden diese beteiligten Mitarbeiter eventuell die Aufgabe nicht nur unterschiedlich darstellen. Es treten auch häufig tatsächliche Unterschiede in den Ergebnissen auf.

3 - Zusatzkomponenten :

Dies sind zusätzliche Aktivitäten und Daten, die nichts mit der Essenz, der Zielsetzung des Systems, zu tun haben. Ihre Aufgabe ist es, Unzulänglichkeiten der Implementierung auszugleichen. Hierzu gehören etwa die Sicherungen von Datenbanken, die erforderlich werden, weil ein Datenträger zerstört werden könnte.

4 - Verwicklung :

Essentielle Aufgaben des Systems werden in älteren Implementierungen oft zu umständlich ausgeführt, wegen nicht-perfekter Technologie gibt es Zwischenspeicher, Sortieroperationen usw.

5 - Konglomerate :

In der Inkarnation werden einem Prozessor verschiedene Fragmente essentieller Tätigkeiten zugeordnet. Oft ist es zu teuer oder aus Kapazitätsgründen nicht möglich, jede essentielle Tätigkeit jeweils genau einem Prozessor zuzuordnen.

Ein Paketprozessor (s. Kap. 4.2.2.2) führt mehrere Fragmente essentieller Aktivitäten für unterschiedliche Systemaufgaben aus, weil noch Kapazität vorhanden ist. Jeder Prozessor hat nur eine begrenzte Anzahl von Eingabe- und Ausgabekanälen. Jeder Informationsaustausch mit der Umgebung muß über diese erfolgen. Daher werden mehrere logische Datenflüsse zu einem "Paketkanal" zusammengefaßt. Dazu sind besondere Aktivitäten der Infrastruktur nötig, die den Eingabe-Paketkanal analysieren und die essentiellen Aktivitäten mit den für sie bestimmten Informationen versorgen und die Antworten des Systems in einen Ausgabe-Paketkanal zusammenführen. Dies sind die Transaktionszentren (s. Bild 4.4-7).

In implementierten Systemen ist aber auch oft das Phänomen zu finden, daß pragmatisch mehrere Aktivitäten, die eigentlich wenig miteinander zu tun haben, zu einer konsolidierten Aktivität zusammengefaßt sind. Diese hat dann nur zufälligen Zusammenhalt. So werden z.B. Einzelprüfungen der Administration zwischen Prozessoren mit dem Transaktionszentrum zusammengefaßt.

Die von den Aktivitätsfragmenten benutzten Speicherinhalte werden dann auch gern zu einem lokalen Sammelspeicher zusammengefaßt. Dieser Speicher enthält zwar meist alles, was der Prozessor benötigt, hat aber eine unnötig komplexe Struktur mit Redundanzen zu anderen gleichartigen Speichern und aufwendigen Suchalgorithmen.

6 - Systemgröße :

Wegen der wachsenden Größe der Systeme gibt es oft nur wenige Personen, die die Inkarnation eines größeren Systems vollständig verstehen. Die Essenz des Systems macht dabei nur einen kleinen Teil des gesamten Systems aus. Aufgaben der

Kommunikation mit der Umgebung und der Abwehr von eigenen Fehlern und Fehlern der Umgebung machen manchmal bis zu 75 % der Funktionalität aus. Die Essenz ist dann womöglich in der Inkarnation nur schwer zu finden.

4.3.4.5 Systeme und Prozessoren

Einprozessorsystem

Das Beispiel "Angebote erstellen" (Bild 4.3-20 und 4.3-21) zeigt, daß der Prozessor seine eigentliche Aufgabe, Angebote zu erstellen, nur durchführen kann, wenn er die Essenz dieser Aufgabe mit Infrastruktur und Administration umgibt. Innerhalb des Prozessors kann aber auch eine eigene Organisation verwirklicht sein. Dies wird von der Umgebung solange akzeptiert, wie er seine informationsverarbeitende Aufgabe erfüllt, d.h. wie die an Schnittstellen übergebenen Daten korrekt sind. Der Prozessor kann häufig effektiver genutzt werden (oder seine Aufgaben im selbstgewählten Tempo bearbeiten), wenn er im Stapelbetrieb arbeitet. Er befreit sich damit von der Notwendigkeit, auf einen Auslöser sofort reagieren zu müssen. Dies geht zwar auf Kosten der Systemumgebung, die auf die Erledigung ihrer Geschäftsvorfälle länger warten muß. Aber der Prozessor (z.B. ein frustrierter Sachbearbeiter) kann stolz (!) auf einen Berg noch unerledigter Arbeiten verweisen, wenn er über die Überlastung stöhnt.

Die offen erkennbaren und die versteckten Stapelbildungen müssen innerhalb der Systemanalyse erkannt und in der Definition der Essenz beseitigt werden. Wenn in der Implementierung des neuen Systems dennoch eine Entscheidung für Stapelverarbeitung erfolgt, so beziehen sich die entsprechenden Maßnahmen zur Systemkonstruktion auf den Physikalischen Ring und lassen sich später bei geänderten Implementationsrandbedingungen entsprechend leicht wieder beseitigen.

Mehrprozessorsystem

Systeme bestehen meistens aus mehreren Prozessoren. Nehmen wir an, der Sachbearbeiter in unserem Beispiel "Angebote erstellen" würde zur Aufgabenerledigung einen Rechner als Hilfe benutzen. Dann haben wir einen Systemaufbau wie in Bild 4.3-22.

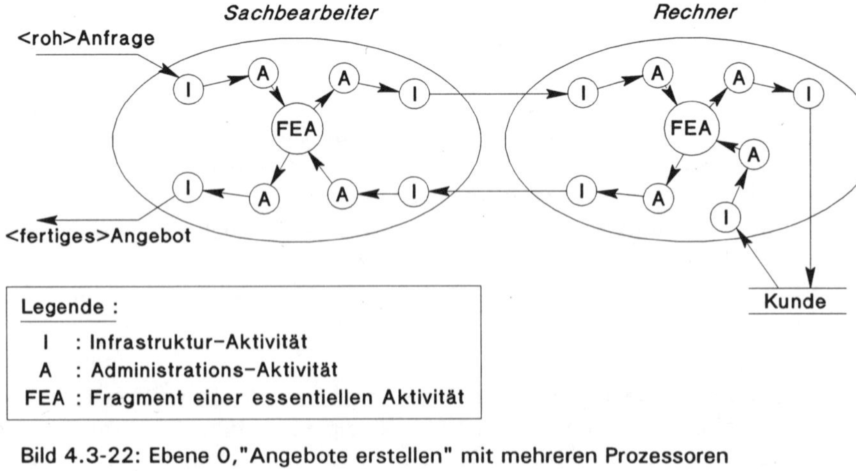

Bild 4.3-22: Ebene 0,"Angebote erstellen" mit mehreren Prozessoren

Der Sachbearbeiter entnimmt die <roh>Anfrage dem Schreiben und stellt fest, daß er ein Angebot erstellen muß. Nach Prüfung auf Zuständigkeit, formale Richtigkeit und Vollständigkeit wird er inhaltlich tätig. Er entscheidet, daß er den Rechner benutzen kann und trägt den Geschäftsvorfall in eine Maske ein. Vor dem Abschicken vergleicht er aber den Maskeninhalt nochmal mit dem Schriftstück (Qualitätssicherung).

Dann wird der Maskeninhalt über geeignete Protokolle in den Rechner übertragen (Infrastruktur), der als erstes selbstverständlich sämtliche Benutzereingaben prüft, unabhängig von den Prüfungen, die der Sachbearbeiter bereits durchgeführt haben mag. Dann erfolgt die eigentliche Verarbeitung, in deren Rahmen bei Dateizugriffen auch etliche Aktivitäten durchgeführt werden, die der Administration und Infrastruktur zuzurechnen sind. Vor der Übermittlung der Antwortmaske an den Sachbearbeiter erfolgt systemintern meist auch noch eine Qualitätssicherung, diese ist jedoch bei technischen Anwendungen meist stärker ausgeprägt.

Der Sachbearbeiter vergleicht die Antwortmaske mit dem Schriftstück, reagiert auf gemeldete oder selbsterkannte inhaltliche Fehler und kann in seinem essentiellen Aktivitätsfragment den Vorgang abschließend bearbeiten. Vor Versand des Angebots führt er aber in jedem Fall noch eine Qualitätssicherung durch.

geschachtelte Prozessoren

Die Struktur implementierter Systeme ist aber noch komplizierter. Prozessoren benutzen andere Prozessoren, um ihre Aufgabe zu erfüllen. Beispiele reichen von einem Mitarbeiter bis hin zu hochintegrierten Rechneranwendungen. Jeder Prozessor, der einen anderen benutzt, muß einen Teil seiner Leistung dafür aufwenden, diesen Prozessor mit Informationen zu versorgen, die Ergebnisse zu überprüfen, auf erkannte Problemsituationen zu reagieren usw. Man spricht hier von geschachtelten Prozessoren.

Superprozessoren

Die Struktur implementierter Systeme ist aber noch komplizierter. Unser Sachbearbeiter in der Auftragsbearbeitung ist nur Mitarbeiter in einer größeren Gruppe von Kollegen, die alle das Gleiche tun. Diese Gruppe hat einen Gruppenleiter und verhält sich als Ganzes genauso wie ein einzelner Prozessor. Die Gruppe ist aber nur eine innerhalb einer Abteilung Auftragsbearbeitung, die auch einen Leiter hat und sich genauso wie ein einzelner Prozessor verhält. Über der Abteilung liegen Hauptabteilungen, Unternehmensbereiche, das gesamte Unternehmen, die Volkswirtschaft eines Landes, die Weltwirtschaftsordnung usw.

Alles sind Systeme, deren implementationsbezogene Strukturierung auf Subsysteme führt. Diese Subsysteme sind implementiert in Prozessoren, die sich alle verhalten wie ein elementarer Prozessor, unser Sachbearbeiter. Sie führen also wenigstens einen Teil einer essentiellen Aufgabe durch, umgeben sich zu diesem Zweck aber mit Administration und Infrastruktur.

Die Zusammenfassung mehrerer Prozessoren zu überschaubaren und kontrollierbaren Gruppen nennt man einen Superprozessor.

4.3.4.6 Zusammenfassung

Ein nicht perfekter, physikalischer Prozessor ist die wesentliche Einheit der Inkarnation. Technologische Schwächen und implementationsabhängige Optimierung führen zu vielen nicht-essentiellen Aktivitäten und zu komplexer Organisation.

Im Ergebnis umgibt sich jeder Prozessor, der ein Fragment einer essentiellen Aktivität ausführt, mit einem physikalischen Ring, der seinerseits zerfällt

- in einen **Administrationsring:**

  Prüfung und Qualitätssicherung

- und einen **Infrastrukturring:**

  Transport, Übersetzung, Reorganisation, Synchronisation, Weitergabe von Zwischenprodukten, Konglomerate (Paketkanäle mit Transaktionszentren).

Systeme besitzen meist geschachtelte Prozessoren, d.h. ein Prozessor kann mehrere andere Prozessoren benutzen. Darüberhinaus bestehen Systeme aus Superprozessoren und Gruppen von Superprozessoren.

Durch die Aufteilung eines Systems in Prozessoren wird zugleich eine Gliederung in Subsysteme herbeigeführt. Jeder Prozessor ist als Subsystem aufzufassen. Diese Gliederung hat im implementierten System oft eine größere Bedeutung als die geplante inhaltliche Gliederung. Die prozessorbezogene Aufteilung kann dazu führen, daß in der Aufgabenerledigung Probleme und Verzögerungen auftreten. Ziel des Analyseprojektes ist es daher auch, eine Zuordnung der Aufgaben zu Prozessoren im neuen System so festzulegen, daß negative Auswirkungen dieser Probleme beseitigt werden.

Die Essenz des Systems, die wir in der Analyse modellieren wollen, wird verschleiert durch Einführung vieler nicht-essentieller Aktivitäten, Zerstückelung der essentiellen Aktivitäten und Zerstückelung des essentiellen Speichers.

4.3.4.7 Vorteile der essentiellen Zerlegung

Bevor wir uns der Vorgehensweise im Projekt zuwenden, werden wir in diesem Kapitel die besonderen Vorteile der essentiellen Zerlegung zusammentragen. Es ist schon darauf hingewiesen worden, daß **Grundprobleme vieler Systeme**

- zu lange Durchlaufzeiten,
- mangelhafte Aktualität der Speicher,

bereits in der Grundkonzeption vermieden werden (s.Kap. 4.3.2.4). Darüberhinaus wird auch die verbreitete **Taylorisierung** der Abläufe und Tätigkeiten im Systemkern beseitigt. Indem alle Aktivitäten, die zur Systemantwort auf ein Ereignis gehören, "unter einem Dach" zusammengefaßt werden, wird frühzeitig im Projekt von der historisch gewachsenen Realität der Aufspaltung von Tätigkeiten auf mehrere Personen abstrahiert.

Ein weiterer Gesichtspunkt ist die **Objektivierbarkeit der Ergebnisse.** Man darf zwar nicht erwarten, daß verschiedene Analytiker bei der Modellierung desselben Systems auch zu identischen Modellen kommen würden. Aber die essentielle Zerlegung eröffnet einen Weg, mit diesem Problem zu leben. In der Anfangsphase des Projektes wird die Zerlegung durchgeführt, wobei man sich auf die Ereignisse, die essentiellen Prozesse und Speicher im Projekt einigt. Die verfeinernde Ausarbeitung von Gruppen von essentiellen Aktivitäten kann dann von mehreren Analytikern vorgenommen werden, die sich bei ihrer Arbeit kaum noch stören. Die Schnittstellen zwischen den essentiellen Aktivitäten sind die Speicher, eine Koordinierung der Analytiker erfolgt über diese Schnittstelle. Hier ist zu betonen, daß durch ein mehrplatzfähiges Tool die Arbeit stark erleichtert wird. Änderungen der zentralen Schnittstellen werden, wenn sie überhaupt vorkommen, nämlich sofort allen Analytikern bekannt. Die Projektkommunikation wird auf ein Mindestmaß beschränkt.

Für die Analyse, aber auch für nachfolgende Implementierungsschritte ist besonders hervorzuheben, daß die **schwache Kopplung zwischen den essentiellen Prozessen** (nur über Speicherinhalte) die Entwicklung eines hochwertigen Designs besonders unterstützt.

Schließlich wird in Kapitel 4.4.5.2 ausgeführt werden, in welcher Weise die essentielle Zerlegung auch die **Aufwandsschätzung im Projekt erleichtern** kann.

4.3.5 Das Kommunikationsproblem

Probleme in der Kommunikation werden sowohl durch den Anwender wie durch den Analytiker hervorgerufen. Der Anwender kann sich nicht so leicht in der Sprache der Analytiker artikulieren. Organisatorische und technische Grundsatzüberlegungen sind ihm meistens eher fremd. Er lebt in seiner täglichen Problemwelt, die oft auf Bearbeitung von Einzelfällen ausgerichtet ist und kennt nicht unbedingt alle Aspekte der unternehmerischen Zielsetzung seiner Arbeit.

Der Analytiker dagegen kann sich oft nicht ausreichend in der Sprache der Anwender artikulieren. Er ist zwar in der Lage, die Abstraktionsschritte der Systemmodellierung durchzuführen, aber er steht in der Gefahr, dem Anwender vorgefertigte Lösungsansätze aufzudrängen. Es entstehen leicht Mißverständnisse, die sich in fehlerhafter Systemspezifikation manifestieren. Eine Implementierung, die auf der Grundlage solcher fehlerhafter Spezifikationen erfolgt, enthält gar zu leicht systematische Fehler, die zu Kosten- und Terminüberschreitung in der Entwicklung und zu kostenintensiver Wartung, zu mangelnder Akzeptanz des Anwenders und zu verkürzter Lebensdauer des Systems führen.

Auf welche Grundprobleme lassen sich die Kommunikationsprobleme zurückführen? Wenn wir diese erkennen, können wir sicher Empfehlungen zu ihrer künftigen Vermeidung formulieren.

4.3.5.1 Fünf Stufen beim Erwerb von Fähigkeiten

Die Arbeiten der Brüder Dreyfus über Grenzen der künstlichen Intelligenz enthalten wichtige Hinweise für unsere Fragestellung (/DREYFUS-86/). Dort wird untersucht, auf welche Weise ein Mensch zum Experten wird. In der Systemanalyse haben wir es auch mit Experten zu tun, daher sind diese Überlegungen für uns relevant. Nach Dreyfus durchläuft der Mensch auf dem Weg zum Expertentum fünf Stufen:

> In der ersten Stufe - **Anfänger** (novice) - lernt der Mensch, objektive Fakten und relevante Muster zu erkennen und kontextfreie Regeln zur Herleitung von Handlungen aufgrund von Fakten und Mustern (Informationsverarbeitung) anzuwenden.
>
> Als **fortgeschrittener Anfänger** (advanced beginner) sammelt er Erfahrungen in wirklichen Situationen und im Umgang mit Elementen, die nicht in kontextfreien

Begriffen definierbar sind ("situationale Elemente"). Bis zu dieser Stufe fehlt noch der Sinn für das Wesentliche einer Situation.

In der dritten Stufe - **Kompetenz** (competence) - lernt der künftige Experte, hierarchisch geordnete Entscheidungsprozeduren anzuwenden. In konkreter Situation trifft er die Wahl eines Plans, aber noch ohne über objektive Prozeduren zu verfügen. In dieser Stufe beginnt jedoch die Verantwortlichkeit für das Ergebnis einer Entscheidung. Es werden auch Erfahrungen gesammelt über erfolgreiche Pläne, d.h. solche, die sich bewährt haben.

In der vierten Stufe - **Gewandtheit** (proficiency) - nimmt der werdende Experte zutiefst Anteil an der Aufgabe und identifiziert sich mit ihr. Er beginnt aber auch, Situationen aufgrund jüngster Ereignisse aus spezifischem Blickwinkel zu beurteilen und vergleicht eine neue Situation mit ähnlichen Situationen in der Vergangenheit. Erinnerungen lösen Pläne aus und Erwartungen von Ereignissen. Besonders wesentlich ist hier aber das "holistische Erkennen von Ähnlichkeiten". Muster werden benutzt, ohne sie in Komponenten zu zerlegen. Eine gegebene Situation wird als Ganzes erkannt, ohne unbedingt in Einzelteile aufgelöst zu werden. Wenn die Situation erkannt ist, dann ist dem angehenden Experten auch klar, welche Lösung diese Situation erfordert. Der Weg zwischen Problem und Lösung wird also nicht mehr aufgrund von elementaren Regeln konstruiert.

In der fünften Stufe - **Expertentum** (expertise) - verfügt der Mensch über ein erfahrenes und geübtes Verständnis. Dieses sagt dem Experten, was er zu tun hat. In seinem Fachgebiet handelt der Experte engagiert, erkennt und löst Probleme nicht distanziert, denkt nicht über die Zukunft nach und entwirft keine Pläne. Er tut einfach das, was normalerweise funktioniert. Ein präzises Abwägen und Überlegen findet nur noch statt, wenn Ergebnisse der Arbeit besonders wichtig sind oder wenn Zeit vorhanden ist oder wenn das Problem neu für den Experten ist. Diese Überlegungen des Experten erfordern kein elementares Problemlösen, sondern kritische Betrachtung der eigenen Intuition. Die Regeln des Experten unterscheiden sich daher von denen des Anfängers.

Diese Beobachtungen haben tiefe Konsequenzen für die Frage, ob künstliche Intelligenz möglich ist. Dieses Problem werden wir hier nicht weiter verfolgen. Aber wir müssen erkennen, daß die Beteiligten an einer Systemanalyse als Experten gelten. Diese Beobachtung muß berücksichtigt werden.

4.3.5.2 Objektive Probleme der Kommunikation

Sachbearbeiter sind "lokale Arbeitsplatz-Experten". Ihre Expertise beschränkt sich aber meistens nur auf ihren unmittelbaren Arbeitsplatz. Sachbearbeiter können nicht unbedingt jeden ihrer Arbeitsschritte im Detail erklären, weil sie über eine holistische Erkennung von Situationen verfügen und einfach das tun, was sich bewährt hat und was irgendwann einmal aus geltenden Regeln konstruiert worden ist. Daher haben Sachbearbeiter oft auch Probleme, sich verständlich zu machen. Scheinbar Unwichtiges wird leicht übersehen. Aus der Sicht des Sachbearbeiters ist der Analytiker darüberhinaus ein Anfänger in seiner Domäne. Entsprechend leicht entsteht Ungeduld und Facharroganz.

Aber auch der Analytiker ist Experte. Er handelt mit wachsender Erfahrung immer mehr instinktiv und kann nicht unbedingt jeden seiner Schritte dem Anwender in seiner Sprache erklären. Nicht immer kann er seine Facharroganz unterdrücken.

Ein weiteres ernstes Problem für den Erfolg des Analyseprojektes liegt in der Anatomie der Systeme. In konkreten Systemen haben wir es mit Gruppen von Superprozessoren zu tun, die aus geschachtelten multifunktionalen Prozessoren bestehen. Essentielle Aktivitäten und Speicher, die in der Analyse zu erkennen und zu modellieren sind, sind in der "physikalischen Schlammgrube" (/MCMENAMIN-PALMER-84/) versteckt, so daß der Analytiker zusammen mit seinem Projekt leicht in einem "Black Hole" (/PETERS-88/) verschwinden kann.

4.3.5.3 Subjektive Probleme des Anwenders

Es gibt noch weitere Probleme, die im Bewußtsein des Anwenders eine große Rolle spielen können und die zum Kommunikationsproblem beitragen.

Hierzu gehören Akzeptanzprobleme gegenüber der Aufgabe, dem zu erwartenden Ergebnis oder dem Analytiker. Wenn zu Beginn eines Automatisierungsprojektes vom Management nicht vollkommen klar definiert ist, was aus den Arbeitsplätzen wird, dann darf man sich nicht wundern, wenn der Sachbearbeiter aus Angst um seinen Arbeitsplatz das Projekt sabotiert.

Aber auch von den menschlichen Qualitäten des Analytikers hängt der Erfolg des Projektes erheblich ab. Der Anwender muß die Überzeugung gewinnen, daß der Analytiker integer ist, daß seine Aufgabe bei ihm in guten Händen ist. Es muß eine Vertrauensbasis entstehen, die eine Erörterung aller anstehenden Probleme ermöglicht.

Der Analytiker muß auch wissen, daß der Anwender meist in einer anderen Erfahrungswelt lebt. Durch viele Jahre der Einzelfallbearbeitung kann der Anwender leicht die Fähigkeit und Bereitschaft zur Abstraktion verloren haben. Daher muß man dem Anwender durch Beispiele und Übertragungen von abstrakteren Modellinhalten in seine konkrete Erfahrungswelt helfen, die Modelle des Systems im einzelnen zu verstehen.

Schließlich findet man beim Anwender oft fehlende oder unrealistische Vorstellungen über alte und neue Anforderungen an das System. Die Trennung von Essenz und Implementierungsdetail fällt dem Anwender zunächst schwer. Außerdem besteht die Neigung, an den gewohnten Verhältnissen eines Vorgängersystems festzuhalten.

4.3.5.4 Fehlverhalten des Analytikers

Der Analytiker kann durch Fehlverhalten innerhalb weniger Minuten sogar das gesamte Projekt zum Scheitern bringen. In einem Projekt des Verfassers hat einmal ein Kollege in einer besonders nervenraubenden Diskussion in der IST-Aufnahme gegenüber einer Gruppe von Sachbearbeitern geäußert: "Nun hören Sie endlich auf, mir ständig Unsinn zu erzählen. Ich habe das schließlich studiert und werde Ihnen jetzt erklären, wie das hier zu laufen hat!". Das Projekt konnte danach nur noch durch mehrere entscheidende Krisensitzungen gerettet werden, in denen zahllose sehr kleine Brötchen gebacken werden mußten. Die aus der Situation heraus nicht völlig unverständliche Kurzschlußäußerung des Kollegen ist dann zum geflügelten Wort geworden, wir haben sie bis zum Ende des Projektes nach zwei Jahren auch in ganz harmlosen Besprechungen fast jede Woche einstecken müssen, "... ach ja, das haben Sie ja studiert...".

Durch Arroganz, durch Ungeduld, durch Besserwisserei und durch unüberlegte Konzepte, die aus dem Stand heraus dargeboten werden, um fachlich kompetent zu wirken, kann das Projekt ernsthaft gefährdet werden. Mindestens wird verhindert, daß sich die geschilderte Vertrauensbasis ausbildet.

Aber auch in bester Absicht kann der Analytiker Schranken aufbauen, die eine kollegiale Zusammenarbeit mit dem Anwender verhindern. Hier ist vor allem die Fachterminologie zu erwähnen. Innerhalb jedes Fachs besteht ein erheblicher Bedarf an Präzision in der Terminologie. Man kann von grundlegenden Begriffen nicht immer in umgangssprachlicher Umschreibung reden. Andererseits entsteht durch eine herausgekehrte Fachterminologie eine Abgrenzung gegenüber dem Unwissenden. Manche Berufsgruppen grenzen sich durch ihre Fachterminologie bewußt und teilweise auch aus gutem Grund gegen die Unwissenden ab. Es ist möglicherweise vertretbar, wenn ein Arzt im Beisein des Patienten medizinische Details mit der Helferin so bespricht, daß der Patient nicht alles mitbekommt. Bei der Diskussion mit Juristen möchte man als betroffener Laie jedoch durchaus mitreden, aber die Fachsprache erschwert dies.

Auch in der Systemanalyse haben wir eine Fachsprache, die Begriffen wie Essenz, Inkarnation, Administration, Infrastruktur usw. eine feste und sehr präzise Bedeutung zuweist. Wenn wir diese Fachsprache gegenüber dem Anwender unüberlegt benutzen, dann grenzen wir ihn aus. Gerade das wollen wir nicht. Diese Begriffe sind für Diskussionen unter Experten gedacht, genau wie die Sprache der Juristen oder Ärzte. Wenn wir uns dem Anwender verständlich machen wollen, dann müssen wir in der Umgangssprache reden und Fachbegriffe der Systemanalyse vermeiden.

Ein weiterer Teil des Kommunikationsproblems besteht in der möglichen Überforderung des Sachbearbeiters. Von ihm werden im Laufe des Projektes weitreichende Entscheidungen verlangt. Er muß jedes Detail des Modells abnehmen. Ein einzelner Sachbearbeiter kann natürlich immer nur den Teil abnehmen, für den er im Vorgängersystem verantwortlich ist. Unverständliche Spezifikationen in Fließtext mit isolierten, schwerverständlichen Grafiken oder Tabellen erschweren das Verständnis des Anwenders. Er kann die Konsistenz und Vollständigkeit eines solchen Entwurfs nicht prüfen. Die Modellierung des Systems mit Mitteln der Strukturierten Analyse hilft daher auch dem Anwender, die Systemdetails zu verstehen als Grundlage für eine Abnahme. Eine Visualisierung von Sachverhalten und (Zwischen-)Ergebnissen mittels grafischer Darstellung ist für eine erfolgreiche Kommunikation mit den Entscheidungsträgern und Interviewpartnern beim Kunden von zentraler Wichtigkeit. Eine rein verbale Beschreibung reicht in der Regel nicht aus, die relevanten Inhalte in einem abgesteckten Zeitrahmen verständlich aufzuzeigen (vgl. /SCHÜLER-GERTZ-88/ S.131).

Die Neigung des Anwenders, einen Entwurf abzunehmen, sinkt aber auch mit der Reichweite seiner Entscheidungen. Es ist leichter, eine Abnahme zu erhalten, die sich nur auf die Richtigkeit weniger Details bezieht, als die Abnahme eines komplexen Gesamtsystems. Auch die Gesamtheit der vom Anwender zu treffenden Entscheidungen wird durch die Zerlegungsstrategie in kleine, überschaubare Teile unterteilt. Dadurch wird die Abnahme erleichtert.

Weiterhin ist noch zu erwähnen, daß der Anwender bis zu einem gewissen Grade darauf angewiesen ist, dem Analytiker zu glauben. Er kann nicht jede Modellierungsmaßnahme des Analytikers im Detail nachvollziehen. Er versteht meistens auch nicht die technischen Implementationsentscheidungen im Detail. Selbst wenn er die Maßnahmen des Analytikers genau nachvollziehen kann, ergeben sich Probleme bei der Erfindung von tragfähigen und praktikablen Alternativen. Daher besteht für den Analytiker die Gefahr der Manipulation des Sachbearbeiters, die selbstverständlich vermieden werden muß.

4.3.5.5 Abstimmung mit dem Anwender

Anwender können in mehrere Gruppen eingeteilt werden. Wir betrachten hier folgende Arten von Anwendern :

hands-on user: Bediener, operative Ebene

responsible user: gemäß Zuständigkeit verantwortlich für die richtige Funktion des Systems, dispositive Ebene

system owner: meist Top-Management, letzte Entscheidungsinstanz, strategische Ebene

Im Laufe der Entwicklung muß mit jeder dieser Anwendergruppen abgestimmt werden. Der Analytiker ist verantwortlich für die Kommunikation mit allen Anwendergruppen! Hier wird oft die **Gestaltungshoheit** des Anwenders betont. Es geht im Projekt ausschließlich um die Aufgaben des Anwenders, die er selber am besten kennt. Folglich sollte er auch die Inhalte und den Verlauf des Projektes bestimmen. Diese Vorstellung ist eine Fiktion. Dem Anwender fehlen meistens die organisatorischen, technischen und projektbezogenen Erfahrungen, die für die Durchführung eines Analyseprojektes unabdingbar sind. Daher muß der Analytiker, der über diese Erfahrungen verfügen sollte, den Entwicklungsprozeß gestalten und moderieren.

Häufig fehlen dem Anwender sogar die zeitlichen Kapazitäten für eine intensive Mitgestaltung des neuen Systems, denn das Alltagsgeschäft läuft weiter. Dies gilt gerade in kleineren Unternehmen, wo Mitarbeiter nicht ohne weiteres freigestellt werden können. Wir müssen allerdings darauf bestehen, daß für das Projekt im erforderlichen Umfang Mitarbeiter der Fachabteilung mitwirken.

Ganz pragmatisch sind einige Empfehlungen und Regeln für die Kommunikation angebracht:

- Der Anwender muß über die gesamte Entwicklung **mitgestaltend an den Arbeiten beteiligt sein.** Wenn diese Einbeziehung des Anwenders nicht gelingt, dann hat man von Anfang an ein Krisenprojekt.
- **Walkthroughs** sollten über die gesamte Projektlaufzeit durchgeführt werden zur Vermeidung konzeptioneller Fehler. Die ersten Walkthroughs beim Anwender sollten so kurz wie möglich (ca 10 min) sein, so daß er kaum bemerkt, an einem Walkthrough teilgenommen zu haben und entsprechend keine Abwehrhaltung aufgrund vorgefaßter Ablehnung entwickelt.
- Man sollte **nicht einfach Entwürfe zum Anwender schicken** mit der Bitte um Stellungnahme, sondern vor allem zu Anfang persönlich führen und erläutern. Dem Anwender darf man keine DFDs zeigen, bevor er mit der Methode vertraut ist. Erst erläutert man dem Anwender Diagramme der unteren und mittleren

Ebenen (Essenz und Verfeinerungen). Erst wenn er mit der Grundidee und mit dem Konzept der Hierarchisierung vertraut ist, kann man längere und tiefere Gespräche führen.

- In den Walkthroughs werden **Systemdetails** durch verbale Angaben von konkreten Ausprägungen (Namen, Formularbezeichnung, etc.) **veranschaulicht**, jedoch nur mündlich. Diese Erläuterungen werden nicht im implementationsfreien Modell notiert. Ein formaleres Vorgehen ist erst zulässig, wenn die Anwender mit der Methode vertraut sind.
- Bei der Besprechung eines DFDs der Detaillierung einer Ebene sollte jeder Anwender das DFD der Ebene noch vor Augen haben.
- Die fachbezogene Terminologie sollte in den Gesprächen mit dem Anwender vermieden werden.
- Im Laufe des Walkthrough muß der Anwender entscheiden. Dies fällt vielen schwer. **Man muß Entscheidungen erleichtern und gleichzeitig moderat mit Fingerspitzengefühl abfordern.**

Weitere Hinweise findet der Leser in (/YOURDON-88/) sowie in (/YOURDON-89b/).

4.4 SA - Methoden

Die Strukturierten Methoden geben Hinweise für die Durchführung von Analyseprojekten, indem jeweils ein der Methode angepasstes Vorgehensmodell angegeben wird. Hinsichtlich der Strukturierten Analyse sind grundsätzlich zwei Strategien verfügbar:

1 ohne Studium eines Vorgängersystems

2 mit Studium eines oder mehrerer Vorgängersysteme

Die Methode 2 mit ausführlicher IST-Analyse hat auch schon vor der Zeit der Strukturierten Methoden eine große Anziehungskraft auf Analytiker ausgeübt. Sie eröffnet eine gewisse Kontrolle auf Vollständigkeit. Andererseits haben Mißerfolge in verschiedenen Projekten gezeigt, daß diese Methode auch Gefahren in sich birgt. Auf sehr systematische Weise werden auch jene Details modelliert, die sich nach kurzem als nicht relevant für die weitere Modellierung herausstellen. Dies sind die physikalischen Details des alten Systems, die sich in dessen Administration und Infrastruktur niederschlagen. In der Literatur ist von "physikalischer Schlammgrube" und "Zielscheibenprojekten" die Rede, die entstehen, wenn das Projekt zu lange die IST-Analyse betreibt (/MCMENAMIN-PALMER-84/). Die ausführliche IST-Analyse kann sich zum "schwarzen Loch" (/PETERS-88/) entwickeln, in dem der Analytiker mit seinem Projekt auf nimmer Wiedersehen verschwinden kann.

Deswegen findet die Methode 1 ohne ausführliche Analyse eines Vorgängersystems immer mehr Anhänger. Wie wir in Kapitel 4.4.1 zeigen werden, lassen sich eventuelle Probleme der Vollständigkeitskontrolle durch Anwendung der essentiellen Zerlegung und konsequente Vorgehensweise über die Ereignistabelle leicht vermeiden. Auch bei dieser Methode findet eine IST-Analyse statt, jedoch sozusagen indirekt: falls ein Vorgängersystem vorliegt, muß selbstverständlich der Anwender befragt werden. Welche Fragen dabei zu klären sind, wird jedoch nicht durch den Analytiker willkürlich nach einer mehr oder weniger obskuren Checkliste festgelegt, sondern von der Methode bestimmt. Details sind dem Analytiker nicht klar, dann muß er eben rückfragen. Die Regeln zur Konsistenzprüfung helfen dabei.

Methode 1 ist auch anwendbar, wenn kein Vorgängersystem existiert, das man untersuchen könnte. Auch bei technischen Systemen ist eine Analyse eines Vorgängersystems oftmals nicht möglich.

In Kapitel 4.4.1.7 wird ein Anwendungsszenario ausführlich besprochen. Kapitel 4.4.1.8 zeigt dann die Reste der IST-Analyse und macht deutlich, wie die Rückfragen beim Anwender durch die Methode motiviert werden. Kapitel 4.4.2 behandelt die Methode 2 mit Analyse eines Altsystems. Kapitel 4.4.3 zeigt die Zusammenfassung aller gesammelten Erkenntnisse zu einem einheitlichen Modell, dessen Qualität in Kapitel 4.4.4 optimiert wird.

Auf den ersten Blick erscheint die Analysestrategie aufwendig. Hier ist aber zu berücksichtigen, daß die konventionelle Vorgehensweise meistens lange nicht in der durch die Strukturierte Analyse gebotenen Präzision beschrieben wird. Dennoch werden in Kapitel 4.4.5 Wege aufgezeigt, wie man den Analyseaufwand weiter reduzieren kann. Dort wird auch ausführlicher dargestellt, welche Gefahren und versteckten Aufwände in der Methode 2 liegen.

In diesem Buch wird daher empfohlen, eine Modellierung des Altsystems zu vermeiden. So schnell wie möglich sollte man ein Modell des **neuen** Systems entwickeln, das man mit dem Anwender abstimmen kann. Hierbei helfen auch die Regeln zur Kontextabgrenzung in Kapitel 4.4.6, die gleichzeitig einen tieferen Einblick in die Struktur der Systeme und Modelle erlauben. Hier wird auch eine Verbindung zur objektorientierten Entwicklung hergestellt. Dabei wird empfohlen, nicht in jedem Falle ein einziges Modell für ein komplexes System der Realität zu formulieren. Vielmehr sollte man Teilmodelle entwickeln, die nach Gesichtspunkten der Kapselung wichtiger Datenspeicher abgegrenzt werden. In übergeordneten Modellen lassen sich diese "Elementarkontexte" oder Objekte so zusammenfassen, daß zumindest auf Ebene 0 des Zusammenfassungsmodells keine Speicher auftreten. Die Prozesse (= Objekte) dieser Ebene 0 kommunizieren dann miteinander über Datenflüsse (Messages). Die essentiellen Prozesse lassen sich auffassen als Methoden, die untrennbar zum jeweiligen Objekt gehören.

Vorläufig verfolgen wir jedoch die Vorgehensweise der "klassischen" essentiellen SA.

4.4.1 Eine neue Essenz finden

Bei der Methode ohne detaillierte Untersuchung eines Vorgängersystems wird die Vorgehensweise aus dem Beispiel des Flugkarten-Verkaufs realisiert (s. Kap. 4.1.3). Diese ist in Bild 4.1-9 dargestellt, das wir nun verfeinern werden.

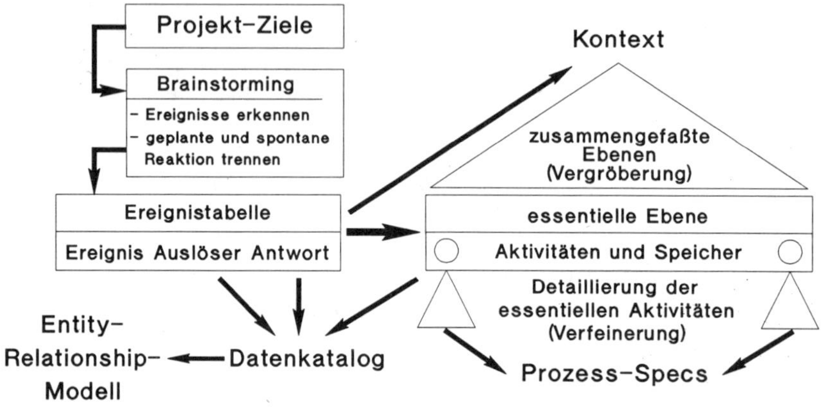

Bild 4.4-1: Vorgehensweise der essentiellen Modellierung

4.4.1.1 Ziele des neuen Systems festlegen

Zu Beginn des Projektes findet ein erstes Gespräch mit dem Anwender oder Auftraggeber statt, in dessen Rahmen die Zielsetzung des Projektes festgestellt werden muß. Folgende Fragen gilt es zu beantworten:

- Warum soll das System untersucht und entwickelt werden ?
- Welche Hauptprobleme weist das Vorgängersystem auf ?
- Welche Aufgaben soll das System wahrnehmen ?

Vorläufig genügt hier für die Zwecke der Methoden-Anwendung eine klare umgangssprachliche Formulierung, die zur Projektdefinition ohnehin erforderlich ist. Natürlich ist zu Beginn des Projektes die Zielsetzung manchmal noch reichlich verschwommen. Sie kann sich auch ändern oder wenigstens präzisieren. Die methodische Vorgehensweise kann dies nicht verhindern, aber sie erzwingt eine schnelle Präzisierung, die auch mit dem Auftraggeber abgestimmt werden kann. Je präziser über Projektziele gesprochen wird, desto weniger Änderungen werden nachträglich eintreten. Tatsächlich werden wir fordern, daß die Projektziele möglichst präzise und vor allem nachprüfbar und meßbar festgelegt werden (s. Kap. 2.5, vgl. hierzu auch /GILB-88/). Desto besser sind auch die Chancen, im Projektverlauf Kosten und Termine im definierten Rahmen zu halten.

4.4.1.2 Grundlegende Aktivitäten finden

Die Zielsetzung des Projektes wird analysiert. Dies sollte innerhalb möglichst kurzer Zeit durch einen Kreis von Experten durchgeführt werden. Brainstorming-Techniken sind dabei behilflich, die Ereignisse zu finden, die eine geplante Reaktion des Systems auslösen. Dies sind externe und zeitliche Ereignisse.

Hierzu müssen spontane und geplante Reaktionen getrennt werden. Eine Liste der Ereignisse wird aufgestellt. Ereignisse, auf die spontan reagiert werden muß, werden aus dieser Liste entfernt und in eine gesonderte Liste aufgenommen. Es kommt nicht darauf an, eine vollständige Liste der Ereignisse mit spontanen Reaktionen zu entwickeln. Für das weitere Vorgehen braucht man nur eine Liste der Ereignisse mit geplanten Reaktionen. Aber diese können sich in spontanen Reaktionen verstecken. Also muß man die spontanen Ereignisse, die eine gewisse Bedeutung haben, weiter analysieren und zerlegen.

Dann werden die Auslöser und die zugehörigen Antworten identifiziert und in die Ereignistabelle eingetragen. Stets müssen die wahren Quellen der Ereignisse gesucht werden (vgl. 4.3.2.1). Wenn die wahren Terminatoren erkannt und die Auslöser und Antworten aus Paketkanälen herausgelöst sind, dann kann eine erste Version des Kontextdiagramms entworfen werden.

Jetzt kann auch ein Teil des Diagramms der essentiellen Ebene erstellt werden. Dazu wird rein formal jedem Ereignis ein Prozeß zugeordnet, der alle Aktivitäten enthält, die das System als vollständige Reaktion auf das Ereignis durchführen muß, um die Antwort zu erzeugen. Von der essentiellen Ebene kennt man bisher aber noch nicht die Speicher.

4.4.1.3 Speicher des Systems finden

Die Zusammensetzung der Auslöser und Antworten des Systems wird erfragt und im Datenkatalog spezifiziert. Es wird festgestellt, welche Datenelemente durch grundlegende Aktivitäten erzeugt werden. Für jeden Prozeß wird durch Vergleich der Ausgabe-Datenelemente mit seinen Eingabe-Datenelementen festgestellt, welcher Informationsbedarf an Datenelementen aus Speichern abgedeckt werden muß. Die Quellen für diese Informationen liegen in der Systemumgebung, wenn das Ereignis eintritt oder bei (anderen) essentiellen Aktivitäten, wenn eine Antwort erstellt wird. Dann wird festgestellt, welcher Informationsbedarf aus den Antworten und aus den Auslösern anderer grundlegender Aktivitäten gedeckt werden kann.

Diese Vorgehensweise der Entity-Synthese (bottom-up) wird in Kapitel 6.4.3 aus der Sicht der Semantischen Modellierung der Datenstrukturen etwas detaillierter dargestellt. Hier ist auch die Vorgehensweise anwendbar, die in (/DEMARCO-78/ Kap.19) beschrieben ist. In Aufgabenstellungen von einiger Größenordnung geht der Praktiker allerdings einen kürzeren Weg, indem er mit Augenmaß und Erfahrung in einem Wechselspiel von Entity-Analyse (top-down) Entitytypen erkennt, deren Attributierung er im Rahmen der Entity-Synthese (bottom-up) konsistent macht (vgl. Kap. 6.4.2, 6.4.3).

Dementsprechend werden Datenelemente für Speicher definiert. Diese Datenelemente haben den Aufbau:

Datenelement = @Suchschlüssel + Attribut 1 + .. + Attribut n

Die Gesamtheit dieser Datenelemente wird normalisiert (s. Kap. 6.3.2) und ergibt die Definition der objektorientiert zerlegten Speicher. Für die erkannten Speicher wird ein Entity-Relationship-Diagramm entwickelt (s. Kapitel 6), das die Speicher (Entitytypen) und die Beziehungen zwischen Speichern (Beziehungstypen) zeigt.

In der Datenbankliteratur wird die Normalisierung als Hilfsmittel für die Realisierung einer relationalen Datenbankanwendung dargestellt (vgl. /DATE-90/S.523ff). Es überrascht zunächst, weshalb die Normalisierung der Daten bereits so früh in der Analysephase durchgeführt werden soll, wo von Datenbanken noch keine Rede sein kann. Normalisierung führt aber zur Redundanzfreiheit des Datenmodells und damit zur Erleichterung der Prozesse, die mit einem normalisierten Datenmodell keine Redundanzen mehr zu verarbeiten haben.

Sonstige Informationen, die von der Gesamtheit der grundlegenden Aktivitäten nicht erkannt oder erzeugt werden, müssen aus der Systemumgebung kommen.

4.4.1.4 Verwaltungsaktivitäten finden

Für alle Speicher-Informationen wird der Lebenszyklus in Erfahrung gebracht (vgl. Kap. 6.4.6). Es wird festgestellt, wann und wie die Information entsteht und durch welche äußeren Ereignisse sie geändert werden muß (Ursprung, erste Speicherung, Änderung, Löschung, ..). Einige dieser Zustandsübergänge werden bereits durch die grundlegenden Aktivitäten ausgelöst. Für alle anderen Zustandsübergänge werden Verwaltungsaktivitäten definiert.

4.4.1.5 Vorläufiges essentielles Modell erstellen

Für jedes Ereignis, auf das eine geplante Reaktion des Systems erfolgen muß, wurde eine essentielle Aktivität definiert. Eigentlich hat man damit erst eine Sammlung essentieller Aktivitätenmodelle. Diese werden zu einem System integriert.

Diese Vorgehensweise hat auch praktische Konsequenzen. Es ist sehr effektiv, zunächst einmal jede essentielle Aktivität einzeln zu modellieren. Abstimmungen werden erleichtert, weil die Teilmodelle sehr überschaubar sind. Später erfolgt dann die Integration, die in Kapitel 4.4.3 ausführlicher geschildert wird.

Nach diesen Vorarbeiten ist die essentielle Ebene klar. Als nächstes erfolgt je nach Anzahl und Komplexität der essentiellen Aktivitäten eventuell über mehrere Stufen eine Vergröberung der essentiellen Aktivitäten zum Kontext und eine Verfeinerung bis zu den PSPECS.

4.4.1.6 Die Vorgehens-Strategie

Früher wurde in der Strukturierten Analyse eine top-down-Vorgehensweise empfohlen, die ausgehend vom Kontextdiagramm Prozesse verfeinert. Diese Vorgehensweise ist noch im **Lesemodell des Anwenders** erhalten. Sie führt jedoch auf eine rein funktionsorientierte Zerlegung. Die essentiellen Aktivitäten werden dabei nicht mit Sicherheit identifiziert und die Zerlegung des Speichers richtet sich trotz nachträglicher Normalisierung vordergründig an den Erfordernissen der Funktionen aus.

Die essentielle Zerlegung dagegen bevorzugt eine **"inside-out-yoyo"**-Vorgehensweise (Yoyo: Geschicklichkeitsspiel, bei dem eine an einer Schnur hängende Spule auf- und abrollt). Ausgehend von der Ereignistabelle wird die essentielle Ebene konstruiert, die vergröbert und verfeinert wird. Im Laufe der Abstimmungen und der modellinternen Konsistenzprüfungen werden neue Anforderungen erkannt, die "yoyo" in das Modell eingefügt werden.

Die geschilderte Vorgehensweise betrachtet das System zunächst als black-box, deren äußere Anforderungen und Schnittstellen definiert werden. Erst im nächsten Schritt wird das Systeminnere näher untersucht ("top-yoyo"). Dadurch wird eine Vorgehensweise, die in zahlreichen Ingenieurdisziplinen bewährt ist, auf die Softwareentwicklung übertragen.

4.4.1.7 Beispiel Auftragsbearbeitung

Ein erstes Beispiel für die essentielle Modellierung ohne ausführliche Analyse eines Vorgängersystems ist bereits der Flugkartenverkauf in Kapitel 4.1.3. In diesem Kapitel wird ein etwas komplexeres Beispiel vorgestellt, an dem die Modellierung noch einmal verdeutlicht werden soll. Es handelt sich dabei um eine sehr stark vereinfachte Auftragsbearbeitung.

In einem ersten Gespräch mit dem Auftraggeber wurden die **Ziele** des Systems besprochen, aus denen sich die **Rahmen-Anforderungen** herleiten lassen. Dabei wird folgendes Ergebnis erzielt:

- Angebote sollen erstellt werden
- aufgrund von Kundenaufträgen wird die Fertigung gesteuert (Auftragsfertigung)
- nach Fertigstellung erfolgt die Erstellung der Kundenrechnung, externe FIBU
- regelmässig wird eine Artikelpreisliste an alle Kunden verschickt

Diese Aufgabenstellung wird sofort umgesetzt in eine Ereignistabelle:

lfd	Ereignis	Auslöser	Antwort
1	Kunde wünscht Angebot	Artikel_Liste	Kundenangebot
2	Kunde erteilt Auftrag	Kundenauftrag	Auftragsbestätigung Fertigungsauftrag
3	Artikel ist gefertigt	Fertigmeldung	Kundenrechnung Buchungssatz
4	Zeit, neue Preisliste zu versenden	--	Preisliste

Die Zusammensetzung der Auslöser und Antworten wird in Rücksprache mit den Anwendern ermittelt und im Datenkatalog spezifiziert:

Auftragsbearbeitung : Datenelemente Blitzmodell

Anschrift	=Anrede + Titel + Vorname + Nachname + Firmenbezeichnung + Strasse + Hausnummer + Telefonnummer + PLZ + Ort + Land + Postfach
Artikel_Liste	= * Aufforderung zur Abgabe eines Angebotes * [Kundennummer | Kundenname | Kundenanschrift] + {Anzahl + [Artikelnummer | Artikelbezeichnung]}
Auftragsbestätigung	=Kundennummer + Angebotsnummer + Kundenname + Kundenanschrift + {Position} + vorauss_Liefertermin + Gesamtpreis
Buchungssatz	=Kundennummer + Auftragsnummer + Rechnungsbetrag
Fertigmeldung	=Auftragsnummer + {Artikelnummer} + Datum_Zeit + Fertigungskosten + Materialkosten
Fertigungsauftrag	=Auftragsnummer + {Position} + Solltermin
Kundenangebot	=Angebotsnummer + Kundennummer + Kundenanschrift + Datum + vorauss_Lieferdatum + Bindungsfrist + {Position} + Gesamtpreis
Kundenanschrift	=Anschrift * Wohn-/Firmensitz des Kunden *
Kundenauftrag	=[Artikelliste | Angebotsnummer] + Lieferanschrift + Rechnungsanschrift + Liefertermin
Kundenrechnung	=Kundennummer + Auftragsnummer + Kundenanschrift + Lieferanschrift + {Position} + Rechnungsanschrift + Gesamtpreis + Zahlungsfrist
Lieferanschrift	=Anschrift * zur Anlieferung *
Position	=Anzahl + Artikelnummer + Artikelbezeichnung + Einzelpreis
Preisliste	=Datum + {Artikelnummer + Artikelbezeichnung + Einzelpreis}
Rechnungsanschrift	=Anschrift * zur Rechnungstellung *

Jetzt kann eine erste Version des Kontextdiagramms entworfen werden:

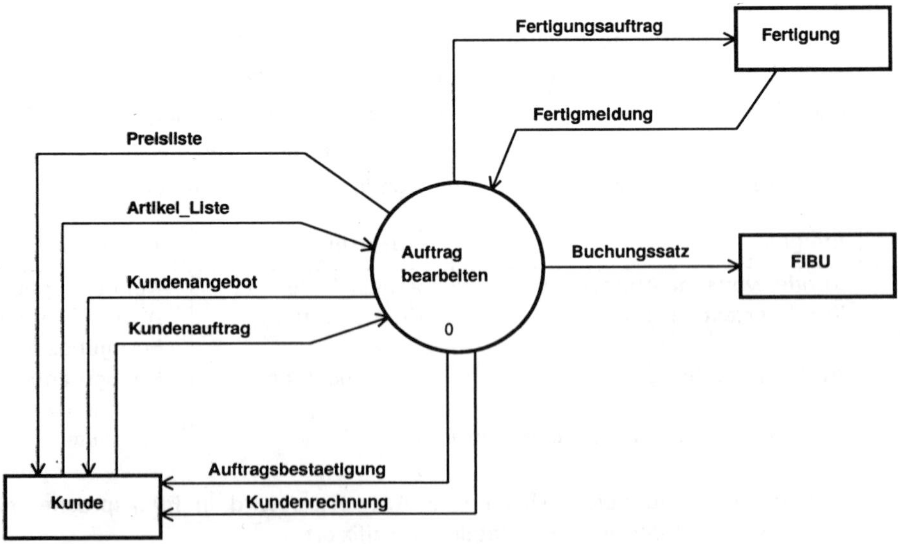

Bild 4.4-2: erste Version des Kontextdiagramms

Von der essentiellen Ebene sind bisher aufgrund der Umsetzung der Ereignistabelle nur die Prozesse bekannt. Bild 4.4-3 beschreibt nur einen Zwischenstand, der so nicht aufgehoben wird. Die objektorientierte Zerlegung des offenbar benötigten essentiellen Speichers muß noch durchgeführt werden.

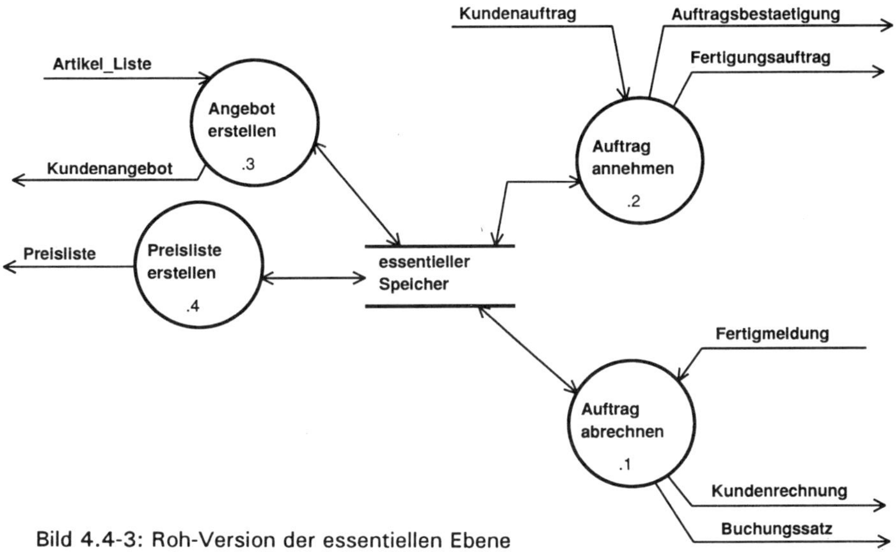

Bild 4.4-3: Roh-Version der essentiellen Ebene

Nun werden die Datenelemente der Speicher gesucht. Wir führen diesen Schritt exemplarisch für Prozeß 1 "Angebot erstellen" durch. Artikel_Liste und Kundenangebot sind oben bereits definiert. Es wird zunächst ein Speicher benötigt, um die Artikelinformation zu entnehmen:

Artikel	= @Artikelnummer + @Artikelbezeichnung + Einzelpreis

Weiter brauchen wir Angaben über den Kunden und seine Adresse:

Kunde	= @Kundennummer + @Kundenname + weitere_Eigenschaften
Adresse	= @Anschriftennummer + Anschrift
hat	= @Kundennummer + @Anschriftennummer
Anschrift	= Anrede + Titel + Vorname + Nachname + Firmenbezeichnung + Strasse + Hausnummer + Telefonnummer + PLZ + Ort + Land + Postfach

Prozeß 2 "Auftrag annehmen" braucht noch Angaben über bereits erstellte Angebote, um einen Kundenauftrag mit diesen vergleichen zu können:

Angebot	= @Angebotsnummer + vorauss_Lieferdatum + Bindungsfrist

Dieser Angebot-Speicher steht mit dem Artikelspeicher in Beziehung. Diese Beziehung hat Eigenschaften:

enthält	= @Angebotsnummer + @Artikelnummer
Ang_Position	= @Angebotsnummer + @Artikelnummer + Anzahl

Außerdem gibt es eine Beziehung zwischen Kunde und Angebot, durch die ausgedrückt wird, daß ein bestimmter Kunde das angegebene Angebot erhalten hat:

erhält	= @Kundennummer + @Angebotsnummer

Diese Überlegungen werden für alle Prozesse durchgeführt. Das entstehende Datenmodell wird dabei sofort normalisiert und in einem Entity-Relationship-Diagramm dargestellt. Wir erhalten das Ergebnis in Bild 4.4-4. Dabei wurde folgende Zusammensetzung der Speicher (Entities) hergeleitet:

Adressart	= @Kundennummer + @Anschriftennummer + Anschrift_Typ
Adresse	= @Anschriftennummer + Anschrift
Aft_Position	= @Auftragsnummer + @Artikelnummer + Anzahl
Ang_Position	= @Angebotsnummer + @Artikelnummer + Anzahl
Angebot	= @Angebotsnummer + vorauss_Lieferdatum + Bindungsfrist
Artikel	= @Artikelnummer + @Artikelbezeichnung + Einzelpreis
Auftrag	= @Auftragsnummer + vorauss_Liefertermin
Kunde	= @Kundennummer + @Kundenname + weitere_Eigenschaften

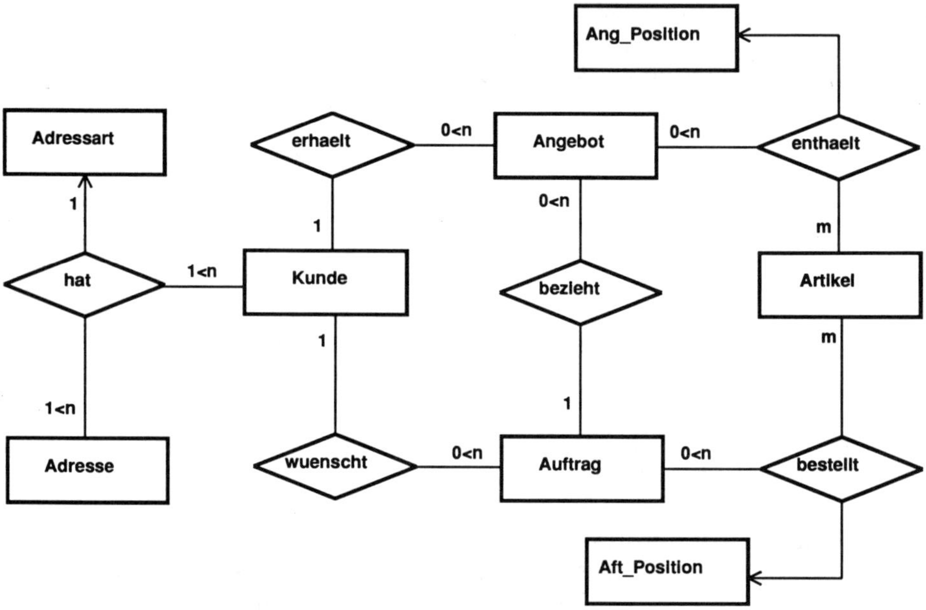

Bild 4.4-4: vorläufiges Entity-Relationship-Diagramm

Zwischen Einträgen in den Speichern bestehen folgende Beziehungstypen:

bestellt	= @Auftragsnummer + @Artikelnummer
bezieht	= @Auftragsnummer + @Angebotsnummer
enthält	= @Angebotsnummer + @Artikelnummer
erhält	= @Kundennummer + @Angebotsnummer
hat	= @Kundennummer + @Anschriftennummer
wünscht	= @Kundennummer + @Auftragsnummer

Als nächstes werden die erforderlichen Verwaltungsaktivitäten gefunden. Wir verzichten in diesem Beispiel auf eine genaue Beschreibung des Lebenszyklus aller Datenelemente, aber wir ergänzen die Ereignistabelle um folgende Einträge für Verwaltungsaktivitäten:

Ereignisse für Verwaltungsaktivitäten:

lfd	Ereignis	Auslöser	Antwort
5	Kunde ändert Anschrift	Anschrift_Änderung	--
6	neuer Artikel lieferbar	Artikelspec	--
7	Artikel nicht mehr lieferbar	Artikel_Löschung	--

Damit kann das Kontextdiagramm komplettiert werden (Bild 4.4-5).

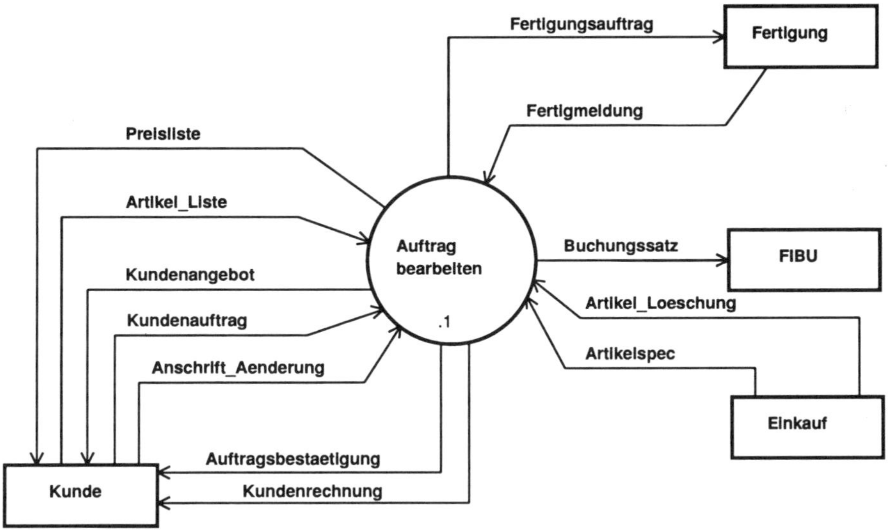

Bild 4.4-5: komplettiertes Kontextdiagramm

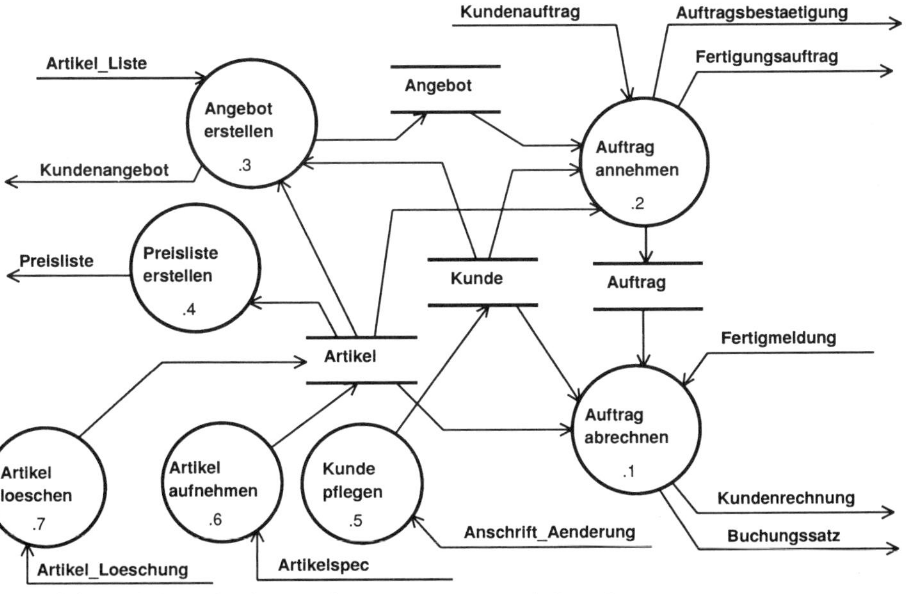

Bild 4.4-6: komplettiertes Diagramm der essentiellen Ebene

Das Diagramm der essentiellen Ebene wird um Speicher, Speicherzugriffe und um die Verwaltungsaktivitäten ergänzt (Bild 4.4-6). Um die Komplexität des Systems zu verkleinern und damit die Übersichtlichkeit zu vergrößern, fügen wir zwischen Kontext und essentieller Ebene eine Vergröberung der essentiellen Ebene ein. Die Erstellung der Preisliste wird dabei der Stammdatenpflege zugeordnet. Damit zerfällt das Diagramm der essentiellen Ebene in zwei Teile für die Verfeinerungen der Aktivitäten 1 "Kunde bedienen" (Bild 4.4-8) und 2 "Stammdaten pflegen" (Bild 4.4-9).

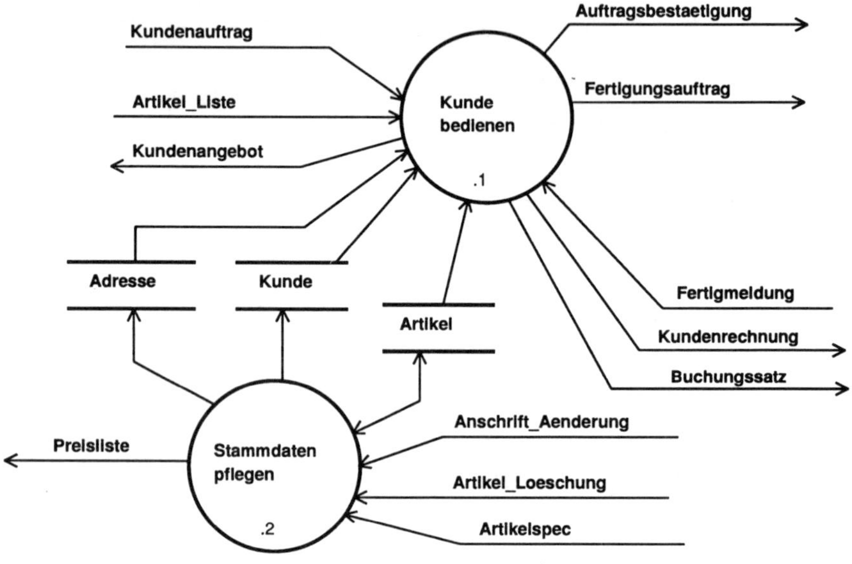

Bild 4.4-7: Ebene 0: Vergröberung der essentiellen Ebene

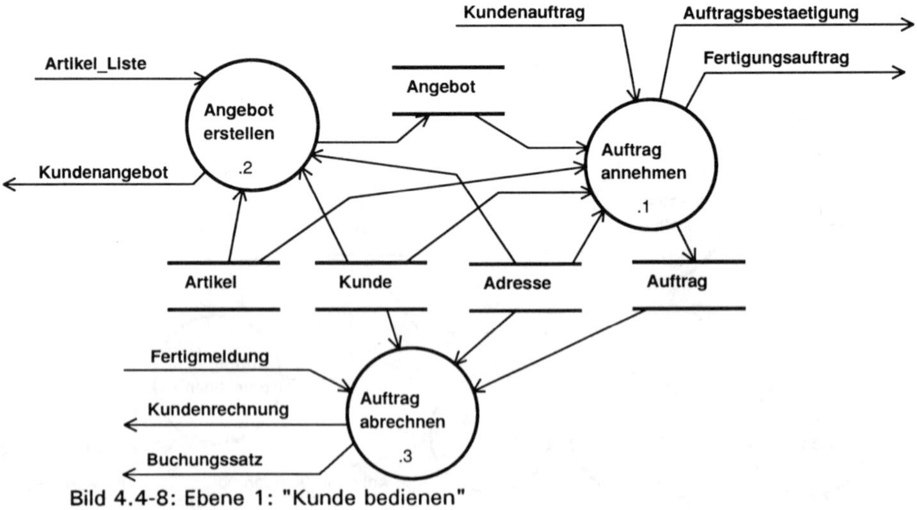

Bild 4.4-8: Ebene 1: "Kunde bedienen"

Im Vergleich von Bild 4.4-7 und 4.4-8 werden folgende Eigenschaften der Modelle noch einmal deutlich:

- Im Prozeß ".1 Kunde bedienen" werden die Speicher Angebot und Auftrag gekapselt.
- Die äußeren Schnittstellen des Prozesses ".1 Kunde bedienen" sind identisch mit denen des Diagramms der Ebene 1: "Kunde bedienen" (Konsistenz der Schnittstellen, Balance).

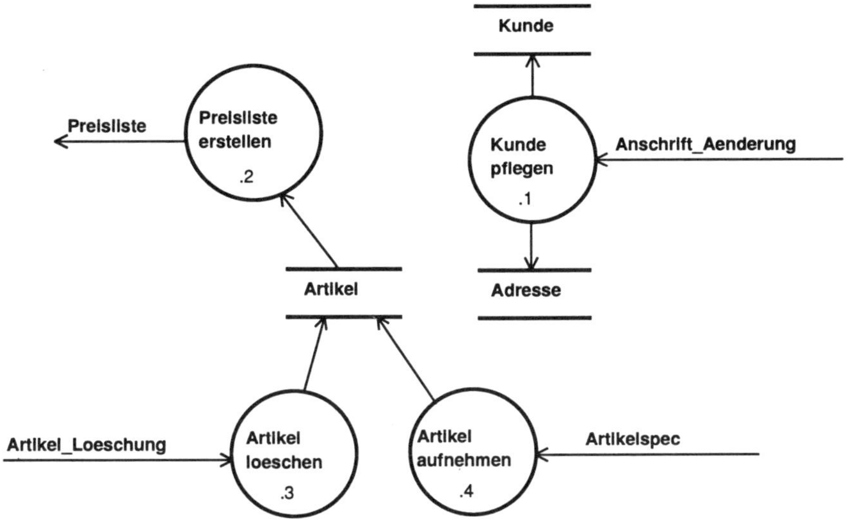

Bild 4.4-9: Ebene 1: "Stammdaten pflegen"

Dieses Modell wird mit dem Anwender besprochen. Dabei ergibt sich eine weitere Anforderung, die der Anwender bisher nicht artikuliert hat: der Kunde hat die Möglichkeit, einen bereits erteilten Auftrag teilweise oder ganz zu stornieren. Dann wird vom System auch gleich eine Nachricht an die Fertigung gesandt, damit die vielleicht schon begonnene Auftragsfertigung angehalten wird.

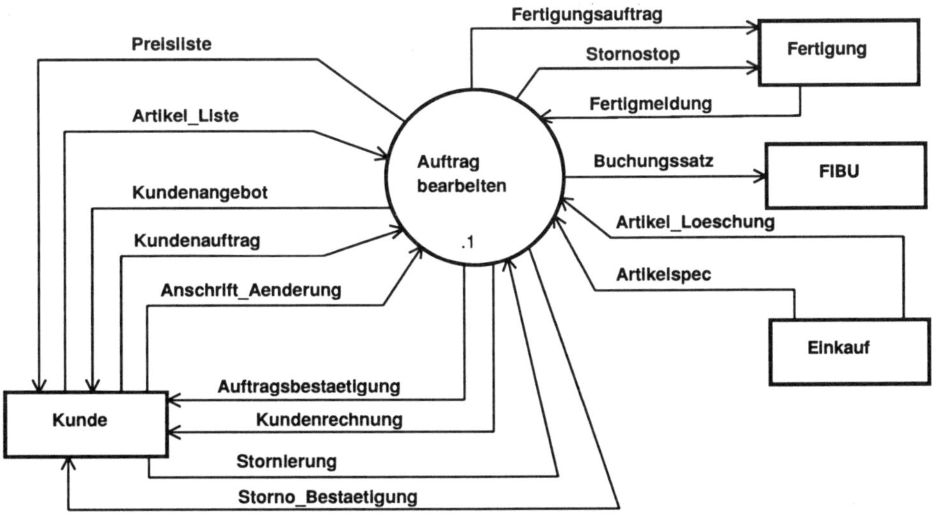

Bild 4.4-10: Kontextdiagramm

lfd	Ereignis	Auslöser	Antwort
8	Kunde ändert erteilten Auftrag (Storno)	Stornierung	Storno_Bestätigung Stornostop

Die zugehörige grundlegende Aktivität fügen wir in das Modell ein und können damit eine überarbeitete Version unseres vorläufigen Modells präsentieren (Bild 4.4-10 bis 4.4-13).

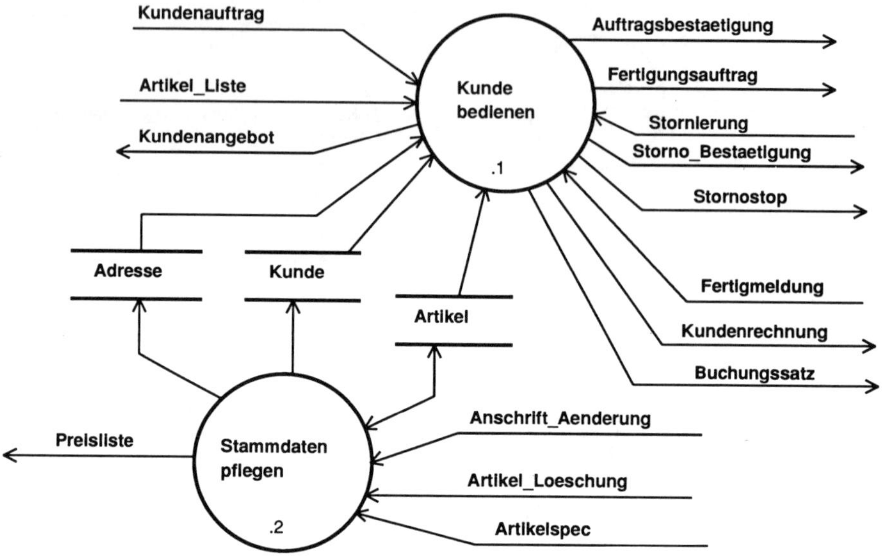

Bild 4.4-11: Ebene 0 "Auftrag bearbeiten"

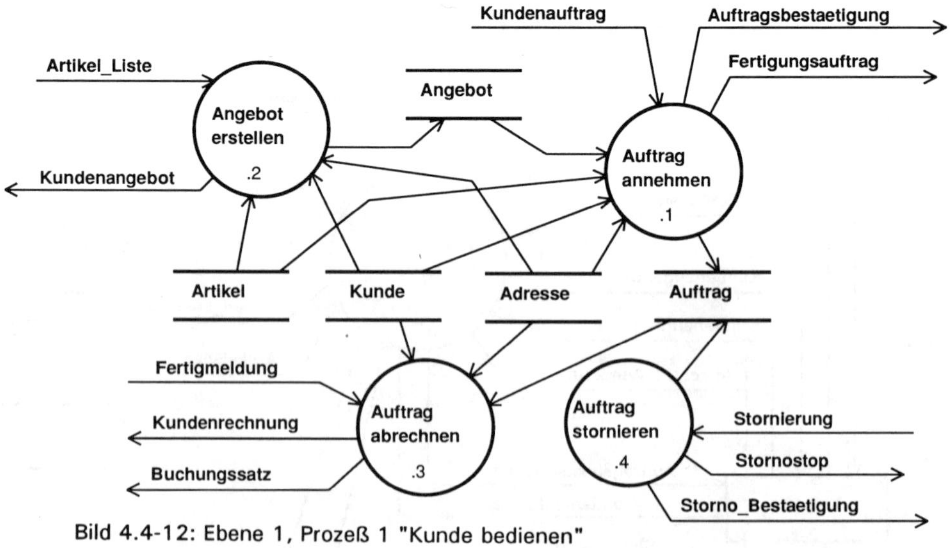

Bild 4.4-12: Ebene 1, Prozeß 1 "Kunde bedienen"

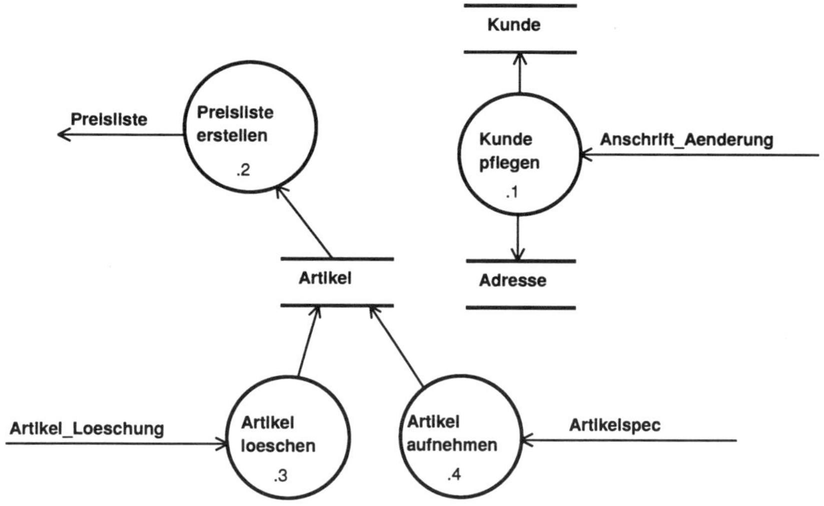

Bild 4.4-13: Ebene 1, Prozeß 2 "Stammdaten pflegen"

Die Darstellung des Entity-Relationship-Diagramms wird strukturiert (Bild 4.4-14).

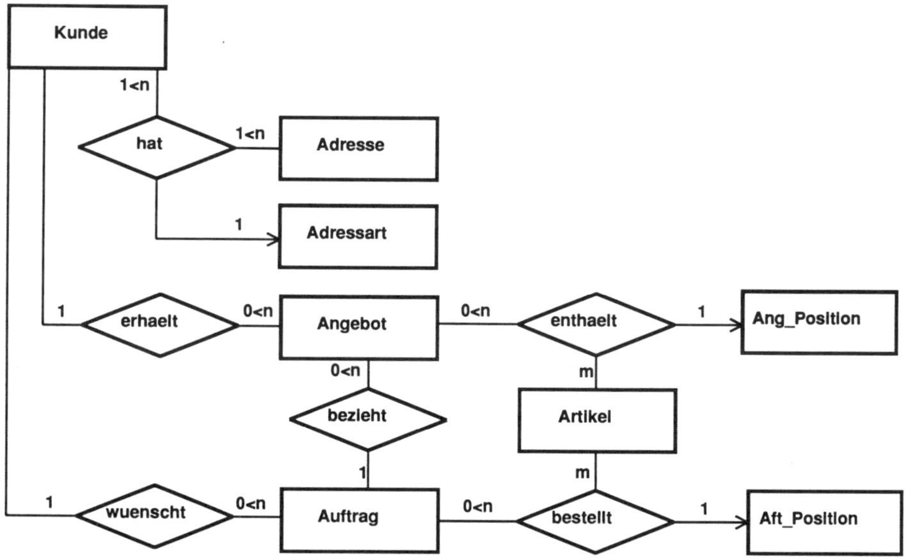

Bild 4.4-14: Datenmodell "Auftrag bearbeiten"

Insgesamt ergeben sich folgende Datenkatalog-Einträge:

Adressart	=@Kundennummer + @Anschriftennummer + Anschrift_Typ
Adresse	=@Anschriftennummer + Anschrift
Aft_Position	=@Auftragsnummer + @Artikelnummer + Anzahl
Ang_Position	=@Angebotsnummer + @Artikelnummer + Anzahl
Angebot	=@Angebotsnummer + vorauss_Lieferdatum + Bindungsfrist
Anschrift	=Anrede + Titel + Vorname + Nachname

	+ Firmenbezeichnung + Strasse + Hausnummer
	+ Telefonnummer + PLZ + Ort + Land + Postfach
Anschrift_Änderung	= Kundennummer + {Anschrift_Typ + Anschrift}
	* zu ändernde Anschrift *
Anschrift_Typ	= ["Kundenanschrift" | "Lieferanschrift" | "Rechnungsanschrift"]
Artikel	= @Artikelnummer + @Artikelbezeichnung + Einzelpreis
Artikel_Liste	= * Aufforderung zur Abgabe eines Angebotes *
	[Kundennummer | Kundenname | Kundenanschrift]
	+ {Anzahl + [Artikelnummer | Artikelbezeichnung]}
Artikel_Löschung	= Artikelnummer * nicht mehr lieferbar *
Artikelspec	= Artikelnummer + Artikelbezeichnung + Einzelpreis
Auftrag	= @Auftragsnummer + vorauss_Liefertermin
Auftragsbestätigung	= Kundennummer + Angebotsnummer + Kundenname
	+ Kundenanschrift + {Position}
	+ vorauss_Liefertermin + Gesamtpreis
bestellt	= @Auftragsnummer + @Artikelnummer
bezieht	= @Auftragsnummer + @Angebotsnummer
Buchungssatz	= Kundennummer + Auftragsnummer + Rechnungsbetrag
enthält	= @Angebotsnummer + @Artikelnummer
erhält	= @Kundennummer + @Angebotsnummer
Fertigmeldung	= Auftragsnummer + {Artikelnummer} + Datum_Zeit
	+ Fertigungskosten + Materialkosten
Fertigungsauftrag	= Auftragsnummer + {Position} + Solltermin
hat	= @Kundennummer + @Anschriftennummer
Kunde	= @Kundennummer + @Kundenname + weitere_Eigenschaften
Kundenangebot	= Angebotsnummer + Kundennummer + Kundenanschrift
	+ Datum + vorauss_Lieferdatum + Bindungsfrist
	+ {Position} + Gesamtpreis
Kundenanschrift	= Anschrift * Wohnsitz/Firmensitz des Kunden *
Kundenauftrag	= [Artikelliste | Angebotsnummer]
	+ Lieferanschrift + Rechnungsanschrift + Liefertermin
Kundenrechnung	= Kundennummer + Auftragsnummer + Kundenanschrift
	+ Lieferanschrift + Rechnungsanschrift + {Position}
	+ Gesamtpreis + Zahlungsfrist
Lieferanschrift	= Anschrift * zur Anlieferung *
Position	= Anzahl + Artikelnummer + Artikelbezeichnung + Einzelpreis
Preisliste	= Datum
	+ {Artikelnummer + Artikelbezeichnung + Einzelpreis}
Rechnungsanschrift	= Anschrift * zur Rechnungstellung *
Stornierung	= Auftragsnummer + {Anzahl + Artikelnummer}
	* Positionen im Auftrag, die zu stornieren sind *
Stornostop	= Auftragsnummer
Storno_Bestätigung	= * neue * Auftragsbestätigung
wünscht	= @Kundennummer + @Auftragsnummer

4.4.1.8 Rückfragen beim Anwender

Die essentielle Zerlegung geht direkt von der Zielsetzung des Systems aus. Die Ziele bilden die Leitlinie für die Konstruktion der Ereignistabelle und damit der essentiellen Ebene. Das System kann aber natürlich nicht allein aus den Zielen entwickelt werden. Details kann nur der Anwender liefern.

Eine IST-Analyse wird also in jedem Fall durchgeführt, sei es in verkürzter Form mittels Rückfragen beim Anwender. Diese entstehen aus Fragestellungen beim Modellieren und beziehen sich auf:

- Erkennung von Ereignissen mit spontanen Reaktionen
- Erkennung von Ereignissen mit geplanten Reaktionen
- Erkennung der Terminatoren
- Aufbau und Zusammensetzung der Auslöser und Antworten
- inhaltlich richtige Modellierung von Verarbeitungsschritten
- fehlende Angaben bezüglich Speicherinhalten

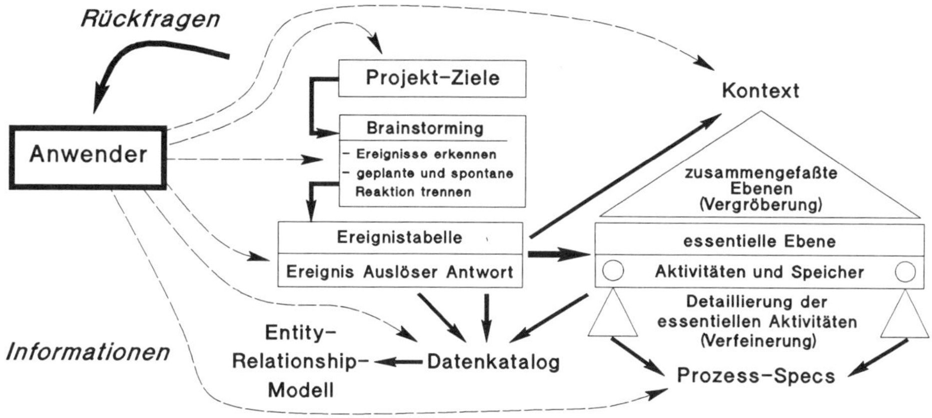

Bild 4.4-15: IST-Analyse durch Rückfrage beim Anwender

Viele dieser Rückfragen entstehen durch Anwendung der Regeln zur Konsistenzprüfung auf syntaktischer und semantischer Ebene. Dabei sollte man bereits beim Gespräch mit dem Anwender vermeiden, implementationsabhängige Details zu modellieren. Es gehört zu den schwierigeren Aufgaben des Systemanalytikers, implementationsunabhängig zu modellieren, aber mit dem Anwender stets unter Bezug auf Implementierungsdetails zu sprechen.

Es wird empfohlen, nach jedem Gespräch mit dem Anwender die vorhandenen Modelle den neuen Erkenntnissen entsprechend fortzuschreiben. Dabei wird zwangsläufig erkannt, daß dem Analytiker noch Detailinformationen fehlen. Dann müssen Annahmen getroffen werden, die man aber im Modell deutlich kennzeichnen sollte, damit beim nächsten Gespräch mit dem Anwender detaillierte Rückfragen auf der Basis eines wenigstens formal konsistenten Modells gestellt werden können. Der Analytiker kann damit präzise Fragen stellen und beim Anwender Vertrauen finden. Beim Anwender wächst nämlich die Einsicht, daß die Analyseaufgabe in kompetenten Händen ist.

Außerdem läßt sich so erreichen, daß in der IST-Analyse zielorientiert gearbeitet wird. Es werden genau die Fragen geklärt, die tatsächlich der Klärung bedürfen. Dadurch wird auch die Effizienz der Analyse gesteigert. Es muß vermieden werden, eine "blind-flächendeckende" IST-Analyse durchzuführen, bei der viele nichtrelevante Details miterhoben werden. Prinzipiell stellt jedes Gespräch zur IST-Analyse eine starke Belastung für den Anwender dar, nicht nur in zeitlicher Hinsicht. Eine unbedachte, auch aus Sicht des Anwenders nicht zum Thema gehörende Frage kann beträchtliche Unruhe zum Beispiel hinsichtlich der Sicherheit von Arbeitsplätzen oder Veränderung der Arbeitswelt hervorrufen.

Andererseits muß natürlich darauf geachtet werden, daß keine wichtigen Details übersehen werden. Sonst wird zwar das Informationsbedürfnis des Analytikers gedeckt, während wichtige Aspekte der Arbeit des Anwenders eventuell unberücksichtigt bleiben, weil dieser sich nicht artikulieren kann und die Bedeutung der nicht diskutierten Details nicht richtig einschätzt.

4.4.2 (Teilweise) Modellierung eines Vorgängersystems

Die ausführliche IST-Analyse mit PI-Modellierung (PI = Physisches IST, s. Kap. 4.1.2) des Altsystems hat an Bedeutung verloren. Dabei werden nämlich viele Aktivitäten der internen Infrastruktur und Administration modelliert, die im nächsten Schritt aus dem Modell wieder entfernt werden. Außerdem führt die Modellierung eines Vorgängersystems fast zwangsläufig auf eine funktionale Zerlegung, die in zeitraubenden Schritten in eine essentielle Zerlegung umgewandelt werden muß. Man spricht hier auch von Logikalisierung, von der Entfernung physikalischer Details und vom Erkennen der wahren Anforderungen.

Die Implementierung des Altsystems führt häufig auf so schwere organisatorische Probleme, daß eine Herleitung eines logischen (essentiellen) Modells aus dem mühsam entwickelten PI-Modell beinahe aussichtslos erscheint. Dennoch sind die bei der Analyse des Altsystems gewonnenen Erkenntnisse stets so wertvoll, daß eine Neukonstruktion der Essenz mit Hilfe der Ereignistabelle leicht durchführbar ist. Der Preis hierfür in Form nicht optimal genutzter Projektressourcen kann allerdings unverhältnismäßig hoch sein.

Daher wird eine komplette Modellierung eines Vorgängersystems nur empfohlen, wenn dieses nach erster Beurteilung durch einen Kenner des Anwendungsbereiches bereits recht übersichtlich organisiert und andererseits recht komplex ist. Wenn schon im voraus klar ist, daß das Altsystem voller organisatorischer und technischer Probleme steckt, dann kommt nur die essentielle Zerlegung über die Ereignistabelle in Frage.

Man sollte aber die Analyse des Altsystems nur lokal zur Modellierung der IST-Ablauforganisation in abgegrenzten Bereichen des Systems einsetzen, die anders nicht effektiv analysiert werden können. Das Hauptziel einer Modellierung des Vorgängersystems besteht immer nur darin, das alte System grundsätzlich zu verstehen und dabei einen Überblick zu bekommen, der sich bei Bedarf vertiefen läßt. Es sollte nicht das Ziel verfolgt werden, das Altsystem zu dokumentieren!

In diesem Kapitel wird die ausführliche Analyse von Vorgängermodellen dennoch kurz dargestellt. Wenn nämlich die Voraussetzungen günstig sind, dann hat diese Methode den Vorteil einer besseren Vollständigkeitskontrolle. In sehr kleinen, aber undurchsichtigen Teilen des Systems kann eine PI-Modellierung auch von Vorteil sein, weil der Analytiker damit wichtige Details besser kennenlernen und sich tiefer in die Anwendung einarbeiten kann.

Bei der Analyse eines Vorgängersystems wird die SA-Modellnotation benutzt, um Verarbeitungsdetails der Fachabteilung zu erheben und systematisch zu beschreiben.

Die dadurch entstehenden PI-Teilmodelle können unter Anwendung von Regeln in ein essentielles Modell überführt bzw. integriert werden.

4.4.2.1 PI erheben

Hierzu ist die folgende Interviewstrategie nützlich, die geschickt und mit wechselnden Formulierungen angewandt beim Anwender den Eindruck völliger Fachkompetenz erzeugen kann. Sie führt allerdings auf eine **funktionale Zerlegung**.

1. Aus welchen Einzeltätigkeiten setzt sich die Aufgabe zusammen?
2. Für jede Einzeltätigkeit feststellen:
   - welche Informationen sind erforderlich?
   - woher kommen die Informationen?
   - welche Ergebnisse werden erarbeitet?
   - wohin gehen diese Ergebnisse?
3. Wie sind die Informationen im einzelnen aufgebaut?
4. Wie wird die Tätigkeit durchgeführt?
   * elementar beschreibbar -> PSPEC notieren
   * sonst -> rekursiv weiter unterteilen

Danach kann aus den gesammelten Informationen das PI-Modell leicht formuliert werden. Im ersten Wurf mag dies sogar während des Interviews an einer Tafel geschehen, aber nur, wenn der Anwender keine Methodenvorbehalte hat (vgl. Kapitel 3.5).

4.4.2.2 PI expandieren

Beim Expandieren wird von den Prozessorgrenzen der Vergangenheit abstrahiert.

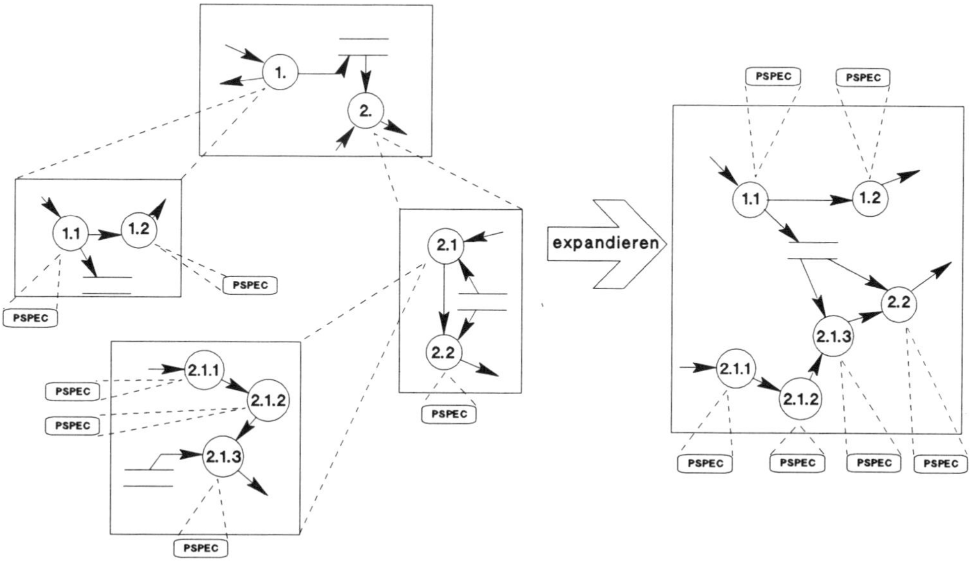

Bild 4.4-16: DFDs expandieren

Expandieren der DFDs:

Auf unterster Ebene werden die verfeinerten DFDs zu einem einzigen DFD zusammengefügt. Dieses enthält alle Elementarprozesse wenigstens eines Teilbereiches und dient nur vorübergehend als Arbeitsmittel. Dabei kann sich herausstellen, daß noch nicht weit genug detailliert wurde.

Expandieren der Datenkataloge:

Paketkanäle werden aufgetrennt und die Datenelemente der Speicher werden normalisiert. Dadurch ändern sich die DFDs und die Inhalte der PSPECs. Dies muß am Phasenende bei der Formulierung des Modells berücksichtigt werden.

Expandieren der PSPECs:

Man untersucht den Zusammenhalt (vgl. Kapitel 7.3.2) der Aktivitäten in einer PSPEC.

funktional:	nur eine Aufgabe (Funktion) wird im Prozeß bearbeitet,
sequentiell:	die Ausgabe jeder Funktion ist Eingabe der jeweils nächsten Funktion,
kommunikativ:	mehrere Funktionen benutzen gleiche Datenstrukturen ,
logisch:	ähnliche Funktionen auf unterschiedlichen Daten,
zufällig:	verschiedene Funktionen auf verschiedenen Daten.

Aufgrund der Analyse wird die PSPEC eventuell durch ein verfeinerndes DFD ersetzt.

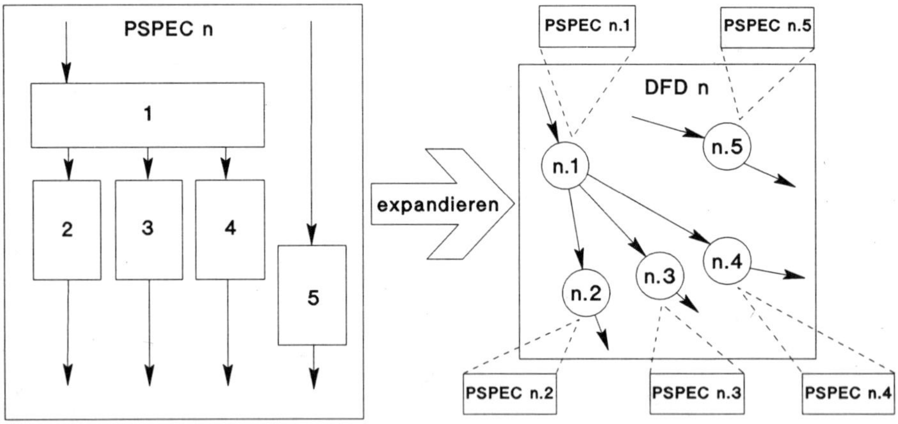

Bild 4.4-17: PSPECs expandieren

4.4.2.3 Das expandierte PI reduzieren

Das Reduzieren verfolgt das Ziel, die Aktivitäten aus dem Modell zu entfernen, die nur wegen der alten Prozessoraufteilung erforderlich waren. Dabei handelt es sich um Infrastruktur- und Administrationsaktivitäten zwischen Prozessoren (Bild 4.4-18). Diese sind unter der Annahme perfekter interner Technologie überflüssig. Dafür sind folgende Schritte erforderlich:

Klassifizieren der im expandierten Modell vorhandenen Aktivitäten in Infrastruktur, Administration und Fragmente essentieller Aktivitäten. Es muß erkannt werden, ob ein gegebener Prozeß zur eigentlichen Zielsetzung des Systems beiträgt oder nicht. Oft muß man Prozesse weiter oder anders verfeinern, als dies bisher geschehen ist. Die Zusammenhaltsanalyse im vorigen Schritt sollte dies jedoch vereinfachen.

Entfernen der Infrastruktur zwischen Prozessoren. Infrastrukturprozesse sind nur erforderlich, um die Prozessoren eines Systems miteinander kommunizieren zu lassen. In der Essenz dürfen sie nicht vorkommen.

Entfernen der Administration zwischen Prozessoren. Dabei dürfen aber die Prüfregeln des Altsystems gegenüber Fehlern der Umgebung nicht verlorengehen. Sie werden später im Physischen Ring des Systems wieder eingefügt und dabei systematisch ergänzt.

Zusammenfügen der essentiellen Fragmente.

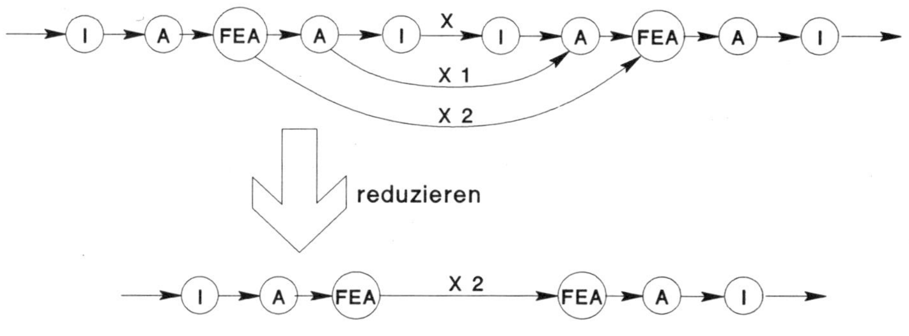

Bild 4.4-18: ein expandiertes DFD reduzieren

4.4.2.4 Essentielle Fragmente klassifizieren

Auf dieser Basis werden die für das System relevanten externen Ereignisse gefunden und die zugehörigen Auslöser und Antworten identifiziert. Nach Aufstellung einer Ereignistabelle werden die grundlegenden Aktivitäten zu externen Ereignissen gefunden.

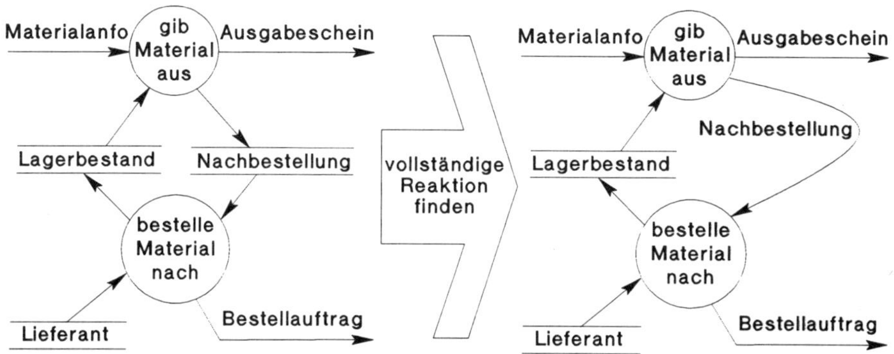

Bild 4.4-19: Beispiel aus der Materialausgabe

Jedem externen Ereignis werden seine Fragmente essentieller Aktivitäten zugeordnet. Dabei muß die vollständige Systemreaktion erkannt werden. Zu diesem Zweck werden unechte Zeitereignisse beseitigt, denn diese führen zu Zeitverzögerungen aufgrund physikalischer Eigenschaften des Altsystems. Physikalische Speicherzugriffe werden durch Datenflüsse ersetzt (Bild 4.4-19).

Die übrigbleibenden Prozesse beziehen sich auf echte zeitliche Ereignisse. Diese werden spezifiziert ("Zeit für <Datenfluß>") und für jedes Zeitereignis wird das Fragment einer essentiellen Aktivität gefunden, das das Zeitereignis als erstes erkennt (Bild 4.4-20).

Danach kann ein vorläufiges essentielles Modell erstellt werden.

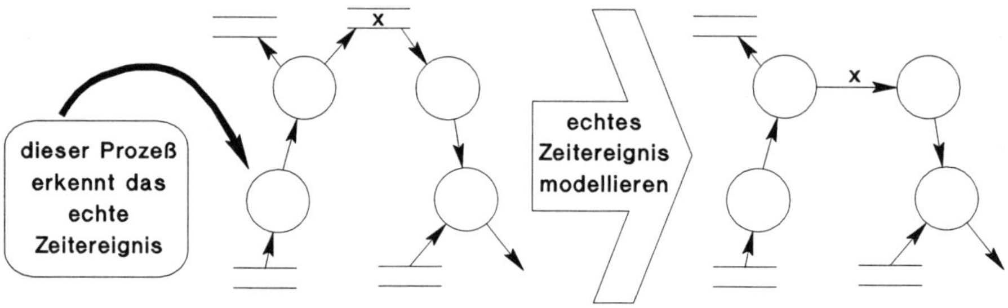

Bild 4.4-20: echtes Zeitereignis erkennen

4.4.2.5 Eine essentielle Aktivität ableiten

Nach Reihenfolge der Wichtigkeit oder nach der Komplexität der Aktivitäten werden nun alle essentiellen Aktivitäten im Detail durchgearbeitet.

Noch übrig gebliebene physikalische Eigenschaften müssen entfernt werden. Das Modell wird im Hinblick auf alle in Kapitel 4.3.4 angesprochenen Eigenschaften implementierter Systeme

> Zerstücklung, Redundanz, Verwicklung, Zusatzkomponenten, künstliche Reihenfolge, künstliche Zeitverzögerung, Stapel-Aktivitäten, Sicherung, Qualitätssicherung, physikalische Namen

geprüft und erkannte Mängel des Modells werden beseitigt. Dies sind z.B. unnötige (nur intern benötigte) Datenelemente. Essentielle Datenelemente liegen außerhalb der Einflußsphäre des Systems.

Die übriggebliebenen essentiellen Fragmente werden zusammengefaßt. Speicherzugriffe werden minimiert und die Reihenfolge der Fragmente wird untersucht. Dabei darf man sich nicht von der ehemaligen Aufteilung im Altsystem beeinflussen lassen. In einer Implementierung werden die Prozesse meistens in eine feste Reihenfolge gebracht. Die Eigenschaften der Implementierungsumgebungen zwingen dazu (vgl. Kap. 7.1). In der Realität könnten die Prozesse genauso gut parallel oder in einer anderen Reihenfolge ablaufen.

Die einzig zulässige Reihenfolge der Fragmente essentieller Aktivitäten im DFD ist jene, die durch Daten (ein Prozeß kann nur arbeiten, wenn Speicher die richtigen Datenelemente enthalten) oder externe Ereignisse erforderlich sind. Die essentielle Reihenfolge der Fragmente wird festgelegt. Dazu muß geprüft werden, ob es für die modellierte Reihenfolge der Funktionen implementationsunabhängige Gründe gibt. In einer PSPEC benutzt man die Klausel: "ohne Reihenfolge" oder "folgende Schritte ohne Berücksichtigung der Reihenfolge".

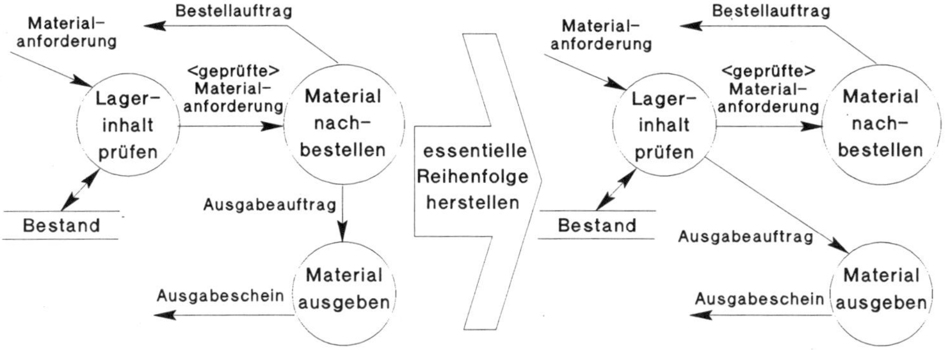

Bild 4.4-21: essentielle Reihenfolge der Fragmente herstellen

Der essentielle Speicher wird objektorientiert zerlegt (Bild 4.4-22):

- Liste der Datenelemente im essentiellen Speicher herstellen,
- Objekte zu den Elementen benennen,
- Jedem Objekt einen Speicher und Datenelemente zuordnen (Attributierung),
- Das Datenmodell normalisieren,
- Fehler kontrollieren,
- Entity-Relationship-Diagramm erstellen (s. Kapitel 6.).

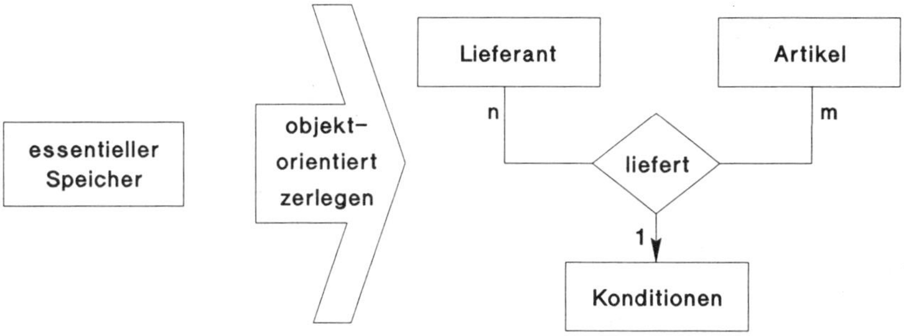

Bild 4.4-22: Zerlegung des Speichers

Das essentielle Modell soll so einfach wie möglich sein. Zugriffe auf den Datenspeicher werden spezifiziert und Relationen werden entsprechend dem Entity-Relationship-Modell von den elementaren Prozessen (spezifiziert in zugehörigen PSPECs) gepflegt.

Schließlich wird der physikalische Ring als Schnittstelle der essentiellen Aktivität zur nicht-perfekten Technologie der Systemumgebung festgelegt.

Für jede essentielle Aktivität wird ein Teilmodell erzeugt, das DFDs, Datenkatalogeinträge und PSPECs enthält. Die Aktivität wird also vorübergehend isoliert betrachtet mit den Vorteilen der lokalen Modellierbarkeit und der besseren

Verständlichkeit für den Anwender bei Rückfragen im Rahmen des Abstimmungsprozesses.

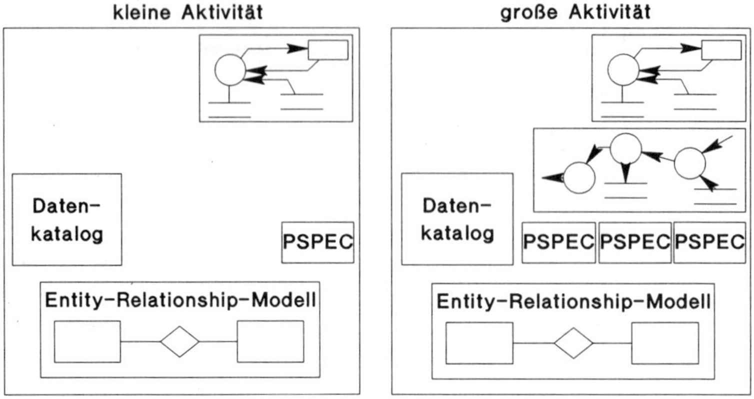

Bild 4.4-23: essentielle Aktivitätenmodelle

Damit entsteht eine Sammlung von essentiellen Aktivitätenmodellen, die eine gute Grundlage für die Strukturierung des gesamten Modells bildet.

4.4.3 Essentielle Aktivitäten zu einem Modell integrieren

Lokale essentielle Modelle, die bei beiden Modellierungsstrategien entwickelt werden, müssen nun zu einem globalen, essentiellen Modell zusammengefügt werden. Hier vereinigen sich die Modellierungsstrategien also wieder.

4.4.3.1 Eine essentielle Aktivität integrieren

Bei der Integration essentieller Aktivitäten kann das Problem auftreten, daß Speicherzugriffe in den einzelnen essentiellen Aktivitäten nicht einheitlich spezifiziert sind. Folgende Situationen müssen bereinigt werden:

> **Eine essentielle Aktivität braucht Daten, die von keiner Verwaltungsaktivität bereitgestellt werden.**
>
> Dazu werden alle grundlegenden Aktivitäten systematisch nach Speicherzugriffen durchsucht. Dabei benutzte Datenelemente werden identifiziert und es wird festgestellt, wo diese gespeichert und aktualisiert werden. Dementsprechend werden Verwaltungsaktivitäten hinzugefügt.
>
> **Verwaltungsaktivitäten stellen Daten bereit, die von keiner essentiellen Aktivität benötigt werden**
>
> Alle Einträge im Datenkatalog werden systematisch nach Verwendung durchsucht. Unbenutzte Datenelemente werden identifiziert. Dann wird die zugehörige Verwaltungsaktivität aufgesucht und entsprechend entfernt oder modifiziert.

Hierbei entsteht leicht der Fehler, daß falsche Anforderungen eingeführt werden. Die Entwicklung eines Unternehmens-Gesamt-Datenmodells ist hier nicht angestrebt. **Die Strukturierte Analyse modelliert nur die Datensichten auf die Speicher, die im betrachteten Systemkontext tatsächlich benötigt werden.**

4.4.3.2 Das globale essentielle Modell erstellen

Wenn sichergestellt ist, daß die Speicher nur die tatsächlich benötigten Datenelemente enthalten, daß die Speicher von allen Prozessen über die gleichen Schlüssel benutzt werden und daß die erforderlichen Verwaltungsaktivitäten alle vorhanden sind, dann erst kann ein globales essentielles Modell erstellt werden. Dazu sind folgende Maßnahmen erforderlich:

1 Definitionen von Datenspeichern integrieren

2 globale DFDs incl. Verfeinerungsstruktur erstellen

3 abgeleitete Speicher neu modellieren

4 gemeinsame Funktionen herausfiltern

4.4.4 Die Modellqualität optimieren

Nach diesen zahlreichen Schritten liegt ein syntaktisch und semantisch korrektes globales essentielles Modell vor. Eventuell ist aber die Qualität des Modells nach dem Prinzip der minimalen essentiellen Modelle noch steigerbar. In diesem Kapitel werden derartige Punkte aufgezeigt. Außerdem werden Empfehlungen und Richtlinien zur Modellierung von häufig auftretenden Situationen gegeben.

4.4.4.1 Aufteilung der Datenelemente auf Speicher optimieren

Gelegentlich tritt der Fall ein, daß trotz Normalisierung sehr viele Prozesse mit einem Speicher arbeiten, sich aber jeweils nur für einen Teil der Attribute interessieren. In solchen Fällen ist es sinnvoll, den Speicher weiter zu zerlegen (Bild 4.4-24). Dies erfolgt mit dem Ziel der Vereinfachung des Modells nach dem Prinzip der minimalen essentiellen Modelle. Später beim Datenbank-Design wird über die Aufteilung der Datenelemente auf Speicher neu nachgedacht. Aber erst dann spielen Randbedingungen des Datenbanksystems und Performancefragen sowie die Praktikabilität in der Produktion eine Rolle.

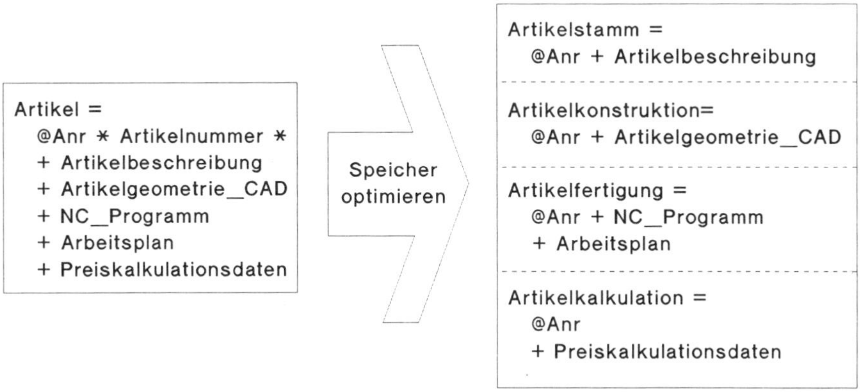

Bild 4.4-24: Artikelspeicher im PPS-System

4.4.4.2 Verfeinerte PSPECs erzeugen

Redundanz in den PSPECs entsteht leicht dadurch, daß eine Folge von Anweisungen in Strukturierter Sprache (durch eine Makro-Anweisung zusammengefasst) in zahlreichen PSPECs auftritt. Man beseitigt diese Redundanz durch die Einführung sog. verfeinerter PSPECs (Bild 4.4-25). Dabei werden PSPECs abgelegt, die den redundanten Teil spezifizieren, ohne daß es dazu einen Prozess in einem der DFDs gibt. Natürlich sollten dann entsprechende Verweise angelegt werden, damit im Änderungsfall das Modell leicht überprüft und angepasst werden kann.

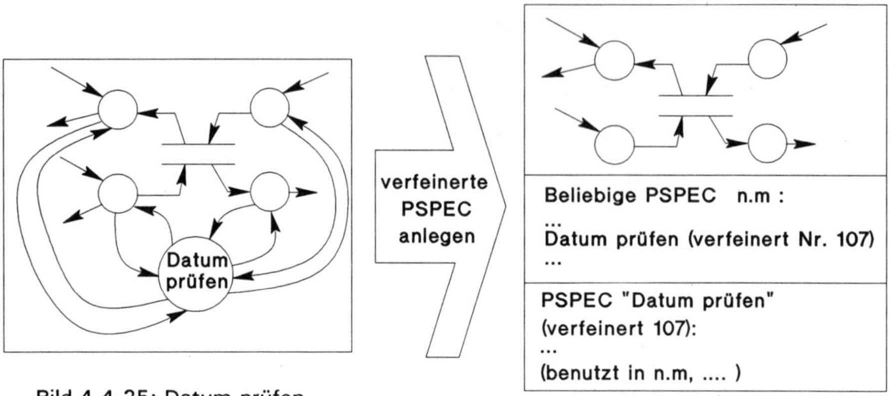

Bild 4.4-25: Datum prüfen

Dieses Vorgehen ist gangbar, wenn es sich um kleine Routine-Aktivitäten handelt. In manchen Systemen tritt aber auch der Fall ein, daß die auszulagernde Aktivität sehr umfangreich ist, vielleicht sogar den eigentlichen Sinn des Systems ausmacht.

Betrachten wir etwa einen Fertigungsleitrechner als System. Seine Hauptaufgabe besteht darin, in zahlreichen essentiellen Aktivitäten auf bestimmte Problemsituationen der Fertigung zu reagieren. Abhängig von der Schwere eines aktuellen Problems muß er dann einen Prozeß "Kapazität fein terminieren" aktivieren. Es bietet sich nicht an, diese eigentliche Aufgabe des Systems in einer verfeinerten PSPEC ohne dahinterstehende DFDs auszulagern. Mehrere Wege sind erkennbar, diese Situation zu lösen:

- Eine andere Kontextabgrenzung wählen, dabei Definition eines Systems "Kapazität fein terminieren", das in einem übergeordneten Modell ("Superkontext") mit den anderen Systemteilen nur über Datenflüsse ("Message-Verbindungen") kommuniziert (vgl. hierzu Kap. 4.4.6).
- Die Real-Time-Erweiterung der Strukturierten Analyse (vgl. Kap. 5.) benutzen. Dabei wird der Prozeß "Kapazität fein terminieren" über eine Prozeßaktivierungstabelle abhängig von systemintern erkannten Ereignissen aktiviert.

4.4.4.3 Die essentielle Ebene vergröbern

Die Zusammenfassung essentieller Aktivitäten beim Vergröbern sollte nach den Richtlinien in Kap. 4.3.2.4 erfolgen.

- Prozeßgruppen suchen, die gut mit einem Namen versehen werden können.
- Prozeßgruppen suchen, die vom gleichen Anwender abgenommen werden.

- Prozesse suchen, die die gleichen Speicher nutzen. Dabei werden Prozesse objektorientiert zusammengefaßt, so daß Speicher möglichst **gekapselt** werden.

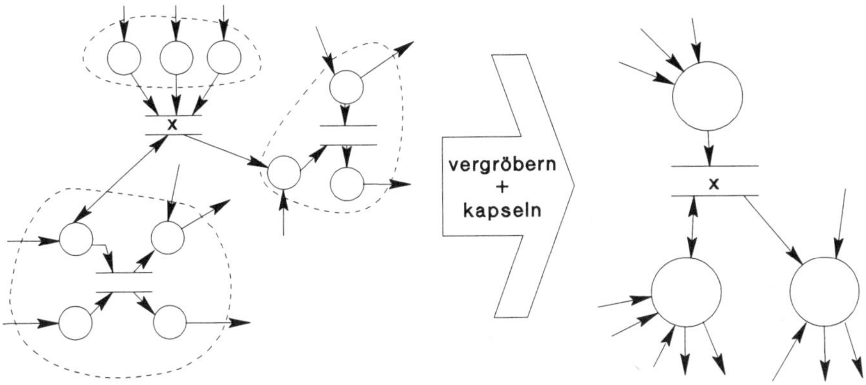

Bild 4.4-26: beim Vergröbern Speicher kapseln

4.4.4.4 Zugriff auf Daten anderer Kontexte

Der Grundsatz der Datenabstraktion erfordert, daß keine anderen Verfahren auf die Datenspeicher des betrachteten Verfahrens zugreifen. Jedes Verfahren muß für die Kapselung seiner Speicher Sorge tragen und logische Schnittstellen für erlaubten Zugriff anderer Verfahren auf eigene Daten bereitstellen. Diese Zugriffe werden entweder in der Administration oder durch zeitweise Wahrnehmung der Aufgaben des Verfahrens durch Mitarbeiter anderer Kontexte realisiert (vgl. Regeln zur Kontextabgrenzung in Kapitel 4.4.6).

Eine Trennung von Anforderung und Ergebnisannahme würde eine unvollständige Erarbeitung der Systemreaktion auf das Ereignis zur Folge haben.

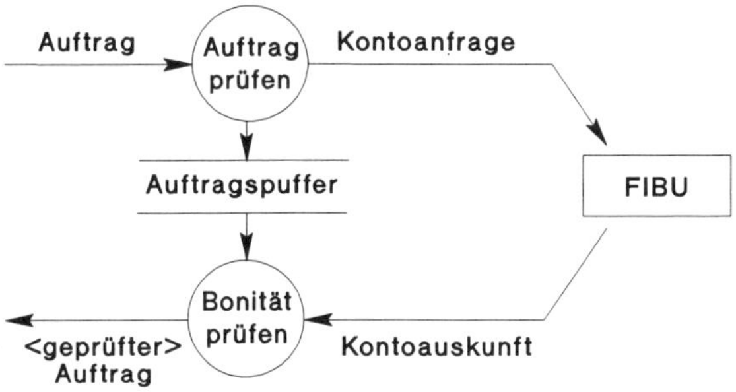

Bild 4.4-27: unvollständige Reaktion durch Rückfrage

4.4.4.5 Beziehungstypen im SA-Modell

Im Entity-Relationship-Modell werden Entitytypen und Beziehungstypen unterschieden. Obwohl im Relationalen Datenmodell beide als Relationen dargestellt werden, ist diese Unterscheidung auf semantischer Ebene, also in der Analysephase, sinnvoll.

Im Entitytyp werden diejenigen Eigenschaften modelliert, die das Objekt der realen Welt **unabhängig von seiner Nutzung** wirklich hat. Die Beziehungen dagegen modellieren die Beziehungen zwischen den Objekten der realen Welt.

Beziehungen zwischen Objekten entstehen als Folge von Ereignissen (vgl. Kap. 6.3.1.4). Prozesse sind abhängig von Datenvoraussetzungen (Vorbedingungen) und hinterlassen als Ergebnis konsistente Datenstrukturen (Nachbedingungen). Beziehungen entstehen nur durch Prozesse. Sie sind Bestandteil der Essenz und müssen in implementierungsunabhängiger Weise modelliert werden. Außerdem muß auf Redundanzfreiheit geachtet werden. Die Tatsache, daß zwei Objekte in Beziehung stehen, darf nur an einer Stelle im System modelliert werden. Daher bietet sich folgende Vorgehensweise an:

- Die Einrichtung und Pflege von Beziehungen zwischen Entities wird in den PSPECs definiert.
- Die **Beziehungstypen** (= Mengen von Beziehungen zwischen Entities) werden **nur** im Entity-Relationship-Modell modelliert.
- **Beziehungstypen werden aber nicht als Speicher im SA-Modell dargestellt.** Dadurch würde Redundanz im Modell entstehen. Außerdem würden Implementierungsentscheidungen vorweggenommen. In den Entwicklungsumgebungen sind Beziehungen auf unterschiedliche Weise implementierbar. Darüber zu entscheiden, ist Aufgabe des Designers.
- Beziehungstypen werden aber in jedem Falle **im Datenkatalog in ihrer Zusammensetzung definiert.**

Folglich werden Beziehungstypen im essentiellen Modell nicht als Speicher dargestellt. Die Einrichtung und Pflege von Beziehungen zwischen Entities wird jedoch in den PSPECs definiert (Bild 4.4-28).

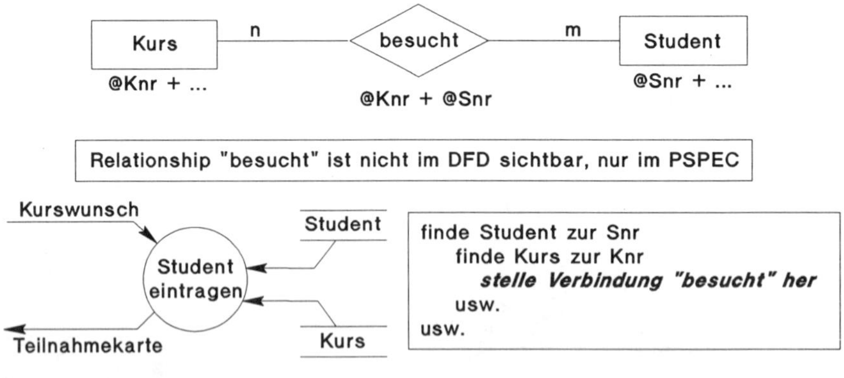

Bild 4.4-28: Verbindung zwischen Student und Kurs

Diese Konvention, Beziehungstypen nicht als Speicher in das DFD aufzunehmen, vereinfacht die DFD-Modelle erheblich. Manchmal ist diese Konvention aber auch hinderlich, weil sie die Verständlichkeit des Modells untergraben kann. Daher ist auch die gegenteilige Konvention, alle Beziehungstypen in den DFDs als Speicher darzustellen, vertretbar. Im Projekt muß natürlich eine einheitliche Vorgehensweise festgelegt werden.

4.4.5 Den Analyse-Aufwand reduzieren

4.4.5.1 Eine Analyse des Altsystems durchführen

Es ist schon darauf hingewiesen worden, daß bei ausführlicher Analyse eines Vorgängersystems viele Projektressourcen gebunden werden. Andererseits sollte die IST-Analyse so kurz wie möglich sein. Der Auftraggeber hat meist wenig Verständnis dafür, wenn das Projekt sich mehrere Monate in der IST-Analyse aufhält: "Wie der IST-Zustand funktioniert, das wissen wir doch!". Es müssen Wege gefunden werden, den Aufwand zu begrenzen. Daher suchen wir die **Ursachen der Verschwendung** von Personalkapazität und Zeit.

- Zunächst kann es schwierig sein, spontane und geplante Reaktionen zu trennen.
- Projektmitarbeiter verwenden zu viel Zeit in die Untersuchung des Alt-Systems, weil zu viele physikalische Details im Modell berücksichtigt werden. Jedes modellierte Detail erzeugt aber einen Folgeaufwand für Fortschreibung, Weiterentwicklung und sogar für die Vernichtung im Rahmen der Modellierung. Ein großer Teil der physikalischen Informationen ist aber für die Ableitung der Essenz überflüssig (bis zu 75 %). Ein PI-Modell des Altsystems darf zwar Implementierungsdetails der Vergangenheit enthalten , das Ziel der Modellierung ist aber ein logisches Modell. Eine ausführliche Dokumentation des Altsystems ist also zu vermeiden.
- Verschwendung von Ressourcen wird aber eventuell auch vom Analytiker selber verursacht. Es ist leichter, das Altsystem mit all seinen Details akribisch zu dokumentieren, als die Essenz des Systems abzuleiten. Im Rahmen der Personalführung muß man im Projekt stets auf zielorientiertes Arbeiten achten.
- Projekte dauern aber auch dann lange, wenn die Mitarbeiter den Zweck des neuen Systems eigentlich nicht verstehen und daher auch nicht wissen, welcher Teil die wichtigsten Informationen enthält.

Zur Vermeidung dieser Probleme gelten folgende **Empfehlungen:**

- Eine Modellierung des Vorgängersystems führe man nur begründet und in möglichst kleinen Teilsystemen durch.
- Zunächst muß die Abgrenzung der spontanen und geplanten Reaktionen sehr sorgfältig vorgenommen werden. Hier wird u.U. über den Projekterfolg entschieden.
- Erkennbar physikalische Details sollten in der IST-Analyse sehr bewußt aufgenommen werden. Stellen, an denen man die bisherige Implementierung wirklich kennen muß, sind selten.
- Bei Modellierung des Vorgängersystems führe man eine vollständige DFD-Modellierung nur soweit durch, wie es für das Verständnis des Anwendungsbereiches unbedingt erforderlich ist. Außerdem sollte ein Entity-Relationship-Modell des Altsystems (nicht nur der EDV-Teil, sondern das gesamte System) erhoben werden. Wenn alte Dokumente (Belege, Programme, Benutzerhandbücher, usw.) vorhanden sind, dann werden diese in eine Materialsammlung mit Verweisen vom Datenkatalog und von den PSPECs zu diesen Dokumenten eingefügt. Es sollten nur die Systemteile vollständig in SA-Notation modelliert werden, die für das System wesentlich sind und die im alten System nicht dokumentiert sind,

aber MIT SCHARFEM BLICK AUF DIE ESSENZ, d.h. vermeiden, Infrastruktur und Administration ausführlich zu modellieren (hierin liegt allerdings auch die Gefahr, wichtige Fragmente der Essenz zu übersehen).

- Bei der Modellierung ist auch Erfahrung notwendig. Diese sollte helfen, Infrastruktur und Administration leicht zu erkennen. Es muß vermieden werden, die interne Infrastruktur und Administration (zwischen Prozessoren des Systems) ausführlich zu dokumentieren. Diese werden nämlich beim Reduzieren aus dem Modell wieder entfernt.

Mit einer teilweisen Modellierung des Altsystems wird das Ziel verfolgt, ein allgemeines Verständnis des Anwendungsbereiches und einen guten Überblick zu erhalten. Es kommt nicht darauf an, das Altsystem minutiös zu dokumentieren.

4.4.5.2 Blitzen

Aber auch das Projektmanagement ist erheblich gefordert. Bereits zu Beginn des Projekts muß ein präziser Überblick über die Größe des Systems gewonnen werden. Dabei hilft das "Blitzen".

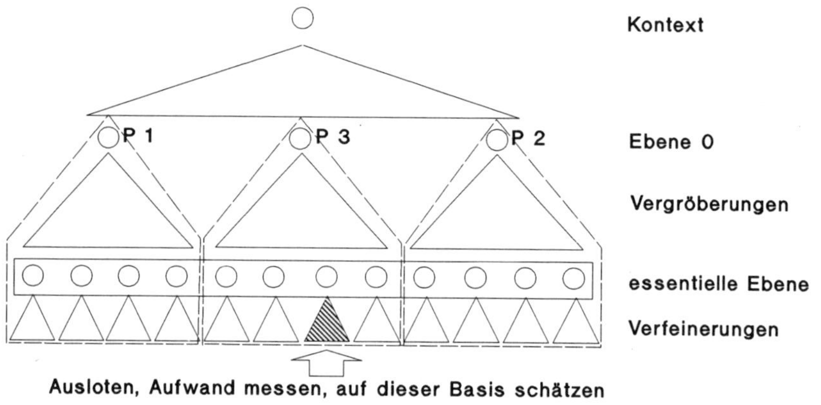

Bild 4.4-29: Vorgehensweise beim Blitzen

Innerhalb möglichst kurzer Zeit (eine Woche) wird ein Überblicksmodell der Essenz erstellt, das Blitzmodell. Dieses ist zunächst sicherlich unvollständig, womöglich auch inkonsistent. Es besteht aus ereignisorientiert zerlegten DFDs und einem objektorientiert zerlegten Entity-Relationship-Modell. Das Blitzmodell beschreibt jedoch nicht den vollen Umfang des Systems und alle Details in beliebiger Tiefe. Die Strategie ohne ausführliche Modellierung des Altsystems wird also in ganz kurzer Zeit angewandt unter Verzicht auf Präzision im Detail. Dabei entstehen folgende Vorteile:

- Es wird Zeit gespart. Bereits zu Anfang des Projektes wird die Größenordnung der Aufgabe erkannt. Dabei ergibt sich meistens, daß nur wenige Teile des Modells eines Vorgängersystems erstellt werden müssen.
- Zielorientierung: als erster Schritt im Projekt werden die Ziele des Systems genau formuliert und in Form von grundsätzlichen Anforderungen präzisiert.

Beim Blitzen kann man etwa nach folgendem Plan vorgehen:

- Ziele des Systems festlegen.

- Ereignistabelle und Kontextdiagramm erzeugen (Umgebungsmodell).
- vorläufiges essentielles Modell erstellen.
- Modellierungsplan erstellen, der die Reihenfolge für die detaillierte Modellierung der essentiellen Aktivitäten festlegt.
  . Tiefe ausloten durch detaillierte Modellierung einer erkannten essentiellen Aktivität.
  . Auf dieser Grundlage Aufwandsschätzung vornehmen für die Analyse des Gesamtsystems.
  . Eventuell Kontext neu eingrenzen nach dem verfügbaren Budget, Ergebnisse müssen selbstverständlich mit dem Anwender abgestimmt werden. Dabei hat man aber mit einem Blitzmodell gute Argumente.
- Einzelne essentielle Aktivitätsmodelle erstellen.
- Diese Modelle integrieren.

Die Ausarbeitung von Kontexten erfolgt also abhängig von Prioritäten und nach Schätzung des Aufwandes (Bild 4.4-29). Das Blitzmodell ist gleichzeitig Ausgangspunkt für die eigentliche Modellierung.

Das Blitzen läßt sich in angepasster Form zu Beginn jeder Phase eines Projektes anwenden.

4.4.6 Regeln zur Kontextabgrenzung

Bei der Kontextabgrenzung wird der Projektumfang festgelegt. Daher hat dieser Schritt eine wesentliche Bedeutung für den Projektverlauf. Jede Einzelentscheidung in dieser Frage hat direkte Auswirkungen auf das Projektbudget und auf die Einhaltbarkeit der Termine. Daher ist es erforderlich, gezielt Anhaltspunkte zu geben, die dabei helfen, Projekte erfolgreicher zu machen.

Zunächst muß unterschieden werden zwischen

- **der Aufgabenstellung des Projektes und damit dem Kontext des Gesamtsystems**. Dieser muß im Projekt meistens kompetent ergänzt werden. Der Anwender oder Auftraggeber sieht meistens nur einige Symptome, die eine Systementwicklung motivieren, aber selten die wirklichen Ursachen für Mängel des Altsystems. Der Gesamtkontext folgt oft nicht den Zerlegungskriterien des Entwicklers. Andererseits ist dieser Gesamtkontext Gegenstand der Projektdefinition, eventuell Vertragsgegenstand.
- **der Zerlegung der Aufgabenstellung in handliche Teile**. Dabei entstehen Teilsysteme (Objekte), und damit Kontexte von Teilmodellen des Gesamtsystems. Die Gesamtaufgabe muß so zerlegt werden, daß führbare Teilprojekte entstehen. Sinnvolle Teilsysteme, die in sich abgeschlossen und zusammenhängend sind und nach außen einfache, langfristig konstante Schnittstellen haben, müssen definiert werden.

Es ist ein beliebter Fehler, als Kontext für die Modellierung einfach unkritisch die Aufgabenstellung des Gesamtprojektes zu nehmen. Gerade bei größeren Projekten ist eine Einteilung der Aufgabenstellung in Teilsysteme mit langfristig konstanten Schnittstellen untereinander meistens relativ leicht möglich. Zu jedem Teilsystem kann ein Teilprojekt definiert werden. Innerhalb dieser Teilprojekte werden dann Kontextgrenzen für die zu entwickelnden Verfahrensteile festgelegt. Später, nach Fertigstellung kann man alle Kontexte der Verfahrensteile von Teilprojekten zu einem großen Gesamtmodell zusammenfassen, wenn man es unbedingt möchte. Dies geht natürlich auch vorher, aber es empfiehlt sich, die **Teilsysteme** klein und übersichtlich zu halten, um den Erfolg der **Teilprojekte** nicht zu gefährden.

Nehmen wir als Beispiel an, in einem großen Projekt soll ein EDV-Gesamtkonzept für eine Versicherung erstellt und später auch realisiert werden. Dies bedeutet, alle Aufgaben sämtlicher Mitarbeiter müssen analysiert werden. Dann ist es ein Abenteuer mit ungewissem Ausgang, einen einzigen Kontext zu definieren, der die gesamte Versicherung mit all ihren Aufgaben als einen Prozeß darstellt! Selbst die Schadensabteilung als Ganzes kann als Modellumfang noch zu groß für eine effektive Modellarbeit sein. **Wir plädieren hier dafür, durch geschickte Aufteilung des Projektes in Teilprojekte den Modellumfang so klein wie möglich zu machen.** Dafür gibt es folgende Gründe:

- **Größere SA-Modelle werden leicht unübersichtlich.**
  * Die schrittweise Verfeinerung führt auch unter Anwendung einer moderat abgeschwächten 7 +/- 2 Regel auf eine erhebliche Schachtelungstiefe des Modells. Auch wenn es damit logisch möglich ist, beliebige Komplexität sicher aufzuteilen und präzise alle Details darzustellen, so sollte doch mit dem Ziel besserer Verständlichkeit des Modells die Schachtelungstiefe sinnvoll begrenzt werden. (In der Programmierung trifft man auf ein ähnliches Problem, Programme mit einer Schachtelungstiefe der Kontrollstrukturen größer als vier neigen zur Unübersichtlichkeit und werden daher gerne aufgeteilt.)
  * Der Umfang des Datenkatalogs überschreitet sehr schnell vernünftig verstehbare Größenordnungen. Unser triviales Beispiel "Flugkarten verkaufen" (s. Kap. 4.1.3) führte bereits auf einen Datenkatalog mit 18 Einträgen, in denen aber noch nicht alle einzelnen Attribute abschließend definiert waren.
- **Datenspeicher sollten gekapselt werden.**
  * Ein "offenes Datenmodell" bzw. ein Unternehmens-Gesamt-Datenmodell, so wie es von manchen Entwicklern von Informationssystemen favorisiert wird, kann auf gravierende Probleme führen, wenn die Datenstrukturen einfach offengelegt werden, damit jedes Anwendungsprogramm diese nach Belieben benutzen kann:
    . Die Integritätsregeln (vgl. Kap. 6.3.1.4) müssen von allen Programmen strikt eingehalten werden, sonst ist die Datenintegrität in Gefahr. Der Zugriff auf Daten durch die externen Schemata der user-views aus dem ANSI-SPARC-Standard (vgl. /DATE-90/ S.31ff) sind nicht ausreichend zur Sicherstellung der Datenintegrität, d.h. die Integrität muß oberhalb der user-views sichergestellt werden.
    . Dies ist auch bei konventioneller Entwicklung nur praktisch möglich, wenn durch geeignete Maßnahmen (Entwicklung von Datenzugriffsmodulen, data-hiding) jedes Anwendungsprogramm wirksam daran gehindert wird, einfach auf die offen verfügbaren Datenbanken zuzu-

greifen. Datenzugriffe müssen also in Basismoduln versteckt werden. Dieses Prinzip sollte bereits in der Analyse gelten. Die essentiellen Prozesse sind tatsächlich gut geeignet, alle Zugriffe auf Speicher effektiv zu verstecken.

. Auch aus Sicherheitsgründen sollte man vermeiden, die Datenstrukturen, die ja Auskunft über die gespeicherten Datenbestände geben, für jeden zugreifbar offenzulegen. (Allerdings muß gemäß § 29 BDSG der Beauftragte für den Datenschutz stets Auskunft über die Art, den Zweck und die Verwendung personenbezogener Daten im Unternehmen erteilen können.)

. Schließlich ist bei Offenlegung der Datenstrukturen die Wartbarkeit des Gesamtsystems in Gefahr. Änderungen der Datenstruktur in einem Verfahrensteil sollten natürlich keine unbeabsichtigten Fernwirkungen haben. Es gilt, die integrierten Verfahren datentechnisch ausreichend zu trennen.

- **Projekte müssen führbar sein.**
  * Die Anzahl der Mitarbeiter je (Teil-) Projekt sollte auf höchstens zehn beschränkt werden. Daneben sollte der Bearbeitungszeitraum so kurz wie möglich sein.
  * Die Gesamtprojektleitung nimmt dann vor allem Koordinations- und Synchronisationsaufgaben der Teilprojekte wahr. Dazu gehört auch als besonders wichtiger Punkt die Sicherstellung der Integration der Teilprojekte durch eine die Konstruktion begleitende Qualitätssicherung.
  * Durch geschickte Aufteilung der Gesamtaufgabe in Teilprojekte entstehen übersichtliche und handliche Modelle, die schnell entwickelt und mit dem Anwender gut besprochen werden können.
  * Eine solche Aufteilung zwingt zur Einhaltung des Lokalitätsprinzips und zur Definition vernünftiger Schnittstellen.

4.4.6.1 Elementare Regeln

Der Bediener oder Sachbearbeiter gehört zum System, eine Beschränkung auf das EDV-System würde daran hindern, später die Zuordnung von Prozessen zu Prozessoren nach inhaltlichen Erwägungen durchzuführen (s. Kap. 3.1.1.1).

Beim Vergröbern der essentiellen Ebene werden essentielle Aktivitäten so zusammengefasst, daß **Speicher möglichst gekapselt** werden.

Der Kontext muß immer eine essentielle Aktivität komplett oder gar nicht enthalten (**vollständige Systemreaktion**).

Man sollte immer **langfristig konstante Schnittstellen** als Systemgrenze anstreben. Der Kontext des Systems sollte das zu erwartende künftige automatisierte System incl. Bedienung umfassen, andererseits so klein wie möglich sein.

Im Laufe der Systemanalyse ändert sich der Kontext nur durch Rückfragen, die durch Konsistenz-Prüfungen motiviert sind und durch inhaltliche Erweiterung.

4.4.6.2 Kontexte zu Superkontexten zusammenfassen

In diesem Kapitel identifizieren wir den Begriff "Kontext" mit dem gesamten Umfang der Aufgaben des durch das Kontextdiagramm abgegrenzten Modells.

Das Unternehmens-Gesamtmodell ist als eine Verknüpfung von vielen elementaren Kontexten zu einem Gesamtkontext aufzufassen. Dabei muß jede essentielle Aktivität einem und genau einem Elementarkontext zugeordnet werden. Sie wird daher im Gesamtsystem nur einmal modelliert. Redundanz muß auf jeden Fall vermieden werden.

Muß diese Aktivität in anderen Kontexten zur Unterstützung der Aufgabe durchgeführt werden, so nimmt der Sachbearbeiter zeitweise Aufgaben dieses anderen Systems wahr. Dies ist später nur eine Frage der Erteilung geeigneter Zugriffsberechtigungen und der Aufteilung der Funktionen in einer Weise, die mit den Zugriffsrechten kompatibel zu machen ist.

Für die Pflege von Datenbeständen ist daher immer nur ein System zuständig, das seine Daten kapselt und die entsprechenden Pflege- und Geschäftsvorfall-Funktionen und Zugriffsroutinen bereitstellen muß.

Elementare Kontexte lassen sich leicht zu "Superkontexten" zusammenfassen, wenn die Schnittstellen der Kontexte langfristig konstant sind. Es gibt dann auch eine Kontext-übergreifende Konsistenzprüfung (s. Kap. 2.4.2, dort haben wir die verfahrensübergreifende Daten- und Methodenkonsistenz im Zusammenhang mit der Integration betont). Die internen Schnittstellen zusammengefügter Kontexte müssen aus der Sicht jedes beteiligten Kontextes gleich sein. An den folgenden Beispielen wird dies verdeutlicht. Dabei ist das Auftragssystem aus Kapitel 4.4.1 durch "AFT" abgekürzt.

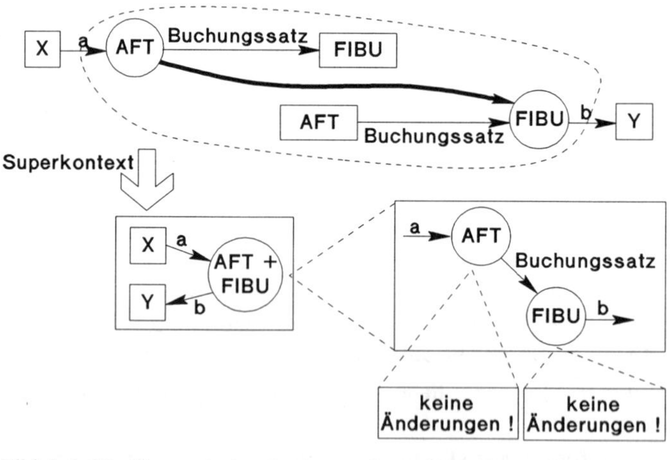

Bild 4.4-30: Elementarkontexte zu einem Superkontext zusammenfügen

4.4.6.2.1 Beispiel Teil 1 - eine stark vereinfachte FIBU

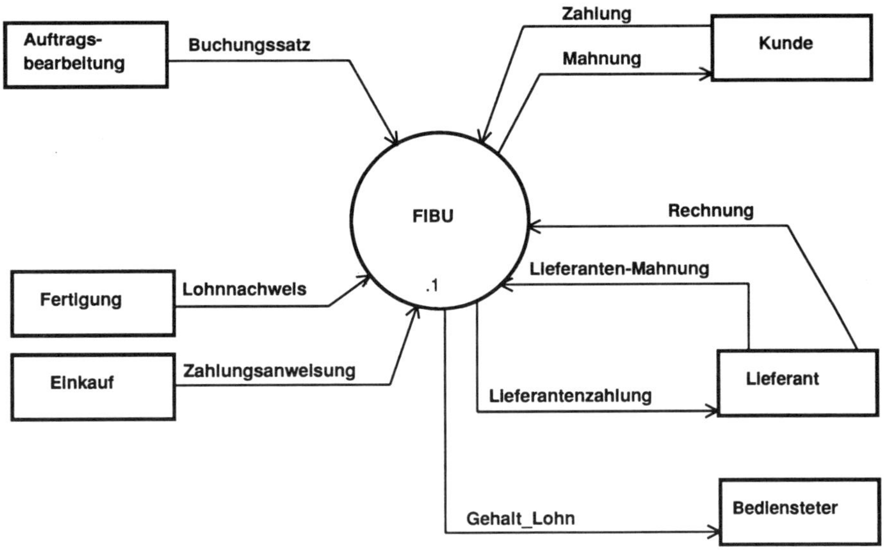

Bild 4.4-31: Kontext der vereinfachten Finanzbuchhaltung

Der Kunde erhält seine Rechnung vom Auftragssystem. Parallel wird ein Buchungssatz an die Finanzbuchhaltung (FIBU) übermittelt als Sollstellung des Kunden-Kontos. Die FIBU sorgt dann dafür, daß bei der Zahlung des Kunden diese Sollstellung ausgeglichen wird. Zahlt der Kunde nicht fristgemäß, so erfolgt eine Mahnung. Das Mahnwesen ist sinnvollerweise zentral bei der FIBU angesiedelt.

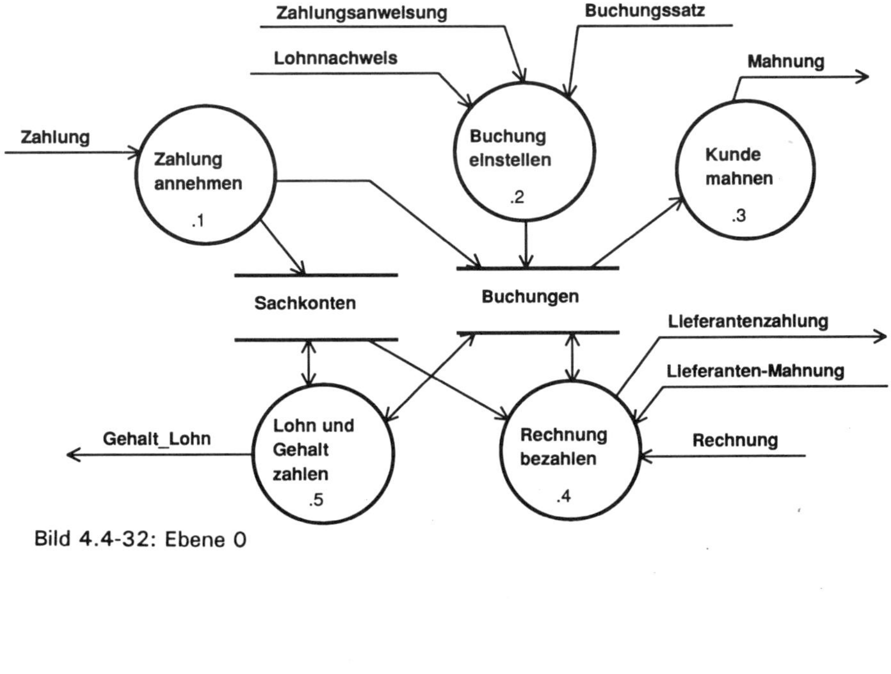

Bild 4.4-32: Ebene 0

4.4.6.2.2 Beispiel Teil 2 - Zusammenführung mit der vereinfachten Auftragsbearbeitung

Dieses Modell der FIBU führen wir nun mit dem Beispielmodell aus Kapitel 4.4.1 über die Auftragsbearbeitung zusammen (s. Bilder 4.4-10 und 4.4-11).

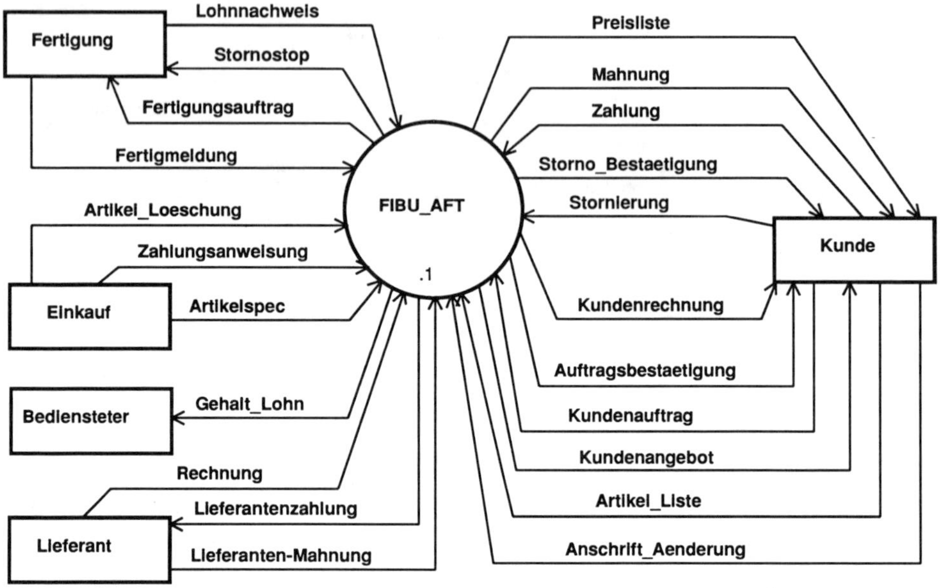

Bild 4.4-33: Kontext des kombinierten Systems FIBU_AFT

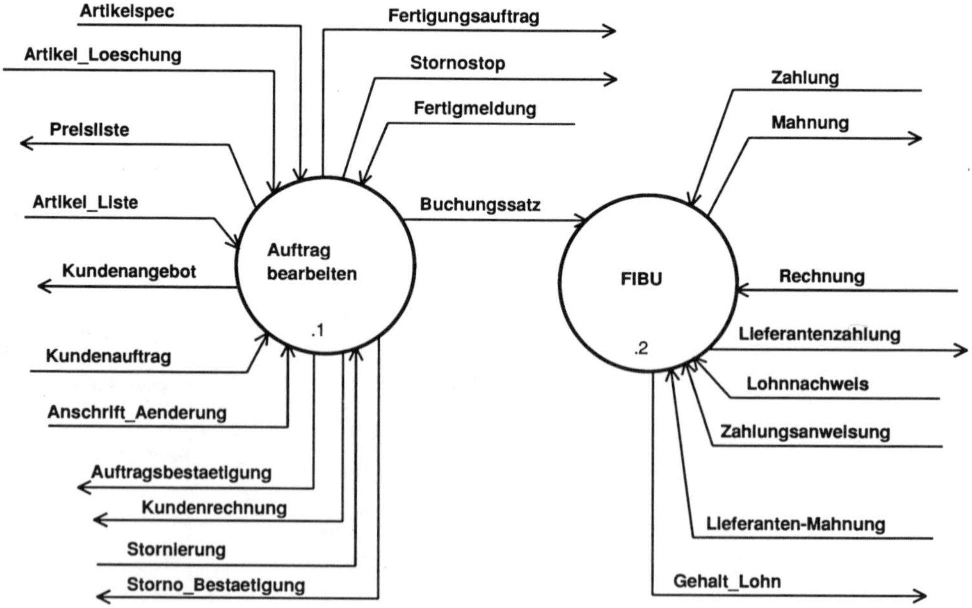

Bild 4.4-34: Ebene 0 = Kontexte AFT + FIBU

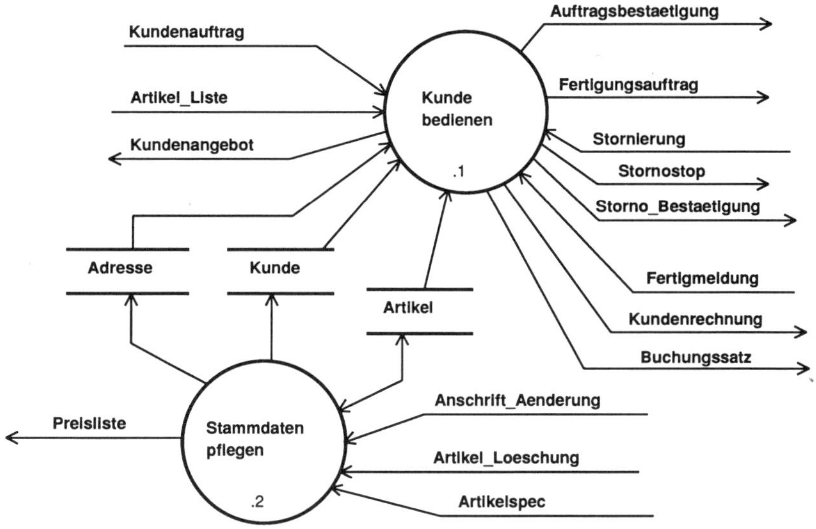

Bild 4.4-35: Ebene 1 Prozess 1, wie Auftragsbearbeitung

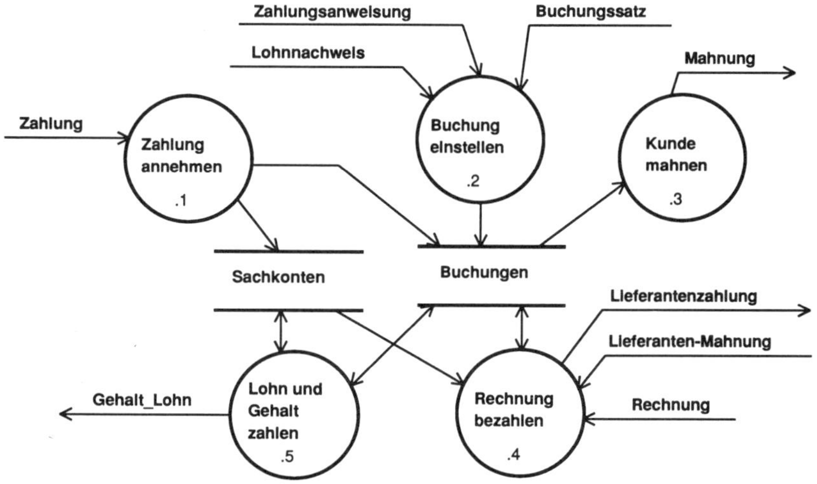

Bild 4.4-36: Ebene 1 Prozess 2, wie FIBU

4.4.6.3 Elementarkontexte und Superkontexte

Das Modellbeispiel illustriert folgende Regeln:

Ausgehend von der Essenz werden **"Elementarkontexte"** (Bild 4.4-37) gebildet (**abstrakte Datentypen**).

Diese haben folgende Eigenschaften:

- Auf Ebene 0 erscheinen die ersten Speicher.
- Alle essentiellen Aktivitäten des Teilsystems stehen untereinander unmittelbar oder mittelbar in Beziehung über Speicher.

- Dabei ist erneut die essentielle Zerlegung zu beachten: zahlreiche Arten von Speicherzugriffen in realen Systemen sind implementationsabhängig oder gehören dem Administrationsring an:
    * Prüfungen gegen Speicherinhalte,
    * Herstellung von Beziehungen zu Entities anderer Teilsysteme zur Sicherstellung der Verfahrensintegration,
    * Zugriffe auf technische Hilfsdateien, die durch Normalisierung (1 NF) entstanden sind (Hilfsschlüssel, Programmkonstanten, ..).

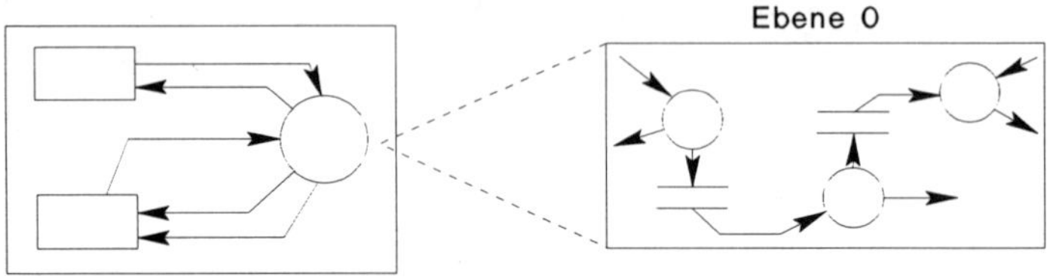

Bild 4.4-37: Elementarkontext

Superkontexte haben folgende Eigenschaften:

- Ebene 0 zeigt eine Zusammenfassung von Teilsystemen, die untereinander über Datenflüsse kommunizieren.
- Speicher sind in den Teilsystemen gekapselt und treten erst bei Verfeinerung der Elementarkontexte in Erscheinung.
- Elementarkontexte lassen sich zu "Superkontexten" zusammenfassen. Dabei bleiben nur die gemeinsamen externen Terminatoren der Teilsysteme übrig, interne Terminatoren (andere Teilsysteme des Gesamtsystems) sind in zusammengefassten Superkontexten mit fortschreitender Zusammenfassung immer weniger vorhanden.

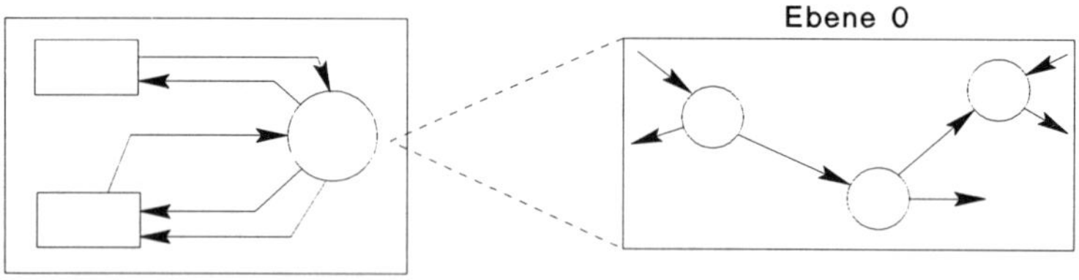

Bild 4.4-38: Superkontext

- Alle Systeme sind aufzufassen als Teilsysteme übergeordneter Systeme. Dieser Sammelprozeß (Bild 4.4-39) findet in der Praxis eine natürliche Unterbrechung (ein vorläufiges Ende) beim Unternehmensgesamtmodell bzw. beim Gesamtmodell der technischen Anlage ("Gesamtkontext"). Der Gesamtkontext zeigt nur noch die externen Terminatoren.

Übergreifend werden Gesamtkontexte weiter zusammengefasst bis hin zu einer Volkswirtschaft bzw. zur universellen Wirtschaftsordnung. Diese ist aber auch nur Teil umfassenderer Systeme, usw.

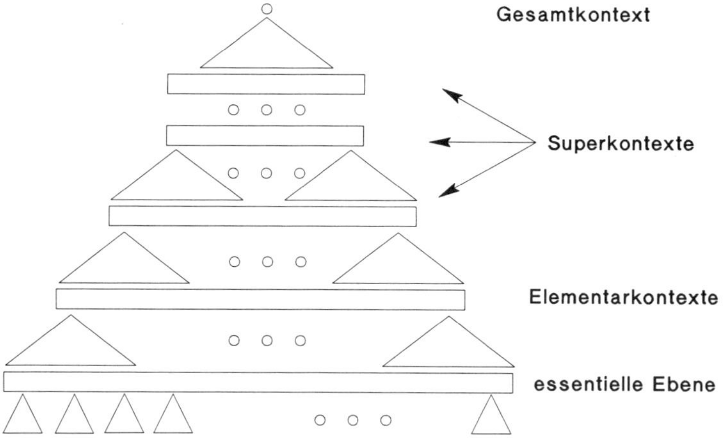

Bild 4.4-39: Essenz, Elementarkontext, Superkontext, Gesamtkontext

Es entstehen Hierarchien von Kontexten und Superkontexten, die den geschachtelten Prozessoren und Superprozessoren in der Anatomie der Systeme entsprechen. Tatsächlich sollte stets die **Aufbauorganisation eines Unternehmens** der hierarchischen Systemstruktur der geschachtelten Superkontexte entsprechen und nach ihr gebildet werden (erst die Abläufe und Verarbeitungen, kurz die Essenz, definieren, danach durch Zusammenfassung nach Kriterien der Homogenität, der Aufgabenstellung und der Mengengerüste Arbeitsgruppen, Abteilungen, Unternehmensbereiche usw. festlegen).

4.4.6.4 Praktische Konsequenzen

Diese Überlegungen zeigen die logische Struktur der systemtheoretischen Grundkonzepte. In der Praxis wird nur selten ein Modell des Gesamtkontextes (Unternehmensgesamtmodell) explizit formuliert.

Unter Beachtung der 7 +/- 2 - Regel ergeben sich folgende Darstellungsmöglichkeiten:

eine	Ebene :	7	Prozesse
zwei	Ebenen:	49	Prozesse
drei	Ebenen:	343	Prozesse
vier	Ebenen:	2401	Prozesse
fünf	Ebenen:	16807	Prozesse
sechs	Ebenen:	117649	Prozesse usw.

Dies zeigt, daß auch große Systeme meist in weniger als 6 Ebenen darstellbar sind.

Beim konkreten Modellieren hat man aufgrund der dargestellten Überlegungen große Freiheiten in der **Wahl des Kontextes**:

- Im Kontext muß die vollständige Reaktion für jedes betrachtete Ereignis enthalten sein.
- Ein Kontext sollte zu jedem intern abgebildeten Speicher immer möglichst alle essentiellen Aktivitäten enthalten, die diesen Speicher verarbeiten. **Die**

Strukturierte Analyse sollte also zur für den Anwender verständlichen Spezifikation abstrakter Datentypen benutzt werden.

- Empfehlung: Kontext möglichst so definieren,
  . daß spätestens auf Ebene 1 die essentiellen Aktivitäten erscheinen,
  . der Kontext elementar ist, d.h. in einem Modell sollten nicht mehr als 20 essentielle Aktivitäten modelliert werden. Dadurch gewinnt man eine größere Übersichtlichkeit, handhabbare und gut führbare Teilprojekte. Durch die Möglichkeit der Zusammenfassung zu Superkontexten entsteht kein Nachteil.

Diese Regeln implizieren, daß die Modellierung von kleinen und übersichtlichen Teilbereichen des Systems ohne methodische Fehler möglich ist. Man ist frei in der Kontextwahl, nur wenige einschränkende Bedingungen sind zu berücksichtigen.

Durch diese Regeln rückt die Strukturierte Analyse in die **Nähe der objektorientierten Analyse**. Ziel ist auch hier die Kapselung von Daten und die Zusammenfassung aller Prozesse (= Methoden), die die gekapselten Daten verarbeiten dürfen. Die Strukturierte Analyse läßt sich gut zur Spezifikation von Objekten nutzen. Im Kapitel 8 über objektorientierte Entwicklung werden wir darauf zurückkommen.

Einige Beispiele, die oft vorkommende Modelldetails beschreiben, sollen die Grundgedanken der Kontextabgrenzung noch einmal verdeutlichen.

4.4.6.5 Beispiele

1 Der Auftragssachbearbeiter soll am Telefon dem Kunden gegenüber auskunftfähig sein über den Kontostand des Kunden (noch offene Rechnungen usw.)

Lösung:

Er nutzt eine geeignete FIBU-Auskunfts-Transaktion, für die er Zugriffsberechtigung besitzen muß. Er nimmt also zeitweise Aufgaben der FIBU wahr. Im essentiellen Modell sind also keine besonderen Maßnahmen erforderlich. Erst im implementierten System müssen die Zugriffsberechtigungen zugeordnet werden. Allerdings muß es für alle Klassen von Zugriffsberechtigungen die zugehörigen Transaktionsprogramme geben, die eventuell auch Datenfeld-abhängige Zugriffsberechtigungen ermöglichen.

2 Vor Auftragsannahme ist die Bonität des Kunden zu prüfen

Lösung:

Dies ist eine Funktion des Administrationsringes (Bild 4.4-40).

3 In einer Versicherung wird bei der Schadensbearbeitung die Zuständigkeit anhand der Speicher der Policenabteilung geprüft.

Lösung:

Administrationstätigkeit, wie oben.

4 Darüberhinaus wird bei der Sachbearbeitung im Falle der Entschädigung eine Verbindung (Beziehungstyp) hergestellt zum Speicher der Policenabteilung (Unfall-Last).

Lösung:

In der Administration wird die Nummer des Versicherungsvertrages festgestellt und der Schadensmeldung hinzugefügt (Bild 4.4-41). In der Essenz wird u.a. die Beziehung Unfall-Last aufgebaut: "stelle Verbindung her zum Vertrag mit Nummer der Schadensmeldung".

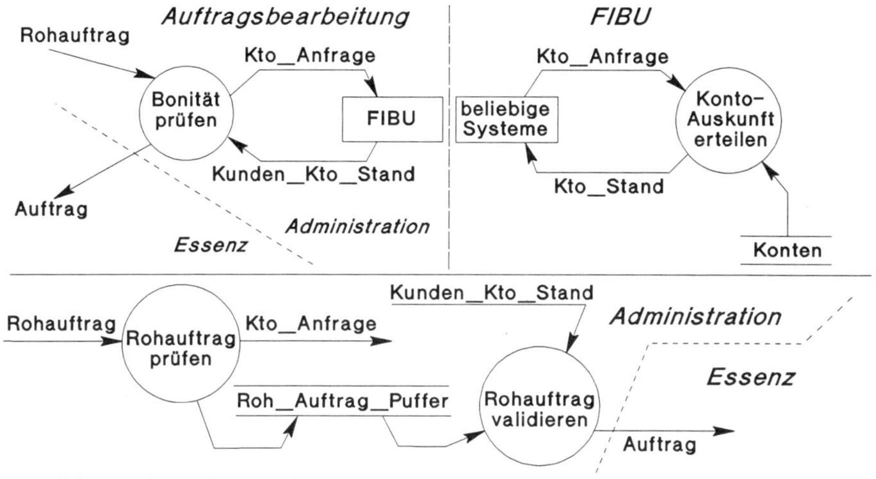

Bild 4.4-40: Bonitätsprüfung

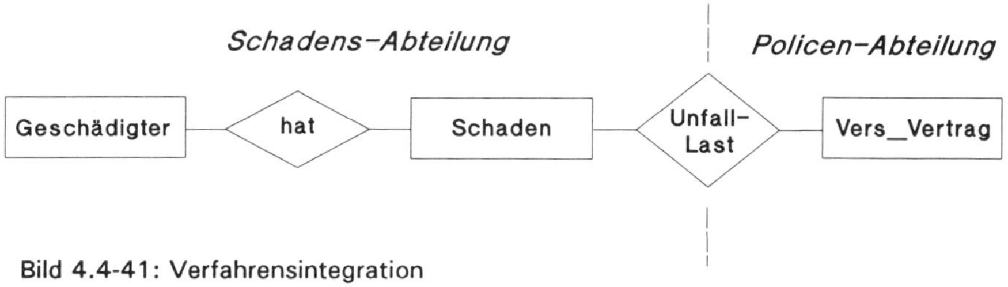

Bild 4.4-41: Verfahrensintegration

5 Ein System kann sich der Informationen, die von einem Terminator gesandt werden, immer dann bedienen, wenn dies erforderlich ist. Die Information "liegt statisch an". Beispiele:

- Wechselkurse in einer Bank (eine Information, die für das Systeminnere relevant ist, aber deren interne Speicherung nicht notwendig ist oder keinen Aufwand erfordert).
- Sensor liefert Meßdaten (ständig liegt ein Meßwert vor, der aber vom System nur gelegentlich zur Kenntnis genommen und verarbeitet wird).

Diese Datenflüsse sind nicht geeignet, Prozesse auszulösen, ihr Informationsgehalt wird aber gelegentlich im System abgefragt, damit essentielle Aktivitäten ihre Aufgabe erledigen können. Eigentlich könnte man die Aufnahme des Datenflusses als Verwaltungsaktivität modellieren, aber es wäre unklar, unter welchen Bedingungen diese Verwaltungsaktivität ausgelöst wird. Daher fließen diese **Informanten-Datenflüsse** einfach direkt in die grundlegenden Aktivitäten hinein, d.h. sie werden bei Bedarf abgefragt (Bild 4.4-42, vgl Kap. 4.3.2.1).

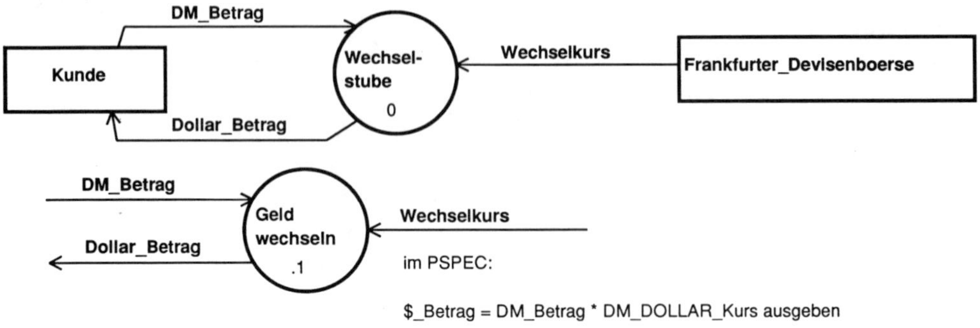

Bild 4.4-42: Informant, statisch anliegende Information

4.4.7 Zusammenfassung der Methodenschritte

Die einzelnen Schritte der Methoden werden in Bild 4.4-43 in einer praktisch anwendbaren Reihenfolge dargestellt.

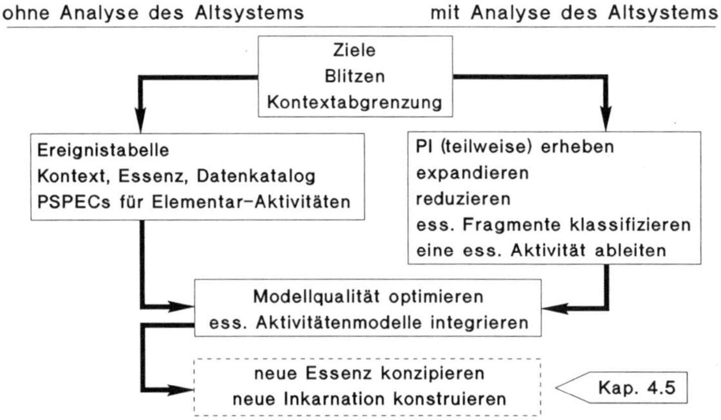

Bild 4.4-43: ein Methodenbaukasten

Diese Reihenfolge ist aber der Aufgabenstellung und speziellen Projektlage entsprechend abwandelbar. Die Methodenschritte bilden damit in ihrer Gesamtheit einen "Methodenbaukasten". Einzelne Schritte können und sollen stets angewandt werden, um das erarbeitete Modell zu verbessern.

4.4.8 Systemstatistiken erstellen (Mengengerüste)

Im Rahmen der Systemanalyse müssen auch Informationen über die Anzahlen von Ereignissen und Speicherinstanzen sowie über die Häufigkeit der Verarbeitungen gesammelt werden (vgl. /PAGE-JONES-88/ Kap.9.1). Diese Informationen werden bei der physischen Konstruktion des neuen Systems benötigt. Es ist meistens nicht erforderlich, über sämtliche Bestandteile des Systems derartige Mengendaten zu haben. Oft genügt die Information über besonders wichtige Speicher und Prozesse, um das Geschehen im laufenden System mengenmäßig sicher abschätzen zu können. Im Praxisprojekt ist es auch meistens schwierig, derartige Informationen flächendeckend in Erfahrung zu bringen. Hinzu kommt, daß sich die Mengendaten der Vergangenheit gravierend von den Mengendaten der Zukunft unterscheiden können.

Der richtige Zeitpunkt für die Erhebung der Mengendaten kann nicht verbindlich projektübergreifend festgelegt werden. Meistens bietet es sich an, in den Gesprächen und Rücksprachen mit den Anwendern im Laufe der Analyse diese Informationen ohne weitere Umstände zu erfragen. Es kommt aber auch vor, daß vor Projektbeginn oder in einer ersten Stufe des Projektes aufgrund von Mengenerhebungen Vorschläge für Projekte gemacht werden sollen. **Wenn man die Wahl hat, sollte die Erhebung der Mengendaten so weit wie möglich nach hinten geschoben werden, um auf möglichst abgesicherten Analyseergebnissen aufbauen zu können.**

Diese Aktivität wird daher erst an dieser Stelle im Buch, unmittelbar vor der Darstellung des Übergangs von der Analyse zum Design erwähnt, weil auf jeden Fall vor Beginn der Konstruktion des neuen Systems diese Informationen vorliegen müssen.

Es sollten nur die Mengendaten für besonders kritische, d.h. erfolgsentscheidende Systemteile erhoben werden. Leider läßt sich nicht wesentlich genauer beschreiben, was man darunter zu verstehen hat.

Eine Dokumentation erhobener Mengendaten erfolgt in den Kommentaren in den Datenkatalogeinträgen bzw. in den PSPECs, etwa nach folgenden Mustern:

```
Kunde                    = * bisher 10000 Einträge, künftig bis zu 15000 *
                           @Kundennummer + ...

NAME:2;5          TITLE:    Auftrag annehmen
* ca. 5 Aufträge pro Tag, künftig bis zu 10 pro Tag *

Suche Kunde zum Kundennamen aus Auftrag
wenn gefunden
     ...
```

Derartige Kommentare geben Anhaltspunkte für die Prozessorwahl, die bei der Konstruktion des neuen Systems vorgenommen werden muß. Im einzelnen sind folgende Systemstatistiken nützlich:

Wiederholgruppen

```
Rechnung                 =Rechnungskopf + {Position}
```

Die Anzahl der Positionen läßt sich mit Untergrenze und Obergrenze an den geschweiften Klammern der Positionsgruppe notieren. Allerdings ist hier wie in vielen Fällen keine verbindliche Obergrenze anzugeben. Eigentlich ist die Erhebung einer Häufigkeitsverteilung angezeigt, die in besonders wichtigen Fällen auch durchgeführt werden sollte. Pragmatisch können nur Abschätzungen empfohlen werden, nach folgendem Muster:

```
Rechnung                 =Rechnungskopf + {Position}
                           * in 80 % der Rechnungen weniger als 10 Positionen *
```

Datenelemente

Technische Eigenschaften der Attribute jedes Elements werden erst bei der Konstruktion des neuen Systems im Design festgelegt. Bei der Bestimmung von Speichergrößen werden diese Informationen benutzt.

Datenflüsse

Man könnte Statistiken über jeden Datenfluß im System anlegen. Dies ist jedoch meistens nicht erforderlich. In fast allen Systemen sollte man jedoch Informationen bereitstellen, wie häufig, d.h. mit welcher Rate, Auslöser zu jedem Ereignis eintreffen. Bei zeitkritischen Systemen werden diese Informationen in der Ereignistabelle bzw. in den Datenkatalogeinträgen festgehalten (vgl. Kap. 5.2.2.1 und 5.4.1.1).

Prozesse

Wichtigste Mengeninformation von Prozessen ist die Verarbeitungsrate. Hinzu kommen vor allem bei Online-Systemen die Zeitrestriktionen. Diese Informationen werden ähnlich wie die Mengeninformationen von Datenflüssen dokumentiert (vgl. Kap. 5.4.1.1).

Bei Konstruktion des neuen Systems müssen weitere Statistiken erhoben werden. Diese betreffen den Overhead des Betriebssystems, der DFÜ-Einrichtungen und des Datenbanksystems (Plattenzugriffe).

Datenspeicher

Folgende Statistiken sollten wenigstens für die wichtigsten Speicher des Systems erhoben werden:

- durchschnittliche Fallzahl,
- für jede Aktivierung jedes Prozesses die Anzahlen lesender, ändernder, hinzufügender, löschender Zugriffe.

Daraus lassen sich Speicher-bezogen die Gesamtzahlen für die einzelnen Zugriffsarten berechnen.

Terminatoren

Abhängig von der Aufgabenstellung können auch folgende Statistiken über Terminatoren wichtig werden:

- Anzahl von gleichartigen Terminatoren (z.B. externe Benutzer, Informationsquellen),
- Art der Benutzung des Systems durch die Terminatoren,
- geografische Verteilung der Terminatoren,
- physikalische Umwelteinflüsse (in technischen Systemen),
- Sicherheitsaspekte (erforderliche Aufwände für Maßnahmen gegen Datenverlust und unerlaubten Zugriff).

4.5 SA - Zwischen Analyse und Design

Mit der Formulierung des essentiellen Modells ist nach Abstimmung mit dem Anwender der Hauptteil der Analysearbeit an sich getan. Dieses Modell bezieht sich bei Methode 1 auf das neue System, bei Methode 2 auf den IST-Zustand des Altsystems.

In Kapitel 4.5.1 wird dargestellt, wie ein konsistentes essentielles Modell konzeptionell weiterentwickelt wird. Neuerungen beziehen sich auf neue oder geänderte Ereignisse mit den ihnen zugeordneten Auslösern, Reaktionen und Antworten. Entsprechend werden essentielle Prozesse und Speicherinhalte hinzugefügt, geändert oder entfernt. Die essentielle Zerlegung erleichtert dies durch die Lokalität aller Modelldetails.

Der richtige Zeitpunkt für die konzeptionelle Überarbeitung ist allerdings erst gekommen, wenn ein essentielles Modell komplett vorliegt. Erst dann besteht nicht mehr die Gefahr, daß nur die implementationsabhängigen Symptome geändert werden.

Durch das essentielle, implementationsfreie Modell hat der Analytiker eine **Diskussionsebene mit dem Management** (responsible user) gefunden. Befreit von Arabesken einer bisherigen Implementierung kann über die betriebswirtschaftliche oder technische Zielsetzung gesprochen und inhaltlich konzeptionell entschieden werden. Die neue Implementierung zu konstruieren ist dann wieder die Aufgabe entsprechender Fachleute und für das Management oft nur von nachgeordnetem Interesse.

Der Hauptteil dieses Kapitels befaßt sich mit dem Übergang von der Analyse zum Design. Ausgehend vom essentiellen Modell des neuen Systems wird zunächst über die Zuordnung von Aktivitäten zu Prozessoren entschieden. Dann werden Infrastruktur- und Administrationsprozesse eingefügt, damit das neue System kommunizieren und die Fehler der Systemumgebung abweisen kann.

Wenn dies geschehen ist, wird das SA-Modell in ein hierarchisches Design umgesetzt, wie es von den bis heute üblichen Implementierungsumgebungen (von Neumann-Maschine) gefordert wird.

Die Strukturierte Analyse ist auf **Parallelität der Bearbeitung essentieller Aktivitäten** ausgelegt. Prozesse werden ausschließlich durch externe oder zeitliche Ereignisse aktiviert. In der Real-Time-Erweiterung wird ein weiterer Mechanismus hinzukommen. In jedem Fall kann die Aktivierung eines jeden Prozesses parallel zum sonstigen Geschehen im System erfolgen. Damit werden wahre Anforderungen spezifiziert. Wenn ein Prozeß warten muß, bis ein anderer Betriebsmittel freigibt, so ist dies eine Eigenschaft der Implementierungsumgebung und damit keine wahre Anforderung des Anwenders (vgl. hierzu Kapitel 7).

Im automatisierten Teil des Systems ist es dagegen erforderlich, vom Betriebssystem her Prozesse zu aktivieren. Zu jedem Zeitpunkt hat immer nur ein Programm die Kontrolle. Parallelität wird durch die unterschiedlichen Betriebsarten Teilhaberbetrieb (Transaktionsverarbeitung), Teilnehmerbetrieb (Time Sharing) oder durch Prozeßverarbeitung mit sofortiger Aktivierung dringender Prozesse oder gar durch den Batchbetrieb **simuliert**.

Die Umsetzung des netzwerkartigen SA-Modells in ein hierarchisches Modell ist also eine Konzession an entsprechende Implementierungsumgebungen. Dabei handelt es sich um weitverbreitete und heute in der Praxis allgemein übliche Programmiersprachen von FORTRAN, COBOL über PASCAL, C bis hin zu Sprachen der 4. Generation. Neuere Vorgehensweisen wie z.B. die Objektorientierte Entwicklung oder die Nutzung von parallelen Prozessoren (Transputer) machen ergänzend andere Spezifikationsmethoden für das Implementierungsmodell notwendig. Die Strukturierte Analyse bleibt aber auch hier ein wertvolles Hilfsmittel etwa zur Erkennung und Spezifikation von Objekten mit ihren gekapselten Daten und Methoden.

Die folgenden Methodenschritte werden an einem weiteren Praxisbeispiel erläutert. Dabei handelt es sich um eine kleine Autoreparaturwerkstatt, in der die Abarbeitung von Kundenaufträgen durch ein PC-System unterstützt wird. In diesem Beispiel wird allerdings der gesamte Herleitungsprozeß nicht mehr ausführlich dargestellt. Auch erfolgt die Modellierung (fast) ausschließlich auf DFD-Ebene. Die Formulierung der PSPECs und die Festlegung der Datenkatalogeinträge werden dem Leser zur Übung überlassen.

Wie in den anderen Beispielen wird nach dem ersten Gespräch mit dem Auftraggeber eine Ereignistabelle formuliert.

Ereignistabelle Autowerkstatt

lfd	Ereignis	Auslöser	Antwort
1	Kunde erteilt Auftrag	Auftrag	Reparaturauftrag
2	Mechaniker gibt Reparaturdaten	Reparatur	--
3	Kunde holt Auto	Abholung	Rechnung

Wir müssten noch hinzufügen:

	Chef will Bericht	Berichtsanforderung	Kundenbericht Geschäftsbericht

Das Berichtswesen fassen wir jedoch zunächst nicht als essentielle Aktivität auf. Sicher ist Berichtswesen unverzichtbar, aber wenn die Essenz fertig ist, dann ist die Erstellung beliebiger Berichte über alle gespeicherten Daten durch Nutzung von Reportgeneratoren kein Problem mehr. Es ist möglich, daß in den Berichten auch Daten stehen sollen, die in der Essenz gar nicht benötigt werden. Diese werden dann eben von der Infrastruktur oder Administration erfasst und später ausgegeben. In einem Praxisprojekt würden wir dem Berichtswesen eine größere Aufmerksamkeit widmen. Wir unterlassen dies im einführenden Beispiel, das nicht zu kompliziert werden sollte.

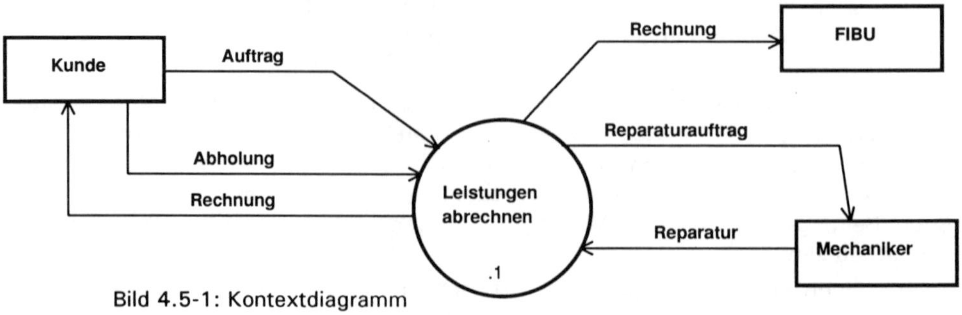

Bild 4.5-1: Kontextdiagramm

Wir merken also die Anforderungen des Berichtswesens vor, konzentrieren uns in der Modellierung aber auf die essentiell erforderlichen Daten. Danach wird ein erstes Modell entwickelt (Bilder 4.5-1 bis 4.5-3).

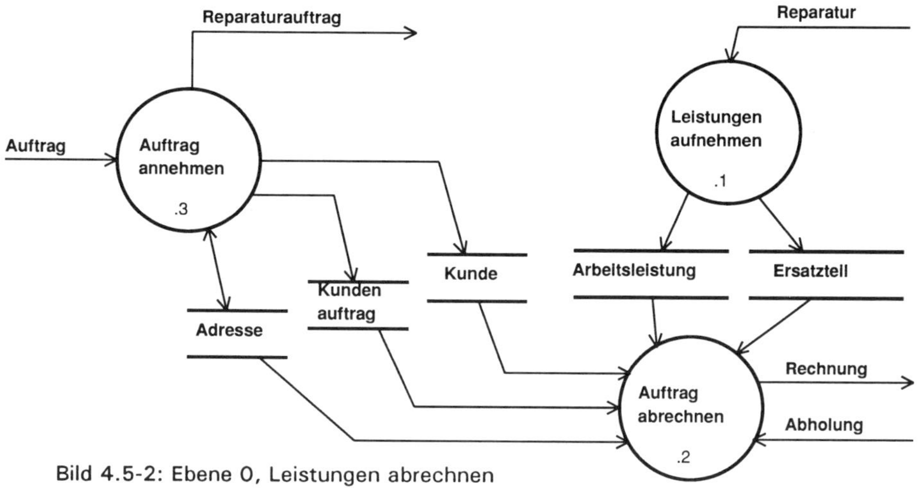

Bild 4.5-2: Ebene 0, Leistungen abrechnen

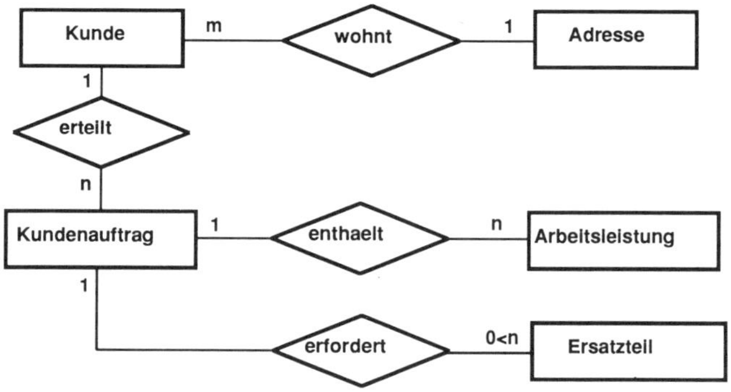

Bild 4.5-3: Datenmodell, Leistungen abrechnen

Dieses kleine System bildet den Ausgangspunkt für die Beispiele in diesem Kapitel.

4.5.1 Ein essentielles Modell konzeptionell weiterentwickeln

Neue Anforderungen und Randbedingungen der Implementierung werden meistens schon bei Projektstart vom Management genannt. Aufgabe des Analytikers ist es, im Laufe des Modellierungsprozesses die wahren Anforderungen an das neue System aufzudecken. Diese verbergen sich auch in den Ergebnissen der Gespräche mit Anwendern. Im Verlauf der Rückfragen beim Anwender werden neue Anforderungen bekannt, die beim Projektstart noch nicht artikuliert wurden. Natürlich muß über diese Anforderungen gesprochen und abgestimmt werden. Wenn ständig neue Anforderungen in das Modell eingebaut werden müssen, dann ist es schwer, im Modellierungsprozeß Stabilität der Modelle zu erreichen.

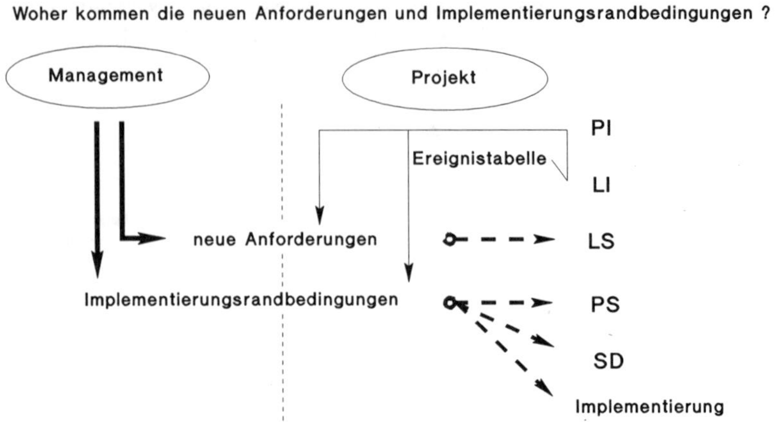

Bild 4.5-4: neue Anforderungen und Randbedingungen der Implementierung

Also wird der Ort gesucht, an dem neue Anforderungen gezielt in das Modell eingebaut werden können. Dies ist ohne Risiko erst sinnvoll möglich, wenn die Modellierung eines essentiellen Modells vorläufig abgeschlossen ist. Man hebe also die Anregungen aus den Gesprächen oder aus früheren Projekten des Analytikers bis zur Konstruktion des neuen essentiellen Modells auf.

4.5.1.1 Essentielle Minimodelle entwerfen

Für jede essentielle Anforderung wird parallel zur Analyse ein kleines separates SA-Modell mit DFD, Datenkatalog, und PSPECs erstellt. Ein derartiges "Minimodell" enthält neue oder modifizierte bestehende Aktivitäten.

Wenn früh im Projekt über neue Anforderungen diskutiert wird, dann formuliere man die Anforderungen als Minimodell und lege sie vorläufig beiseite. Dadurch werden Störungen der Analyse des Altsystems vermieden. Trotzdem erfolgt eine sorgfältige und effektive Dokumentation von Ideen. Vor Integration der Minimodelle werden diese überarbeitet, eventuell neugefasst und dabei an den inzwischen erzielten inhaltlichen Fortschritt angepasst.

Die Konstruktion der Minimodelle erfolgt wie bei der Strategie ohne ausführliche Analyse des Altsystems über Einträge für die Ereignistabelle. Das Mini-Modell wird dann vorläufig festgehalten mit allen erforderlichen Angaben.

Im Beispiel "Leistungen abrechnen" wird die Anforderung formuliert, daß auch die Abrechnung von Unteraufträgen an Fremdfirmen möglich sein soll. Dabei wird davon ausgegangen, daß im Rahmen der bisherigen Analyse lediglich die Fremdaufträge nicht beachtet worden sind. Diese Vorgehensweise der Erweiterung des Modells um Minimodelle ist also sowohl für neue Anforderungen als auch für die Aufnahme vergessener Anforderungen geeignet. Im Gespräch werden folgende Details bekannt:

Gelegentlich werden Unteraufträge an Fremdfirmen vergeben, z.B. für Lackierarbeiten oder spezielle Motorarbeiten. Die erbrachten Leistungen tauchen ihrem Betrag nach in der Rechnung für den Kunden auf, aber ohne Hinweis auf die Fremdfirma. Die Rechnung der Fremdfirma wird dem System "Leistung abrechnen" zur Verfügung gestellt, und geht anschließend an die FIBU, die die Forderungen der Fremdfirma bezahlt.

Mit diesen Informationen wird zunächst die Ereignistabelle ergänzt und modifiziert:

lfd	Ereignis	Auslöser	Antwort
4	Fremdfirma berechnet Unterauftrag	Externreparatur	-- (FIBU zahlt !)
5	Fremdfirma wird aufgenommen	Firmeninfo	--
1a	Kunde erteilt Auftrag	Auftrag	Reparaturauftrag Unterauftrag

Für die neue Anforderung wird ein Mini-Modell formuliert (Bild 4.5-5).

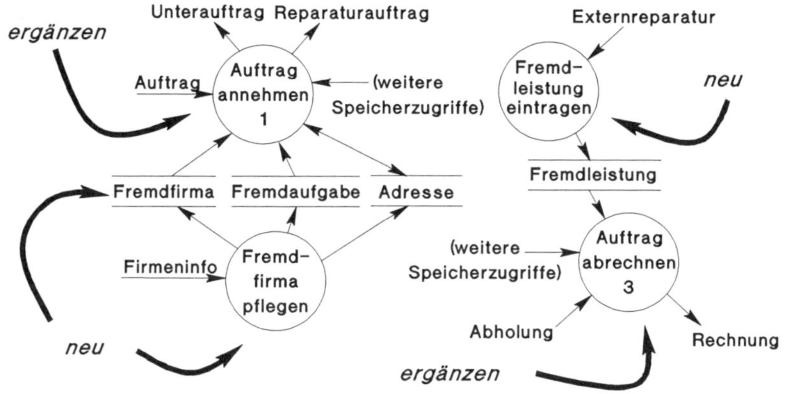

Bild 4.5-5: Minimodell Vergabe von Unteraufträgen

4.5.1.2 Essentielle Mini-Modelle integrieren

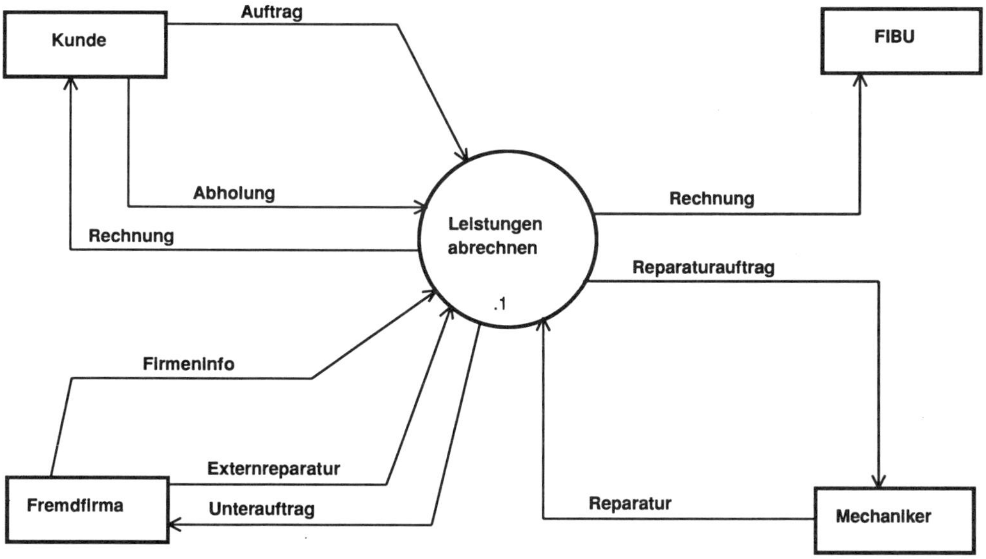

Bild 4.5-6: Kontext "Leistungen abrechnen", erweitert

Die Vorgehensweise beim Integrieren von Minimodellen entspricht der von essentiellen Aktivitäten in Kapitel 4.4.3.

Im Beispiel wird das Mini-Modell an der richtigen Stelle in das Modell eingebaut, das natürlich in allen Aspekten erneut auf formale und inhaltliche Konsistenz geprüft und optimiert wird.

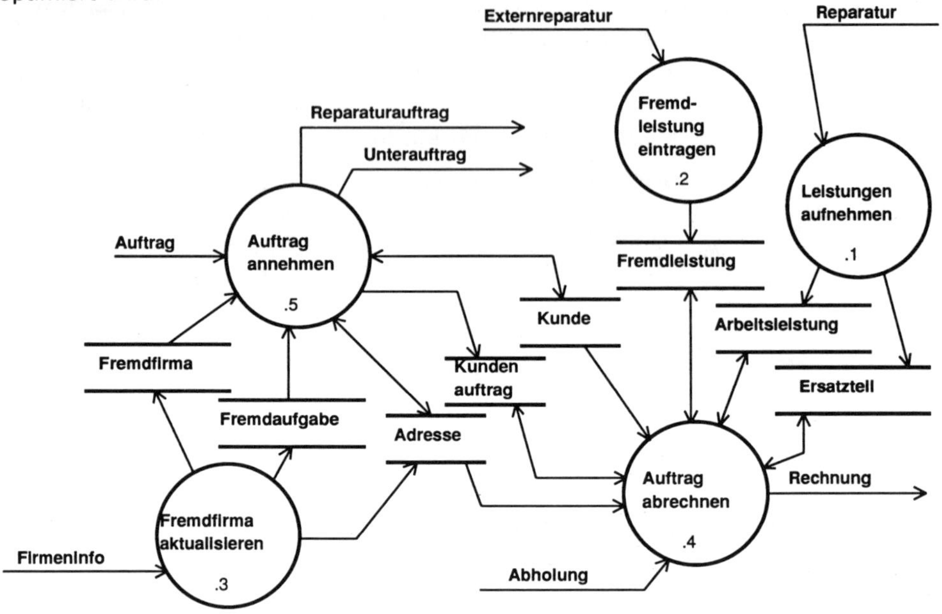

Bild 4.5-7: Ebene 0, Leistungen abrechnen, erweitert

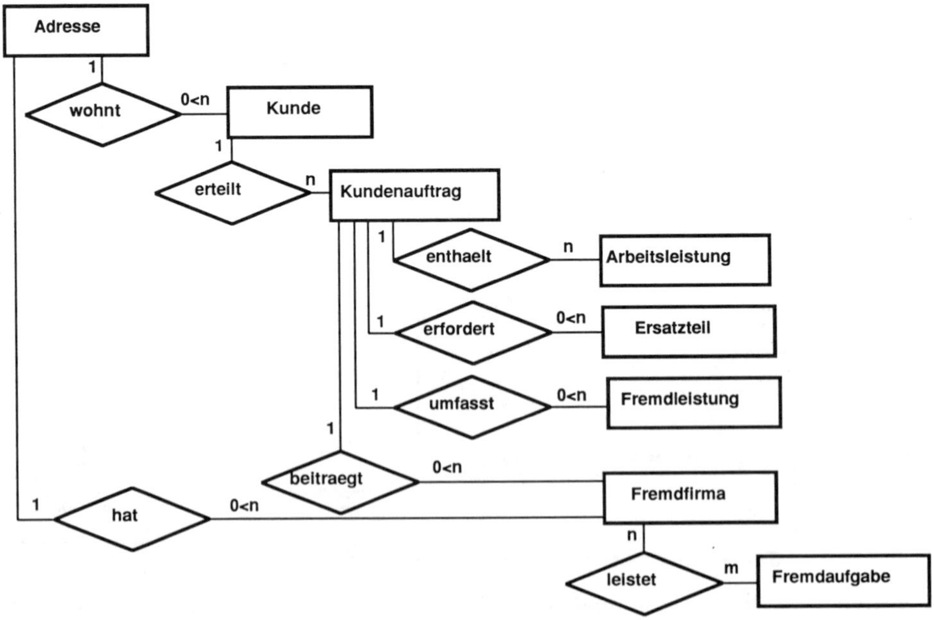

Bild 4.5-8: Datenmodell "Leistungen abrechnen", erweitert und strukturiert

4.5.2 Eine Inkarnation der Essenz auswählen

Durch systematische Ergänzung des Modells nach den wahren Anforderungen der Anwender und durch fortgesetzte Überprüfung der Konsistenz und durch Optimierung der Modellqualität ist damit ein essentielles Modell des neuen Systems entstanden. Als nächstes wird die Prozessorzuordnung vorgenommen und erforderliche Infrastruktur- und Administrationsprozesse werden identifiziert und eingefügt.

4.5.2.1 Globale Sicht

Die Prozessorzuordnung wird nach inhaltlichen Gesichtspunkten in mehreren Schritten vorgenommen:

1 - Schnittstellen des Kontextes zur Umgebung festlegen

Die Formate und Medien zur Übergabe der Eingabe- und der Ausgabedaten werden definiert.

2 - Prototyping der Benutzersichten

Durch die präzise Modellierung im Rahmen der Strukturierten Analyse liegen die äußeren Schnittstellen des Systems von Anfang des Projektes an fest und sind inzwischen nur gelegentlich und vor allem kontrolliert fortgeschrieben worden. Aber auch die Inhalte der Speicher sind durch das Modell fest vorgegeben. Solange sich die wahren Anforderungen nicht ändern, ist es unzulässig, die Zusammensetzung der Speicher zu verändern.

Das einzige, was durch Prototyping gestaltet werden kann, ist die Frage, wie sich das System bei unterschiedlichen Konzepten der Prozessorzuordnung präsentiert. Alles andere liegt hoffentlich fest:

- Für die Software-Ergonomie sollte es unternehmenseinheitliche Standards geben, von denen nicht abgewichen werden darf.
- Die logischen Inhalte der Masken liegen durch die Ergebnisse der essentiellen Modellierung fest bis auf Verschiebung der Prozessorgrenze.

Also kann nur noch die äußere Erscheinungsform der Masken diskutiert und abgestimmt werden. Das Prototyping ist ein nützliches Hilfsmittel zur Gestaltung der Prozessorgrenzen.

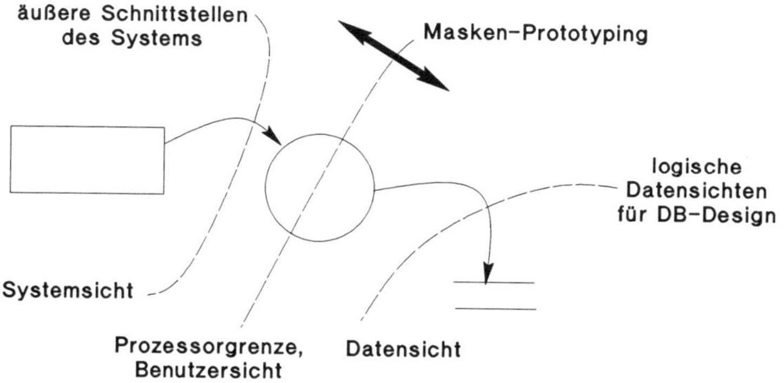

Bild 4.5-9: Rolle des Masken-Prototyping

3 - essentielle Aktivitäten Prozessoren zuordnen

Es wäre optimal, wenn man immer für jeden essentiellen Prozeß einen Prozessor zuordnen könnte, der genau diesen Prozeß implementiert. In der Realität müssen aber Kompromisse gefunden werden. Hierzu werden die Ergebnisse der Systemstatistiken aus Kap 4.4.8 herangezogen. Ein einzelner ausreichend leistungsfähiger Prozessor könnte zu teuer oder durch die Aufgabe zu wenig ausgelastet sein. Also sind Aspekte der Leistung / Kosten / Kapazität zu berücksichtigen (s. Kap. 4.3.4.4, "Zerstückelung"). Die Zuordnungsgrenze von Prozessen zu Prozessoren wird von Datenflüssen überschritten.

4 - die Administration festlegen

Zu jedem Datenfluß, der eine Prozessorgrenze überschreitet, wird erst ganz formal ein Administrationsprozeß eingefügt. In diesem werden Regeln zur Prüfung und Qualitätssicherung definiert unter Zuhilfenahme der Inhalte der Administration des alten Systems und durch gezielte Rückfragen.

Jede Benutzereingabe ist zu prüfen. Hierbei muß man berücksichtigen, daß nicht alle Prüfbedingungen in der Analyse mit Sicherheit auftreten, manche müssen mit Entwicklerkompetenz ergänzt werden.

> Beispiel: Das Geburtsdatum muß nicht nur als Datum gültig sein, sondern z.B. um mindestens 5 Jahre kleiner als das Einschulungsdatum sein. Dieses Detail wurde vielleicht in der Systemanalyse nicht erhoben.

Die Administration hat aber noch weitere Aufgaben. Die Essenz enthält keine Prüfungen gegen Fehler oder gar Feindseligkeiten der Umgebung. **Bei der Implementierung müssen systematisch alle logisch und gesetzlich erforderlichen Schutzmaßnahmen für die Essenz eingebaut werden. Im Bereich kommerzieller Anwendungen ist das IKS mit seinen Rückkopplungsmechanismen (s. Kap. 2.4.3) zu konstruieren. Für technische Anwendungen sind die Sicherheitsmaßnahmen (s. Kap. 2.3.4) zu erfüllen.** Diese Schutzmaßnahmen sind implementierungsabhängig. Durch Veränderungen in der Umgebung können sehr leicht Änderungen erforderlich werden. Deshalb werden Schutzmaßnahmen nicht in der Essenz, sondern in der Administration installiert.

Diese Sicherungsmaßnahmen müssen bei der technischen und organisatorischen Gestaltung des Systems berücksichtigt werden. Der richtige Zeitpunkt dafür ist die Konstruktion der Implementierung. Früher ist eine Berücksichtigung nicht möglich, weil diese Maßnahmen nicht zur Essenz gehören, später ist eine Berücksichtigung gefährlich, weil wesentliche Aspekte vergessen werden könnten.

Hier ist also der Ort, das neue System mit den Mechanismen auszustatten, die zur Verfahrens-Sicherheit gehören. In den kommerziellen Anwendungen sind dies Maßnahmen zum Datenschutz, zur Ordnungsmäßigkeit und Revisionsfähigkeit sowie zur allgemeinen Sicherheit vor Datenverlust. Im Bereich technischer Anwendungen gehören auch Funktionen zur Synchronisierung, Serialisierung und Parallelisierung zur Administration genauso wie maintenance, self-test, redundancy processing.

5 - die Infrastruktur festlegen

Die Kommunikationstechniken und Protokolle werden festgelegt, die den Informationsaustausch mit der Umgebung erst ermöglichen. Datenfernübertragungsprotokolle werden spezifiziert, aber natürlich nur, wenn keine geeigneten verfügbar sind.

Die Formate und Umsetzungen intern/extern müssen spezifiziert und Transaktionszentren müssen festgelegt werden. Hier ist auch zu klären, welche Aufgaben sonst noch von jedem Prozessor des Systems wahrgenommen werden, wie er verschiedene Aufträge unterscheidet und wie zu den Aufgaben verzweigt wird, und wie die Ergebnisse essentieller Prozesse eingesammelt werden.

6 - die Inkarnation optimieren

Das Modell soll auch nach diesen Maßnahmen noch so verständlich wie möglich sein. Also ist es erforderlich, das Modell so einfach wie möglich zu formulieren. Die Verfeinerungsstruktur muß angepasst werden, PSPECs müssen für alle Prozesse vorliegen. Schließlich muß die Konsistenz des Modells der Inkarnation sichergestellt werden.

4.5.2.2 Aus Sicht einer einzelnen essentiellen Aktivität (Transformationsanalyse)

Die Prozessoraufteilung wird nach inhaltlichen Kriterien vorgenommen. Ein gegebener essentieller Prozeß kann ganz in einem der betrachteten Prozessoren lokalisiert werden. Er kann aber auch von der Prozessor-Zuordnungsgrenze durchschnitten werden. In diesem Fall wird der essentielle Prozeß entsprechend der Grenze fragmentiert. Die unter dem Prozeß liegende Verfeinerungsstruktur wird also der Zuordnungsgrenze angepasst. Dies ist insofern leicht möglich, als es für die Zuordnung gute inhaltliche Gründe geben muß.

Entsprechend der Zuordnungsgrenze wird der essentielle Prozeß fragmentiert, jeder beteiligte Prozessor erhält ein Fragment. Diese Fragmente werden nun mit Administration und Infrastruktur umgeben, so wie es in Bild 4.5-10 gezeigt wird. Dieses Vorgehen, das im Kap. 7. (Strukturiertes Design) näher erläutert wird, nennt man **Transformationsanalyse.** Auch gegenüber den Speichern gibt es Administrations- und Infrastrukturaktivitäten. Diese werden aber meist von der Datenverwaltungssoftware wahrgenommen. **Ohne Administration und Infrastruktur sind Prozessoren nicht lebensfähig.**

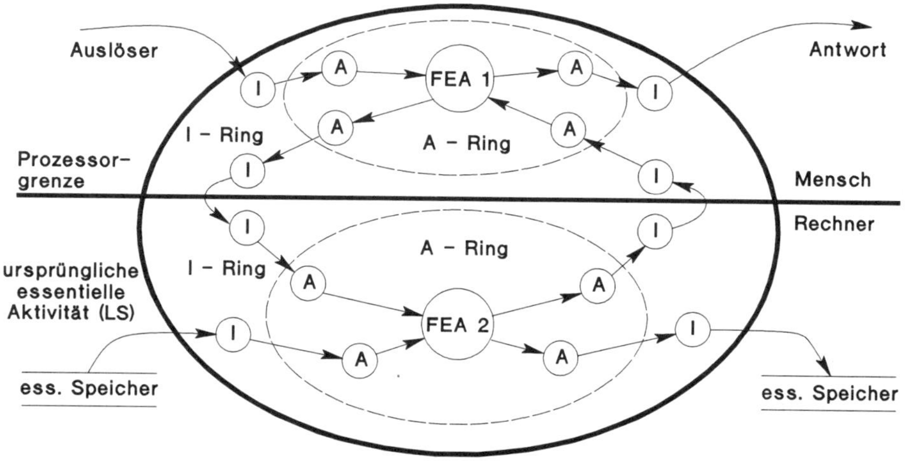

Bild 4.5-10: Konstruktion von Administration und Infrastruktur

Die Anpassung der Verfeinerung des essentiellen Prozesses an die Zuordnungsgrenze kann manchmal etwas kompliziert werden. Ein formales Beispiel ist im Bild 4.5-11 angedeutet.

Wesentlich ist aber, daß aus den fragmentierten essentiellen Prozessen schließlich die Programme gewonnen werden, jedenfalls der Teil der Programme, der die eigentliche Verarbeitung übernimmt, die zentrale Transformation. Aus der Essenz werden also die Programmspezifikationen abgeleitet. Prüf- und Kommunikationsfunktionen, die sich im Laufe der Zeit ändern können, werden in die "Randbezirke des Programmdesigns" verbannt, wo sie unabhängig von der eigentlichen Verarbeitung später leicht geändert werden können.

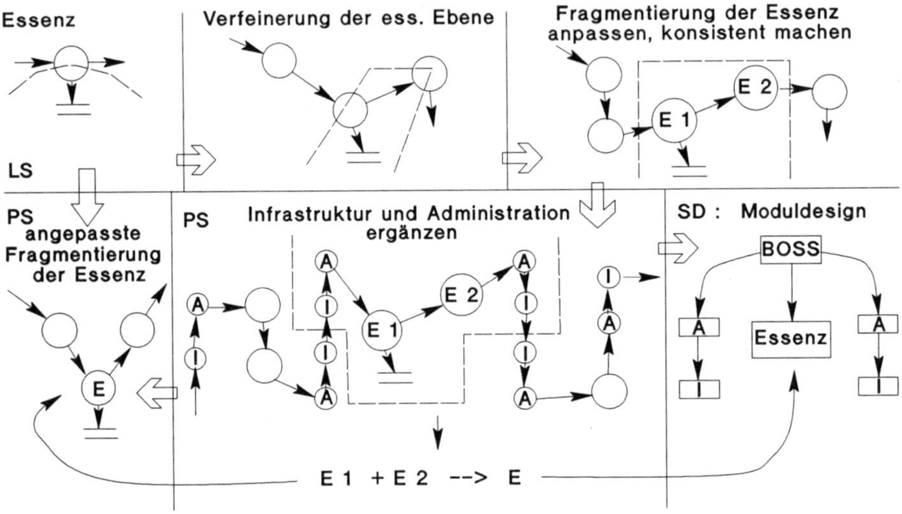

Bild 4.5-11: die Inkarnation einer essentiellen Aktivität entwerfen

4.5.2.3 Aus Sicht aller essentiellen Aktivitäten eines Anwenders (Transaktionsanalyse)

Jeder Prozessor hat nur eine begrenzte Zahl von Eingabe- und Ausgabekanälen. Dies gilt auch für den Menschen, der jeden Vorgang auf seine Bedeutung analysiert, bevor er ihn bearbeiten kann. Also muß es Prozesse geben, die den Inhalt eines Paketkanals analysieren und für jedes eingegangene Paket zu der richtigen Folge von Bearbeitungsschritten verzweigen. Auf der Ausgabeseite des Systems gibt es Prozesse, die erarbeitete Ergebnisse einsammeln und an den Empfänger versenden. Derartige Transaktionszentren ermöglichen also die Mehrfachnutzung von Prozessoren für verschiedene Aufgaben. Sie ermöglichen auch den Zugriff auf Paketkanäle (Bild 4.5-12).

In konkreten Systemen ist die Essenz eingebettet in Transaktionszentren. Diese sind in Rechnerumgebungen aber oft vorgefertigt (WINDOWS, Menübaum als technische Vorleistung im Projekt) oder aber trivial. Manchmal werden sie auch im Projekt nicht näher spezifiziert, obwohl sie es eigentlich müssten (z.B. "Post verteilen", "Eingangskorb abarbeiten").

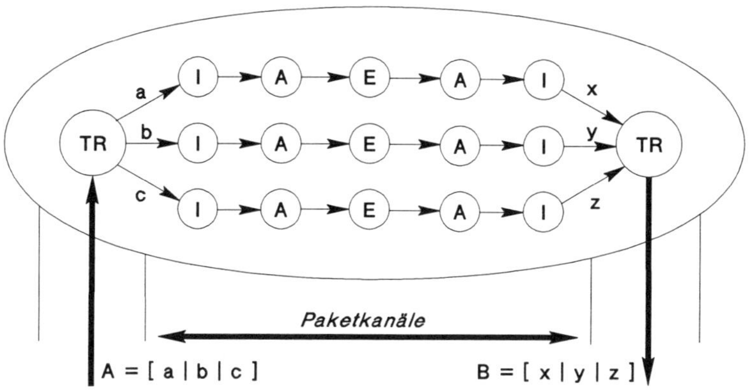

Bild 4.5-12: Transaktionszentren an den Prozessorgrenzen

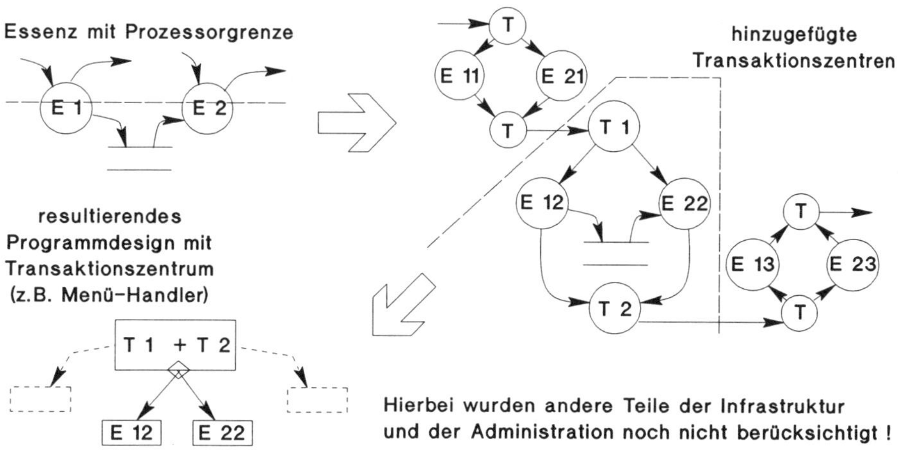

Bild 4.5-13: Transaktionszentrum und Ablaufsteuerung

Sieht man einmal von Automaten ab, die nur eine einzige spezialisierte Aufgabe haben, so wird alles, was ein Prozessor an Informationen erhält oder abgibt, über Transaktionszentren verwaltet. Diese treten in den Modellen entsprechend oft auf, meistens in der Infrastruktur. Auch für die Umsetzung von Transaktionszentren in ein Programmdesign gibt es eine Regel, die **Transaktionsanalyse** (vgl. Kapitel 7.4.2). Sobald ein Prozessor mehrere Aufgaben erfüllt, werden an der Prozessorgrenze Transaktionszentren notwendig. Diese lassen sich wie in Bild 4.5-13 gezeigt in ein Programmdesign umsetzen. Bei Eintreffen eines Paketes wird aus einer Fallunterscheidung alternativ eines von mehreren möglichen Programmen aufgerufen.

4.5.2.4 Beispiel Autowerkstatt

Diese Schritte führen wir nun am Beispiel "Leistungen abrechnen" der kleinen Autowerkstatt durch. Die essentielle Ebene des Modells ist in Bild 4.5-7 dargestellt worden. Es wird zunächst entschieden, welcher Teil jedes Prozesses von welchem Prozessor bearbeitet werden soll.

In unserem kleinen Beispiel tritt eine Situation auf, die häufiger beobachtet werden kann. Ziel von EDV-Projekten auf der operationalen Ebene ist oft die weitgehende Rechnerunterstützung aller Geschäftsvorfälle. Dies kann zur Folge haben, daß der Sachbearbeiter kaum noch Fragmente der Essenz bearbeitet. In diesen Fällen mag zur Vereinfachung davon ausgegangen werden, daß das automatisierte System von der Spontanen Hülle bedient wird. Der Sachbearbeiter kann sich voll auf die inhaltliche Beratung usw. konzentrieren, während das operative Geschäft vom EDV-System übernommen wird. Dazu verfügt er über eine präzise Benutzeranleitung und eine ergonomische Benutzerschnittstelle, die allen Anforderungen genügt (s. Kap. 2.1.4).

In unserer Werkstattanwendung ist genau diese Zielrichtung beabsichtigt worden. Der Meister soll sich auf die Fehlererkennung am Auto, der Mechaniker auf die Reparatur konzentrieren, und bei der jeweiligen Aufgabe nicht von seiner eigentlichen Aufgabe durch operative, wenn auch essentielle Aufgaben der Leistungsabrechnung abgelenkt werden. Insofern wird die gesamte Essenz auf einem PC-System lokalisiert. Eine Entscheidung für ein Netzwerk wird nach der Anzahl verschiedener Arbeitsplätze getroffen. Vorläufig genügt es festzuhalten, daß die zu erstellende Software netzwerkfähig sein soll. Die Funktionen werden alle dem zu entwickelnden Rechnersystem "**ALOIS**" (**A**utowerkstatt **L**uxus **O**rganisations- und **I**nformations-**S**ystem) zugeordnet.

Im nächsten Schritt der Konstruktion der Implementierung geht es darum, Administration und Infrastruktur zu definieren. In der Erläuterung führen wir dies nur für die essentielle Aktivität "1. Auftrag annehmen" durch, in den Diagrammen findet sich jedoch das weitgehend komplette Modell.

Der Auslöser "Auftrag" des betrachteten Prozesses muß geprüft werden, dies führt auf den Prozeß "6. Auftrag prüfen". Dazu werden Einträge des Kundenspeichers gebraucht.

Die Antworten des Prozesses "1. Auftrag annehmen" sind Aufträge an den Mechaniker oder die Fremdfirma. In der Administration wird dafür ein Mechanismus konstruiert, der sicherstellt, daß durchgeführte Arbeiten sich auf tatsächlich erteilte Aufträge beziehen. Also wird beim Abgang eines Reparaturauftrages ein Eintrag in einen Pufferspeicher (R_Aft_Puffer oder U_Aft_Puffer) abgesetzt, gegen den später eingehende Reparaturleistungen geprüft werden können. Außerdem ermöglichen diese Pufferspeicher stets einen Überblick über den Stand der Arbeiten am Fahrzeug. Diesen können wir auch zur Erstellung von Auskünften für den Kunden benutzen (Prozeß 18.).

Diese Prozesse sind alle für das implementierte System wesentlich, sie gehören aber nicht zur Essenz, sondern zur Administration. In der Infrastruktur werden nur noch Transaktionszentren für Eingabe bzw. Ausgabe lokalisiert. Hier wird auch auf die Implementierungen der Umgebung Rücksicht genommen. Der Kunde möchte einen Beleg (Kopie des erteilten Auftrags) haben und benötigt dies auch aus juristischen Gründen. Den Auftrag muß er formal durch Unterschrift erteilen. Die Aufträge für den Mechaniker und für die Fremdfirma müssen ausgedruckt werden, so daß sie von diesen verstanden werden. Dies ist auch eine typische Infrastrukturaufgabe.
Derartige Schritte werden für alle essentiellen Prozesse durchgeführt.

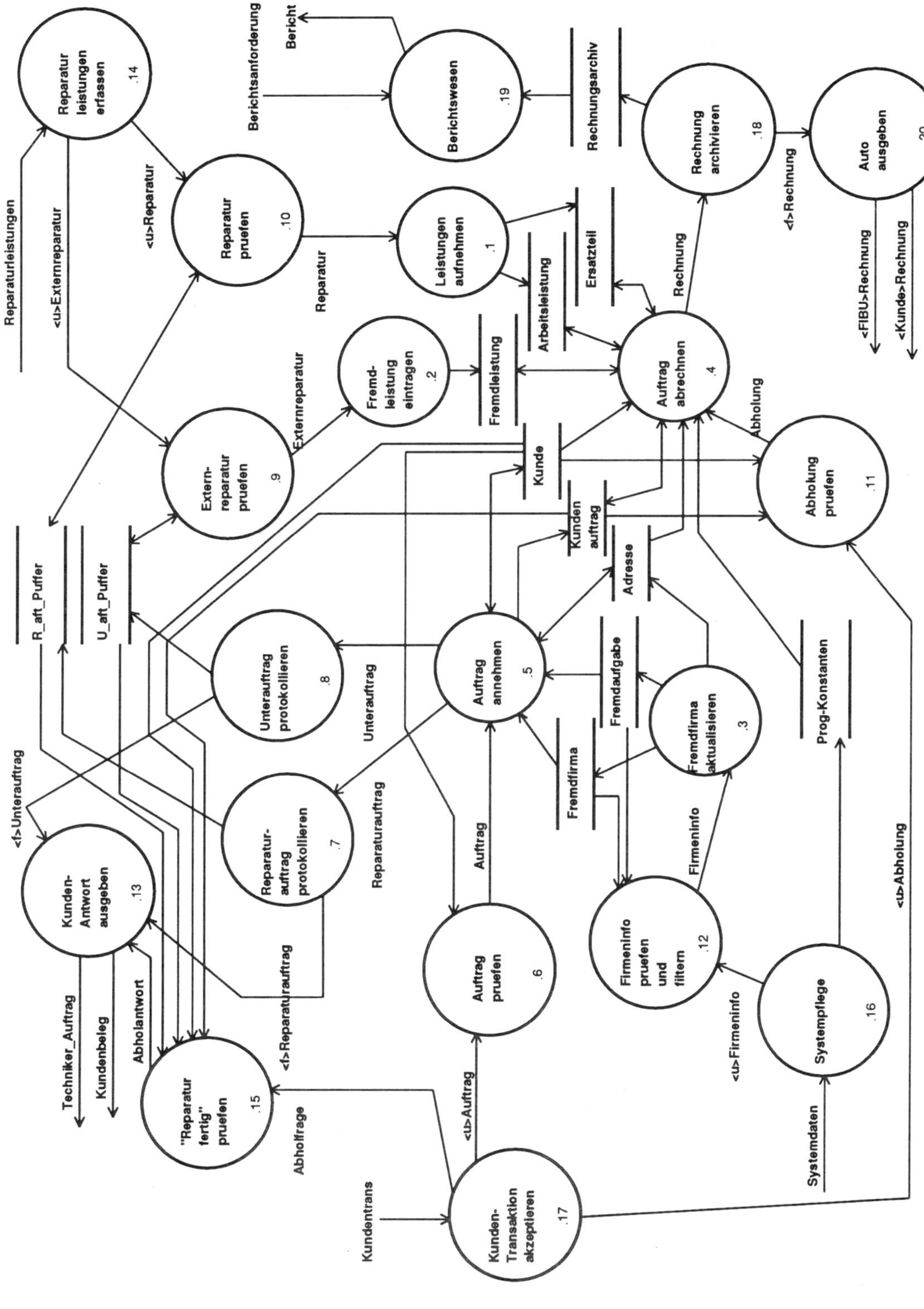

Bild 4.5-14: Inkarnationsmodell "Leistungen abrechnen", vorläufige Arbeitsunterlage

An Bild 4.5-14 gefällt uns natürlich nicht, daß mehr als 20 Prozesse in einem Diagramm dargestellt sind. Es ist also nur als vorläufiges Arbeitsmittel zu betrachten. Eine weitere Strukturierung ist erforderlich. Der Weg dazu wird in Bild 4.5-15 gewiesen.

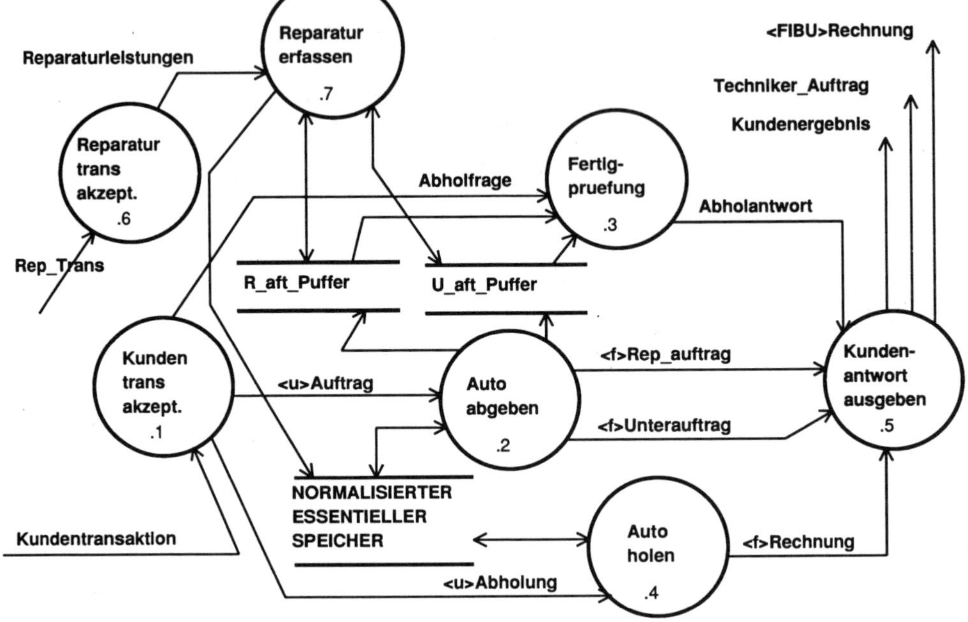

Bild 4.5-15: Ebene 0, "Leistungen abrechnen" Modell der Inkarnation

Das Diagramm (Bild 4.5-15) enthält eine Vergröberung des Diagramms 4.5-14, in der auch die Transaktionszentren erkennbar sind.

Dieses Diagramm muß nun verfeinert werden und das Gesamtmodell muß konsistent gemacht werden. Diese Schritte werden hier nicht weiter ausgeführt. Stattdessen soll nun das Moduldesign exemplarisch für den Prozeß "Auto abgeben" durchgeführt werden.

Zunächst wird das Menüdesign mit Hilfe der Transaktionsanalyse hergeleitet:

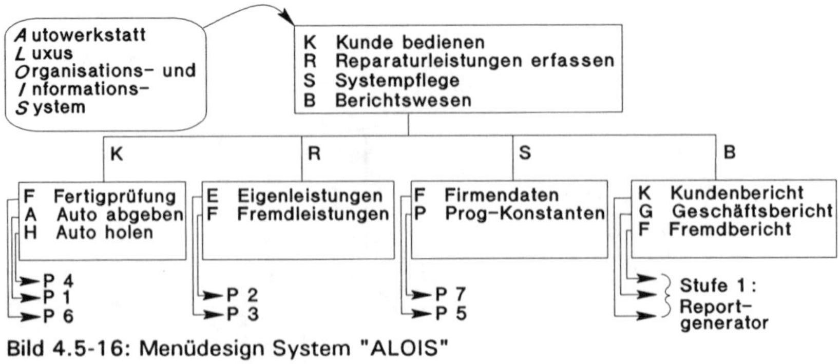

Bild 4.5-16: Menüdesign System "ALOIS"

Mit Hilfe der Transformationsanalyse wird das Moduldesign für das Programm "Auto abgeben" erstellt (Bilder 4.5-17 bis 4.5-19). Bezüglich der Modelldetails benutzen wir die SD-Notation, die allerdings erst in Kapitel 7 systematisch dargestellt wird. Dabei werden Moduln als Rechtecke und Modulaufrufe als Pfeile gezeichnet. An den Pfeilen werden die übermittelten Schnittstellenparameter notiert (vgl. Kap. 7.2.2). Betrachten wir zunächst die PSPEC für den Prozeß "Auftrag annehmen":

```
NAME: 1;7     TITLE: Auftrag annehmen
* 1 - Kunde mit Adresse aktualisieren *
Suche Kunde zum Kundennamen aus Auftrag
wenn gefunden
      suche Adresse zum Kunden über "wohnt"
      wenn geändert
            aktualisieren
sonst
      Kundennummer vergeben
      Kunde einrichten
      Anschriftennummer vergeben
      Adresse einrichten
      Beziehung "wohnt" herstellen
* 2 - Auftrag akzeptieren *
Auftragsnummer vergeben
Kundenauftrag einrichten
Beziehung "erteilt" herstellen
für jedes Symptom des Auftrags
      wenn Fremdaufgaben-Eintrag existiert mit Symptom
            * Unterauftrag aufbereiten: *
            Fremdfirma über "leistet" finden
            Adresse über "hat" finden
            Unterauftrag aufbereiten und ausgeben
            Relation "beiträgt" herstellen
      sonst
            Reparaturauftrag aufbereiten und ausgeben
```

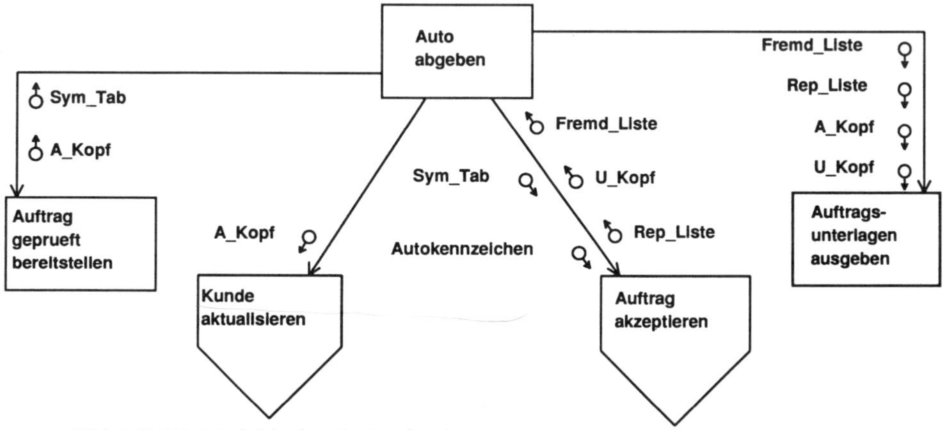

Bild 4.5-17: Moduldesign Auto abgeben

Auf der Basis der Informationen des SA-Modells wird für den Prozeß "Auto abgeben" ein Verarbeitungsprogramm konzipiert. Das Unterprogramm "Kunde aktualisieren" benutzt weitere Unterprogramme, die aufgrund der Ergebnisse der Strukturierten Analyse der Anwendung konzipiert werden können. Genauso läßt sich jedes identifizierte Unterprogramm auf der Basis des SA-Modells weiter detaillieren, bis das Moduldesign allen Qualitätsanforderungen genügt. Natürlich ist dies kein mechanischer Schritt.

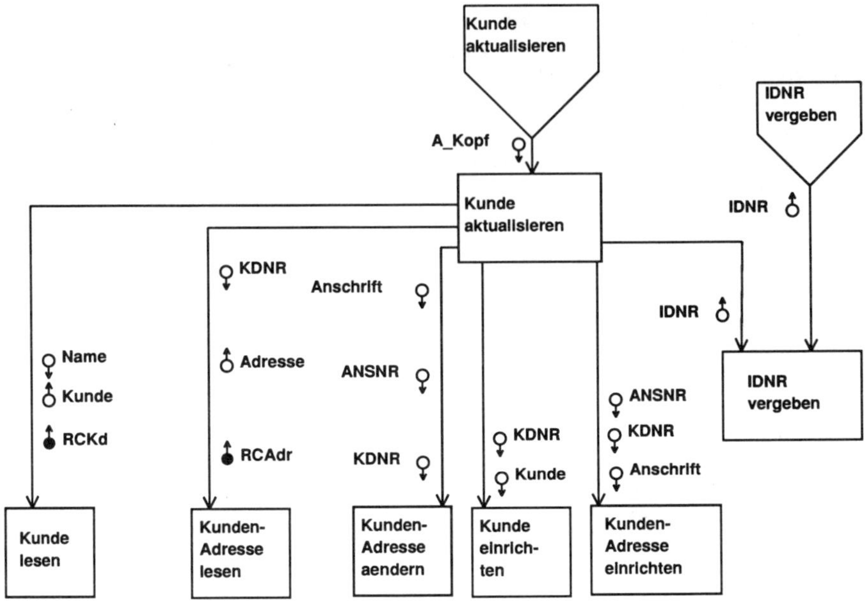

Bild 4.5-18: Moduldesign Kunde aktualisieren

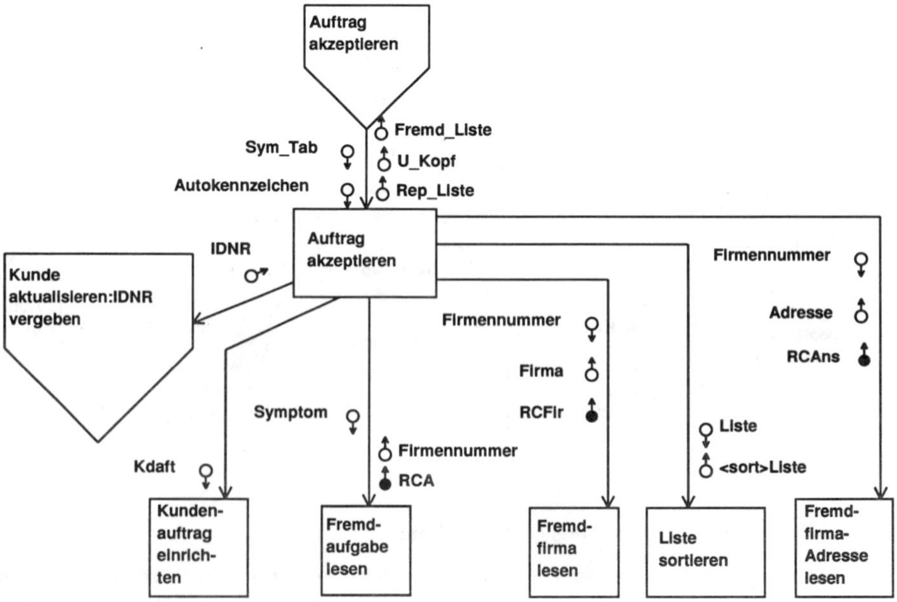

Bild 4.5-19: Moduldesign Auftrag akzeptieren

5. RT Strukturierte Real-Time-Analyse

Die Strukturierte Analyse (im folgenden nur noch kurz **"SA"**) stellt zwei Mechanismen zur Auslösung von Prozessen zur Verfügung, datengetriebene und zeitlich-kalendergesteuerte Auslösung. In technischen Anwendungen wird darüberhinaus ein weiterer Auslösemechanismus benötigt: die sofortige Aktivierung eines Prozesses, wenn bestimmte Bedingungen in der Umgebung eintreten oder innerhalb des Systems erkannt werden. Um die wahren Anforderungen an das System auch im technischen Anwendungsbereich modellieren zu können, sind folgende **Erweiterungen der SA** erforderlich:

- Aktivierung von Prozessen in Abhängigkeit von systemintern erkannten Bedingungen,
- das Konzept der endlichen Automaten zur Modellierung von Systemzuständen,
- Verarbeitung von Kontrollflüssen (diese beschreiben Systemzustände und steuern die Verarbeitung, Datenflüsse dagegen beschreiben Objekte und werden verarbeitet)

Die Real-Time-Erweiterung der Strukturierten Analyse (im folgenden meistens nur noch kurz **"RT"**) hält diese Eigenschaften bereit.

Dieses Kapitel folgt weitgehend den Konzepten, die in dem grundlegenden Werk zur RT-Methode von (/HATLEY-PIRBHAI-87/) niedergelegt sind. Die Methode wird jedoch anhand eigener neuer Beispiele erläutert und stärker in die essentielle SA eingebunden.

5.1 RT - Übersicht zur Methode

Nach einem ersten Beispiel und nach einigen Vorüberlegungen werden in diesem Kapitel die endlichen Automaten definiert, die eine wichtige theoretische Grundlage der RT-Methode bilden.

5.1.1 Grenzen der SA bei technischen Anwendungen

Die SA erlaubt die Modellierung von Systemen, die auf externe oder zeitliche (kalendergesteuerte) Ereignisse reagieren. Die Ereignisse finden außerhalb der Kontrolle des Systems statt. In der SA werden Prozesse ausschließlich durch diese beiden Arten von Ereignissen ausgelöst. Das System ist passiv und reagiert nur auf Umgebungsreize und sammelt dabei Informationen über die Umgebung zur späteren Verwendung.

Aufgrund der Modellsemantik stehen in der Strukturierten Analyse zwei Mechanismen zur Auslösung von Prozessen zur Verfügung:

Datengetriebene Prozesse:

Ein Prozeß wird durch das Eintreffen eines Datenpaketes auf einem Datenfluß ausgelöst. Die PSPEC (Prozeßspezifikation) beginnt mit der Entgegennahme des Datenflusses.

Zeitlich (kalendergesteuert-kontextfrei) getriebene Prozesse:

Ein Prozeß wird durch Erreichen eines Zeitpunktes (absolute oder relative Zeit) ausgelöst. Die PSPEC beginnt mit der Spezifikation des zeitlichen Ereignisses.

Diese beiden Mechanismen reichen für kommerzielle Anwendungen meistens aus. Dafür gibt es folgende Gründe:

- Diese Systeme reagieren auf externe Ereignisse, von denen das System über einen Datenfluß (Auslöser) Kenntnis erhält,
- oder auf zeitliche Ereignisse, die fest vorhergesehen oder eingeplant werden können.
- Komplexe Abhängigkeiten zwischen Situationen, die vom System erkannt werden und die eine sofortige Aktivierung geeigneter Prozesse erfordern, gibt es in den kommerziellen Systemen nur selten.

Vor allem für technische Anwendungen wird dieses Konzept nun erweitert. Technische Systeme sind oft aktiv, sie kontrollieren die Umgebung. Externe Ereignisse werden manchmal innerhalb des Systems durch Überwachung von Meßwerten erkannt. Die Umgebung wird geregelt, gesteuert und aktiv beeinflußt.

Im Modell der künftigen Inkarnation ist die Zeit, die zwischen Eintreffen des Auslösers und Abgang der Antwort vergeht, besonders zu berücksichtigen. Diese Zeit spielt im essentiellen Modell wegen der Voraussetzung der perfekten Technologie keine Rolle (vgl. Kapitel 4.3.1). Die sofortige Auslösung eines Prozesses (Task) ist in technischen Anwendungen oft von so großer Wichtigkeit für das kontrollierte System, daß alle anderen gerade laufenden Aufgaben unterbrochen werden müssen. **Real-Time-Anwendungen** sind dadurch gekennzeichnet, daß eine Abarbeitung von Aufträgen über eine Warteschlange aufgrund der Aufgabenstellung der Regelung nicht akzeptierbar ist.

Auch bei kommerziellen Anwendungen gibt es strenge Anforderungen an die Antwortzeiten, die angesichts vieler hundert angeschlossener Terminals und einiger Millionen Datenbanksätze meistens nur schwer zu erfüllen sind. Kommerzielle Anwendungen müssen "... quick as a bunny..." sein (Tom DeMarco im Vorwort zu /HATLEY-PIRBHAI-87/), aber eine Bearbeitung in vorgegebener Prioritätenreihenfolge aus einer Warteschlange ist zumeist ausreichend. Real-Time bedeutet nicht nur, daß der wegen bestimmter Ereignisse zu startende Prozeß die **höchste Priorität** im System besitzen muß. Der Prozeß muß auch **sofort gestartet** werden, nicht erst nach Ablauf der aktuellen Zeitscheibe.

Der tiefere Grund für die Erweiterung der SA ist also das Erfordernis, in manchen Systemen noch einen weiteren Mechanismus zur Auslösung von Prozessen verfügbar zu haben: sofortige Auslösung von Prozessen durch **Kontrollflüsse**, die Nachrichten über externe Ereignisse oder intern erkannte Bedingungen sowie Betriebszustände repräsentieren.

Dieser Mechanismus wird bereits im essentiellen Modell benötigt, allerdings besteht hier die Gefahr der zu frühen Technologieabhängigkeit. Im Modell der neuen Inkarnation dient die RT-Methode der Spezifikation der durch die Randbedingungen der Implementierung gesetzten und durch die Implementierungsumgebung geforderten zusätzlichen Prozeß- und Kontroll-Strukturen.

5.1.1.1 Kommerzielle und technische Systeme

In diesem Kapitel werden einige typische Unterschiede von kommerziellen und technischen Systemen betrachtet (Bild 5.1-1).

	kommerzielle Anwendungen	technische Anwendungen
Aktivierung von Prozessen	- datengetrieben - zeitlich-kalendergesteuert	zusätzlich auch real-time
Kontrollebene	auf Ebene der Anwendungen verboten, in Basissoftware versteckt (z.B. DBMS)	explizit benutzt zur Erkennung von Ereignissen, Aktivierung von Prozessen
HW-Bezug	zu vermeiden - transportable Strukturierte Spezifikation - Portabilität der Anwendung	HW-Architektur ist wichtig - spez. HW-Eigenschaften gezielt ausnutzen - evtl. HW zu konstruieren - Einfluß des Zeitverhaltens auf HW
Basis-SW	enthält Kontrollebene (Aktivierung, Sperrprotokolle, Betriebssystem-Funktionen)	häufig Gegenstand des Projekts, zu entwickeln oder nicht vorhanden

Bild 5.1-1: kommerzielle und technische Anwendungen

Die auslösenden Ereignisse sind bei technischen Systemen oft nicht so elementar definiert wie in kommerziellen Systemen. Externe Ereignisse werden manchmal nur durch einen externen Kontrollfluß oder durch systeminterne Auswertung von Datenflüssen erkannt.

Auch bei kommerziellen Systemen treten Situationen auf, die eine sofortige Systemreaktion verlangen. Im implementierten System muß zum Beispiel die Abarbeitung von Warteschlangen gesteuert werden. Es muß auch Mechanismen für den Zugriff auf Speicher (z.B. Sperrprotokolle für die Serialisierung konkurrierender Updates) und für die Aktivierung von Prozessen geben. Diese Funktionen sind aber auf die Basis-Software (Betriebssystem, Datenbanksystem) verlagert (Bild 5.1-2).

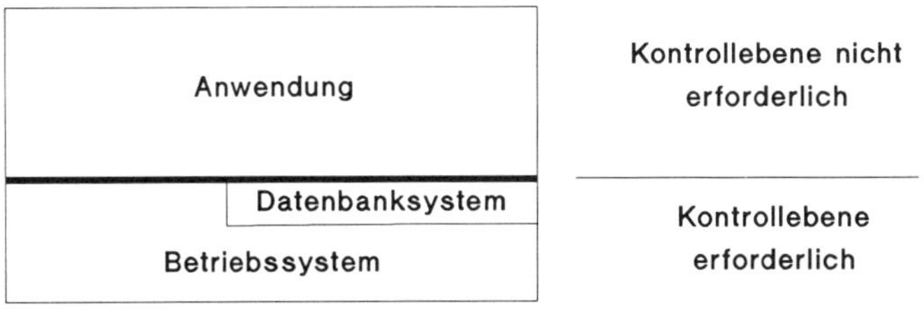

Bild 5.1-2: grundsätzliche Architektur von kommerziellen Anwendungen

Sie werden im SA-Modell nicht spezifiziert. Diese Mechanismen sind in der Modellsemantik per Konvention festgelegt und müssen bei jeder Implementierung neu verifiziert werden.

In der Essenz kommerzieller Anwendungen wird die sofortige Auslösung von Prozessen aufgrund intern erkannter Ereignisse nur sehr selten benötigt. Kontrollflüsse sind im SA-Modell nicht erlaubt. Sie werden bei der Entwicklung von Systemsoftware benötigt, nicht aber bei der Spezifikation von Anwendungen. Es wird implizit davon ausgegangen, daß die Zugriffsmechanismen für Speicher und die Prozeßaktivierungsmechanismen alle erforderlichen Kontrollelemente bereits enthalten. Dies ist durch die Semantik der SA-Notation festgelegt.

Irgendwann müssen diese Systemfunktionen auch einmal entwickelt werden. Darüberhinaus hat man etwa bei eingebetteten Systemen hinsichtlich der Software-Unterstützung meistens nicht vergleichbare Verhältnisse zum kommerziellen Rechnereinsatz. Diese Funktionen sind also bei manchen Projekten Bestandteil der Aufgabenstellung und müssen dann natürlich genau spezifiziert werden.

Der Hardware-Bezug ist in kommerziellen Systemen strikt zu vermeiden, die Software muß die Hardware eventuell um mehrere Generationen überleben. In technischen Anwendungen muß man dagegen häufig parallel auch die Hardware entwickeln, oder aber verfügbare Hardware-Eigenschaften gezielt ausnutzen. Portabilität spielt hier mitunter eine geringere Rolle als in kommerziellen Anwendungen.

5.1.1.2 Beispiel - Arztpraxis

Als erstes Beispiel für die RT-Methode betrachten wir eine Arztpraxis. Wie im Kapitel 4.1.3, wo die Vorgehensweise der SA zuerst an einem einfachen Beispiel erklärt wurde, soll auch hier eine detailliertere Erläuterung der Details erst später erfolgen.

Die Ereignistabelle zum gewählten Kontext der Arztpraxis lautet:

lfd	Ereignis	Auslöser	Antwort
1	Patient ist krank	Symptome	Diagnose Therapie
2	Patient will Arzt sprechen	Beschwerden	Krankenscheinanfo
3	Patient teilt seine Daten mit	Patientendaten	--
4	Patient liefert Krankenschein	Krankenschein	--
5	Arzt bereit zur Behandlung (Zeit für nächste Behandlung)	--	Patientenaufruf
6	Zeit für Abrechnungsvorbereitung	--	K-Nachforderung
7	Zeit für Abrechnung	--	Krankenkassenabrechnung
8	Patient wünscht Termin	Terminwunsch	Terminbestätigung

Die detaillierte Ausarbeitung aller Modelldetails wird dem Leser überlassen. Hier geben wir nur eine mögliche Fassung des Kontextdiagramms (Bild 5.1-3) und der (essentiellen) Ebene 0 (Bild 5.1-4) wieder.

In diesem Modell ist zunächst noch einmal die Spontane Hülle von Interesse, die durch die Tätigkeit vor allem der Arzthelferin implementiert wird. Diese reagiert auf die äußere Erscheinungsform "Tür geht auf und Patient kommt herein" einer Sammlung von externen Ereignissen. In der Spontanen Hülle wird analysiert, was der Patient will. Äußert er gesundheitliche Beschwerden, so wird er nach Prüfung auf Vorhandensein der Karteikarte und eventuell Forderung des Krankenscheins in das Wartezimmer gebeten. Er kann aber auch nur seine Adreßänderung mitteilen oder einen Krankenschein abgeben oder einen Termin haben wollen. Diese wahren externen Ereignisse können auch in beliebiger Zusammenstellung und Reihenfolge im Rahmen des Gesprächs zwischen Arzthelferin und Patient erkannt werden. Sie werden von der Helferin aus dem Gespräch herausgefiltert und dem geplanten Kern des Systems zur Abarbeitung übermittelt, auch wenn die Helferin selber die zugehörigen essentiellen Aktivitäten ausführt.

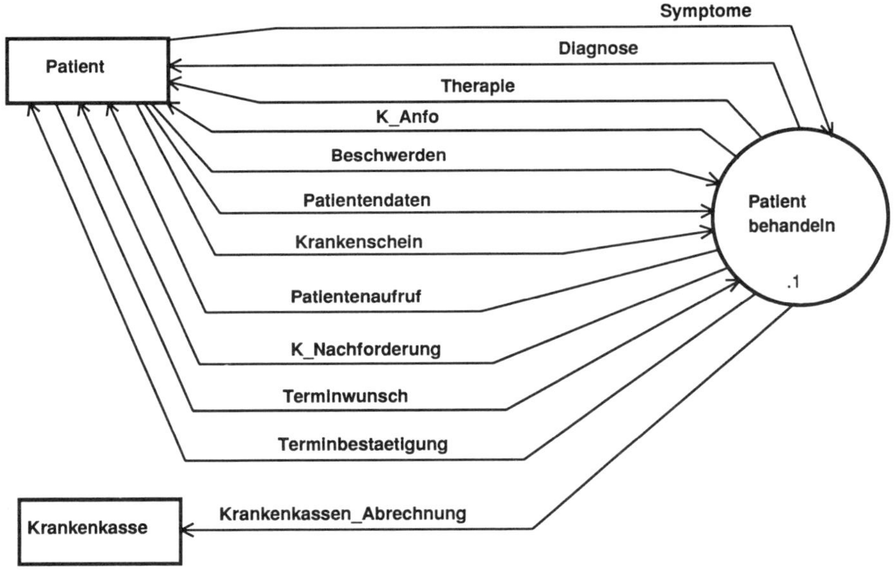

Bild 5.1-3: Arztpraxis, Kontext

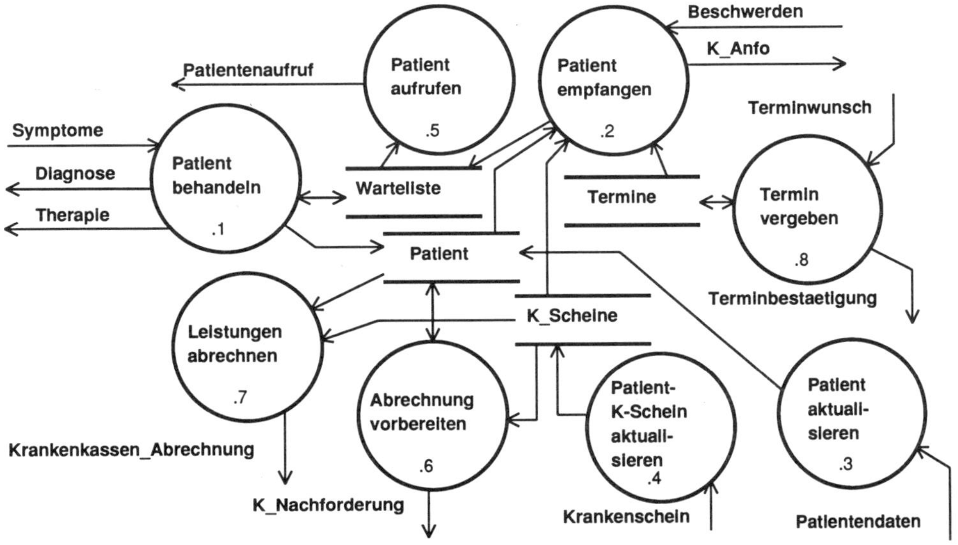

Bild 5.1-4: Arztpraxis, Ebene 0

An der Ereignistabelle fällt auf, daß das Ereignis 5 "Arzt bereit zur Behandlung" eigentlich durch eine recht komplexe Verknüpfung mehrerer Bedingungen zustandekommt:

- Der Arzt muß anwesend und behandlungsbereit sein.
- Das Behandlungszimmer muß vorbereitet sein (z.B. Instrumente des Zahnarztes müssen sterilisiert worden sein).
- Es muß ein Patient im Wartezimmer sitzen.

"Zeit für nächste Behandlung" ist also keinesfalls ein zeitliches Ereignis, das man in einen Terminkalender eintragen könnte. Es ist nicht kontextfrei. Dieses Problem läßt sich allein mit den Mitteln der SA nicht zufriedenstellend lösen. Natürlich ist dieses kommerzielle System recht klein und überschaubar. Hier könnte man mit der mangelnden Spezifikation der Bedingungen, unter denen ein Patient aufgerufen wird, noch recht gut leben. Man würde den Aufruf des nächsten Patienten sogar mit Vorteil der Spontanen Hülle überlassen.

Wir nehmen dieses Problem jedoch zum Anlaß für ein erstes Beispiel der RT-Erweiterung. Das Modell wird um eine Kontrollebene ergänzt (Bilder 5.1-5, 5.1-6).

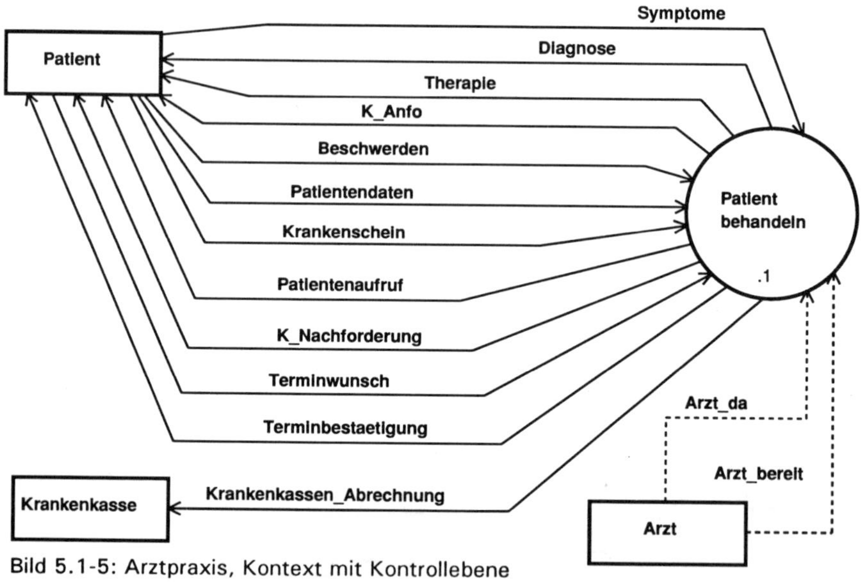

Bild 5.1-5: Arztpraxis, Kontext mit Kontrollebene

Im Kontextdiagramm (Bild 5.1-5) wird der Arzt als Terminator eingeführt. Von ihm gehen die essentiellen Kontrollflüsse "Arzt_da" und "Arzt_bereit" aus, die seine Anwesenheit und seine Bereitschaft zur Behandlung modellieren. Der Arzt könnte etwa noch in seiner Mittagspause abwesend sein oder gerade einen Kaffee trinken. Kontrollflüsse werden durch unterbrochene Pfeile dargestellt.

In der Ebene 0 (Bild 5.1-6) wird zunächst ein weiterer Prozeß eingeführt, der eigentlich keine Informationsverarbeitung ausführt außer dem Bericht, daß die Vorbereitung des Behandlungszimmers abgeschlossen ist (Kontrollfluß "BZ_steril"). Dieser Prozeß entspricht nicht den SA-Konventionen, denn er hat weder einen eingehenden noch einen ausgehenden Datenfluß. Wegen seiner Bedeutung als Lieferant eines wesentlichen Kontrollflusses fügen wir ihn dennoch ein. Die Alternative wäre eine Verschiebung dieses Prozesses in die Systemumgebung, so daß er sein Ergebnis durch einen externen Kontrollfluß meldet.

Die Balken und Kontrollflüsse im oberen Teil des Bildes repräsentieren die zusammengesetzte Kontrollspezifikation (im folgenden nur noch "zusammengesetzte CSPEC").

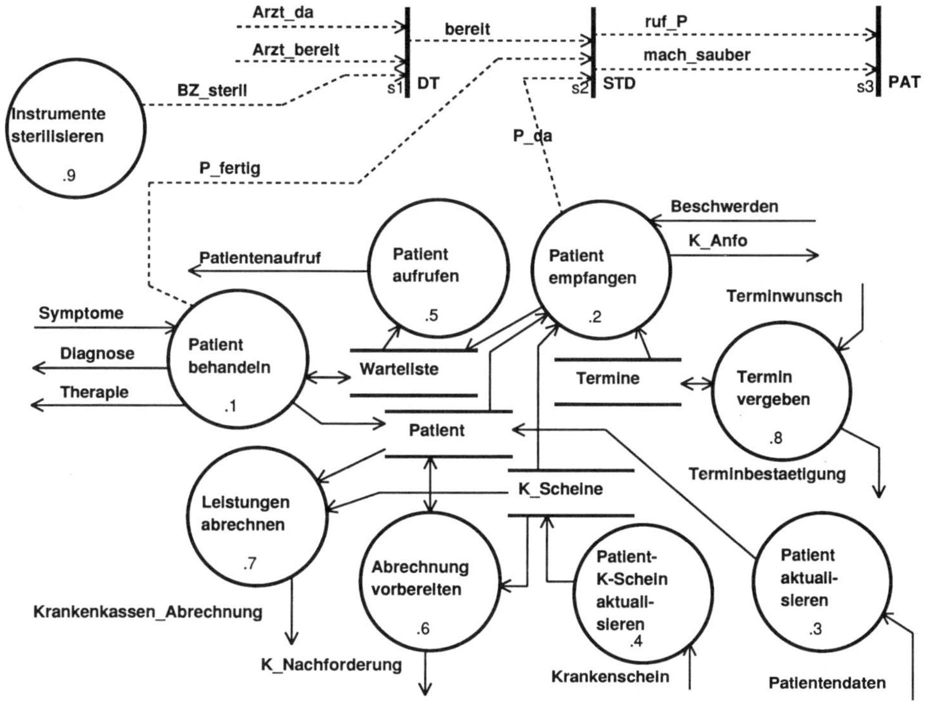

Bild 5.1-6: Arztpraxis, Ebene 0 mit Kontrollebene

Sämtliche Kontrollflüsse werden im Datenkatalog definiert:

Arzt_bereit	=	["ja" | "nein"]
Arzt_da	=	["ja" | "nein"]
bereit	=	["ja" | "nein"]
BZ_steril	=	["ja" | "nein"]
mach_sauber	=	["ja" | "nein"]
P_da	=	["ja" | "nein"]
P_fertig	=	["ja" | "nein"]
ruf_P	=	["ja" | "nein"]

Hinter jedem Balken steht ein CSPEC-Blatt, das die Verarbeitung der eingehenden zu den ausgehenden Kontrollflüssen spezifiziert. S1 verweist auf eine Entscheidungstabelle (Bild 5.1-7), in der das Signal "bereit" aus den eingehenden Kontrollflüssen berechnet wird. Leere Bedingungsfelder deuten an, daß in diesem Feld jeder zulässige Wert erlaubt ist. Das Signal "bereit" hat nur dann den Wert "ja", wenn der Arzt anwesend, zur Behandlung bereit und das Behandlungszimmer vorbereitet ist. In allen anderen Kombinationen steht der Kontrollfluß "bereit" auf dem Wert "nein".

Arzt_da	Arzt_bereit	BZ_steril	bereit
"ja"	"ja"	"ja"	"ja"
"nein"			"nein"
	"nein"		"nein"
		"nein"	"nein"

Bild 5.1-7: DT - Entscheidungstabelle (Decision Table)

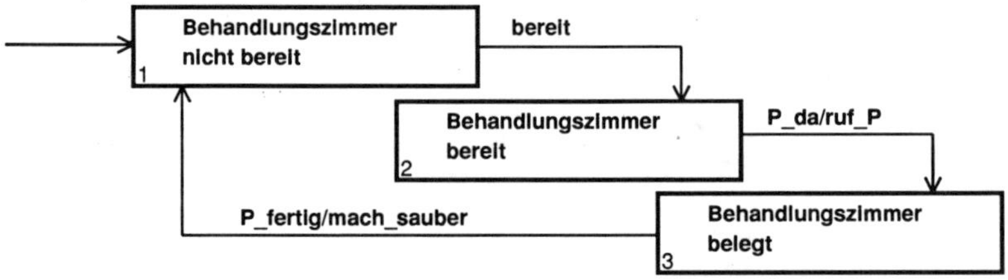

Bild 5.1-8: STD - Zustandsdiagramm (State Transition Diagram)

		Instrumente sterilisieren	*Patient aufrufen*
ruf_P	mach_sauber	9	5
"ja"	"ja"	1	2
"ja"	"nein"	0	1
"nein"	"ja"	1	0
"nein"	"nein"	0	0

Bild 5.1-9: PAT - Prozeßaktivierungstabelle (Process Activation Table)

Die Zustände des Behandlungszimmers werden im Zustandsübergangs-Diagramm S2 (Bild 5.1-8) dargestellt. Zu jedem Zustandsübergang wird an der Beschriftung des

Pfeils das Ereignis festgehalten, das den Zustandsübergang auslöst und die Aktion, die vom System ergriffen wird. Wenn zum Beispiel das "Behandlungszimmer bereit" ist und das Signal "Patient_da" eintrifft, so wechselt der Zustand in "Behandlungszimmer belegt" und das Signal "ruf_P" wird auf "ja" gesetzt. Dieses Signal erreicht den Balken S3, der durch eine Prozeßaktivierungstabelle spezifiziert wird (Bild 5.1-9). Dort wird festgelegt, daß sofort der Prozeß 5 "Patient aufrufen" aktiviert wird. Die Ziffern bezeichnen die Reihenfolge, in der Prozesse aktiviert werden (vgl. Kap. 5.2.4.4.4).

Wenn die Behandlung des Patienten beendet ist, wechselt der Zustand in "Behandlungszimmer nicht bereit" und der Prozeß 9 "Instrumente sterilisieren" wird aktiviert.

Die Kombination in der ersten Zeile der PAT kann eigentlich nicht auftreten, denn aus dem STD geht hervor, daß die eingehenden Signale "ruf_P" und "mach_sauber" niemals gleichzeitig auf "ja" stehen.

5.1.2 Das zusammengesetzte Modell aller Anforderungen

Die Spezifikation aller wahren Anforderungen an ein System erfordert **drei Entwicklungsebenen** (vgl. Bild 3.4-1), die unterschiedliche Aspekte des Systems enthalten. Da nicht in jedem System alle drei Ebenen gleich wichtig sind, müssen die zugehörigen Methoden gleichzeitig voneinander getrennt und über definierte Schnittstellen verbunden sein. Die Trennung ist auch für das anschließende Design von Bedeutung. Die Datenbank-Ebene muß von der Programmebene getrennt sein und diese von der Kontrollebene. Nur dann ist eine pflegbare Systemarchitektur als Ergebnis zu erwarten.

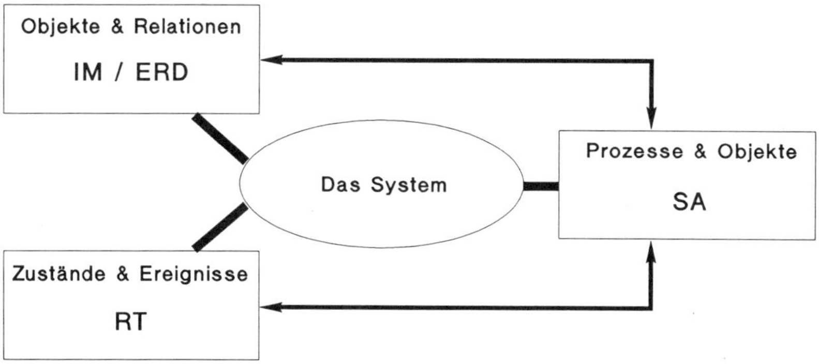

Bild 5.1-10: Entwicklungsebenen der Analyse

Parallel zur Prozeßhierarchie mit seiner Verfeinerungsstruktur kann im Modell eine Kontrollhierarchie eingerichtet werden. Diese enthält eine gleichartige Verfeinerungsstruktur. Wenn Prozesse sowohl Verarbeitungs- wie Kontrollfunktionen ausführen, dann werden sie gleich benannt. Kontrollprozesse tragen also dieselben Namen wie die zugehörigen Datenprozesse, sind aber von diesen **logisch getrennt**. Es ist stets zwischen beiden Hierarchien sorgsam zu unterscheiden. Sie sind durch zwei Arten von Schnittstellen verbunden:

- Elementarprozesse dürfen Kontrollflüsse ausgeben. Diese beziehen sich auf Inhalte von Datenflüssen und werden daher **data-conditions** genannt. Diese Schnittstelle wird benutzt, um eine **Schwellwerterkennung** durchzuführen. Wenn ein Meßwert unter eine vorgegebene Schranke fällt, so kann ein Prozeß dies einfach erkennen und einen Kontrollfluß ausgeben, der in der Kontrollebene zum Wechsel von Zuständen und letztlich zur Aktivierung eines anderen Prozesses genutzt werden kann. Dieser kann dann die Regelung des Systems übernehmen.
- Prozesse können **durch CSPECs aktiviert** werden. In der Prozeßaktivierungstabelle werden die entsprechenden Anforderungen festgehalten.

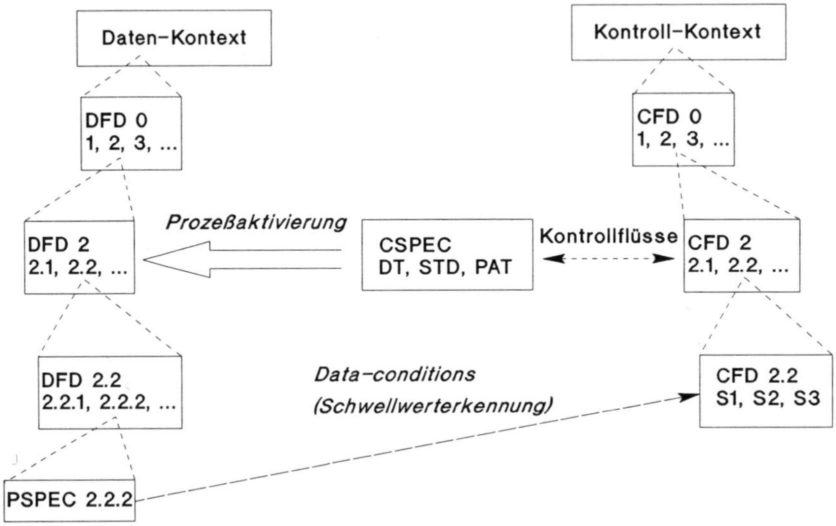

Bild 5.1-11: Prozeßhierarchie und Kontrollhierarchie

5.1.3 Endliche Automaten

Große Systeme haben oft die Eigenschaft, daß ihr internes und externes Verhalten durch aktuelle und vergangene Ereignisse geändert werden kann. Diese Veränderungen können etwa beinhalten, daß das System in eine andere Betriebsart wechselt, in der ganz andere Verarbeitungsregeln gültig sind. Im Modell wird dieses Verhalten durch endliche Automaten dargestellt.

Dynamische Systeme (Maschinen) können nach den Eigenschaften ihres Zustandsraumes unterteilt werden in stetig und diskret. Es gibt eine enge Verbindung zwischen diesen Typen von dynamischen Systemen und den gleichnamigen Typen von Signalen. Diskrete dynamische Systeme heißen auch Automaten. Endliche Automaten können nur diskrete Signale verarbeiten.

In diesem Kapitel werden die beiden Typen von endlichen Automaten, kombinatorische und sequentielle Maschine, definiert. Beide Formen werden in der RT-Methode benutzt. Sequentielle Maschinen werden mit Hilfe von Zustandsübergangsdiagrammen spezifiziert, deswegen hat der Zustandsbegriff eine erhebliche Bedeutung. Die

Kontrollebene wird dann beschrieben als endlicher Automat, der sowohl kombinatorische wie auch sequentielle Maschinen enthalten kann.

5.1.3.1 Kombinatorische Maschinen

Eine **kombinatorische Maschine** (nicht rekursiver Filter, Schaltnetz) ist ein endlicher Automat, dessen Outputs vollständig und ausschließlich durch die aktuellen Inputs definiert sind.

(I, O, f) heißt **kombinatorische Maschine**, wenn gelten:

I	endliche Menge, Menge der möglichen Inputs,
O	endliche Menge, Menge der möglichen Outputs,
f : I --> O	kombinatorische Logik-Funktion, ordnet jedem Eingabewert den zugehörigen Ausgabewert zu.

Kombinatorische Maschinen haben kein Gedächtnis, sie erinnern sich weder an frühere Zustände noch an frühere Inputs. Sie werden durch Entscheidungstabellen, durch Wahrheitstafeln oder durch Boolesche Funktionen spezifiziert.

5.1.3.2 Sequentielle Maschinen

Eine **sequentielle Maschine** (rekursiver Filter, Schaltwerk mit Gedächtnis) ist ein endlicher Automat, dessen Outputs von aktuellen und früheren Inputs bestimmt werden. Eine sequentielle Maschine enthält also ein Gedächtnis, das in Form einer Zustandsmenge dargestellt wird. Die sequentielle Maschine ist in jedem Zeitpunkt in einem der spezifizierten Zustände.

(I, O, Z, f, g, z_0) heißt **sequentielle Maschine**, wenn gelten:

I	endliche Menge, Menge der möglichen Inputs,
O	endliche Menge, Menge der möglichen Outputs,
Z	endliche Menge, Menge der möglichen Zustände (Zustandsraum),
f : I x Z --> Z	Zustandsübergangsfunktion,
g : I x Z --> O	Ausgabefunktion,
z_0	Element von Z, Anfangszustand.

Einem Zustandswechsel können mehrere Outputs zugeordnet werden. Dies ist insofern in der Definition enthalten, als neben der Endlichkeit keine weitere Einschränkung an die Menge O gerichtet wird. Elemente von O könnten also ohne weiteres Mengen von elementaren Outputs sein.

Die Inputs einer sequentiellen Maschine werden auch Ereignisse genannt. Sie verursachen einen Zustandsübergang, die Erzeugung eines zugehörigen Outputs oder beides. Die Outputs werden auch Aktionen genannt.

Die kombinatorische Maschine ist aufzufassen als Spezialfall der sequentiellen Maschine, deren Definition mit der üblichen Definition von endlichen Automaten übereinstimmt (vgl. KALMAN-FALB-ARBIB-69/ S. 191 sowie /HOPCROFT-ULLMAN-90/ Kap. 2)).

5.1.3.2.1 Zustandsdiagramme

Zustandsdiagramme (auch: Zustandsübergangsdiagramme) sind **gerichtete, markierte Graphen** (Bild 5.1-12). Die Knoten des Graphen stellen Zustände des Systems dar.

Die möglichen oder zulässigen Übergänge von einem oder zu einem Zustand (Transitionen) werden durch die gerichteten Kanten des Graphen im Modell dargestellt.

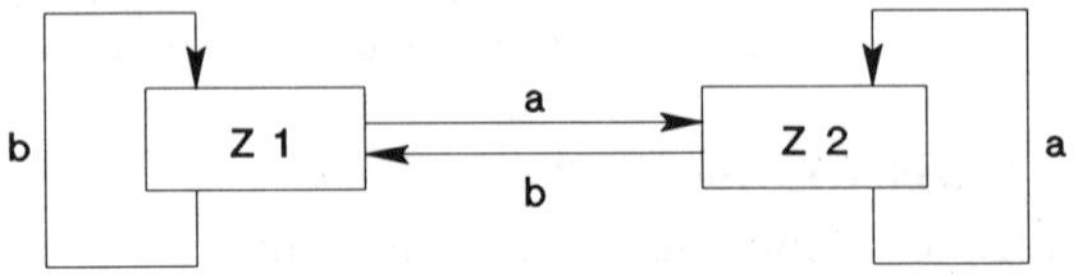

Bild 5.1-12: Beispiel eines Zustandsdiagramms (STD)

Als Teil eines Zustandswechsels führt das System meistens eine oder mehrere Aktionen aus. Diese werden als Kontrollflüsse modelliert, die an die Umgebung gegeben werden oder deren Resultate im System gespeichert werden, um auf künftige Ereignisse antworten zu können (externe oder interne Reaktionen). Ereignis und Aktionen werden zusammen in einem Textblock am Zustandsübergang in der Form "Ereignis/Aktion" notiert (im Bild 5.1-12 wird dies nur durch die Buchstaben a und b abgekürzt). Ereignis und Aktion sind in der Regel boolesche Ausdrücke. Falls diese unvollständig notiert werden (z.B. "bereit"), so wird implizit der Wert TRUE unterstellt (also bereit = "ja").

In den meisten Systemen gibt es zwei ausgezeichnete Zustände, den Anfangs- und den Endzustand. Der **Anfangszustand** (initial state) besitzt eine Kante , die zu dem Zustand zeigt, aber mit keinem anderen Zustand verbunden und nicht beschriftet ist. Der **Endzustand** (final state) ist dadurch gekennzeichnet, daß es keinen Übergang zu irgendeinem anderen Zustand des Systems gibt. Ansonsten muß jeder Zustand einen Folgezustand haben.

5.1.3.2.2 Der Zustandsbegriff

Die Informationen in einem Zustandsdiagramm lassen sich auch in Matrixform darstellen (s. Kapitel 5.2.2.2.4). Auf syntaktischer Ebene ist daher ein Zustandsdiagramm durch eine Entscheidungstabelle darstellbar. Darüberhinaus haben aber die Zustände eine inhaltliche Bedeutung, die von der Modellnotation nicht wiedergegeben wird.

Jeder Zustand repräsentiert eine Zeitperiode, innerhalb derer das System ein beobachtbares Verhalten zeigt. Der Zustand eines Systems kann sich nur durch äußere Einflüsse ändern. Das System wartet auf ein Ereignis in der Umgebung oder auf eine Aktivität der Umgebung, die das System in einen anderen Zustand versetzt.

5.1.3.3 Die Kontrollebene als endlicher Automat

Die beiden Typen endlicher Automaten werden gemeinsam benutzt, um die Semantik für die Modellierung von RT-Anwendungen zu definieren.

Die Kontrollspezifikation für eine Ebene kann aus mehreren Bestandteilen zusammengesetzt sein. In einfachen Spezialfällen besteht sie nur aus einer kombinatorischen Maschine oder auch nur aus einer sequentiellen Maschine.

Eigentlich reicht ein Zustandsdiagramm zur Spezifikation einer sequentiellen Maschine aus. In der Praxis kann aber die Menge der eingehenden Kontrollflüsse, die letztlich einen Zustandsübergang bewirken, so umfangreich sein, daß eine Vorverarbeitung durch eine kombinatorische Maschine angezeigt ist. Für die Flexibilität des Modells und für die saubere Abtrennung externer Kontrollflüsse als Reaktion eines Zustandswechsels ist es auch erforderlich, die Prozeßaktivierung aus dem Zustandsdiagramm auszulagern.

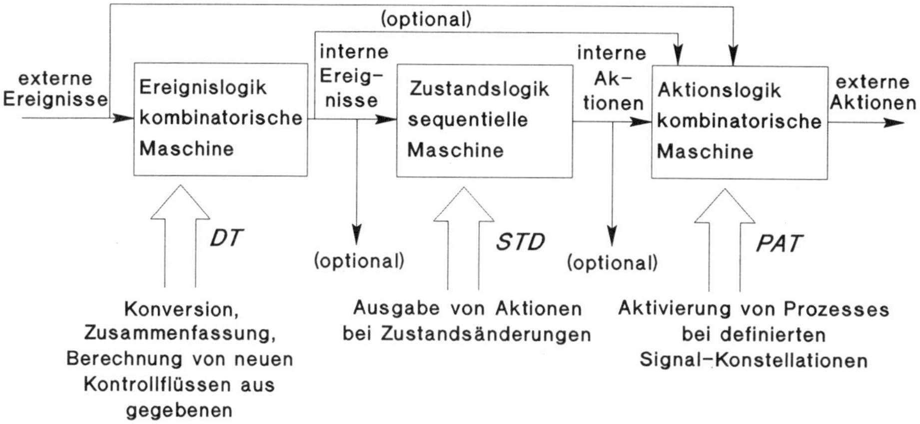

Bild 5.1-13: zusammengesetzte CSPEC

5.2 RT - Modellierung

Im RT-erweiterten SA-Modell muß man stets zwischen der Prozeßschicht (auch **"SA-Schicht"**) und der Kontrollschicht (auch **"RT-Schicht"**) unterscheiden. Die Prozeßschicht wird durch das SA-Modell gebildet (vgl. Kapitel SA), das im essentiellen Modell des neuen Systems eine ereignisorientierte Zerlegung der Prozesse und gleichzeitig eine objektorientierte Zerlegung der Speicher enthält.

Hauptzweck der Kontrollschicht ist die Festlegung des Verhaltens der Prozeßschicht unter allen möglichen externen oder internen Bedingungen und Betriebsarten. Innerhalb der Prozeßschicht sind derartige Entscheidungen auf die unterste Ebene des Verzweigungs-Konstrukts in der PSPEC begrenzt. Entscheidungen der Kontrollschicht werden dagegen meist auf höherer Ebene getroffen und sind dann für eine ganze Gruppe von Prozessen gültig. Sie bestimmen Wechsel in der Betriebsart und aktivieren/deaktivieren eventuell große Gruppen von Prozessen.

Dem SA-Modell wird ein Kontrollmodell überlagert. Dieses zeigt den Fluß von Kontrollinformationen in einem CFD (Kontrollflußdiagramm) und die Verarbeitung für jede Hierarchieebene in jeweils einer CSPEC (Kontrollspezifikation).

In diesem Kapitel werden zunächst die syntaktischen Hilfsmittel der Kontrollschicht dargestellt. Die Modellsemantik zieht eine Verbindung zu den in Kapitel 5.1.3 dargestellten endlichen Automaten und nennt zahlreiche Regeln und Konventionen, die bei der Modellierung der Kontrollschicht beachtet werden müssen. Hierbei werden folgende Abkürzungen ausgiebig benutzt, an die man sich zwar gewöhnen muß, die dann aber auch die praktische Modellierungsarbeit stark erleichtern:

für die SA-Schicht:

DCD	data context diagram	Daten-Kontext-Diagramm
DFD	data flow diagram	Datenflußdiagramm
PSPEC	process specification	Prozeßspezifikation

für die RT-Schicht:

CCD	control context diagram	Kontroll-Kontext-Diagramm
CFD	control flow diagram	Kontrollflußdiagramm
CSPEC	control specification	Kontrollspezifikation
DT	decision table	Entscheidungstabelle
STD	state transition diagram	Zustandsdiagramm
SEM	state event matrix	Zustandsmatrix
PAT	process activation table	Prozeß-Aktivierungs-Tabelle

Diese Abkürzungen werden im Text erklärt.

Am Ende dieses Kapitels werden die Schnittstellen zwischen SA-Schicht und RT-Schicht hervorgehoben und die wichtigsten Konsistenzregeln des integrierten Gesamtmodells werden zusammengestellt.

5.2.1 Daten- und Kontrollflüsse

Informationen, die zwischen der Umgebung und dem System oder innerhalb des Systems übertragen werden, nennen wir auch **Signale**. Diese sind zu unterscheiden über die mathematische Struktur ihrer Wertebereiche:

- **Diskrete Signale** können einen Wert aus einer endlichen Menge bekannter Werte annehmen. Die Wertemenge braucht keine algebraische oder Ordnungsstruktur zu haben.
- **Kontinuierliche Signale** können einen Wert aus einer beliebig großen Anzahl geordneter numerischer Werte annehmen. Alphanumerische Informationen mit fast unüberschaubarem Wertebereich wie zum Beispiel die Angaben in der Anschrift einer Person rechnen wir auch zu den kontinuierlichen Signalen.

Damit können Daten- und Kontrollflüsse begrifflich unterschieden werden:

Datenflüsse werden verarbeitet.

Primitive Datenflüsse sind diskrete oder kontinuierliche Signale. Datenflüsse können auch Datenstrukturen anderer Datenflüsse sein. Ein Datenfluß kann auch ein diskretes Signal sein, wenn es selbst verarbeitet wird und nicht zur Steuerung der Verarbeitung dient. Aufgabe von Datenflüssen ist es, Prozesse mit Informationen zur Bearbeitung und Speicherung zu versorgen bzw. die Umgebung über Ergebnisse des Systems zu informieren.

Kontrollflüsse steuern die Verarbeitung.

Primitive Kontrollflüsse sind immer diskrete Signale. Kontrollflüsse können auch Datenstrukturen anderer Kontrollflüsse sein. Aufgabe der Kontrollflüsse ist es, die CSPECs zu treiben, die wiederum Prozesse aktivieren und Kontrollinformationen an die Umgebung abgeben.

Die endlichen Automaten der CSPECs sind nur in der Lage, diskrete Signale zu verarbeiten. DFD-Prozesse dagegen können auch kontinuierliche Signale verarbeiten.

Eine Unterscheidung von Daten- und Kontrollflüssen ist im Grenzbereich manchmal schwierig. Kontinuierliche Signale und die sie verarbeitenden Prozesse gehören immer der Datenebene an. Diskrete Signale und die sie verarbeitenden Prozesse gehören meistens der Kontrollebene an, aber es gibt Ausnahmen.

	Datenflüsse	Kontrollflüsse
Zweck	werden verarbeitet	steuern die Verarbeitung
enthalten Information für	Prozesse, Speicher, Terminatoren	die Ablaufsteuerung
dargestellt in	DFDs	CFDs
Verarbeitung definiert in	PSPECs	CSPECs
Art der Verarbeitung	Berechnungen, Algorithmen	Entscheidungsprozesse auf höherer Ebene, Bestimmung der Betriebsart, Aktivierung/Deaktivierung
externe Quellen und Senken	Terminatoren	Terminatoren
interne Quellen	primitive Prozesse	Balken (CSPECs), primitive Daten-Prozesse (Data-Conditions)
Interne Senken	primitive Prozesse	Balken (CSPECs)

Bild 5.2-1: Daten-und Kontrollflüsse

Das wichtigste Kriterium zur Unterscheidung liegt in der Art, **wie Prozesse die Signale verarbeiten**. Numerische Berechnungen und inhaltliche Algorithmen führen auf die Datenebene. Dagegen sind in der Kontrollebene Entscheidungsprozesse und die zugehörigen Signale auf höherer Verfeinerungsebene darstellbar. Datenprozesse können eingehende Kontrollflüsse nicht verarbeiten, dies wiederspräche dem Konzept der sofortigen Aktivierung. Wenn dennoch ein Kontrollfluß in einen Elementarprozeß eintritt, so kann es sich nur um einen Hybridfluß handeln, der neben seiner Kontrollinformation, die der CSPEC zugeführt wird, auch noch Verarbeitungsinformation für die PSPEC besitzt.

Die physikalische Form eines Signals ist nicht wichtig für die Klassifizierung in Daten/Kontrollflüsse. Ein Beispiel bildet die Messung der Drehzahl über Zählimpulse. Diese sind nicht etwa aufzufassen als ein Kontrollsignal, das einen Prozess erfordert, der synchron zur Impulsrate aktiviert werden muß. Dies wäre eine implementierungsabhängige Modellierung, die der Infrastruktur vorbehalten bleibt. Die Essenz benötigt nur die Drehzahl, egal, wie sie gemessen wurde. Es gilt, die logische Bedeutung der Information zu erfassen. Der Entwickler muß sich vor zu früher Technologieabhängigkeit und vor Über-Spezifikationen hüten, die nur sein Modell komplizierter, aber nicht aussagekräftiger machen.

5.2.2 Modellnotation

Für die Spezifikation der SA-Schicht stehen vier grafische Symbole zur Nutzung in DFDs zur Verfügung: Prozeß, Datenfluß, Speicher und Terminator (vgl. Kapitel 4.2.1). In der RT-Schicht gibt es auch Prozesse und Speicher. Diese bezeichnen jedoch Elemente des Kontrollmodells, also Kontrollprozesse und Kontrollspeicher. Terminatoren dienen auch im Kontrollmodell der Abgrenzung des Systems gegen andere Systeme. Dazu treten zwei weitere Symbole, Balken und Kontrollfluß.

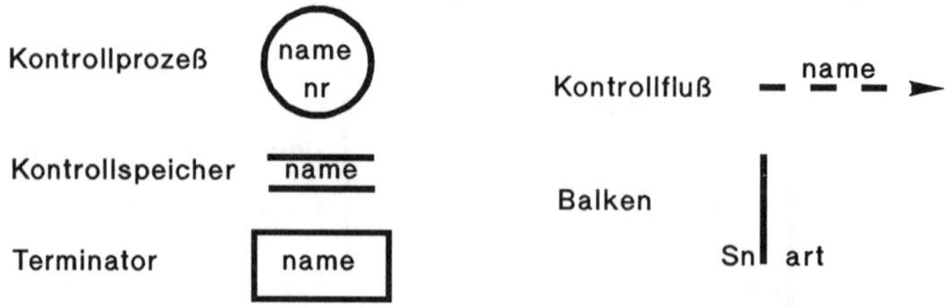

Bild 5.2-2: grafische Symbole in Kontrollflußdiagrammen (CFDs)

5.2.2.1 Balken, CSPECs und Kontrollflüsse

Balken symbolisieren eine **Kontrollspezifikation (CSPEC)**. Zu einem endlichen Automaten kann es im Modell mehrere Balken geben, die jeweils eine kombinatorische oder sequentielle Maschine verkörpern. Alle Balken eines CFD bilden gemeinsam eine **zusammengesetzte CSPEC**. Die Balken werden innerhalb der zusammengesetzten CSPEC mit S1, S2, ... bezeichnet ("Sheet", laufende Blätter einer zusammengesetzten CSPEC). Balken können weiterhin eine Bezeichnung besitzen, in der abgelegt werden kann, ob eine Entscheidungstabelle, ein Zustandsübergangsdiagramm oder eine Prozeßaktivierungstabelle repräsentiert wird.

Kontrollflüsse werden wie Datenflüsse im Datenkatalog definiert. Die Syntaxregeln des Datenkatalogs gelten auch im Kontrollmodell unverändert. Es ist jedoch ratsam, logische Attribute der Daten- und Kontrollflüsse im Datenkatalogeintrag zu definieren. Folgende Attribute sind zu benutzen:

Typ:

Struktur/primitiv Struktur-Flüsse bestehen aus mehreren primitiven, d.h. nicht weiter unterteilbaren Signalen, und werden gemäß Backus-Naur-Form im Detail spezifiziert.

extern/intern Externe Flüsse treten im Kontextdiagramm auf und sind die Schnittstellen des Systems mit der Umgebung. Interne Flüsse existieren nur innerhalb des Systems.

Control/Daten Unterscheidung gemäß Kapitel 5.2.1.

diskret/kontinuierlich

Unterscheidung gemäß Kapitel 5.2.1.

Attribute:

Name Jeder Fluß hat einen eindeutigen Namen und einen Eintrag im Datenkatalog.

Einheit Physikalische Einheit des Meßwerts, erforderlicher Eintrag für kontinuierliche primitive Signale.

Bereich Zulässiger Wertebereich eines kontinuierlichen primitiven Signals. Nur erforderlich bei externen Flüssen.

Auflösung Kleinstmögliches Inkrement des Meßwertes, das innerhalb des Systems dargestellt werden muß. Nur erforderlich für externe kontinuierliche primitive Signale.

Rate Wiederholungsrate des Signals. Nur erforderlich für externe kontinuierliche primitive Signale.

Werte Auflistung der Werte eines diskreten primitiven Signals. Für diese stets erforderlich.

Die im Kapitel 4.2.1.4.1 dargestellten Regeln zur Namensgebung gelten entsprechend auch im RT-Modell. Es ist ratsam, die Namen für Datenflüsse und Kontrollflüsse so kurz wie möglich zu wählen, möglichst jedoch ohne Abkürzungen zu benutzen. Eine projektspezifische Synonymtabelle ist hier besonders nützlich. Die Strukturierte Sprache muß stets der Erfahrungswelt des Anwenders angepasst werden.

5.2.2.2 Terminatoren, Prozesse und Speicher

Terminatoren sind andere Systeme, gegen die das modellierte System abgegrenzt wird. Sie dürfen nur im CCD benutzt werden und bezeichnen Sender und Empfänger von Kontrollflüssen. Im Modell werden sie nicht beschrieben. Ein Terminator kann zugleich im SA-Modell wie im überlagerten RT-Modell auftreten.

Typ				Attribute				
Struktur/ Primitiv	extern/ intern	Control/ Daten	diskret/ kontinuierlich	Einheit	Bereich	Auflösung	Rate	Werte
Primitiv	extern	Control	diskret				kann	muß
		Daten	diskret				kann	muß
			kontinuierlich	muß	muß	muß	kann	
	intern	Control	diskret				kann	muß
		Daten	diskret				kann	muß
			kontinuierlich	muß	kann	kann	kann	
Struktur				Verfeinerung über Backus-Naur-Form				

Bild 5.2-3: Typen und Attribute von Flüssen

Prozesse der SA-Schicht werden im Kontrollmodell dafür benutzt, den Weg von Kontrollflüssen abzubilden, d.h. in die Verfeinerungsstruktur einzubinden. Sie spezifizieren die Verarbeitung von Datenflüssen, aber nicht die Verarbeitung von Kontrollflüssen, die in den CSPECs definiert wird. Im Rahmen des Kontrollmodells werden Prozesse auch als Kontrollprozesse angesprochen.

Kontrollspeicher haben die gleiche Funktion für CFDs wie die Datenspeicher für DFDs. Sie sind in der Lage, Informationen über Kontrollflüsse für eine spätere Verwendung zu speichern. Ein Speicher kann nur im DFD oder nur im CFD oder sowohl im DFD wie im CFD auftreten. Im letzteren Fall erhält er in beiden Diagrammen den gleichen Namen. Datenspeicher erscheinen auf DFDs und Kontrollspeicher auf CFDs. Die Symbole sind identisch.

5.2.3 Beispiel - Wischer

Die Regeln, die in diesem Kapitel dargestellt werden müssen, werden parallel an einem Beispiel erklärt. Dazu betrachten wir ein Automobil der Luxusklasse, das über einen Bordrechner verfügt. Dieser übernimmt wie ein Prozeßrechner zahlreiche Überwachungs- und Steuerungsaufgaben. Neben vielen anderen Tätigkeiten steuert er ein Subsystem "Wischer regeln", das die Funktion des Scheibenwischers überwacht. Dieses Subsystem betrachten wir nun näher.

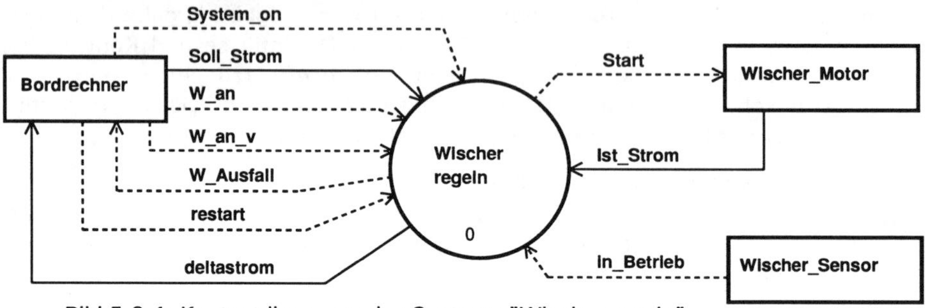

Bild 5.2-4: Kontextdiagramm des Systems "Wischer regeln"

Vom Bordrechner wird das Subsystem aktiviert (Signal "System_on") und erhält als Vorgabe den Sollstrom, der in den Ankerwindungen des Wischermotors gemessen werden muß. Dieser ändert sich zum Beispiel mit der Feuchtigkeit der Frontscheibe. Daher wird der Sollstrom gelegentlich vom Bordrechner aktualisiert. Der Bordrechner entscheidet auch, ob der Wischer laufen soll oder nicht. Dazu benutzt er als Entscheidungshilfe auch den "deltastrom", der von unserem Subsystem ermittelt wird. Der Befehl zum Einschalten und Ausschalten des Wischers ("W_an") wird zu Prüfzwecken mit einer zeitlichen Verzögerung, die im Ermessen des Bordrechners liegt, noch einmal übermittelt ("W_an_v"). Am Wischer ist auch noch ein Sensor installiert, der mit dem Signal "in_Betrieb" meldet, ob der Wischer gerade läuft. Das Subsystem soll den Wischer starten (Signal "Start") und überwachen. Ein Ausfall des Wischers wird dem Bordrechner mit dem Signal "W_Ausfall" gemeldet. Ihm bleibt es überlassen, die Situation zu bereinigen, zum Beispiel indem er über eine Anzeige die Spontane Hülle (den Fahrer) informiert und seine Befehle entgegennimmt. Daraufhin kann er später das Signal "restart" absetzen, das unser Subsystem wieder aktiviert.

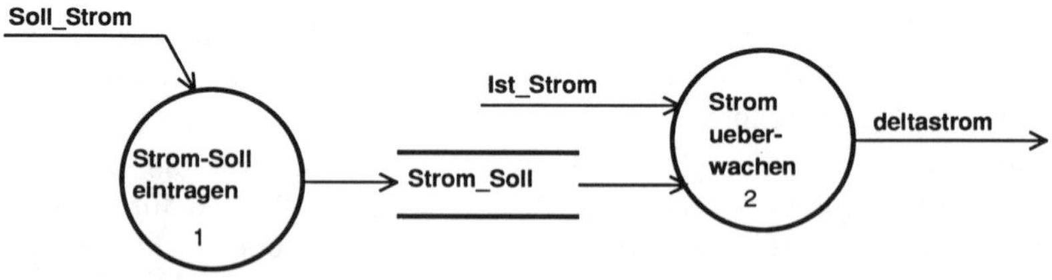

Bild 5.2-5: Prozeßebene des Subsystems "Wischer regeln"

Die Prozeßebene unseres Systems ist trivial (Bild 5.2-5). Wir erkennen eine grundlegende Aktivität "Strom überwachen", die jeden eintreffenden Ist-Strom-Wert mit dem zwischengespeicherten Strom_Soll vergleicht und den deltastrom ausgibt. Die Soll-Vorgabe muß im System zwischengespeichert werden, weil sie nur gelegentlich aktualisiert wird, aber zu beliebigen Zeitpunkten benutzt werden muß. Der Zwischenspeicher enthält immer nur einen einzigen, den aktuellen, Wert. Er wird später vielleicht durch eine geeignete globale aber versteckte Speicherzelle im RAM des Subsystems implementiert. Die Aktualisierung des Speichers wird von einer trivialen Verwaltungstätigkeit übernommen.

Die Komplexität des Systems liegt in der Kontrollebene (Bild 5.2-6). Hier sehen wir, daß es zu der Verwaltungstätigkeit "Strom-Soll eintragen" auch einen überlagernden Prozeß mit gleichem Namen in der Kontrollebene gibt, der eine Data-Condition ausgibt. Dies ist der Kontrollfluß "Strom_neu", der über eine neue Vorgabe vom Bordrechner für den Soll_Strom berichtet.

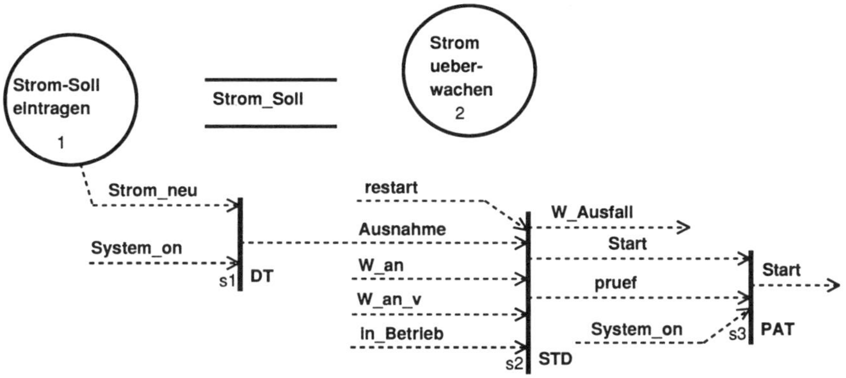

Bild 5.2-6: Kontrollebene des Subsystems "Wischer regeln"

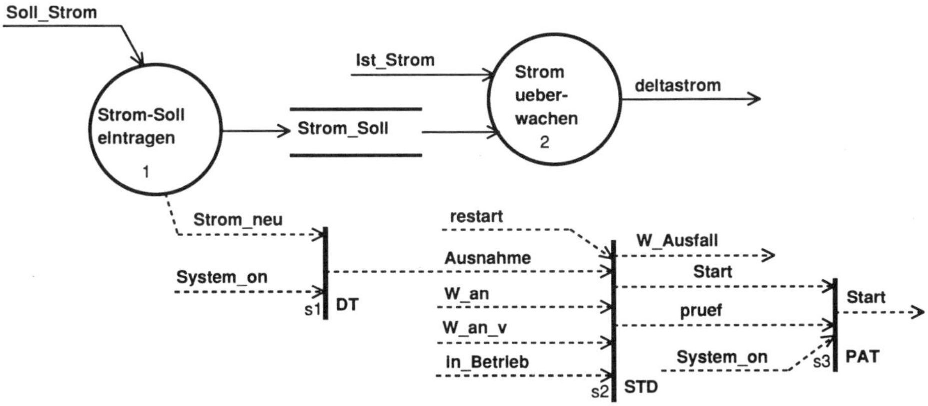

Bild 5.2-7: essentielle Ebene des Subsystems "Wischer regeln"

Kontrollebene und Prozeßebene lassen sich auch in einem Diagramm überlagert darstellen (Bild 5.2-7).

Das kontrollierte System kann sich in mehreren Zuständen befinden. Diese kann es nur durch Ereignisse ändern, wobei oft eine Aktion des Systems erfolgen muß.

Der endliche Automat des Systems wird also in der Hauptsache beschrieben durch eine sequentielle Maschine. Mögliche Zustände des Systems erkennen wir aus dem zeitlichen Ablauf der eintreffenden Steuersignale:

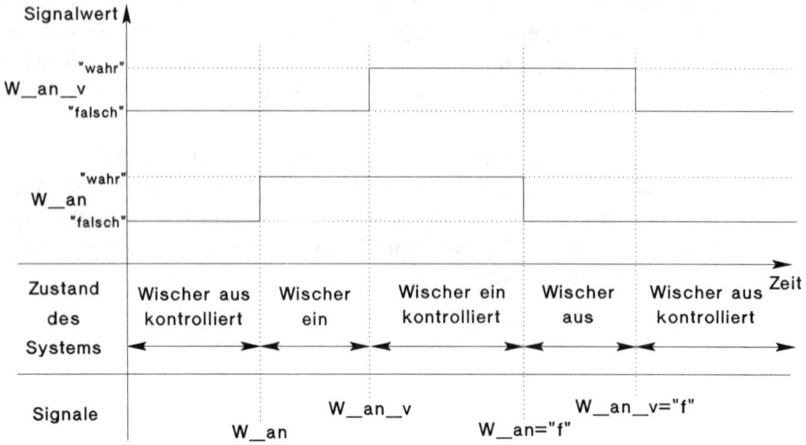

Bild 5.2-8: Steuersignale des Subsystems "Wischer regeln"

Grafiken wie in Bild 5.2-8 werden recht gern benutzt, um das dynamische Verhalten des Systems zu verdeutlichen. Sie haben jedoch schwerwiegende Nachteile. Sie erlauben keine Vollständigkeitskontrolle und es sind viele Grafiken nötig, um das Verhalten des Systems komplett zu beschreiben. Daher ist die standardisierte Spezifikation mit einem Zustandsdiagramm vorzuziehen.

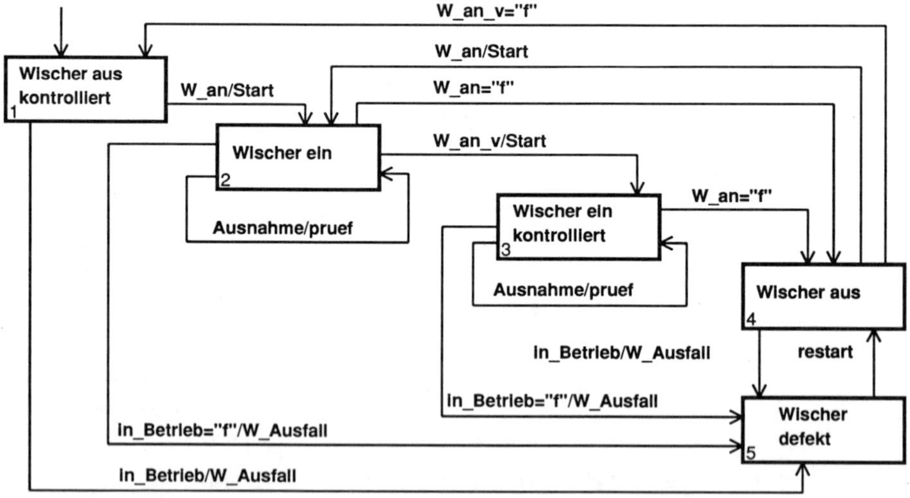

Bild 5.2-9: Zustandsdiagramm STD des Subsystems "Wischer regeln"

Das Zustandsdiagramm läßt sich leichter überprüfen. Alle Zustände und Zustandsübergänge sind darin enthalten. Auch die Funktionsweise des Systems im Fehlerfall wird festgelegt. Über die Darstellung in Bild 5.2-8 hinaus enthält das Diagramm in Bild 5.2-9 Angaben zu folgenden Zuständen und Zustandsübergängen:

- Auch im unkontrollierten Zustand ist ein Wechsel zwischen "Wischer aus" und "Wischer ein" möglich.
- Wenn der Vorgabewert für den Soll-Strom geändert wird (Signal "Ausnahme") und der Wischer eingeschaltet ist, dann findet auch eine Prüfung des Ist-Stroms statt, ohne daß jedoch der Zustand des Systems gewechselt wird.
- Der Wischer kann defekt sein. Dies wird erkannt, wenn das Signal "in_Betrieb" im eingeschalteten Zustand den Wert "f" und im ausgeschalteten Zustand den Wert "w" hat. Die Fehlerbehandlung muß dann vom Bordrechner durchgeführt werden, der durch das Signal "W_Ausfall" informiert wird und nach Fehlerbereinigung das Signal "restart" überträgt.

Zur vollständigen Spezifikation des Systems sind aber noch zwei kombinatorische Maschinen erforderlich. Eine Entscheidungstabelle DT (Bild 5.2-10) definiert das Signal "Ausnahme" in Abhängigkeit von "System_on" und "Strom_neu".

System_on	Strom_neu	Ausnahme
"w"	"w"	"w"
"w"	"f"	"f"
"f"		"f"

Bild 5.2-10: Entscheidungstabelle für das Signal "Ausnahme"

			Strom ueberwachen	
System_on	Start	pruef	2	Start
"f"			0	"f"
"w"	"w"	"w"	1	"w"
"w"	"w"	"f"	1	"w"
"w"	"f"	"w"	1	"f"
"w"	"f"	"f"	0	"f"

Bild 5.2-11: Prozeßaktivierungstabelle des Subsystems "Wischer regeln"

Die Aktivierung des Prozesses "Strom überwachen" wird schließlich durch eine Prozeßaktivierungstabelle PAT (Bild 5.2-11) spezifiziert. Der Strom wird geprüft, wenn der Wischer eingeschaltet wird oder wenn der Soll-Strom aktualisiert wird.

Die PAT hat noch eine Ausgabe, das ergänzte Signal "Start", das benutzt wird, um den Wischer einzuschalten.

Im folgenden wird der Datenkatalog für das Subsystem "Wischer regeln" wiedergegeben.

Ausnahme	=["w" * Strom prüfen * | "f"]
deltastrom (data flow)	= * Bedeutung: Abweichung Ist_Strom vom Soll_Strom * STROM
in_Betrieb	=["w" * Quittung vom Wischer, ok * | "f"]
Ist_Strom (data flow)	= * Bedeutung: Stromwert vom Wischer * STROM
prüf	=["w" * Strom zu prüfen * | "f"]
restart	=["w" * nach behobenem Fehler neu starten * | "f"]
Soll_Strom (data flow)	= * Bedeutung: vorgegebener Soll-Stromwert für Wischer in Betrieb * STROM
Start	=["w" * Wischer soll gestartet werden * | "f"]
STROM (data flow)	= * Einheit : mA Bereich : [-1000 , +1000] Auflösung : 10mA *
Strom_neu	=["w" * Soll_Strom geändert * | "f"]
Strom_Soll (store)	= * Bedeutung : Zwischenspeicher für den aktuellen Wert des Soll_Strom, enthält in jedem Moment nur einen Wert * STROM
System_on	=["w" * System in Betrieb * | "f"]
TOL (data flow)	= * akzeptable Toleranz für die Abweichung des Stroms vom vorgegebenen Sollwert, Systemkonstante *
W_an	=["w" * Wischer soll gestartet werden * | "f"]
W_an_v	=["w" * Wischer soll gestartet werden, verzögert * | "f"]
W_Ausfall	=["w" *Fehler erkannt* | "f"]

Dieses Beispiel werden wir nun benutzen, um die Regeln im einzelnen zu erläutern.

5.2.4 Aufbau der Kontrollschicht

5.2.4.1 Kontroll-Kontextdiagramm (CCD)

Das CCD zeigt die Kontrollfluß-Schnittstellen mit der Systemumgebung. Formal sind Kontroll-Kontextdiagramme (CCDs) gleichwertig zu Daten-Kontextdiagrammen (DCDs). Sie enthalten aber keine Datenflüsse sondern Kontrollflüsse. Terminatoren zeigen die anderen Systeme, gegen die das modellierte System abgegrenzt wird. Die Kontrollflüsse im CCD zeigen die Kontrollfluß-Schnittstellen zu diesen Systemen. Das modellierte System wird durch einen einzigen Prozeß repräsentiert.

Man sollte im CCD wie im zugehörigen DCD stets alle Terminatoren sowohl des Daten- wie des Kontrollmodells zeigen, auch wenn einige davon nur im Kontroll- bzw. im Datenmodell auftreten.

Beide Kontextdiagramme (CCD und DCD) erhalten dieselben Namen und können wie die DFDs und CFDs der Verfeinerungsebenen auch überlagert und als ein Diagramm gezeichnet werden (vgl. Bild 5.2-4).

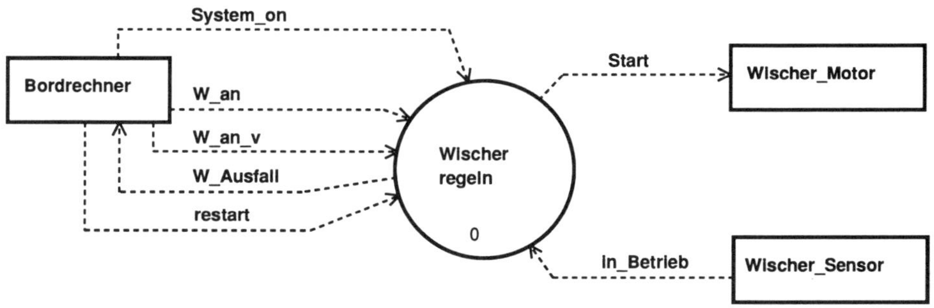

Bild 5.2-12: CCD des Subsystems "Wischer regeln"

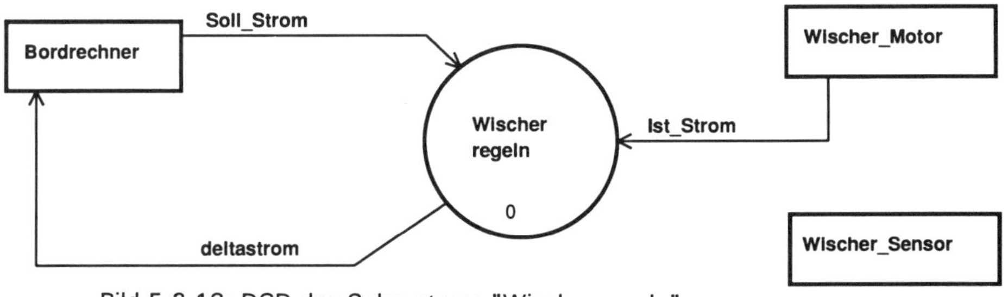

Bild 5.2-13: DCD des Subsystems "Wischer regeln"

5.2.4.2 Kontrollflußdiagramm (CFD) und Kontrollprozesse

CFDs haben dieselben formalen Eigenschaften wie DFDs hinsichtlich Namensgebung, Verfeinerung, Konsistenzregeln. Die Prozesse eines CFD repräsentieren jedoch nicht die Verarbeitung der eintreffenden Kontrollflüsse, dies tun ausschließlich die CSPECs. Sie repräsentieren auch nicht die Zustände des Systems und aktivieren keine Prozesse, diese Modelldetails sind alle in den CSPECs enthalten.

CFDs zwingen lediglich den Kontrollfluß, derselben Verfeinerungsstruktur zu folgen wie der Datenfluß. Kontrollflüsse können nur zu einer verfeinernden Ebene übergeben werden über konsistent spezifizierte Parent/Child-Beziehungen.

5.2.4.3 Quellen und Senken der Kontrollflüsse

Interne Quellen und Senken von Datenflüssen sind jeweils primitive Prozesse. Datenflüsse erscheinen in DFDs und werden verarbeitet in PSPECs, Kontrollflüsse erscheinen in CFDs und werden verarbeitet in CSPECs.

Elementarprozesse der SA-Schicht können keine Kontrollflüsse verarbeiten, aber sie können Kontrollflüsse ausgeben. Ein solcher Kontrollfluß wird durch die Child-PSPEC eines primitiven Prozesses erzeugt, erscheint aber nicht als Output dieses Prozesses im DFD, sondern als Output des zugeordneten Kontroll-Prozesses im CFD. Diese

Kontrollflüsse heißen **Data-Conditions**, weil sie über den aktuellen Zustand von Daten berichten. Diese Konstruktion wird zur **Schwellwerterkennung** benutzt (vgl. im Modell "Wischer regeln" den Kontrollfluß "Strom_neu").

Data-Conditions sind **im Moment ihrer Erzeugung** außerhalb des Daten-Prozesses verfügbar, nicht erst am Ende des Prozesses. Dies ist zum Beispiel wichtig, wenn innerhalb des Prozesses mehrmals nach Wartezeiten (wait) ein neuer Signalwert ausgegeben wird.

Quellen von Kontrollflüssen sind also Terminatoren, Balken (CSPECs) und Elementarprozesse des SA-Modells. Als **Senken** sind aber nur Terminatoren und Balken (CSPECs) zugelassen (vgl. Bild 5.2-3). Kontrollflüsse können aber über die Verfeinerungshierarchie der RT-Schicht durch Kontrollprozesse an Nachfolger-CFDs übertragen werden.

5.2.4.4 Kontrollflußverarbeitung

CFDs enthalten Kontrollprozesse, die den entsprechenden DFD-Prozessen zugeordnet sind, aber einige Kontrollflüsse führen auf Balken oder Kontrollspeicher. Diese Flüsse sind Inputs und Outputs der zugehörigen CSPEC. Eine PSPEC ist nur einem primitiven Prozeß auf unterster Stufe der Verfeinerungshierarchie zugeordnet. Eine CSPEC dagegen ist dem verbundenen DFD/CFD zugeordnet und kann auf jeder Stufe der Verfeinerungshierarchie auftreten.

	PSPEC	CSPEC
Aufgaben	spezifizieren die Verarbeitung von Informationen	spezifizieren den endlichen Automaten des Systems, definieren dabei die Aktivierung/Deaktivierung von Prozessen des zugeordneten DFD und die Werte von externen Ausgabe-Kontrollflüssen
	transformieren Daten-Inputs in Daten-Outputs	transformieren Kontroll-Inputs in Kontroll-Outputs
	verarbeiten Datenflüsse	verarbeiten Kontrollflüsse
werden spezifiziert	durch Strukturierte Sprache (entspricht dem Sprachumfang von Programmiersprachen)	durch DT, STD, PAT
existieren	für jeden primitiven Prozeß (d.h. der nicht durch ein DFD verfeinert wird, unterste Ebene)	zu dem verbundenen DFD/CFD auf beliebiger Verfeinerungsstufe. Alle Balken eines CFD gehören zu einer zusammengesetzten CSPEC

Bild 5.2-14: Vergleich PSPECs / CSPECs

Zusammengesetzte CSPECs bilden die Verbindung von CFDs zu DFDs. Jede zusammengesetzte CSPEC hat dieselbe Nummer wie das zugeordnete DFD und CFD. Seine Kontroll-Inputs und -Outputs kommen und gehen alle vom zugeordneten CFD über jeweils einen Balken. Dieser repräsentiert eine DT, ein STD oder eine PAT und damit eine CSPEC als Teil der zusammengesetzten CSPEC. Die von der zusammengesetzten CSPEC kontrollierten Prozesse befinden sich alle im zugeordneten DFD.

Jede CSPEC ist einem CFD zugeordnet, aber die Umkehrung ist nicht richtig. Zu einem CFD gibt es nur dann eine CSPEC, wenn Prozesse des zugeordneten DFD kontrolliert werden müssen oder wenn Kontrollflüsse durch eine kombinatorische Maschine in neue Signale umgewandelt werden müssen, d.h. wenn Balken im CFD vorhanden sind.

Alle Balken eines CFD gehören zu einer einzigen zusammengesetzten CSPEC. Bei Balken sind nur Kontrollflüsse als Ein-/Ausgaben erlaubt. Die Verarbeitung des Kontrollflusses in einem Balken kann spezifiziert werden durch:

DT Entscheidungstabelle - decision table

STD Zustandsdiagramm - state transition diagram

SEM Zustandsmatrix - state event matrix (gleichwertig zu STD)

PAT Prozeßaktivierungstabelle - process activation table

Prozesse, die nicht von einer CSPEC kontrolliert werden, sind datengesteuert oder elementar zeitlich gesteuert.

CSPECs spezifizieren den endlichen Automaten des Systems. Ihr eigentlicher Zweck ist vergleichbar mit dem Zweck von PSPECs: exakte Definition der Verarbeitungsregeln für die Herleitung der Outputs aus den Inputs. Unterschiede bestehen in der Art und Weise, wie sie dies ausführen und in der Rolle, die sie im Gesamtmodell spielen.

5.2.4.4.1 DT - Decision Tables - Entscheidungstabellen

Entscheidungstabellen werden zur Spezifikation kombinatorischer Maschinen benutzt. Die Regeln von Entscheidungstabellen werden hier aber nicht im einzelnen erläutert (vgl. hierzu /STRUNZ-77/, /PLATZ-83/ Kap.7). Es gibt auch mehrere Darstellungsvarianten. Beispiele für Entscheidungstabellen finden sich im gesamten RT-Kapitel und sind selbsterklärend (vgl. Bilder 5.1-7 und 5.2-10).

5.2.4.4.2 STD - State Transition Diagram - Zustandsdiagramm

Als Beispiele für Zustandsdiagramme betrachte man die Bilder 5.1-8 und 5.2-9. Ein STD zeigt die Zustände des Systems, und wie sie von Kontrollsignalen beeinflußt werden. Es gelten folgende Regeln:

- Jeder Zustand muß einen Namen haben.
- Neben dem Zustandswechsel (Transition) wird in einem Textblock dargestellt, welches Ereignis im Ausgangszustand den Wechsel bewirkt und welche Aktionen das System als Folge des Zustandswechsels ausführt.
- Jeder Zustand muß wenigstens eine Eingangs- und eine Ausgangstransition haben.
- Jede Transition muß einen Textblock haben (außer die Initial-Transition).
- Jeder Eingabekontrollfluß des Balkens muß als Ereignis auftreten.
- Jeder Ausgabekontrollfluß des Balkens muß als Aktion auftreten.
- Der Anfangszustand besitzt eine Transition ohne Quelle aber mit Ziel in einen der Zustände.

- Es ist nur eine Initial-Transition zulässig
- Transitionen ohne Ziel sind zulässig (Ende-Zustand impliziert).

Die Aktionen einer Transition sind wirksam, bis die nächste Transition eintritt, dies gilt auch für die Kontrollsignale, die für die ganze Zeit zwischen zwei Transitionen wirksam bleiben.

5.2.4.4.3 SEM - State Event Matrix - Zustands-Ereignis-Matrix

Die SEM ist eine zum STD weitgehend äquivalente Darstellung der Zustandsübergangsfunktion in Form einer Matrix (Entscheidungstabelle). Zustände werden auf Ereignisse abgebildet, die einen Zustandswechsel von diesem Zustand aus verursachen. Jeder Zelleninhalt der Matrix gibt zum Ausgangszustand die Aktionen und den Folgezustand an. In einer SEM läßt sich durch leere Zelleninhalte der Matrix auch spezifizieren, welche Zustände nicht auftreten können oder dürfen. Damit lassen sich nicht relevante Kombinationen ausschließen. In den Zellen können auch Kommentare untergebracht werden, die wichtige Konsistenzregeln beschreiben. Andererseits ist der Initialzustand des Systems in der SEM nicht besonders hervorgehoben.

Bei kleineren Systemen ist die Darstellung als Zustandsdiagramm wegen seiner grafischen Eigenschaften suggestiver, bei größeren Systemen kann diese Darstellung aber auch leicht unübersichtlich werden. Es gibt zwar die Möglichkeit, auch Zustandsdiagramme hierarchisch zu verfeinern, aber meistens bietet sich bei größeren Systemen doch eher die Darstellung als Zustands-Ereignis-Matrix an.

Als Beispiel geben wir das Zustandsdiagramm aus dem System "Wischer regeln" (Bild 5.2-9) im folgenden als SEM an.

	W_an	W_an="f"	W_an_v	W_an_v="f"	Ausnahme	in_Betrieb	in_Betrieb ="f"	restart
Wischer aus kontrolliert	Start/ Wischer ein					W_Ausfall/ Wischer defekt		
Wischer ein		/Wischer aus	Start/ Wischer ein kontrolliert		pruef/ Wischer ein		W_Ausfall/ Wischer defekt	
Wischer ein kontrolliert		/Wischer aus			pruef/ Wischer ein kontrolliert		W_Ausfall/ Wischer defekt	
Wischer aus	Start/ Wischer ein			/Wischer aus kontrolliert		W_Ausfall/ Wischer defekt		
Wischer defekt								/Wischer aus

Bild 5.2-15: Zustands-Ereignis-Matrix SEM "Wischer regeln"

5.2.4.4.4 PAT - Process Activation Table - Prozeßaktivierungstabelle

Beispiele für Prozeßaktivierungstabellen werden in den Bildern 5.1-9 und 5.2-11 gegeben.

Die Aktionen eines STD sind Eingaben für eine PAT, die die geeigneten Prozesse aktiviert/deaktiviert. Eine PAT ist eine einfache Entscheidungstabelle, bei der alle oder auch nur einige der Outputs Prozesse aktivieren. Der im implementierten System tatsächlich benutzte Aktivierungsmechanismus wird aber nicht näher beschrieben, sondern später von der Implementierungsumgebung beigesteuert. Die Aktivierung/Deaktivierung wird spezifiziert über die Aktivator-Einträge in den Kontroll-Outputs der PAT. Eine "1" bedeutet, daß der Prozeß sofort aktiviert, eine "0", daß er sofort deaktiviert wird.

Es ist möglich, durch Werte ungleich "1" eine **Reihenfolge der Aktivierung** darzustellen. Davon sollte jedoch nur sparsam Gebrauch gemacht werden. Die Aktivatoren der PAT zeigen an, welche Prozesse des DFDs gleicher Ebene in welcher Reihenfolge aktiviert und welche sofort deaktiviert werden. Die Reihenfolge der Prozesse wird durch Datenflüsse im DFD meistens ausreichend angezeigt. Eine explizite Spezifikation der Reihenfolge wird nur dann gebraucht, wenn zwei Prozesse über einen Speicher kommunizieren, und wenn der zweite erst gestartet werden darf, wenn der erste fertig ist.

Prozesse können durch die Prozeßkontrolle aktiviert und deaktiviert werden. Eine **Deaktivierung bewirkt eine sofort wirksame Beendigung des Prozesses** und aller seiner Nachkommen in der Verfeinerungsstruktur. Aktivierung und Deaktivierung werden nicht als Kontrollflüsse beschrieben. Sie sind im Diagramm nicht sichtbar.

Aktionen des STD bleiben wirksam bis zur nächsten Transition. Nach dem nächsten Zustandswechsel wird der aktive Prozeß automatisch deaktiviert. Ein Prozeß ist aktiv, wenn er selbst und alle seine Vorgänger in der Verfeinerungsstruktur aktiv sind. Mit einem Prozeß werden alle seine Nachkommen deaktiviert. Ein Prozeß ohne Kontrollmöglichkeit ist immer aktiv, wenn seine Vorgänger aktiv sind.

Wenn ein Prozeß aktiviert ist, zeigt er das aus der SA bekannte datengetriebene oder zeitlich-kalendergesteuerte Verhalten. Er wird erst dann tätig, wenn ein für ihn bestimmtes Ereignis eintritt. Wenn ein Prozeß jedoch deaktiviert ist, verhält sich das Modell verschieden vom SA-Modell. Der Prozeß tut nichts, verarbeitet keine Eingaben, reagiert nicht auf zeitliche Ereignisse. Seine Ausgaben sind alle **NULL, d.h. nicht vorhanden** (d.h. treten in keiner der möglichen Ausprägungen auf, sind also weder TRUE noch FALSE). Deaktivieren eines Prozesses bedeutet also, ihn und alle seine Outputs temporär aus dem System zu entfernen.

Ein Prozeß der SA-Schicht darf Kontrollflüsse ausgeben (Schwellwerterkennung). Diese Kontrollflüsse dürfen aber nicht benutzt werden, um diesen Prozeß oder einen seiner Vorfahren in der Verfeinerungshierarchie zu aktivieren/deaktivieren. Sonst könnte eine undefinierte Situation eintreten. Im Moment seiner Deaktivierung wird der Prozeß mit allen seinen Nachkommen deaktiviert, seine ausgegebenen Kontrollflüsse verschwinden (gehen auf NULL) und die Aktivierungslogik hört auf, von diesem Kontrollfluß abzuhängen.

5.2.5 Schnittstellen zur Prozeßschicht

Die im integrierten Gesamtmodell einander zugeordneten DFDs, CFDs und CSPECs stehen in enger Beziehung und werden stets zusammen betrachtet. Prozesse im CFD erhalten die gleichen Namen wie die entsprechenden DFD-Prozesse. Dadurch ist auch möglich, das SA-Modell und das Kontrollmodell in einem Diagramm zu zeichnen. Eine Trennung in Prozeßebene und Kontrollebene hat jedoch Vorteile bei umfangreichen Systemen und muß wenigstens nachträglich immer möglich sein. Auf unterster Verfeinerungsebene sind alle Kontrollflüsse Eingaben in Balken. **Die Kontrollebene ist konzeptionell von der Prozeßebene getrennt bei klaren Schnittstellen zwischen beiden (Bild 5.2-16).**

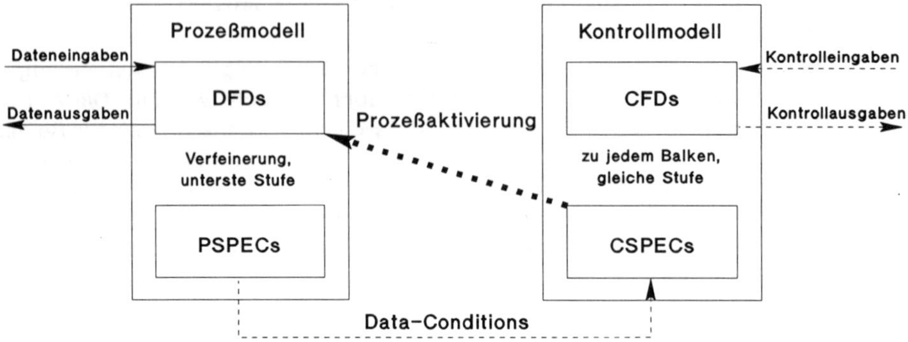

Bild 5.2-16: das integrierte Modell

5.2.6 Konsistenzprüfungen

In diesem Kapitel 5.2 sind zahlreiche Regeln genannt worden. Hier werden nur die wichtigsten Gruppen von Konsistenzregeln stichwortartig als Gedächtnisstütze noch einmal aufgeführt.

- richtige Klassifikation von Flüssen als Daten-/Kontrollfluß
- elementare Syntaxregeln, richtige Benutzung der Symbole für die RT-Schicht
- Alle Kontrollflüsse müssen im Datenkatalog definiert sein.
- Verfeinerungsstruktur
- Aufbau der Kontrollschicht

  Quellen und Senken der Kontrollflüsse

  Kontrollflüsse müssen in CSPECS und CFDs übereinstimmen.
- CSPEC-Regeln DT STD SEM PAT : Der formaler Aufbau der DTs, PATs, STDs, SEMs muß den aufgeführten Regeln folgen.
- PAT: die Prozeßnummern müssen im DFD vorkommen.
- PAT: die Aktivierungsnummern müssen positive ganze Zahlen sein.
- SEM: die angesprochenen Zustände müssen in der ersten Spalte vorkommen.
- STD: Zustände und Transitionen sind legal verbunden.
- STD: es muß eine einzige Initial-Transition geben.
- Prozeßaktivierung: kein Prozeß darf sich selber aktivieren, auch nicht indirekt.
- Namensgebung korrekt und aussagefähig, alle Objekte müssen Namen haben.
- korrektes SA-Modell.
- Integration der SA-Schicht mit der RT-Schicht.

5.3 RT - Modellbewertung

In diesem Kapitel wird die konzeptionelle Basis der RT-Methode dargestellt. Die im SA-Kapitel beschriebenen Grundlagen gelten auch hier, werden jedoch durch einige RT-spezifische Aspekte ergänzt. Erster Hauptpunkt dabei ist die Frage, unter welchen Randbedingungen man überhaupt die RT-Erweiterung zwingend benutzen muß. Die Modelle sind natürlich einfacher und damit nicht nur in der Entwicklung weniger kompliziert, sondern auch für den Anwender verständlicher, wenn man im Modell der Essenz auf eine Kontrollebene verzichten kann. Auch durch die Normen im Sicherheitsbereich wird empfohlen, die Realzeiteinflüsse zu minimieren (/DIN V VDE 0801-90/ S.137). Die Analyse wird mit Realzeiteinflüssen nicht nur erschwert. Die Systeme sind auch nur mit größerem konstruktiven Aufwand im Bereich sicherer Zustände zu halten.

Die RT-Erweiterung enthält die Gefahr, daß der Entwickler viel zu früh Randbedingungen der Implementierung in das Modell einführt. Bereits im essentiellen Modell kann er Zeitabhängigkeiten spezifizieren und Reihenfolgen von Prozessen festlegen. Dies kommt zwar seinem Bestreben entgegen, Implementationsdetails präzise zu spezifizieren, erfordert aber eben dadurch viel Disziplin, die wahren implementationsfreien Anforderungen des Anwenders aufzuspüren und als wahre Anforderungen an das System zu spezifizieren.

Die in der SA dargestellte essentielle Zerlegung ist im Bereich technischer Anwendungen um einige Aspekte zu ergänzen. Hauptgegenstand ist die Identifizierung der implementationsunabhängigen Anforderungen an das System. Wesentlich ist auch die Behandlung der Zeit. Sie kann im essentiellen Modell nur die durch die Aufgabenstellung gesetzten Randbedingungen der äußeren Systeme betreffen, mit denen das zu entwickelnde System zusammenarbeiten muß. Ein Nachweis, daß das zu entwickelnde System diesen Randbedingungen wirklich gerecht werden kann, ist im essentiellen Modell weder möglich noch angestrebt.

5.3.1 Wann RT nutzen?

Der grundsätzliche Entwicklungsablauf bei Verwendung der RT-Erweiterung ist identisch zu der Vorgehensweise, die im SA-Kapitel dargestellt wurde. Es kommt darauf an, ein implementationsfreies Modell zu entwickeln, denn sonst werden nur die Symptome teiloptimiert. Dazu ist es nötig, zunächst Kriterien bereitzustellen, unter welchen Bedingungen die RT-Erweiterung überhaupt benötigt wird. Es ist klar, daß man die etwas kompliziertere Notation nicht ohne gute Gründe benutzen sollte. Es gilt, mit den Mitteln der SA auszukommen, wann immer es möglich ist.

Es gibt eigentlich nur zwei Gründe für die Nutzung der RT-Methode:

- Ereignisse werden intern und dynamisch erkannt aus der Kombination mehrerer externer Ereignisse und interner Auswertungen.
- In Abhängigkeit von externen Auslösern ändert das System intern grundlegend seine Arbeitsweise oder Betriebsart, das essentielle Verhalten des Systems kann nur als sequentielle Maschine zutreffend beschrieben werden.

Die Kontrollschicht mit den CSPECs spielt die wichtigste Rolle auf höheren Ebenen. Die Verarbeitung der Kontrollflüsse kann dort nämlich bewirken, daß ganze Gruppen von Prozessen auf einen Schlag aktiviert/deaktiviert werden. Wenn Entscheidungen nur auf Ebene der Elementarprozesse des SA-Modells nötig sind, so reicht dafür eine entsprechende Spezifikation in den PSPECs. Die RT-Erweiterung eröffnet die Möglichkeit, Entscheidungen nicht nur auf Ebene der Elementarprozesse, sondern auch auf höherer Ebene der Verfeinerungshierarchie zu treffen.

Die Entwicklung einer Kontrollebene ist zu vermeiden, wenn das konventionelle datengetriebene Modell zur Spezifikation ausreicht. Die RT-Methode wurde nicht entwickelt, um den Analytiker von der abstrakten und mühevollen Aufgabe der Herleitung eines essentiellen Modells zu befreien und sich vor der Zeit auf Implementierungsdetails zu stürzen. Die RT-Methode ist ausschließlich entwickelt worden, um in den Fällen Unterstützung zu liefern, in denen das rein datengetriebene SA-Modell nicht zur Beschreibung der Essenz ausreicht. **Diese Fälle sind seltener als man oft glaubt.**

Wir wollen nun den Auslöse- und Verarbeitungsmechanismus eines Datenprozesses etwas genauer betrachten, um eine Vorstellung zu gewinnen, in welchen Fällen man eine RT-Auslösung wirklich braucht. Was kann als Bedeutung dahinterstehen, wenn ein Datenfluß einen Prozeß erreicht?

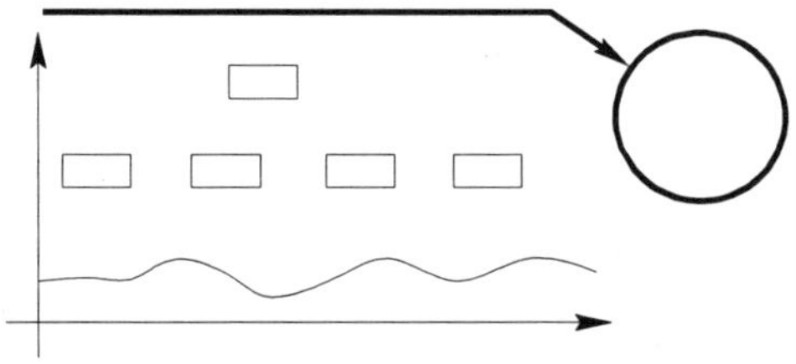

Bild 5.3-1: Datenfluß und Prozeßaktivierung bei verschiedenen Eingabemustern

Mehrere Anwendungssituationen müssen als Hintergrund betrachtet werden. Diese werden nun im einzelnen diskutiert:

- **Ein einzelnes Datenpaket trifft ein und löst den Prozeß datengetrieben aus** (klassischer Fall eines SA-Prozesses).
- **Datenpakete treffen regelmäßig alle x ms ein.** Dies bedeutet noch nicht, daß eine RT-Verarbeitung vorliegt. Jedes einzelne Datenpaket löst jeweils den Prozeß aus. Also ist diese Situation vollständig im Rahmen der SA modellierbar. Es muß nur sichergestellt werden, daß in der Implementierung der Prozeß mit dem letzten Paket fertig ist, wenn das nächste eintrifft. Dies ist jedoch ein Implementierungsdetail. Im essentiellen Modell werden alle Verarbeitungen im Zeitintervall der Länge Null durchgeführt.
- **Im Datenkanal liegt ein Meßwert statisch an, d.h. in jedem Moment ist der aktuelle Wert verfügbar.** Die Daten des eingehenden Datenflusses sind also nicht benutzbar, um den Prozeß datengetrieben auszulösen. Hier müssen drei unterschiedliche Anwendungssituationen unterschieden werden:

  1.) **Der Meßwert liegt zwar an, er wird aber von einem Prozeß verarbeitet, der auf andere Weise ausgelöst wird.**

  Der Meßwert trägt also nichts bei zu der Frage, ob der Prozeß aktiv ist. Es könnte bei dem Prozeß etwa einen zweiten eingehenden Datenfluß geben, der Datenpakete zur Auslösung überträgt. Der Prozeß könnte auch zeitlich ausgelöst sein.

2.) Es genügt, wenn der Meßwert in regelmäßigen Intervallen verarbeitet wird.

In den Zwischenräumen zwischen zwei Verarbeitungen ist keine weitere Verarbeitung erforderlich. Dieser Fall läßt sich vollkommen mit den Möglichkeiten der SA als zeitlich gesteuertes Ereignis modellieren. Eine Real-Time-Verarbeitung des Meßwertes ist nicht erforderlich.

```
Endlosschleife
    Wert verarbeiten
    wait (n)    /* nicht durch "zählen", sondern durch "wecken" implementieren */
Schleifenende
```

Diese Modellierung setzt allerdings ein Multitasking voraus, damit das System in den Pausen zwischen je zwei Verarbeitungen noch etwas anderes tun kann. Der Prozeß befindet sich in der Pause zwischen zwei Verarbeitungen im Wartezustand, ist also nicht real-time-aktivierbar.

3.) Es gibt essentielle Gründe, den Prozeß auch innerhalb eines wait-Intervalls sofort zu aktivieren.

Dann ist eine Kontrollebene zu spezifizieren, deren PAT diesen Prozeß abhängig von der Zeit und von anderen Bedingungen auslöst. Eine Real-Time-Aktivierung des Prozesses ist erforderlich.

5.3.2 Beispiel - Drehzahl regeln

Um diese Verhältnisse würdigen zu können, betrachten wir ein einfaches Beispiel eines Systems, das die Aufgabe hat, die Drehzahl eines Motors zu regeln. Dabei mag es genügen, Steuerungen des Motors im extern vorgegebenen Takt der Drehzahlmessungen zu erzeugen.

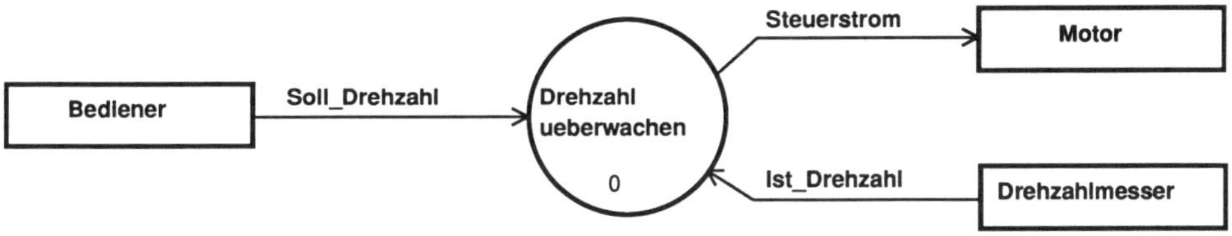

Bild 5.3-2: Kontext "Drehzahl überwachen"

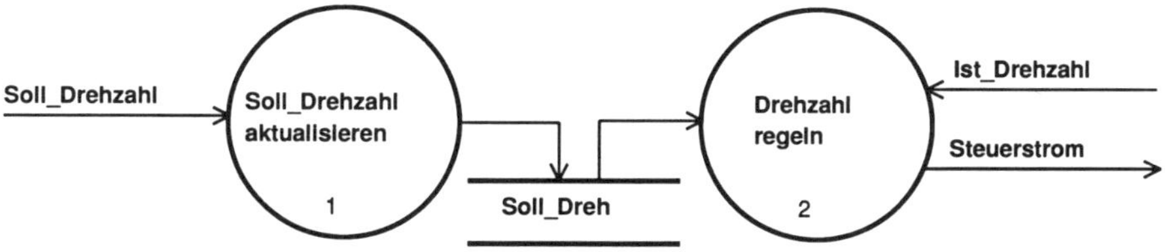

Bild 5.3-3: Essentielle Ebene "Drehzahl überwachen"

Im Datenkatalog ist festgehalten, mit welcher Rate die Ist-Drehzahl eintreffen kann:

```
DREHZAHL (data flow) =        * Bedeutung       : Messwert für die Drehzahl
                                Einheit         : U / min
                                Bereich         : [ -1000, +1000 ]
                               Auflösung        : 10 *
Ist_Drehzahl (data flow)      = * gemessener Wert, Rate     : alle x ms *   DREHZAHL
Soll_Dreh (store)             = * Vorgabewert * DREHZAHL
Soll_Drehzahl (data flow)     = * Vorgabewert * DREHZAHL
Steuerstrom (data flow)       = * Bedeutung      : Steuerstrom für Elektromotor
                                Einheit         : mA
                                Bereich         : [ 0., 100 ]
                                Auflösung       : 5 *
TOL (data flow)               = * Systemkonstante, zulässige Drehzahl-Toleranz *
```

Die PSPEC für den Prozeß 2. "Drehzahl regeln" enthält eine Zeitbeschränkung, die für das Design und die Implementierung bindend ist. Die Regelungsfunktionen f und g müssen natürlich inhaltlich sinnvoll spezifiziert werden. Dies ist eine elementare regelungstechnische Aufgabe.

```
NAME: 2;2   TITLE: Drehzahl regeln
* Zeitbeschränkung : < x ms  *
Delta_Dreh = Soll_Dreh - Ist_Drehzahl
if (abs (Delta_Dreh) < TOL)   /* ok */
      Steuerstrom = f (Soll_Dreh)
else
      Steuerstrom = g (Soll_Dreh, Delta_Dreh)
fi
```

Dieses elementare System kann man sehr leicht überspezifizieren, indem man eine Kontroll-Schicht einfügt, die aber aus essentieller Sicht gar nicht benötigt wird. An folgenden Stellen könnte ein Entwickler glauben, die Kontroll-Schicht unbedingt zu brauchen:

- Die Ist-Drehzahl erreicht das System im extern definierten Takt. Also muß der verarbeitende Prozeß in diesem Takt besonders aktiviert werden.

  Dies ist nicht der Fall. Der verarbeitende Prozeß wird bereits durch das eintreffende Datenpaket aktiviert.

- Die Drehzahl wird vielleicht induktiv gemessen über einen auf der rotierenden Achse angebrachten Magneten. Dementsprechend treffen Impulse regelmäßig in unserem System ein, die eine Kontroll-Schicht erfordern.

  Dies ist eine Eigenschaft der Implementierung. In der Modellierung der Infrastruktur muß man auf die Formate, mit denen dem System Informationen übermittelt werden, Rücksicht nehmen, in der Essenz darf man es nicht. Im Kern des Systems ist es egal, wie die Drehzahl gemessen wird. Wichtig ist nur der logische Wert. Das System hat in seinem logischen Kern nicht auf physikalische Impulse zu antworten, sondern auf den aktuell gemessenen Drehzahl-Wert.

- Der Entwickler könnte glauben, daß sich das System abhängig von den gemessenen Impulsen in jeweils einem von mehreren internen Zuständen befindet.

  Dies wäre eine Überspezifikation, die in das Modell eine Komplexität einbringt, die von der Aufgabenstellung her gar nicht benötigt wird.

Dieses einfache Beispiel zeigt, daß es sehr sinnvoll ist, im Modell zunächst zu versuchen, mit den Mitteln der SA auszukommen. Erst wenn dies **aus essentiellen Gründen** nicht mehr möglich ist, muß man Mittel der RT-Erweiterung benutzen.

5.3.3 Essentielle Zerlegung

Im Kapitel 4.3 ist dargestellt worden, welche Eigenschaften und Vorteile die essentielle Zerlegung besitzt. Ausgehend von den Ereignissen, auf die das System reagieren muß, werden Prozesse im System definiert, die vollständig alle Aufgaben erledigen, die das System als Reaktion auf den Auslöser ausführen muß. Dabei wird vielfach eine Antwort des Systems an die Umgebung abgegeben. Die essentiellen Prozesse werden so definiert, daß die Antwort des Systems so schnell wie möglich erfolgt und die Speicher sofort aktiviert werden (vgl. Bild 4.3-18).

Dieser Ansatz erweist sich auch als äußerst tragfähig für technische Anwendungen, die manchmal eine RT-Erweiterung erfordern. Er wird jedoch um das **Konzept der "intern erkannten Ereignisse"** erweitert.

5.3.3.1 Implementationsfreiheit

In kommerziellen Systemen ist die Essenz leicht definierbar als Menge aller von Implementationsdetails befreiten Prozesse und Datenspeicher. Das Konzept der wahren, d.h. implementationsunabhängigen Anforderungen ist bereits im Kapitel 4.3 dargestellt worden. Wahre Anforderungen sind solche, die bei jeder denkbaren Implementierung abgedeckt sein müssen. Das essentielle Modell darf keinen Hinweis auf die in der Vergangenheit oder in der Zukunft benutzte Technologie enthalten.

Die Notwendigkeit eines implementationsfreien Modells im Entwicklungsprozeß einzusehen, fällt Technikern in der Regel schwerer als Entwicklern kommerzieller Systeme. Entwickler technischer Systeme akzeptieren oft nicht den Ansatz der Implementationsfreiheit. Ihr Ziel ist stets eine sehr konkrete Implementierung. Bereits vom Anfang des Projekts an sind die einengenden Randbedingungen der Implementierung das entscheidende Leitmotiv für alle Entwicklungsmaßnahmen. Meistens ist doch schon im Pflichtenheft vorgegeben, welche Technologie mit welchen Restriktionen zu benutzen ist. Weshalb dann der Aufwand, alles zu beseitigen, was man ohnehin schon weiß?

Die Beantwortung dieser Frage ist einfach und genauso gültig wie bei kommerziellen Systemen:

- Wenn zu Beginn eines Projektes die **eigentliche Zielsetzung** nicht klar herausgearbeitet wird, und zwar befreit von jeglichen Randbedingungen der Realisierung, dann entstehen auch in technischen Anwendungen erhebliche Nachteile.
- Eine optimierte Zuteilung von Aufgaben an Prozessoren ist erst möglich, wenn man die Aufgaben nicht nur grob kennt, sondern sie genau und nachvollziehbar festgeschrieben hat.
- Erst wenn die eigentliche Zielsetzung wirklich klar ist, kann man über die technische Auslegung der Systeme und ihre Einbettung in ihre Umgebung effizient nachdenken und Alternativen systematisch abwägen.

In technischen Systemen sind die Prozesse der Infrastruktur und Administration oft sehr komplex. Ihre sorgsame Entwicklung ist für das System lebenswichtig. Die Essenz ist daneben oftmals fast trivial. Dennoch ist es ein guter Rat, zu Beginn des Projektes einen genauen Überblick über die eigentliche Zielsetzung zu gewinnen. Dieser kann auch die Ideenfindung für Maßnahmen des Physikalischen Ringes wesentlich erleichtern.

Zwar nimmt die Diskussion der Essenz einen breiten Raum in der Darstellung der Methoden ein. Damit ist nicht gesagt, daß dafür im Projekt die meiste Zeit benötigt wird. Es sollte aber klar sein, daß die Essenz am Anfang der Überlegungen stehen muß, wenn man ein erfolgreiches Projekt durchführen will mit einem zukunftsicheren (d.h. sicheren, wartbaren und weiterentwickelbaren) Ergebnis.

Um ein implementationsfreies Modell des neuen Systems zu erstellen, müssen folgende Einzelheiten besonders beachtet werden, um versteckte Technologieabhängigkeiten zu vermeiden.

- Es muß vom physikalischen Format der Datenflüsse und von den zu benutzenden Meßverfahren abstrahiert werden.
- Daten- und Kontrollflüsse müssen sorgfältig unterschieden werden.
- Falsche RT-Anforderungen verbergen sich in vielen Details des physikalischen Ringes (z.B. Sperrprotokolle, Warteschlangen, ...). Es hängt von der Aufgabenstellung des Projektes ab, ob diese Mechanismen berücksichtigt werden müssen.

5.3.3.2 Ergänzung der Prozeßebene

Zu Beginn der Modellierung ist es erforderlich, von den tatsächlich benötigten Auslösemechanismen zu abstrahieren und die Essenz der Prozesse und Speicher zu modellieren, wie es in den Kapiteln 4.3 und 4.4.1 dargestellt worden ist. Dabei wird bewußt in Kauf genommen, daß Systemteile eventuell auch anders als durch elementare Ereignisse ausgelöst werden können. Die Funktionen des Systems (SA-Schicht) werden unabhängig von ihrer Aktivierung/Deaktivierung durch das Kontrollsystem modelliert.

Erst wenn das essentielle Modell des neuen Systems fertiggestellt ist, wird geprüft, ob die Auslösung der Prozesse und Prozeßgruppen richtig modelliert ist. Dementsprechend wird die Kontrollebene hinzugefügt. Dazu müssen folgende Fragen geklärt werden:

Werden die Elementarprozesse des Modells nur durch externe und kalendergesteuert-zeitliche Ereignisse ausgelöst?

In manchen Systemen trifft man die Notwendigkeit an, daneben Prozesse sofort auslösen zu können, wenn eine Bedingung intern erkannt wird. In diesem Fall ist ein endlicher Automat zu modellieren, der als kombinatorische oder sequentielle Maschine ausgelegt werden kann und dessen PAT benutzt werden kann, um Prozesse zu aktivieren.

Sind die Outputs des Systems auf der Kontrollebene abhängig von früheren Inputs, die nicht als Dateninformation in den Speichern abgelegt sind?

In diesem Falle enthält der endliche Automat eine sequentielle Maschine, die über ein STD oder eine SEM zu spezifizieren ist. Hierzu müssen die Zustände des Systems (vgl. 5.1.3.2.2) und die auslösenden Ereignisse für jeden Zustandsübergang identifiziert werden. Speicher sind grundsätzlich passiv und können daher nicht zur Aktivierung/Deaktivierung selber aktiv beitragen.

Welche Prozesse und Prozeßgruppen müssen bei jedem Zustandswechsel aktiviert/deaktiviert werden?

Die Beantwortung dieser Frage führt zur Definition der Aktionen zu jeder Transition, die als Eingabe für die PAT dient. Die hierarchische Zerlegung (Vergröberung der essentiellen Ebene in Richtung Kontext) muß ggf. angepaßt werden. Die Aktivierung/Deaktivierung sollte möglichst weit oben in der Prozeßhierarchie angesiedelt sein, denn in den Elementarprozessen ist sie nicht mehr erforderlich. Dort stehen für Kontrollstrukturen einfache IF-Abfragen zur Verfügung.

5.3.3.3 Intern erkannte Ereignisse

Die Essenz der SA-Schicht wurde mit Hilfe der Ereignistabelle konstruiert (vgl. 4.4.1). Diese Vorgehensweise ist auch für das SA/RT-Modell angemessen. Allerdings werden wir in Kapitel 5.4.1 den Aufbau der Ereignistabelle etwas an die komplizierteren Verhältnisse von Real-Time-Systemen anpassen.

Das folgende Beispiel zeigt, daß bei der Modellierung von Real-Time-Systemen eine weitere Art von Ereignissen eine Rolle spielt, die wir "intern erkannte Ereignisse" nennen.

5.3.4 Beispiel - Kamera steuern

Wir betrachten eine moderne Fertigungshalle, in der mehrere flexible Fertigungszellen über Transportsysteme verbunden sind. Jede Zelle hat ihren Leitrechner, der die Roboter und das Transportsystem steuert und dabei auch auf Ausnahmesituationen reagiert. Diese Leitrechner sind in einer hierarchischen Struktur entsprechend der Konfiguration der Systeme vernetzt und berichten über einen zentralen Rechner dem Leitstand, an dem ein Überwacher des Systems sitzt, um ständig die korrekte Arbeitsweise der Systeme in der Fertigungshalle zu beobachten. Er stellt mit seiner nicht-formalisierbaren Urteilskraft die Spontane Hülle des Systems (vgl. Kapitel 3.1.1.2) dar, die auf alle Situationen, die im Gesamtsystem nicht abgefangen werden konnten, mit Erfindungsgabe reagieren muß.

Damit der Bediener dies effizient tun kann, steht ihm eine Kamera zur Verfügung, mit der er jede Position in der Fertigungshalle ansteuern und die lokale Situation betrachten kann. Die Steuerung dieser Kamera wird jedoch ausschließlich über den Leitrechner des Gesamtsystems durchgeführt, der über die geometrischen Verhältnisse in der Fertigungshalle bestens informiert ist. Bei auftretenden Fehlern kann der Leitrechner die Kamera sofort auf die Stelle richten, an der sich zum Beispiel ein Teil im Transportsystem verklemmt hat. Wir spezifizieren nun die Essenz des Systems zur Kamerasteuerung.

Der Leitrechner übermittelt diesem System "Kamera steuern" eine Taktvorgabe mit Informationen, in welchen Abständen die Lage und die Geschwindigkeit der Fahrbewegung der Kamera zu regeln ist. Wir gehen davon aus, daß eine **"kaskadierte Regelung"** festgelegt ist, **bei der die Geschwindigkeit wesentlich häufiger als die Lage kontrolliert wird.** Wenn jedoch die Lage kontrolliert wird, dann erfolgt auch immer sogleich eine Geschwindigkeitskontrolle.

Außerdem übermittelt der Leitrechner die Soll-Lage der Kamera, die natürlich auch vom Bediener eingegeben worden sein kann. Im Laufe der Zeit kann sich die Lage etwa dadurch kontinuierlich ändern, daß der Weg eines Teils durch die Fertigungshalle mit der Kamera verfolgt werden soll. Daher wird auch die Geschwindigkeit der Fahrbewegung vom Leitrechner vorgegeben.

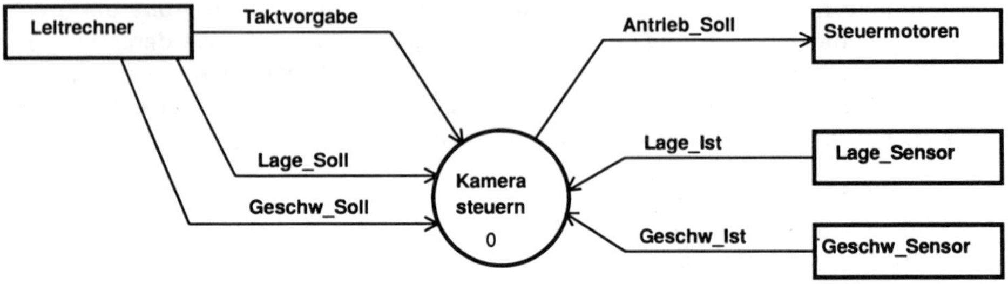

Bild 5.3-4: Kontext "Kamera steuern"

Von Sensoren erhält das System regelmäßig Berichte über die Ist-Lage und Ist-Geschwindigkeit. Aus diesen Informationen und den Vorgaben des Leitrechners ist die Antriebsteuerung zu berechnen und an die Steuermotoren auszugeben.

Wir betrachten zunächst die Datenkatalogeinträge der externen Signale, in denen die zeitlichen Randbedingungen festgelegt worden sind, die als wesentliche Vorgabe für das System die bei jeder Implementierung zu berücksichtigende Randbedingungen darstellen.

Antrieb_Soll (data flow) = * Bedeutung : Steuergröße für die Motoren der Kamerasteuerung
Einheit : 3-dimensional, mA in jeder Dimension
Bereich : [-20. , +20.] in jeder Dimension
Auflösung : 0.1 in jeder Dimension *

GESCHW (data flow) = * Bedeutung : Geschwindigkeit für Änderung der optischen Achse der Kamera
Einheit : 3-dimensional, mm/s in jeder Dimension
Bereich : [-500. , +500.] in jeder Dimension
Auflösung : 0.1 in jeder Dimension *

Geschw_Ist (data flow) = * Bedeutung : gemessene Ist-Geschwindigkeit
Rate : alle GRATE ms *
GESCHW

Geschw_Soll (data flow) = * Bedeutung : neuer Sollwert für Geschwindigkeit *
GESCHW

GRATE (data flow) = * Systemkonstante
Bedeutung : Wiederholrate für Geschw-Sensor-Werte
Einheit : ms
Bereich : 10 - 1000
Auflösung : 1 *

LAGE (data flow) = * Bedeutung : normierter Richtungsvektor der optischen Achse der Kamera
Einheit : 3-dimensional, mm in jeder Dimension
Bereich : [-1. , +1.] in jeder Dimension
Auflösung : 0.001 in jeder Dimension *

Lage_Ist (data flow) = * Bedeutung : gemessene Ist-Lage
Rate : alle LRATE ms *
LAGE

Lage_Soll (data flow) = * Bedeutung : neuer Sollwert für Lage *
LAGE

LRATE (data flow) = * Systemkonstante
Bedeutung : Wiederholrate für Lage-Sensor-Werte
Einheit : ms
Bereich : 10 - 1000
Auflösung : 1 *

Taktvorgabe (data flow) = * Bedeutung : Raten für Lage- und Geschwindigkeitsregelung
Bedingung : <Geschwindigkeits>Zeit
ist sehr klein gegenüber <Lage>Zeit *
<Lage>Zeit + <Geschwindigkeits>Zeit

Zeit (data flow) = * Bedeutung : Zeit für Abstand zwischen 2 Regelvorgängen
Einheit : ms
Bereich : [0 , 200]
Auflösung : 1 *

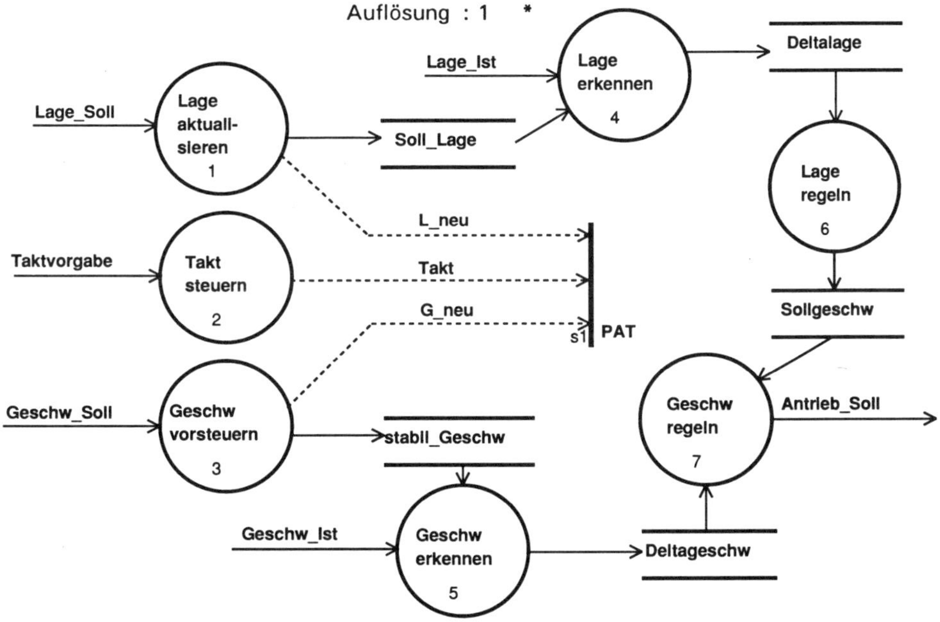

Bild 5.3-5: essentielle Ebene "Kamera steuern"

Das System kennt nur die elementaren, immer vorhandenen Zustände "in_Betrieb" und "ausser_Betrieb". Diese werden nicht modelliert, wenn sie nicht im Zusammenhang mit anderen Systemeigenschaften eine besondere Rolle zu spielen haben. In unserem Modell sind aber weitere Zustände nicht zu erkennen. Also beschränkt sich der endliche Automat des Systems auf eine kombinatorische Maschine, die nur in Abhängigkeit vom Takt und von soeben erfolgter Aktualisierung der Soll-Werte für Lage und Geschwindigkeit über eine PAT die Prozesse 6 "Lage regeln" und 7 "Geschw regeln" aktiviert. Dies ist also ein Beispiel für ein RT-Modell, das ohne die Zustandsebene auskommt. Hierzu wurden die internen Signale und Speicher wie folgt spezifiziert:

Deltageschw (store) = * Bedeutung : Zwischenspeicher für die aktuell erforderliche Geschwindigkeitsänderung aufgrund Differenz von der Vorgabe, enthält in jedem Moment nur einen Wert *
GESCHW

Deltalage (store) = * Bedeutung : Zwischenspeicher für die aktuell nötige Lageänderung, enthält in jedem Moment nur einen Wert *
LAGE

G_neu (control flow, del) =
["w" * neuer Wert für stabil-Geschw eingetragen *| "f"]

L_neu (control flow, del) =
["w" * neuer Wert für Soll-Lage eingetragen *| "f"]

REGELAKTIV (data flow) = * Systemkonstante
Bedeutung : Zeitraum, in dem die Regel-Prozesse jeweils aktiv sind
Einheit : ms
Bereich : [1 , 100],
REGELAKTIV ist klein gegenüber
<Geschwindigkeits>Zeit / 2.
Auflösung : 1 *

Soll_Lage (store) = * Bedeutung : Zwischenspeicher für das aktuelle Lage_Soll, enthält in jedem Moment nur einen Wert *
LAGE

Sollgeschw (store) = * Bedeutung : Zwischenspeicher für die aktuell nötige Geschwindigkeitsänderung aufgrund Differenz von der Soll-Lage, enthält in jedem Moment nur einen Wert *
GESCHW

stabil_Geschw (store) = * Bedeutung : Zwischenspeicher für das aktuelle vorgesteuerte Geschwindigkeits-Soll, enthält in jedem Moment nur einen Wert *
GESCHW

Takt (control flow, del) =
["L" *Lage regeln* | "G" *Geschwindigkeit regeln* | "off"]

Als Prozeßspezifikation wird nur beispielhaft die PSPEC für den Prozeß 2 "Takt steuern" wiedergegeben:

NAME: 2;3 TITLE: Takt steuern

```
Taktvorgabe entgegennehmen
Schleife endlos
    Takt = "L" ausgeben
    wait ( REGELAKTIV )
    time = REGELAKTIV
    Schleife
        Takt = "off" ausgeben
        wait ( <Geschwindigkeits>Zeit - REGELAKTIV )
        Takt = "G" ausgeben
        wait ( REGELAKTIV )
        time = time + <Geschwindigkeits>Zeit
    bis time größer als ( <Lage>Zeit - <Geschwindigkeits>Zeit - REGELAKTIV )
    wait (<Lage>Zeit - time)
Schleifenende
```

Die PAT (Bild 5.3-6) sieht vor, daß die Regelung der Lage stets Vorrang vor der Regelung des Taktes haben soll.

			Lage regeln	*Geschw regeln*
L_neu	G_neu	Takt	6	7
"w"		"off"	1	2
"f"	"w"	"off"	0	1
"f"	"f"	"off"	0	0
		"L"	1	2
		"G"	0	1

Bild 5.3-6: PAT "Kamera steuern"

Es mag plausibel sein, daß nach Ausarbeitung aller Details die Steuerung der Kamera nach diesem Modell möglich ist. Für ein systematisches Vorgehen (vollständiges Umgebungsmodell) fehlt aber getreu zu der in 4.4.1 beschriebenen und auch in der RT-Methode anzuwendenden Vorgehensweise die Beschreibung der Ereignistabelle, die eigentlich an den Anfang der Modellierung gehört (Bild 5.3-7).

lfd	Ereignis	Auslöser	Antwort	
1	Leitrechner def. Lage-Soll	Lage_Soll	--	externe Ereignisse
2	Leitrechner definiert Takt	Taktvorgabe	--	
3	Leitrechner definiert Geschwindigkeits-Soll	Geschw_Soll	--	
4	Sensor meldet Lage-Ist	Lage_Ist (alle LRATE ms)	--	
5	Sensor meldet Geschw.-Ist	Geschw_Ist (alle GRATE ms)	--	
6	INTERN Lage-Regelung erforderlich	a) Takt b) neues Lage_Soll	--> 7	intern erkannte Ereignisse
7	INTERN Geschw.-Regelung erforderlich	a) Takt b) neues Geschw_Soll	Antrieb-_Soll	

Bild 5.3-7: Ereignistabelle für das System "Kamera steuern"

Die Ereignisse 1 bis 5 sind externe Ereignisse, die jeweils eine Verwaltungstätigkeit zur Abarbeitung benötigen. Das System soll jedoch nicht im Takt der externen Ereignisse seine Antworten produzieren, sondern in einem eigenen Takt, der einer extern vorgegebenen Taktrate folgt. Daher ist weder die Lage-Regelung noch die Geschwindigkeitsregelung direkte Konsequenz der Sensor-Eingaben. Beide Regelungen werden erforderlich, wenn jeweils bestimmte Verknüpfungen von Ereignissen erkannt werden. Dazu gehört der Takt, aber auch eine neue Vorgabe von Soll-Werten durch den Leitrechner.

Die Ereignisse, die letztlich die Regelungsvorgänge auslösen, werden intern erkannt, beziehen sich aber auf externe Verhältnisse. Zu diesen Ereignissen gehören auch Auslöser und Antworten. Zu den Regeln der SA-Schicht gibt es aber einen markanten Unterschied:

- Externe Ereignisse haben stets nur einen Auslöser. Sie können aber keine oder mehrere externe Antworten als Systemreaktion erfordern.
- Intern erkannte Ereignisse haben meistens mehrere Auslöser, die über komplexe logische Bedingungen verknüpft sein können. Das System kann als Reaktion auf diese Auslöser eine oder mehrere Antworten ausgeben.

Die Reaktion auf intern erkannte Ereignisse erfolgt stets durch Prozesse, die in der Kontrollschicht durch eine PAT ausgelöst werden.

5.3.5 Behandlung der Zeit

In der Analyse wird stets nur festgelegt, **was** das System leisten soll, nicht **wie** es dies bewerkstelligen kann. Dies gilt auch für die Anforderungen an das Antwortzeitverhalten. Es darf nur festgehalten werden, welche Reaktionszeiten das System bei bestimmten Verarbeitungen erreichen muß. Wie dies dann realisiert wird, das wird erst in der Designphase spezifiziert.

Dabei ist in der Analyse auch **nur das externe Zeitverhalten von Interesse**, denn dies ist die gedankliche Ebene, auf der der Anwender seine Anforderungen artikulieren kann.

Innerhalb des Modells können Reaktionszeiten ignoriert werden. Im essentiellen Modell sind alle Prozesse real-time. Es gibt auch keine Probleme der parallelen und konkurrierenden Fortschreibung von Datensätzen, der Abarbeitung über Warteschlangen usw., weil wegen der Annahme perfekter interner Technologie jeder Datenzugriff und jede Funktion im Zeitintervall Null durchgeführt wird. Dadurch können wir uns auf den eigentlichen Zweck des Systems konzentrieren und die funktionalen und datentechnischen Anforderungen ohne Konzessionen an die Mängel verfügbarer Technologien formulieren. Zeitliche Beschränkungen für Verarbeitungen werden jedoch festgehalten als Vorgabe für das Design. Diese Angaben werden aber auch erst im Design benutzt.

Die erforderliche Wiederholrate externer primitiver Outputs wird im Datenkatalog festgehalten (vgl. Kapitel 5.2.2.1). Diese stellt eine wichtige Systemanforderung für den Designer dar. Die Wiederholrate externer primitiver Inputs kann auch wichtige Randbedingungen für das System enthalten und wird ebenfalls in den Datenkatalogeinträgen notiert.

Anforderungen hinsichtlich der Verarbeitungszeit von Prozessen werden in der Ereignistabelle spezifiziert und dürfen nur dann in den PSPECs erscheinen, wenn die gesamte Verarbeitung des Auslösers durch einen elementaren Prozeß vorgenommen wird. Ziel ist auch hier die Spezifikation der externen Zeitanforderungen.

PSPECs haben universellen Zugriff auf die Uhrzeit. Jeder Sachbearbeiter hat eine Uhr, jedes Programm kann jederzeit auf die Systemuhr zugreifen. Nur bei embedded systems wird gelegentlich auf den Einbau einer Systemuhr verzichtet. Daher wird bei diesen Systemen gelegentlich im Modell hervorgehoben, daß eine Uhr implementiert werden muß. Sonst darf es keine Flüsse im System geben, die die Zeit repräsentieren.

Den Prozessen steht sowohl die absolute wie die relative Zeit zur Verfügung. Also ist ein kalendergesteuertes Ereignis: "alle 30 ms:" zulässig.

5.4 RT - Methoden

Die Vorgehensweise zur Systementwicklung ähnelt sehr stark der Vorgehensweise bei einem reinen SA-Modell. Dort liegen jedoch einfachere Verhältnisse vor. Meistens ist die Hardware und die Basis-Software vorhanden oder wird den Anforderungen entsprechend ausgewählt. Die Auslösemechanismen für Prozesse sind einfacher und man benötigt normalerweise nicht die Modellierung einer sequentiellen Maschine, d.h. das System besitzt nur eine Betriebsart und ändert nicht durch Eingaben seine grundsätzliche Arbeitsweise.

In diesem Kapitel wird die Vorgehensweise bei der Entwicklung von Systemen mit SA/RT-Modellen erläutert, dabei wird aber stets auf die im SA-Kapitel bereits beschriebenen Schritte verwiesen. Es werden also nur Abweichungen und Ergänzungen dargestellt.

5.4.1 Eine neue Essenz finden

Die Entwicklung eines Systems beginnt mit der Spezifikation der SA-Schicht. Hier ist jedoch eine Erweiterung der Ereignistabelle nötig, die speziellen RT-Erfordernissen

Rechnung trägt. Angaben über Zeitbeschränkungen müssen systematisch erhoben und in das Modell eingefügt werden.

5.4.1.1 Erweiterung der Ereignistabelle

Zusätzliche Spalten für RT-spezifische Angaben werden eingefügt.

lfd	Ereignis	Typ	Auslöser	Typ	Rate	Antwort	Typ	Rate	Reaktionszeit

Ereignis.Typ : e extern
z zeitlich-kalendergesteuert
i intern erkannt

Auslöser.Typ und Antwort.Typ :
d Datenfluß
c Kontrollfluß

Rate : .. mit der Auslöser eintreffen oder Antworten erzeugt werden müssen

Reaktionszeit : .. zwischen Eintreffen des Auslösers und Abgang der Antwort

Bild 5.4-1: die erweiterte Ereignistabelle

Im Fall intern erkannter Ereignisse wird in der Ereignistabelle durch den Eintrag "i" für "intern erkannt" vermerkt, daß die Antwort nicht als direkte Folge eines Auslösers ausgegeben wird. Einträge in den Spalten Typ, Rate, Reaktionszeit sind optional und natürlich nur in den Fällen erforderlich, wo essentielle Anforderungen spezifiziert werden müssen.

Auslöser und Antworten sind Informationsflüsse, die sowohl Daten- als auch Kontrollflüsse sein können. Diese Unterscheidung ist für die Modellierung wesentlich und sollte möglichst früh getroffen werden können. Die Informationsflüsse können auch in einer bestimmten Wiederholrate eintreffen oder erzeugt werden. Dies sind externe Anforderungen an das System, die in der Ereignistabelle festgehalten werden.

Schließlich ist die geforderte Reaktionszeit, d.h. die Zeit zwischen Eintreffen des Auslösers und Abgang der Antwort als externe Anforderung festzuhalten, wenn besondere Anforderungen vorliegen.

Diese zusätzlichen Angaben sind alle optional, sie müssen nur erhoben werden, wenn sie wahre, externe Anforderungen betreffen.

Die Ereignistabelle ist ein pragmatisches Hilfsmittel, mit dem Auftraggeber die wahren externen Anforderungen abzustimmen (Umgebungsmodell) und die Ziele des Systems in einer Form festzuhalten, die gleichzeitig unmittelbar und ohne jede Erläuterung verständlich ist und eine Formulierung des essentiellen Modells erleichtert. Weiterhin wird damit zu Beginn des Projektes die Diskussion auf die Aspekte des externen Verhaltens gelenkt und das zu entwickelnde System vorerst als black-box behandelt.

Insofern ist es nützlich, die bei der Aufgabenstellung des Projektes bereits erkennbaren externen zeitlichen Anforderungen in der Ereignistabelle zu notieren. Beim Übergang in ein formales Modell ist es dann erforderlich, diese Informationen auch vollständig innerhalb der Modellnotation abzubilden.

Dies ist leicht für die Wiederholraten externer Signale, die in den Datenkatalogeinträgen festgehalten werden. Die Reaktionszeiten für Prozesse sind in den PSPECs nur dann spezifizierbar, wenn der essentielle Prozeß elementar ist, also nicht weiter durch ein DFD verfeinert wird. Sonst müsste sich die Zeitspezifikation auf eine Kette elementarer Prozesse beziehen. Daher erhält die Ereignistabelle bei RT-Modellen eine weitere Bedeutung, die sie zu einer wichtigen Vorgabe für das Design macht: in ihr werden die Reaktionszeiten der Prozesse festgelegt. Dies ist vorläufig der einzige Ort im Modell, wo dies vollständig möglich ist.

5.4.1.2 Die Essenz modellieren

Die Vorgehensweise entspricht vollständig der Darstellung in den Kapiteln 4.4.1 - 4.4.4, 4.5.1 unter Benutzung der erweiterten Ereignistabelle. Die Prozesse zu intern erkannten Ereignissen werden vorerst nur in ihrer Funktionalität modelliert, die Kontrollebene wird später hinzugefügt.

Also sind in geeigneter Reihenfolge, die abhängig von der konkreten Aufgabenstellung auch einmal von der hier angegebenen Reihenfolge abweichen kann, folgende Schritte durchzuführen:

- Ziele des neuen Systems festlegen,
- grundlegende Aktivitäten finden,
- Speicher des Systems finden,
- Verwaltungsaktivitäten finden,
- vorläufiges essentielles Modell erstellen,
- Rückfragen beim Anwender,
- essentielle Aktivitäten zu einem Modell integrieren,
- die Modellqualität optimieren,
- ein neues essentielles Modell konzipieren.

Die Regeln für den Zugriff auf Daten anderer Kontexte und für die Kontextabgrenzung gelten entsprechend.

5.4.1.3 Die Kontroll-Schicht entwickeln

Prozesse des Modells werden stets unabhängig von ihrer Aktivierung/Deaktivierung modelliert. Es ist also in jedem Falle erforderlich, zuerst die Prozesse und Speicher des Systems implementationsfrei zu modellieren, bevor die Kontroll-Schicht eingefügt wird. Darüberhinaus sollte die Nutzung der Kontrollverarbeitung stets auf ein essentielles Minimum beschränkt bleiben.

Wie bereits in Kapitel 5.3.2.3 ausgeführt, müssen zur Definition der Kontrollschicht folgende Fragen geklärt werden:

- Werden die Elementarprozesse des Modells nur durch zeitliche und kalendergesteuerte Ereignisse ausgelöst?

- Sind die Outputs des Systems auf der Kontrollebene abhängig von früheren Inputs, die nicht als Dateninformation in den Speichern abgelegt sind?
- Welche Prozesse und Prozeßgruppen müssen bei jedem Zustandswechsel aktiviert/deaktiviert werden?
- Welche Ereignisse sind bereits in der Ereignistabelle als intern erkannte Ereignisse identifiziert worden, durch welche Bedingungen werden diese ausgelöst?

Abhängig von den Antworten auf diese Fragen wird festgestellt, ob eine Kontrollebene erforderlich ist, wenn ja, ob diese durch eine kombinatorische oder durch eine sequentielle Maschine zu modellieren ist.

5.4.2 Das Anforderungsmodell erweitern

Wie im Kapitel 4.5.2 wird eine Inkarnation des essentiellen Modells des neuen Systems ausgewählt. In technischen Anwendungen liegen allerdings etwas kompliziertere Verhältnisse vor als bei kommerziellen Anwendungen.

- Die Schachtelung von Prozessoren zu Superprozessoren wird bei kommerziellen Systemen meistens außerhalb der Software-Entwicklung durchgeführt. Dies ist der Vorgang der "organisatorischen Einbettung" des automatisierten Anwendungssystems, der auch zu einer neugestalteten Aufbauorganisation des Fachbereichs führen kann. In technischen Anwendungen sind dagegen alle Ebenen der Prozessorhierarchie explizit zu entwickeln.
- Neben der Software muß meistens auch eine Hardware-Struktur definiert oder sogar konstruiert werden. Die Anforderungen müssen dann im Laufe des Vorgehens aufgeteilt werden in Hardware- und Software-bezogene Anforderungen.
- Die technische Einbettung der Funktionalität erfordert zahlreiche zusätzliche Prozesse, nicht nur für die Input/Output-Verarbeitung, sondern auch für Sicherheit und Wartung.

5.4.2.1 Die Architektur-Schablone

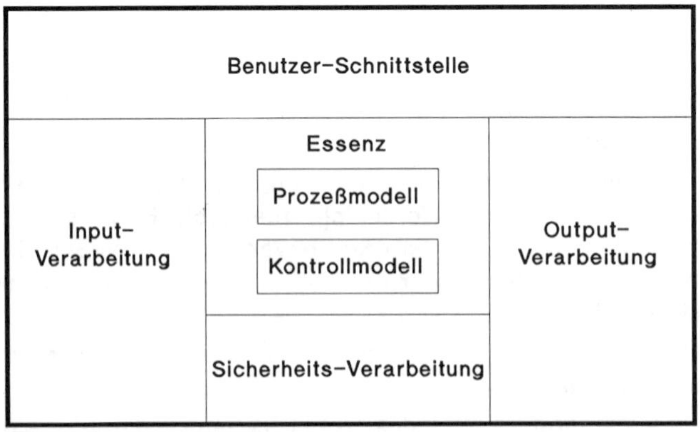

Bild 5.4-2: die Architektur-Schablone

Bei Zuordnung der Prozesse zu Prozessoren, die im nächsten Schritt durchgeführt wird, werden zahlreiche weitere Prozesse der Infrastruktur und Administration in das Modell eingefügt. Die zugehörigen Modelle werden zur besseren Übersicht unter Benutzung der Architektur-Schablone strukturiert dargestellt. Dies gilt sowohl für die SA-Schicht wie für die Kontrollschicht.

Jedes Diagramm des Inkarnationsmodells wird gedanklich aufgeteilt in fünf Blöcke, so wie es die Schablone andeutet. Jeder Prozeß wird genau einem der Blöcke zugeordnet, d.h. in seinem Inneren dargestellt. Falls eine eindeutige Zuordnung bei einem Prozeß nicht möglich ist, muß weiter unterteilt werden. In diesem Fall wird der Prozeß so zerlegt, daß jeder entstehende Teilprozeß zugeordnet werden kann, wobei beide Prozesse durch einen geeigneten Datenfluß kommunizieren.

Im Eingabe- und im Ausgabe-Block werden die Prozesse der Infrastruktur lokalisiert, die im essentiellen Modell noch nicht vorhanden waren und die für die Kommunikation mit der Umgebung zuständig sind (system to system interface). Der Block der Benutzerschnittstelle gilt als Spezialfall der Ein-/Ausgabe-Verarbeitung, da viele ergonomische Besonderheiten zu beachten sind. Die Benutzerschnittstelle soll schließlich jeweils optimal den Bedürfnissen der Anwender angepasst werden, andererseits aber von der Essenz und sonstigen Systemfunktionen unabhängig sein.

Der Sicherheitsblock enthält alle Funktionen der Administration, die für die Sicherheit des Systems gezielt konstruiert wurden. Dazu gehören zum Beispiel Funktionen der Wartungsunterstützung, Selbst-Test-Funktionen des Systems, das Management für redundant ausgelegte Systemteile.

Diese Schablone ist zunächst nur als Anhaltspunkt für das Layout der Diagramme gedacht. Sie führt dazu, daß die Modelle übersichtlicher werden und daß eine Strukturierung in Richtung auf ein Moduldesign vorsichtig in die Modelle eingebracht wird.

5.4.2.2 Das Inkarnationsmodell

Ausgangspunkt für die weiteren Schritte ist das um die Kontrollschicht ergänzte essentielle Modell. Als erster Schritt in Richtung auf das implementierte Modell wird auf Ebene des gesamten Systems der physikalische Ring ergänzt. Dazu werden Schnittstellen des Kontextes mit der Umgebung festgelegt.

Der Kontext technischer Systeme enthält meistens nicht den Anwender oder Bediener des Systems. Dieser tritt als Terminator auf und wird daher in seiner Aufgabenstellung innerhalb des Modells des technischen Systems nicht näher untersucht. Die Bedienung des Systems ist im Unternehmen in die organisatorischen Abläufe eingebunden und daher womöglich Bestandteil eines umfassenderen Systems, das u.a. die Benutzung der technischen Anlage als Teil der Reaktion auf externe Ereignisse spezifiziert. Im Unterschied dazu enthält ein kommerzielles Modell auch die Arbeitsschritte des Anwenders (vgl. D1.1.1).

Administration und Infrastruktur haben in technischen Systemen u.a. folgende Aufgaben:

- Eingabe-/Ausgabe-Verarbeitung (Empfänger und Sender),
- Benutzerschnittstelle (der Bediener ist als Terminator modelliert),
- Funktionen für Sicherheit, Wartung, redundante Verarbeitung, Selbsttest.

Daraus resultiert die in Bild 5.4-3 wiedergegebene Struktur des physikalischen Ringes.

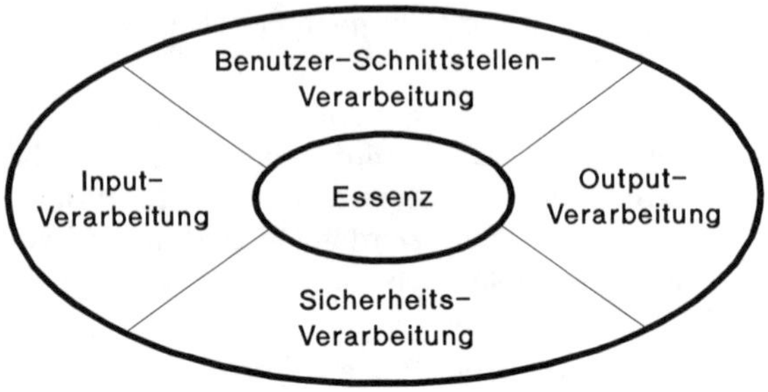

Bild 5.4-3: Struktur des physikalischen Ringes bei technischen Systemen

Aufgrund dieser Struktur werden die implementationsbezogenen Modelle stets unter gedanklicher Anwendung der Architektur-Schablone grafisch gestaltet. Dabei ist es nicht erforderlich, diese Schablone auch in die Diagramme einzuzeichnen. Es sollte aber klar sein, daß jeder Prozeß eindeutig einem der Felder der Schablone zugeordnet werden kann. Die Schablone ist damit eine Hilfe beim Layout der Diagramme.

Zur Erweiterung des essentiellen Modells werden also zunächst die Funktionen der Administration und Infrastruktur modelliert, die **unabhängig von der noch festzulegenden Implementierung** auf jeden Fall erforderlich sind, um das System in die technische Anlage einzubetten.

5.4.2.3 Inkarnationsmodell Kamera steuern

Am Beispiel des Systems "Kamera steuern" werden die zu erklärenden Schritte vorgestellt. Zunächst wird das essentielle Modell um Prozesse des physikalischen Ringes ergänzt, die unabhängig von der Implementierung auf jeden Fall nötig sind (Bild 5.4-4).

Dieses System benötigt keine eigene Benutzerschnittstelle, diese wird bereits durch den Leitrechner abgedeckt.

Die neu hinzugekommenen Prozesse werden im folgenden kurz beschrieben, in der praktischen Anwendung wäre hier natürlich eine formalere Spezifikation erforderlich.

Prozeß 8: Dreh_Impulse zählen

Die Geschwindigkeit der Kamerabewegung wird physikalisch über die IST-Drehzahl des Kamerasteuerungsmotors gemessen, die induktiv in Drehimpulse umgesetzt wird. Prozeß 8 ermittelt aus diesen dreidimensionalen Drehimpulsen die IST-Geschwindigkeit der Kamera.

Prozeß 9: Lage_Vektor filtern

Die Lage (Richtungsvektor der optischen Achse der Kamera) wird für jede Dimension zum Beispiel über den Spannungsabfall an einem Potentiometer gemessen, dessen Schleifer mechanisch bei jeder Lageänderung bewegt wird. Prozeß 9 hat die Aufgabe, diese Meßwerte logisch umzusetzen.

Prozeß 10: Lage_Soll prüfen und

Prozeß 11: Geschwindigkeits_Soll prüfen

Diese Prozesse prüfen eingehende Werte für Lage_Soll bzw. Geschw_Soll (der Modifier <u> bedeutet "ungeprüft") auf Abweichung vom bisherigen Wert. Wenn diese gering ist (abzufragen über parametrisierbare Systemkonstanten), so unterbleibt eine Weitergabe an die Prozesse 1 bzw. 3. Dadurch wird das System stabilisiert und es werden nur solche Wertänderungen zugelassen, die ausgangsseitig auch zu vernünftigen Steuerungen führen.

Die Taktvorgabe wird ungeprüft akzeptiert.

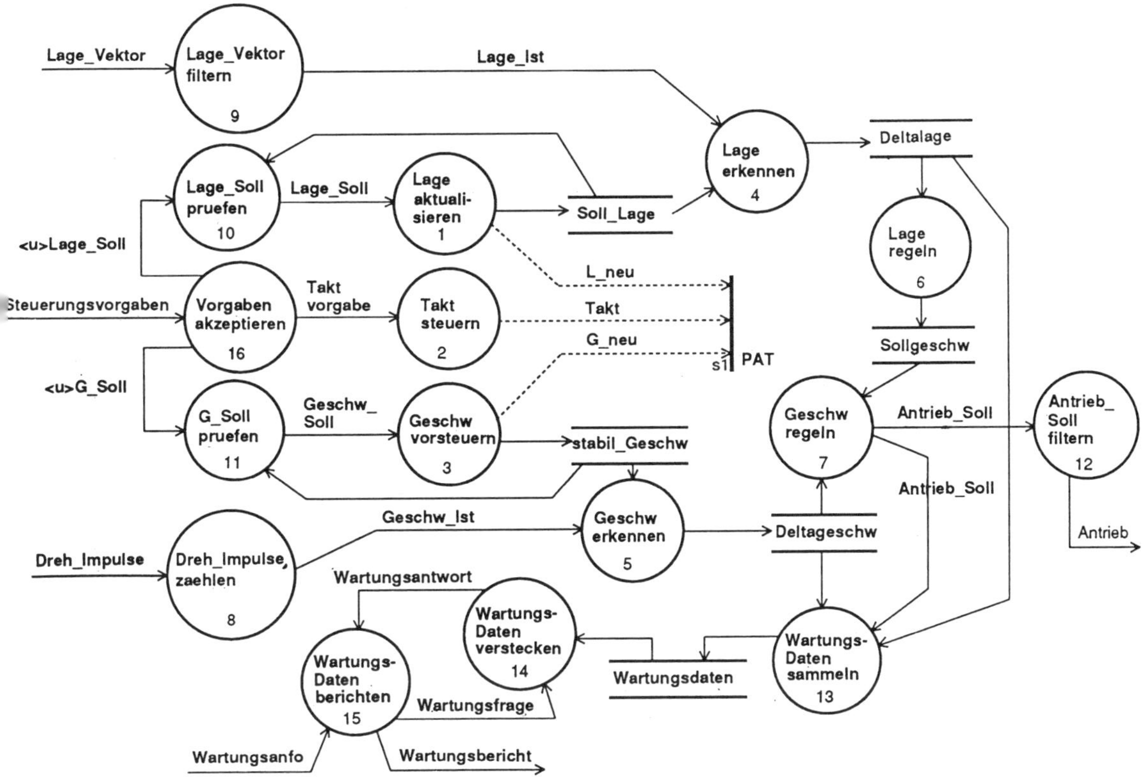

Bild 5.4-4: das Inkarnationsmodell für das System "Kamera steuern"

Prozeß 12: Antriebs_Soll filtern

Durch geeignete logische Filter wird das vom System ermittelte Antrieb_Soll an die Eigenschaften der Steuermotoren angepasst.

Prozeß 13: Wartungsdaten sammeln ,

Prozeß 14: Wartungsdaten verstecken und

Prozeß 15: Wartungsdaten berichten

Im Minutentakt werden die jeweils aktuellen Werte für Deltalage und Deltageschwindigkeit in einem Ringpuffer protokolliert, der jeweils die Werte der letzten drei Betriebsstunden darstellt. Dort werden auch mit Zeitangabe die jeweils neuen Werte für Antrieb_Soll gespeichert. Der Wartungstechniker kann sich durch Prozeß 15 über diese Werte informieren. Prozeß 14 entsteht bei Definition des Architekturmoduls "Kamera-Steuerungs_Rechner" (s.u.), um eine Kommunikation zwischen den Architekturmoduln zu ermöglichen und dabei die Wartungsdatei zu kapseln.

Prozeß 16: Vorgaben akzeptieren

Dieser Prozeß ist ein einfaches Transaktionszentrum, das Vorgaben des Leitrechners erkennt und entsprechend weiterleitet. Hier wird auch die Kommunikation mit dem Leitrechner durchgeführt.

5.4.3 Architekturmodelle

Bei der Zuordnung von Prozessen des essentiellen Modells in das Architekturmodell mit der erforderlichen Ausformulierung der Schnittstellen zum Benutzer und zu anderen Systemen ist meist eine Neuaufteilung und Ergänzung der im essentiellen Modell spezifizierten Funktionen nötig. Weitere implementationsbezogene Anforderungen werden erkennbar und in das Modell eingebracht.

Eine Modellierung der Architektur unter Verwendung der SA/RT-Syntax ist ohne weiteres möglich. Allerdings besteht die Gefahr, daß Architekturmoduln mit Prozessoren und Kanäle mit Daten- und Kontrollflüssen verwechselt werden. Um in der Darstellung der Vorgehensweise derartige Verwechslungen auszuschließen, benutzen wir für Architekturmodelle grafische Konventionen, die im wesentlichen den Empfehlungen von /HATLEY-PIRBHAI-87/ folgen.

5.4.3.1 Notation von Architekturmodellen

Folgende Symbole werden in Architekturmodellen benutzt:

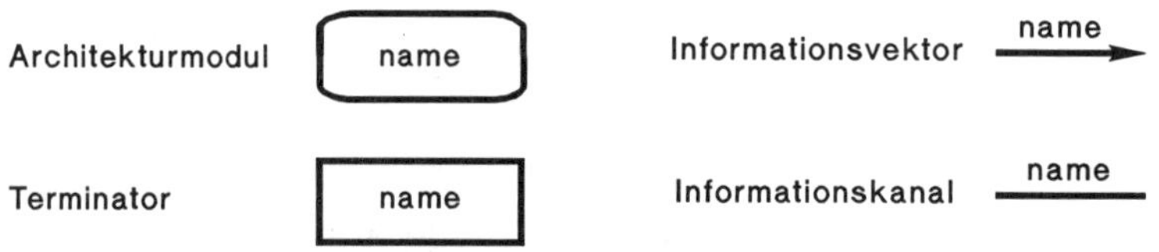

Bild 5.4-5: grafische Symbole in Architekturmodellen

Ein **Architekturmodul (AM)** ist ein fundamentaler Architekturmodul oder eine Gruppe von Architekturmoduln. Ein fundamentaler Architekturmodul ist ein individueller physikalischer Modul, der im SA/RT-Modell spezifizierte Prozesse, Speicher und Kontrollprozesse im Hinblick auf die Implementierung kapselt. Die Entscheidung, welche Teile des Architekturmoduls hardwaremäßig implementiert werden, wird so lange wie möglich offengehalten.

Architekturmoduln stellen also eine implementationsbezogene Zusammenfassung von Verarbeitungs- und Kontrollfunktionen dar, wobei von der tatsächlichen Implementierung vorläufig noch abstrahiert wird. Fundamentale Architekturmoduln werden in **Architektur-Modul-Spezifikationen (AMS)** spezifiziert. Diese enthalten folgende Angaben:

AMS 1: Kamera-Steuerungs-Rechner KSR
Kurzbeschreibung:
Im KSR wird die Essenz des Systems zusammen mit einigen Prüffunktionen lokalisiert.
Implementations-Randbedingungen:
Es soll ein Prozessor vom Typ Motorola 68030 benutzt werden.
zugeordnete Prozesse und CSPECs:
1, 2, 3, 4, 5, 6, 7, 10, 11, 13, 14.

In der AMS werden stets die DFD-Prozesse des höchsten Levels in der DFD-Hierarchie eingetragen, die komplett mit all ihren Nachfolgern im Architekturmodul enthalten sein sollen. CSPECs müssen eventuell entsprechend der Allokation der DFD-Prozesse auf mehrere Architekturmoduln gesplittet werden (s.u.).

Terminatoren werden in der gleichen Weise wie in den anderen Modellen benutzt. Sie stellen andere Systeme dar, gegen die das betrachtete System abgegrenzt wird, und die im betrachteten System nur als Sender und Empfänger von Daten- und Kontrollflüssen (in ihren physikalischen Formaten) auftreten.

Informationsvektoren fassen alle Daten- und Kontrollflüsse zusammen, die zwischen Architekturmoduln bzw. zwischen dem System und Terminatoren fließen. Die Richtung der Flüsse wird durch die Pfeilrichtung angegeben. Daher ist nur eine Zusammenfassung von Flüssen mit gleicher Richtung zulässig. Der Name jedes Informationsvektors ist eine Abstraktion aller zusammengefassten Daten- und Kontrollflüsse.

Informationskanäle beschreiben die physikalischen Transportmedien, durch die Implementationsvektoren implementiert werden (z.B. Bussysteme, auch mechanische Steuerungen oder Lichtleiter). In komplexeren Modellen wird empfohlen, die unterschiedlichen Typen solcher Kanäle optisch oder durch entsprechende Beschriftung zu unterscheiden.

Informationsvektoren und -kanäle werden in den Diagrammen stets mit rechtwinkligen Verbindungen gezeichnet. In ihrer Zusammensetzung (Vektoren) und ihren physikalischen Eigenschaften (Kanäle) werden diese im Datenkatalog spezifiziert. Der Datenkatalog wird also um weitere Einträge für Informationsvektoren und -kanäle erweitert.

Für Architekturmodelle gibt es mit diesen Syntaxelementen eine Verfeinerungsstruktur, die sich logisch an das SA/RT-Modell anschließt. An der Spitze der Verfeinerungshierarchie steht ein **Architektur-Kontext-Diagramm (ACD).** Architekturmoduln werden verfeinert durch ein **Architektur-Fluß-Diagramm (AFD)** oder durch eine AMS. Jeder fundamentale AM wird durch eine AMS beschrieben. Die AMS schafft die Verbindung zum erweiterten essentiellen Modell, indem Prozesse herausgegriffen werden, die mit allen ihren Nachfolgern dem AM zugeordnet werden.

Beim Übergang vom essentiellen Modell zum Architekturmodell werden meistens neue Funktionen in das Modell eingebracht. Diese werden im Prozeßmodell spezifiziert. Das Architekturmodell dient nur der implementationsbezogenen Zusammenfassung.

5.4.3.2 AFD und AID

Das Architekturmodell wird in mehreren Schritten hergeleitet: zunächst wird eine Hierarchie von Architekturflußmodellen (AFD) entwickelt, die

- die Zuordnung des essentiellen Modells zu Architekturmoduln zeigt,
- die Hierarchie der Architekturmoduln zu einem Architektur-Gesamtmodell zeigt,
- ergänzt ist um die implementationsbezogenen Verarbeitungen.

Als nächstes ist es erforderlich,

- die Mehrfachauslegung von Architekturmoduln festzulegen,
- die Informationsvektoren den Informationskanälen zuzuordnen.

Dadurch wird die Hierarchie von AFDs in eine Hierarchie von **Architektur-Verbindungs-Diagrammen (AID)** (Architecture-Interconnect-Diagram) überführt.

5.4.3.3 Architekturmodell Kamera steuern

Für unser Beispiel "Kamera steuern" werden sechs Architekturmoduln konzipiert:

1 Kamerasteuerungsrechner (KSR)
2 Leitrechner-Empfänger (Leitr-Empf.)
3 Lagesensor-Empfänger (Lages-Empf.)
4 Geschwindigkeits-Sensor-Empfänger (G.-S.-Empf.)
5 Steuerungs-Motoren-Sender (ST-M-Sender)
6 Wartungssystem

Die Zuordnung von Prozessen zu Architekturmoduln wird im folgenden in einer Zuordnungstabelle angegeben (Kurzform der AMS):

Prozeß	**Architekturmodul**					
	1 KSR	2 Leitr-Empf.	3 Lages-Empf.	4 G.-S-Empf.	5 ST-M-Sender	6 Wartungs-System
1 Lage aktualisieren	*					
2 Takt steuern	*					
3 Geschw vorsteuern	*					
4 Lage erkennen	*					
5 Geschw erkennen	*					
6 Lage regeln	*					
7 Geschw regeln	*					
8 Dreh_Imp. zählen				*		
9 Lage_Vekt. filtern			*			
10 Lage_Soll prüfen	*					
11 G_Soll prüfen	*					
12 Antrieb_Soll filt.					*	
13 W-Daten sammeln	*					
14 W-Daten verstecken	*					
15 W-Daten berichten						*
16 Vorgaben akzeptieren		*				

Wir setzen das Beispiel "Kamera steuern" fort, indem wir das Architektur-Kontextdiagramm (ACD, Bild 5.4-6) und das AFD für die Ebene 0 des Systems (Bild 5.4-7) angeben. Beide Diagramme wurden nach der Architektur-Schablone gestaltet.

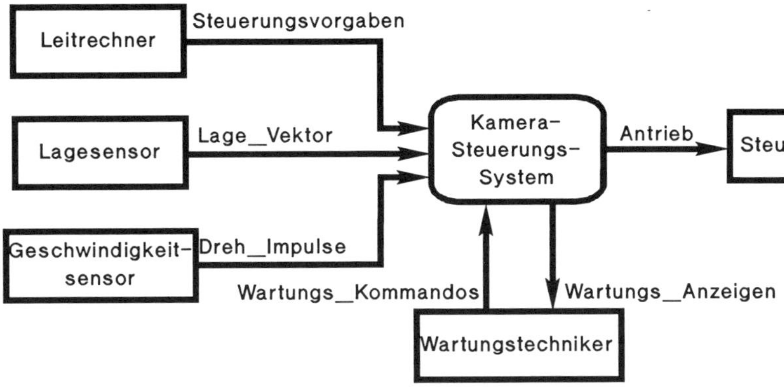

Bild 5.4-6: ACD für das System "Kamera steuern"

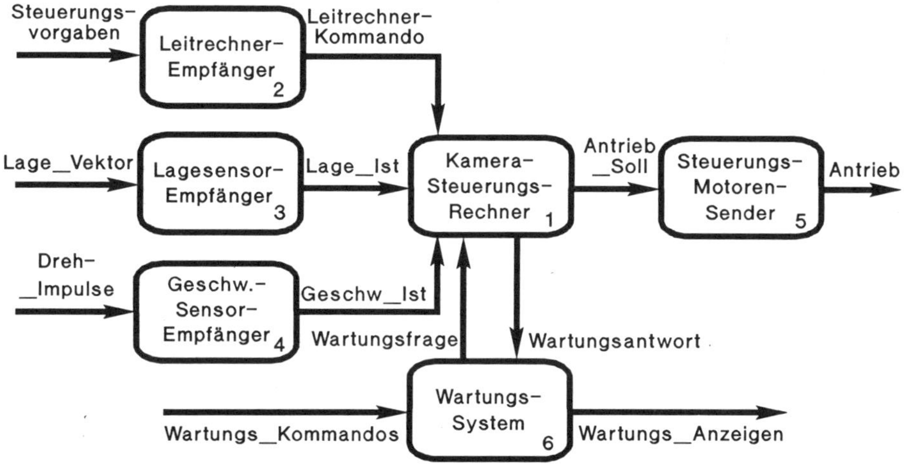

Bild 5.4-7: AFD Ebene 0 für das System "Kamera steuern"

Die neu hinzugekommenen Informationsvektoren werden im Datenkatalog spezifiziert, z.B.:

Leitrechner-Kommando =[<u>Lage_Soll | <u>G_Soll | Taktvorgabe]
Steuerungsvorgaben =Leitrechner-Kommando

5.4.4 Das Architekturmodell erstellen

Nachdem das essentielle Modell bereits um Verarbeitungen der Administration und Infrastruktur ergänzt worden ist, die wegen der Einbettung des Systems in seine Umgebung erforderlich werden (vgl. 5.4.2.2), erfolgt nun die Entwicklung der internen Systemarchitektur.

5.4.4.1 Der Architekturkontext

Das Kontextdiagramm für die Architektur (ACD) entspricht im wesentlichen dem essentiellen Kontext (vgl. Bild 5.4-6). Ein Architekturmodul repräsentiert das gesamte System, Informationsvektoren zwischen diesem AM und den Terminatoren bezeichnen die Schnittstellen zur Systemumgebung. Wie alle Architekturdiagramme wird das ACD entsprechend der Architektur-Schablone (vgl. 5.4.2.1) gestaltet. Terminatoren, die Informationsvektoren in beiden Richtungen mit dem System kommunizieren, erscheinen daher doppelt. Es gibt aber im ACD auch inhaltliche Erweiterungen und Ergänzungen zum essentiellen Kontextdiagramm (CCD + DCD):

- Externe Informationsflüsse (Daten- und Kontrollflüsse) werden zu Informationsvektoren zusammengefasst, die im AID weiter zu Informationskanälen zusammengefasst und dabei um ihre physikalischen Formate ergänzt werden.
- Im Hinblick auf die Implementierung können neue Prozesse in das Modell aufgenommen werden, die ihrerseits zu einer Änderung der Informationsflüsse an der Systemgrenze führen.
- Die Schnittstelle zum Benutzer wird im Detail ausgearbeitet und ergonomischen Richtlinien entsprechend gestaltet.
- Insbesondere durch die hinzugefügte Sicherheitsverarbeitung treten eventuell neue Terminatoren auf, die im essentiellen Modell (das von perfekter interner Technologie ausgeht und daher fehlerfrei arbeitet) nicht sichtbar waren.

5.4.4.2 Architekturmoduln identifizieren

Prozesse der DFD-Hierarchie werden geeigneten Prozessoren zugeordnet. Dabei wird eine Hierarchie von AFDs erzeugt, die konsistent zum ACD sein muß. Bei diesem nach inhaltlichen Kriterien zu gestaltenden Schritt sind viele technische Restriktionen zu berücksichtigen, die an dieser Stelle in den Modul eingefügt werden. Hierzu gehören Randbedingungen des Auftraggebers hinsichtlich der zu benutzenden Hardware sowie Kapazitätsgesichtspunkte.

Ein wesentliches Kriterium für die Zuordnung ist in den erzielbaren Kommunikationsgeschwindigkeiten zu sehen: die Kommunikation zwischen den Prozessen, die in einem Prozessor lokalisiert sind, ist wesentlich schneller und effizienter als die Kommunikation zwischen Prozessen auf verschiedenen Prozessoren. Hier sind die Übertragungsraten für die direkte Rechnerverbindung, für Bus-Systeme und für DFÜ-Einrichtungen zu vergleichen und entsprechend den Anwendungserfordernissen zu berücksichtigen. Prozesse müssen also im Rahmen sonstiger Hardware-Randbedingungen so lokalisiert werden, daß die in der Spezifikation des Systems geforderten zeitlichen Randbedingungen erfüllt werden können. Auch hier gilt es, den Zusammenhalt der Prozesse auf einem Prozessor zu maximieren und die Kopplung zwischen den Prozessoren so lose wie möglich zu gestalten.

Im essentiellen Modell sind die wesentlichen externen zeitlichen Beschränkungen im Datenkatalog und in der Ereignistabelle festgehalten worden. Bei der Übertragung des essentiellen Modells in ein Architekturmodell werden diese Vorgaben aufgegriffen. Für jede Vorgabe wird der Informationsfluß durch das System verfolgt. Die Gesamtzeit, die für die Erarbeitung der Systemantwort zur Verfügung steht, wird auf die beteiligten Architekturmoduln und die darin lokalisierten Prozesse sowie auf die Datenübermittlungssysteme umgelegt.

Jedes AFD wird auf jeder Hierarchieebene des Modells entsprechend der Architekturschablone dargestellt. Je nach Bedarf werden die Felder der Schablone durch weitere Architekturmoduln ausgefüllt. Dabei muß das Prozeßmodell ggf. ergänzt werden. Die Entwicklung des Architekturmodells erfolgt daher zumeist **iterativ** in mehreren Durchgängen. Auf Ebene der Architekturmodellierung stellt man zum Beispiel fest, daß gewisse zusätzliche Sicherheitsverarbeitungen nötig, möglich oder wünschenswert sind. Diese werden dann natürlich zugeordnet, nachdem sie im Prozeßmodell spezifiziert worden sind.

Die Zuordnung von Bestandteilen des essentiellen Modells zu Architekturmoduln geschieht allein aufgrund der Zuordnung von Funktionen. Speicher werden in den Architekturmoduln gekapselt. CSPECs werden ggf. gesplittet. Dabei sind die Gesichtspunkte der Prozeßaktivierung ausschlaggebend. Der Architekturmodul muß den CSPEC-Anteil enthalten, der zur Aktivierung der im Architekturmodul lokalisierten Prozesse erforderlich ist.

Fast jede Architektur-Entscheidung, d.h. konstruktive Maßnahme im Architekturmodell, führt zu der Notwendigkeit, das SA/RT-Modell zu ergänzen. Dabei werden Prozesse, Datenspeicher und Datenflüsse im physikalischen Ring eingeführt und im Fortgang der Entwicklung modifiziert. Die Architektur des Systems wird in der Vergröberung der um Infrastruktur- und Administrationsprozesse ergänzten essentiellen Ebene entschieden. Die Vergröberung wird schrittweise der Hardware-Architektur angepasst. Daher ist eine Vorgehensweise erforderlich, die in meist mehreren Iterationen schließlich zu einem konsistenten, allen Anforderungen entsprechenden Modell führt (vgl.Bild 5.4-8).

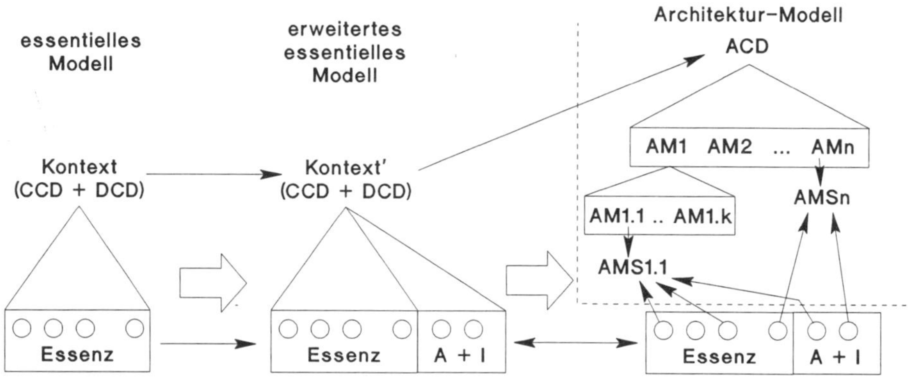

Bild 5.4-8: iterative Entwicklung des Architekturmodells

5.4.4.3 Architekturverbindungen entwickeln

Anhand von Sicherheitserfordernissen wird festgelegt, welche Prozesse doppelt ausgelegt werden müssen. Entscheidende Maßzahlen zur Vorgabe sind **MTBF - mean time between failure** und **MTBR - mean time between repairs**. Daraus kann die Systemverfügbarkeit berechnet werden gemäß

Verfügbarkeit = MTBF / (MTBF + MTBR)

Diese wird für die Ebene von Architekturmoduln kalkuliert. Die Ermittlung dieser Metriken erfordert statistische Analysen oder differenzierte und ehrliche Angaben der Qualitätskontrolle der HW-Fertigung und des Service. Soweit diese Metriken nicht vorliegen, muß mit vorsichtigen Schätzwerten gearbeitet werden. Daneben ist die Abschätzung des Folge-Risikos erforderlich. Was passiert, wenn das System (der Architekturmodul) ausfällt? Welche Folgen entstehen für das Gesamtsystem?

Bei Systemen mit Sicherheitsverantwortung sind diese Fragen sehr restriktiv zu beantworten. Die einfachste Maßnahme, um die Gesamtsicherheit zu erhöhen, ist die doppelte oder mehrfache Auslegung kritischer Systemteile. Diese erfordert dann aber auch Prozesse, die die redundanten Systemteile verwalten, d.h. die Fehler erkennen und auf den redundanten Prozeß umschalten sowie das Fehlerereignis melden. Diese Prozesse zum Redundanz-Management sind bisher noch nicht im System vorhanden und müssen daher parallel zur Einführung von Systemredundanz spezifiziert und in das Prozeßmodell eingefügt werden. Dabei muß auch entschieden werden, über welche Transportsysteme die einzelnen Architekturmoduln miteinander kommunizieren.

5.4.4.4 Architekturverbindungsmodell Kamera steuern

In unserem Modell der Kamera-Steuerung nehmen wir an, daß aufgrund von Sicherheitserwägungen entschieden wurde, daß der Architekturmodul "Steuerungs-Motoren-Sender" redundant ausgelegt wird. Dazu wird dieser Architekturmodul verfeinert, um weitere Moduln zur Redundanzverwaltung einfügen zu können. Das erweiterte Prozeßmodell wird entsprechend angepasst. Zunächst wird das AID für die Ebene 0 dargestellt (Bild 5.4-9).

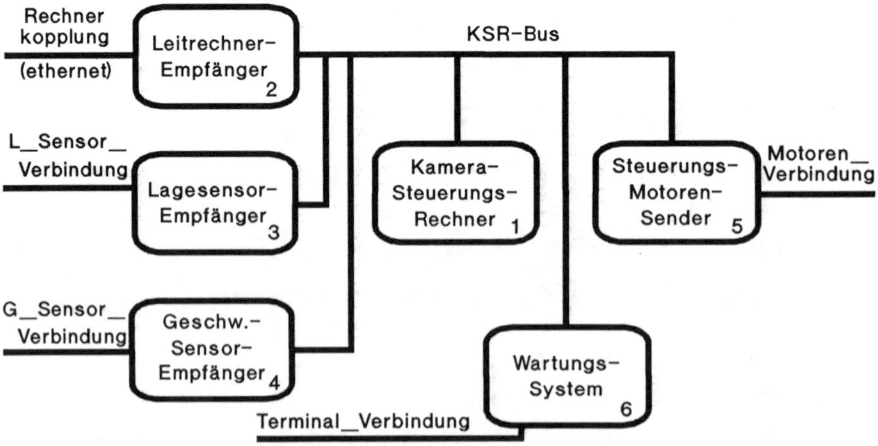

Bild 5.4-9: AID für Ebene 0 "Kamera steuern"

Im Architekturmodul "Steuerungs-Motoren-Sender" wird Redundanz eingefügt, die zunächst im erweiterten Prozeßmodell spezifiziert wird. Dabei wird eine Verfeinerung von Prozeß 12 "Antrieb_Soll filtern" aus Bild 5.4-4 durchgeführt (Bild 5.4-10).

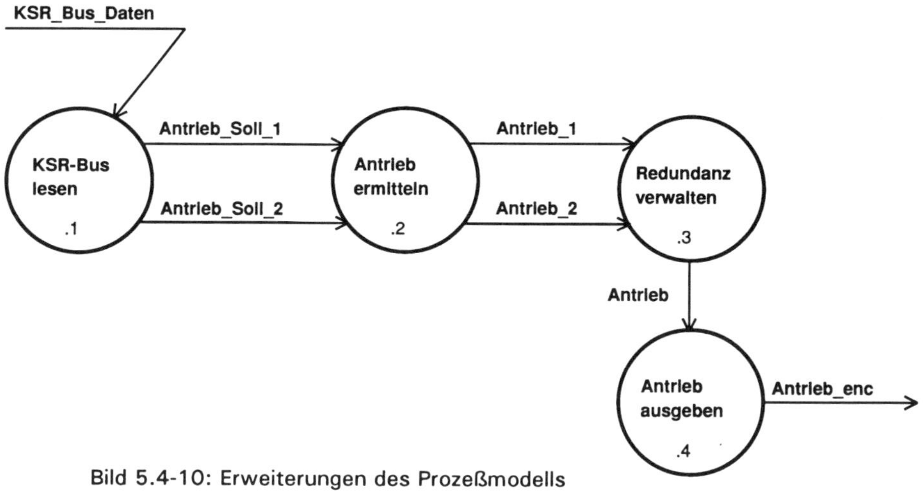

Bild 5.4-10: Erweiterungen des Prozeßmodells

Damit läßt sich das AFD für den "Steuerungs-Motoren-Sender" verfeinern (Ebene 1, Bild 5.4-11).

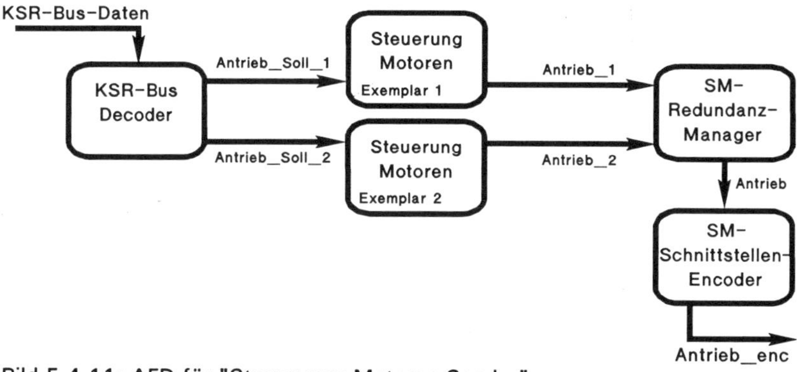

Bild 5.4-11: AFD für "Steuerungs-Motoren-Sender"

Entscheidungen für die Bussysteme und Schnittstellen zur Umgebung führen auf das AID (Bild 5.4-12).

Am Beispiel ist sicher nachvollziehbar, daß die Entwicklung stets durch fortgesetzte Iteration auf allen Modellierungsebenen konsistent gehalten werden muß.

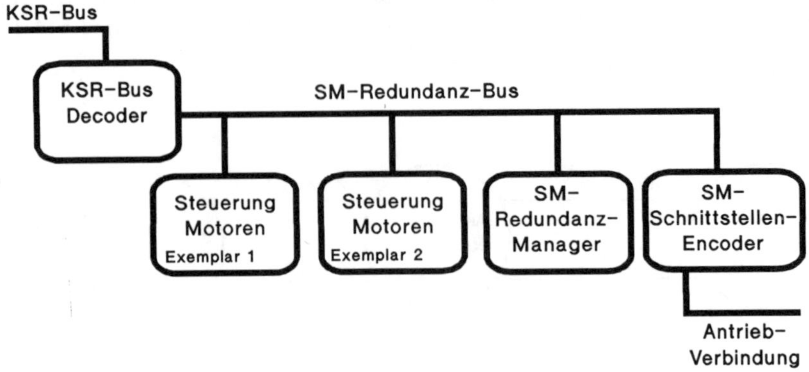

Bild 5.4-12: AID für "Steuerungs-Motoren-Sender"

5.4.5 Die HW- und SW-Architektur modellieren

Für jeden Architekturmodul wird nun die Implementierung im Detail festgelegt. Hierzu sind folgende Entscheidungen auf AM-Ebene zu treffen:

- festlegen, welche Funktionen durch Hardware implementiert werden
- festlegen, welche Funktionen durch Software implementiert werden
- die Hardware auswählen, auf der die Software-Funktionen implementiert werden sollen (**Host-Hardware**)

Diese Schritte erfolgen nach technischen Gesichtspunkten iterativ, bis ein technisch schlüssiges Gesamtkonzept gefunden ist.

Danach werden für jeden Architekturmodul die DFDs und CFDs aufgrund der vorangehenden Spezifikationen dargestellt. Diese dienen zur Bestimmung der HW/SW-Grenzen. Die Verfeinerungsstruktur der Modelle wird der Grenzlinie zwischen Hardware und Software angepasst.

Aus dem Modell für den Architekturmodul werden also die Spezifikationen für Hardware und Software extrahiert. Aus den Bestandteilen der Modelle sind die Anforderungen für Hardware und Betriebs-Software ableitbar:

- Die **Prozesse der DFDs** werden in Anwendungsmoduln (HW oder SW) umgesetzt.
- Die **CSPEC-Logik** wird umgesetzt in
  * Schaltkreise, Chips, Platinen (HW-Lösung),
  * einfache Moduln mit Fallunterscheidungen (SW-Lösung).
- Die **Schwellwerterkennung (Data-Conditions)** erfordert die Übergabe von Kontrollflüssen aus dem Prozeßmodell an die Kontrollschicht. Hierzu sind geeignete Betriebssystem- oder Prozessor-Zugriffe erforderlich (Interrupt, SVC,...). Außerdem werden sicherlich AD-Wandler benötigt.
- Die **PAT-Aktivierung** von Prozessen erfordert die SW-gesteuerte Aktivierung von Tasks (entsprechende Interrupts und Eigenschaften des Betriebssystems).

- Die **Eingabe/Ausgabe von Kontrollflüssen** erfordert entsprechende Steuerungen, z.B. Gerätetreiber, AD/DA-Wandler.

Damit sind gleichzeitig einige qualitative Anforderungen an die Entwicklungs- und Produktions-Umgebung erkennbar bzw. im Einzelfall ableitbar.

5.4.6 Die SW-Architektur entwickeln

Die DFDs und CFDs des Architekturmoduls, die durch Software implementiert werden sollen, müssen nun näher analysiert werden. Hauptziel ist zunächst die **Erkennung von Tasks**, die vom Betriebssystem aktiviert werden, um bestimmte Aufgaben zu erfüllen. Diese Taskerkennung erfolgt anhand der Ereignistabelle verbunden mit den Details der PAT. Jedes externe und kalendergesteuert zeitliche Ereignis führt zu einer Task. Jede Gruppe von Prozessen, die durch einen PAT-Eintrag aktiviert werden kann, führt ebenfalls auf eine Task.

Die erkannten Tasks werden danach aufgeteilt in **Subtasks**, die keine parallele Verarbeitung mehr enthalten dürfen. Innerhalb jeder Task arbeitet der Prozessor synchron, d.h. in jedem Moment wird nur jeweils eine Aktion ausgeführt **(von Neumann-Maschine)**. Abläufe mit dieser Eigenschaft können leicht in einen Structure-Chart umgesetzt werden (vgl. Kapitel 7).

Die Regeln der PAT sowie die Definitionen von Ereignissen in der Ereignistabelle werden benutzt, um prozessorabhängig das Task-Management zu spezifizieren.

Damit sind alle Vorgaben hergeleitet, die für die Realisierung des Systeme in Hardware und Software erforderlich sind.

5.4.7 Moduldesign Kamera steuern

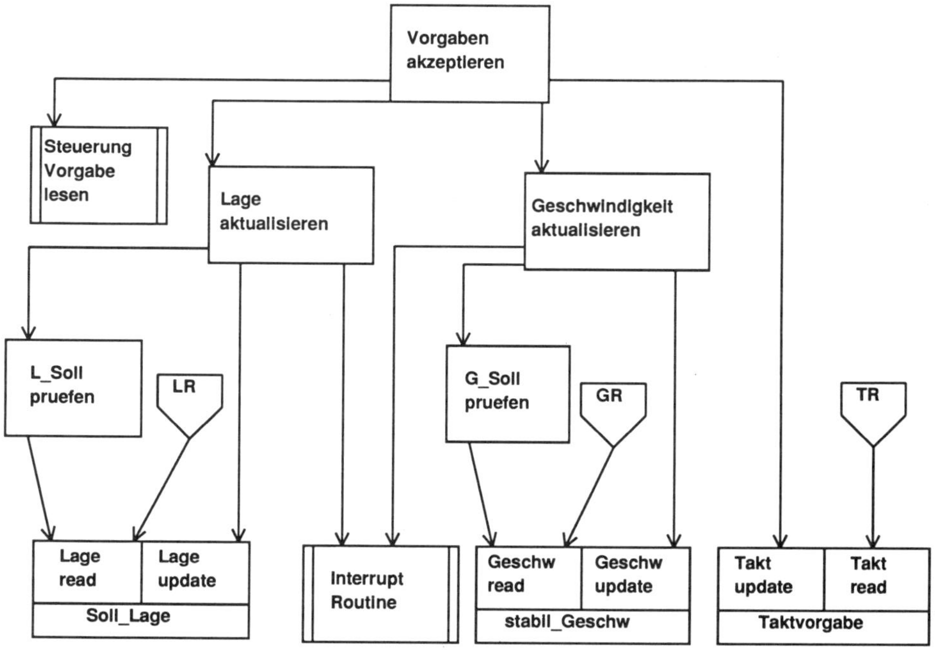

Bild 5.4-13: Task "Vorgabe akzeptieren"

Für das System "Kamera steuern" führen wir beispielhaft das Moduldesign für einige Tasks durch. Die Betonung liegt dabei auf der Herleitung der Aufrufstruktur. Um die Übersichtlichkeit zu erhöhen, wurde auf die vollständige Spezifikation der Modulschnittstellen durch Notierung der Datenelemente an den Aufrufpfeilen verzichtet. Die Fünfecke bezeichnen Konnektoren und sind Platzhalter für Moduln, die den referenzierten Modul benutzen.

Zu bemerken ist weiterhin, daß die Datenspeicher alle durch Data-Hiding-Moduln implementiert werden. Diese dienen der Inter-Task-Kommunikation. Lediglich bei dem Ringpuffer "Wartungsdaten" sollte man eine Dateiorganisation implementieren.

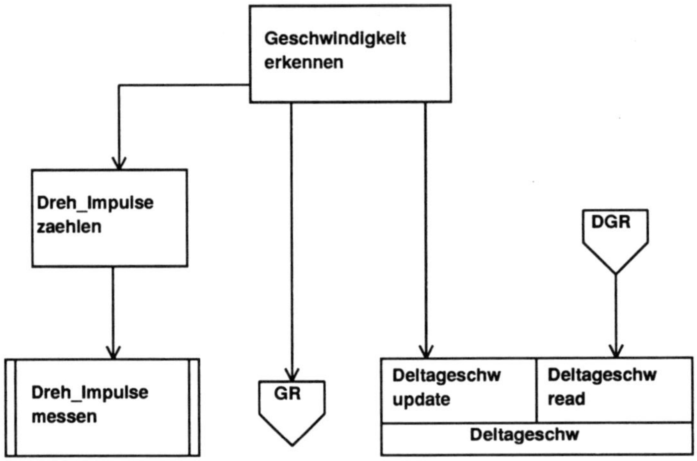

Bild 5.4-14: Task "Geschwindigkeit erkennen"

6. SM Semantische Modellierung der Datenstruktur

6.1 SM - Vorbemerkungen

Die Modellierung der relevanten Datenstrukturen ist für jede Systementwicklung von grundlegender Bedeutung. Datenstrukturen sind beständiger als Funktionen und stellen für das Unternehmen eine bleibende Unternehmensressource dar.

Der Ansatz der Datenmodellierung als eigenständige Methode (datenorientierte Zerlegung) geht davon aus, daß die Datenstrukturen des Modells nicht nach den gegenwärtigen funktionalen Erfordernissen oder denen der Vergangenheit gebildet werden. Vielmehr sollen sie unabhängig von diesen direkt nach den Erfordernissen der Realität entwickelt werden. Dabei erhebt sich natürlich die Frage, welche methodische Hilfe beim Erheben der Datenstrukturen geboten werden kann.

Die Semantische Modellierung von Datenstrukturen ist in der Praxis auch unter mehreren Namen mit gleicher, teilweise aber auch leicht unterschiedlicher Bedeutung bekannt. **Information Modelling IM**, **Datenstrukturanalyse DSA** und **Entity-Relationship-Modellierung ERM** sind einige davon. Wir werden gelegentlich diese Bezeichnungen auch benutzen und von den hier eingeführten Abkürzungen Gebrauch machen. In der Namensgebung folgen wir aber /DATE-90/, der einen Unterschied zur Datenmodellierung im Rahmen des grundlegenden Relationenmodells aufrechterhält. Das Relationenmodell beschreibt formal die relationalen Datenstrukturen als Basis für die Theorie der Datenbanken und berücksichtigt dabei kaum die Bedeutung der Daten. Diese steht aber im Analyseprozeß im Vordergrund. Das Entity-Relationship-Modell ist "... a thin layer on top of the basic relational model..." (vgl. /DATE-90/ S.607). Dennoch ist die Herleitung eines Relationenmodells aufgrund der wahren Anforderungen des Anwenders das Hauptziel der Semantischen Modellierung.

In der Literatur findet man eine gewisse Vielfalt hinsichtlich der Begriffe der Datenmodellierung. Die Terminologie einzelner Autoren enthält zahlreiche **Synonyme** und **Homonyme** (d.h. gleiche Dinge erhalten verschiedene Namen oder verschiedene Dinge erhalten den gleichen Namen). Daher werden bei allen Begriffsdefinitionen die wichtigsten Bezeichner aus der Literatur genannt, damit der Leser bei der weiteren Lektüre Querverbindungen leicht erkennen kann.

Auch dieses Kapitel ist strukturiert in die Unterkapitel Modellierung, Modellbewertung und Methoden. Die Modellierung liefert neben den erforderlichen Begriffsbestimmungen zunächst eine Modellnotation zur Darstellung von Datenmodellen. Diese folgt weitgehend der Notation von Chen. In der Modellbewertung charakterisieren wir kurz das Relationenmodell und schaffen damit eine Verbindung zur Theorie der Datenbanken. Für weitere Details wird der Leser vor allem auf /DATE-90/ sowie auf /VETTER-87/ verwiesen. Ein weiterer wichtiger konzeptioneller Hintergrund für die Analysearbeit ist das Kapitel der Normalisierung von Datenstrukturen. Die Normalisierung präsentieren wir hier in einer Form, die gleichermaßen für die Analyse wie für das praktische Datenbankdesign geeignet sein dürfte. Das Methodenkapitel schließlich beschreibt die Schritte zur Entwicklung eines Datenmodells bei Nutzung der Semantischen Modellierung als eigenständige Methode und im Zusammenhang mit anderen Methoden.

6.2 SM - Modellierung

Die Darstellung der Modellnotation der semantischen Modellierung von Datenstrukturen beginnen wir mit einigen Begriffsbestimmungen und mit einem einfachen Beispiel. Danach können die sehr einfachen Regeln der Modellnotation leicht erklärt werden. Diese bestehen aus einem Kernbereich von grafischen Notationen, die für einige Aufgabenstellungen leicht erweitert werden können. Wir werden auch einige alternative Notationen diskutieren und dabei deren Vorteile und Nachteile abwägen.

Die grafische Modellierungsebene mit ihren Vorteilen in der Verständlichkeit wird durch textliche Mittel unterstützt, die eine präzise Definition der einzelnen Datenkatalogeinträge zu jedem Datenobjekt erlauben. Hier gilt die bereits aus der Strukturierten Analyse bekannte Datenkatalogsyntax, die auch in der Semantischen Datenmodellierung benutzt wird.

6.2.1 Begriffsbestimmungen

Wegen der Begriffsvielfalt in der Datenmodellierung geben wir bei der Erklärung der Begriffe in diesem Kapitel häufige Synonyme in Klammern an.

Entity - entity instance (Entity-Instanz, Objekt)

Ein Entity ist ein real oder begrifflich existierender Gegenstand mit fester, bekannter Menge von Eigenschaften (Attributen). Gleichartige Entities sind Ausprägungen (Instanzen) eines Entitytyps. Sie werden beschrieben durch Werte der Attribute des zugehörigen Entitytyps.

Entitytyp - entity type (Objekt, Objekt-Typ, Entity, Klasse)

Ein Entitytyp ist eine **Menge von** gleichartig zusammengesetzten, eindeutig identifizierbaren Entities und wird beschrieben durch (mehrere) Attribute (Eigenschaften). Für jede Instanz wird den Attributen jeweils ein Attributwert zugeordnet.

Identifikator (identifizierender Schlüssel, Primärschlüssel)

Eines der Attribute jedes Entitytyps muß als "identifizierender Schlüssel" geeignet sein, jede Instanz des Entitytyps eindeutig ansprechen zu können.

Beziehung - relationship instance (Relation, Beziehungsausprägung, Relationship)

Eine Beziehung kann zwischen Entities bestehen, wenn zwischen den zugehörigen Entitytypen ein Beziehungstyp definiert ist. Die Beziehung wird beschrieben durch verknüpfte Aufzählung der Werte der identifizierenden Schlüssel der in Verbindung stehenden Entities.

Beziehungstyp - relationship type (Relationship, Relation, Beziehung)

Ein Beziehungstyp ist eine **Menge von** Beziehungen und besteht nur zwischen Entitytypen, nicht zwischen Entities oder Attributen. Ein Beziehungstyp wird beschrieben durch verknüpfte Aufzählung der identifizierenden Schlüssel der in Verbindung stehenden Entitytypen. Eine Beziehung ist Ausprägung ("Instanz") eines Beziehungstyps.

Attribut - attribute, property (Merkmal, Eigenschaft)

Attribute sind beschreibende Eigenschaften von Entitytypen. Sie werden durch eine Menge von zulässigen Attributwerten definiert. Ein Attribut besitzt keine weiteren Attribute.

Attributwert - attribute value, property value (Attributausprägung)

Die Attributwerte sind Elemente einer Menge von zulässigen Werten des Attributs.

Wertebereich - domain

Ein Wertebereich ist eine Menge von Werten, aus denen eines oder mehrere Attribute eines Entities ihre aktuellen Werte entnehmen.

Soweit aus dem Zusammenhang eindeutig hervorgeht, was gemeint ist, kann auf den Zusatz "-typ" verzichtet werden. Wir werden in diesem Kapitel und im Rest dieses Buches auch gern die englischsprachigen Synonyme verwenden, jedoch stets auf Eindeutigkeit bedacht sein. Oft benutzen wir also die Begriffe Entity für Entitytyp und Relationship für Beziehungstyp. Wegen der möglichen Verwirrung mit dem Objektbegriff der objektorientierten Entwicklung vermeiden wir aber im Zusammenhang mit der Semantischen Modellierung stets die Begriffe Objekt, Objekt-Typ, Objektinstanz.

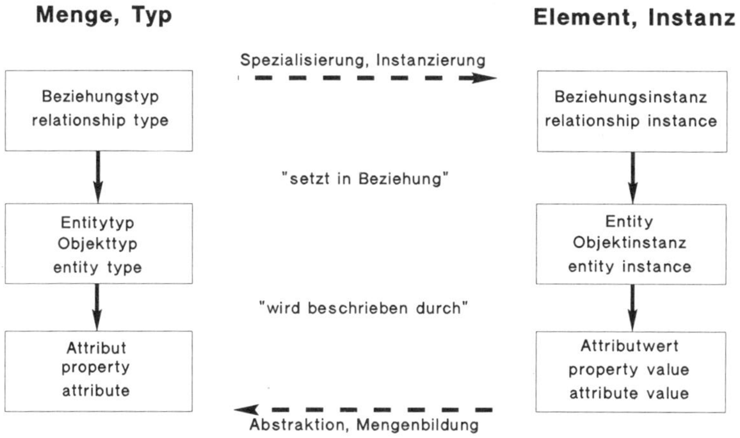

Bild 6.2-1: Begriffshierarchie

An dieser Stelle sollte besonders bedacht werden, daß im Gespräch mit dem Anwender stets nur die für ihn verständlichen Begriffe benutzt werden sollten. Die der englischen Sprache entnommenen Begriffe sollten daher mindestens in der Anfangsphase des Projektes vermieden werden.

6.2.2 Beispiel Vorlesungsbesuch

Um die definierten Begriffe und die im folgenden Kapitel zu beschreibenden Regeln der Modellnotation zu verdeutlichen, betrachten wir zunächst ein einfaches Beispiel, auf das wir später wieder zurückkommen werden.

Dieses Beispiel stammt aus der Welt der Hochschule. Studenten besuchen Vorlesungen. Eine Vorlesung wird (fast immer) von mehreren Studenten besucht, jeder Student besucht (hoffentlich) mehrere Vorlesungen. Vorlesung und Student stehen also in einer komplexen Beziehung.

Wenn der Student die anschließende Klausur besteht, so kann man das Ergebnis nicht datentechnisch sinnvoll dem Studenten zuordnen, denn dieser besucht im Laufe der Zeit viele Vorlesungen und man müßte eine unvorhersehbar große Anzahl von Eintragsmöglichkeiten beim Studenten für Ergebnisse von Klausuren vorsehen. Genausowenig ist es sinnvoll, die Klausurergebnisse dem Entitytyp Vorlesung zuzuordnen. Hier tritt das gleiche Problem auf wie beim Studenten: die Anzahl der Einträge ist nicht vorhersehbar. Das Klausurergebnis ist vielmehr eine **Eigenschaft der Beziehung** zwischen Student und Vorlesung, die nach Beendigung der Klausuren feststeht. Das Klausurergebnis ist weder eine "angeborene" Eigenschaft des Studenten noch der Vorlesung.

Diese Informationen über die Realität gehen von einigen vereinfachenden Annahmen aus, die leicht verletzt sein könnten:

- Jeder Student nimmt an mindestens einer Vorlesung teil. (Es mag in der Realität durchaus vorkommen, daß ein Student keine Vorlesung besucht, z.B. weil er sich ein Urlaubssemester genommen hat.)
- Jede Vorlesung wird von mindestens einem Studenten besucht. (Eine Vorlesung kann angeboten werden, aber wegen Mangels an Interesse dann doch keine Zuhörer haben.)
- Nur der letzte Versuch des Studenten, eine Klausur zu bestehen, wird mit seinem Ergebnis in der Datenstruktur abgebildet. (Ein Student kann, abhängig von der Prüfungsordnung, eventuell mehrmals an einer Klausur teilnehmen, bis er sie bestanden hat.)

Unter Voraussetzung dieser Annahmen können wir die beschriebenen Informationen leicht in einem Datenmodell darstellen:

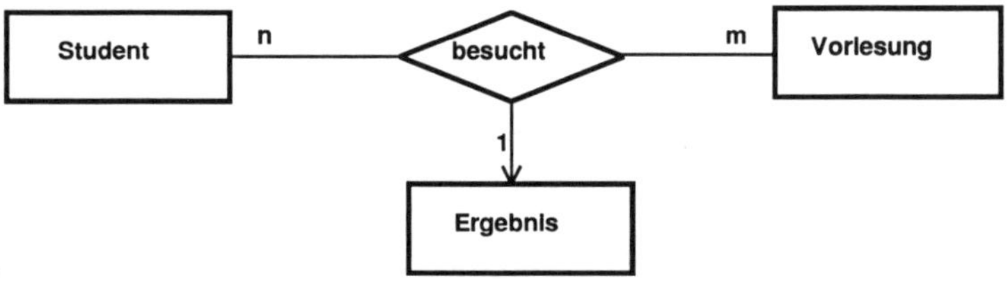

Bild 6.2-2: Entity-Relationship-Modell "Vorlesungsbesuch"

Die Informationen des Problemraumes (Anwendungsbereich) werden in den Entitytypen "Student", "Vorlesung" und "Ergebnis" abgelegt. Die Verbindung zwischen diesen Entitytypen wird durch den Beziehungstyp "besucht" abgebildet. Diese Typen werden durch folgende Datenkatalogeinträge näher definiert, indem die jeweils zugehörigen Attribute angegeben werden. Identifizierende Schlüssel werden durch das Zeichen @ dargestellt.

Ergebnis	=@Matrikelnr + @Vorlesungsnr + Klausurnote + Datum
Student	=@Matrikelnr + Name + Anschrift + Fachrichtung + Semester
Vorlesung	=@Vorlesungsnr + Bezeichnung + Dozent + Semester

Der Beziehungstyp wird ebenfalls als Speicher erklärt:

besucht	=@Matrikelnr + @Vorlesungsnr

Die in diesen Speichern vorkommenden Datenelemente werden weiter beschrieben:

Anschrift	= Strasse + Hausnummer + PLZ + Ort + (TelNr)
Bezeichnung	= * der Vorlesung, Titel *
Datum	= * zulässiges Datum in der Form TT.MM.JJJJ *
Dozent	= * Name des Dozenten *
Fachrichtung	= * Fachrichtung, Studienrichtung *
Hausnummer	= * gültige Hausnummer *
Klausurnote	= * bei der Klausur zur Vorlesung erzielte Note, bei mehreren Versuchen zählt die letzte Note gemäß Datum *
Matrikelnr	= * wird bei Immatrikulation vergeben *
Name	= * Familienname des Studenten *
Ort	= * Wohnort des Studenten *
PLZ	= * lt. Postverzeichnis *
Semester	= * des Studenten: bereits studierte Semester der Vorlesung: geeignet für .. *
Strasse	= * Strassenname *
TelNr	= * gültige Telefonnummer *
Vorlesungsnr	= * lt. Stundenplan *

Die benutzte Modellnotation ist praktisch selbsterklärend. Wie bei den anderen Methoden geben wir dennoch die Regeln möglichst komplett an.

6.2.3 Modellnotation

Für die Spezifikation von semantischen Datenmodellen stehen in der Notation nach Chen (vgl. z.B. /CHEN-76/) folgende Symbole zur Verfügung:

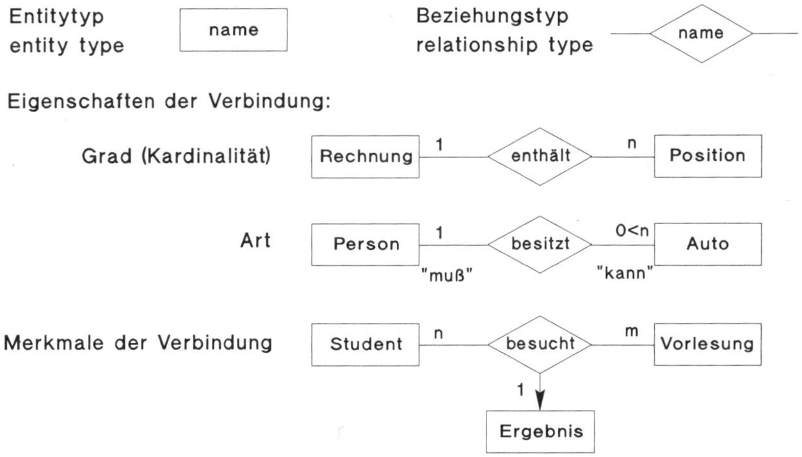

Bild 6.2-3: grafische Symbole in Entity-Relationship-Diagrammen

Wenn wir über Modelle in der Chen-Notation sprechen, benutzen wir auch die Abkürzungen **ERM** bzw. **ER-Modell** für "Entity-Relationship-Modell" und **ERD** bzw. **ER-Diagramm** für "Entity-Relationship-Diagramm".

Entitytypen werden durch ein Rechteck dargestellt, **Beziehungstypen** durch eine Raute, die mit den Entitytyp-Symbolen verbunden wird, die in Beziehung stehen sollen. An den Verbindungslinien werden die Eigenschaften **Grad** (oder auch **"Kardinalität"**, im folgenden auch **"ERM-Kardinalität"**) der Verbindung und **Art** der Verbindung durch eine Zeichenbeschriftung spezifiziert, die angibt, wieviele Instanzen des anderen Entitytyps mit einer Instanz dieses Entitytyps in Verbindung stehen. Die in Bild 6.2-3 angegebenen Beispiele sind also wie folgt zu lesen:

- Eine Rechnung enthält mindestens eine, evtl. aber auch mehrere Positionen. Eine Position gehört aber immer zu genau einer Rechnung.
- Eine Person kann mehrere Autos haben. Es ist aber auch möglich, daß eine Person kein Auto besitzt. Jedes Auto hat aber genau einen Besitzer.
- Ein Student besucht (im Laufe der Zeit) mehrere Vorlesungen. Eine Vorlesung wird von mehreren Studenten besucht.

Der Beziehungstyp im letzten Beispiel wird durch (mindestens ein) Attribut beschrieben. Das Ergebnis des Vorlesungsbesuchs ist weder eine Eigenschaft des Studenten noch der Vorlesung, sondern eine Eigenschaft der Tatsache, daß ein bestimmter Student eine bestimmte Vorlesung besucht hat. Derartige Attribute des Beziehungstyps werden im normalisierten Datenmodell (s.u.) in einem abgetrennten Objekt abgelegt. Im Diagramm wird dies durch einen Pfeil angegeben, an dem auch der Grad dieser Verbindung notiert wird, also:

- Zu jedem Vorlesungsbesuch eines Studenten gehört genau ein Ergebnis.

In ihrer Zusammensetzung ("Attributierung") werden Entitytypen und Beziehungstypen im **Datenkatalog** beschrieben. Dabei gilt die gleiche Syntax und die gleiche Verfeinerungstechnik mit Hilfe einer vereinfachten Backus-Naur-Form wie für den Datenkatalog der Strukturierten Analyse (vgl. Kapitel 4.2.2.2). Auch in der SA wendet man die ER-Modellierung an. Umgekehrt kann man mit Vorteil auch bei einem rein datenorientierten Ansatz die Funktionalität nach der Herleitung der Datenstrukturen mit der SA-Syntax beschreiben.

6.2.4 Erweiterte Modellnotation

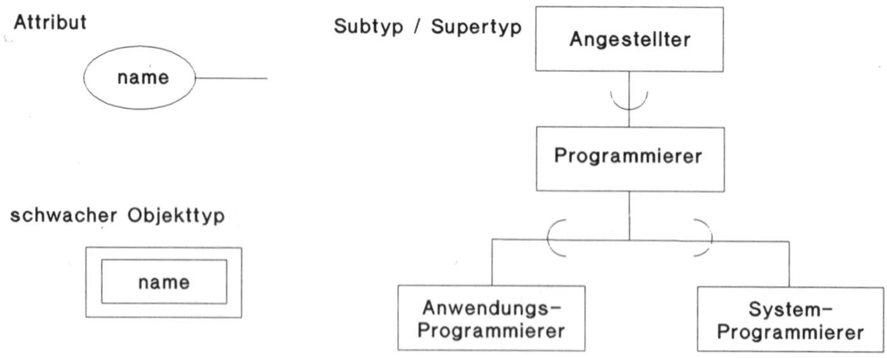

Bild 6.2-4: weitere ERD-Symbole

Die bisher beschriebenen grafischen Symbole reichen für die meisten Datenmodellierungen aus. Einige Erweiterungen werden aber manchmal darüberhinaus benutzt.

Attribute (Eigenschaften) eines Entitytyps **können** im Diagramm durch Ovale dargestellt werden, die mit dem Entitytyp durch eine Linie verbunden werden. Dies kann abhängig von der Größe des Modells und der Anzahl von Attributen jedes Entitytyps seine Lesbarkeit verbessern, aber auch verschlechtern. Außerdem entsteht Redundanz im Modell, denn die Attribute müssen selbstverständlich alle auch im Datenkatalog spezifiziert werden. Eine Benutzung dieses Symbols kann also nicht in jedem Falle empfohlen werden.

Ein Entitytyp heißt **schwach**, wenn er von einem anderen **existenzabhängig** ist, d.h. wenn seine Instanzen gelöscht werden müssen, sobald die in Beziehung stehende Instanz des anderen Typs gelöscht wird. Mit dieser Konstruktion hat man eine einfache Möglichkeit, einige wichtige Integritätsregeln im Diagramm darzustellen. Allerdings ist dies nur nützlich, wenn es flächendeckend im Modell durchgehalten wird. Außerdem werden durch diese Konstruktion nicht alle Integritätsregeln des relationalen Modells erfaßt (vgl. Kap. 6.3.1). Schwache Entities werden im Diagramm durch ein umrandetes Rechteck dargestellt. Alle nicht schwachen Entitytypen heißen auch **regulär**.

Ein **Subtyp** ist eine Teilmenge eines Entitytyps. Jedes gegebene Entity gehört zu mindestens einem Entitytyp. Es kann aber auch zu mehreren gehören, wobei eine Unterscheidung durch gewisse Attribute möglich sein muß. Im gezeigten Diagramm ist zum Beispiel jeder Anwendungsprogrammierer auch zugleich ein Programmierer, er unterscheidet sich vom Oberbegriff (**"Supertyp"**) nur durch wenige zusätzliche oder abweichende Eigenschaften. Entsprechendes gilt für den Systemprogrammierer. Derartige Klassifikationsstrukturen sind besonders wichtig im Zusammenhang mit objektorientierter Entwicklung (vgl Kap. 8). Sie sind aber bereits im Entity-Relationship-Modell definierbar.

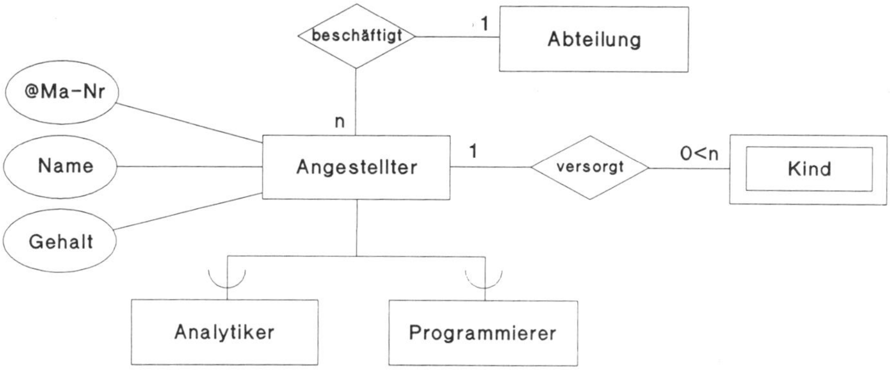

Bild 6.2-5: Nutzung der weiteren ERD-Symbole

Die Nutzung dieser Symbole ist im Bild 6.2-5 dargestellt. Daraus sind folgende Informationen zu entnehmen:

- Eine Abteilung beschäftigt mehrere Angestellte, jeder davon ist aber nur bei einer Abteilung beschäftigt. Ein Angestellter wird duch die Attribute Mitarbeiternummer (@Ma-Nr, gleichzeitig identifizierender Schlüssel), Name und Gehalt beschrieben. Die Attribute der anderen Entitytypen werden in diesem grafischen Modell nicht genannt.
- Unter den Angestellten gibt es Analytiker und Programmierer, andererseits sind Analytiker und Programmierer auch Angestellte.
- Ein Angestellter kann mehrere Kinder versorgen. Ein Kind wird aber immer nur von einem Angestellten (Vater oder Mutter) versorgt. Wenn der Angestellte gelöscht wird, d.h. die Firma verläßt, dann müssen auch die Informationen über seine eventuell vorhandenen Kinder gelöscht werden (denn diese sind nicht weiter von Interesse für die Firma).

Im Rahmen dieses Buches werden wir von diesen Erweiterungen keinen Gebrauch machen, ausgenommen die Klassifikationsstruktur, die in der objektorientierten Entwicklung eine große Bedeutung hat. Es sei auch für die praktische Nutzung der Darstellungsformen empfohlen, die Diagramme nicht durch zu viele syntaktische Details zu überladen. Die dargestellten Informationen müssen in jedem Falle irgendwo spezifiziert werden. Für die Modellierungstechnik erhebt sich die Frage, welcher Ort dies sein soll. In jedem Fall benötigt man einen Datenkatalog, in dem die Entitytypen und Beziehungstypen exakt spezifiziert werden. Es ist auch zu empfehlen, sich zu jedem Entitytyp eine informelle Beschreibung mit Beispielen anzulegen. Die Konsistenzregeln müssen daneben gesondert dokumentiert werden. Im Rahmen der Darstellung des Relationenmodells (Kap. 6.3.1) werden wir diese Frage genauer betrachten.

An den bisher gezeigten Beispielen wird deutlich, daß durch die semantische Modellierung Fehler im Modell, also Mißverständnisse in der Kommunikation zwischen Analytiker und Anwender, schonungslos offengelegt werden. Die Entwicklung und präzise Darstellung der Datenmodelle und ihre Abstimmung mit dem Anwender sind ein besonders wichtiger Teil jeder Systemanalyse. Die Datenmodelle sind nämlich meistens die stabilsten Teile der Anwendung. Die zu entwickelnden Funktionen (Programme) hängen alle vom Datenmodell ab. Ein Fehler im Datenmodell führt dazu, daß eventuell eine große Anzahl von Programmen geändert werden muß. Fehler in Funktionen dagegen lassen sich in ihrer Auswirkung häufig lokal begrenzen.

Die Semantische Analyse zielt darauf ab, Fehler im Bereich der Datenmodelle frühzeitig zu erkennen.

6.2.5 Alternative Notationen

Die (erweiterte und modifizierte) Modellnotation von Chen ist heute am meisten verbreitet. Sie erlaubt eine Unterscheidung von Entitytypen und Beziehungstypen, fordert aber auch, daß jeder Beziehungstyp präzise benannt und spezifiziert wird. Die Frage, wie die Beziehungstypen schließlich zu implementieren sind, wird so lange wie möglich offengehalten. Es hängt schließlich vom später benutzten Datenbanksystem ab, in welcher Weise Beziehungstypen implementiert werden. In vielen gängigen Datenbanksystemen geschieht dies mit **Fremdschlüssel-Verbindungen** (vgl. Kap. 6.3.1.2.2). Dies ist aber nicht zwingend. Außerdem ist diese Art der Implementierung für die Erhebung der wahren Anforderungen unerheblich. Selbst wenn wir wissen,

wie die Implementierung später erfolgen wird, dürfen wir diese Kenntnis nicht in ein Modell der wahren Anforderungen einfließen lassen.

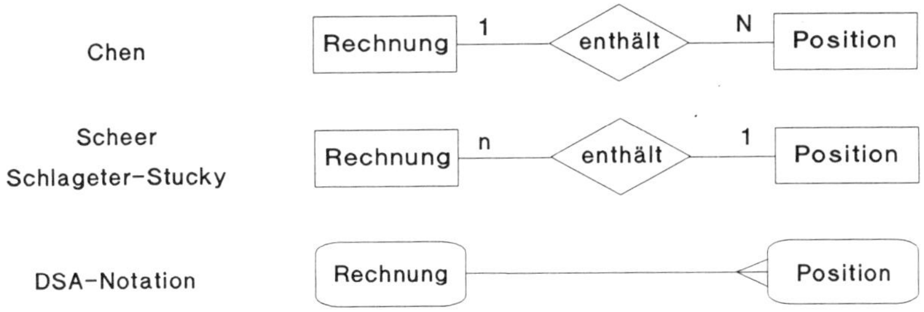

Bild 6.2-6: weitere Notationen für ER-Diagramme

Die Modellnotation nach Chen tritt in der Literatur in zahlreichen Variationen auf, deren Besonderheiten man aber leicht erkennen wird. Manche Autoren (z.B. /SCHLAGETER-STUCKY-83/, /SCHEER-88/) sehen Vorteile darin, die Kardinalitätsangaben am Symbol des Beziehungstyps zu vertauschen (s. Bild 6.2-6). Es ist zu wünschen, daß der Leser nicht zugunsten von regionalen Abweichungen gegenüber der international üblichen Notation verwirrt wird.

Eine weitere mit der Chen-Notation eng verwandte Darstellungsweise hat aber in der Praxis auch zahlreiche Freunde gefunden. Diese nennen wir "DSA-Notation" (vgl. /SCS-89/). Dabei werden Entitytypen auch als Rechtecke oder als Rechtecke mit abgerundeten Ecken dargestellt. Beziehungstypen dagegen werden symbolisiert durch eine Linienverbindung zwischen Entitysymbolen. Diese Linie kann einen Namen tragen.

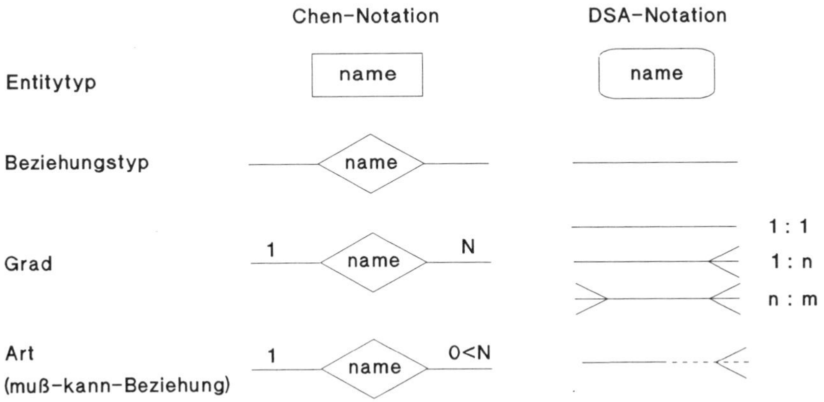

Bild 6.2-7: DSA-Notation

Eigenschaften des Beziehungstyps werden wie folgt dargestellt (s. Bild 6.2-7):

- Grad (Kardinalität) der Verbindung durch "Krähenfüsse", d.h. ein kleines Dreieck bei dem Entity, das in der Verbindung mehrfach vorkommt.

- Kann-Beziehungen durch unterbrochene Beziehungslinie bei dem Entity, dessen Instanzen keine Verbindung eingehen müssen.

In der DSA-Notation gibt es noch weitere Symbole für Abhängigkeiten zwischen mehreren Beziehungstypen, abhängige Entitytypen sowie Supertyp/Subtypen. Auch komplexe Beziehungen (m:n) können dargestellt werden. Im weiteren Vorgehen der Modellierung müssen diese aber in zwei 1:n-Beziehungen und ein "Verbindungsentity" aufgebrochen werden, so wie es in Bild 6.2-8 gezeigt ist. In diesem Beispiel wird der Beziehungstyp AB noch durch eigene Attribute ab1 und ab2 beschrieben.

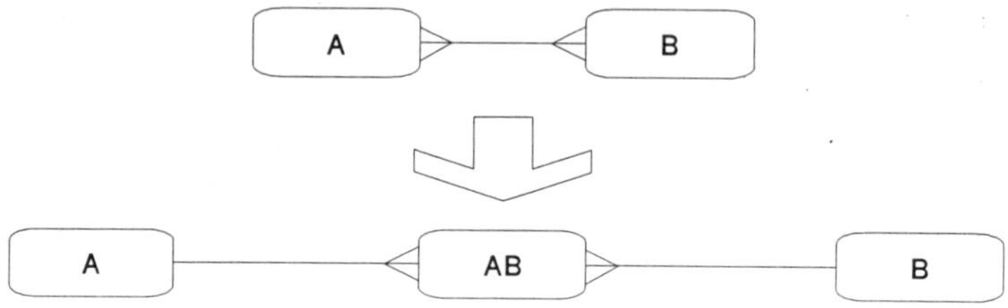

A = A# + a1 + a2 AB = A# + B# + ab1 + ab2 B = B# + b1 + b2 + b3

Bild 6.2-8: komplexe Beziehungen auflösen

Dabei wird anders als bei der Chen-Notation implizit davon ausgegangen, daß die Verbindungen durch Fremdschlüssel realisiert werden (vgl. Kap. 6.3.1). Mit Fremdschlüsseln können aber nur 1:n-Beziehungen modelliert werden. Damit Beziehungstypen trotzdem im Modell enthalten sind, ist außer in ersten informellen Modellen das Auftreten von n:m-Beziehungen nicht zulässig.

In der DSA-Notation werden Beziehungstypen im Falle komplexer Beziehungen eigentlich durch Entitytypen dargestellt. Eine Beschriftung der Verbindungslinien zwischen Entitytypen ist daher nicht erforderlich. Auch 1:n-Beziehungen erhalten in der DSA-Notation meistens keinen Namen.

zugehörige Datenkatalogeinträge :

Artikel = @A-Nr + Bezeichnung + A-usw
Lieferant = @L-Nr + Name + Adresse + L-usw
Kondition = @A-Nr + @L-Nr + Rabatt + Liefertermin

liefert = @A-Nr + @L-Nr

Bild 6.2-9: Artikel-Lieferant

Ein Verbindungsentity kann eigene Attribute haben. Als vereinfachtes Beispiel dient die komplexe Beziehung zwischen Artikel und Lieferant, die durch ein Verbindungsentity aufgelöst wird (s. Bild 6.2-9). Zum Vergleich der Notationen wird das entsprechende Chen-Diagramm danebengestellt.

- Ein Artikel kann von mehreren Lieferanten geliefert werden. Er wird aber von mindestens einem Lieferanten geliefert.
- Ein Lieferant kann auch mehrere Artikel liefern. Er wird aber nur gespeichert, wenn er mindestens einen Artikel liefert.

Bei /COAD-YOURDON-90/ tritt die DSA-Notation im Rahmen der objektorientierten Analyse in leicht veränderter Form auf. Wir werden dies in Kap. 8.3 genauer darstellen.

Wir verwenden im folgenden ausschließlich die Chen-Notation. Welcher Notation im Praxisprojekt der Vorzug gegeben wird, hängt von mehreren Faktoren, nicht zuletzt von der Verfügbarkeit entsprechender Tools ab.

6.3 SM - Modellbewertung

In diesem Kapitel wird der konzeptionelle Hintergrund der Semantischen Modellierung von Datenstrukturen dargestellt. Ihre Hauptaufgabe ist die Modellierung der wahren Anforderungen des Anwenders an die Datenstruktur des implementierten Systems. In diesem Kapitel werden Ziel und Ausgangspunkt der Methode beschrieben. Dabei schaffen wir eine Verbindung zur Theorie der Datenbanksysteme, so wie sie in /DATE-90/ dargelegt ist. Die Beschreibung der Datenstrukturen im Relationenmodell (zusammen mit den erforderlichen Integritätsregeln) ist der Ausgangspunkt für das physische Datenbankdesign im Hinblick auf ein beliebiges Datenbank-Zielsystem. Eine Beschreibung der Datenstrukturen im Relationenmodell (Kapitel 6.3.1) ist auch als Ausgangspunkt für eine Realisierung im Netzwerkmodell oder im hierarchischen Modell geeignet.

Ausgangspunkt für die Semantische Modellierung sind meistens neben der Fachkenntnis des Analytikers im Anwendungsbereich undeutliche Vorstellungen des Anwenders über künftige Eigenschaften des Systems und die historisch gewachsenen Datenstrukturen der Vergangenheit. Diese orientieren sich an den Möglichkeiten der früher verfügbaren Implementierungstechnologien. Wie man diese durch Normalisierung überwindet mit dem Ziel eines (weitgehend) redundanzfreien Datenmodells, wird in Kapitel 6.3.2 dargestellt.

Für die praktische Modellierung sind Hilfen bei der Konstruktion langfristig nutzbarer Primärschlüssel unverzichtbar. Kapitel 6.3.3 widmet sich dieser Frage.

Früher, im Batch-Zeitalter, hatte die Modellierung der Funktionen einen anderen Stellenwert als bei den heutigen Dialoganwendungen. Bei diesen wird nämlich ein großer Teil der Funktionalität charakterisiert durch die Grundfunktionen Neuanlegen, Ändern, Löschen, Informieren. Die Struktur der Funktionalität kann entsprechend einfach gehalten werden.

6.3.1 Das Relationenmodell

Die Begriffe des Relationenmodells sind alle vom informellen Sprachgebrauch wohlbekannt. Im Rahmen einer präzisen Definition des Relationenmodells sind aber natürlich exaktere Definitionen erforderlich.

Begriffe des Relationenmodells	informelle Begriffe
Relation	Tabelle
Tupel	Zeile, Datensatz
Attribut	Spalte, Feld
Wertebereich	Menge zulässiger Werte
Kardinalität	Anzahl der Zeilen
Grad	Anzahl der Spalten
Primärschlüssel	identifizierender Schlüssel

6.3.1.1 Relationen

Die kleinste semantische Einheit ist ein **einzelner Datenwert** (Skalar). Im Hinblick auf das betrachtete Datenmodell haben diese Datenwerte keine relevante interne Struktur. Dies bedeutet jedoch nicht, daß sie absolut betrachtet keine Struktur haben. Ein Name zum Beispiel besteht aus Buchstaben. Wenn wir so weit auflösen, verlieren wir die Bedeutung. Der Name ist nur erkennbar, wenn die richtigen Buchstaben in der richtigen Reihenfolge zusammengesetzt sind.

Ein **Wertebereich** ist eine Menge von Datenwerten. Die aktuellen Werte eines Attributs dürfen nur aus dem zugehörigen Wertebereich entnommen werden.

Wenn ein Wertebereich nur einzelne Werte (Skalare) zuläßt, dann wird er **einfach** genannt. Ein **zusammengesetzter Wertebereich** ist dagegen eine Kombination von einfachen Wertebereichen. Zum Datum gehört zum Beispiel ein zusammengesetzter Wertebereich, bestehend aus Tag, Monat, Jahr. Zum Tag gehört ein einfacher Wertebereich.

Eine **Relation** R auf einer endlichen Menge von n Wertebereichen $W_1, W_2, \ldots, W_n$ besteht aus einem Relationenkopf und einem Relationenkörper.

- Der **Relationenkopf** besteht aus einer festen Menge von n Attribut-Wertebereich-Paaren (kurz: Attributen)

  $$\{ (A_1,W_1), (A_2,W_2), \ldots ,(A_n,W_n) \}$$

- so daß jedes Attribut A_i genau einem Wertebereich W_i zugeordnet ist.
- Der **Relationenkörper** besteht aus einer Menge von m **Tupeln**, wobei jedes Tupel aus einer Menge von Attribut-Attributwert-Paaren besteht

  $$\{ (A_1,w_{i1}), (A_2,w_{i2}), \ldots ,(A_n,w_{in}) \} \qquad (i = 1, \ldots ,m)$$

- In jedem Tupel existiert zu jedem Attribut A_j genau ein Attribut-Attributwert-Paar (A_j,w_{ij}).
- Für jedes Attribut-Attributwert-Paar (A_j,w_{ij}) ist w_{ij} ein Element des Wertebereichs W_j, der dem Attribut A_j zugeordnet ist.

m ist die **Kardinalität**, n der **Grad** der Relation. Die Kardinalität kann sich im Laufe der Zeit ändern, der Grad nicht (**Achtung!** Unter Kardinalität und Grad wird im ERM etwas anderes verstanden! Im ERM ist es die Anzahl der mit dem Entity über den Beziehungstyp in Verbindung stehenden Entities des anderen Typs. Wir bezeichnen diese auch als ERM-Kardinalität, s. 6.2.2).

Die Schreibweise für eine Relation, so wie sie in der Definition angegeben worden ist, ist für die praktische Anwendung in der Relationenalgebra und auch in der Normalisierungstheorie zu unhandlich. Im Rahmen der Analyse und des logischen Datenbankdesigns sind nur die Eigenschaften des Datenmodells von Interesse, die zeitunabhängig sind, die also zu jedem Zeitpunkt gelten. Daher ist es sinnvoll, sich in der Schreibweise auf die Köpfe der Relation zu beschränken, also nur die Attribute zu betrachten und vom tatsächlichen zeitabhängigen Inhalt des Relationenkörpers zu abstrahieren. Auch von der Angabe der Wertebereiche wird in der Schreibweise abgesehen. Für jedes Attribut muß aber natürlich der Wertebereich festliegen. Daher wird folgende vereinfachende Schreibweise festgelegt:

- Das Attribut A einer Relation R wird auch bezeichnet durch R.A
- Eine Relation R mit Attributen A, B, C, ..., X wird auch vereinfachend notiert durch R (A, B, C, ... , X)

Durch diese Schreibweise wird eine Reihenfolge der Attribute suggeriert, die aber nicht zwingend ist und auch nicht in der Definition der Relation enthalten ist. Die Reihenfolge der Attribute in der schließlich implementierten Datenbanktabelle ist ein Implementierungsdetail, von dem im Rahmen der Analyse und des logischen Datenbankdesigns zu abstrahieren ist.

Relationen haben einige wesentliche **Eigenschaften**, die direkt aus der mengentheoretischen Definition der Relation folgen:

- Tupel kommen nicht mehrfach in einer Relation vor.
- Tupel sind nicht sortiert.
- Attribute besitzen keine festgelegte Reihenfolge in der Relation.

Die erste dieser Eigenschaften hat eine sehr wichtige Folgerung: **jede Relation hat einen Primärschlüssel** (Definition vgl. Kap. 6.3.1.2.1). Da Tupel eindeutig sind, ist zumindest die Gesamtheit aller Attributwerte eindeutig. Wenn man als Primärschlüssel also die Gesamtheit aller Attribute der Relation wählt, so hat man einen eindeutig identifizierenden Schlüssel, der als Primärschlüssel geeignet ist.

Diese Begriffe erläutern wir im Bild 6.3-1 am Beispiel einer Relation "Kraftfahrzeug".

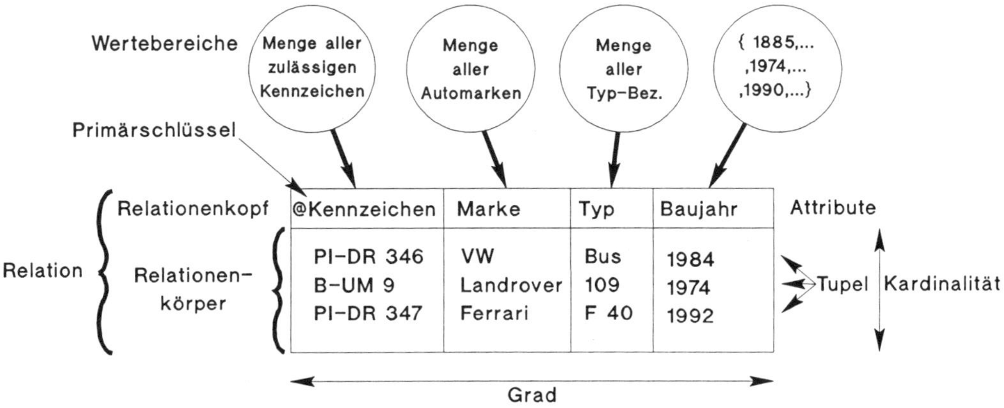

Bild 6.3-1: Begriffe der Relation

Damit sind auch Relationen von Tabellen zu unterscheiden. In einer **Tabelle** ("Bild einer Relation") ist die Eindeutigkeit nicht formal zu erzwingen, sondern nur durch disziplinierte Tabellenerstellung zu erreichen.

Eine Relation heißt **einfach**, wenn die Wertebereiche aller Attribute einfach sind. Einfache Relationen haben die Eigenschaft, daß alle Attributwerte atomar sind. Dies bedeutet, jeder Attributwert ist ein einzelner Datenwert, niemals eine Liste von Datenwerten. Relationen mit dieser Eigenschaft enthalten keine **Wiederholgruppen**. Sie befinden sich in der ersten Normalform (vgl. Kap. 6.3.2) und werden auch als **normalisierte Relationen** bezeichnet (In der Praxis benutzt man mißverständlich diesen Begriff häufig auch dann, wenn eine höhere Normalform erfüllt ist, besonders wenn sich die Relation in der dritten Normalform befindet).

Betrachten wir ausgehend vom ERM ein Beispiel einer Relation mit Wiederholgruppen. Eine Kundenrechnung wird in einem Speicher abgelegt, der folgenden Aufbau hat:

Kundenrechnung = @Rechnungsnr + Empfänger + Datum + Bestellnr + {Artikelnr + Bezeichnung + Menge + Einzelpreis + Positionspreis} + Gesamtpreis

Dann ist

Position = Artikelnr + Bezeichnung + Menge + Einzelpreis + Positionspreis

eine Relation (d.h. eine Menge von Tupeln), die an einer Stelle vorkommt, wo eigentlich ein einfaches Attribut erwartet wird. Für diese Datenstruktur ist also eine Modellierung sinnvoll, wie sie in Bild 6.3-2 angedeutet wird. Dabei ist der Gesamtpreis der Kundenrechnung ein ableitbares Datum, das im vereinfachten Datenmodell entfallen kann.

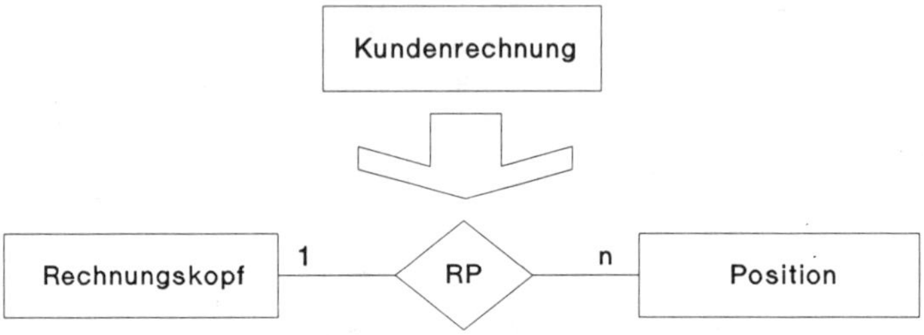

Rechnungskopf = @Rechnungsnr + Empfänger + Datum + Bestellnr

Position = @Pos_nr + Artikelnr + Bezeichnung + Menge + Einzelpreis

RP = @Rechnungsnr + @Pos_nr

Bild 6.3-2: ERM für Kundenrechnung

Bei den üblichen Datenverwaltungssystemen müßte man nämlich die Anzahl der Positionen in der Relation Kundenrechnung begrenzen, was eine starke Einschränkung darstellt. Außerdem müßte sich die Anwendungslogik mit Aufgaben befassen, die eigentlich von der Datenverwaltung zu behandeln sind, nämlich die Verwaltung von Wiederholgruppen.

Im optimierten ERM wurden auch noch **ableitbare Attribute** weggelassen (z.B. Gesamtpreis), denn ihr Wert ist jederzeit aus den vorhandenen Attributen zu gewinnen. Diese Modellierung der Datenstruktur ist weiter verbesserbar. Bild 6.3-3 enthält einen Vorschlag. Dabei entsteht ein normalisiertes Datenmodell.

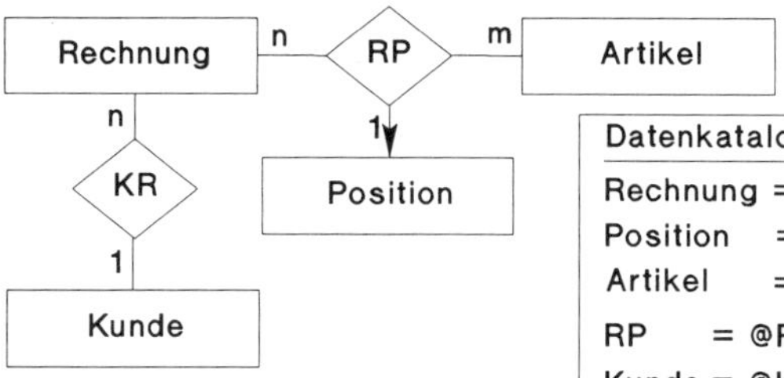

Datenkatalog-Einträge :

Rechnung = @Rechnungsnr + Datum + Bestellnr
Position = @Pos_nr + @Artikelnr + Menge
Artikel = @Artikelnr + Bezeichnung + Preis
RP = @Rechnungsnr + @Artikelnr
Kunde = @Kundennr + USW
KR = @Kundennr + @Rechnungsnr

Bild 6.3-3: ERM für Kundenrechnung, optimiert

Das Relationenmodell geht davon aus, daß vom Datenbanksystem nur Relationen behandelt werden. Wünscht ein Anwender eine Information aus der Datenbank, so wird diese mit Hilfe von Operatoren der Relationenalgebra (Selektion, Projektion, Join, usw.) gebildet und dem Anwender als Ergebnis übermittelt. Insofern ist es notwendig, zwischen **realen Relationen** (diese werden im Datenbanksystem gespeichert) und **virtuellen Relationen** (diese werden nur temporär gebildet) zu unterscheiden.

6.3.1.2 Integrität

Eine durch die Definition der Relation erzwungene Regel, die gleichwohl in der Praxis Anlaß zur Formulierung zahlreicher wichtiger Prüfregeln bildet, ist die

Regel 0: Bereichsprüfungen

Jeder Attributwert jedes Attributs jeder Relation darf nur dem Wertebereich entnommen werden, der dem Attribut zugeordnet ist.

6.3.1.2.1 Entity-Integrität

Im relationalen Modell müssen neben den anwendungsspezifischen Prüfregeln einige allgemeine Integritätsbedingungen erfüllt sein. **Diese gelten für jedes Datenmodell und sind unabhängig von der Anwendung.** Bevor diese erläutert werden können, müssen einige Begriffe definiert werden.

Ein (möglicherweise zusammengesetztes) Attribut K einer Relation R heißt **Schlüsselkandidat**, wenn folgende Bedingungen zu jedem Zeitpunkt erfüllt sind:

- **Eindeutigkeit**

  Zu keinem Zeitpunkt haben verschiedene Tupel von R denselben Wert für K.

- **Minimalität**

  Wenn K zusammengesetzt ist, dann kann keine Komponente von K entfernt werden, ohne die Eindeutigkeitsbedingung zu stören.

Einer der Schlüsselkandidaten wird nach Gesichtspunkten der Anwendung als **Primärschlüssel** (primary key) ausgewählt. Falls es weitere Schlüsselkandidaten gibt, so werden diese als **Alternativschlüssel** (alternate key) bezeichnet. Für die Praxis ist nur der Primärschlüssel relevant. Die Alternativschlüssel sind lediglich Attribute, die man auch sinnvoll als Primärschlüssel hätte wählen können.

Jede Relation hat also einen Schlüsselkandidaten, damit aber auch einen Primärschlüssel. Mit diesem ist es möglich, jedes Tupel zu identifizieren. Primärschlüssel liefern den grundlegenden Adressierungsmechanismus für Tupel in einem relationalen System. Damit können wir die erste Integritätsbedingung notieren:

Regel 1: Entity-Integrität

Keine Komponente des Primärschlüssels einer Relation darf null-Werte akzeptieren.

Hierbei bedeutet **null-Wert**, daß für das Attribut kein Attributwert vorliegt (z.B. "Wert unbekannt"). Jedes Tupel muß also einen gültigen Wert für den Primärschlüssel haben.

Diese Regel bedeutet folgendes: Wenn ein Entity in der realen Welt wichtig genug ist, um in einer Datenbank gespeichert zu werden, dann muß es auch eindeutig identifizierbar sein. Sonst könnte man über dieses Entity nicht einmal in sinnvoller Weise sprechen.

6.3.1.2.2 Referentielle Integrität

Ein (möglicherweise zusammengesetztes) Attribut FK einer realen Relation R2 heißt **Fremdschlüssel** (foreign key), wenn folgende Bedingungen zu jedem Zeitpunkt erfüllt sind:

- Jeder Wert von FK ist entweder komplett null oder komplett nichtnull (d.h. wenn FK zusammengesetzt ist, dann sind für jeden Wert von FK entweder alle Komponenten null oder alle nichtnull).
- Es gibt eine reale Relation R1 mit einem Primärschlüssel PK, so daß jeder nicht-null-Wert von FK identisch zu dem Wert für PK in einem der Tupel von R1 ist. Dieses Tupel von R1 nennen wir **Ziel-Entity**.

Ein Fremdschlüssel ist also ein Attribut einer Relation R2, dessen Werte benutzt werden, um eine Verbindung zu einer Relation R1 über deren Primärschlüssel aufzubauen. Diese Verbindung nennen wir **Fremdschlüssel-Verbindung**.

Regel 2: Referentielle Integrität

Das Datenmodell darf keine ungebundenen Fremdschlüsselwerte enthalten.

Der Wert eines Fremdschlüssels heißt hierbei **ungebunden**, wenn er nichtnull ist, aber dennoch kein gleicher Primärschlüsselwert in der Ziel-Relation existiert.

Betrachten wir als Erläuterung zu diesen Integritätsregeln das stark vereinfachte **Beispiel** einer Bibliothek. Die Relationen

Leser	(LeserNr, Name, Adresse) Primärschlüssel (LeserNr)
Buch	(BuchNr, LeserNr, Autor, Titel, Verlag, Jahr) Primärschlüssel (BuchNr) Fremdschlüssel (LeserNr) referenziert Leser

stehen in einer 1:n-Beziehung, d.h. ein Leser kann mehrere Bücher ausleihen.

Regel 1 besagt, daß die Primärschlüssel LeserNr, BuchNr keine null-Werte besitzen dürfen. Jeder Leser muß eine Lesernummer, jedes Buch eine Buchnummer haben, sonst kann man die jeweiligen Tupel nicht wiederfinden (eindeutig identifizieren).

Wenn ein Buch ausgeliehen wird, dann muß im Attribut LeserNr des Buches eine Lesernummer eingetragen sein. Regel 2 besagt nun:

- **entweder** das Buch ist nicht verliehen. Dann enthält die Lesernummer keinen Eintrag.
- **oder** das Buch ist verliehen. Dann muß die LeserNr des Buches einen Eintrag enthalten, **zu dem es ein Tupel der Relation Leser geben muß**, nämlich den Leser, der das Buch ausgeliehen hat. Es ist nicht zulässig, daß die LeserNr des Buches einen Eintrag enthält, der für keinen einzigen Leser als Primärschlüssel vorkommt.

6.3.1.2.3 Fremdschlüssel-Regeln

Im Gesamtmodell haben die Funktionen die Aufgabe, unter Beachtung der Regeln des Datenmodells die Dateninhalte zu verändern. Daher gibt es **Fremdschlüssel-Regeln**, die bei der Definition des Datenmodells genau festgelegt werden müssen, um die Integritätsregeln aufrechtzuerhalten. Für jeden Fremdschlüssel müssen unter Beachtung der wahren Anforderungen des Anwenders einige Fragen (**"Fremdschlüssel-Fragen"**) geklärt werden:

1. Darf der Fremdschlüssel null-Werte enthalten ? Ist es von der Anwendung her möglich, daß das Entity existiert ohne mit einem Ziel-Entity über Fremdschlüssel verbunden zu sein ?
2. Was soll geschehen, wenn das Ziel-Entity einer Fremdschlüssel-Verbindung gelöscht wird ?
3. Was soll geschehen, wenn das Ziel-Entity einer Fremdschlüssel-Verbindung geändert wird ?

Zu den Fragen 2 und 3 gibt es prinzipiell drei Verhaltensmuster.

restriktiv:

Die Funktion löschen/ändern eines Ziel-Entity ist begrenzt auf den Fall, wo keine Fremdschlüssel-Verbindungen existieren. Sonst erfolgt eine Fehlermeldung.

kaskadiert:

Zusammen mit dem Ziel-Entity werden auch alle über Fremdschlüssel-Verbindungen abhängigen Entities gelöscht/geändert.

akzeptierend:

Das Ziel-Entity wird gelöscht/geändert, nachdem die Fremdschlüsselwerte aller über Fremdschlüssel-Verbindungen abhängigen Entities auf null gesetzt wurden. D.h. im Zusammenhang mit der auszuführenden Funktion ist es nicht länger sinnvoll, die Verbindung aufrechtzuerhalten. Die abhängigen Entities bleiben erhalten, sind aber nicht mehr mit dem gelöschten/geänderten Ziel-Entity verbunden.

Die Fremdschlüsselregeln werden im Relationenmodell (bzw. im Datenkatalog des ERM) wie folgt notiert:

Rechnung	(Rnr, Empfänger, Datum, Bestellnr) Primärschlüssel: Rnr
Artikel	(Artikelnr, Bezeichnung, Preis, PM_Nr)

	Primärschlüssel: Artikelnr Fremdschlüssel: PM_Nr referenziert Produktmanager null-Werte erlaubt ändern: akzeptierend löschen: akzeptierend
Produktmanager	(PM_Nr, Name, TelefonNr) Primärschlüssel: PM_Nr
Position	(Rnr, Artikelnr, Menge) Primärschlüssel: (Rnr, Artikelnr) Fremdschlüssel: Rnr referenziert Rechnung null-Werte nicht erlaubt ändern: kaskadiert löschen: kaskadiert Fremdschlüssel: Artikelnr referenziert Artikel null-Werte nicht erlaubt ändern: restriktiv löschen: restriktiv
RA	(Rnr, Artikelnr) Primärschlüssel: (Rnr, Artikelnr)

Die Fremdschlüsselregeln haben in diesem Beispiel folgende Interpretation:

Wenn eine Rechnung gelöscht wird, dann werden auch alle Positionen entfernt. Ein Artikel kann nur gelöscht werden, wenn sich keine Rechnungspositionen auf den Artikel beziehen. Wird ein Produktmanager gelöscht, so wird für alle betroffenen Artikel die PM_Nr auf den Null-Wert gesetzt.

Wir betrachten noch ein weiteres Beispiel mit einer Kann-Beziehung.

Besitzer	(Besitzer-Nr, Name, Anschrift) Primärschlüssel: Besitzer-Nr
KFZ	(KFZ-Nr, Besitzer-Nr, Marke, Typ, Baujahr) Primärschlüssel: (KFZ-Nr) Fremdschlüssel: Besitzer-Nr referenziert Besitzer null-Werte erlaubt ändern: kaskadiert löschen: akzeptierend
KB	(Besitzer-Nr, KFZ-Nr) Primärschlüssel: (Besitzer-Nr, KFZ-Nr)

Bild 6.3-4 liefert die zugehörigen ER-Modelle.

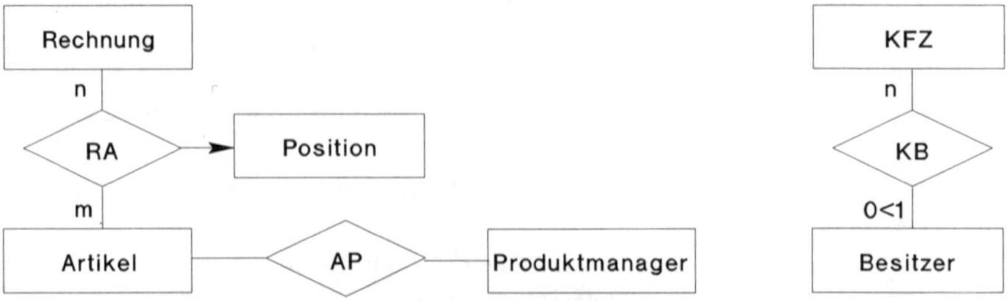

Bild 6.3-4: ERM, Relationenmodell und Fremdschlüssel-Regeln

6.3.1.3 Charakterisierung des relationalen Modells

Das relationale Datenmodell besteht aus drei Teilen:

Struktureller Teil: (s. 6.3.1.1)

Integritätsteil: (s. 6.3.1.2)

Manipulationsteil: Relationenalgebra und Relationenkalkül

Relationenalgebra und -kalkül werden hier nicht ausführlich dargestellt, da sie vor allem eine Rolle für den Umgang mit Relationen und weniger für deren Herleitung im Rahmen der Analyse spielen. Der interessierte Leser sei z.B. auf /DATE-90/ Kap. 13 und 14 verwiesen. Hier werden nur einige grundlegende Operatoren der Relationenalgebra informell beschrieben (Bild 6.3-5).

gegebene Relationen:

KFZ :

Kennzeichen	Marke	Typ	Baujahr
PI-DR 346	VW	Bus	1984
B-UM 9	Landrover	109	1974
PI-DR 347	Ferrari	F 40	1992

Besitzer :

Name	Kennzeichen
J. R.	PI-DR 346
Klaus P.	B-UM 9
Niki Lauda	PI-DR 347

Restriktion :
KFZ WHERE Baujahr < 1990

Kennzeichen	Marke	Typ	Baujahr
PI-DR 346	VW	Bus	1984
B-UM 9	Landrover	109	1974

Projektion :
KFZ [Marke, Typ]

Marke	Typ
VW	Bus
Landrover	109
Ferrari	F 40

Join :
KFZ JOIN Besitzer

Kennzeichen	Marke	Typ	Baujahr	Name
PI-DR 346	VW	Bus	1984	J. R.
B-UM 9	Landrover	109	1974	Klaus P.
PI-DR 347	Ferrari	F 40	1992	Niki Lauda

Bild 6.3-5: Restriktion, Projektion, Join

Restriktion: extrahiert spezifizierte Tupel aus einer Relation,

Projektion: extrahiert spezifizierte Attribute aus einer Relation,

Join: erzeugt eine neue Relation aus zwei gegebenen, die aus allen möglichen Tupel-Kombinationen der beiden Relationen besteht, wobei je zwei Tupel der beiden Relationen einer vorgegebenen Bedingung genügen müssen.

Im relationalen Datenmodell sind noch weitere Operatoren definiert.

Bei der praktischen Datenmodellierung wird in der Praxis oft der Integritätsteil vernachlässigt oder auf die Designphase verschoben. Aus dieser knappen Darstellung des Relationenmodells in den Kapiteln 6.3.1.1 - 6.3.1.2 sollten wir jedoch entnehmen, daß der Integritätsteil auch in der Analyse auf keinen Fall vernachlässigt werden darf. Die zu seiner Spezifikation erforderlichen Informationen müssen in Rücksprache mit dem Anwender spezifiziert werden. Dies muß innerhalb der Analyse geschehen.

Die Integritätsbedingungen sind Teil des Datenmodells der wahren Anforderungen des Anwenders. Aufgrund der Verhältnisse der Realität ist zu klären, welche Fremdschlüsselregeln von sämtlichen Prozessen einzuhalten sind. Die Regeln 0 - 2 zur referentiellen Integrität gelten anwendungsunabhängig auf jeden Fall. Die Fremdschlüsselregeln sind jedoch für jede Beziehung zwischen Relationen anwendungsspezifisch zu ermitteln. Im konkreten Projekt sind für jede Fremdschlüsselverbindung die in 6.3.1.2.3 aufgeführten Fremdschlüsselfragen zu klären.

6.3.1.4 Datenmodellierung

Das Datenbankdesign zerfällt genau wie die anderen Design-Prozeduren in einen logischen und einen physikalischen Teil. Der logische Teil befaßt sich damit, ein den Regeln entsprechendes und darüberhinaus quantifiziertes (s. 4.4.8, die dort aufgeführten Systemstatistiken gelten natürlich entsprechend auch für die Modellierung der Datenstrukturen) relationales Datenmodell bereitzustellen. Der nachgelagerte physikalische Teil bildet dieses logische Datendesign auf das zu benutzende Datenbanksystem ab. Das logische Datendesign orientiert sich an den wahren Anforderungen der Anwender, das physikalische an den Eigenschaften des Datenbanksystems.

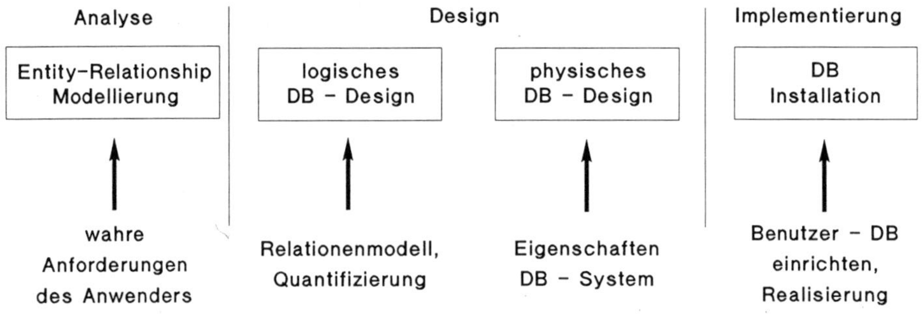

Bild 6.3-6: ERM, logisches und physisches Design

Die Prinzipien der relationalen Datenmodellierung sind dabei auch für nichtrelationale Datenbanksysteme relevant. Wenn der Datenbankadministrator vom Analytiker ein präzises relationales Datenmodell erhält, ist er immer in der Lage, dieses auf beliebigen, auch auf konventionellen, Datenbanksystemen zu realisieren.

In der Analyse wird ein logisches Datenmodell entworfen, das sich nach den wahren Anforderungen des Anwenders richtet. Dieses muß sich an den funktionalen Anforderungen der Zukunft orientieren, aber von diesen möglichst unabhängig sein. Man strebt an, auch bei veränderten funktionalen Anforderungen in der Zukunft mit dem gleichen Datenmodell weiterarbeiten zu können. Das geht natürlich nur bis zu einer gewissen Grenze.

Das logische Datenbankdesign sollte dann aber **Funktionen-unabhängig** sein. Im Vordergrund steht die Frage, was die Daten sind, und nicht, wie sie benutzt werden sollen. Das Design soll robust sein und sich veränderten Anforderungen leicht anpassen lassen. Das konzeptionelle Schema wird modelliert, nicht das externe und nicht das interne Schema (ANSI/SPARC-Architektur, vgl. /DATE-90/ Kap.2).

Das **konzeptionelle Schema** beschreibt nämlich das Datenmodell der wahren Anforderungen des Anwenders unabhängig von der Implementierung. Dagegen beschreibt das **externe Schema** jeder Anwendung die spezielle Sicht des jeweiligen Anwenders auf das konzeptionelle Datenmodell. Das **interne Schema** beschreibt schließlich die

Implementierung des konzeptionellen Schemas im Hinblick auf das gewählte Datenbanksystem incl. Speicherung, Zugriffspfade etc.

Die Modellierung des konzeptionellen Schemas ist gleichbedeutend mit der implementationsunabhängigen Vorgehensweise, die auch in den anderen Kapiteln über Methoden zur Systemanalyse als Ausgangspunkt für alles weitere herausgestellt worden ist. Das Datenmodell soll unabhängig sein von der Hardware, vom Betriebssystem, vom Datenbanksystem, von der Programmiersprache und auch möglichst vom Anwender. Auf konzeptioneller Ebene sollen auch keine Kompromisse im Hinblick auf Performance eingegangen werden. Der logisch und zeitlich richtige Moment dafür ist das physikalische Design.

Das relationale Datenmodell ist also die obere Schnittstelle zur Erzeugung eines physikalischen Datenbankdesigns. Das relationale Datenmodell beschreibt damit datenorientiert das Ergebnis, das im Rahmen der Systemanalyse erarbeitet werden muß, damit in der Design- und Implementierungsphase ein den wahren Anforderungen des Anwenders entsprechendes System entwickelt werden kann. **Unabhängig von der gewählten Entwicklungsmethodik muß für eine geordnete Entwicklung einer Datenbankanwendung zu Beginn der Designphase ein relationales Datenmodell vorliegen.**

Der Analyseprozeß muß daher seine Ergebnisse so präsentieren, daß insbesondere die Regeln des Strukturellen Teils und des Integritätsteils eingehalten werden. Zu einem fertigen Datenmodell für eine Anwendung gehört daher sowohl die Definition der Struktur wie die Spezifikation der Integritätsregeln bei den Entitytypen sowie ihre Einhaltung durch die spezifizierten Funktionen. Im Datenmodell müssen also auch zum Beispiel die gewählten Fremdschlüsselregeln (6.3.1.2.3) festgelegt werden.

Einem Entitytyp E = @a + b + c + ... + x entspricht im relationalen Datenmodell eine Relation

E (a, b, c, ... , x)

und einem Beziehungstyp B = @a + @b entspricht eine Relation

B (a, b)

Die festgelegten Regeln werden durch folgende Maßnahmen eingehalten:

Regel 0: Bereichsprüfungen

Zu jedem Attribut muß im Datenkatalog der Wertebereich beschrieben werden.

Regel 1: Entity-Integrität

Es muß qualitätssichernd sichergestellt werden, daß der Primärschlüssel in jedem Falle (für jedes mögliche Tupel, d.h. Entity der Relation) einen nichtnull-Wert hat.

Regel 2: Referentielle Integrität

Für jede Fremdschlüssel-Verbindung müssen Fremdschlüssel-Regeln festgelegt werden, die verhindern, daß ungebundene Fremdschlüssel auftreten. Dies geschieht im ERM und im Datenkatalog auf folgende Weise:

- Durch die ERM-Kardinalität wird festgelegt, ob der zum Beziehungsaufbau zu benutzende Fremdschlüssel null-Werte haben darf.

- Beim Fremdschlüssel wird festgelegt, welche Relationen (Entitytypen) er referenziert und welches Verhaltensmuster (restriktiv, kaskadierend, akzeptierend) dabei für löschen bzw. ändern zu benutzen ist.

Bild 6.3-7 erläutert diese Konvention an einem formalen Beispiel.

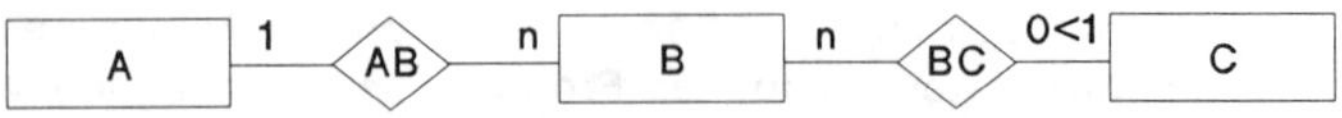

A = @AID + R + S
B = @BID + U + V
C = @CID + X + Y + Z

AB = @AID + @BID
* Primär: (AID + BID)
Fremd: BID referenziert B
ändern: restriktiv, löschen: restriktiv *

BC = @BID + @CID
* Primär: (BID + CID)
Fremd: CID referenziert C
ändern: akzeptierend, löschen: akzeptierend *

Bild 6.3-7: ERM und Integritätsregeln

Wegen der einfachen und **umkehrbaren Umwandlungsmöglichkeit zwischen ERM und Relationenmodell** kann man bei der praktischen Modellierungsarbeit leicht je nach Bedarf zwischen beiden Darstellungsebenen wechseln. Die ERM-Darstellung benötigt man für den Überblick, das relationale Modell (bis auf wenige syntaktische Feinheiten identisch mit den Datenkatalog-Einträgen des ERM) benötigt man zur Festlegung aller Attribute und zur Normalisierung. In diesem Sinne ist das ERM tatsächlich "a thin layer on top of the relational model".

Entitytypen und Beziehungstypen werden also im Relationenmodell beide durch Relationen dargestellt. Weshalb unterscheidet man also im ERM zwischen beiden? Hierfür gibt es folgende Gründe:

- Im Laufe der Zeit könnte aus einer 1:n-Beziehung leicht eine n:m-Beziehung werden.
- ER-Modelle sind das gegebene Ausdrucksmittel, um die Beziehungen zwischen Datenobjekten zu beschreiben, sowohl formal wie semantisch. Dies bedeutet, es ist im Hinblick auf die Nutzung der Daten wesentlich, welche Beziehungen zwischen Entitytypen definiert werden. Deswegen ist eine klare Unterscheidung von Entitytypen und Beziehungstypen im Analyseprozeß wichtig, auch wenn dieser kleine formale Unterschied für das Relationenmodell nicht wesentlich ist und in der Designphase eventuell zugunsten eines performanten Datenbankdesigns fallengelassen wird.
- Im Relationenmodell werden Beziehungen in jedem Fall durch Fremdschlüsselverbindungen dargestellt, mit denen aber nur 1:n-Beziehungen abbildbar sind.

Die Antwort auf obige Frage liegt also weniger in den formalen Erfordernissen des Relationenmodells als in der Semantik. Im Hinblick auf die wahren Anforderungen des Anwenders werden in den Entitytypen die Eigenschaften modelliert, die das Objekt in der realen Welt wirklich hat, **unabhängig von seiner Nutzung**, die durch Definition von Beziehungstypen ermöglicht wird. Beziehungstypen haben die einzige Aufgabe, die Verbindung von Entitytypen abzubilden.

Fremdschlüssel sind andererseits nur erforderlich zur Abbildung der Beziehungen, aber sie gehören nicht originär zu den Eigenschaften der Entitytypen. Je nach Anzahl und Art der wegen der funktionalen Anforderungen erforderlichen Beziehungen werden Fremdschlüssel eingerichtet oder wieder entfernt. Beziehungen zwischen Entities existieren nur, weil sie für essentielle Zugriffe aus verschiedenen essentiellen Aktivitäten gebraucht werden. Eigenschaften des Entitytyps sind sozusagen "angeboren". Beziehungen zwischen Entities sind nicht angeboren, sondern entstehen erst durch Prozesse als Folge von Ereignissen (vgl. hierzu Kap. 4.4.4.5 und /MCMENAMIN-PALMER-84/ Kap. 9.3). In den Beziehungstypen, die Mengen von einzelnen Beziehungen zwischen je zwei Entities sind, dokumentieren sich dann aber die wesentlichen Regeln des Geschäfts. Prozesse benutzen die Kenntnis um diese Regeln in Vor- und Nachbedingungen.

Neben den Beziehungen, die von unserem System tatsächlich benutzt werden, gibt es im Normalfall viele weitere Beziehungen der Entities zu anderen Entities, die jedoch für das gegenwärtig betrachtete System nicht relevant sind. Diese stellen daher aus der Sicht des Modells keine wahren Anforderungen dar. Beim rein datenorientierten Ansatz hat man zunächst nicht dieses Prüfkriterium, welche Beziehungstypen tatsächlich benutzt werden. Daher ist die Gefahr groß, daß man zu viele Entitytypen mit allen Beziehungen ermittelt, davon aber nur einen kleinen Teil herausgreift, den man dann für wesentlich hält. In den Methoden zur Semantischen Datenmodellierung treffen wir daher auf den Begriff des "Relevanten Datenmodells" (vgl. Kap. 6.4.8.1). Man muß dann nämlich alle Details, die tatsächlich nicht benötigt werden, wieder aus dem Modell entfernen. In der Zwischenzeit hat man auch Projektressourcen für die Modellierung tatsächlich nicht benötigter Details aufgebracht.

Die von den essentiellen Prozessen benutzten Beziehungstypen gehören aber natürlich zur Essenz des Systems. In ihnen werden zusammen mit den Integritätsregeln die wesentlichen Eigenschaften des Datenmodells festgehalten, die von allen Prozessen einzuhalten sind.

Die Abbildung von 1:n-Beziehungen über Fremdschlüssel ist aber ein Implementierungsdetail. Beziehungen lassen sich je nach den Eigenschaften des benutzten Datenbanksystems unterschiedlich implementieren. Die Semantische Modellierung unter Verwendung der Chen-Notation nimmt hierauf Rücksicht. Darin liegt einer ihrer Vorteile für die Modellierungsarbeit.

Die Chen-Notation enthält Fremdschlüssel nur in den Beziehungstypen. Diese Konsequenz ist besonders wertvoll, wenn ein normalisiertes Modell (s.u.) hergeleitet worden ist und in Chen-Notation dargestellt wird. Das normalisierte Datenmodell enthält Redundanzen nur noch in den Schlüsselattributen (zur Darstellung von Fremdschlüssel-Verbindungen) und ist ansonsten redundanzfrei. **Die verbleibenden Redundanzen werden also im ER-Modell nach der Chen-Notation in den Beziehungstypen konzentriert. Entitytypen sind redundanzfrei.**

Die Unterschiede zwischen Entitytyp und Beziehungstyp und die Bedeutung der "angeborenen" Eigenschaften sollen an den folgenden **Beispielen** verdeutlicht werden.

1 Angenommen, in einem Datenmodell existieren bereits Entitytypen A und B mit einer 1:n-Beziehung von A nach B. Diese Situation ist in Bild 6.3-8 in Chen-No-

tation incl. Datenkatalogeinträgen, in DSA-Notation und in Relationen-schreibweise formuliert.

A = @AID + ...
B = @BID + ...
AB = @AID + @BID

A (@AID, ...)
B (@BID, @AID, ...)

Bild 6.3-8: Ausgangssituation

Nachträglich wird nun ein weiterer Entitytyp C hinzugefügt, der zu B in einer 1:n-Beziehung steht (Bild 6.3-9).

Da die DSA-Notation und auch die Relationen-Schreibweise a priori davon ausgehen, daß diese Beziehung über Fremdschlüssel abgebildet werden muß, wird in beiden Fällen eine Erweiterung des Entitytyps B um das Attribut Cid (Primärschlüssel von C) erforderlich, bei der Chen-Notation und den zugehörigen Datenkatalogeinträgen hingegen bleibt B unverändert. Tatsächlich hat sich durch diese neu hinzugekommene Beziehung die Definition von B im Hinblick auf die originären Eigenschaften (Attribute) nicht verändert. Durch die neue Beziehung ist der "Charakter" nicht modifiziert worden.

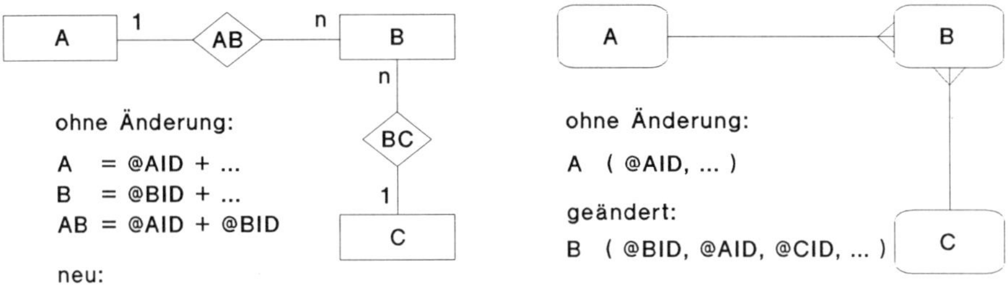

ohne Änderung:
A = @AID + ...
B = @BID + ...
AB = @AID + @BID

neu:
C = @CID + ...
BC = @BID + @CID

ohne Änderung:
A (@AID, ...)

geändert:
B (@BID, @AID, @CID, ...)

neu:
C (@CID, ...)

Bild 6.3-9: ... nach Hinzufügung von C

2 Ein weiteres Beispiel: Die Entitytypen Student und Vorlesung stehen in der Realität in einer komplexen (n:m) Beziehung.

Ob diese aber wirklich im Datenmodell abgebildet werden muß, hängt von der Nutzung der Daten ab. Vielleicht wird auf absehbare Zeit nur der Nachweis benötigt, welche Vorlesungen ein Student besucht hat. Erst viel später braucht man auch die umgekehrte Beziehung, vielleicht um für die Planung neuer Lehrveranstaltungen die Attraktivität von Vorlesungen messen zu können oder um Erfassungslisten für Klausurergebnisse erstellen zu können. Dann muß die ursprüngliche Datensituation im Modell verändert werden, so wie es Bild 6.3-10 zeigt.

Auch in dem zweiten Beispiel ist die **Chen-Notation und die entsprechende Modellierung unempfindlicher gegen Änderungen** als die DSA-Notation und die Relationen-Schreibweise. Hier wird noch einmal deutlich, daß die Beziehungstypen wesentlich von der Nutzung der Daten abhängen.

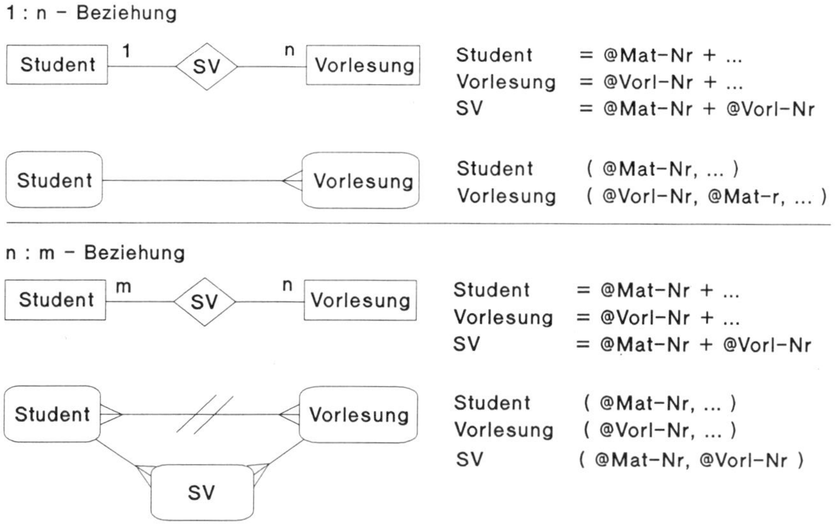

Bild 6.3-10: die Beziehung Student - Vorlesung

Im fertig normalisierten Modell gibt es in Übersetzung des zugehörigen ERM nur noch zwei Arten von Relationen: Beziehungstypen, die nur Schlüsselattribute enthalten, und Entitytypen, die nur einen Schlüssel (den Primärschlüssel) enthalten und ansonsten nur einfache Attribute, die vom Primärschlüssel nur einfach abhängig sind.

6.3.2 Normalisierung

Einfache Relationen befinden sich in der ersten Normalform, denn sie besitzen keine Wiederholgruppen (s. 6.3.1.1). Man nennt sie auch normalisiert. Das Relationenmodell erhebt keine weiteren Normalisierungsanforderungen an das Datenmodell. Deswegen spricht man im Zusammenhang mit den Normalformen im Rahmen der Theorie der Datenbanksysteme auch von **"further normalization"** (/CODD-72/), also von weitergehender Normalisierung, gelegentlich auch von **"dependency theory"** (vgl. /DATE-90/ S.560).

Die Normalisierung verfolgt das Ziel, Redundanzen im Datenmodell zu beseitigen. Dies ist nicht nur ein wichtiges Ziel im Datenbankdesign. Bei der Strukturierten Analyse werden bereits zu einem sehr frühen Zeitpunkt die betrachteten Datenstrukturen der essentiellen Speicher normalisiert. Damit werden die Prozesse (in der objektorientierten Entwicklung die Methoden) von der fehlerträchtigen und aufwendigen Aufgabe der Interpretation und Pflege von Redundanzen befreit. In Erweiterung der Konzepte der Theorie der Datenbanksysteme müssen wir also fordern, daß eine Normalisierung der Datenstrukturen im Entwicklungsprozeß **so früh wie möglich** stattfindet und bei jeder Änderung im Rahmen der Qualitätssicherung fortgeschrieben wird.

Für die Praktiker der strukturierten Methoden wird der Vorgang der Normalisierung der Datenstrukturen sehr schnell zu einem selbstverständlichen Schritt, der fast automatisch vollzogen wird. Datenmodelle werden einfach nach kurzer Überlegung in normalisierter Form notiert, ohne daß der hier zu erklärende Vorgang längerer Zuwendung bedarf.

Oftmals ist der Ausgangspunkt der Modellierung ein unnormalisiertes Datenmodell, das mühsam aus unterschiedlichen Quellen zusammengefügt werden muß. Gerade bei älteren, historisch gewachsenen Datenstrukturen findet man oft eine komplexe Situation vor. Früher, vor dem Hintergrund der damals verfügbaren Implementierungstechnologie, hat man andere Grundsätze zur Datenmodellierung gehabt. Wegen der in Anbetracht der Aufgabenstellung begrenzten Leistungsfähigkeit der Datenverwaltungssysteme wollte man alle Informationen zu einem "Fall" möglichst in einem Datensatz haben, um physikalische Zugriffe zu sparen. Dies ging auf Kosten wesentlich komplexerer Programmstrukturen. Fortschritte in der Leistungsfähigkeit der verfügbaren Hardware, in der Methodik der Datenbanksysteme und der Entwicklung strukturierter Analysemethoden führten zu einer veränderten Ausgangssituation. Heute will man möglichst redundanzfreie Datenstrukturen und einfache, leicht pflegbare Programme haben. Im Rahmen des physischen Datenbankdesigns führen allerdings Performance-Überlegungen manchmal dazu, eine zu weit gehende Normalisierung **wohlüberlegt** und **partiell** wieder zurückzunehmen ("**Denormalisierung**"). Auf logischer Ebene dürfen aber keine vorschnellen Kompromisse geschlossen werden.

Die im folgenden dargestellten Normalisierungsschritte sind alle **reversibel**, d.h. es kann zu jeder vorhanden gewesenen Ausgangslage zurückgekehrt werden. Dies ist wichtig für den Nachweis, daß durch Normalisierung keine Information verloren gehen kann. Mit dem Anwender muß also nicht unbedingt das vollständig normalisierte Modell besprochen werden. Dies ist manchmal von Vorteil, wenn nämlich das normalisierte Modell zu viele Relationen enthält, die zwar formal nötig sind, deren Existenz aber den Anwender nur verwirrt und von den inhaltlichen Abstimmungsproblemen ablenkt. Dies ist natürlich nur ein psychologisches Argument, das manchmal den Abstimmungsprozeß erleichtern kann und soll. Andererseits sind Darstellungen "for exposition only" nach Möglichkeit zu vermeiden (s. Kap. 3.1.2).

Beispiel: Man betrachte die Gesamtheit der Datenelemente zum Kunden als nichtnormalisierte Datenstruktur. Per Normalisierung werden zwar die Kundenanschrift, die Liefer- und die Rechnungsanschrift ausgelagert, dies hat aber nur technische Gründe, die relevante Eigenschaften des Kunden aus Anwendersicht nicht berühren.

Vor der exakten, aber vielleicht im ersten Durchgang etwas trockenen Definition der Normalformen werden wir ein einfaches Beispiel betrachten, das die wichtigsten Grundgedanken bereits informell erläutert. Das Grundprinzip ist einfach, "formalized common sense" (vgl. /DATE-90/ S. 546).

6.3.2.1 Beispiel Lehrgangsreferat

Eine Software-Vertriebsfirma bietet ein Datenbanksystem an und führt für seine Kunden und Interessenten Inhouse-Seminare und andere Schulungen durch.

Zu Anfang dieser Tätigkeit werden die durchgeführten Schulungen einfach in einer Kartei protokolliert, die den in Bild 6.3-11 gezeigten Aufbau haben mag. Diese Kartei enthält viele Redundanzen, die ihre Pflege zu einer sehr komplexen Aufgabe machen. Welche Verarbeitungen sind zum Beispiel nötig, wenn ein geschulter Lehrgangsteilnehmer die Firma wechselt und künftig bei einem anderen Kunden angestellt ist? Oder wenn einfach nur eine Firma umzieht und damit eine neue Adresse hat? Oder wenn ein Kurs künftig unter einer anderen Bezeichnung angeboten wird?

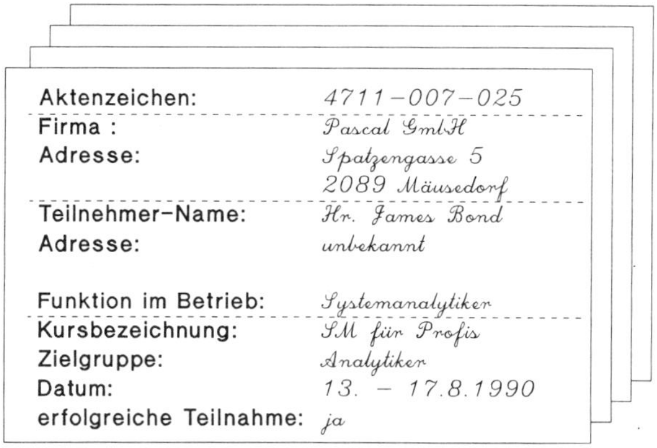

Bild 6.3-11: Kartei von Lehrgangsteilnehmern

In jedem dieser Fälle sind von der Änderung mehrere Karteikarten betroffen, und die Änderung verursacht einen erheblichen Aufwand (**Update-Anomalien**, d.h. Probleme bei der Durchführung der Operationen Einfügen, Ändern, Löschen von Tupeln). Hauptursache dafür ist die redundante, also mehrfache Speicherung von Informationen. Durch Normalisierung ist diese Situation leicht aufzulösen, das Ergebnis wird in Bild 6.3-12 dargestellt. **Jede Änderung eines Attributs erfordert nur noch den Zugriff auf jeweils ein Tupel.** Allerdings würde man diese Struktur normalerweise nicht mehr in einer Karteikarten-Lösung implementieren.

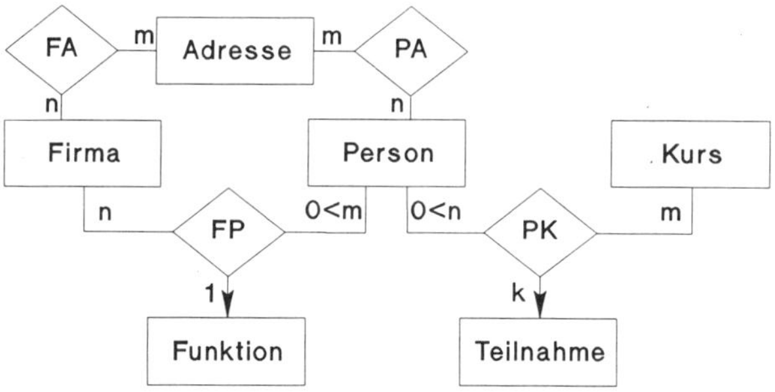

Bild 6.3-12: normalisierte Datenstruktur

Hierzu gehört folgender Datenkatalog ("lfd" bedeutet hier stets "laufende Nummer"):

Firma = @FID + Firmenname
Person = @PID + Name
Kurs = @KID + Kursbezeichnung + Zielgruppe
Adresse = @AID + Strasse + Hausnr + PLZ + Ort
Funktion = @FID + @PID + Aufgabe_im_Betrieb
* Primärschlüssel: (FID, PID) *

Teilnahme	=@PID + @KID + lfd + Datum_Teilnahme_von + Datum_Teilnahme_bis + Zertifikat * Primärschlüssel: (PID, KID, lfd) *
FP	=@FID + @PID
PK	=@PID + @KID
FA	=@FID + @AID
PA	=@PID + @AID

Die Normalisierung ist ein semantisches Verfahren, das eine Umwandlung der komplexen Datenstruktur wie in Bild 6.3-11 in eine redundanzfreie Datenstruktur wie in Bild 6.3-12 ermöglicht. Im physischen Datenbankdesign wird man vielleicht aus Performancegründen wieder an manchen Stellen Redundanz einführen. Man spricht dann von **"Denormalisierung"** und von **"kontrollierter Redundanz"**.

6.3.2.2 Funktionale Abhängigkeit

Definition: R sei eine Relation, R.A und R.B (oder kurz A und B) seien Attribute von R, W_A und W_B die zugehörigen Wertebereiche. Weiterhin sei w_{At} der Wert des Attributs A in einem Tupel t des Relationenkörpers (entsprechend w_{Bt}). Dann heißt B **funktional abhängig** von A,

R.A --> R.B

wenn es eine Funktion f : W_A ---> W_B gibt, so daß für jedes Tupel t von R und zu jedem Zeitpunkt gilt:

$w_{Bt} = f(w_{At})$

Dabei dürfen A und B auch zusammengesetzte Attribute sein.

B ist also funktional abhängig von A, wenn es zu keinem Zeitpunkt zwei Tupel in R mit identischen Werten für A und verschiedenen Werten für B gibt. Oder anders ausgedrückt: immer wenn die Kenntnis des Wertes von A ausreicht, um den Wert von B zu kennen, dann besteht eine funktionale Abhängigkeit.

Dies ist natürlich keine formale Eigenschaft, sondern eine semantische: funktionale Abhängigkeiten kann man nur erkennen, wenn man die Bedeutung der Attribute kennt. Hierzu ein **Beispiel:**

Wir betrachten eine Relation von Kraftfahrzeugen, in der (neben anderen Attributen) die Attribute KFZ-Länder-Kennzeichen LANDKURZ und Land gespeichert sind. Dann gibt es eine Funktion

f : LANDKURZ ----> Land

die gegeben ist durch eine Tabelle

D	Bundesrepublik Deutschland
DK	Dänemark
S	Schweden
F	Frankreich
usw.	

Wegen der Existenz dieser Funktion f ist das Attribut Land abhängig vom Attribut LANDKURZ, wenn beide in einer Relation auftreten und sich auf dasselbe Kraftfahrzeug beziehen. Wenn wir nun eine Relation Kraftfahrzeug wie folgt bilden:

Kraftfahrzeug (P, LANDKURZ, Land, USW) Primärschlüssel (P)

dann erkennen wir darin eine unerwünschte Eigenschaft: diese Relation enthält Redundanz. Es würde genügen, beim Kraftfahrzeug nur das Attribut LANDKURZ zu speichern, das zugehörige Land kennt man aufgrund der Funktion f, die man in einer gesonderten Relation abbilden kann. Damit kommt man zu einem normalisierten Relationenmodell:

KFZ	(P, LANDKURZ, USW) Primärschlüssel (P) Fremdschlüssel (LANDKURZ) referenziert LKZ
LKZ	(LANDKURZ, Land) Primärschlüssel (LANDKURZ)

Nebenbei: In der Relation KFZ ist das Attribut LANDKURZ ein Fremdschlüssel zur Darstellung der Fremdschlüssel-Verbindung zwischen den Relationen KFZ und LKZ.

Primärschlüssel haben die folgende wichtige **Eigenschaft:**

Sei R (P, A_1, ... , A_n) eine Relation mit Primärschlüssel P. Dann ist jedes Attribut A_1, ... , A_n von P funktional abhängig:

für alle i = 1, ... , n gilt: R.P --> R.A_i

Definition: Ein Attribut Y einer Relation R heißt **voll funktional abhängig** von einem Attribut X von R, wenn

- Y von X funktional abhängig ist
- und Y nicht bereits von einem Teil des (zusammengesetzten) Attributs X abhängig ist.

Als Beispiel betrachten wir folgende Relation

Kondition	(Artikelnr, Lieferantennr, Artikelbezeichnung, Menge, Rabatt) Primärschlüssel: (Artikelnr, Lieferantennr)

Hier gelten:

(Artikelnr, Lieferantennr) --> Menge, Rabatt, und

Artikelnr --> Artikelbezeichnung

Also sind die Attribute "Menge" und "Rabatt" voll funktional abhängig vom zusammengesetzten Attribut (Artikelnr, Lieferantennr), nicht jedoch die "Artikelbezeichnung".

6.3.2.3 Die Normalformen

Normalisierung ist erforderlich, um eine Reihe von Update-Anomalien bei der Durchführung der Operationen Einfügen, Ändern, Löschen von Tupeln, die aufgrund von Redundanzen im Datenmodell entstehen, zu vermeiden. Diese sind in Kapitel 6.3.2.1 angedeutet.

Definition:

- Eine Relation heißt **unnormalisiert,** wenn mindestens ein Attribut einen Wertebereich hat, dessen Elemente selber Relationen sind.
- Eine Relation befindet sich in der **1. Normalform (1NF),** wenn alle zugrundeliegenden Wertebereiche nur atomare Werte enthalten.

Umwandlung in 1NF:

Sei R (P, A, ... , Q, R, S, ... Z) eine Relation mit Primärschlüssel P, wobei die Elemente r von R selber wieder Relationen r (pr, a, ... , z) mit Primärschlüssel pr sind. Die Reduktion von R zur ersten Normalform wandelt R in die Relation

R1 (P, A, ... , Q, pr, a, ... , z, S, ... , Z)
Primärschlüssel (P, pr)

um. Für R1 ist das aus P und pr zusammengesetzte Attribut Schlüsselkandidat, also als Primärschlüssel geeignet.

Definition:

Eine Relation ist in der **2. Normalform (2NF)**, wenn sie in der 1. Normalform ist und wenn jedes Nichtschlüsselattribut voll funktional abhängig ist von jedem Schlüsselkandidaten.

Die oben beschriebene Relation "Kondition" befindet sich nicht in der 2NF, denn das Attribut "Artikelbezeichnung" ist bereits von einem Teil des Primärschlüssels funktional abhängig. Dieses Attribut müßte einer Relation "Artikel" zugeordnet werden.

Die 2NF kann nur dann verletzt werden, wenn die Relation einen zusammengesetzten Primärschlüssel sowie mindestens ein dem Schlüssel nicht angehörendes Attribut besitzt (vgl. /VETTER-87/ S.130). Eine Relation, die zwar die 1NF, aber nicht die 2NF erfüllt, muß einen zusammengesetzten Primärschlüssel haben.

Umwandlung in 2NF:

Zur Reduktion einer Relation, die in der 1NF, aber nicht in der 2NF ist, werden auf folgende Weise Projektionen definiert:

R (A, B, C, ... , Z) Primärschlüssel (A, B), R.A --> R.C

Zur Reduktion wird R ersetzt durch die Relationen:

R1 (A, C)
Primärschlüssel (A)

R2 (A, B, ... , Z)
Primärschlüssel (A, B)
Fremdschlüssel (A) referenziert (R1)

Diese Reduktion läßt sich wieder zurücknehmen durch einen natürlichen Join der Relationen R1 und R2.

Zu den weiteren Eigenschaften von Datenstrukturen, die zu Anomalien bei der Datenpflege führen, gehören die transitiven Abhängigkeiten.

Definition: A, B, C seien Attribute einer Relation R. Wenn gelten: R.A --> R.B und R.B --> R.C , dann gilt auch R.A --> R.C (Verknüpfung der Funktionen, die die beiden funktionalen Abhängigkeiten begründen). Dann heißt C **transitiv abhängig** von A (über B).

Die dritte Normalform verbietet derartige transitive Abhängigkeiten vom Primärschlüssel.

Definition:

Eine Relation ist in der **3. Normalform (3NF)**, wenn sie in der 2NF ist und wenn jedes Nichtschlüsselattribut nichttransitiv abhängig von jedem Schlüsselkandidaten ist.

Dies bedeutet, es darf keine funktionalen Abhängigkeiten unter Nichtschlüsselattributen geben.

Umwandlung in 3NF:

Auch die Reduktion von transitiven Abhängigkeiten erfolgt über geeignete Projektionen:

R (P, A, B)
Primärschlüssel (P), R.A --> R.B

wird reduziert zu

R1 (P, A)
Primärschlüssel (P),
Fremdschlüssel (A) referenziert R2

R2 (A, B)
Primärschlüssel (A)

Die Ausgangs-Relation R läßt sich über Join zurückgewinnen.

Die Bedeutung dieser drei Normalformen wird in Bild 6.3-13 zusammenfassend erläutert (vgl. /VETTER-87/ S.144).

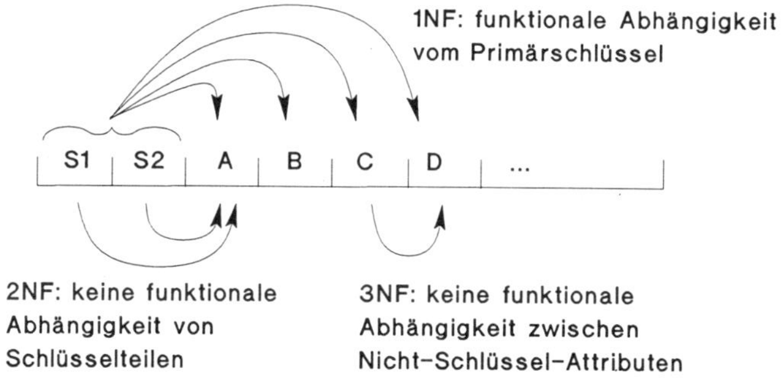

Bild 6.3-13: Übersicht dritte Normalform

Eine Relation ist also genau dann in der 3NF, wenn alle Nichtschlüsselattribute gegenseitig unabhängig, aber voll funktional abhängig vom (gesamten) Primärschlüssel sind.

Diese ursprüngliche Definition von Codd behandelt aber noch nicht zufriedenstellend den Fall einer Relation, die mehrere zusammengesetzte Schlüsselkandidaten hat, die sich überlappen (also wenigstens ein Attribut gemeinsam haben). Diesen Fall behandelt die Boyce-Codd-Normalform, die eine Verschärfung der 3NF darstellt.

Definition:

- Eine **Determinante** ist ein Attribut einer Relation, von dem wenigstens ein anderes Attribut voll funktional abhängig ist.

- Eine Relation ist in der **Boyce/Codd-Normalform (BCNF)**, wenn jede Determinante ein Schlüsselkandidat ist.

Die einzigen Determinanten der Relation sind dann Schlüsselkandidaten. Alle Attribute sind nur von Schlüsselkandidaten abhängig.

Dies ist genau dann der Fall, wenn jede Attributkombination, von der ein anderes Attribut funktional abhängig ist, Schlüsselkandidat der Relation ist.

Für den Fall nicht-zusammengesetzter Schlüsselkandidaten stimmt die BCNF mit der 3NF überein.

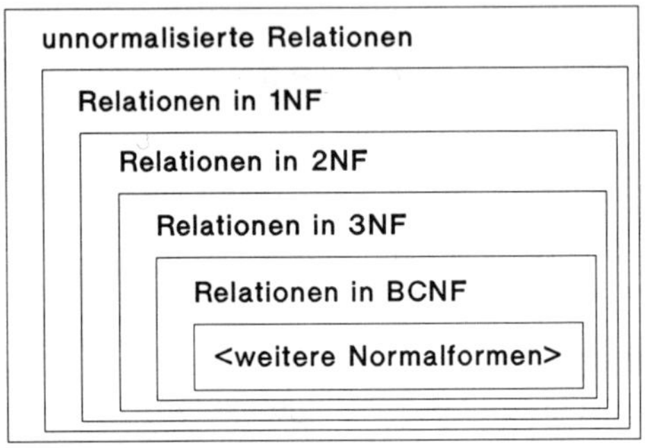

Bild 6.3-14: Abhängigkeiten der betrachteten Normalformen

Bild 6.3-14 liefert eine Übersicht über die gegenseitigen Abhängigkeiten der besprochenen Normalformen. In der Normalisierungstheorie werden noch einige weitere Normalformen formuliert (vgl. /DATE-90/ Kap. 21), die jedoch innerhalb der Analyse von untergeordneter Bedeutung sind. Auch im physikalischen Datenbankdesign beschränkt man sich in der Praxis meist auf die dritte Normalform oder die Boyce/Codd-Normalform.

6.3.2.4 Beispiel zur Normalisierung - Student und Vorlesung

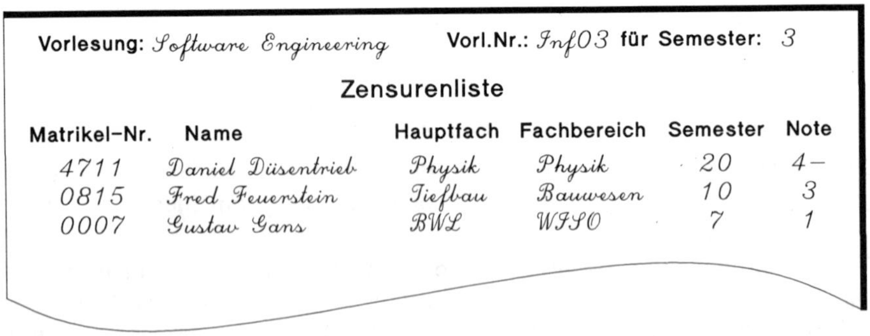
Vorlesung: Software Engineering Vorl.Nr.: Inf03 für Semester: 3

Zensurenliste

Matrikel-Nr.	Name	Hauptfach	Fachbereich	Semester	Note
4711	Daniel Düsentrieb	Physik	Physik	20	4-
0815	Fred Feuerstein	Tiefbau	Bauwesen	10	3
0007	Gustav Gans	BWL	WISO	7	1

Bild 6.3-15: Zensurenliste einer Vorlesung

Die im Ganzen etwas kompliziert erscheinenden Schritte der Normalisierung werden in diesem Kapitel noch einmal an einem einfachen Beispiel verdeutlicht: Student und Vorlesung (gegenüber dem Beispiel in Kap. 6.2.1 etwas verändert). Betrachten wir zunächst eine unnormalisierte Relation, die in Form einer Zensurenliste benötigt wird (Bild 6.3-15).

6.3.2.4.1 Version 1 - Herleitung aufgrund der Normalisierungsregeln

Diese Relation können wir in der Schreibweise des Datenkatalogs im ER-Modell in folgender Form notieren:

```
Zensuren_Liste          =VLS_Nr + Bezeichnung + Semester_VLS
                          + {MatrikelNr + Name + Hauptfach
                          + FB_Name + Semester_STUD + Note}
```

Semester_VLS sei dabei das Semester, für das die Vorlesung eigentlich laut Prüfungsordnung vorgesehen ist, während Semester_STUD das Studiensemester des jeweiligen Studenten sein mag. Die Umwandlung in die 1NF führt zu:

```
Zensuren_Liste_1        =VLS_Nr + Bezeichnung + Semester_VLS
                          + MatrikelNr + Name + Hauptfach
                          + FB_Name + Semester_STUD + Note
```

Wir untersuchen ausgehend von der inhaltlichen Bedeutung der Attribute den Primärschlüssel und die funktionalen Abhängigkeiten innerhalb dieser Relation und stellen fest:

```
Zensuren_Liste_1        =VLS_Nr + Bezeichnung + Semester_VLS
                          + MatrikelNr + Name + Hauptfach
                          + FB_Name + Semester_STUD + Note
                           Primärschlüssel (VLS_Nr, MatrikelNr)
                           VLS_Nr                  --> Bezeichnung
                                                   --> Semester_VLS
                           MatrikelNr              --> Name
                                                   --> Hauptfach
                                                   --> Semester_STUD
                           (VLS_Nr, MatrikelNr)    --> Note
                           Hauptfach               --> FB_Name
```

Es gibt also Nichtschlüsselattribute, die nur von einem Teil des Primärschlüssels abhängig sind. Die Umwandlung in die 2NF liefert die Relationen:

```
Vorlesung               =VLS_Nr + Bezeichnung + Semester_VLS

Student                 =MatrikelNr + Name + Hauptfach + FB_Name
                          + Semester_STUD

Zensurenliste_Rest      =VLS_Nr + MatrikelNr + Note
```

Wir haben auch eine transitive Abhängigkeit gefunden, denn die Fachbereichsbezeichnung FB_Name ist vom Hauptfach des Studenten funktional abhängig. Man kann zum Beispiel Technische Informatik nur am Fachbereich Informatik studieren.

Durch das Hauptfach des Studenten ist seine Fachbereichszugehörigkeit vollständig festgelegt. Wir beseitigen diese transitive Abhängigkeit, fügen die erforderlichen Fremdschlüsselregeln ein, nehmen noch eine Umbenennung vor und erhalten ein Datenmodell in 3NF, das wir in Relationenschreibweise notieren:

Vorlesung (VLS_Nr, Bezeichnung, Semester)
  Primärschlüssel (VLS_Nr)

Student (MatrikelNr, Name, Hauptfach, Semester)
  Primärschlüssel (MatrikelNr)
  Fremdschlüssel (Hauptfach) referenziert (Fachbereich)
    null-Werte: nicht erlaubt
    ändern: restriktiv
    löschen: restriktiv

Ergebnis (Matrikel-Nr, VLS_Nr, Note)
  Primärschlüssel (MatrikelNr, VLS_Nr)
  Fremdschlüssel (MatrikelNr) referenziert (Student)
    null-Werte: nicht erlaubt
    ändern: kaskadiert
    löschen: kaskadiert
  Fremdschlüssel (VLS_Nr) referenziert (Vorlesung)
    null-Werte: nicht erlaubt
    ändern: restriktiv
    löschen: restriktiv

Fachbereich (Hauptfach, FB_Name)
  Primärschlüssel (Hauptfach)

Für dieses Datenmodell notieren wir noch das ER-Diagramm (Bild 6.3-16). Nach präziser Definition sämtlicher Attribute ist das Datenmodell in normalisierter Form fertiggestellt. Auf der Grundlage dieses logischen Datenmodells kann ein praktikables Datenbankdesign für ein beliebiges Datenbank-Zielsystem erstellt werden.

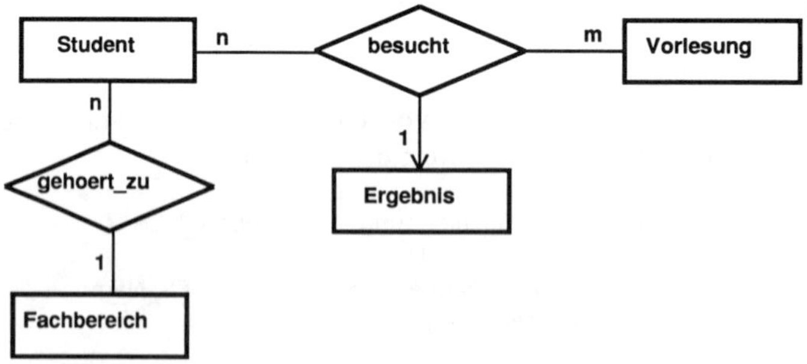

Bild 6.3-16: ER-Diagramm Student und Vorlesung

6.3.2.4.2 Version 2 - Vorgehensweise des Praktikers

Die geschilderte Herleitung folgt den Regeln der Normalisierung. In einem Datenmodell von praxisnaher Größenordnung ist diese Vorgehensweise aber natürlich sehr aufwendig. Daher geht der Praktiker mit seiner intuitiven Kenntnis normalisierter Datenstrukturen effektiver vor.

Aufgrund der Zensurenliste (Bild 6.3-15) und der in Gesprächen mit dem Anwender präzisierten Kenntnis des Problemraumes werden Entitytypen "Student", "Vorlesung", "Ergebnis", "Fachbereich" erkannt und so benannt, daß eine **pragmatische Verbindung** (s. Kap. 3.1.5) zu den Objekten der Realität von Anfang an besteht.

Mit diesen Entitytypen wird ein ERD erstellt (Bild 6.3-16). Danach werden Attribute zugeordnet. Hauptkriterium dieser Zuordnung ist die Frage, bei welchem Entitytyp ein gegebenes Attribut am besten aufgehoben ist, weil es sich um eine **"angeborene" Eigenschaft** handelt, die **unabhängig von der Nutzung** besteht.

Die erforderlichen Beziehungstypen werden unter Beachtung der funktionalen Anforderungen erkannt und in das Modell eingefügt. Die Fremdschlüssel werden definiert und die zugehörigen Fremdschlüsselregeln werden dann nach Rücksprachen mit dem Anwender spezifiziert. Es entsteht dasselbe Ergebnis wie bei der Vorgehensweise aufgrund der Anwendung der Normalisierungsregeln.

6.3.3 Konstruktion von Primärschlüsseln

Jede Relation hat auch ohne besondere Zuwendung des Analytikers einen Primärschlüssel. Tupel kommen in der Relation nicht mehrfach vor, also ist die Gesamtheit aller Attributwerte in jedem Falle identifizierend (s. Kap. 6.3.1.1). Dies ist zunächst allerdings nur ein formales Argument. In den meisten Relationen ist dieser immer vorhandene "natürliche" Primärschlüssel für die praktische Verwendung nicht sehr geeignet. Bei Fremdschlüsselverbindungen müsste immer das gesamte Tupel referiert werden, beim Suchen müsste das ganze Tupel eingegeben werden. Andererseits muß jedes Tupel durch den schließlich spezifizierten Primärschlüssel eindeutig identifizierbar sein (Entity-Integrität, Kap. 6.3.1.2, Regel 1). In der praktischen Datenmodellierung benötigen wir also für jede Relation einen Primärschlüssel, der formalen und praktischen Anforderungen genügt.

6.3.3.1 Das Problem

Aufgrund der Implementierungsdetails von Vorgängersystemen knüpft der Anwender oft weitere Erwartungen an Primärschlüssel: diese "müssen" sprechend sein, d.h. bereits eine inhaltliche Zusammenfassung des Tupelinhalts wiedergeben. Dann ist es für den Anwender möglich, bereits am Schlüssel einige wichtige Eigenschaften des Falles zu erkennen. Es wird behauptet, daß die Suche von Gegenständen (z.B. Akten im Archiv, Teile im Lager, Bücher in einer Bibliothek) meistens durch einen sprechenden Schlüssel erleichtert wird, bei dem die bezeichneten Objekte in einer inhaltlich sinnvollen Reihenfolge liegen.

Entstanden sind diese **natürlichen** und **sprechenden** Schlüssel bei der Entwicklung von Vorgängersystemen. Als diese vor vielleicht zehn oder gar zwanzig Jahren entwickelt wurden, ging man wegen der Beschränkungen der damals verfügbaren Implementierungstechnologien von anderen Verhältnissen aus. Man wollte gerne Datenstrukturen haben, bei denen alle Informationen zum Fall in einem Datensatz oder wenigstens in einer Gruppe von Folgesätzen zusammengefaßt waren. Auswertungen wurden im Batch-Zeitalter mit Gruppenwechselverarbeitungen durchgeführt. Zur Verkürzung der Laufzeiten war es dann sinnvoll, für die Auswertung den tatsächlich benötigten Teil des gesamten Datensatzes abzusplitten. Daher versuchte man, bereits in einem Feld, das dann auch als identifizierender Schlüssel geeignet schien, die wichtigsten Informationen des Falles verdichtet noch einmal wiederzugeben.

Viele Anwender haben sich an diese Form der Definition von Schlüsseln gewöhnt und glauben, daß es anders gar nicht geht. Was sind nun die spezifischen **Nachteile** dieser Art der Definition von Primärschlüssel durch natürliche oder sprechende Attribute?

1. der Schlüssel kann sich ändern

Man muß davon ausgehen, daß jede Eigenschaft eines Entities sich im Laufe der Zeit ändern kann. Dies gilt sogar für Attribute, denen man eine große Stabilität im Zeitablauf zumißt. Namen von Personen, sogar ihre Geburtsdaten können sich ändern. Das Geschlecht ist zum Beispiel bei Ausländern mit für uns fremden Namen allein aufgrund des Namens nicht sicher bestimmbar und kann sich daher wenigstens in den Einträgen im Datenbanksystem ändern. Adresse und Telefonnummer von Personen können sich ändern. Diese Eigenschaften werden natürlich in einem Verfahren immer als Suchschlüssel benötigt, **aber zur Definition des Primärschlüssels sind sie ungeeignet.**

Wenn nämlich eine **Änderung des Primärschlüsselattributs** eintritt, so ist im normalisierten Datenmodell ein erheblicher Aufwand erforderlich. Neben dem "Stammsatz" (Kern-Entity) ist auch eine eventuell unüberschaubare Anzahl von Fremdschlüsselattributen anderer Entities durch Eintrag des neuen Schlüsselwertes fortzuschreiben. Dieser Verarbeitungsschritt führt in den gängigen Datenbanksystemen meistens zu langen Antwortzeiten des entsprechenden Dialogprogramms wegen zahlreicher physikalischer Zugriffe. Er ist auch sehr fehleranfällig.

Es muß nämlich dafür gesorgt werden, daß alle Programme, die eine solche Primärschlüsseländerung vornehmen können, auch Zugriff auf alle Fremdschlüsselverbindungen haben. Die Fremdschlüssel-Integrität und die Fremdschlüssel-Regeln müssen bei jeder Änderung beachtet werde. Dies klingt zwar einfach, ist aber in der konkreten Anwendung meistens nicht praktikabel. Hier muß man berücksichtigen, daß praktische Datenmodelle meistens nicht die Größenordnung von "Student und Vorlesung" haben, sondern gerade in einem hochintegrierten Umfeld eventuell mehrere hundert einzelne Entitytypen umfassen. Durch Weiterentwicklung einzelner Verfahrensteile können dann leicht Fernwirkungen und Inkonsistenzen im Datenmodell entstehen, wenn dem Entwickler in einem anderen Teilverfahren nicht das gesamte Datenmodell bekannt ist und wenn er die Tragweite des Fehlers einer unberücksichtigten Fremdschlüsselfortschreibung nicht überblickt.

Betrachten wir als Beispiel eine Versicherung. Zu jedem Versicherungsvertrag, der mit der Policen-Abteilung abgeschlossen wird, muß natürlich eine Versicherungsnummer vergeben werden. Im Laufe der Zeit können sich einige Schadensfälle zu diesem Versicherungsvertrag ansammeln, die in einem integrierten Gesamtverfahren natürlich die Versicherungsnummer als Fremdschlüssel enthalten müssen. Zu dem Versicherungsvertrag entstehen aber auch Zahlungen, die in der Finanzbuchhaltung mit dem Vertrag über Fremdschlüssel verbunden werden. Schließlich gibt es zu dem Vertrag Mahnvorgänge, Anschriften, Bankverbindungen und viele weitere Angaben, die jeweils in eigenen Verfahrensteilen abgebildet werden, wobei stets die Verbindung zu dem Kern-Entity Versicherungsvertrag über Fremdschlüsselverbindungen dargestellt werden muß, um eine konsistente Gesamtsituation aufrechtzuerhalten. Was muß nun alles geschehen, wenn jemals aufgrund einer eingeschränkten Betrachtungsweise der Policen-Abteilung die Vertragsnummer geändert wird? Sämtliche über Fremdschlüsselverbindungen an den Vertrag gebundenen Entities müssen konsistent geändert werden. Unterbleibt dies an einer einzigen Stelle, so sind die Daten zum Fall nicht mehr konsistent. Wenn man etwa vergißt, die Fremdschlüsselverbindung zur Bankverbindung fortzuschreiben, so lassen sich keine Überweisungen mehr bearbeiten und es ist fraglich, ob Einzahlungen korrekt verarbeitet werden. Dafür "entsteht" eine Bankverbindung, die keinen Eigentümer hat.

Man sollte also die Definition von Primärschlüsseln so gestalten, daß sich diese in der gesamten Lebensdauer des Falles niemals ändern.

2. der Schlüssel kann platzen

Prinzipiell kann jeder Schlüssel "platzen", d.h. seinen Wertebereich vollkommen ausschöpfen, so daß keine neuen Objekte mehr verschlüsselt werden können. Die Orientierung an natürlichen Eigenschaften des Falls bringt es aber mit sich, daß dieses Problem recht häufig in Teilbereichen des gesamten Schlüssels auftritt, ohne daß andere Schlüsselbestandteile davon berührt werden. Als Abhilfe definiert man den Schlüssel um. Betrachten wir ein **Beispiel:**

Die **Kundennummer** eines Elektrogroßhandels sei aus folgenden Attributen zusammengesetzt:

Kundennummer	= Bundesland * des Geschäftssitzes des Kunden * + Vertriebsweg + lfd_Nummer
Bundesland	= * zweistellig numerischer Schlüssel: 01 = Schleswig-Holstein 02 = Hamburg usw. *
Vertriebsweg	= * einstellig numerisch lt. eigenem Schlüssel: 1 = Einzelhandel 2 = Kaufhäuser 3 = Großkunden usw. *
lfd_Nummer	= * dreistellig numerisch, manuell vergeben nach dem jeweils letzten Eintrag im Auftragsbuch *

Derartige Definitionen sind nicht selten. Sie sind sogar in älteren Implementierungen die Regel. Folgende Ereignisse können leicht zu Problemen führen:

- Durch Markterweiterung, Aufnahme von Geschäften mit Kunden im Ausland, Erweiterung der Liste der Bundesländer aufgrund der Wiedervereinigung kann es sich ergeben, daß der Bundesland-Schlüssel in seiner Definition erweitert werden muß und seine ursprüngliche Bedeutung verändert, bis eines Tages die einhundert Eintragungsmöglichkeiten nicht mehr ausreichen. Wenn dies geschieht, kann man nur versuchen, Vertriebsweg-Einträge zusätzlich als "Dummy-Bundesländer" oder "Dummy-Bundesland-Gruppen" zu definieren. Dadurch verliert aber das Attribut Vertriebsweg seine ursprüngliche Bedeutung. Die neue Bedeutung kann auch inkonsistent sein in dem Sinne, daß abhängig vom Schlüsselwert der Eintrag eine qualitativ ganz andere Bedeutung erhält.

- Es kann der Fall eintreten, daß neue Vertriebswege erschlossen werden, so daß die Eintragungsmöglichkeiten für dieses Attribut erschöpft werden. Dann kann man eigentlich nur den Bundeslandschlüssel dazu benutzen, durch Dummy-Bundesländer neue Eintragsmöglichkeiten zu schaffen.
- Erfreulicherweise kann auch die Anzahl der Kunden in einem Bundesland und zu einem Vertriebsweg größer als eintausend werden. Dann kann man eigentlich nur Dummy-Vertriebswege in schwach besetzten (Dummy-) Bundesländern benutzen, um weitere Verschlüsselungsmöglichkeiten zu erschließen.

Die Folge ist in jedem Fall, daß der Schlüssel seine früher sprechende Bedeutung nach und nach verliert. Der frühere Vorteil der Interpretierbarkeit des Schlüssels geht verloren. Der Schlüssel "spricht" nur noch für alte Mitarbeiter, die mit der vollständigen Definition des Schlüssels vertraut sind und die jede Änderung kennen. Durch jede Dummy-Definition wird das Problem für einige Zeit aufgeschoben, aber nicht grundlegend gelöst.

3. der Schlüssel enthält Redundanzen

Betrachten wir noch einmal das Beispiel der Kundennummer. In einigen Regionen (Bundesländern) werden nur wenige Vertriebswege tatsächlich benutzt sein, oder es wird dort nur wenige Kunden geben. Außerdem werden die Eintragungsmöglichkeiten für einzelne Schlüsselbestandteile gar nicht ausgeschöpft. So gibt es bisher 11, neuerdings 16 Bundesländer, der Schlüsselbestandteil Bundesland erlaubt aber 100 Eintragsmöglichkeiten.

Die Folge ist, daß der Wertebereich des Schlüssels bei weitem nicht ausgeschöpft wird, obwohl er in einigen Teilen platzt.

Unser Elektrogroßhandel mag 20 000 Kunden haben, der insgesamt sechsstellig numerische Schlüssel erlaubt aber bei Nichtberücksichtigung der Struktur eine Million Eintragsmöglichkeiten. Selbst wenn wir 16 Bundesländer und 4 Vertriebswege unterstellen, bleiben noch 64 000 Eintragsmöglichkeiten. Soviele Kunden wird der Elektrogroßhandel (bedauerlicherweise) niemals haben. Und trotzdem kann der Schlüssel platzen.

Durch den hierarchischen Aufbau haben sprechende Schlüssel fast immer eine deutlich größere Stellenzahl, als eigentlich erforderlich ist. Dadurch entstehen Folgeprobleme. Welcher Kunde eines Versandbuchverlags und welcher Versicherter einer Krankenversicherung möchte schon in seiner Korrespondenz ein 16-stelliges Aktenzeichen angeben? Wenn dies jedoch nicht geschieht, dann muß die Korrespondenz bei dem Buchverlag oder bei der Krankenversicherung unter Zuhilfenahme der beschreibenden Merkmale mit dem Fall in der Datenbank zusammengeführt werden. Eine in jedem Falle eindeutige Identifikation ist nicht mehr gegeben.

4. die Eindeutigkeit ist nicht gewährleistet

Schließlich kann es passieren, daß sich ein natürlicher Schlüssel in der praktischen Anwendung doch als nicht eindeutig herausstellt. Wenn wir etwa Bestandteile des Namens einer Person in den Schlüssel einbeziehen, dann muß durch weitere Bestandteile sichergestellt werden, daß doch noch eindeutige Identifizierbarkeit erreicht wird. Wenn der Ordnungsbegriff einer anderen Organisation, z.B. eine Autonummer, als Bestandteil des Primärschlüssels unseres Verfahrens herangezogen wird, dann machen wir uns von der Vergabepraxis der anderen Organisation abhängig. Autonummern werden nach Ende der Eigentümerschaft eines Besitzers neu vergeben. Damit erhalten wir falsche Daten und vor allem Doubletten in unserem Verfahren.

6.3.3.2 Identnummern

Für die Konstruktion von Primärschlüsseln gelten also folgende Anforderungen:

- **Der Primärschlüssel eines Kern-Entities darf sich in seiner gesamten Lebensdauer niemals ändern.** Als Kern-Entity bezeichnen wir hier ein Entity, dessen Primärschlüsselattribut nicht unter Benutzung von Fremdschlüsseln gebildet wird, das also nicht bereits durch andere Entities identifiziert wird.
- Es muß möglich sein, **jeden Wert des Primärschlüsselattributs auch wirklich zu benutzen**, um den vorgegebenen Wertebereich auch wirklich auszuschöpfen (anders als bei den meisten hierarchisch aufgebauten Schlüsseln).
- Ein einmal vergebener Primärschlüsselwert darf **nicht wiederbenutzt** werden, auch dann nicht, wenn der Fall nicht mehr existiert.
- Der Schlüssel muß so definiert werden, daß er **niemals platzen** kann.
- Der Primärschlüssel sollte **so wenige Stellen wie möglich** enthalten.
- Ein Bestandteil des Primärschlüssels sollte eine **Prüfziffer** sein, die aber gegenüber dem Anwender "transparent" gehalten wird, d.h. eine Änderung des Falles darf ohne Prüfziffer nicht möglich sein. Der Anwender darf eigentlich gar nicht wissen, daß der Primärschlüssel durch Prüfziffer abgesichert ist. Die Prüfziffer ist einfach im Schlüssel untrennbar enthalten, d.h. verborgen.
- Werte des Primärschlüssels sollten **nicht manuell vergeben** werden, sonst entstehen versehentlich Fehler. Man sollte also eine maschinelle Vergabe von Primärschlüsseln vorziehen.

Diese Anforderungen sind nur durch die **Konstruktion von künstlichen Schlüsseln** zu realisieren, die **nur identifizieren, aber nicht qualifizieren**. Der Primärschlüssel darf keine beschreibenden Angaben zum Fall enthalten.

Ein solcher Primärschlüssel läßt sich nicht mehr interpretieren, d.h. man kann aus seiner Ausprägung keine inhaltliche Information ableiten. Er dient nur einem einzigen Zweck, ein Tupel in einer Relation auf alle Zeiten eindeutig zu identifizieren.

Für die Suche von Fällen muß es daneben natürlich weitere Attribute geben, die später im Datenbanksystem als Suchschlüssel (key) definiert werden und die eine komfortable Suche von Fällen aufgrund von inhaltlichen Angaben ermöglichen. Dies ist zum Beispiel erforderlich, wenn ein Schriftstück, das kein Aktenzeichen enthält, mit dem Datenbanksatz zusammengeführt werden muß.

Natürlich soll also der Anwender über Attribute wie Telefonnummer, Namen, Geburtsdatum, Geschlecht, Teilebezeichnung, Buchautor, Buchtitel usw. suchen können, aber diese Attribute sind nicht Bestandteile des Primärschlüssels. Wenn der Primärschlüssel nur für die Suche eines Falles über seinen Ordnungsbegriff (Aktenzeichen) benutzt wird, ergibt sich ein weiterer Vorteil. Veränderte Anforderungen an die verfügbaren Suchstrategien lassen sich auch später noch leicht realisieren.

Der Primärschlüssel/Fremdschlüssel-Mechanismus, der zur Realisierung des Datenmodells in der implementierten Datenbank benutzt wird, bleibt hiervon völlig unberührt.

Die Gestaltung der Primärschlüssel fällt auch gar nicht in die Gestaltungshoheit des Anwenders. Seine wahren Anforderungen beziehen sich in diesem Zusammenhang nicht auf den Aufbau von Primärschlüsseln, dies ist Aufgabe der Entwickler, sondern auf die inhaltliche Mitgestaltung der Suchschlüssel.

Als Primärschlüssel kommen danach nur noch maschinell vergebene Zählnummern in Frage. Hierbei kann man sich auch gleich noch von einem weiteren Überbleibsel der Beschränkungen früherer Implementierungstechnologien lösen: es gibt heute keinen Grund mehr, Primärschlüssel rein numerisch zu definieren. In der Zeit der Batchverfahren mit stapelweiser Datenerfassung mit **indirekter** (Erfassung durch dezentral oder zentral angesiedelte Datenerfasser unter Benutzung eines Datensammelsystems) oder **halbdirekter** (z.B. maschinelle Belegiesung) **Datenerfassung** war dies noch anders (vgl. hierzu /HANSEN-86/ Kap. 3.1). Heute zieht man auch für die Erfassung von Massendaten meistens die **direkte Datenerfassung** über Terminals oder PCs vor, so daß die gesamte Funktionalität fortschrittlicher Datenbanktechnologie mit weitreichenden Prüfmöglichkeiten auch bereits zum Erfassungszeitpunkt zur Verfügung steht.

Danach ergibt sich ein einfaches Rezept für die Konstruktion von Primärschlüsseln:

- Diese werden grundsätzlich nur maschinell vergeben. Damit werden auch Doubletten vermieden.
- Als Alphabet für jede Stelle sind sämtliche Ziffern und Großbuchstaben zugelassen.
- Primärschlüssel enthalten eine Prüfziffer.

Natürlich sind auf diese Weise gebildete Ordnungsbegriffe nicht in jedem Fall ergonomisch. Die Identnummer "A13BCX5P" kann man sich zum Beispiel nur schwer merken oder per Telefon übermitteln. Daher wollen wir eine ergonomische Begrenzung erlauben. Als Vorbild dienen hierbei die Autonummern in Schweden. Aus diesen läßt sich nicht ablesen, wo der Fahrer herkommt (ohnehin eine Information mit unsicherem Wahrheitsgehalt). Aber Autonummern werden eindeutig identifiziert und die Ordnungsbegriffe kann man sich leicht merken und auch leicht mündlich übermitteln, z.B. "ADK 237". Hier werden in den ersten drei Stellen nur Buchstaben, in den letzten drei Stellen nur Ziffern zugelassen. Eine Prüfziffer ist allerdings nicht enthalten. Die Schwedischen Autonummern erlauben die Verschlüsselung von

$$26^3 * 10^3 = 17\ 576\ 000$$

Kraftfahrzeugen, dies ist angesichts einer Einwohnerzahl in Schweden von ca. 8,28 Millionen (Quelle: Fischer Weltalmanach 1980) eine Definition mit überaus vernünftigem Sicherheitsspielraum. Sollte diese Zahl dennoch eines Tages nicht mehr ausreichen, so kann man ohne Qualitätsverlust die "duale" Konvention ergänzen: zusätzlich sind dann in den ersten drei Stellen Ziffern und gleichzeitig in den letzten drei Stellen Buchstaben erlaubt. Damit erhielte man Nummern wie "428 VGT".

Dieses Beispiel der schwedischen Autonummern sei bei der Konstruktion von Primärschlüsseln zur Nachahmung empfohlen. Welche Macht in dieser Definition steckt, erkennen wir, wenn wir in allen sechs Stellen sowohl Ziffern wie auch Buchstaben zulassen. Dann gibt es nämlich

36^6 = ca. 2,18 * 10^9, also mehr als 2 Milliarden

Verschlüsselungsmöglichkeiten. Wenn sich also die Weltbevölkerung tatsächlich einer Schätzung der UNESCO entsprechend (Fischer Weltalmanach 1980) bis zum Jahre 2000 auf ca. 6,3 Milliarden vermehrt, so ergibt sich folgendes Gedankenexperiment: sämtliche Einwohner der Erde könnten zu dritt gleichzeitig in jeweils einem Auto sitzen, und diese Autos könnten alle gleichzeitig mit (erweiterten) schwedischen Autonummern herumfahren (eine entsetzliche Vorstellung!). Mit den deutschen Autonummern ginge dies unter Beibehaltung der Struktur nicht so leicht.

Nun sollten wir uns nicht das Ziel setzen, die Weltbevölkerung zu automobilisieren. Betrachten wir also praxisnähere Beispiele, etwa die **Nummernsysteme im Fertigungsunternehmen (Teilenummern).**

In einem Fertigungsunternehmen gebe es 20 000 Teile, in den nächsten 20 Jahren werden nach "offizieller" Schätzung höchstens weitere 30 000 Teile dazukommen. Wir sollen einen Primärschlüssel konstruieren.

Wir entscheiden uns für einen Schlüssel aus zwei Buchstaben, gefolgt von 2 Ziffern und einem Prüfbuchstaben. Damit erhalten wir

$26^2 * 100 = 67\,600$

Verschlüsselungsmöglichkeiten. Sollten die offiziellen Schätzungen doch wesentlich übertroffen werden, so haben wir immer noch die Möglichkeit, ohne wesentliche Änderung im PPS-System (**P**roduktions-**P**lanung und **S**teuerung) bis zu

$36^4 = 1\,679\,616$

Teile zu verschlüsseln (dann sind in jeder Stelle Buchstaben und Ziffern zugelassen). Dies sollte sogar für internationale Automobilkonzerne für einige Zeit reichen.

Was wir für die Definition eines identifizierenden Schlüssels in diesem Beispiel benötigen, sind ganze vier Stellen zuzüglich Prüfbuchstabe. Natürlich wird die Fertigung mit dieser Teilenummer nicht zufrieden sein. Bei einer Lagerorganisation aufgrund dieser Teilenummer würden Vorderachsen neben Autoschlüsseln und diese wieder neben Scheibenwischern und Lichtmaschinen gelagert werden. Also sehen wir unsere Teilenummer als den identifizierenden Teil der externen Teilenummer an, indem wir sie im Sinne einer Parallelverschlüsselung (/SPECHT-88/ Kap. 5.3.1.3) um einen klassifizierenden Teil ergänzen, der zum Beispiel aus Angaben zur Baugruppe, Bauart, Form, Material besteht, kurz alles, was für die Fertigung beim Wiederfinden von Teilen im Lager wichtig ist. Der Kern ist jedoch, diese Angaben sind einfache beschreibende Attribute, die zwar zum Suchschlüssel, aber nicht zum Primärschlüssel gemacht werden. Dieser besteht allein aus dem identifizierenden Teil, unserer Identnummer. Wir erhalten dabei einen zusätzlichen Vorteil: bei verändertem Fertigungsprogramm aufgrund einer Diversifikation des Unternehmens kann leicht der Wunsch entstehen, den klassifizierenden Teil der Teilenummer in seiner Definition zu verändern. Mit unserer Strategie können wir diesem Wunsch leicht entsprechen, eventuell sogar ohne daß das Datenmodell geändert werden muß. Wir benötigen lediglich neue oder modifizierte Anwendungsprogramme, die auf die veränderten Suchstrategien

Rücksicht nehmen, und im Datenbanksystem müssen die richtigen Zugriffsschlüssel erklärt sein, damit die neuen Suchprogramme effizient funktionieren. Das Datenmodell muß nur dann geändert werden, wenn Entitytypen oder Attribute wegfallen oder hinzukommen.

6.3.3.3 Primärschlüssel-Epilog

Die in diesem Kapitel erläuterten Konzepte sind normalerweise nicht Bestandteil einer Darstellung der Theorie der Datenbanken und meistens auch nicht Inhalt der Beschreibung von Entwicklungsmethoden. Sie stammen direkt aus der Praxis und sollen hiermit an Praktiker (und an Theoretiker!) weitergegeben werden. In Praxisprojekten hat der Verfasser mit dieser Strategie der Primärschlüsselkonstruktion gute Erfahrungen gemacht.

Wir müssen dennoch abwägen, an welcher Stelle im Entwicklungsprozeß diese Strategie eine Rolle spielt. Klar ist, daß die zur Implementierung schließlich zu benutzenden Primärschlüssel zu Beginn des physikalischen Datenbankdesigns vorliegen müssen. Sind sie aber auch Bestandteil der wahren Anforderungen des Anwenders?

Diese Frage ist mehr von theoretischem Wert. Es wird empfohlen, diese Strategie der Schlüsselkonstruktion im implementationsfreien Modell der Benutzeranforderungen bereits zu berücksichtigen. Zu jedem Kern-Entitytyp gibt es einfach ein Attribut, das Identnummer genannt wird und als eindeutiger Identifikator betrachtet wird. Später wird in der Implementierung über die tatsächliche Spezifikation dieses Attributs in physikalischer Hinsicht entschieden. Diese Attribute sollten auch entsprechend benannt werden, z.B. "Kunden_ID".

Wir müssen allerdings wissen, daß durch unsere Strategie eine weitere Determinante in die Entitytyp-Definition eingefügt wird, wir haben also stets bei der Normalisierung die Boyce/Codd-Normalform zu erreichen (s. Kap. 6.3.2.3).

6.4 SM - Methoden

In diesem Kapitel werden die methodischen Konstruktionsschritte zur Entwicklung von Datenstrukturen dargestellt. Diese werden durchgängig an einem Anwendungsbeispiel erläutert, das in den meisten kommerziellen Verfahren eine erhebliche Bedeutung hat: die Speicherung von Anschriften. Man erwartet zunächst, daß die Verwaltung von Anschriften eigentlich sehr einfach ist. Eine Anschrift hat höchstens zwanzig Attribute, und diese muß man doch in einem Datenbankverfahren leicht beherrschen können. An dieser Stelle sei bereits vorweggenommen, daß die Anschriftenverwaltung regelmäßig zu den wirklich sehr schwierigen Verfahrensteilen gehört.

6.4.1 Beispiel Anschriften - die Probleme

Für kleine Betriebe ist die Verwaltung der Kundenanschriften meistens kein großes Problem. Nehmen wir als Beispiel einen Handwerksbetrieb, der eintausend Kunden hat. Fast alle kennt der Meister persönlich, aber auch die Buchhaltung hat keine Schwierigkeiten, in einer manuell geführten Kartei alle erforderlichen Angaben zu finden.

Für große Unternehmen mit einigen hunderttausend Anschriften sieht die Situation aber ganz anders aus. Als Beispiele stellen wir uns eine Versicherung oder einen Zeitungsverlag oder einen Versandbuchhandel mit vielleicht 450000 Anschriften von versicherten Personen, Abonnenten bzw. Kunden vor. Betrachten wir als erstes einige Beispiele solcher Anschriften, die wir in einer Anschriften-Datenbank finden könnten (Namen und Adressen sind selbstverständlich frei erfunden, jede Ähnlichkeit mit tatsächlich lebenden Personen wäre rein zufällig und ist nicht beabsichtigt. Hier sollen lediglich die Probleme aufgezeigt werden):

Maximilian Müller-Lüdenscheidt	Kleiner Weg 28	2000 Wedel
Maximilian Müller-Lüdenscheid	Kleiner Weg 26	2000 Wedel
Max Lüdenscheidt	Kleiner Weg 28	2000 Wedel
Elisabeth Müller-Lüdenscheidt	Kleiner Weg 28	2000 Wedel
Maximilian Müller-Lüdenscheidt	Kleiner Weg 28	2000 Wädel
Maximilian Müller-Lüdenscheidt	Kleiner Weg 28	2000 Wedel-1

Für den menschlichen Betrachter sind diese Anschriften mit großer Wahrscheinlichkeit gleich, d.h. sie beziehen sich wohl auf denselben Kunden. Für ein EDV-Verfahren dagegen sind diese Anschriften verschieden. In einem größeren EDV-Verfahren können sich aber diese verschiedenen Anschriften des Kunden leicht einschleichen. Schreibfehler entstehen sehr leicht und meistens werden die Anschriften von verschiedenen Sachbearbeitern aus verschiedenen Abteilungen gepflegt, die voneinander wenig wissen. Bei der Anschriftenpflege sind auch die anderen bereits erfaßten Anschriften meist nicht verfügbar, oder sie werden von den installierten Programmen nicht als Doubletten-Kandidaten erkannt. Dies ist insofern erklärlich, als eine Doublettenprüfung maschinell recht aufwendig ist und daher oft unterbleibt.

Wir müssen daher intensiv dafür Sorge tragen, daß jedes Anschriften-Verfahren der geschilderten Größenordnung folgenden Anforderungen genügt:

- **Anschriften müssen postalisch geprüft** werden. Dies geschieht am besten unter Nutzung der von der Bundespost verfügbaren Dateien für zulässige Ortsangaben (PLZ-Ortsverzeichnisse) und der für große Städte verfügbaren Straßendateien.
- **Doubletten müssen erkannt und** möglichst bereits bei der Erfassung von Anschriften **vermieden** werden. Durch geeignete Algorithmen muß ermöglicht werden, Doubletten-Kandidaten aufzuspüren und diese allenfalls nach expliziter Bestätigung durch den Sachbearbeiter in den Bestand aufzunehmen. Die Doublettenprüfung muß bei Neuaufnahmen und bei Anschriftenänderungen aktiv sein. Es muß auch möglich sein, erkannte Doubletten nachträglich zusammenzuführen. Dies alles ist natürlich mit ziemlich komplexen Datenbankabfragen verbunden und meistens entsprechend aufwendig.
- Darüberhinaus muß vorgesehen werden, daß sämtliche Anschriften des Unternehmens unter einem **einheitlichen Datenmodell** und sogar in einer **integrierten Anschriften-Datenbank** gespeichert werden. Sonst kann es leicht geschehen, daß unterschiedliche Abteilungen des Unternehmens über den gleichen Kunden unterschiedliche Anschrifteninformationen speichern. Der Kunde erhält dann einen schlechten Eindruck vom Unternehmen, wenn er von jeder Abteilung unter einer anderen Anschrift angeschrieben wird, wenn er Werbematerial mehrfach erhält, wenn eine pünktlich mitgeteilte Anschriftenänderung nicht für alle Abteilungen sofort bekannt wird usw.
- Anschriften können sich relativ leicht ändern. Daher müssen wir dafür sorgen, daß in **Primärschlüsseln** keine sprechenden Anschriftenbestandteile benutzt werden (s. Kap. 6.3.3).
- Das Anschriften-Verfahren muß **schnell und sicher** funktionieren, denn bei jeder Fallbearbeitung ist auch die Anschrift berührt. Wir müssen erhebliche Datenmengen performant bereitstellen und unter Wahrung aller Konsistenzregeln betriebssicher verwalten.

Es kommen aber noch weitere Probleme dazu. Der Aufbau von Anschriften kann nicht als standardisiert gelten, obwohl es Formvorschriften gibt. Bild **6.4-1** zeigt einige Beispiele für Adressaufkleber oder Sichtfenster von Briefen, die wir aufgrund der gespeicherten Anschriften stets leicht erzeugen können müssen.

Die Umwandlung gespeicherter Adressinformationen in Adressaufkleber ist also offenbar schwieriger als erwartet. Aus den Beispielen erkennen wir weitere Anforderungen an das Anschriften-Datenmodell:

- Neben natürlichen Personen müssen **auch juristische Personen** verwaltet werden können. Diese haben jedoch andere Attribute.
- Die auf einem Aufkleber unterzubringende Information kann in ihrem **Umfang stark variieren.** Alle postalisch relevanten Informationen müssen unabhängig von den Eigenschaften ihrer Attribute auf einem Aufkleber von vorgegebener Größe (meist 8 Zeilen mit jeweils 27 Stellen) untergebracht werden können. Es werden auch Algorithmen benötigt, die eine gegebene komplizierte Anschrift komprimieren, so daß sie überhaupt auf dem Aufkleber dargestellt werden kann.

- **Auslandsanschriften** folgen meist anderen Standards, die wir nicht im einzelnen prüfen können. Dennoch muß in vielen Anwendungen auch die Speicherung von Auslandsanschriften möglich sein.

Gemeinschaftspraxis Dr. Müller, Dr. Lehmann, Dr. Schulze, Dr. Müller-Lüdenscheidt, Dr. Krause, Dr. Schmidtlein Ärzte für innere Medizin, Orthopädie Röntgen, Kieferchirurgie, Zahnmedizin und Gynäkologie Am großen Weg 11 2000 Wedel	Verband der Tauben-, Kaninchen- und Kleintier-Züchter e.V. Frau Geheimrätin Dr. Dr. h.c. Elisabeth von Müller-Lüdenscheidt Am großen Weg 1 2000 Wedel
Emil Krause Kleiner Weg 17 2000 Wedel	Gordon Urquhart c/o Stella's Hotel 21 Fairness-Bay Aberdeen A15 7BX Scotland

Bild 6.4-1: Beispiele für Adressaufkleber

Alle geschilderten Probleme müssen wir bei der Konzeption eines integrierten Anschriftenverfahrens lösen. Es sei darauf hingewiesen, daß in der Realität die Verhältnisse **noch komplexer** sind. Aus Gründen der Verständlichkeit lassen wir einige spezielle Arabesken weg.

Aufgrund der bisher gesammelten Anforderungen versuchen wir, das Datenmodell in einer ersten, sehr vorläufigen Form zu notieren (Bild 6.4-2). Wir nennen dies das **komplexe Datenmodell**, da wir hierbei noch nicht anstreben, bereits ein normalisiertes Modell zu entwerfen. Weiterhin gehen wir beispielhaft davon aus, daß dieses Modell für eine Versicherung entwickelt wird. In dieser gibt es mehrere Besitzer von Anschriften: Versicherte, Geschädigte, Gutachter, behandelnde Ärzte, Rehabilitationskliniken usw. Diese stehen alle in Beziehung zu den Anschriften.

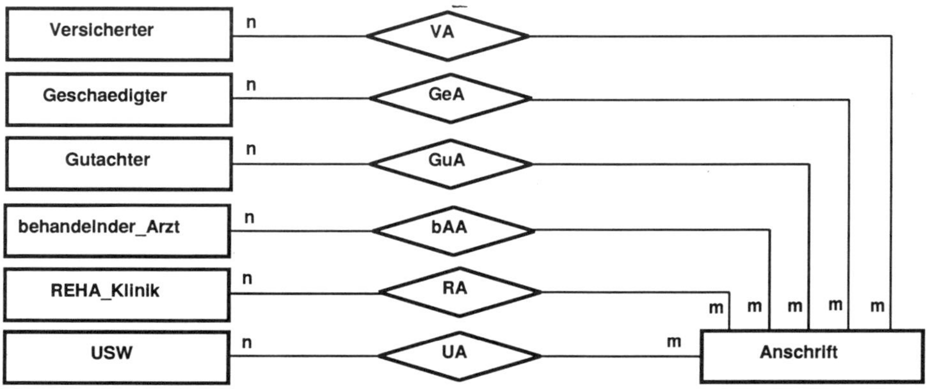

Bild 6.4-2: Anschriften: komplexes Datenmodell

Im Modell nehmen wir zunächst vorsichtig an, daß grundsätzlich n:m Beziehungen (komplexe Beziehungen) zwischen den Entitytypen vorliegen. Details werden später geklärt. Sollten sich noch Änderungen ergeben, so muß unser Modell in **Chen-Notation** nur in den ERM-Kardinalitäten (s. Kap. 6.2.2) angepasst werden. Die Existenz und Attributierung von Entitytypen und Beziehungstypen sind in der Chen-Notation unempfindlich gegen solche Veränderungen (s. Kap. 6.3.1.4). Im Anschriften-Modell werden als Datenkatalogeinträge festgehalten:

Anschrift	= AnschriftID + [natürlichePerson | juristischePerson] + Land + [InlandAnschrift | AuslandAnschrift]
natürlichePerson	= Name + Vorname + Anrede + Titel + (Telnr)
juristischePerson	= Bezeichnung + {Ansprechpartner} + (TelNr)
InlandAnschrift	= Strasse + Hausnummer + PLZ + Ort
AuslandAnschrift	= 2 {Anschriftenzeile} 4
Ansprechpartner	= natürliche Person
Versicherter	= VersicherterID + ... * beschreibende Attribute *
VA	= VersicherterID + AnschriftID
usw.	

Telefonnummern von Personen und Firmen werden im Anschriften-Datenmodell gleich mitgespeichert. Bei Auslandsanschriften werden wir die in jedem Land unterschiedliche Struktur der Anschrift nicht im Datenmodell wiedergeben können. Hier sind auch kaum Prüfungen möglich.

Im Laufe dieses Kapitels werden wir stets zu diesem Beispiel zurückkehren und zeigen, welche Maßnahmen zur Verbesserung des Modells jeweils erforderlich sind.

6.4.2 Entity-Analyse (Top-Down)

Für die Herleitung eines ersten Datenmodells als Ausgangspunkt für die Datenmodellierung stehen prinzipiell zwei Vorgehensstrategien zur Verfügung: Top-Down ausgehend von erkannten Entitytypen im Problemraum und Bottom-Up ausgehend von erkannten Datenelementen, die für die Anwendung offenkundig wichtig sind. Hier beschreiben wir zunächst die Top-Down-Vorgehensweise.

6.4.2.1 Entitytypen erkennen

Die für die Aufgabe wesentlichen Entitytypen der Realität werden aufgrund einer reifenden Vorstellung des Analytikers vom Problemraum deduktiv erkannt. Dies ist ein großer Schritt, der eigentlich nur mit einiger Erfahrung im Anwendungsbereich einigermaßen zuverlässig funktioniert. Es lassen sich aber hilfreiche Ansatzpunkte angeben (vgl. hierzu /COAD-YOURDON-90/ Kap. 3.3):

- **Wo sollte man suchen ?**
  * Im Problemraum, in textlichen und in grafischen Darstellungen.
- **Wonach sollte man suchen ?**
  * Struktur der Aufgabe,
  * andere Systeme (Terminatoren), über die Informationen gespeichert werden müssen,
  * Geräte, über die Daten ein- oder ausgegeben werden,
  * Ereignisse, an die man sich erinnern muß,
  * Rollen, die von Individuen gespielt werden,

* Orte, an denen für das System wichtiges passiert,
* Organisationseinheiten, denen Menschen angehören, oder die sonst wichtig sind.

- **Was ist zu berücksichtigen ?**
  * Braucht das System die Erinnerung an frühere Begebenheiten?
  * Muß das System auf Anforderung von außen Leistungen erbringen?
  * Gibt es mehr als eine beschreibende Eigenschaft (Attribut)?
  * Gibt es für mehrere Entity-Kandidaten gemeinsame Eigenschaften?
  * Gibt es für mehrere Entity-Kandidaten gemeinsame Leistungen nach außen?
  * Welche essentiellen Anforderungen liegen vor? Dies sind Eigenschaften, die unabhängig von der Implementierung auf jeden Fall vorhanden sein müssen (s. Kap. 4).
- **Welche Fehler kann man machen?**
  * Erinnerung speichern, die eigentlich nicht benötigt wird.
  * Aufgaben oder Leistungen berücksichtigen, die niemals abgefordert werden.
  * Entitytypen modellieren, die nur einen Eintrag (ein Tupel) haben.
  * Ergebnisse speichern, die aus anderen abgeleitet werden können.

Im Komplexen Entity-Modell werden also zukünftige Ideen, Vorstellungen und Abwicklungen des Unternehmens in Form von Entitytypen und Beziehungstypen dargestellt. Aufgrund der Betrachtung der Realität wird ein Entity-Kandidaten-Katalog aufgestellt. Entitytypen können sein:

* Objekte : z.B. Firma, Konzern, Einkauf, Kostenstelle, Konto, Produkt, Artikel, ...
* Tatsachen : z.B. Rechnung, Bestellung, Lieferung, Vertrag, Scheck, ...
* Personen : z.B. Lieferant, Kunde, Mitarbeiter, Kostenträger, ...
* Ereignisse : z.B. Bilanz, Abschluß, Anfragen, ...
* Grundsätze : z.B. Zahlungsbedingungen, Unternehmensziele, Buchhaltungsgrundsätze, Rechtsvorschriften, ...

Pro Entity-Kandidat werden der Name des Entitytyps, eine charakterisierende Beschreibung, die Lebensdauer und auch typische Beispiele festgehalten. Entitytypen besitzen Existenzberechtigung unabhängig von Funktionen. Sie enthalten alle Informationen über Objekte außerhalb des Systems, die sich das System merken muß. Entity-Kandidaten sind wahrscheinlich dann Entitytypen, wenn sie:

- Eine eigene Bedeutung haben, die das System unabhängig von seiner Implementierung beachten muß.
- Eigene Attribute haben.
- In das abgegrenzte Gebiet hineingehören.

Entity-Kandidaten sind gewiß keine Entitytypen, wenn sie:

- Berichte, Auswertungen oder Auskünfte sind. Diese sind das Ergebnis von Funktionen und deshalb keine Entitytypen.

- Nur dem Inhalt nach Bedeutung haben, jedoch nicht als eigene Objekte.

6.4.2.2 Beziehungstypen erkennen

Alle identifizierten Entitytypen werden paarweise gegenübergestellt und nach notwendigen bzw. in der Realität existierenden Verknüpfungsaussagen untersucht. Auf diese Weise werden logische Abhängigkeiten erkannt. Von Funktionen benutzte Zugriffspfade spielen vorläufig noch keine Rolle. Für jeden erkannten Beziehungstyp wird festgehalten:

- der Name,
- charakterisierende Beschreibung (welche Entitytypen, Art und Kardinalität der Beziehung),
- Lebensdauer (liefert Bedingungen für spätere Plausibilitätsprüfung der Konsistenz der implementierten Daten).

Beziehungstypen dürfen nur zwischen Entitytypen bestehen, nicht zwischen Attributen und nicht zwischen Beziehungstypen.

6.4.2.3 Attribute erkennen

Meistens kennt man einen großen Teil der Attribute eines Entitytyps bereits im Moment seiner Identifizierung. In Rücksprachen mit dem Anwender und nach Auswertung der vom Anwender benutzten Formblätter, Fragebogen, Karteikarten u.ä. werden weitere Attribute identifiziert. Auch hier ist die Erfahrung des Analytikers gefordert.

Auf keinen Fall dürfen die Attribute eines Vorgängerverfahrens unkritisch übernommen werden. Häufig findet man in älteren Verfahren Teile, die zwar implementiert wurden, die aber niemals benutzt worden sind. Man findet auch Attribute, die bei ihrer Entwicklung eigentlich für einen ganz anderen Zweck eingeführt worden sind, der mit ihrer tatsächlichen Nutzung gar nicht übereinstimmt.

Zu jedem Attribut, das in das Modell eingeführt wird, muß man einen eindeutigen **Namen** finden. Daneben muß der zugehörige **Wertebereich** zweifelsfrei festgelegt werden.

6.4.2.4 Das ER-Modell darstellen

Das Entity-Relationship-Modell entsteht parallel zur Weiterentwicklung der inhaltlichen Erkenntnisse über den Anwendungsbereich. Jede gewonnene Information wird sofort an der dafür vorgesehenen Stelle dokumentiert.

Man scheue sich nicht davor, auch vorläufig noch inkonsistente und unvollständige Modelle zu formulieren. Nur wenn die Gedanken im Modell festgehalten sind, sind sie auch einer konstruktiven Kritik durch einen selber und durch andere zugänglich.

Jedes identifizierte Element des Problemraums muß als Entity, als Attribut oder als Beziehungstyp klassifiziert werden.

6.4.2.5 Weitere Empfehlungen

Diese Schritte zur ersten Formulierung eines Entity-Relationship-Modells können insofern noch nicht befriedigen, als **keine konstruktive Vorgehensweise in kleinen Schritten** definiert worden ist. Meistens sind aber schon diese bisher erhobenen Rahmeninformationen so nützlich, daß sie einen guten Ausgangspunkt des Projektes darstellen, auch wenn sie am Anfang des Projektes weder vollständig noch konsistent sind. Um jedoch die Qualität der Ergebnisse soweit wie möglich aufwandsminimal zu steigern und dabei zu weitgehend sicheren Ergebnissen zu kommen, seien folgende Hilfsmittel vorgeschlagen:

- Mit der Entwicklung des ER-Modells nach der Top-Down-Vorgehensweise sollte erst begonnen werden, wenn beim Analytiker eine recht **präzise inhaltliche Kenntnis des Anwendungsbereiches** in seinen betriebswirtschaftlichen bzw. technischen Grundlagen vorliegt. Mindestens sollte begleitend zur Erarbeitung dieser erforderlichen Kenntnisse des Anwendungsbereiches das erste Modell erstellt werden.
- Der rein datenorientierte Ansatz ist oft recht hilfreich, wenn eine **"Organisation nach Lehrbuch"** beschrieben wird. In der **Literatur** gibt es einige Ausgangspunkte, von denen aus die spezifischen Details eines gegebenen Unternehmens gezielt hinterfragt werden können. Etwa /SCHEER-88/ und /MERTENS-86/, /MERTENS-GRIESE-84/ beschreiben ausgehend von der betriebswirtschaftlichen Theorie allgemeine Unternehmensmodelle, die in vielen Fällen als Ausgangspunkt für ein Analyseprojekt geeignet sein dürften. Es ist auch nützlich, die Datenmodelle aus bisher durchgeführten Modellen zu sammeln, um bei einem neuen Projekt schnell eine Grundlage für die individuelle Datenmodellierung zu gewinnen. Im Laufe der Zeit bildet sich so bei jedem Analytiker eine Basis heraus, auf der die Entity-Erkennung betriebssicher durchgeführt werden kann. Dies nennt man Erfahrung.
- Falls ein Vorgängersystem abgelöst werden soll, sei in jedem Falle dringend empfohlen, als allerersten Schritt eine **statistische Analyse der Datenbestände des Altsystems** durchzuführen. Hierbei können statistische Methodenpakete wertvolle Hilfe leisten. Etwa die folgenden Fragestellungen sind zu untersuchen:
  * Welche Typen von Fällen können aufgrund der tatsächlich gespeicherten Daten identifiziert werden?
  * Welche Arten von seltenen Spezialfällen sind erkennbar?
  * Wie wurde im Altsystem mit den einzelnen Attributen umgegangen? Wurden zum Beispiel die definierten Wertebereiche von Attributen tatsächlich ausgeschöpft?
  * Welche statistischen Abhängigkeiten zwischen einzelnen Attributen sind erkennbar? Diese geben einen Hinweis auf funktionale Abhängigkeiten, die wir bei der Normalisierung erkennen müssen. Die Datenbestände von Altsystemen sind meistens nicht normalisiert. Hier können die Methoden der statistischen Zusammenhangsanalyse angewandt werden (Chi-Quadrat-Test, Korrelation, Regression, ...).

Die bei dieser zugegeben eventuell aufwendigen Tätigkeit erhobenen Erkenntnisse sind im weiteren Verlauf des Projektes an folgenden Stellen von Bedeutung, so daß in der Regel der investierte Aufwand gut angelegt ist:

- Der Analytiker lernt die **Datenstrukturen des Vorgängersystems** genau kennen. Ein normalisiertes Modell dieser Datenstrukturen bildet oft eine gute Basis für die Entwicklung des neuen Datenmodells und für die Rückfragen beim Anwender.

- Die **Gespräche mit der Fachabteilung** werden erleichtert. Es ist für den Analytiker leichter, Sonderfälle frühzeitig zu erkennen. Die Experten der Fachabteilung neigen oft dazu, die Routinearbeit nicht mehr so interessant zu finden wie die Spezialfälle, die in den letzten drei Tagen bearbeitet werden mußten (s. Kap. 4.3.5). Dementsprechend ist die Gefahr groß, daß die Spezifikation des neuen Systems an diesen Spezialfällen ausgerichtet wird, zumindest werden viele Projektressourcen für uneffektive Gespräche vergeudet, wenn der Analytiker nicht frühzeitig erkennt, daß gerade Spezialfälle diskutiert werden.
- Im Rahmen der Einführung des neuen Verfahrens müssen auch die **Datenbestände des Altsystems übernommen** werden. Meistens enthalten diese nicht alle Angaben, die im neuen Verfahren unterstützt werden. Besonders kritisch sind hier Muß-Felder des neuen Verfahrens, die es im alten Verfahren noch nicht gegeben hat. Hier muß in jedem Falle ein Detailkonzept erstellt werden, das die Programme zur Übernahme spezifiziert und das darüberhinaus Übergangsregelungen beschreibt. Für diese wirklich schwierige Aufgabe sind die erhobenen statistischen Angaben lebenswichtig. Der für die Datenübernahme zu treibende Aufwand wird gerne unterschätzt.

6.4.3 Entity-Synthese (Bottom-Up)

Die Entity-Synthese (oft auch "kanonische Synthese" genannt, vgl. /SCS-89/) erzeugt auf der Basis der bereits erhobenen Datenelemente (z.B. Benutzersichten) ein Datenmodell in der dritten Normalform. Sie ist eine Bottom-up-Methode. Ihre Anwendung als einziges Werkzeug zum Entwurf von Datenstrukturen ist problematisch, weil die vorhandenen Detailkenntnisse meist so begrenzt sind, daß die zwischen den Sachgebieten bestehenden Datenzusammenhänge oft verloren gehen. Als Ergänzung der Top-Down-Vorgehensweise ist sie jedoch meistens sehr sinnvoll. Nach Beendigung der Entity-Synthese werden die Ergebnisse im ER-Modell dargestellt.

Voraussetzung für diese Methode ist eine Sammlung von Informationen über möglichst alle Attribute. Diese erhält man zum Beispiel durch Auswertung von Formularen und Belegen der Fachabteilung.

Auch im Rahmen der Strukturierten Analyse wird die Entity-Synthese angewandt. Wenn nämlich nach Erarbeitung der Ereignistabelle die essentielle Ebene konstruiert wird, erkennt man aus dem Vergleich der Datenelemente "Auslöser" und "Antwort" die zur Erstellung der Systemantwort jeweils erforderlichen Datenelemente der Speicher. Für diese läßt sich das hier besprochene Vorgehen mit Vorteil anwenden, um auf einem klaren Weg zu den Definitionen der Speicher zu kommen. Die Entity-Synthese ist auch als Methode in kleinen Schritten in (/DEMARCO-78/ Kap. 19) beschrieben. Wir verzichten auf eine detaillierte Darstellung, weil diese Vorgehensweise in größeren Modellen doch meistens zu aufwendig ist und auch von der Methode her mit den hier beschriebenen Mitteln effektiv gelöst werden kann.

Zur informellen Entwicklung der Datenstruktur kann man etwa die im folgenden kurz erklärte Darstellung benutzen. In vielen Fällen genügt aber auch eine Formulierung in Relationenschreibweise.

Datenelemente werden durch Rechtecke dargestellt. Ein Datenelement ist ein einzelnes Attribut oder eine Kollektion von Attributen. Zusammenfassungen mehrerer Elemente werden durch ein die einzelnen Elemente umschreibendes Rechteck notiert.

Bild 6.4-3: Notation der Entity-Synthese

Beziehungen zwischen Datenelementen (**funktionale Abhängigkeiten**) werden durch Pfeile dargestellt. Die Darstellungstechnik der Entity-Synthese ist damit eigentlich nur eine grafische Erweiterung der Schreibweise für funktionale Abhängigkeiten, die in Kapitel 6.3.2.2 vereinbart worden ist. Die entstehenden Diagramme nennt man daher auch "Diagramm der funktionalen Anhängigkeiten" ("functional dependency diagram" /DATE-90/ S. 530).

Man geht also bei der Entity-Synthese davon aus, daß eine Liste aller benötigten Datenelemente schon vorliegt. Das Problem liegt darin, die Datenelemente sinnvoll zu **Datensätzen** zusammenzufassen und die Beziehungen der Datensätze untereinander zu ermitteln. Diese bilden dann die Basis für die Definition von Entitytypen und Beziehungstypen. Ausgehend von den Datenstrukturen können die zugehörigen Entitytypen und Beziehungstypen sehr leicht definiert werden (Bild 6.4-4, vgl. das Beispiel in Kap. 6.3.2.4). Das Diagramm einer normalisierten Datenstruktur kann informell dadurch charakterisiert werden, daß nur noch Abhängigkeiten von Schlüsselkandidaten auftreten (BCNF).

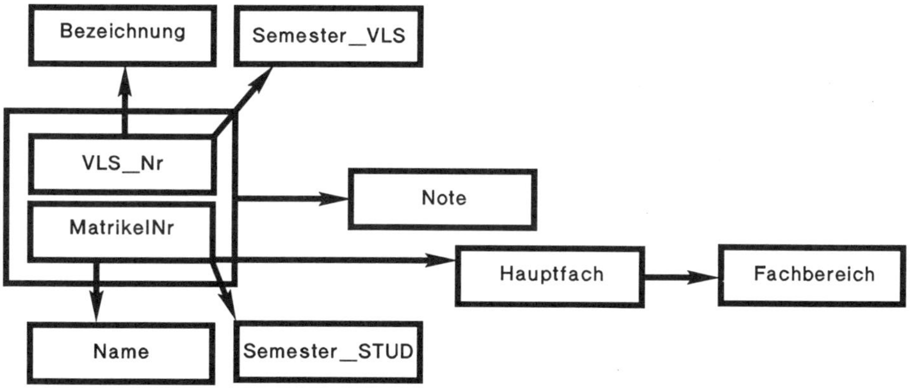

Bild 6.4-4: Beispiel zur Entity-Synthese

6.4.4 Das normalisierte Entity-Modell

Bei der Erarbeitung des Komplexen Entity-Modells liegt der Schwerpunkt auf der Analyse von Datenstrukturen, d.h. auf dem Erkennen von Entitytypen mit ihren relevanten Beziehungen. Das Betrachtungsniveau kann dabei noch sehr grob sein; speziell die Attribute der Entitytypen spielen noch eine recht untergeordnete Rolle. Ein komplexes Entity-Modell wird im nächsten Schritt verfeinert und detailliert. Der Blickwinkel richtet sich nun auf die Attribute, die die Entitytypen und Relationen beschreiben.

Die Zuordnung der Attribute zu Entitytypen erfolgt nach den Regeln der Normalisierung (s. Kap. 6.3.2) unter Beachtung der Semantik. Der Praktiker ordnet die Attribute einfach den Entitytypen zu, bei denen sie am besten aufgehoben sind, weil sie "angeborene" Eigenschaften darstellen. Sind alle Attribute zugeordnet, so findet noch eine Überprüfung der funktionalen Abhängigkeiten im Sinne einer Qualitätssicherung statt. Das komplexe Entity-Modell ist überführt in ein verfeinertes und detailliertes normalisiertes Entity-Modell, alle Entitytypen mit ihren Attributen und Beziehungen sind analysiert und beschrieben. Alternativ und ergänzend dazu ist natürlich auch die bottom-up-Vorgehensweise möglich. Normalisierung erfordert meistens, daß man vom ERM auf eine Relationendarstellung überwechselt.

Beispiel "Anschriften" : das normalisierte Modell

Wir setzen das Anschriften-Beispiel fort, indem wir die Normalisierung durchführen. Außerdem geben wir einige Pseudocode-Fragmente an, um zu beschreiben, wie Prozesse mit dem normalisierten Datenmodell umgehen.

In diesem Beispiel benutzen wir stets **Identnummern als Primärschlüssel**, so wie es in Kap. 6.3.3 begründet worden ist. Wir machen uns damit von inhaltlichen Änderungen der Attributwerte unabhängig. In einem größeren Anschriftenverfahren würden wir zum Beispiel die Angaben im Entitytyp Ort durch die Bundespost beziehen, die in einem regelmäßigen Änderungsdienst den jeweils neuesten Stand des Postleitzahl-Ortsverzeichnis zur Verfügung stellt. Änderungen einzelner Angaben können dann leicht im Bestand geändert werden, weil stets auch die vorherige Ausprägung im entsprechenden Datensatz enthalten ist. Unser Datenmodell wird durch die Nutzung von Identnummern unempfindlicher gegen derartige Änderungen. Alle Attributausprägungen dürfen sich ändern, aber die Datenstruktur bleibt langfristig ungeändert.

In diesem Kapitel werden auch einige Zugriffsmechanismen in einer Form von Pseudocode spezifiziert. Dabei werden stets Vorbedingungen (PRECONDITION) genannt, in denen die Voraussetzungen des Mechanismus festgelegt sind. Außerdem gibt es einige Zusicherungen (ASSERT). Diese bezeichnen Bedingungen (bzw. Zustände), die an der jeweiligen Stelle erfüllt sind bzw. im implementierten Programm für eine korrekte Funktion nachgewiesen werden müssen. Wir verzichten hier jedoch auf eine streng formale Notation, die zwar eigentlich erforderlich wäre, aber die Verständlichkeit der ohnehin einigermaßen komplizierten Zusammenhänge eher erschweren würde.Es sei auch darauf hingewiesen, daß die Zugriffsmechanismen nur in ihrem wesentlichen Kern angedeutet werden. Die Spezifikationen sind unvollständig, zum Beispiel sind die Schleifen nicht abgeschlossen, es findet auch keine Behandlung des Falls statt, daß ein Tupel nicht gefunden wird. Hier verwenden wir abkürzend die Klausel "<usw>".

In einem Praxisprojekt würde man (leider) an dieser Stelle der Untersuchung nicht unbedingt die Zugriffsmechanismen explizit spezifizieren. Aber bei der Tätigkeit der Modellierung sind diese Zugriffsmechanismen stets zur Qualitätssicherung zu durchdenken. Das Datenmodell muß "funktionieren", d.h. durch geeignete Zugriffsmechanismen müssen alle erforderlichen Aufbereitungen erstellt werden können. Dies wird hier noch ohne konkreten Blick auf die schließlich zu implementierenden Funktionen geprüft, lediglich die Eigenschaften des Datenmodells mit seinen Primärschlüsseln werden in ihrer Qualität abgesichert.

In der Datenstruktur-Notation verzichten wir in diesem Beispiel auf die Angabe der wesentlichen Zugriffschlüssel durch ein jeweils vorangestelltes Zeichen "@". In Kapitel 6.4.9.4 werden die Primärschlüssel des zu implementierenden Modells genannt.

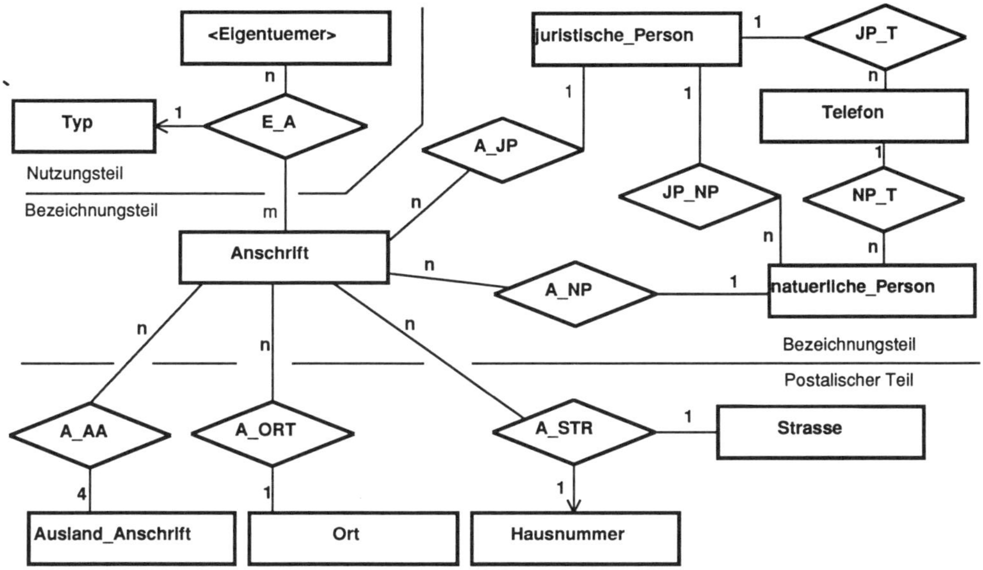

Bild 6.4-5: das normalisierte Anschriften-Modell

Beziehungstypen innerhalb des Anschriften-Modells

A_AA	=AnschriftID + AuslandID
A_JP	=AnschriftID + JurID
A_NP	=AnschriftID + NatID
A_NP	=AnschriftID + AuslandID
A_ORT	=AnschriftID + OrtID
A_STR	=AnschriftID + StrID
JP_NP	=JurID + NatID
JP_T	=JurID + TelefonID
NP_T	=NatID + TelefonID

Verknüpfung zum Eigentümer der Anschrift

E_A	=EigentümerID + AnschriftID
Typ	=EigentümerID + AnschriftID + Anschriftentyp
<Eigentümer>	=* stellvertretend für einen beliebigen konkreten Eigentümer, z.B. Kunde, Versicherter, Gutachter, Abonnent, ... * EigentümerID + ... * alle im Anwendungsverfahren erforderlichen Attribute *
Anschriftentyp	=* Kennzeichnung der Anschrift in ihrer Bedeutung für den Eigentümer, z.B. für den Kunden: "Kundenanschrift" | "Lieferanschrift" | "Rechnungsanschrift" *

Hier ist bereits berücksichtigt, daß ein Eigentümer mehrere Anschriften haben kann, die aber jeweils durch einen charakterisierenden Anschriftentyp identifiziert werden können. Folgende Algorithmen sind für den Zugriff erforderlich:

```
PROC AnschriftZumEigentümer;
{PRECONDITION: gegeben EigentümerID und Anschriftentyp}
FINDE Typ MIT  Typ.EigentümerID = EigentümerID
               UND Typ.Anschriftentyp = Anschriftentyp
    FINDE Anschrift MIT Anschrift.AnschriftID = Typ.AnschriftID
    <usw>
```

```
PROC EigentümerZurAnschrift;
{PRECONDITION: gegeben AnschriftID und Anschriftentyp}
FINDE Typ MIT  Typ.AnschriftID = AnschriftID
               UND Typ.Anschriftentyp = Anschriftentyp
    FINDE Eigentümer MIT Eigentümer.EigentümerID = Typ.EigentümerID
    <usw>
```

Entitytypen Bezeichnungsteil

Anschrift	= AnschriftID + Land + AnschriftArt
AnschriftArt	= ["juristische Person" | "natürliche Person"]
juristischePerson	= JurID + Bezeichnung
Land	= * Länderkennzeichen der KFZ-Zulassung, z.B. D Deutschland, F Frankreich, GB Großbritannien, usw. *
natürlichePerson	= NatID + Name + Vorname + Anrede + Titel
Telefon	= TelefonID + Vorwahl + Endnummer

Eine juristische Person ist hier ein Anschriften-Eigentümer, der aber als Organisationseinheit oder Firma anzusprechen ist. Die Anschrift bezieht sich entweder auf eine juristische oder eine natürliche Person. Dies wird über das Attribut AnschriftArt gesteuert. Der Zugriff auf die zugehörigen Datenelemente erfolgt über die Beziehungstypen A_JP bzw. A_NP. Diese Beziehungen werden als n:1 Beziehungen modelliert. Dadurch liefert der Zugriff vom Entitytyp Anschrift aus jeweils nur ein Tupel, das aber in mehreren verschiedenen Anschriften vorkommen kann.

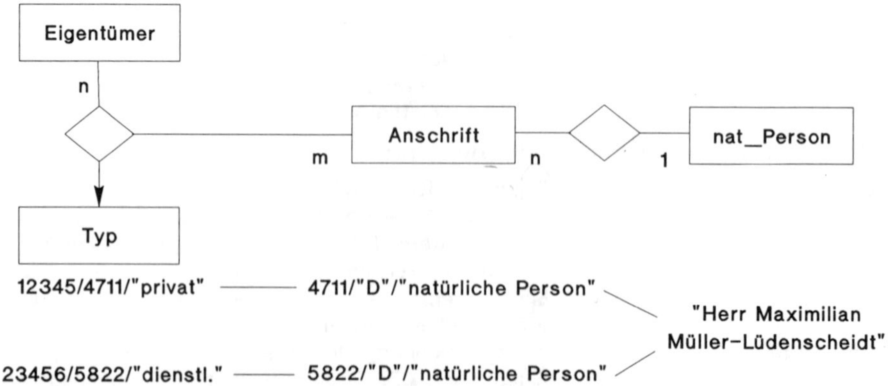

Bild 6.4-6: eindeutiger Bezeichnungsteil zur Anschrift

Zum Beispiel kann die natürliche Person "Herr Maximilian Müller-Lüdenscheidt" eine Privatanschrift in Wedel und eine Dienstanschrift in Hamburg haben. Dann gibt es aber nur ein Tupel für die natürliche_Person, jedoch mehrere Tupel für Anschrift, die mit diesem in Beziehung über A_NP stehen (Bild 6.4-6). Obwohl die Sammlungen der Attribute von juristische_Person bzw. natürliche_Person bereits als Primärschlüssel geeignet wären, ziehen wir eine identifizierende Nummer jeweils als Primärschlüssel vor.

Über das Attribut Land wird entschieden, ob eine Inlands- oder Auslandsanschrift aufzubereiten ist. Zur Aufbereitung der Anschrift ist damit insgesamt folgender Zugriffsmechanismus erforderlich:

```
PROC AnschriftAufbereiten;
{PRECONDITION: gegeben AnschriftID}
FINDE Anschrift MIT Anschrift.AnschriftID = AnschriftID
      IF Anschrift.AnschriftArt = "juristische Person"
            FINDE juristische_Person ÜBER A_JP
            <usw>
      ELSE
            FINDE natürliche_Person ÜBER A_NP
            <usw>
      FI
      IF Anschrift.Land = "D"
            FINDE Strasse UND Hausnummer ÜBER A_STR
            FINDE Ort ÜBER A_ORT
            <usw>
      ELSE
            FINDE Ausland_Anschrift ÜBER A_AA
            <usw>
      FI
      <usw>
```

Entitytypen postalischer Teil

Ausland_Anschrift	=AuslandID + ZeilenNummer + Anschriftenzeile
Hausnummer	=AnschriftID + StrID + HausNummer + (HausNummer_bis) + (HausNummerZusatz)
Ort	=OrtID + PLZ + Ort_kurz + Ort_lang
Strasse	=StrID + Strassenname

Die Auslandsanschrift wird über maximal 4 Anschriftenzeilen dargestellt, deren Inhalt aber nicht weiter geprüft werden kann. Durch den Primärschlüssel (AuslandID + Zeilennummer) wird neben der Eindeutigkeit auch die richtige Reihenfolge der Zeilen sichergestellt.

Formal ließen sich die Angaben zur Hausnummer wegen der n:1 Beziehung dem Entitytyp Anschrift zuordnen. Dies widerspräche jedoch der Semantik unserer Anschriftenmodellierung. Der Entitytyp Anschrift ist für das Modell lediglich ein **Ankerpunkt**, der alle Angaben zur **Navigation** im Datenmodell enthalten soll. Die Hausnummer ist diesem Typ nicht "angeboren". Daher wird sie im normalisierten Modell in einen eigenen Entitytyp ausgelagert, der Attribute des Beziehungstyps A_STR zusammenfaßt. Über die Implementierung werden wir später nachdenken.

Algorithmus zur Anschriftensuche über Fragmente

Angenommen, wir suchen einen Kunden (natürliche Person) über die Rechnungsanschrift, von der aber nur die Fragmente Name und Postleitzahl bekannt sind. Dazu wäre folgender Zugriffsmechanismus erforderlich:

```
PROC AnschriftÜberFragmente;
{PRECONDITION: gegeben Kundenname, Anschriftentyp und Postleitzahl}
FÜR ALLE Ort MIT Ort.PLZ = Postleitzahl
      FÜR ALLE Anschrift ÜBER A_ORT MIT Ort.OrtID
            {ASSERT: Anschrift mit gegebener Postleitzahl}
            FINDE natürliche_Person
                  ÜBERA_NP MIT AnschriftID
                              UND natürliche_Person.Name = Kundenname
                  {ASSERT: Anschrift mit gegebener Postleitzahl und Kundenname}
                  FÜR ALLE Typ MIT Typ.AnschriftID = Anschrift.AnschriftID
                        UND Typ.Anschriftentyp = "Rechnungsanschrift"
                        {ASSERT: Anschrift mit gegebener Postleitzahl, Kundenname und
                                 Anschriftentyp. Diese sind gesucht}
                        <aufbereiten und anzeigen zur Auswahl, usw>
```

Derartige Zugriffswege müssen später im Verfahren abhängig von den Anforderungen an die Suchstrategien implementiert werden. Im vorliegenden Beispiel wären noch zwei Fälle zu unterscheiden:

- Es kann sein, daß die Ortsangabe stärker einschränkt als die Namensangabe (Beispiel: "Müller, Wedel"). Dann ist der oben angedeutete Zugriffsmechanismus vorteilhaft.
- Abhängig von den vom Benutzer eingegebenen Suchkriterien kann aber auch die Namensangabe stärker einschränken als die Ortsangabe (Beispiel: "Müller-Lüdenscheidt, Berlin"). In diesem Fall sind die FÜR ALLE - Datenzugriffe in einer anderen Reihenfolge zu implementieren. Dies ist im EDV-Verfahren nur möglich mit einem dynamischen Test, welcher Suchweg effektiver ist. Dieser Test setzt performante Aufrufe des Datenbanksystems voraus, durch die einfach dynamische Eigenschaften des Index oder von Pointerketten ohne sequentielles Lesen abgefragt werden können.

Nach diesen Überlegungen zweifelt bestimmt kein Leser mehr daran, daß die Pflege von großen Anschriftenbeständen zu den wirklichen Herausforderungen des Entwicklers im kommerziellen Bereich gehört!

6.4.5 Strukturierte Darstellung

Hier wird eine Methode vorgestellt, mit der Ergebnisse eines normalisierten Entity-Modells strukturiert dargestellt werden können (/SCS-89/, /HASS-89/). Damit wird eine größere Verständlichkeit des grafischen Modells für den Leser angestrebt. Außerdem lassen sich die für das Verfahren wichtigen **Kernentities** leicht identifizieren.

Als erstes werden die Entitytypen nach ihrer Strukturtiefe klassifiziert:

- Strukturtiefe 1 : Entitytypen, die ausschließlich 1:n-Beziehungstypen haben.
- Strukturtiefe 2 : Entitytypen, die mindestens einen n:1-Beziehungstyp zu einem Entitytyp der Strukturtiefe 1 haben.

- Strukturtiefe x : Entitytypen, die mindestens einen n:1-Beziehungstyp zu mindestens einem Entitytyp der Strukturtiefe x-1 haben.

Beim Definieren der Strukturtiefe kann das Problem der Strukturringe (Bild 6.4-7) auftauchen: Der Zyklus muß an der "am wenigsten relevanten" Stelle aufgebrochen werden. Dann läßt sich die Strukturtiefe bestimmen. Anschließend wird die Verbindung wieder eingetragen.

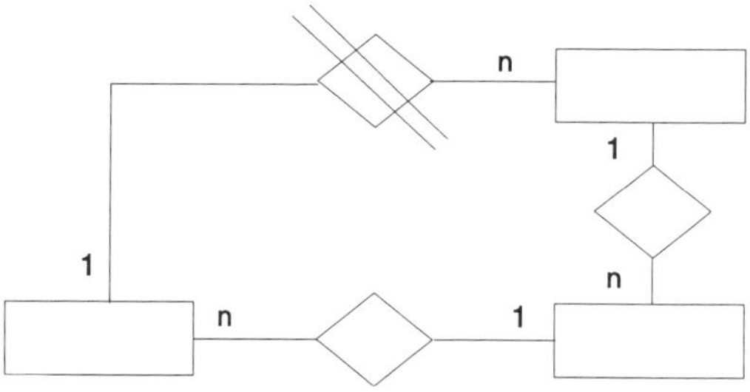

Bild 6.4-7: Strukturringe in der Darstellung

Die strukturierte Darstellung wird begonnen mit einem Root-Entity links oben, dann - jeweils um einen Abstand nach rechts verschoben - die Entitytypen der Strukturtiefen 1,2,...,x , die direkt miteinander verbunden sind (Bild 6.4-8). Greifen zwei Entitytypen A und B gleicher Strukturtiefe auf den selben Entitytyp C höherer Strukturtiefe zu, so wird C grafisch näher an den Entitytyp gerückt, dem er auch inhaltlich näher steht. Dies ist nur eine grobe Umschreibung, die im Anwendungsfall mit dem Ziel der bestmöglichen Verständlichkeit des Modells umgesetzt werden muß. Den Vorteil dieser Layouthilfe kann man bereits im Vergleich der Bilder 4.4-4 und 4.4-14 sowie an Bild 4.5-8 erkennen.

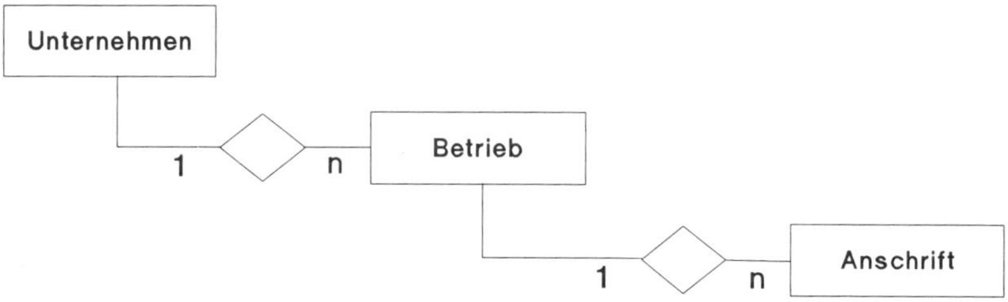

Bild 6.4-8: strukturierte Darstellung eines Entity-Modells

Die Vorteile des Strukturierten Entity-Chart sind:

- Es ist leicht zu zeichnen.
- Es zeigt deutlich die Strukturtiefen (Vorteil bei Hierachien).
- Die modellierte Datenstruktur läßt sich verständlich präsentieren.

Die Nachteile des Strukturierten Entity-Chart sind:

- Der Netzwerkcharakter muß optisch konstruiert werden.
- Es suggeriert einen bevorzugten Blickwinkel.
- Es kann grafisch einen Umweg bedeuten.

6.4.6 Lebenszyklen von Entitytypen

Ein Teil der für die Pflege der Daten benötigten Funktionen läßt sich erkennen, wenn man für jedes Kernentity den Lebenslauf beschreibt. Hierzu kann man die Darstellungsform eines Zustandsübergangsdiagramms wählen. Bilder 6.4-9 und 6.4-10 geben ein Beispiel an, wie man aufgrund einer Untersuchung des Lebenszyklus eines Entities mit wenigen zusätzlich zu erhebenden Informationen auf die zur Bearbeitung erforderlichen Prozesse kommen kann.

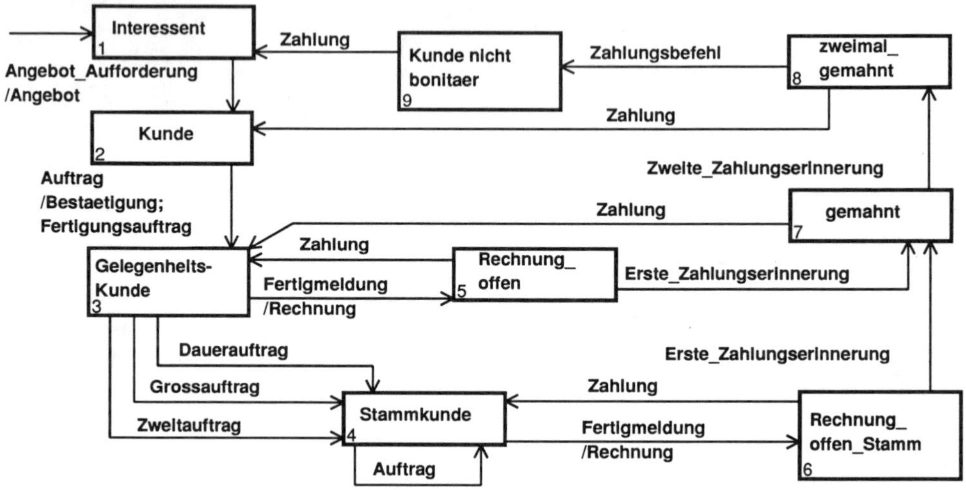

Bild 6.4-9: Zustandsdiagramm für den Lebenszyklus eines Kunden

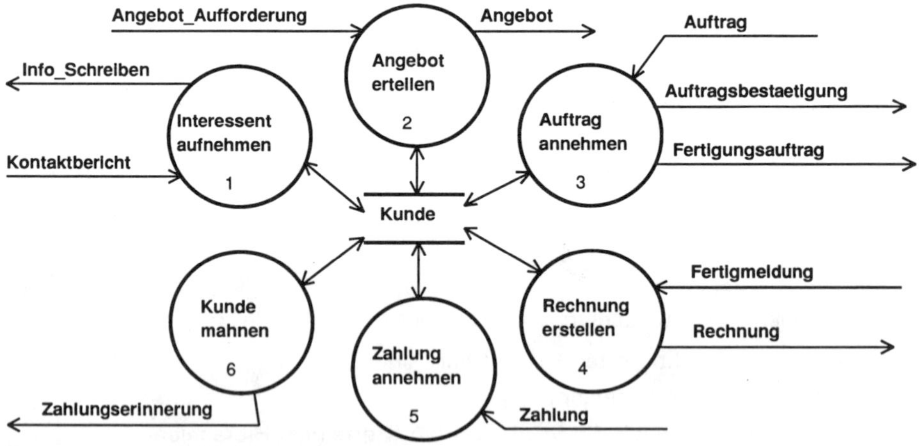

Bild 6.4-10: zugehöriges DFD in erster Version

Jeder Zustandsübergang wird durch ein Ereignis verursacht, von dem das System durch einen Auslöser erfährt. Dabei kann eine Aktion aktiviert werden, die eine Systemantwort erzeugt. Aus dem Zustandsdiagramm läßt sich also eine Ereignistabelle ableiten, die ihrerseits die Herleitung der essentiellen Ebene des SA-Modells in erster Version erlaubt. In Bild 6.4-9 sind die Zustandsübergänge manchmal nur mit dem

Auslöser beschriftet. Beim Übergang zum SA-Modell in Bild 6.4-10 werden manche Auslöser zusammengefaßt und auch andere Ergänzungen vorgenommen.

Weitere Ereignisse und die entsprechenden Einträge in der Ereignistabelle mit den zugehörigen essentiellen Prozessen sind in Rücksprache mit dem Anwender zu ergänzen. Der Status des Entities läßt sich als Wert eines Attributs "Status" im Datenmodell darstellen. Natürlich sind die erkannten Prozesse als nächstes zu spezifizieren. Hierzu wird die Modellebene der Strukturierten Analyse benutzt.

Die Untersuchung der Lebenszyklen bietet also einen Weg an, aus einem ER-Modell mit zusätzlichen Informationen geradlinig die essentielle Ebene des SA-Modells herzuleiten (s. Kap. 4.4.1.4).

6.4.7 Das essentielle Modell

Es gibt also mehrere Wege, zu einem essentiellen Systemmodell zu kommen. Im SA- und im RT-Kapitel wurde der ereignisorientierte Weg ausgehend von den Ereignissen, auf die das System reagieren muß, ausführlich dargestellt. Hier finden wir einen weiteren Weg in der Analyse der Lebenszyklen der modellierten Entitytypen. Natürlich müssen in einem Projekt die Ergebnisse, die auf den verschiedenen Wegen erzielt wurden, kompatibel zueinander sein. Wir haben damit aber auch eine Sammlung von Strategien, die in einem Praxisprojekt lokal in Abhängigkeit von der speziellen Aufgabenstellung angewandt und kombiniert werden können. Um diese Möglichkeiten gezielt zu nutzen, benötigen wir natürlich ein besonders flexibles Vorgehensmodell als Basis des Projektmanagements. Dieses werden wir in Kapitel 9 dieses Buches entwickeln.

An dieser Stelle der Projektentwicklung können wir in jedem Falle davon ausgehen, daß ein essentielles Modell des neuen Systems vorliegt.

6.4.8 Logisches Datendesign

Im nächsten Schritt wird ein logisches Datendesign als Basis für die Implementierung hergeleitet. Dabei wird entschieden, welche Entitytypen und Beziehungstypen von welchen Prozessoren verwaltet und gepflegt werden. Hier wird also das Modell der neuen Inkarnation konstruiert.

6.4.8.1 Das relevante Entity-Modell

Das relevante Entity-Modell enthält die Teile aus dem normalisierten Entity-Modell, die für die zu realisierenden DV-Funktionen notwendig sind. Die Funktionen müssen zu diesem Zeitpunkt beschrieben sein. In einem normalisierten Daten-Gesamtmodell das relevante Entity-Modell für ein Verfahren abzugrenzen bedeutet also, auf Ebene der Datenmodellierung eine **Prozessorzuordnung** vorzunehmen.

Im relevanten Entity-Modell sollten folgende Prüfungen durchgeführt werden:

- Sind alle geplanten DV-Funktionen berücksichtigt?
- Sind alle von den DV-Funktionen benötigten Attribute enthalten?

Weiterhin sollte zu diesem Zeitpunkt festgelegt werden:

- Welche DV-Funktionen in welcher Reihenfolge realisiert werden sollen,
- Welche Anwendungsbereiche weiterhin manuell bearbeitet werden sollen,
- Welche Betriebsart je DV-Funktion vorgesehen ist (Batch,Dialog),

- Welche Entitytypen/Attribute/Beziehungstypen für zukünftige DV-Funktionen im relevanten Entity-Modell enthalten bleiben.

6.4.8.2 Zugriffspfadanalyse

Meist können nicht alle gewünschten Beziehungen der Daten und damit alle gewünschten Zugriffspfade unter Performanceaspekten gleich optimal implementiert werden. Deshalb sollten die DV-Funktionen optimiert werden, die häufig genutzt werden oder die sehr zeitempfindlich sind (Dialoganwendungen).

Basis der Zugriffspfadanalyse bildet die Herleitung von **Systemstatistiken** (Mengengerüsten), wie sie in Kapitel 4.4.8 angedeutet ist. Um die Anforderungen der DV-Funktionen zu quantifizieren, wird weiterhin ermittelt, wie welche Daten je DV-Funktion verarbeitet werden. Zusammen mit Mengenkriterien und Informationen über die Zugriffs- und Verarbeitungspfade können die logischen Zugriffe errechnet werden.

Da die Zugriffspfadanalyse zeitaufwendig ist, muß sie sich in der Praxis leider meistens auf die wichtigsten DV-Funktionen beschränken.

6.4.8.2.1 Beschreibung der Zugriffspfadanalyse

Für eine gewählte DV-Funktion wird folgendes festgelegt:

- **Einstiegspunkt(e):** Über welche Entitytypen erfolgt der Einstieg ins Datenmodell?
- **Reihenfolge:** die Entitytypen und die Reihenfolge, in der die einzelnen Entitytypen beim Durchlaufen der DV-Funktionen benötigt werden.
- **Auswahlkriterien:** die Auswahlkriterien werden durch Beziehungstypen und Attribute beschrieben. Für Auswahlkriterien, die nicht die Primärschlüssel benutzen, werden später im Datenbanksystem die erforderlichen Zugriffsmechanismen implementiert.
- **Verarbeitung:** die Verarbeitung je Entity und Beziehungstyp (Lesen, Ändern, Einfügen, Löschen). Es muß darauf geachtet werden, daß die Konsistenz der Daten erhalten bleibt (Integritätsregeln, s. Kap. 6.3.1.2).

Obwohl in der Methodik nicht vorgesehen, werden zusätzliche Anforderungen über Zugriffspfade oftmals auch später formuliert, insbesondere in der Realisierung. Weiterhin gilt es für Query-Abfragen und unvorhergesehene Ad-Hoc-Auswertungen flexibel zu sein. Daher wird empfohlen, die Ergebnisse der Zugriffspfadanalyse nicht zu eng auszulegen. Dies gilt vor allem dann, wenn es im benutzten Datenbanksystem schwierig ist, nachträglich neue Zugriffspfade zu aktivieren.

6.4.8.2.2 Notation

Eine Kopie des Datenmodells wird um zusätzliche Einträge aus der Erhebung der Systemstatistiken erweitert. Diese beziehen sich auf das **Bezugsobjekt** (Einstiegspunkte, Beziehungstypen, Entitytypen), auf die **Art der Verarbeitung** (lesen, ändern, einfügen, löschen, verbinden) sowie auf die **Anzahl der logischen Datenzugriffe** (I/O-Requeste). Zur besseren Übersicht kann noch in der Grafik der **Zugriffsschlüssel** hervorgehoben werden.

6.4.8.2.3 Einfache Beispiele

Die zusätzlichen Notationen sind fast selbsterklärend. Sie werden durch einige einfache Beispiele (Bild 6.4-11) und die zugehörigen Erläuterungen klar.

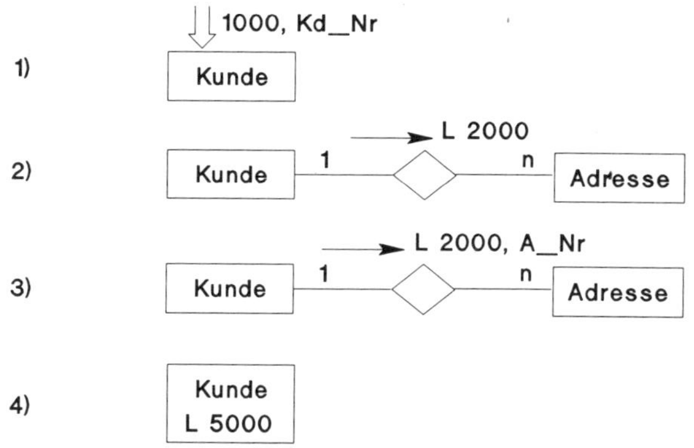

Bild 6.4-11: Beispiele zur Zugriffspfadanalyse

1 Qualifizierter Zugriff über das Attribut KDNR auf das Entity KUNDE. Es werden 1000 Ausprägungen pro Zeiteinheit gelesen. Der Zugriff ist unabhängig von einer Beziehung.

2 Lesen Entity ADRESSE über die Beziehung von KUNDE zu ADRESSE, 2000mal. Die Adresse wird nicht qualifiziert, d.h. es werden mehrere Adressen je Kunde gelesen.

3 Lesen Entity ADRESSE über die Beziehung von KUNDE zu ADRESSE, 2000 mal, qualifiziert über die Adressnummer.

4 Lesen Entity KUNDE unqualifiziert, 5000 Ausprägungen. Z.B. Lesen aller Kunden oder Lesen eines Nummernkreises.

6.4.8.3 Das quantifizierte Entity-Modell

Die Ergebnisse der Zugriffspfadanalyse werden im quantifizierten Entity-Modell dokumentiert. Es entspricht der Zusammenfassung der einzelnen geprüften DV-Funktionen.

6.4.8.4 Beispiel Anschriften - Zugriffspfadanalyse

Nach statistischer Analyse der Datenbestände des Altsystems und nach Rücksprachen mit dem Anwender schätzen wir die Mengengerüste für das Datenmodell in Bild 6.4-5.

Die Eigentümer von Anschriften werden selbstverständlich in jeweils eigenen Entitytypen modelliert. Wir haben also eigentlich die Entitytypen "Kunde" und "Lieferant" zu modellieren, die jeweils mit den Anschriften in Verbindung stehen. Diesen Teil des Datenmodells formulieren wir so, wie es in Bild 6.4-12 gezeigt ist.

Im Entitytyp "Typ" fügen wir noch ein Attribut "Eigentümer_Typ" ein, das die entsprechende Navigation im Datenmodell erlaubt. Die entsprechenden Ergänzungen sind im folgenden aufgeführt.

Typ	= EigentümerID + AnschriftID + Anschriftentyp + Eigentümertyp
Eigentümertyp	= * Name des Entitytyps, mit dem die Anschrift in Verbindung steht, z.B. "Kunde" | "Lieferant" *

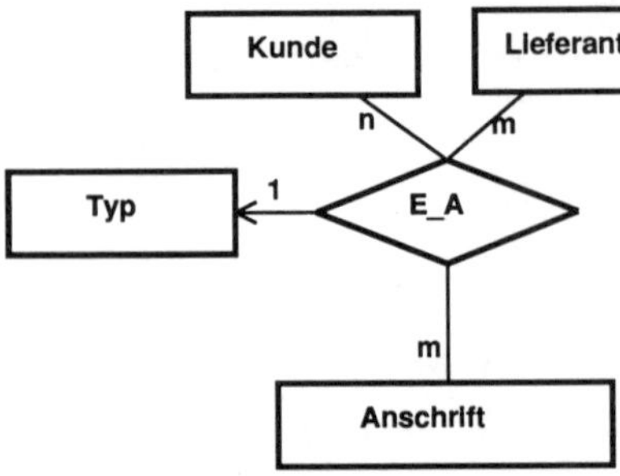

Bild 6.4-12: Modellierung von Anschriften-Eigentümern

Eigentümertyp und Anschriftentyp sind voneinander unabhängig. Beide Attribute erlauben zum Beispiel die Darstellung von

Rechnungsanschrift des Kunden,
Rechnungsanschrift des Lieferanten,
Lieferanschrift des Kunden usw.

Der Eigentümer zur Anschrift wird jetzt wie folgt gefunden:

```
PROC EigentümerZurAnschrift;
{PRECONDITION: gegeben AnschriftID, Eigentümertyp und Anschriftentyp}
FINDE Typ MIT  Typ.AnschriftID = AnschriftID
                      UND Typ.Anschriftentyp = Anschriftentyp
                      UND Typ.Eigentümertyp = Eigentümertyp
    CASE Anschriftentyp = "Kunde"
        FINDE Kunde MIT Kunde.KundenID = Typ.EigentümerID
            <usw>
    CASE Anschriftentyp = "Lieferant"
        FINDE Lieferant MIT Lieferant.LieferantenID = Typ.EigentümerID
            <usw>
    OTHERWISE
        <usw>
    ESAC
    <usw>
```

In Bild 6.4-13 ist das normalisierte Datenmodell um unsere Schätzwerte für die Anzahlen von Einträgen (Tupeln) in den jeweiligen Entitytypen ergänzt. Wir haben es danach mit 400000 Anschriften zu tun, die sich auf 350000 Kunden und 2000 Lieferanten beziehen. Zur Erstellung der Anschriften werden 290000 natürliche Personen-Tupel und 50000 juristische Personen-Tupel benötigt. Also werden lediglich 10000 dieser Tupel mehrfach benutzt.

Insgesamt haben wir ohne die Eigentümer im Anschriftenmodell etwa 2 Millionen Tupel (später Datensätze) zu verwalten, um nur 450000 Anschriften normalisiert abzubilden. Hierbei sind die Beziehungstypen noch nicht berücksichtigt.

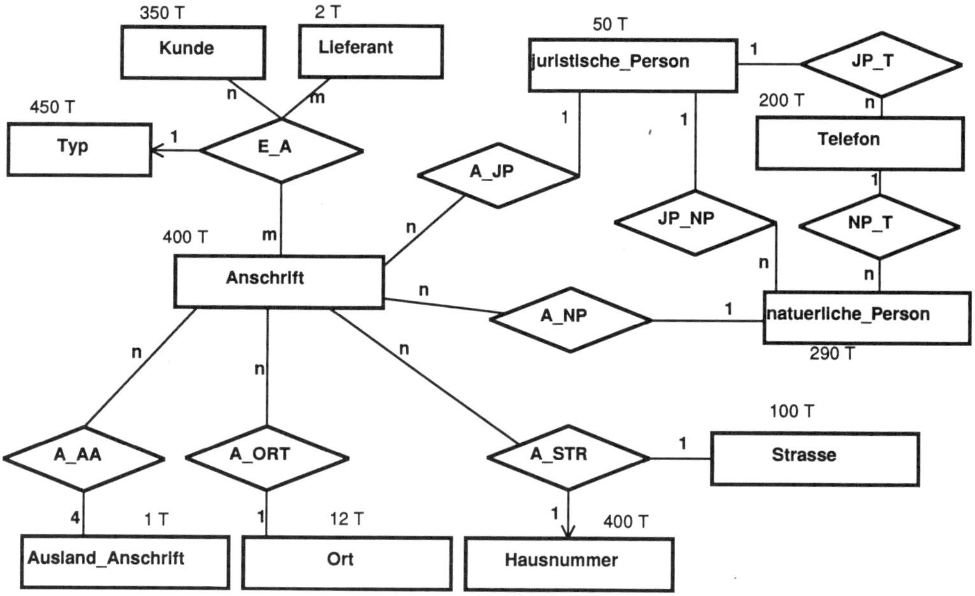

Bild 6.4-13: Anschriften-Mengengerüste

Neben dieser einen Praktiker erschreckenden Größenordnung sollten wir überlegen, was bei einzelnen wichtigen Zugriffen passiert.

- Prozedur **AnschriftZumEigentümer:**

  Nach unseren Annahmen hat etwa ein Kunde höchstens drei verschiedene Anschriften. Nehmen wir weiter an, daß jede dieser Anschriften im Inland liegt (die Aufbereitung einer Auslandsanschrift ist in unserem Modell nicht aufwendiger). Dann müssen wir zu jeden Typ-Tupel jeweils ein Tupel der folgenden Entitytypen lesen: Anschrift, Ort, Hausnummer, Strasse, (natürliche_Person oder juristische_Person). Insgesamt entstehen bei dieser Aufbereitung also höchstens 18 Zugriffe auf Tupel. Diese Größenordnung ist nicht unbedingt erschreckend.

- Prozedur **AnschriftÜberFragmente:**

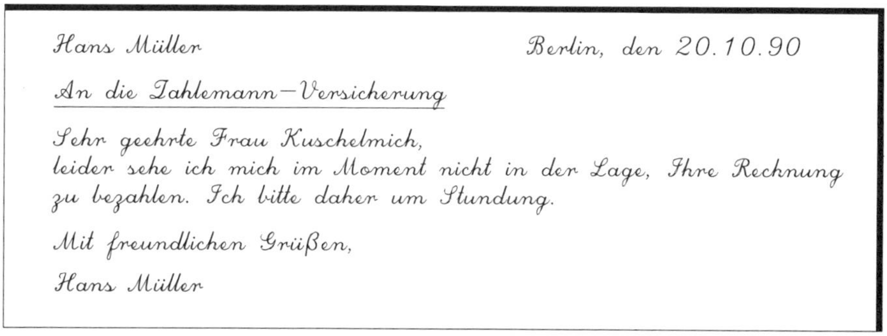

Hans Müller   Berlin, den 20.10.90

An die Zahlemann-Versicherung

Sehr geehrte Frau Kuschelmich,
leider sehe ich mich im Moment nicht in der Lage, Ihre Rechnung zu bezahlen. Ich bitte daher um Stundung.

Mit freundlichen Grüßen,

Hans Müller

Bild 6.4-14: Identifikation über Anschriftenfragmente

Nehmen wir an, in unserer Organisation ist das in Bild 6.4-14 wiedergegebene Schriftstück eingetroffen. Der Briefumschlag wurde leider von der Poststelle weggeworfen, so daß wir keine genaueren Angaben über den Absender haben.

Derartige Schriftstücke sind nicht etwa selten. In Versicherungen kann man damit rechnen, daß mindestens 30 % aller Schriftstücke nicht einfach über ein Aktenzeichen, das den Primärschlüssel enthält, zugeordnet werden können.

Im Fall des dargestellten Schriftstückes kennen wir den Namen und Vornamen einer natürlichen Person, seinen Wohnort ohne Zustellpostamt, den Namen des zuständigen Sachbearbeiters und wir wissen, daß eine Rechnung dieses Kunden offen ist. Durch diese Eigenschaften ist der Fall möglicherweise (nicht sicher!) eindeutig identifizierbar. Wie reagiert eine Organisation also auf ein derartiges Schreiben?

1 **Es wird einfach ignoriert.** Der Kunde wird im Rahmen des normalen Mahnverfahrens gemahnt. Erst wenn er klare Ordnungsbegriffe nennt, kann sein Fall bearbeitet werden.

   So reagieren viele Firmen. Dies trägt zum schlechten Image der Datenverarbeitung bei. Der Arbeitsaufwand wird aber nur verlagert auf die juristische Abteilung, denn der Kunde würde bei einer gerichtlichen Auseinandersetzung wahrscheinlich Verständnis finden. Man sollte also die Möglichkeiten, derartige Schreiben dennoch zu bearbeiten, ausschöpfen.

2 **Man versucht, derartige Schriftstücke zu bearbeiten.** Dies bedeutet aber einiges, wie wir bei einer Abschätzung der erforderlichen Zugriffe feststellen:

   Angenommen, im Anschriftenbestand gibt es

   3000 Anschriften mit "Hans Müller"
   20000 Anschriften mit "Berlin"
   5 Anschriften mit "Hans Müller in Berlin"

   Dann ist ein Zugriff auf natürliche_Person erforderlich, zu dem aber 3000 Anschriften-Tupel gefunden werden. Für jedes dieser Tupel muß auf den Ort zugegriffen werden. Weiter nehmen wir an, daß ein Kunde im Durchschnitt 2 Anschriftentypen hat. Dann sind zu jedem gefundenen Anschriftentupel noch 2 Zugriffe auf den Typ und zwei Zugriffe auf den Kunden erforderlich, insgesamt also:

   $$1 + 3000 * (1 + 1 + 2 + 2) = 18001$$

   (logische) Zugriffe, um den Fall zu identifizieren! Dies erschreckt jeden Praktiker. Auch hier ist der Zugriffsmechanismus über die Beziehungstypen noch nicht berücksichtigt.

Bei der Denormalisierung des Datenmodells werden wir auf diese Zahl zurückkommen. Dieser kurze Einblick mag beispielhaft gezeigt haben, wie man in der Praxis eine Zugriffspfadanalyse durchzuführen hat.

6.4.9 Physisches Datendesign

Der Zeitpunkt für die Optimierung des Datenmodells ist bewußt spät gesetzt. Es kommt auch im Bereich der Datenmodellierung darauf an, als erstes ein **implementationsunabhängiges Modell der wahren Anforderungen des Anwenders** zu entwerfen.

Damit sind nicht nur die gegenwärtigen, aktuellen Anforderungen gemeint. Es wird ein Modell der Datenobjekte (Entitytypen) zusammen mit ihren statischen Beziehungen ("business rules", Beziehungstypen) benötigt. Dieses darf nicht bereits Beschränkungen der Implementierung enthalten. Die wegen der Mängel der Implementierungstechnologie notwendigen Kompromisse werden (mit Freude) zu einem Zeitpunkt eingegangen, wenn darüber entschieden werden muß, WIE das System zu implementieren ist.

6.4.9.1 Performance

Werden die logischen Datenzugriffe für eine DV-Funktion wie im Anschriftenbeispiel addiert, so läßt sich zusammen mit den Eigenschaften der Zielhardware die Verarbeitungsdauer grob schätzen. Wenn mehrere Zugriffspfade für eine DV-Funktion möglich sind, so wird natürlich der Weg mit den wenigsten logischen Datenzugriffen realisiert.

Manchmal zeigt es sich, daß zusätzliche Beziehungstypen eingeführt oder eine Denormalisierung vorgenommen werden muß, damit die DV-Funktionen in akzeptablen Zeiten abgearbeitet werden können. Eventuell muß das Datenmodell noch einmal grundsätzlich überarbeitet werden.

6.4.9.2 Das Entity-Modell partiell denormalisieren

Eine weitgehende Daten-Normalisierung führt zu einem redundanzfreien Datenmodell, das zu seiner Nutzung nur recht einfache Programmstrukturen benötigt. Diesem erheblichen Vorteil steht leider auch ein Problem gegenüber. Durch Normalisierung entstehen viele einfache Relationen, die später in Dateien des Datenbanksystems umgesetzt werden müssen. Dabei können folgende Nachteile für den Umgang mit dem Datendesign entstehen:

- Auch für einfache Datenstrukturen, die in einer Maske benötigt werden, müssen viele Datensätze gelesen werden. Der Maskeninhalt muß nämlich aus vielen einzelnen Bestandteilen zusammengesetzt werden. Mit modernen Datenbank-Abfragesprachen entstehen dabei zwar keine funktionalen Probleme, aber es werden viele Datenbank-Zugriffe erforderlich, die eine gute Performance beeinträchtigen können.
- Das Sicherungsverfahren wird komplexer, da sehr viele einzelne Datenbank-Dateien mit aufgenommen werden müssen. Wenn bei der Sicherung nur eine der normalisierten Dateien vergessen wird, entsteht bei einer späteren Restaurierung der Datenbanken eventuell Inkonsistenz der Daten.
- Abhängig von den Eigenschaften des Dateienverwaltungssystems als Teil des Ziel-Betriebssystems kann eine erhebliche Fragmentierung des Plattenplatzes entstehen, die mindestens die mittlere Zugriffszeit der Platte verschlechtert. Eventuell hat jeder physische Datenzugriff eine Bewegung und Positionierung der Leseköpfe zur Folge. Die Wahrscheinlichkeit, benötigte Daten in der positionierten Spur zu finden, sinkt.

Daher ist es manchmal erforderlich, im Rahmen des physischen Datendesigns einige Normalisierungsschritte teilweise wieder rückgängig zu machen. Dies ist jedoch ein Kompromiß wegen nicht-perfekter Implementierungstechnologie und sollte daher extrem **umsichtig** vorgenommen werden und jederzeit wieder **zurückzunehmen** sein, ohne daß wesentliche Systemteile gravierend verändert werden müssen. Folgende Schritte können erwogen werden:

- **Mehrere Entitytypen zu einem Datensatz zusammenlegen.**

  Wenn in einer 1:n Beziehung zwischen zwei Entitytypen mit großer Sicherheit feststeht, daß n eine Obergrenze hat, die niemals in konkreter Datensituation überschritten wird, so kann man die Auslagerung von Wiederholgruppen rückgängig machen. Dies hat funktional schwerwiegende Nachteile. Die Anwendungsprogramme müssen nun wieder Redundanz verarbeiten. Der Zugriff auf die einzelnen Ausprägungen der Wiederholgruppe muß auf Anwendungsebene implementiert werden, obwohl diese Mechanismen im Datenbanksystem bereits vorliegen. Außerdem sind die Programme von Dimensionierungsgrenzen abhängig. Man vermeidet aber andererseits viele physische Datenzugriffe.

  Ein Beispiel für diesen Schritt ist in der Buchhaltung zu finden. Ein Jahr hat (bis auf absehbare Zeit) nicht mehr als zwölf Monate. Also kann man die Monatsergebnisse der Buchhaltung (eine Wiederholgruppe) ohne große Gefahr in einem Datensatz implementieren, obwohl man eigentlich eine Auslagerung vorsehen müßte. Für die Performance ergibt sich dann der Vorteil, daß etwa für eine Auskunftmaske mit Monatsergebnissen nur noch ein Datensatz statt dreizehn (Kopfsatz + 12 Monatssätze) gelesen werden muß.

  Bei den Positionen einer Rechnung darf man diesen Schritt aber nicht anwenden! Auch wenn noch niemals Rechnungen mit mehr als fünf Positionen vorgekommen sind, so gibt es doch keine Regel von der **Verbindlichkeit eines Naturgesetzes**, daß dies nicht doch eines Tages vorkommen könnte. Wenn dann eine Rechnung mit acht Positionen erstellt und gespeichert werden muß, dann kann man nur noch schlechte Hilfskonstruktionen verwenden (zwei Rechnungen erstellen).

  Dieser Schritt der Rücknahme der Auslagerung von Wiederholgruppen muß also vorsichtig angewandt werden. In den Fällen, wo eine feste Obergrenze für die ERM-Kardinalität bekannt ist, und wo diese Datenstruktur im Geschäftsablauf sehr häufig verarbeitet werden muß, läßt sich durch diese Maßnahme meistens ein spürbarer Effekt für die Antwortzeiten erreichen.

- **Attribute weglassen.**

  Manchmal kommt man auch auf die Idee, exotische, d.h. nur sehr selten benötigte Attribute einfach aus dem Entitytyp wieder zu entfernen. Damit entfernt man sich aber auch vom Modell der wahren Anforderungen an das System. Irgendwann stellt sich heraus, daß diese Attribute doch benötigt werden. Die Fachabteilung beginnt dann, parallel zum EDV-Verfahren eine weitere Ablageorganisation (Akten mit nicht aufbewahrungspflichtigen Belegen) zu führen. Ein Fall läßt sich dann vielleicht nur noch bearbeiten, wenn auch die Akte vorliegt. Vor dem Weglassen von selten benutzten Attributen wird daher nachdrücklich gewarnt.

- **Hinzufügen von Datenelementen.**

  Man kann etwa redundante Kennzeichen oder ableitbare Summenfelder in das Datenmodell einfügen, um weitere Zugriffe zu vermeiden. Auch in diesem Vorgehen sind schwerwiegende Nachteile verborgen, denn alle ändernden Anwendungsprogramme müssen diese Kennzeichen oder Summenfelder präzise fortschreiben. Wird dies an einer Stelle vergessen, dann entstehen inhaltliche Inkonsistenzen. Informationen, die eigentlich gespeichert sind, werden nicht angezeigt. Oder das Anwendungsprogramm erhält aufgund eines Kennzeichens die Nachricht, daß noch abhängige Tupel vorhanden sind und läuft beim Zugriff auf diese auf einen Datenbankfehler.

Wenn man diese Maßnahme überhaupt einführen will, dann sollte man nur Kennzeichen, niemals Anzahlen abhängiger Sätze oder Summenfelder (z.B. "Gesamtbetrag") als zusätzliche redundante Attribute einfügen. Sonst entstehen für alle Änderungsprogramme erheblicher Pflegeaufwand und Konsistenzprobleme.

- **Zusammenlegen mehrerer strukturell gleicher Entitytypen zu einer Satzarten-Datei.**

  Diese Maßnahme reduziert die Anzahl der Dateien auf dem Rechner. Bei entsprechend definiertem zusammengesetzten Key führt sie nur selten auf besondere Probleme. Sie bietet sich an, wenn eine eher selten benutzte Datei neben den aktuellen Daten auch gleichartig aufgebaute Angaben zur Fall-Historie enthalten soll.

  Von dem Attribut Satzart darf man aber **auf keinen Fall die Attributierung des Satzes abhängig machen.** Alle Sätze, die durch die Satzart unterschieden werden, müssen den gleichen Satzaufbau haben.

- **Gezielte lokale Rücknahme einzelner Normalisierungsschritte.**

  Diese Maßnahme ist meistens nur akzeptabel bei Daten, die praktisch nur gelesen werden (sonst müssen Funktionen Redundanzen pflegen).

- **Ein Entity in mehrere Datensätze aufteilen.**

  Vielleicht wird im Rahmen der Zugriffspfadanalyse festgestellt, daß von einer Anwendung mit großer Aufruf-Frequenz nur ein kleiner Teil der Attribute eines Entitytyps benutzt wird. Dagegen sind die anderen Attribute nur aus logischen Gründen dem Entitytyp zugeordnet, werden aber nur von wenigen Anwendungen tatsächlich benutzt. In solchen Fällen ist eine Aufteilung des Entitytyps in zwei neue entsprechend der Nutzung angebracht. Dabei werden Attributgruppen entsprechend ihrer Zugriffsfrequenzen zusammengefaßt. Dieser Schritt enthält keine gravierenden Nachteile für die Qualität des Datenmodells, führt aber zu kleineren Dateien, die sich tendenziell performanter nutzen lassen. Besonders bei ungewöhnlich großen Dateien ist dieser Schritt zu erwägen (etwa wenn man bei einer Bank auf einen Bestand von 10 Millionen Buchungssätzen mit 200000 Transaktionen pro Tag zugreifen will).

Bei jedem Schritt der Denormalisierung muß bekannt sein, welches Risiko für die Verarbeitung eingegangen wird. Durch Einführung von Redundanzen werden auch wieder die Update-Anomalien eingeführt, die Anwendungsprogramme komplizierter machen, als es eigentlich funktional erforderlich ist. Zu jedem Schritt der kontrollierten Redundanz-Einführung muß daher der zu erreichende Nutzen nicht nur sorgfältig abgeschätzt, sondern auch nach Implementierung verifiziert werden. **Falls sich eine Denormalisierungsmaßnahme nicht auszahlt, muß sie wieder rückgängig gemacht werden.**

Beispiel "Anschriften" : das denormalisierte Modell

Das normalisierte und quantifizierte Datenmodell der Anschriften müssen wir noch einmal recht gründlich überarbeiten, wenn es auch für die Identifizierung von Anschriften über Fragmente geeignet sein soll. Außerdem würden wir gerne die Anzahl der insgesamt erforderlichen Tupel reduzieren, zumal bei der Implementierung noch zusätzlicher Overhead für die Realisierung der Beziehungstypen entstehen wird. Als physisches Datenmodell schlagen wir daher ein denormalisiertes Modell vor, das in Bild 6.4-15 wiedergegeben ist.

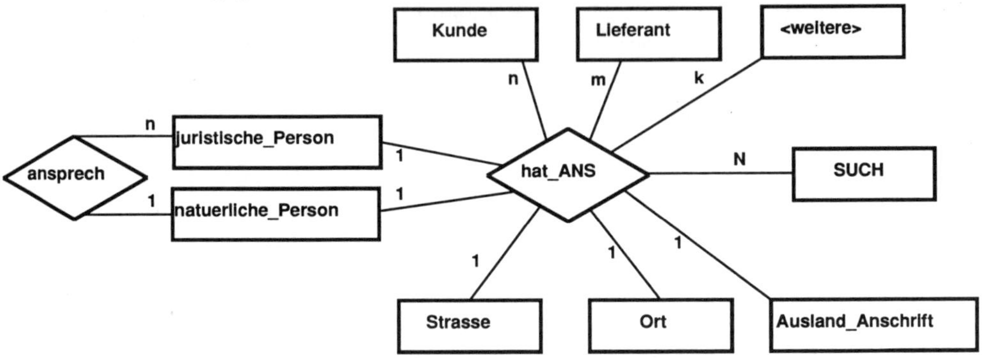

Bild 6.4-15: das denormalisierte Anschriften-Modell

Darin sind folgende Maßnahmen enthalten:

- Um den benutzerfreundlichen Anforderungen der Anschriftensuche zu entsprechen, ändern wir den Charakter des Entitytyps "Typ" grundlegend. Neben den bisherigen Attributen enthält er noch eine Reihe von Matchcodes, die allein für die Anschriftensuche eingefügt werden.

  Matchcodes sind redundante Attribute, die eine für die Suche oder für die Doublettenprüfung besonders geeignete Kurzform der Ausprägungen einer Gruppe von für das Tupel charakteristischen Attributen enthält. Ein Matchcode läßt sich dann als "Suchschablone" benutzen, um auf der Ebene der Implementierung nicht zu komplexe Zugriffsmechanismen installieren zu müssen.

  Heutzutage ist die Benutzung von Matchcodes nur vernünftig, wenn diese **vollkommen transparent** verwaltet werden, d.h. der Anwender darf gar nicht wissen, daß es diese Matchcodes gibt. Insbesondere darf er nicht von einer altertümlichen Benutzeroberfläche gezwungen werden, für einen Fall die Matchcodes im Kopf zu "berechnen", um diese dann manuell einzugeben. Matchcodes werden bei Neuanlage und bei Änderung des Tupels eingestellt bzw. geändert und bei der Nutzung abgefragt.

  Die Grundfunktionen für Matchcodes sind in der Implementierung vollständig zu kapseln, so daß auch der Anwendungsprogrammierer vom genauen Aufbau des Matchcodes keine Kenntnis hat. Nur so ist es möglich, eines Tages den Matchcode durch ein dafür entwickeltes Utility im Batch zu ändern, ohne daß hiervon der Anwender selber oder eines der Anwendungsprogramme berührt wird.

Ein sinnvoller Umgang mit Matchcodes setzt weiterhin voraus, daß die Anschrift in vernünftige Attribute strukturiert ist und auch entsprechend gepflegt wird, so daß man per Programm sicher die einzelnen Bestandteile wie "die ersten drei Buchstaben des Vornamens" abgreifen kann, um daraus den Matchcode maschinell zu bilden. Eine undisziplinierte Fachabteilung zieht eventuell einen Anschriften-Bezeichnungsteil aus vier nicht weiter strukturierten Anschriftenzeilen vor. In diesem Fall ist es fast unmöglich, nützliche Matchcodes zu definieren. Organisatorische Regelungen wie "in der ersten Bezeichnungszeile steht immer der Name" sind wertlos, da sie nicht maschinell abgeprüft werden können. Jeder Sachbearbeiter, der gegen solche Regeln verstößt, untergräbt spätere Doublettenprüfungen.

Anstelle des Entitytyps Typ ist also ein Entitytyp SUCH eingeführt worden, der folgenden Aufbau hat:

SUCH	= EigentümerID + Eigentümertyp + Anschriftentyp + BezeichnungsID + AnschriftArt + OrtID + Land + StrID + MatchBez + MatchStr + MatchOrt
Eigentümertyp	= * Name des Entitytyps, mit dem die Anschrift in Verbindung steht, z.B. "Kunde" | "Lieferant" | <weitere> *
Anschriftentyp	= * Bedeutung der Anschrift für den Eigentümer, z.B. "Postanschrift" | "Rechnungsanschrift" | "Lieferanschrift" | ... *
AnschriftArt	= ["juristische Person" | "natürliche Person"]
BezeichnungsID	= [JurID * wenn AnschriftArt = "juristische Person" | NatID * sonst *]
MatchBez	= * Beispiel: die ersten drei Stellen des Nachnamens + die ersten beiden Stellen des Vornamens *
MatchStr	= * Beispiel: die ersten drei Stellen des Straßennamens + vom Rest des Straßennamens jeden zweiten Buchstaben *
MatchOrt	= * Beispiel: Postleitzahl + Zustellpostamt *

Der Entitytyp SUCH enthält auch Mechanismen, die man eigentlich gerne vermeiden würde:

* Abhängig von der AnschriftArt hat die BezeichnungsID eine unterschiedliche Bedeutung: wenn "juristische Person" in der AnschriftArt gefunden wird, dann ist die BezeichnungsID eine JurID und es muß auf die juristische_Person zugegriffen werden. Sonst erfolgt der Zugriff auf die natürliche_Person. Diese Maßnahme trägt jedoch dazu bei, den Entitytyp Anschrift mit im Beispiel 400000 Tupeln überflüssig zu machen.
* Entsprechendes gilt für die Attribute Land und OrtID. Über die Ausprägung von Land wird gesteuert, ob eine Inlandsanschrift vorliegt, dann erfolgt die Aufbereitung mit den Entitytypen Ort und Strasse, oder ob eine Auslandsanschrift vorliegt, was eine Auswertung von Ausland_Anschrift zur Folge hat. Bei einer Auslandsanschrift bleibt die StrID unbenutzt.

Diese Maßnahmen sparen zwar 400000 Tupel (Datenbanksätze), machen aber das Verfahren gefährlich. **An dieser Stelle bereits muß entschieden werden, daß die Anschriftendatenbank durch leistungsfähige Zugriffsroutinen (Methoden, Services in der objektorientierten Entwicklung) gekapselt werden muß.**

- Der Entitytyp Telefon wird beseitigt. Dies geschieht für die Qualität des Anschriften-Datenmodells fast unschädlich, indem die Telefonnummern jeweils bei der natürlichen Person gespeichert werden. Bei der juristischen Person wird nur die Telefonnummer der Vermittlung abgelegt. Wir nehmen an, daß ohnehin keine Prüffunktion für die Telefonnummern verfügbar ist. Sonst müßte man diesen Schritt noch einmal überdenken. Durch diese Maßnahme werden 200000 Tupel gespart.
- Die Hausnummer wird beim Bezeichnungsteil natürliche_Person bzw. juristische_Person untergebracht. Dadurch werden 400000 Tupel gespart.
- Die Auslandsanschriften bestehen aus zwei bis vier unstrukturierten Anschriftenzeilen, weil hier keine Prüfungen praktikabel sind. Im denormalisierten Modell ziehen wir diese Zeilen in ein Tupel hinein, das damit eine Wiederholgruppe enthält. Auslandsanschriften haben wir nur wenige, ihre Verarbeitung ist trivial, aber wir sparen ein paar Zugriffe. Dies ist ein Beispiel für eine Maßnahme der Denormalisierung, die man gefahrlos eingehen kann, die aber fast nichts einbringt (man spart nur 750 Tupel von 2 Millionen).

Wir haben also zusätzlich zu der Konzeption des Entitytyps SUCH noch folgende Änderungen vorgenommen:

```
Ausland_Anschrift      =OrtID + {Anschriftenzeile}4
juristische_Person     =JurID + Bezeichnung + TelNr + Hausnummer
natürliche_Person      =NatID + Name + Vorname + Anrede + Titel + TelNr +
                        Hausnummer
Hausnummer             =HausNr + (HausNr_Zusatz) + (HausNr_bis)
```

Die wichtigsten Verarbeitungen der Anschriften sind wie folgt zu spezifizieren:

```
PROC AnschriftZumEigentümer;
{PRECONDITION: gegeben EigentümerID, Eigentümertyp und Anschriftentyp}
FINDE SUCH MIT     SUCH.EigentümerID = EigentümerID
                   UND SUCH.Eigentümertyp = Eigentümertyp
                   UND SUCH.Anschriftentyp = Anschriftentyp
    IF SUCH.AnschriftArt = "juristische Person"
        FINDE juristische_Person MIT juristische_Person.JurID = SUCH.BezeichnungsID
            <usw>
    ELSE
        FINDE natürliche_Person MIT natürliche_Person.NatID = SUCH.BezeichnungsID
            <usw>
    FI
    IF SUCH.Land = "D"
        FINDE Strasse MIT Strasse.StrID = SUCH.StrID
            FINDE Ort MIT Ort.OrtID = SUCH.OrtID
                <usw>
    ELSE
        FINDE Ausland_Anschrift MIT Ausland_Anschrift.OrtID = SUCH.OrtID
            <usw>
    FI
    <usw>
```

PROC AnschriftÜberFragmente;
{PRECONDITION: gegeben führende Bestandteile des Bezeichnungsteils, der Straße, des Ortes in beliebiger Kombination, zusätzlich ggf. Land, AnschriftArt, Anschriftentyp}
FÜR ALLE SUCH ZU <gegebenen Suchkriterien>
{im Verfahren verbirgt sich hier eine komplexe Logik mit vielen Fallunterscheidungen. Aufgrund der bekannten Suchkriterien läßt sich jedoch ohne Datenbankzugriff der geeignete Zugriffsweg ermitteln. Der Datenbankzugriff liefert dann alle Tupel, die zur Menge der durch die Suchkriterien bestimmten Lösungskandidaten gehören.}
FINDE <Eigentümer> ABHÄNGIG VON EigentümerID und Eigentümertyp
{eine Fallunterscheidung über den Eigentümertyp}

Vergleichen wir nun die Anzahlen der Datenbankzugriffe mit denen des normalisierten Datenmodells in Kapitel 6.4.8.4 für die Aufbereitung der Anschrift und für die Suche von "Hans Müller in Berlin" (Schreiben s. Bild 6.4-14).

	normalisiertes Modell	denormalisiertes Modell
AnschriftZumEigentümer	18 Zugriffe	4 Zugriffe Inland 3 Zugriffe Ausland
AnschriftÜberFragmente	18001 Zugriffe	20 Zugriffe

Bei der Prozedur AnschriftÜberFragmente werden im denormalisierten Modell 10 Tupel im Entitytyp SUCH gefunden, nämlich (5 Treffer * 2 Anschriftentypen). Zu jedem dieser Kandidaten erfolgt der Zugriff auf das Kundentupel, um den Fall (natürlich auch hier nicht sicher) identifizieren zu können. Die Ziel-Hardware muß so leistungsfähig sein, daß sie diese Anzahl von insgesamt 20 Tupelzugriffen innerhalb einer Transaktion performant verkraften kann, auch bei vielleicht 80000 Transaktionen pro Tag.

Insgesamt ist durch unsere Maßnahmen also das Datenmodell performant geworden. Es enthält jetzt nur noch 1003000 Tupel statt 2 Millionen. Diese Zahl steht in einem vernünftigen Verhältnis zu den 450000 Anschriften des Anwendungsverfahrens. Weggefallen sind die Entitytypen Anschrift, Telefon und Hausnummer. Typ wurde durch SUCH ersetzt. Unser Datenmodell hat folgende Eigenschaften:

- Es ist nicht redundanzfrei, aber die noch vorhandenen Redundanzen sind auf ein vernünftiges Maß beschränkt.
- Der Preis für die Performance sind komplexe Basisfunktionen für die Anschriftensuche und -Pflege.
- Das Datenmodell muß so gekapselt werden, daß kein Anwendungsprogramm direkt auf die Dateien zugreift. Dies darf nur über die erwähnten Basisfunktionen möglich (bzw. erlaubt) sein.
- Für die reichlich komplizierten Zugriffspfade, die in dem Entitytyp SUCH erforderlich sind, muß das Ziel-Datenbanksystem die benötigten Mechanismen bereithalten. In einer Struktur mit invertierten Listen kann dies bedeuten, daß für eine Datei mit 450000 Datenbanksätzen etwa 10 invertierte Listen für die wichtigsten Suchstrategien eingerichtet werden müssen. Dies bedeutet einiges für das Datenbanksystem und übrigens auch für die Leistungsfähigkeit des Ziel-

Rechners, der für das Datenbanksystem sehr große Pufferbereiche im Hauptspeicher erlauben muß. Dazu kommen Anforderungen des TP-Monitors, der zur Nutzung dieses Potentials auch Rechnerleistung in gleicher Größenordnung abfordert. Außerdem haben wir uns bei der Datenmodellierung hier nur mit den Anschriften beschäftigt. Andere Verfahren sind meist auch anspruchsvoll.

- Es werden postalische Prüfungen eingegebener Anschriften ermöglicht. Das Postleitzahl-Orts-Verzeichnis der Bundespost wird konstruktiv in das Verfahren eingebaut. Die gültigen Ortsdaten werden nicht nur in einer Prüfdatei gehalten, sondern zum Aufbau jeder Anschrift benutzt.
- Die Matchcode-Datei SUCH ermöglicht ziemlich performante Wege zur Doublettenprüfung zum Zeitpunkt der Eingabe oder Änderung von Anschriften. Es kann durch vollqualifizierten oder graduell abgeschwächten Matchcodezugriff leicht festgestellt werden, ob Doubletten-Kandidaten bereits im Anschriftenbestand vorhanden sind.
- Durch die in weiten Teilen noch normalisierte Struktur wird nicht nur Plattenplatz tendenziell gespart (dies ist heute kein Argument mehr). Vor allem wird die Konsistenz der Anschriften gefördert. Ein integriertes Anschriftenverfahren für alle Geschäftsbereiche führt zur schnellstmöglichen Information aller Beteiligten über erfolgte Anschriftenänderungen. Der Kunde wird nicht mehr durch Schreiben mit veralteten Anschriften genervt.

Das beschriebene Datenmodell ist praxiserprobt. Es wird heute in etwas modifizierter Form zur Handhabung von etwa 700000 Anschriften performant in einer (quasi-) relationalen Datenbankumgebung benutzt. Das vorgestellte Konzept kann also in angepaßter Form direkt realisiert werden. Wer dies beabsichtigt, sollte allerdings auf einige bereits erwähnte und aus der Überlegung ausgeklammerte "Arabesken" Rücksicht nehmen. Diese werden hier ohne weiteren Kommentar als Praxistip zur weiteren Klärung notiert.

- Größere Städte haben Zustellpostämter (Beispiel: "2000 Hamburg 55"). Bei der Anschriftenpflege geht aber aus dem Schriftstück nicht immer die Angabe des Zustellpostamtes hervor.
- Anschriftenaufkleber oder Sichtfenster haben nur eine Breite von 27 bzw. 30 Stellen. In der Ortszeile muß neben der Postleitzahl und wenigstens einer Leerstelle die Ortsbezeichnung untergebracht werden. Die Bundespost bietet hier einen 16-stelligen Orts-Kurznamen an und einen 40-stelligen Orts-Langnamen. Für die Darstellung am Bildschirm ist der 16-stellige Name manchmal zu kurz, so daß er unleserlich wird (man denke an Bietigheim-Bissingen, abgekürzt Bietghm-Bissng). Der 40-stellige Name reicht aus, er kann aber nicht auf dem Aufkleber erscheinen. Man vermeide, eine eigene Orts-Kurzschreibweise zu erfinden.
- Die Unterscheidung in natürliche bzw. juristische Person ist datenabhängig manchmal nicht einfach.
- Eventuell benötigt man neben der Matchcode-Suche noch weitere Suchstrategien, z.B. das Scannen. Dabei werden in den Bezeichnungsteilen einer Menge von Lösungskandidaten diejenigen herausgefiltert, die einen bestimmten Suchstring irgendwo im Bezeichnungsteil enthalten,- komfortabel aber aufwendig. Man beschränke die Minimalgröße der Kandidatenmenge sinnvoll und führe eine

privilegierte Funktion ein, die das Scannen in den Fällen erlaubt, wo man anders die Anschrift wirklich nicht finden kann.

- Die räumliche Gliederung über Postleitzahlen und Orte ist nicht mit der amtlichen Gliederung des Statistischen Bundesamtes kongruent (Beispiel: 2000 Wedel). Von der Post werden aber die Zuordnungen des Statistischen Bundesamtes mitgeliefert. Man bilde diese auch im Verfahren ab, um sich weiterführende Möglichkeiten der statistischen Auswertung im Rahmen des Controlling und Berichtswesens offenzuhalten.
- Auch wenn für postalische Zwecke die Angabe des Postfaches ein geeigneter Ersatz für Straße + Hausnummer sein kann, so verzichte man nicht auf die Angabe der kleinräumlichen Bezugskriterien. Sonst kann man die kleinräumliche Zuordnung des Falles nicht mehr maschinell vornehmen.
- Die Postleitzahlen werden nicht immer nur vier Stellen umfassen.

Die Liste ist mit Sicherheit nicht vollständig.

6.4.9.3 Das Datenmodell an die Implementierung anpassen

Als Basis für diesen letzten Schritt der Datenmodellierung dient eine Darstellung des relevanten und quantifizierten Datenmodells als Relationenmodell unter Angabe aller Integritätsregeln. Die Qualität dieses Modells entscheidet über die Zukunftssicherheit und über die Performance des neuen Systems.

Mit Blick auf die Möglichkeiten des zu benutzenden Datenbanksystems wird nun das Relationenmodell angepaßt. Dabei sind technisch motivierte Änderungen möglich und zulässig, soweit sie die im Relationenmodell spezifizierten Angaben nicht verletzen. Diesen implementationsabhängigen Schritt können wir natürlich nicht für jedes in Frage kommende Datenbanksystem ausformulieren. Wir geben nur eine Vorstellung von den Aktivitäten, die bei Umsetzung in ein relationales Datenbanksystem erforderlich werden.

6.4.9.3.1 Abbildung von Entitytypen

Entitytypen werden durch Dateien, Entity-Instanzen werden durch Datensätze implementiert. In der Regel werden Entitytypen 1:1 auf Dateien abgebildet, ein Entitytyp ergibt eine Datei.

6.4.9.3.2 Abbildung von Attributen

Attribute werden durch Datenelemente bzw. einzelne Datenbankfelder implementiert. In der Regel erfolgt eine Abbildung 1:1, ein Attribut wird durch ein Datenelement repräsentiert.

6.4.9.3.3 Abbildung von Beziehungstypen

Die Implementierung von Beziehungstypen hängt stark vom gewählten Datenbanksystem ab. Beziehungstypen werden häufig durch Fremdschlüssel-Verbindungen in den Dateien implementiert. Dies ist aber nur für 1:n Beziehungen möglich. Komplexe Beziehungen (n:m) werden in zwei einfache Beziehungen (1:n) zerlegt (s. Bild 6.3-10). Dabei wird die entstehende Verbindungsrelation (Beziehungstyp, gelegentlich "Intersection Data" genannt) als Datenbanktabelle implementiert. Auch rekursive Datenbeziehungen auf einem Entitytyp werden durch eine Verbindungsrelation aufgelöst.

Jede Datei besitzt einen eindeutig identifizierenden Schlüssel (Primärschlüssel). Dieser Schlüssel wird in der referenzierenden Datei als Datenelement implementiert (vgl. Kap. 6.3.1.2.2). Über dieses Datenelement können die Dateien verbunden werden. Ob dieses Datenelement als Sekundärschlüssel implementiert wird, hängt von der Zugriffsrichtung ab. Sie ist im quantifizierten Datenmodell dokumentiert.

Erfolgt in Bild 6.4-16 die Zugriffsrichtung von A nach B, so muß A-SCHLÜSSEL als Sekundärschlüssel implementiert werden. Erfolgt die Zugriffsrichtung nur von B nach A, so kann A-SCHLÜSSEL als normales Datenelement implementiert werden.

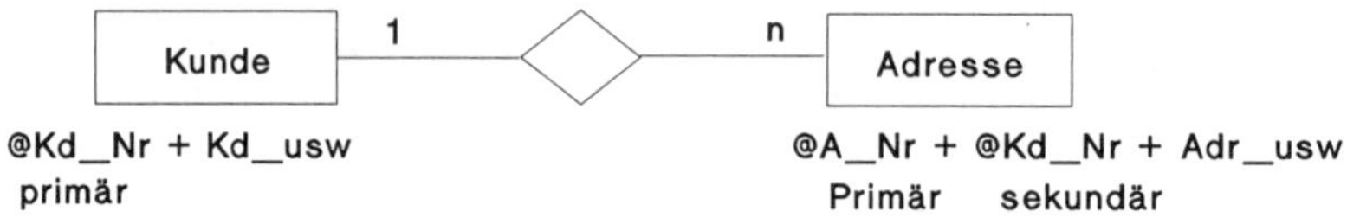

Bild 6.4-16: Definition von Sekundärschlüsseln

6.4.9.3.4 Definition von Sekundärschlüsseln

Jede Datenbankdatei enthält einen Primärschlüssel, der natürlich auch zum Zugriffschlüssel erklärt wird. Als sog. Sekundärschlüssel werden zusätzlich erklärt:

- die Fremdschlüsselattribute, soweit ein Zugriff vom referenzierten zum referenzierenden Entitytyp erforderlich ist (vgl. Bild 6.4-16),
- weitere Suchschlüssel, das sind Attribute, über die ein direkter Zugriff erfolgen kann, der durch die Anforderungen an die Benutzerschnittstelle erforderlich wird.

Weitere Hinweise zum Datenbankdesign sind in der Literatur zu Datenbanken reichlich zu finden (vgl. z.B. /DATE-90/, /DATE-83/, /HOGAN-90/, /SCHLAGETER-STUCKY-83/, /WEDEKIND-76/).

6.4.9.4 Beispiel Anschriften - Relationenmodell zur Implementierung

Hier folgt der letzte Teil der Anschriften-Modellierung, wir geben das entwickelte Modell als Relationenmodell jedoch in der Schreibweise des ERM-Datenkatalogs mit allen Integritätsregeln an. In unserem Modell ist jedoch die Notierung der Fremdschlüsselregeln schwierig.

Zur Vermeidung von Redundanz muß etwa beim Ändern einer Anschrift geprüft werden, ob bereits ein Tupel der natürlichen Person mit dem neuen Inhalt schon existiert. Wenn dies der Fall ist, wird lediglich eine Verbindung zu dem bereits existierenden Tupel aufgebaut. Sonst wird es eingerichtet und verbunden. Löschen und Ändern von abhängigen Tupeln (natürliche_Person, juristische_Person) ist nur zulässig mit Blick auf anderweitige Nutzung des jeweiligen Tupels in anderen Anschriften.

Daher sind Basisfunktionen zur Anschriftenpflege zu entwickeln, die das Datenmodell der Anschriften kapseln. Dies sind die einzigen Programme, die auf die Anschriften-Entitytypen zugreifen dürfen. Es sind damit aber auch die einzigen Programme, die eine Kenntnis der Integritätsregeln benötigen.

Insgesamt erreichen wir eine solide Basis für die Implementierung des Datenmodells in einem Datenbanksystem. Dabei gehen wir davon aus, daß in diesem Datenbanksystem die Beziehungstypen als Fremdschlüsselverbindungen realisiert werden. Bisher haben wir die Beziehungstypen nicht bei den Berechnungen von Tupel-Anzahlen und Zugriffs-Strategien berücksichtigt. Sie sind eben ein Implementierungsdetail.

Entitytypen - Relationen

Ausland_Anschrift	=OrtID + {Anschriftenzeile}4 PRIMÄR (OrtID)
<Eigentümer>	= * stellvertretend für einen beliebigen konkreten Eigentümer, z.B. Kunde, Versicherter, Gutachter, Abonnent, ... * EigentümerID + ... * alle im Anwendungsverfahren erforderlichen Attribute * PRIMÄR (EigentümerID)
juristische_Person	=JurID + Bezeichnung + TelNr + Hausnummer PRIMÄR (JurID)
natürliche_Person	=NatID + JurID + Name + Vorname + Anrede + Titel + TelNr + Hausnummer PRIMÄR (NatID) FREMD (JurID) REF (juristische_Person)
Ort	=OrtID + PLZ + Ort_kurz + Ort_lang PRIMÄR (OrtID)
Strasse	=StrID + Strassenname PRIMÄR (StrID)
SUCH	=EigentümerID + Eigentümertyp + Anschriftentyp + BezeichnungsID + AnschriftArt + OrtID + Land + StrID + MatchBez + MatchStr + MatchOrt PRIMÄR (EigentümerID, Eigentümertyp, Anschriftentyp) FREMD (EigentümerID) REF (<Eigentümer>).. abhängig von Eigentümertyp FREMD (BezeichnungsID) REF1 (juristische_Person).. REF2 (natürliche_Person).. abhängig von AnschriftArt FREMD (OrtID) REF1 (Ort).. REF2 (Ausland_Anschrift).. abhängig von Land FREMD (StrasseID) REF (Strasse)

Definition von Datenelementen

AnschriftArt	= ["juristische Person" | "natürliche Person"]
Anschriftentyp	= * Bedeutung der Anschrift für den Eigentümer, z.B. "Postanschrift" | "Rechnungsanschrift" | "Lieferanschrift" *
Eigentümertyp	= * Name des Entitytyps, mit dem die Anschrift in Verbindung steht, z.B. "Kunde" | "Lieferant" *
BezeichnungsID	=[JurID * wenn AnschriftArt = "juristische Person" | NatID * sonst *]
Hausnummer	=HausNr + (HausNr_Zusatz) + (HausNr_bis)
Land	= * Länderkennzeichen der KFZ-Zulassung, z.B. D Deutschland, F Frankreich, GB Großbritannien *

MatchBez	= * Beispiel: die ersten drei Stellen des Nachnamens + die ersten beiden Stellen des Vornamens *
MatchOrt	= * Beispiel: Postleitzahl + Zustellpostamt *
MatchStr	= * Beispiel: die ersten drei Stellen des Straßennamens + vom Rest des Straßennamens jeden zweiten Buchstaben *

7. SD Strukturiertes Design

Im Rahmen der Analysephase wird bei allen Methoden die Entwicklung eines implementationsfreien Modells der wahren Anforderungen des Anwenders angestrebt. Erst am Ende der Analyse, beim Übergang in das Design (Konstruktion des neuen Systems), werden Implementierungsdetails berücksichtigt. Neben der logischen **Zuordnung von Prozessorgrenzen** mit Seitenblick auf Möglichkeiten und Grenzen der einzelnen Prozessoren findet eine **Bindung an die Implementierungstechnologie** statt. Mit Prozessoren sind hier diejenigen Teile des Systems gemeint, die Funktionen ausführen können. Dies können z.B. Rechner oder Sachbearbeiter sein. Folgende Aspekte bestimmen die Implementierung:

- **Machbarkeit** (Fähigkeit der Prozessoren, Aufgaben zu übernehmen und stets sicher zu bearbeiten),
- **Auslegung** (Entscheidung für konkrete Typen von Prozessoren),
- **Kapazität** (wieviele Prozessoren von welchem Typ werden benötigt),
- **Kosten** (einmalige und laufende Kosten).

Das Ergebnis entsteht meist iterativ. Erste Lösungsansätze werden schrittweise unter Beachtung der anderen Aspekte optimiert.

Das Ergebnismodell der Analyse beschreibt die Daten und Prozesse, die zur korrekten Funktion des Systems erforderlich sind. In der Realität laufen die Funktionen meistens **parallel** ab. Andererseits benötigen wir für die Implementierung ein Modell, bei dem die einzelnen Prozesse und sogar die einzelnen Instruktionen in eine **feste Reihenfolge** gebracht sind. Dazu zwingt uns die verfügbare Rechnertechnologie. Diese folgt heute immer noch der von Neumann-Architektur, die keine parallele Ausführung von Instruktionen kennt.

Die **von Neumann-Maschine** (J. von Neumann, 1945) stellt die gängigste Rechner-Architektur der heute in der Praxis allgemein benutzten Computer dar. Sie ist gekennzeichnet durch folgende Prinzipien (/PFEIFFER-90/):

1) Ein Rechner besteht aus den Hauptkomponenten CPU, Memory, Verbindung CPU - Memory.
2) Daten und Programme belegen denselben Speicher, von außen nicht unterscheidbar. Sie gewinnen ihre Bedeutung erst durch Interpretation.
3) Programmausführung bedeutet Zustandsänderung.
4) Charakteristische Anweisung zur Änderung der Zustände ist die Zuweisung

   variable := <expression>.
5) Alle Zustandsänderungen erfolgen sequentiell, also erst dann, wenn die vorangehende Zustandsänderung abgeschlossen ist.

Zu jedem Zeitpunkt kann also immer nur eine Anweisung ausgeführt werden, die den Rechner (endlicher Automat) von einem Zustand in einen anderen transferiert. Alle diese Zustandsänderungen erfolgen sequentiell. Hierin verbergen sich massive Randbedingungen der Implementierung. Das Analysemodell (SA + RT + SM) muß in ein Designmodell (SD) überführt werden. Das Design-Modell folgt der von Neumann-Architektur. In der Realität und im Analysemodell können Ereignisse parallel stattfinden und die Systeme können darauf parallel reagieren (s. Kap. 4.5). Es gehört meistens nicht zu den wahren Anforderungen des Anwenders, daß immer nur eine Anweisung zur Zeit ausgeführt werden kann. Die in der Implementierung benutzten Rechner können aber immer nur eine Anweisung zur Zeit bearbeiten.

Wenn also für eine von Neumann-Maschine Software zu entwickeln ist, dann müssen die grundlegenden Eigenschaften einer **single-thread-Rechnerstruktur** beachtet werden. Für diese ist SD die geeignete Spezifikationsmethodik. Die Parallelität von Prozessen wird auf dem benutzten Rechner nur simuliert.

Das Strukturierte Design erlaubt die Spezifikation von Systemen, die der von Neumann-Architektur folgen. SD ist also nicht an einzelne Sprachumgebungen oder Abstraktionsstufen gebunden, sondern an die Systemstruktur, die ihre Instruktionen sequentialisiert erwartet und ausführt.

Das Strukturierte Design ist vor allem auf den automatisierten Teil des Systems anwendbar. Parallel zur Realisierung der Softwarekomponenten und in Abhängigkeit von der Aufgabenstellung im Projekt müssen weitere Konstruktionstätigkeiten für die manuellen Funktionen durchgeführt werden. In kommerziellen Anwendungen werden zum Beispiel Arbeitsplatzbeschreibungen und Durchführungsrichtlinien erstellt. Hierfür wäre eigentlich von der Struktur der Aufgabe her auch das Strukturierte Design anwendbar, jedoch sind hier bisher die herkömmlichen Beschreibungsmittel üblich.

Im Hauptteil dieses Kapitels werden wir die **Structure Charts** als geeignete Modellierungstechnik für die Entwicklung eines hierarchischen Designs kennenlernen (Kapitel 7.2). Die **Qualitätskriterien für ein Moduldesign**, die in Kapitel 7.3 dargestellt sind, können in jeder Software-Architektur zu einer von Neumann-Maschine angewandt werden. Sie sind daher in jedem Software-Projekt auch für jene Entwickler unmittelbar relevant, die noch keine weiteren Methoden einsetzen. Diese Qualitätskriterien sind auch sofort einsetzbar bei der Wartung von Softwaresystemen.

Kapitel 7.4 schließlich beschreibt den **Übergang von der Analyse zum Design** und stellt die hier benutzten Techniken im Zusammenhang dar. Schließlich werden in Kapitel 7.4.2 einige Praxistips zum physikalischen Moduldesign gegeben.

7.1 SD-Vorbemerkungen

Erst in der Designphase, wenn die Analyseergebnisse an eine Implementierungstechnologie gebunden werden, muß auch die Umsetzung in ein serialisiertes Design vorgenommen werden, weil die Implementierungstechnologie dazu zwingt.

7.1.1 Abstraktion

Was auch immer auf dem Rechner implementiert wird ist eine **Abstraktion realer Dinge**, also ein **Modell** (s. Kapitel 3.1.2). Im Vordergrund stehen dabei **Abstraktionen von Aktionen** und **Abstraktionen von Objekten**. Aktionen sind Tätigkeiten in der Realität, die in Zustandsübergänge der von Neumann-Maschine übersetzt werden müssen. Aktivitäten im System werden durch Folgen von Aktionen simuliert. Objekte sind Simulationen von konkreten oder abstrakten "Dingen in der Realität", über die innerhalb des Systems Informationen gespeichert werden müssen. Beide Formen der Abstraktion müssen von der Implementierungsumgebung abgebildet werden können, damit wir in der Lage sind, den Rechner als Modellwerkzeug für die Realität zu nutzen.

Abstraktion bedeutet Verallgemeinerung, das Absehen vom Besonderen, Einzelnen, von der konkreten Implementierung. Beim Abstrahieren versucht man, im Hinblick auf die Aufgabe wichtige Merkmale von Aktionen oder von Dingen herauszugreifen und unwichtige zu ignorieren. Damit ist es überhaupt erst möglich, Begriffe zur Beschreibung gemeinsamer Beziehungen zwischen Dingen zu entwickeln. Abstraktion ist eigentlich ein Synonym für **Modellbildung**. Die wesentlichen Teile der Realität werden herausgegriffen und alles für die Aufgabenstellung Unwesentliche wird weggelassen.

7.1.1.1 Funktionale Abstraktion

Eine **funktionale Abstraktion** ist definiert als die **Abstraktion der Aktion**. Eine funktionale Abstraktion faßt auch mehrere Aktionen zusammen und macht sie unter einem Namen benutzbar. Anschaulich kann man sich hier ein Unterprogramm in einer Implementierungsumgebung vorstellen. Der Zweck einer funktionalen Abstraktion ist es, die Benutzung von Funktionen durch Angabe ihres Namens zu gestatten, ohne Kenntnisse der Implementierung verwenden zu müssen. Für den Entwurf ist es wichtig, Abstraktionen und ihren Gebrauch in der Definition genau zu beschreiben. Wird eine funktionale Abstraktion angewandt, dann erfolgt der Informationsaustausch mit der Umgebung über Ein-/Ausgabe-Parameter. Wie die Abstraktionen implementiert und realisiert sind, ist für ihren Nutzer nicht wesentlich. Der Nutzer stellt sich "auf starke Schultern".

Damit ist die funktionale Abstraktion ein Hilfsmittel, um die Komplexität der funktionalen Teile der Systembeschreibung zu reduzieren im Sinne einer schrittweisen Verfeinerung bzw. Vergröberung. Wir haben die Möglichkeit, eine komplexe Aktionsfolge durch eine Gruppe von funktionalen Abstraktionen zu ersetzen, die jeweils einzelne Teile der Aktionsfolge nach inhaltlich vernünftigen Gesichtspunkten zusammenfassen. Durch diese Zusammenfassungen erhalten wir also weniger Aktionsschritte, weil sich hinter jedem einzelnen Aktionsschritt bereits eine Folge elementarer Schritte verbirgt.

Bei der **Top-Down**-Vorgehensweise werden abstrakte Funktionen definiert, die der jeweiligen Abstraktionsebene angepaßt sind. In der **Bottom-Up**-Vorgehensweise werden dagegen bereits vorhandene Funktionen zu neuen, abstrakteren Funktionen zusammengefaßt.

Eine funktionale Abstraktion stellt Leistung in Form einer abstrakten (d.h. aus Nutzungssicht von Konstruktionsdetails befreiten) Prozedur (Unterprogramm, Prozedur, Function, ...) zur Verfügung. In Programmiersprachen wird die funktionale Abstraktion durch Funktions-, Prozedur-, und Unterprogrammtechniken unterstützt.

Damit ist eine funktionale Abstraktion gut geeignet zur Beschreibung von Aktionen oder Folgen von Aktionen. Funktionale Abstraktionen sind aber nicht geeignet, um abstrakte Objekte zu beschreiben, dazu werden Datenabstraktionen benötigt.

7.1.1.2 Datenabstraktion

Wie bei der funktionalen Abstraktion ist auch bei der Datenabstraktion das **Lokalitätsprinzip** bestimmend. Durch funktionale Abstraktion soll eine Lokalität der Kontrolle über Aktionen erreicht werden, während die Datenabstraktion zur Lokalität der Daten und der mit ihnen verbundenen Operationen führt.

Ein elementarer **Datentyp** beschreibt die **Wertemenge** eines Datenobjektes zusammen mit den auf dieser Wertemenge **erlaubten Operationen.** Die Datenstruktur wird definiert durch Festlegung der Wertemenge. Der Übergang von einer konkreten Ausprägung zum Datentyp ist bereits ein wichtiger Abstraktionsschritt. Für einen Datentyp können in Programmen Konstanten und Variable definiert werden. Beispiele sind alle in den gängigen Programmiersprachen verfügbaren einfachen Datentypen (Integer, Real,...).

Eine **Datenabstraktion** ist eine Spezifikation von Wertebereichen und Objekten (Werten) unabhängig von der Darstellung in der realen Welt und von der Darstellung im Rechner, d.h. Abstraktion von unwichtigen Einzelheiten. Eine Datenabstraktion ist dadurch gegeben, daß der **Datentyp ausschließlich durch die Operationen definiert** ist, die mit ihm möglich sind (vgl. auch /NAGL-90/ Kap. 4.3). Ein Objekt wird nicht mehr durch seine Struktur, sondern ausschließlich durch die mit dem Objekt ausführbaren Operationen definiert.

Dazu ist es natürlich dennoch erforderlich, bei der Implementierung des Datentyps strukturelle Bindungen vorzunehmen, aber diese schlagen nicht auf die Nutzungsseite durch. Der Anwender der Datenabstraktion hat mit der Implementierung der Daten nichts zu tun. Er kommuniziert lediglich mit logischen Schnittstellen.

Der Anwender muß keine eigenen Programme schreiben, um die Datenstruktur zu manipulieren. Er darf auch nicht auf die interne Struktur der verborgenen Datenobjekte zugreifen. Abstrakte Datenobjekte können allein durch Anwendung der definierten Zugriffsoperationen benutzt werden, ohne Kenntnis der Implementation.

Die Zugriffsoperationen einer Datenabstraktion greifen in der Regel auf ein gemeinsames **internes Gedächtnis** zu, das Daten über das Aufrufende einer Zugriffsoperation hinaus aufbewahrt. Das Gedächtnis kann an die Laufzeit des Systems gebunden sein. Es kann aber auch über die Laufzeit hinaus bestehen. Dann muß es z.B. durch eine Dateiorganisation implementiert werden.

Notwendig werdende strukturelle Änderungen des internen Gedächtnisses haben meist keine Auswirkungen auf die Anwender der Zugriffsoperationen. Das Gedächtnis wird jedem Anwender gegenüber vollständig in seiner Struktur verborgen. Er erfährt vom Inhalt des Gedächtnisses nur durch die Daten, die von den Operationen des Datentyps verfügbar gemacht werden.

Ein Abstrakter Datentyp ist eine Klasse von Datenstrukturen, die durch eine äußere Sicht beschrieben werden, nämlich durch die verfügbaren Dienste und die Eigenschaften dieser Dienste (vgl. /MEYER-88/ S. 58).

Ziel der Datenabstraktion ist letztlich die Konstruktion von abstrakten Datentypen, bei denen die interne Datenstruktur der Umgebung völlig verborgen wird, jedoch über speziell vorgesehene Funktionen als Schnittstelle zur Umwelt verfügbar gemacht wird. Damit behält der abstrakte Datentyp die Kontrolle über die **Datenkonsistenz** und über die **korrekte Nutzung** der Daten. Gleichzeitig macht er die **inkompetente und unzulässige Änderung von Daten unmöglich**. Schließlich führt er zu einer bestmöglichen **Datenunabhängigkeit** auf logischer und physikalischer Ebene.

Abstrakte Datentypen sind ein allgemeineres Konzept als die funktionale Abstraktion. Abstrakte Datentypen umfassen Datenabstraktionen und funktionale Abstraktionen als Spezialfälle. Innerhalb eines abstrakten Datentypen werden lokale Datenstrukturen und Funktionen zur Implementierung der auf dem Datentyp arbeitenden Operationen angelegt. Der abstrakte Datentyp verkapselt beides.

In diesem Kapitel werden wir uns mit funktionalen Abstraktionen befassen. Auch bei Datenabstraktionen spielt die funktionale Abstraktion (der zum Datentyp gehörenden Operationen bzw. Dienste) eine entscheidende Rolle. Ausgangspunkt der Darstellung ist der Modulbegriff, dessen Eigenschaften untersucht werden.

7.1.2 Was ist ein Modul ?

Ein Modul ist zunächst nichts weiter als eine Sammlung von Programmanweisungen (also eine Folge von elementaren Aktionen) mit den folgenden Eigenschaften:

- Ein Modul **besitzt einen Namen** (Kurzbezeichnung, was der Modul tut aus der Sicht des aufrufenden Programms, nicht wie er es tut).
- Der Modul ist **unter seinem Namen aufrufbar** (d.h. bei Aufruf des Moduls kann die in ihm verborgene Aktionsfolge zur Ausführung gebracht werden).
- Es gibt eine **Eingabeschnittstelle - Inputs** (Daten, die der Modul von seinem Aufrufer erhält).
- Es gibt eine **Ausgabeschnittstelle - Outputs** (Daten, die an den Aufrufer zurückgegeben werden).
- Das "Innere" eines Moduls wird verborgen - **Abstraktion einer Aktion** (was der Modul macht, um Ausgabedaten aus Eingabedaten zu erzeugen). Bei der Benutzung des Moduls darf keine Kenntnis der internen Funktion benutzt werden **(Information-Hiding).**
- Es gibt eventuell **interne Daten**, die der Modul benötigt, um seine Aufgabe auszuführen, die aber wie die interne Funktionsweise gegenüber der Umgebung verborgen werden.

In der Definition ist also nicht die Einschränkung enthalten, daß der Modul etwa unabhängig übersetzbar sein müsse. Derartige Vorstellungen, die wir mit dem besetzten Modulbegriff meistens verbinden, haben erst in der Implementierungsphase einen Sinn. Im Design wollen wir nur Aktionsfolgen mit ihren Vor- und Nachbedingungen identifizieren.

Wir werden bei Definition der Qualitätskriterien natürlich sofort gewisse Typen von Moduln aus der weiteren Betrachtung wegen Qualitätsmängeln ausschließen, d.h. verbieten. Aber in der allgemeinen Definition sind diese schlechten Moduln noch enthalten. Wir werden sie jedoch zügig durch geeignete Regeln verbieten.

Ein Modul besteht aus eventuell mehreren Funktionen. Eine **Funktion** (auch **Element**) gilt als kleinste zusammenhängende Gruppe von Anweisungen, die sich als Einheit (Sammlung einzelner Aktionen) ansprechen läßt. Die Definition ist nicht sehr scharf. Wir lassen zunächst zu, daß ein Modul mehrere Funktionen enthält. Dies sind aber nicht notwendig die internen Funktionen oder geschachtelten Prozeduren in Pascal. Es genügt, wenn eine Gruppe von Anweisungen erkannt werden kann, die eigentlich auch außerhalb der gegenwärtig betrachteten funktionale Abstraktion eine eigenständige Bedeutung haben könnte. Auch diese Begriffsbildung brauchen wir, um weniger wünschenswerte Konstruktionen zu verbessern.

Unter Moduln und Funktionen darf man sich in diesem Zusammenhang also keine Objekte einer Entwicklungsumgebung mit diesen Bezeichnungen vorstellen. Es sind einfache Aktionsfolgen, die man als Einheit ansprechen kann. In diesem Sinne sind es gewissermaßen Kandidaten für Programm-Moduln des zu realisierenden Systems. Wenn wir uns dafür entscheiden, aus dem Kandidaten einen Modul zu machen, dann **kann** aus solchen Aktionsfolgen eventuell eine Pascal-Funktion oder Prozedur werden.

Ein Modul besitzt eine **äußere Sicht** (Schnittstelle zur Kommunikation mit der Außenwelt) und eine **innere Sicht**. Die äußere Sicht eines Moduls enthält alle Informationen, die ein Benutzer der Abstraktion benötigt, nämlich Name, Inputs, Outputs, Aufgabe. Die innere Sicht eines Moduls verbirgt die Implementierungsdetails vor dem Benutzer (Geheimnisprinzip). Dies sind die internen Daten, die interne Struktur, die Verarbeitungsregeln, der Algorithmus.

Im Strukturierten Design kümmern wir uns nicht sehr um das Innere der Moduln. Diese haben eine Aufgabe und eine festgelegte Schnittstelle. Diese beiden Eigenschaften reichen für die Konstruktion des Designs aus. Wie das Innere der Moduln für die Design-Zwecke festgelegt wird, das soll in Kapitel 7.2.3 angedeutet werden.

7.1.3 Weshalb Modularisieren ?

Ziel der Modularisierung ist die **Entwicklung von funktionalen Abstraktionen und Datenabstraktionen**. Bei der Umsetzung eines parallelen Modells in ein serialisiertes Modell zum Ablauf auf einer von Neumann-Maschine ist es weiterhin wesentlich, das System **in überschaubare und pflegbare Teile zu gliedern**. Schließlich soll **Coderedundanz vermieden** und **Wiederverwendbarkeit** der Moduln **erreicht** werden.

7.2 SD-Modellierung

7.2.1 Hierarchiediagramm - Programmorganisationsplan

Zur Konstruktion eines Moduldesigns werden oft "Programmorganisationspläne" (POP) benutzt. Diese sind einfach zu definieren als Hierarchiediagramme, die die **statische Aufrufstruktur** des Moduldesigns wiedergeben. Zwei Moduln A und B werden durch eine gerichtete Linie verbunden, wenn es in A einen Aufruf des Moduls B gibt. Ob beim dynamischen Programmablauf tatsächlich der Modul B aufgerufen wird oder nicht, ist aus dem Diagramm nicht ersichtlich. Die Verbindung bedeutet lediglich, daß ein Aufruf vorhanden ist, der in Abhängigkeit von der dynamischen Datensituation eventuell auch mehrmals durchlaufen wird. Bild 7.2-1 zeigt ein derartiges Hierarchiediagramm.

Diese Diagramme haben entscheidende **Nachteile**, die ihre Nutzung fragwürdig machen. Man erkennt am Diagramm nicht, was das beschriebene Programmsystem tatsächlich tut. Die Aufgaben der Moduln kann man bestenfalls erraten. Die Qualität der Schnittstellen ist anhand der Grafik nicht zu beurteilen.

Diese Diagramme entstehen als grafische Darstellung der Link-Liste (Ausgabeprotokoll des Linkage-Editor-Laufes) und sind allenfalls als Kontroll-Hilfsmittel nach fertiggestellter Realisierung nützlich, um das tatsächlich realisierte System mit dem Entwurf der Designphase zu vergleichen.

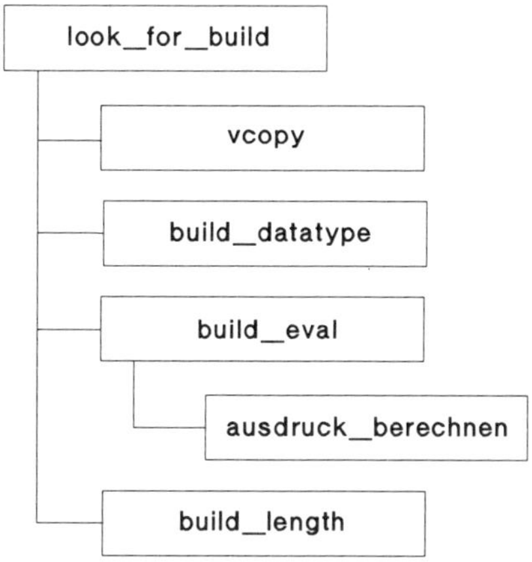

Bild 7.2-1: Hierarchiediagramm - POP

Als Konstruktionsmittel des Designs sind diese Diagramme **schädlich**. Sie zwingen den Entwickler nämlich nicht dazu, in Schnittstellen zu denken. Stattdessen erwägt er die Systemfunktionen, aber womöglich noch in der durch die Implementierungssprache erzwungenen Namensgebung. Wenn erst einmal technische Namen vergeben sind, dann wird auch der benannte Modul nicht mehr in Frage gestellt. Der Entwickler denkt zu früh in Lösungen. Er sollte erst einmal die Schnittstellen konstruieren, bevor er sich in den Details des Modulinneren verliert.

7.2.2 Modellnotation - Structure-Chart

Dagegen sind die Diagramme des Strukturierten Designs wesentlich verständlicher. Zwar wird in den **Structure-Charts** wie in den Hierarchiediagrammen auch nur die statische Aufrufstruktur darstellt. Aber Structure Charts haben doch den gravierenden Vorteil, daß die **Qualität der Schnittstelle** in den Vordergrund der Überlegungen gestellt wird. Die Diagramme sollen die äußere Sicht jedes im Diagramm gezeigten Moduls suggestiv darstellen, so daß die Modulqualität in ihrer wichtigsten Dimension auf einen Blick beurteilt werden kann.

Namen müssen auf die inhaltliche Bedeutung (die Semantik) des Moduls oder des Datenelements hinweisen, für den Betrachter sofort verständlich sein und weitere formale Eigenschaften besitzen. Für die Namensgebung von Moduln und Schnittstellendaten gelten die formalen Namensgebungsregeln in Kapitel 4.2.1.4.1.

Inhaltlich gibt es jedoch Unterschiede zur Namensgebung von Prozessen der SA. Der Name eines Moduls beschreibt seine Aufgabe. Er enthält auch die Leistungen aller vom Modul aufgerufenen anderen Moduln. Im Namen eines Moduls sind also auch die Funktionen aller gerufenen Moduln enthalten. Dies ist ein Unterschied zu den Prozeßnamen in der SA, die nur dazu dienen, den Prozeß selber zu beschreiben. Beim Übergang von einem SA-Modell zu einem SD-Modell müssen also mit Sicherheit auch die Namen verändert werden.

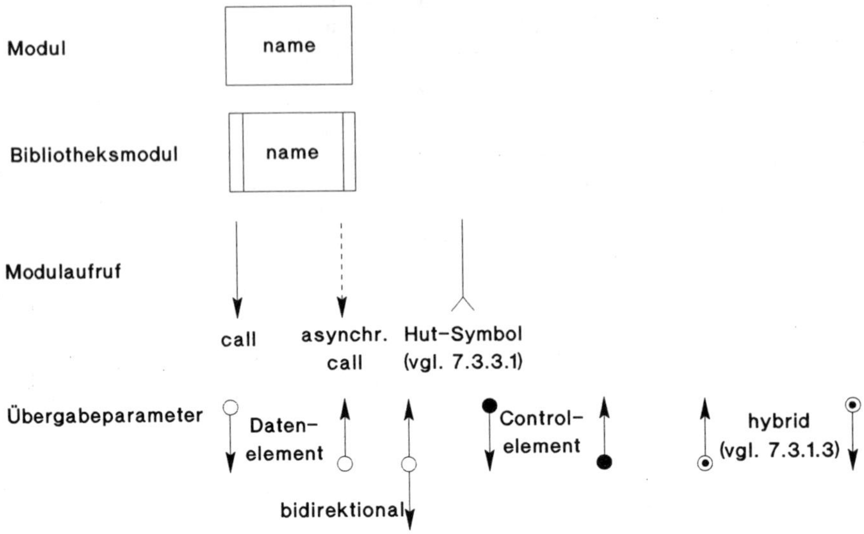

Bild 7.2-2: grafische Symbole im Structure Chart

Ein **Modul** wird repräsentiert durch ein Rechteck mit Namen. Moduln werden innerhalb des Modells weiter spezifiziert durch Modulbeschreibungen, die die innere Sicht für die Implementierung festlegen.

Bibliotheksmoduln sind Moduln, die entweder von der Entwicklungsumgebung verfügbar gemacht werden oder innerhalb des laufenden oder eines früheren Projektes in einer allgemein zugänglichen Bibliothek abgelegt worden sind. Diese Bibliotheksmoduln erfordern keine individuelle Beschreibung. Man kann davon ausgehen, daß diese Moduln schon an anderer Stelle spezifiziert sind.

Die **Aufruf-Möglichkeit** wird dargestellt durch einen Pfeil, der die Aufrufrichtung angibt. Insbesondere für systemnahe Anwendungen gibt es auch die Ausdrucksmöglichkeit für **asynchrone Calls**, bei denen der rufende Prozeß weiterläuft und nicht auf die Beendigung des gerufenen wartet. Das **Hut-Symbol** gestattet es, eine im Konzept zu weit gehende Verfeinerung der Modularisierung in der Implementierung wieder partiell zurückzunehmen. Damit soll der Entwickler ermuntert werden, in der Spezifikation erst einmal ohne große Sorgen um Performance ein logisch vernünftiges Design zu entwickeln. Die Zeit der (freudig einzugehenden) schlechten Kompromisse kommt noch früh genug. Wenn dann tatsächlich Kompromisse geschlossen werden müssen, dann sollte man wenigstens wissen, welche Nachteile man genau in Kauf nimmt. In Kapitel 7.3.3.1 wird das Hut-Symbol genauer erklärt.

Schnittstellendaten (Übergabeparameter) werden durch Datenelemente (**couples**) dargestellt, die im Datenkatalog in ihrer Zusammensetzung definiert werden (Syntax wie bei den Datenkatalog-Einträgen in der SA, s. Kap. 4.2.2.2). Die Pfeilrichtung beschreibt Sender und Empfänger der Datenelemente. Dabei wird zwischen Daten und Flags unterschieden: **Daten** werden verarbeitet und beschreiben externe Objekte, **Flags** (Kontrollflüsse, Control-Elemente) dienen zur Steuerung und beschreiben interne Zustände.

In Bild 7.2-3 wird ein Flag von dem gerufenen Modul "Anschrift bereitstellen" zurückgegeben: "KD_NR_IST_OK". Dieses Flag beschreibt den Datenzustand. Sein Inhalt richtet sich danach, ob zur Kundennummer eine Kundenanschrift gefunden wurde oder nicht.

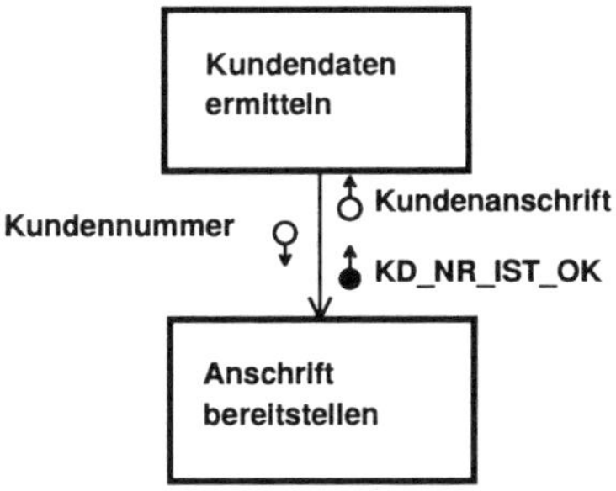

Bild 7.2-3: Daten und Flags

Datenelemente können auch einem Modul zur Änderung übergeben werden. Dies kann man bei den **bidirektionalen** Datenelementen auch durch Pfeile andeuten. Schließlich kommt gelegentlich die **Hybridkopplung** vor, vor der wir in Kapitel 7.3.1.3 intensiv warnen werden. Hybride Datenelemente lassen sich aber auch in den Structure-Charts in der angedeuteten Weise darstellen. Dies ist wichtig, damit man nicht vergißt, die hybriden Elemente zu **vernichten**, d.h. mindestens, sie aufzuspalten.

Es gibt noch weitere Elemente der Structure-Charts. Wir werden sie bei Bedarf im Text einführen.

Man kann einige Grundtypen von Moduln unterscheiden ("unten" und "oben" bedeuten hier die relative Position in der Aufrufhierarchie):

Eingabe-Typ	reicht Daten von unten nach oben,
Ausgabe-Typ	reicht Daten von oben nach unten,
Transformation	erhält Daten vom Aufrufer, verarbeitet sie und gibt zurück,
Koordination	steuert die Kommunikation der aufgerufenen Moduln (**Ablaufsteuerung**),
Quelle	produziert Daten (z.B. Datei lesen),
Senke	nimmt Daten auf (z.B. Ausgabe).

Diese Bezeichnungen werden wir immer wieder benutzen. Die Moduln werden im Structure-Chart so gruppiert, daß

- Eingabe-Typen soweit wie möglich nach links,
- Ausgabe-Typen soweit wie möglich nach rechts,
- Transformation in der Mitte,
- Quellen und Senken am Ende von Zweigen,

angeordnet werden, stets relativ zum Aufrufer.

7.2.2.1 Beispiel für einen Structure-Chart

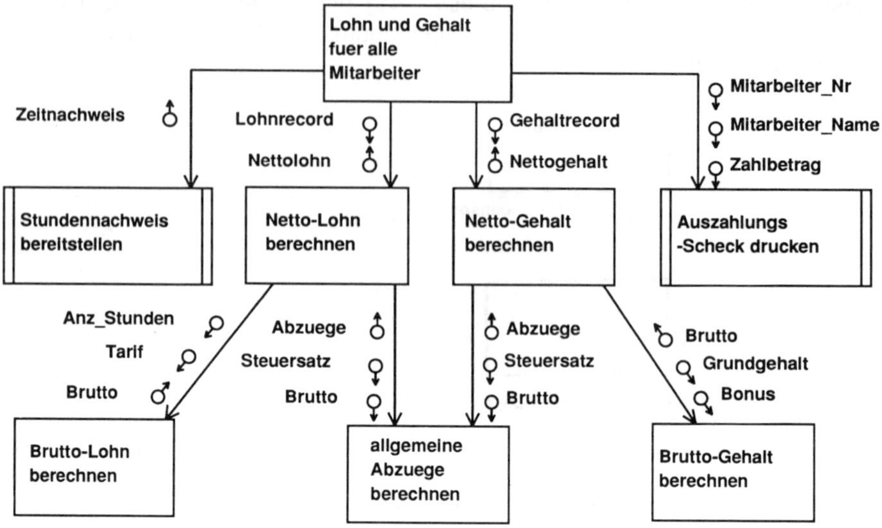

Bild 7.2-4: Beispiel für einen Structure-Chart

In Bild 7.2-4 ist ein Beispiel einer stark vereinfachten Lohn- und Gehaltszahlung angegeben. Natürlich ist klar, daß diese Verfahren in der Realität um ein Vielfaches komplexer sind. Hier geht es nur darum, zu zeigen, daß man eine Structure-Chart-Darstellung auf Anhieb verstehen kann. Man sieht die äußere Sicht aller beteiligten Moduln und man kann die Schnittstellen beurteilen. Aufgrund einer sachgerechten Namensgebung der Moduln und der Datenelemente ist auch das Modulinnere gut vorstellbar.

7.2.2.2 Eigenschaften des Structure-Charts

Ein Structure-Chart **zeigt** die äußere Sicht eines Moduldesigns, also

- die Aufteilung eines Systems in Moduln,
- die Hierarchie und Organisation der Moduln,
- die Schnittstellen zwischen Moduln,
- Namen und damit Kurzbezeichnung der Funktion der Moduln.

Ein Structure-Chart **zeigt nicht** die innere Sicht der Moduln, also

- die interne Verarbeitung und Modulstruktur,
- interne Daten von Moduln,
- wie oft und ob überhaupt ein Modul von einem anderen aufgerufen wird,
- in welcher Reihenfolge abhängige Moduln aufgerufen werden.

7.2.3 Modul-Spezifikation

Das Innere jedes Moduls muß spezifiziert werden. Dies geschieht natürlich erst, nachdem die äußere Sicht definiert ist. Die Modulspezifikation muß von den Schnittstellen ausgehen. Ohne klare Schnittstellen-Spezifikationen ist ein Modultest nicht möglich.

Für die Modulspezifikation stehen mehrere Vorgehensweisen zur Verfügung. Modulköpfe und Pre-/Postconditions spezifizieren die äußere Sicht, Übernahme von PSPECs aus der SA und gezielt entwickelter Pseudocode sowie formale Spezifikation und Konstruktion der Programmeinheiten spezifizieren die innere Sicht.

7.2.3.1 Modulkopf

Für jeden Modul ist ein Modulkopf erforderlich. Dieser wird später im fertigen Programm am Beginn der Quellcodedatei eingefügt.

Beispiel für einen Modulkopf:

```
/*
   Modul      : .....................         Source: ..........

   Aufruf     : ...............................

   Precondition  : ...............................................
   Postcondition : ...............................................

   Kurzbeschreibung : ............................................

   Parameter :
      Name       i/o/u Format   Bedeutung
      .........    .     ....    .................................
   ---------------------------------------------------------------
   History   Version : .......
   Grund           wer       wann        was
............... ........ .......... ..............................
*/
```

Unter "**Modul**" wird der inhaltlich sinnvolle (nicht nach technischen Gesichtspunkten vergebene) Name aus dem Structure Chart eingetragen. Für realisierte Programme ist dieser auch als Kurzbezeichnung im Bibliotheks-Inhaltsverzeichnis sehr nützlich. Bei Realisierung wird der Name des Quellmoduls unter "**Source**" nachgetragen. "**Aufruf**" beschreibt die Benutzung des Moduls und gibt insbesondere die möglichen Parameter und ihre Reihenfolge an, wird später bei der Codierung nachgetragen.

Die Einträge in "**Precondition/Postcondition**" werden im nächsten Abschnitt erläutert.

Zusätzlich zu der Spezifikation des Moduls, die sich an den Realisierer richtet, kann noch eine (eigentlich redundante) Kurzbeschreibung erstellt werden, die sich an den Nutzer des Programms richtet (an den Anwendungsrealisierer).

Eine Spezifikation der benutzten **Parameter** kann eventuell bereits in der Zielsprache vorgenommen werden. Hier ist besonders darauf zu achten, daß die Semantik der Parameter vollständig und leicht verständlich beschrieben wird.

Bei der Realisierung wird der Modulkopf ergänzt um den technischen Modulnamen, Autor, Datum, Version und im Laufe des Lebenszyklus des Programms um **Änderungsprotokolleinträge** bei jeder Änderung des Moduls.

Derartige Modulköpfe werden also im Rahmen des Designs angelegt und zu Beginn der Realisierung in die Realisierungsumgebung exportiert. Die Modulköpfe werden damit zum Ausgangspunkt des Programmcodes.

7.2.3.2 Spezifikation mit Preconditions / Postconditions

Die Möglichkeit, Funktionen unter Angabe der Vor- und Nachbedingungen zu spezifizieren, ist bereits in der SA angedeutet worden als ein mögliches Ausdrucksmittel für PSPECs (Kap. 4.2.2). Dieses konnten wir insbesondere dann verwenden, wenn die Spezifikation von Details der Algorithmen mit Vorteil auf das Design verschoben werden kann.

Hier wollen wir etwas genauer die Hintergründe der Vor- und Nachbedingungen darstellen. Dabei müssen wir auch wieder von der von Neumann-Maschine ausgehen. Jede Zustandsänderung dieser Maschine wird durch Anweisungen hervorgerufen. Daher können wir zu jeder Anweisung und natürlich auch zu jeder Gruppe von Anweisungen den **"Zustand davor"** und den **"Zustand danach"** beschreiben. Die relevanten Aspekte dieser Zustände können also auch bei jeder Anweisung spezifiziert werden, d.h. vor Codierung konstruiert werden. Dies ist bei Projekten mit Praxis-Größenordnung meistens nicht praktikabel, aber die theoretische Möglichkeit besteht. Die praktische Möglichkeit zur Spezifikation von Vor- und Nachbedingungen sollte **mindestens für Moduln** umgesetzt werden. Durch die Vor- und Nachbedingungen kann die funktionale Abstraktion präzise beschrieben werden.

Wir gehen also davon aus, daß ein Modul als zusammenhängende Folge von Anweisungen durch Angabe der Vor- und Nachbedingungen präzise spezifizierbar ist. Vor- und Nachbedingungen beschreiben die Funktion des Moduls, ohne viel über den Algorithmus selber festzulegen. Die äußere Sicht des Moduls wird definiert durch den Zustand zu Beginn des Moduls und den Zustand am Ende. Wie der Algorithmus dann implementiert wird, das bleibt dem nächsten Konstruktionsschritt, der Realisierung, überlassen und ist Gegenstand der funktionalen Abstraktion.

Vorbedingungen (Preconditions) beschreiben die Eigenschaften, die vor Ausführung des Moduls erfüllt sein müssen. Folgende Fragen müssen zum Beispiel beantwortet werden:

- Welche Inputs müssen verfügbar sein?
- Welche Beziehungen bestehen zwischen den Inputs?
- Welche Beziehungen bestehen zwischen Inputs und Speicherinhalten?
- Welche Beziehungen bestehen zwischen Inhalten verschiedener Speicher?

Nachbedingungen (Postconditions) beschreiben die Situation, nachdem der Modul beendet ist. Diese Beschreibung enthält meistens

- Die vom Modul erzeugten Outputs,
- die Beziehungen zwischen Ausgabe- und Eingabeparametern,
- die Beziehungen zwischen den Ausgabeparametern und Speichereinträgen,
- Änderungen von Speichereinträgen, die der Modul durchgeführt hat.

Entscheidendes Kriterium für die Spezifikation mit Vor-/Nachbedingungen ist die Verständlichkeit des Moduls. Es muß klar sein, daß ein geeigneter Algorithmus existiert.

7.2.3.3 Spezifikation auf SA-Basis

Wenn dem Strukturierten Design eine Strukturierte Analyse vorausging, dann liegen natürlich vorzügliche Dokumentationen der Abstraktionen von Aktionen und Daten vor, auf deren Basis ein Systemdesign konstruiert werden kann. Die PSPECs der SA können als Spezifikation von Programmen benutzt werden. Es gibt allerdings nicht immer eine exakte Korrespondenz zwischen den PSPECs der SA und den daraus hergeleiteten Moduln.

Oft werden dem Anwender gegenüber technische Details als Einheit dargestellt, die in der Implementierung getrennt werden müssen. Andererseits werden auch oft technische Details, die auf Implementierungsebene als Einheit behandelt werden, dem Anwender gegenüber detailliert auseinandergesetzt. Es hängt sehr stark von den Vorkenntnissen des Anwenders und von den Abstimmungsnotwendigkeiten ab, welche Detailliertheit der Darstellung in der SA schließlich gewählt wird.

Es gibt einige typische Unterschiede zwischen den Spezifikationen von SA-Prozessen und Moduln des Programmdesigns. In der SA werden Kontroll-Flüsse nicht betrachtet. Die Fehler-Behandlung haben wir in der Analyse bewußt auf die Design-Phase verschoben. Hier werden die Details zur Fehlerbehandlung mit Entwicklerkompetenz hinzugefügt. Auch die physische Datenorganisation spielte in der Analyse keine Rolle. Im Design muß parallel zur Entwicklung des Moduldesigns das Datenbankdesign (bei kommerziellen Anwendungen) bzw. die Hardware-Entwicklung (bei technischen Anwendungen) durchgeführt werden. Es gibt im lebenden Projekt vielfältige und manchmal recht komplexe Rückwirkungen zwischen den Entwicklungsebenen. Die Anpassung der Detailliertheit der Darstellung des SA-Modells erfordert meistens im Rahmen des Moduldesigns eine Zerlegung jedes gegebenen Prozesses in mehrere Moduln (Faktorisieren, s.u.).

Trotzdem enthalten die PSPECs in der Regel genug Information für den Realisierer. Die Modulspezifikation kann sich in diesem Fall auf den Modulkopf beschränken, in den Hinweise auf die relevanten PSPECs eingebracht werden. Nur die neuen Moduln, auf die im SA-Modell noch keine Hinweise enthalten sein können, müssen detailliert spezifiziert werden.

In der SA haben wir aber auch an manchen Stellen bewußt darauf verzichtet, einen Algorithmus genau zu beschreiben, um die Gestaltungsmöglichkeit des Designs offenzuhalten. Dies ist aber nur zulässig an solchen Stellen, wo entweder die Nutzung von vorgefertigten und wiederbenutzbaren Bibliotheksfunktionen erreicht werden soll, oder wo der Algorithmus bei der Konzeption des Designs ohnehin im Hinblick auf die Realisierungsumgebung optimiert werden muß. In solchen Fällen muß man in den PSPECs klare Hinweise finden, welche weiteren Aktivitäten in der Designphase zu erfolgen haben.

7.2.3.4 Spezifikation mit Pseudocode

Pseudocode ist eine informelle Sprache, die Ähnlichkeiten zu einer Programmiersprache hat. Es ist jedoch nicht vorgesehen, diese Sprache in ausführbaren Code umzusetzen. Vielmehr soll sie ein pragmatisches Hilfsmittel für den Designer und den Programmierer sein, um die Lücke zwischen der Spezifikation in der Sprache der Anwender und dem syntaktisch präzisen Programmcode zu verkleinern. Da wahrhaftig benutzernahe Sprachen mindestens in Praxisprojekten eher die Ausnahme sind, werden solche Hilfskonstruktionen erforderlich. Die Eigenschaften der verbreiteten Programmiersprachen folgen viel stärker den Eigenschaften der Hardware als den Erfordernissen der Anwendung.

Pseudocode dient also dazu, Algorithmen in einer Sprache zu spezifizieren, die in ihrer Präzision der Zielsprache relativ nahe kommt, ohne daß sich der Entwickler jedoch auf formale Korrektheit konzentrieren muß. Es gibt Bemühungen, Pseudocode zu standardisieren durch Beschreibung einer formalen Sprache, aber damit ist der Sinn des Pseudocodes eigentlich verfehlt. Wenn formale Präzision gefragt ist, dann kann man auch gleich eine Programmiersprache verwenden.

Pseudocode ist von der Strukturierten Sprache der SA zu unterscheiden:

- Pseudocode ist eine Sprache zwischen Designer und Programmierer, nicht zwischen Benutzer und Analytiker.
- Da der Benutzer Pseudocode nicht abnimmt, kann mehr auf den tatsächlichen Code hin spezifiziert werden.

Die Nutzung von Pseudocode führt in der Praxis jedoch auf folgendes Problem: Pseudocode ist nur nützlich, wenn er stets bei Programmänderungen fortgeschrieben wird. Im Unterschied zum Code ist ein Fortschreiben des Pseudocodes technisch nicht erforderlich für ein Funktionieren des Algorithmus.

Ein schwacher Ausweg bietet sich an: aus Pseudocode-Phrasen sollte stets direkt die **Inline-Dokumentation** hergeleitet werden. Dabei entstehen bei disziplinierter Durchführung sparsame aber informative Kommentare im Programm, die zu einer größeren Verständlichkeit führen können. Eine derartige Inline-Dokumentation führt auch meistens auf eine größere Programmierer-Akzeptanz bei Programmänderungen. Programmakten werden vermieden.

Hier verbirgt sich aber auch ein grundsätzliches Problem. Die Praktiker müssen sich umstellen. Es darf keine Programmänderungen auf Zuruf mehr geben. Jede Änderung des Systems erfordert eine Spezifikation der Änderung im Rahmen des Systemmodells. Als letzter Schritt wird dann eventuell auch ein Programm geändert mit anschließendem Systemtest, aber erst nachdem alle eventuellen Fernwirkungen untersucht sind und die Spezifikation fortgeschrieben ist.

Mit Pseudocode (oder formal) sollten wenigstens diejenigen Moduln spezifiziert werden, die nicht als direkte Implementierung von SA-Prozessen oder Teilen auftreten, sondern aufgrund der Eigenschaften der Implementierung zusätzlich konstruiert werden. Hierzu gehören etwa Moduln der Infrastruktur und der Administration, soweit sie nicht innerhalb der SA abschließend spezifiziert worden sind. Alle Algorithmen müssen in jedem Falle präzise entworfen werden (vgl. z.B. /GOLDSCHLAGER-LISTER-90/ Kap.2).

7.2.3.5 Formale Spezifikation

Durch die Zerlegungsstrategien der Systemanalyse haben wir ein Modell der wahren Anforderungen des Anwenders entwickelt. Dieses übertragen wir in ein serialisiertes Moduldesign. Das Innere der Moduln ist eine Folge von Zustandsübergängen. Jeder Zustandsübergang eines endlichen Automaten ist spezifizierbar durch Pre-/Postconditions. Dies bedeutet, jedes Programm ist Schritt für Schritt konstruierbar, wenn wir die zu durchlaufende Folge von Zuständen kennen. Jede Anweisung der resultierenden Programme ist also auf Grundlage der im SA-Modell niedergelegten Informationen einzeln spezifizierbar, lediglich die Komplexität der Aufgabe in Projekten von Praxis-Größenordnung steht dagegen.

Daher hat man Vereinfachungen der "totalen Spezifikation" beschrieben, die davon ausgehen, daß das Innere von Moduln nur an strategisch wichtigen Stellen mit **Assertions** (Zusicherungen, isolierte Postconditions) und **Schleifeninvarianten** (Pre-/Postconditions von Schleifen) spezifiziert wird. Es bleibt dann noch zu beweisen, daß Schleifen terminieren. Im Prinzip ist aber ein Modul mit diesen Techniken präzise und beweisbar zu spezifizieren (vgl. z.B. /BACKHOUSE-89/, /BABER-90/, /BERZINS-LUQI-90/)..

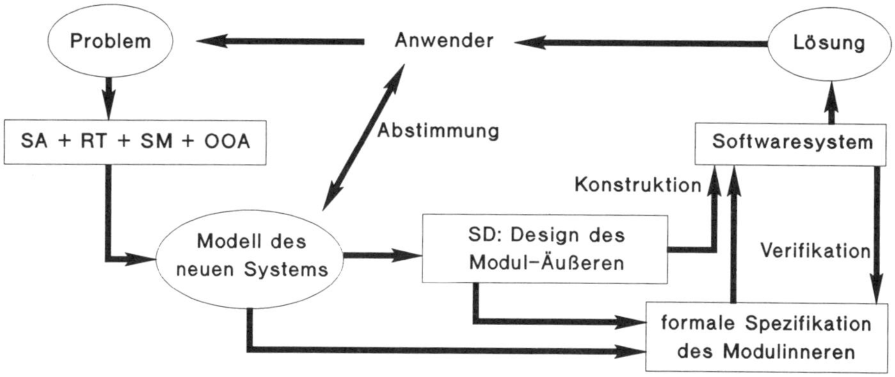

Bild 7.2-5: Nutzung formaler Spezifikationsmethoden

Die Korrektheit eines Programms läßt sich immer nur **relativ zu einer Spezifikation** beweisen, die in präziser Form vorliegen muß. Formale Spezifikationsmethoden wie VDM (Vienna Development Method, vgl. /BJOERNER-JONES-82/, /JONES-86/) und Z (vgl. /SOMMERVILLE-89/ Kap.9, /BJOERNER-HOARE-LANGMAACK-90/) sind hier anwendbar. Dazu müssen allerdings die Anforderungen des Anwenders vorliegen, die wir mit den Strukturierten Methoden ermitteln können. Damit wird wenigstens ein Korrektheitsbeweis der realisierten Programme relativ zu der formalen Spezifikation im Rahmen des Moduldesigns möglich. Der Haupteffekt dabei ist der, daß die vorhergehende Analyse der wahren Anforderungen des Anwenders mit Hilfe der SA zu einer Spezifikation geführt hat, die als logische Voraussetzung der Anwendung der formalen Spezifikationsmethoden anzusehen ist.

Wichtig sind diese Fragen im Hinblick auf Systeme mit Sicherheitsverantwortung. Hier müssen u.a. die folgenden Grundsätze eingehalten werden:

- Das System muß die wahren Anforderungen des Anwenders erfüllen.
- Das System muß korrekt realisiert worden sein.

Durch eine geschickte Verknüpfung der Methoden kann man den großen gedanklichen Weg von den ersten Anforderungen des Anwenders bis zu einem korrekten System prinzipiell überbrücken (Bild 7.2-5).

7.3 SD-Modellbewertung

Wie in den anderen Methodenbeschreibungen wird auch hier in der Modellbewertung dargestellt, welche Eigenschaften ein gutes Modell haben sollte. Dies sind gleichzeitig die Eigenschaften, die später nach Realisierung zu einem qualitativ hochwertigen System führen, das die unterschiedlichen Qualitätsanforderungen der Anwender realisiert.

Kopplung und Zusammenhalt sind die wichtigsten Kriterien für die Qualität des Moduldesigns. Die Kopplung beschreibt die Kommunikation zwischen Moduln, der Zusammenhalt die internen Eigenschaften jedes einzelnen Moduls. Darüberhinaus gibt es weitere Kriterien, die bei der Konstruktion des Moduldesigns zu beachten sind.

7.3.1 Kopplung

Kopplung ist der **Grad der Abhängigkeit zwischen Moduln.** In jedem Design muß das Ziel verfolgt werden, die Kopplung zu minimieren, also Moduln so unabhängig voneinander wie möglich zu gestalten. Hierfür gibt es folgende Gründe:

- Je loser die Kopplung zwischen Moduln ist, desto geringer ist die Gefahr von Fernwirkungen (Fehler in einem Modul erscheinen als Symptom in einem anderen Modul).
- Bei Änderung eines Moduls soll möglichst eine Änderung anderer Moduln nicht erforderlich werden.
- Bei der Nutzung eines Moduls sollen die internen Details aller anderen Moduln unberücksichtigt bleiben.
- Das System soll so einfach und so verständlich wie möglich werden ("KISS-Prinzip" : "keep it simple, stupid").

Für die einzelnen Formen der Kopplung gibt es eine Skala, die von guten und der Gesamtqualität nicht abträglichen Formen bis zu vollkommen pathologischen Arten der Kopplung reicht, die man jedoch in der Praxis manchmal durchaus antreffen kann. Ziel der Darstellung ist die Identifikation der unterschiedlichen Kopplungsarten, so daß man im Projekt gezielt schlechte Formen beseitigen kann.

Für die Kopplung von Moduln gilt das folgende Geheimnisprinzip:

> **Jeder Modul sollte immer nur die Informationen erhalten, die er für seine Aufgabenerledigung auch tatsächlich benötigt.**

In der praktischen Anwendung ist nur die **normale Kopplung** (vgl. /PAGE-JONES-88/ S. 63) akzeptabel, die drei Arten der Kopplung umfaßt: Daten-, Datenstruktur- und Kontrollkopplung.

Zwei Moduln A und B sind **normal gekoppelt**, wenn A den Modul B aufruft, B die Kontrolle an A zurückgibt und wenn alle Informationen zwischen A und B durch explizite Parameter im Aufruf selber übergeben werden.

Die anderen betrachteten Kopplungsarten sind globale Kopplung und Inhaltskopplung. Dies sind die **gefährlichen Kopplungen.**

7.3.1.1 Datenkopplung

Normal gekoppelte Moduln sind **datengekoppelt,** wenn alle Übergabeparameter nur Objekte von einfachen Datentypen sind (einzelnes Feld oder homogene Tabelle).

Die Datenkopplung ist die mindestens nötige Kopplung zwischen Moduln. Sie ist harmlos, solange sie auf einem Minimum gehalten wird, d.h. keine nicht benötigten Daten übergeben werden. Der aufgerufene Modul kann leicht durch einen anderen mit gleicher Schnittstelle ausgetauscht werden. Er kann auch leicht von anderen Moduln wiederbenutzt werden, weil er nichts über seinen Aufrufer wissen muß und auch, weil er sich jedem Aufrufer in der gleichen einfachen Struktur präsentiert.

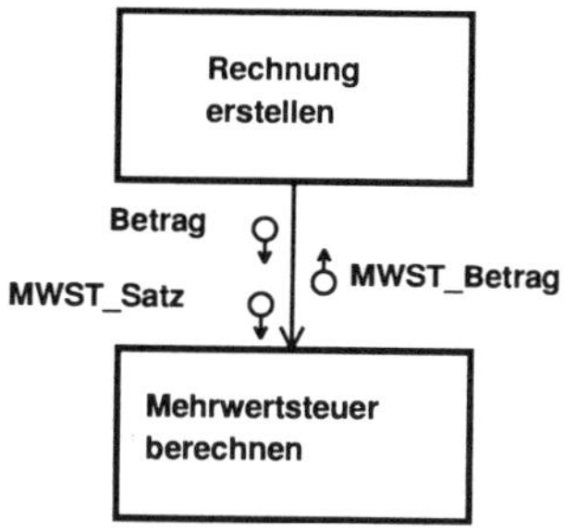

Bild 7.3-1: Datenkopplung

Die Übersichtlichkeit der Schnittstelle hängt aber stets sehr stark von der **Anzahl der Übergabeparameter** und ihrer Struktur ab. Wenn die Struktur sehr einfach ist, besteht die Gefahr, daß die Anzahl der Parameter zunimmt (wenn nicht gleichzeitig die innere Struktur des Moduls verändert wird). Mehr als etwa 7 Parameter sollte ein Modul niemals haben. Die Schnittstelle sollte so schmal wie möglich gehalten werden, d.h. wenige Parameter von möglichst einfacher Struktur haben.

Durch einfache Datenkopplung wird die Gefahr von **"Tramp Data"** tendenziell vergrößert. Dies sind Daten, die ohne offensichtliches Ziel durch das ganze System gereicht werden, von niemandem gebraucht werden und für niemanden von Bedeutung sind. Diese stellen ein Ärgernis für viele Moduln dar, extra-Code wird benötigt, es besteht die Gefahr des versehentlichen Änderns. Moduln mit einfacher Datenkopplung sollten stets dort aufgerufen werden, wo ihre Leistung tatsächlich benötigt wird, sonst können leicht Tramp-Data entstehen.

.v.7.3.1.2 Datenstrukturkopplung

Zwischen zwei normal gekoppelten Moduln liegt **Datenstrukturkopplung** vor, wenn einer dem anderen eine zusammengesetzte Datenstruktur übergibt. Beide Moduln benutzen also die gleiche, nicht globale Datenstruktur, die aber als Argument explizit übergeben wird.

Bild 7.3-2 zeigt einen Ausschnitt aus einem umfangreicheren Moduldesign, eine Aufrufkette, die die Aufgabe hat, für einen beliebigen Aufrufer eine geprüfte Anschrift nach Eingabe vom Terminal bereitzustellen. Obwohl das Innere dieser Aufgabe kompliziert ist, kann sie aus der Sicht des Aufrufers doch als eine Aufgabe angesprochen werden (funktionaler Zusammenhalt, s.u.). Die aufgerufenen Moduln sind bis auf "PLZ prüfen" alle mindestens datenstrukturgekoppelt, denn es wird jeweils mindestens eine Datenstruktur als Parameter übergeben. Im Falle der ersten beiden Moduln, "Anschrift vom Terminal bereitstellen" und "Anschrift in DB lesen" sehen wir dies auch als natürliche Situation an. Jedoch die Kopplung zum Modul "Telefonnummer prüfen" ist unverständlich. Dieser Modul benötigt aus der Datenstruktur nur ein einziges Feld, erhält aber viele andere Felder, die er nicht benötigt und die er nicht benutzt. Seine Wiederverwendbarkeit ist stark eingeschränkt, denn ein Benutzer aus einem anderen Teilsystem müsste die Anschriftenstruktur simulieren, um den Modul benutzen zu können. Derartige Konstruktionen sind also zu vermeiden. Der Modul zum Prüfen der PLZ-Ort-Kombination ist dagegen vorbildlich strukturiert. Der Aufrufer versorgt den Modul mit der PLZ und der Ortsangabe (einfache Datenfelder), die er den ihm bekannten Datenstrukturen einfach entnimmt.

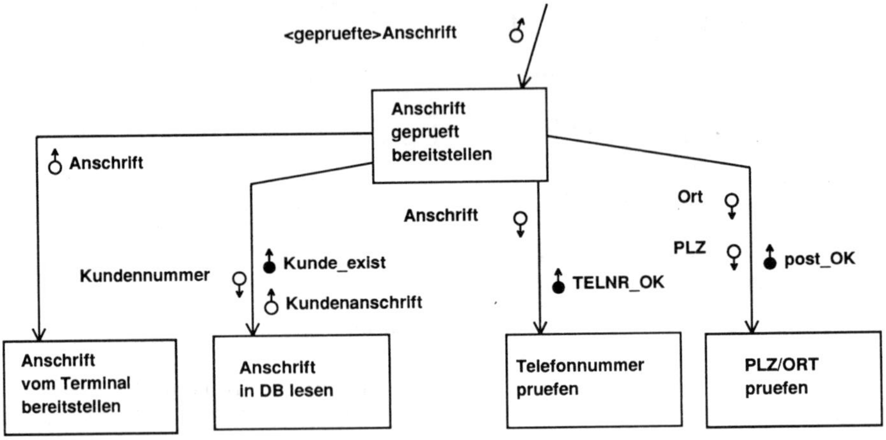

Bild 7.3-2: Datenstrukturkopplung

Die Datenstrukturkopplung ist ungefährlich, wenn das übergebene strukturierte Datenelement nur Komponenten enthält, die der empfangende Modul auch tatsächlich benötigt und wenn diese Komponenten auch inhaltlich zusammengehören. In allen anderen Fällen spricht man von **zu breiter Kopplung** oder von **Bündelung** von Datenelementen, die nur aus dem einen Grunde vorgenommen ist, die Anzahl der Schnittstellenparameter zu reduzieren. Die Komplexität der Schnittstelle bleibt natürlich gleich. Zu breite Kopplung und Bündelung können zu unverständlichen Datenstrukturen führen. Man sollte nur diejenigen Datenfelder zu einer Struktur zusammenfassen, die auch semantisch zusammengehören.

Die Datenstrukturkopplung hat folgende Eigenschaften:

- Jede Änderung der übergebenen Datenstruktur (Format, Reihenfolge,...) berührt alle Moduln, die sie benutzen. Betroffen sind auch die Moduln, die geänderte Felder gar nicht nutzen. Dadurch entstehen Abhängigkeiten zwischen sonst unabhängigen Moduln.
- Die Wiederverwendbarkeit von datenstrukturgekoppelten Moduln kann eingeschränkt sein. Je enger die Komponenten der Datenstruktur zusammengehören, desto ungefährlicher ist die Datenstrukturkopplung, desto wiederbenutzbarer wird auch der Modul.

7.3.1.3 Kontrollkopplung

Zwischen zwei normal gekoppelten Moduln liegt **Kontrollkopplung** vor, wenn einer dem anderen ein Datenelement übergibt, das die interne Logik des anderen beeinflussen soll. Zwischen den Moduln werden also Kontrollelemente (Schalter) übermittelt, die direkt den internen Kontrollfluß im empfangenden Modul beeinflussen.

In Bild 7.3-3 ist ein Modul mit zwei Arten der Kontrollkopplung enthalten, "Datenzugriffe der Artikel-DB". Schon mit dem Namen des Moduls können wir nicht zufrieden sein, denn er faßt offenbar mehrere recht unterschiedliche Funktionen zusammen. Welche dieser Funktionen im konkreten Aufruf tatsächlich ausgeführt werden soll, das steht in dem Schalter "WAS_TUN", der die Ausprägungen "neuanlegen", "ändern", "löschen", "informieren nach Artikelnummer" annehmen kann. Dieser unscharfen Aufgabenstellung entsprechend können die anderen Übergabeparameter "Artikel-Nr" und "Artikel_IO_Bereich" in Abhängigkeit vom Flag unterschiedliche Bedeutung und Übertragungsrichtung haben, zum Beispiel:

- Beim **Neuanlegen** ist die Artikelnummer nicht gefüllt, diese wird erst im Modul "Dateizugriffe der Artikel-DB" vergeben. Der Artikel_IO_Bereich ist dann Eingabeparameter.
- Beim **Löschen** wird nur die Artikelnummer gefüllt, der Artikel_IO_Bereich ist ohne Bedeutung.

Das Flag OK berichtet über den Erfolg der Datenbankzugriffe im Modul und beschreibt damit die in der Datenbank abgebildete Datensituation.

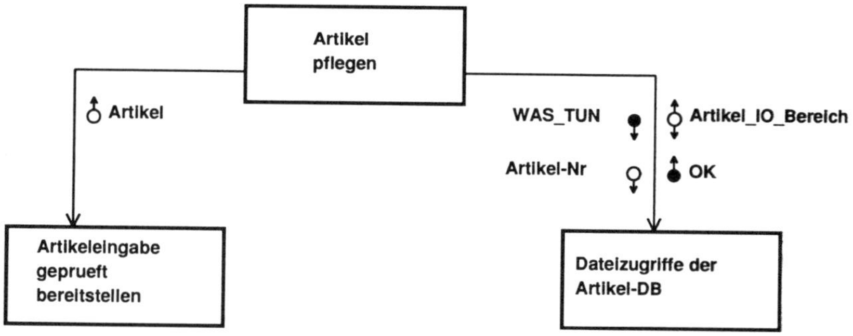

Bild 7.3-3: Kontrollkopplung

Die im Beispiel dargestellte Situation hat entschiedene Nachteile. Selbst wenn der Übergabemechanismus der Parameter, der bei jeder Schalterstellung anders funktioniert, von jedem Aufrufer kompetent bedient werden sollte, so bleibt doch der dubiose Aufbau des gerufenen Moduls. Kontrollkopplung tritt selten alleine auf.

Wenn das Flag vom Aufrufenden zum Gerufenenen übertragen wird, dann entscheidet der aufrufende Modul explizit, welcher Teil der internen Logik des aufgerufenen Moduls benutzt wird. Daher muß dem Aufrufer die interne Logik des Gerufenen genau bekannt sein. Der gerufene Modul ist dann keine black box mehr. Ein solches zum Aufgerufenen übergebenes Flag heißt auch **control flag**.

Wenn das Flag vom Gerufenen zum Aufrufenden übertragen wird, dann wird Autorität umgekehrt, der untergeordnete Modul gibt Anweisungen an seinen Boss. Das hier benutzte Flag heißt auch **descriptive flag**, seine Benutzung ist eher harmlos. Sie tritt uns bei jedem Returncode entgegen.

Das in Bild 7.3-3 wiedergegebene schlechte Design können wir durch Faktorisieren (vgl. Kap. 7.3.3.1) leicht verbessern. Wenn wir den komplexen Modul "Dateizugriffe der Artikel-DB" mit programmstrukturellem Zusammenhalt (vgl. Kap. 7.3.2.6) in mehrere einzelne Moduln mit funktionalem Zusammenhalt zerlegen, dann wird das Flag überflüssig und wir erhalten eine einfache Datenstrukturkopplung (Bild 7.3-4). Vernünftigerweise sehen wir die Artikeldaten bei diesen Zugriffsmoduln als zusammengehörige Datenstruktur an und übergeben die Felder nicht einzeln.

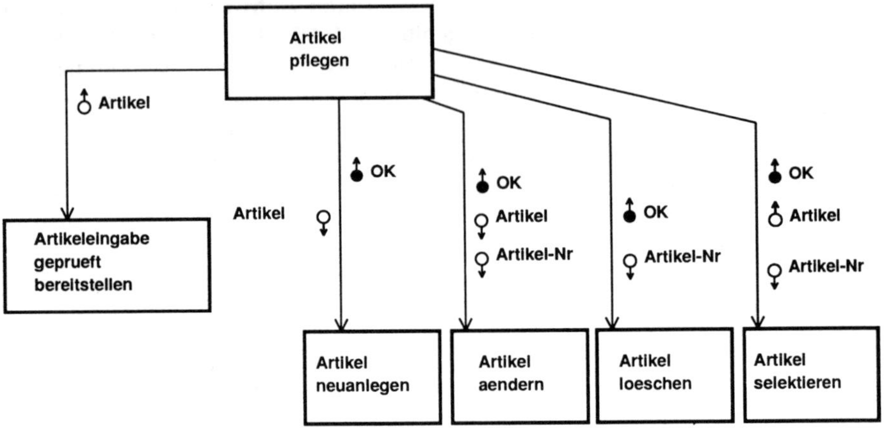

Bild 7.3-4 aufgelöste Kontrollkopplung

Kontrollkopplung ist selber nicht in jedem Fall problematisch, sie weist aber oft auf andere, schwerer wiegende Probleme hin (z.B. programmstruktureller Zusammenhalt, Kap. 7.3.2.6). Wenn nämlich einem Modul ein Schalter übergeben wird, dann liegt der Verdacht nahe, daß dieser Modul eigentlich eine Zusammenfassung von mehreren Funktionen ist, die wenig miteinander zu tun haben und daher eigentlich auch selber als Modul angesehen und realisiert werden könnten.

Kontrollkopplung tritt manchmal in verkleideter Form auf als **Hybrid-Kopplung**: Felder mit mehrfacher, qualitativ unterschiedlicher Bedeutung je nach Ausprägung. Betrachten wir hierzu ein (anonymisiertes) Beispiel aus der Praxis:

```
/* Modul      : Nullstelle berechnen             Source: ..........
   Aufruf     : NEWTON ( f, untergrenze, obergrenze, toleranz)
                (REAL FUNCTION)
   Preconditions :
     1.) untergrenze < obergrenze
     2.) toleranz > Darstellungsgenauigkeit des Rechners
     3.) f stetig differenzierbar, liegt als REAL FUNCTION vor
     4.) f besitzt im Intervall eine Nullstelle
   Postcondition:
     Der unter NEWTON zurückgegebene Wert hat folgende Bedeutung:
        untergrenze <= NEWTON <= obergrenze :
           abs(f(NEWTON) < toleranz; berechnete Nullstelle (OK)
        NEWTON = untergrenze - 1000.0 :
           Newton-Verfahren konvergiert nicht
        NEWTON = untergrenze - 2000.0 :
           Vorbedingungen nicht erfüllt
```

```
  Kurzbeschreibung :
    berechnet Nullstelle der Funktion f im Intervall
    [untergrenze, obergrenze] innerhalb der Genauigkeit toleranz.
  Parameter :
     Name          i/o/u Format    Bedeutung
     f               i   Funktion ...deren Nullstelle berechnet
                                  werden soll
  untergrenze        i   REAL      Untergrenze des Intervalls
  obergrenze         i   REAL      Obergrenze des Intervalls
  toleranz           i   REAL      vorgegebene Rechengenauigkeit
  -------------------------------------------------------------
  History   Version : ........
  Grund          wer       wann       was
............... ........ .......... ............................
*/
```

Diese Funktion NEWTON sieht eigentlich auf den ersten Blick sehr nützlich und ansprechend aus. Sie enthält jedoch mehrere Probleme, die sie zu einer gefährlichen Funktion machen.

- Es liegt eine **Hybridkopplung** vor. Je nach Ausprägung hat der zurückgegebene Wert ganz unterschiedliche Bedeutung. Nur wenn er im angegebenen Intervall liegt, darf man ihn als berechnete Nullstelle benutzen. Ein Aufrufer darf den Funktionsaufruf nicht einfach in einem Ausdruck verwenden, denn mit dem Rückgabewert erhält man eventuell auch einen Returncode, der eine Fehlerbehandlung erfordert.

  Wenn in einem aufrufenden Programm der Rückgabewert vor seiner Nutzung nicht interpretiert wird, dann **können Fehler entstehen, die erst nach Jahren bemerkt werden**. Zufällig könnten ja die Testfälle so beschaffen sein, daß immer eine Lösung berechnet werden kann. Bis eines Tages andere Werte auftreten. Das aufrufende Programm rechnet dann nicht mit der Nullstelle weiter, sondern zum Beispiel mit einem Wert "untergrenze - 1000.0". **Den Fehler im Aufruf merkt man in der Testphase nicht mit Sicherheit.**

- Obwohl durch Preconditions festgelegt ist, in welchen Situationen die Funktion anwendbar ist, findet offenbar innerhalb der Funktion noch eine Überprüfung der Preconditions statt. Streng genommen ist diese überflüssig. Andererseits ist es Ausdruck einer defensiven Realisierung, wenn auch Datensituationen, die eigentlich aufgrund der Semantik unmöglich sind, im Programm abgefangen werden. Falls durch schlimme Fehler in anderen Systemteilen jemals diese Prüfungen greifen, so erfolgt wenigstens keine Verarbeitung mit falschen Werten oder aufgrund nichterfüllter Voraussetzungen. Dieses Sicherheitsargument gilt natürlich nur, wenn auch sichergestellt wird, daß die erkannte Fehlersituation auch von der Umgebung zur Kenntnis genommen wird.

- Das offenbar benutzte Newton-Verfahren besitzt in seiner elementaren Form einige unerfreuliche Eigenschaften, die seine Konvergenz auch bei Vorliegen einer Nullstelle nicht garantieren. Der Aufrufer dieses Programmes erhält dann nur eine Nachricht, daß das Newton-Verfahren nicht anwendbar ist. In der gedanklichen Sicht seiner Anwendung ist dies ein unerhebliches numerisches Detail, das eigentlich von der Funktion abgefangen werden müsste. Der Aufrufer möchte die Nullstelle seiner stetig differenzierbaren Funktion berechnet haben, deren Existenz garantiert ist. Dabei will und soll er sich nicht mit Schichten herumplagen, die mit der geometrischen Struktur des Problems nichts zu tun haben.

- Entsprechendes gilt für den Parameter toleranz.

Die letzten beiden Mängel sind Ausdruck einer fehlenden semantischen Konsistenz der Funktion (vgl. 7.3.3.14).

Die Hybridkopplung ist manchmal nicht auf den ersten Blick erkennbar. Unter den Übergabeparametern gibt es mehrere Felder mit einfachen Dateninhalten. Nur manche Ausprägungen haben Flag-Charakter. Die Gefahr ist, daß man diese bei der Nutzung des Moduls übersieht, zum Beispiel auch, weil sie nicht besonders dokumentiert sind. Das obige Beispiel ist durch Aufteilung des Rückgabewertes in einen Nutzwert (nullstelle) und ein Flag (returncode) sowie durch Umdefinition in eine Prozedur bereits zu entschärfen:

procedure NEWTON (f, untergrenze, obergrenze, toleranz, nullstelle, returncode)

Die anderen Mängel bleiben allerdings noch erhalten. Allein die Existenz des Flags returncode hindert den Nutzer daran, den Nutzwert einfach weiter zu verwenden. Besonders gefährlich ist die Hybridkopplung in Zusammenhang mit Function-Unterprogrammen, deren syntaktischer Vorteil ja darin besteht, daß man das Ergebnis direkt in mathematischen Ausdrücken benutzen kann.

Hinter dem Verbot der Hybridkopplung verbirgt sich aber auch ein allgemeines Prinzip von weitaus größerer Reichweite.

Man sollte stets die Bildung von Mehrfachfeldern vermeiden.

Dies sind Datenfelder, die je nach wertmäßiger Ausprägung eine qualitativ unterschiedliche Bedeutung haben. Dies gilt also genauso bei der Definition der Attribute einer Datenstruktur innerhalb der Semantischen Analyse im Hinblick auf ein Datenbankdesign wie etwa bei der Definition lokaler Datenfelder innerhalb einer Programmeinheit. Mehrfachfelder machen stets komplizierte Verarbeitungen aufgrund der Inhaltsabfrage des Feldes erforderlich, die gerne und leicht vergessen werden. Die zur Verarbeitung der Situation erforderliche Funktionalität wird unnötig kompliziert, die Datenfelder werden unverständlich.

7.3.1.4 Globale Kopplung

Zwei Moduln heißen **global gekoppelt**, wenn sie den gleichen externen, global definierten Speicherbereich benutzen.

Globale Kopplung ist aus vielen Gründen **gefährlich**, dennoch ist sie bei vielen, gerade jüngeren Entwicklern sehr beliebt. Sie vereinfacht scheinbar die Übergabe von Parametern an Unterprogramme. Wenn diese jüngeren Entwickler dann erfahrener werden, dann müssen sie auch irgendwann einmal einen Fehler in einem System suchen, bei dem vielleicht 500 Moduln einfach aus Bequemlichkeit global gekoppelt wurden. Man muß eben Erfahrungen sammeln.

Worin bestehen nun die Gefahren?

- Ein Fehler oder eine Fahrlässigkeit in irgendeinem Modul, der globale Daten benutzt, kann sich in einem beliebigen anderen Modul auswirken, der diese globalen Daten auch benutzt. Jeder Modul, der globale Daten benutzt, kann darin Feldausprägungen ändern, **ohne eine Spur zu hinterlassen**. Globale Daten residieren nicht in der **"schützenden funktionalen Hülle eines Moduls"**. Die Fehleranalyse in einem System, das globale Datenkopplung benutzt, ist in jedem Falle um ein Vielfaches aufwendiger als bei Nutzung einfacherer Kopplungsarten. Im Prinzip muß jede einzelne Anweisung geprüft werden, denn jede einzelne Anweisung kann für den Fehler verantwortlich sein. Das Abstraktionsprinzip ist auf das gröbste verletzt.
- Die Benutzung vieler globaler Datenfelder führt zu unverständlichen Moduln. Bei der Analyse eines fehlerhaften Programms muß nämlich verstanden werden, welcher andere Modul die Felder wie benutzt. Es reicht nicht mehr aus, sich nur die Schnittstellen dieser anderen Moduln anzusehen.
- Besonders unerfreulich ist die Situation, wenn verschiedene Moduln dieselben globalen Felder für unterschiedliche Zwecke benutzen. Der Feldinhalt hängt dann davon ab, welcher Modul das Feld als letzter benutzt hat. Die Fehlersuche ist erschwert.
- Durch die Verwendung globaler Daten sind Feldnamen festgelegt. Im Modul selber, aber auch im Übergabebereich müssen schwerwiegende Kompromisse hinsichtlich der Qualität der Namensgebung hingenommen werden. Dadurch werden Programme tendenziell unverständlich.
- Systeme mit Nutzung globaler Daten sind schwer wartbar. Es ist manchmal kaum zu übersehen, welche Konsequenzen durch Änderung eines globalen Datenfeldes entstehen. Auch hier muß für jede Änderung das gesamte System meditativ neu durchdacht werden.
- Die Mehrfachbenutzbarkeit von Moduln ist durch Nutzung globaler Daten stark eingeschränkt.
- Modularität erfordert die Einschränkung des Geltungsbereiches von Daten auf Moduln oder wenigstens kleine Gruppen von Moduln. Besser ist es in jedem Falle, Daten explizit als Parameter zu übergeben.

7.3.1.5 Inhaltskopplung

Zwischen zwei Moduln besteht eine Inhaltskopplung, wenn der eine das Innere des anderen in irgendeiner Form adressiert und sich damit auf die Art der Codierung bezieht. Ein inhaltsgekoppelter Modul kann direkt auf den Inhalt eines anderen zugreifen und diesen ggf. sogar ändern (z.B. Modifizierung eines Programmstatements, Sprung in den benutzten Modul). Diese Kopplung ist grob pathologisch, nur in Assembler möglich. Genau wie derjenige Entwickler, der diese Kopplungsart nutzt, verdient sie nichts anderes als schnellstmögliche Vernichtung.

7.3.1.6 Zusammenfassung

Kopplungstyp	wartbar	wiederbenutzbar	Verbesserungsmöglichkeit
normale K.:			
Datenkopplung	gut	gut	Anzahl Parmameter prüfen
Tramp Data	mittel	schwach	Modul nahe bei Ort der Datennutzung aufrufen
Datenstrukturk.	mittel	mittel	Datenstrukt. dürfen nur benutzte Felder enthalten
Bündelung	schwach	schwach	Bündel auflösen zu einfachen Datenfeldern
Kontrollkoppl.	schwach	schwach	Empfängermodul genau prüfen
gefährliche K.:			
Hybridkoppl.	schlecht	schlecht	Daten und Kontrolle unbedingt trennen
Globale Koppl.	schlecht	schlecht	Info-Cluster einführen, Sichtbarkeit begrenzen
Inhaltskopplung	schlecht	schlecht	Neuentwicklung erforderlich

Bild 7.3-5: Kopplung von Moduln

7.3.2 Zusammenhalt

Zusammenhalt ist der **Grad der funktionellen Zusammengehörigkeit der Elemente** (Anweisungen oder Gruppen von Anweisungen, "Funktionen") **eines Moduls.**

Für ein gutes Moduldesign wird das Ziel verfolgt, den Zusammenhalt zu maximieren. Jeder Modul soll eine Aufgabe erfüllen, diese aber komplett.

Kopplung und Zusammenhalt stehen in enger Beziehung: Die Elemente jedes Moduls sollen kaum zu den Elementen anderer Moduln in Beziehung stehen,- dies würde zu starker Kopplung führen. Wenn man sicherstellt, daß alle Moduln guten Zusammenhalt haben, dann ist meistens auch die Kopplung dieser Moduln lose. Umgekehrt kann man eine lose Kopplung nur erreichen, wenn man starke, also gut zusammenhaltende Moduln benutzt.

In der praktischen Anwendung ist nur der **normale** (auch **datenstrukturelle**) **Zusammenhalt** akzeptabel, der weitere drei Arten des Zusammenhalts umfaßt: funktionaler, sequentieller und kommunizierender Zusammenhalt.

Analog zu der normalen Kopplung definieren wir:

Ein Modul besitzt **normalen Zusammenhalt,** wenn er eine oder mehrere Funktionen umfaßt, die inhaltlich eng zusammengehören, und die mindestens auf einer gemeinsamen Datenstruktur operieren, die lokal definiert und damit für andere verborgen ist oder die explizit als Parameter übergeben wird.

Andere Formen des Zusammenhalts (problembezogener, zeitlicher, programmstruktureller, zufälliger Zusammenhalt) führen zu schlechter Wartbarkeit und geringer wiederbenutzbarkeit und sind daher zu vermeiden. Sie werden nur kurz charakterisiert. Dies sind die **gefährlichen Zusammenhalte.**

7.3.2.1 Funktionaler Zusammenhalt

Ein normal zusammenhaltender Modul heißt **funktional zusammenhaltend**, wenn er nur Elemente enthält, die zusammen eine einzige Funktion ausführen.

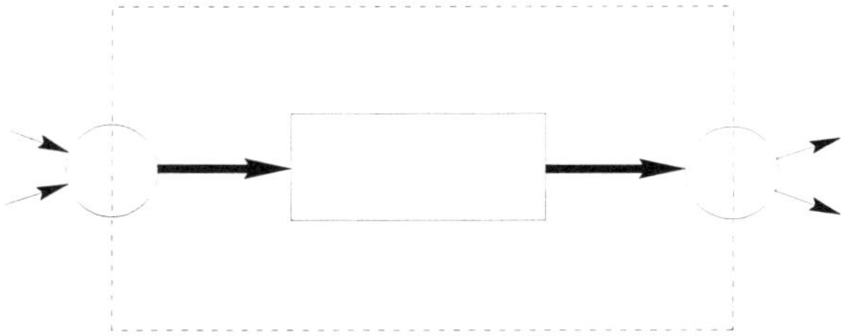

Bild 7.3-6: Funktionaler Zusammenhalt

Ein funktional zusammenhaltender Modul ist häufig erkennbar an einem aussagefähigen Namen, der ehrlich ist, aber nur eine Funktion unverwechselbar bezeichnet (Beispiele: berechnen Netto-Gehalt, Datum prüfen, Sinus eines Winkels berechnen). Im internen Aufbau mag der Modul beliebig kompliziert sein und auch mehrere Unterfunktionen aufrufen, - aber die Gesamtleistung läßt sich als eine problembezogen eindeutige Funktion bezeichnen. Die äußere Sicht eines funktional zusammenhaltenden Moduls ist meistens leichter zu verstehen als seine innere Sicht.

Jeder Aufrufer wird genau gleich behandelt. Ein funktional zusammenhaltender Modul besteht aus Elementen, die alle zusammen notwendig, aber auch ausreichend sind, um eine spezielle problembezogene Aufgabe zu erfüllen.

7.3.2.2 Sequentieller Zusammenhalt

Ein sequentiell zusammenhaltender Modul besteht aus einer Folge von Aktivitäten, die nacheinander bearbeitet werden und bei denen die Ausgaben der einen die Eingaben der nächsten sind.

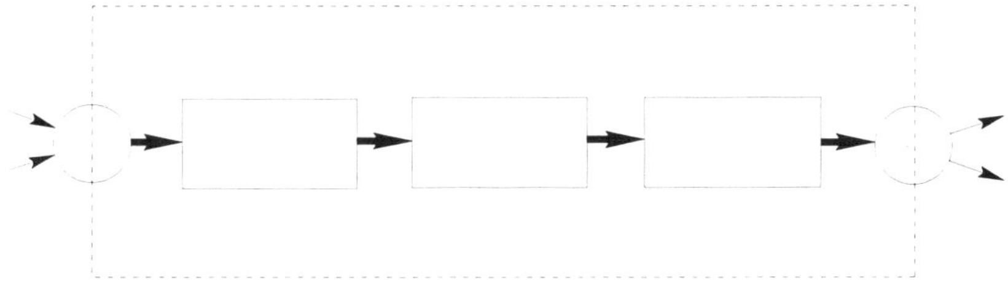

Bild 7.3-7: Sequentieller Zusammenhalt

Sequentiell zusammenhaltende Moduln besitzen normalerweise gute Kopplungseigenschaften und sind leicht wartbar. Eventuell ist aber ihre Wiederverwendbarkeit eingeschränkt, weil die Aktivitäten nur alle gemeinsam in vorab festgelegter Reihenfolge ausgeführt werden können. Ein guter sequentieller Zusammenhalt ist dadurch gekennzeichnet, daß die Elemente des Moduls einzeln nicht benötigt werden, so daß ihre Aufteilung in mehrere Funktionen ohnehin nur theoretischen Wert hätte.

7.3.2.3 Kommunizierender Zusammenhalt

Ein kommunizierend zusammenhaltender Modul führt verschiedene Aktivitäten aus, die alle dieselben Eingabe- oder Ausgabe-Daten benutzen. Ansonsten haben die Aktivitäten jedoch wenig miteinander zu tun. Insbesondere ist die Reihenfolge nicht durch inhaltliche Erfordernisse festgelegt.

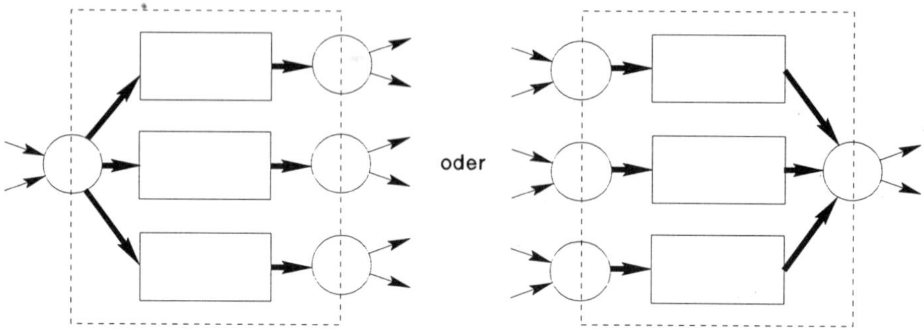

Bild 7.3-8: Kommunizierender Zusammenhalt

Solch ein Modul kann z.B. einen komplizierten Datensatz einlesen und mehrere Felder daraus extrahieren.

Die Kopplung von kommunikativ zusammenhängenden Moduln ist in der Regel erträglich. Meist ist die Kopplung zum Aufrufer in einer Richtung schmal und in der anderen mäßig breit. In fast allen Fällen läßt sich die Qualität steigern, wenn man sie in mehrere, nur funktional zusammenhängende Moduln gliedert. Diese werden jedoch manchmal sehr klein.

7.3.2.4 Problembezogener (prozeduraler) Zusammenhalt

In einem Modul werden verschiedene, möglicherweise unabhängige Funktionen zusammengefasst, bei denen die Kontrolle von einer an die nächste übergeben wird. Bei dieser Art des Zusammenhalts gibt es meistens kaum Beziehungen zwischen den Eingangs- und Ausgangsparametern des Moduls. Oft werden halbfertige Ergebnisse weitergereicht.

7.3.2.5 Zeitlicher Zusammenhalt

Verschiedene unabhängige Aktivitäten werden ausgeführt, deren einziger Zusammenhang darin besteht, daß sie zur gleichen Zeit oder zu einem bestimmten Zeitpunkt unmittelbar nacheinander in festgelegter Reihenfolge ausgeführt werden (z.B. Initialisierung, Finalisierung). Moduln mit zeitlichem Zusammenhalt bestehen meist aus unabhängigen Funktionen oder Funktionsfragmenten. Diese stehen oft zu Aktivitäten anderer Moduln in engerer Beziehung als untereinander. Als Resultat ergibt sich meist eine starke Kopplung zum Aufrufer.

7.3.2.6 Programmstruktureller Zusammenhalt

Beim Aufruf des Moduls wird eine Funktion oder eine Menge von miteinander verflochtenen Funktionen gesteuert über ein Flag ausgeführt.

Ein früher sehr beliebtes Beispiel für programmstrukturellen Zusammenhalt ist die Zusammenfassung aller Ein-/Ausgaben einer Datei in einem Unterprogramm (s. Bilder

7.3-3 und 7.3-4). Die einzelnen Funktionen haben nichts miteinander zu tun. Um alle Aufgaben abdecken zu können, ist eine unverhältnismäßig breite Schnittstelle erforderlich, von der bei jedem konkreten Aufruf immer nur ein kleiner Teil der Parameter tatsächlich genutzt wird. Beim programmstrukturellen Zusammenhalt besteht die Gefahr, daß Programmteile miteinander untrennbar verknüpft werden mit der Folge einer schlechten Änderbarkeit und mangelhaften Zuverlässigkeit. Außerdem entsteht eine starke Kopplung zum Aufrufer.

7.3.2.7 Zufälliger Zusammenhalt

Der Modul besteht aus mehreren, nicht zusammengehörigen Codefragmenten. Diese können zum Beispiel entstehen, wenn man vorher nur zeitlich zusammenhaltende Moduln mit Schaltern versieht, um Teile daraus in anderem Zusammenhang zu verwenden, oder wenn mehrere Funktionen wahllos zusammengelegt werden, oder wenn ein größeres Programm wahllos in Moduln zerlegt wird.

7.3.2.8 Zusammenfassung

Die Forderungen nach hoher Festigkeit und loser Kopplung lassen sich leicht gemeinsam erfüllen: Moduln mit funktionalem, sequentiellem oder kommunikativem Zusammenhalt besitzen einfache Schnittstellen und können mit ihren Aufrufern datengekoppelt oder datenstrukturgekoppelt oder kontrollgekoppelt (vorzugsweise descriptive flag, das den Aufrufer über Eigenschaften von Daten informiert) kommunizieren.

Entscheidende Eigenschaften sind:

- Jeder Modul sollte immer nur die Informationen erhalten, die er für seine Aufgabenerledigung auch tatsächlich benötigt.
- An Moduln sollten Informationen stets als explizite Parameter mit einfachen Datenstrukturen übergeben werden.
- Die inneren Details von Moduln sollten vor jedem Nutzer verborgen werden (information hiding).
- Jeder Modul soll eine Aufgabe erfüllen, diese aber vollständig, ohne Zwischenprodukte zu erzeugen oder von anderen Moduln erzeugte Zwischenprodukte verarbeiten zu müssen. Dann ist auch eine lose Kopplung erreichbar.

Zusammenhaltstyp	wartbar	wieder-benutzbar	Verbesserungsmöglichkeit
normal			
funktional	gut	gut	ok
sequentiell	meistens gut	meistens gut	evtl. weiter faktorisieren (s. 7.3.3.1)
kommunizierend	mittel	akzeptabel	evtl. weiter faktorisieren
gefährlich			
problembezogen zeitlich programmstrukturell zufällig	schlecht	schlecht	Faktorisieren, jedoch meistens Neuentwicklung erforderlich!

Bild 7.3-9: Zusammenhalt von Moduln

7.3.3 Weitere Kriterien

7.3.3.1 Faktorisieren

Faktorisieren heißt, eine Funktion aus einem Modul herauslösen und daraus einen eigenen Modul machen. Dadurch wird in der Regel der Zusammenhalt des vereinfachten, übrigbleibenden Moduls verbessert. Aber auch der Zusammenhalt des herausgelösten Moduls wird bewußt konstruiert. Die Faktorisierung eines Moduls erfolgt also anhand der Kriterien der Kopplung und des Zusammenhalts. Das Faktorisieren ist die **einfachste und wirkungsvollste Maßnahme zur Verbesserung eines Moduldesigns** im Hinblick auf Kopplung und Zusammenhalt.

Es gibt aber noch weitere Motive für die Faktorisierung eines Moduls. Die Modulgröße wird meistens reduziert. Um die Verständlichkeit des Designs zu vergrößern, sollte man einen Umfang des Quellcodes von einer halben Seite bis zu höchstens zwei benachbarten Seiten erreichen. Durch Faktorisieren werden Funktionen besser lokalisiert, Implementierung und Test werden vereinfacht.

Das Faktorisieren ist auch das zentrale Instrument, um Coderedundanz zu vermeiden. Es muß sichergestellt werden, daß dieselbe Funktion nicht mehrfach im Gesamtsystem implementiert wird.

In der gesamten Funktionalität des Systems gilt es, die Funktionen der Ablaufsteuerung (Aufrufe und Entscheidungen) und Verarbeitung (prüfen und berechnen) zu trennen. Dadurch entsteht eine wesentliche Verbesserung der Wartbarkeit: eine Systemänderung ist meist entweder eine Änderung der Ablaufsteuerung oder der Verarbeitung, selten beides. Unter der Zielsetzung der Wiederbenutzbarkeit sollte man zusätzlich stets allgemein nützliche, d.h. wiederverwendbare Moduln als Basisfunktionen aus den Verarbeitungen herauslösen.

Weitere Ziele der Faktorisierung sind die Vereinfachung der Implementierung und die Begrenzung der Schachtelungstiefe der Kontrollstrukturen innerhalb eines Moduls.

Horizontale und vertikale Schichtung

Durch das Faktorisieren ergibt sich schließlich eine Anwendungs-Architektur, wie sie in Bild 7.3-10 wiedergegeben ist.

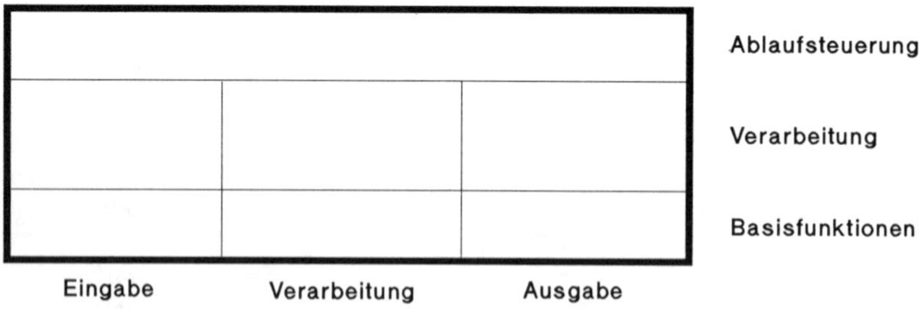

Bild 7.3-10: anzustrebende Anwendungsarchitektur.

Diese Anwendungsarchitektur ist durch eine **Vertikale Schichtung** in Ablaufsteuerung, Verarbeitung und Basisfunktionen sowie durch eine **Horizontale Schichtung** in Eingabe-, Verarbeitungs- und Ausgabefunktionen gekennzeichnet (s. Kapitel 2.2.3.1, Software-Architektur).

Durch die horizontalen und vertikalen Schichtungsgrenzen (Schnittstellen) entstehen **Architekturblöcke**, die eine grobe Gliederung der gesamten Anwendung aufzeigen. Innerhalb der Architekturblöcke gibt es nur inhaltlich verwandte Funktionen, während die Funktionen unterschiedlicher Architekturblöcke auch inhaltlich verschiedene Aufgaben haben.

Eine grundlegende Qualitätsanforderung ist durch folgende Regel gegeben:

> Man muß in einem Moduldesign stets darauf achten, daß **jeder Modul genau einem Architekturblock zugeordnet** werden kann und dabei keine Grenze zu einem benachbarten oder gar fremden Architekturblock überschreitet.

Diese Anforderung wiederholt eigentlich nur einige Aspekte der Kopplung und des Zusammenhalts. Sie bedeutet zum Beispiel, ein Berechnungsmodul darf nicht gleichzeitig Eingabe- oder Ausgabefunktionen wahrnehmen. Ändern sich nämlich die physikalischen Formate zum Beispiel durch Anbindung neuer Geräte, so muß dieser Modul eventuell angepaßt werden. Bei dieser Änderung, die eigentlich nur die Ein-/Ausgabefunktion betrifft, liegt aber die Berechnung "mit auf dem Operationstisch" und kann durch einen Kunstfehler leicht Schaden nehmen.

Prinzipiell könnte man die Faktorisierung fortsetzen, bis man auf der Ebene einzelner Anweisungen angelangt ist. Das ist natürlich nicht sinnvoll. Daher sind folgende Kriterien für den Abbruch der weiteren Faktorisierung zu beachten:

- Ein Modul sollte nicht weiter faktorisiert werden, wenn keine wohldefinierbare Funktion zur Auslagerung mehr gefunden wird.
- Ein Modul sollte nicht weiter faktorisiert werden, wenn die Schnittstelle zum ausgelagerten Modul fast genauso kompliziert ist wie der Modul selber.
- Wenn eine ausreichende Lokalität erreicht ist (Spezifikation kürzer als eine Seite bzw. ein Bildschirminhalt, also ohne blättern zu durchdenken), dann prüfe man, ob noch eine weitere Faktorisierung erforderlich ist. Hier sollten Gesichtspunkte der Wiederbenutzbarkeit den Ausschlag geben.
- Andererseits gibt es auch längere Moduln, die nicht sinnvoll weiter zerlegt werden sollten. Dies könnte etwa in einem mathematischen Berechnungsmodul der Fall sein, der komplex ist, aber keine wiederbenutzbaren Bestandteile mehr enthält. Dann erzwinge man keine Faktorisierung, nur um vordergründigen Kriterien (1-2 Seiten) formal zu genügen.

Beim Faktorisieren können Moduln entstehen, die für die Realisierung viel zu klein sind. Zur Design-Zeit wird dies in Kauf genommen, um wiederverwendbare Teile klar zu identifizieren.

Zur Implementierungszeit kann eine zu starke Faktorisierung, die zu unpraktikabel kleinen und nur in geringem Maße wiederverwendbaren Moduln führt, leicht wieder zurückgenommen werden. Im Structure-Chart wird dies durch das "Hut-Symbol" angedeutet (Bild 7.3-11):

Der Modul "MWST berechnen" ist hier im Rahmen des logischen Moduldesigns korrekt als eigenständiger und in hohem Maße wiederbenutzbarer Modul faktorisiert worden. Dieser Modul läßt einen hohen Fan-In erwarten (vgl. Kap. 7.3.3.12), jedoch stellt sich heraus, daß er in seinem Inneren nur aus einer Zeile besteht. Im Physikalischen Design hat man sich daher entschlossen, diese Funktion nicht als eigenständigen Modul zu implementieren, sondern die eine Berechnungszeile **coderedundant** in jedem aufrufenden Programm unterzubringen. Dies erscheint in der gegebenen Realisierungsumgebung vielleicht im Vergleich zu einem Unterprogrammaufruf als das kleinere Übel. **Diese Gedanken gehören aber erst in das physikalische Design!**

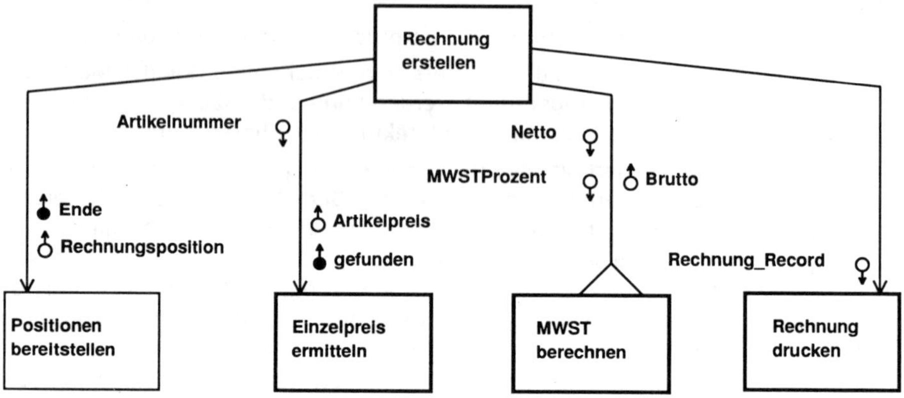

Bild 7.3-11: Rücknahme zu weit getriebener Faktorisierung im physikalischen Moduldesign ("Hut"-Symbol)

Hier wird besonders deutlich, daß die Entwicklung eines Moduldesigns auch einige Erfahrung erfordert und nicht etwa ein rein formaler Umsetzungsvorgang ist, der maschinell vorgenommen werden könnte. Abhängig von der **Semantik** muß inhaltlich entschieden werden, wie die einzelnen Funktionen so auf Moduln aufgeteilt werden sollten, daß im Gesamtsystem aber auch in allen Bestandteilen möglichst gute Kopplungs- und Zusammenhaltseigenschaften vorliegen. Das Faktorisieren ist daher kein Konstruktionsschritt, den man einfach mechanisch durchführen könnte. Am Ende müssen inhaltlich sinnvolle Abstraktionen entstehen, die leicht zu implementieren und zu pflegen sind.

Wenn später, unmittelbar vor der Implementierung, Kompromisse wegen nicht-perfekter Implementierungstechnologie (freudig) zu schließen sind, dann werden wir einige Faktorisierungsentscheidungen womöglich wieder rückgängig machen. Aber im Konzept wollen wir erst einmal ein **logisches Moduldesign** entwickeln, das von den speziellen Kompromissen vollkommen frei ist.

7.3.3.2 Decision-Split vermeiden

Eine Entscheidung hat stets einen Erkennungsteil und einen Ausführungsteil:

```
if Kunden-# gültig                    /* Erkennungsteil */
  then
    Kunden-Daten anzeigen             /* Ausführungsteil "then" */
  else
    Fehlermeldung                     /* Ausführungsteil "else" */
endif
```

Ein **Decision-Split** ist die Trennung beider Teile einer Entscheidung in verschiedene Moduln.

Decision-Splits sind soweit möglich zu vermeiden. Der Ausführungsteil sollte immer so dicht wie möglich beim Erkennungsteil liegen, so daß die erkannte Information keinen weiten Weg bis zu ihrer Verarbeitung zurücklegen muß (meist als Flag). Andererseits:

- Manche Decision-Splits sind unmöglich zu entfernen.
- Faktorisieren führt oft zu kleineren Decision-Splits, die man aber nach Abwägung in Kauf nimmt.
- In vielen Situationen lagert man bewußt den Ausführungsteil für jede Alternative in jeweils einen **direkt gerufenen** Modul aus, um die Komplexität des erkennenden Moduls zu verkleinern. Diese direkt gerufenen Decision-Split-Moduln wollen wir akzeptieren und abhängig von den Modulgrößen und sonstigen Eigenschaften sogar fördern.

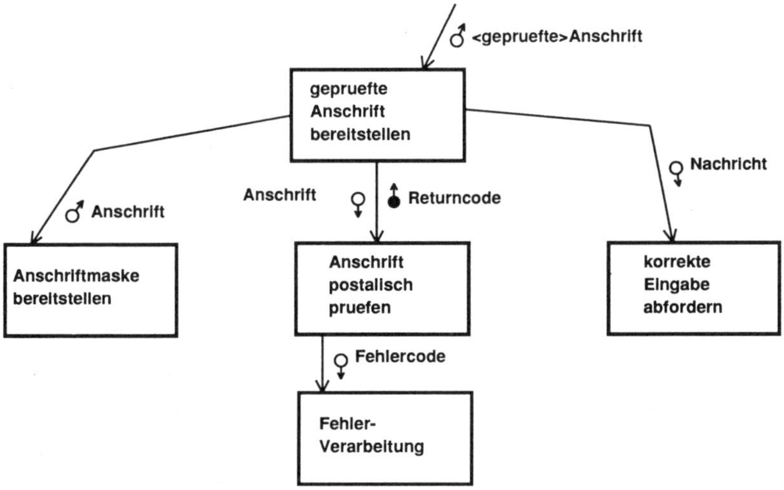

Bild 7.3-12: akzeptabler Decision-Split

Der Modul "geprüfte Anschrift bereitstellen" in Bild 7.3-12 interpretiert den Returncode der Anschriftenprüfung und ruft bei erkannten Fehlern den Modul "korrekte Eingabe abfordern" auf. Dieser Modul faßt alle Aktivitäten zur Aufforderung des Benutzers, eine korrekte Eingabe zu tätigen, in dem Modul zusammen, der zur Anpassung an die individuelle Situation noch eine besondere Nachricht erhält. Diese Konstruktion ist insofern nicht besonders schön, als im aufrufenden Modul Textkonstanten implementiert sind, die eine Übersetzbarkeit in andere Sprachen erschweren.

Eng mit den Decision-Splits verwandt sind die **Tramp-Data** (s. Kap. 7.3.1.1). Hier werden nur einfache Datenelemente anstelle von Flags über mehrere Moduln hinweg weitergereicht.

7.3.3.3 Balancierte Systeme

In der Praxis trifft man häufig **physikalisch-input-getriebene Systeme** an. Diese sind durch wenig Verarbeitung auf der Eingabeseite gekennzeichnet. Daher müssen die Top-Moduln mit rohen, ungeprüften Daten in physikalischen Formaten arbeiten. Dies hat gravierende Nachteile.

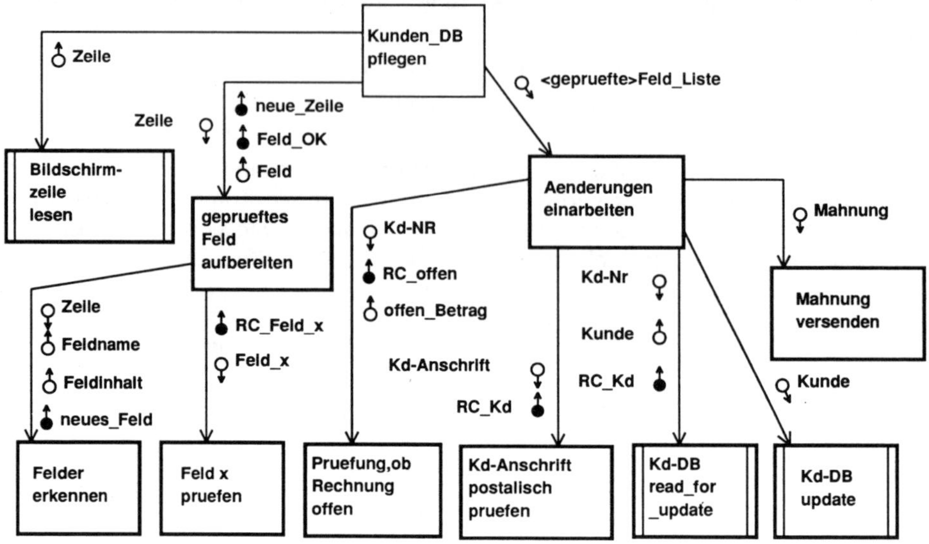

Bild 7.3-13: physikalisch-input-getriebenes System

Das Beispiel zeigt, daß Daten in ihrem physikalischen Format durch das ganze System gereicht werden, bevor eine Verarbeitung stattfindet. Der oberste Modul (eigentlich Ablaufsteuerung, "Management") beschäftigt sich mit physikalischen Datenformaten, ohne die inhaltlich relevanten Datensituationen mitzubekommen. Die Entscheidung wird delegiert an subalterne Moduln, der Manager sieht seine ganze Aufgabe darin, die inhaltliche Entscheidung vorzubereiten.

Die Kopplung in physikalisch-input-getriebenen Systemen ist meist schlecht aufgrund von vermeidbaren Decision-Splits. Viele Moduln an der Spitze des Designs übertragen Daten in physischen Eingabe-Formaten. Ein großer und wichtiger Teil des Systems wird auch durch kleinere Spezifikations-Änderungen (z.B. im Eingabe-Format) in Mitleidenschaft gezogen. Moduln, die geprüfte Eingabedaten zurückgeben, sind nicht leicht in anderen Systemteilen wiederverwendbar.

Die prinzipiell gleichen Nachteile sind auch bei **physikalisch-output-getriebenen Systemen** zu beobachten, bei denen fast die gesamte Verarbeitung auf der Eingabeseite erfolgt.

Zur Erreichung einer ausgewogenen Anwendungsarchitektur ist die Konstruktion von **Balancierten Systemen** ein wichtiges Ziel. Diese sind wie folgt zu kennzeichnen:

- Die oberen Moduln des Designs behandeln logische Daten (implementierungsunabhängig), die unteren physikalische.
- Die physikalischen Eigenschaften von Daten, Dateien, Geräten werden auf die unteren Design-Schichten konzentriert.
- Konsequenz: Datenunabhängigkeit und Geräteunabhängigkeit sind leichter zu erreichen.
- Normalerweise entstehen nützliche Moduln in den unteren Schichten, zum Beispiel wiederverwendbare Prüfmoduln. Die Moduln der oberen Schichten sind da-

gegen meistens anwendungsbezogen und daher nur in geringem Umfang wiederverwendbar (s. Kap. 2.2.4, dies ist ein grundsätzliches Problem für das Qualitätsziel möglichst guter **Wiederverwendbarkeit**).

- Balance ist keine Frage der Form des Structure-Charts, sondern der Inhalte (nur logische Daten in den oberen Design-Schichten).

In Bild 7.3-14 werden die Mängel des physikalisch-input-getriebenen Systems aus Bild 7.3-13 behoben.

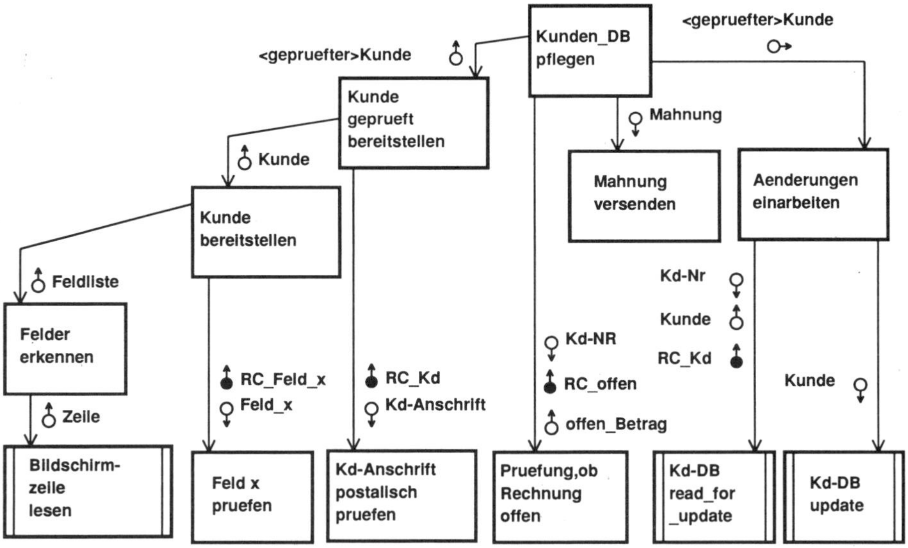

Bild 7.3-14: Beispiel für ein balanciertes System

7.3.3.4 Fehlerverarbeitung

Bereits im Zusammenhang mit der Software-Ergonomie (Kap. 2.1.4.2 und Anhang A1) haben wir auch Anforderungen an die Fehlerverarbeitung gerichtet. Eine benutzerfreundliche Fehlerverarbeitung, die in jedem Falle eine Meldung mit realistischem und wirklich helfendem Inhalt aufbereiten kann, setzt ein intern aufgeräumtes System voraus. Die Anwendungsarchitektur muß außerdem besonders durch eine **Architektur zur Fehlerverarbeitung** unterstützt werden.

In der SA haben wir die Details der Fehlerverarbeitung auf die Designphase verschoben. Mit den hier zu diskutierenden technischen Details wollen wir niemals den Anwender belasten. Außerdem verbergen sich in der Fehlerverarbeitung auch viele Dinge, die nicht zu den wahren, implementationsfreien Anforderungen des Anwenders gehören, sondern in Abhängigkeit von den speziellen Eigenschaften der Implementierungsumgebung gezielt konstruiert werden müssen.

Weiter ist zu berücksichtigen, daß wir in der Analyse praktisch die gesamte Fehlererkennungsarbeit dem Administrationsring übertragen haben. Er erledigt die gesamte routinemäßige Prüfarbeit, die unverzichtbar ist, aber andererseits nicht in den Bereich der eigentlichen Aufgabenstellung des Systems gehört. Dennoch muß dieser Administrationsring insbesondere für den auf einem Rechner implementierten Systemteil konstruiert werden. Hier präzisieren wir also die Aufgaben des Administrationsringes.

Darüberhinaus gibt es aber **im implementierten System** auch weitere Fehlermöglichkeiten, die auch nicht zuletzt aufgrund der Schwächen der beteiligten Prozessoren und Speicher erforderlich werden. Also müssen im implementierten System auch innerhalb der Essenz noch Fehler abgewiesen werden können, wenn sie denn etwa als Returncode vom Datenbanksystem zurückgereicht werden, weil gerade die Platte nicht verfügbar ist. In der Programmierung sollten **stets vollständige Fallunterscheidungen** auch innerhalb der Essenz codiert werden, damit Restfehler mit Sicherheit auffallen und systematisch bereinigt werden können.

Insgesamt gelten für die Fehlerverarbeitung folgende Grundsätze:

- Fehler sollten durch den Modul gemeldet werden, der den Fehler erkennt und die Ursache beurteilen kann. Die bestmögliche Fehlermeldung kann nämlich an der Stelle ausgegeben werden, die den Fehler erkannt hat.
- Es muß abgewogen werden, ob Prüfroutinen im Einzelfall den Fehler melden oder besser einen Returncode zurückgeben oder beides tun:
  * der Aufrufer könnte das Nichterfülltsein einer Bedingung prüfen wollen,
  * der Aufrufer könnte den Fehler korrigieren wollen,
  * eine Bedingungsabfrage kann in manchen Fällen einen Fehler bezeichnen, in anderen eine Bedingung, auf die entsprechend reagiert werden muß.
- In jedem Fall sollte ein Fehler über eine einheitliche und verbindlich zu benutzende Fehler-Routine ausgegeben werden.
- Dabei muß entschieden werden, wo die Meldungstexte im System plaziert werden:
  * im erkennenden Modul:
    + Programme werden lesbarer, weil die Fehlertexte enthalten sind
    - nicht änderungsfreundlich
  * im Fehlermodul:
    + einheitliche Textgestaltung und Format
    + Doubletten sind leichter vermeidbar
    + Meldungen sind leichter änderbar und übersetzbar in Fremdsprachen
    - jede Änderung bedeutet Übersetzung des Fehlermoduls, Test und Übertragung in die Produktionsumgebung
  * in einer Meldungsdatei zum Lesen durch den Fehlermodul:
    ++ alle Vorteile wie im Fehlermodul, zusätzlich:
    + leichte Änderung ohne Änderung des Programmcodes

Im Normalfall hat man daher eine Ablage der Meldungstexte in einer geeigneten Datenbank-Datei vorzusehen.

Wir betrachten nun als Beispiel die Architektur einer Fehlerverarbeitung in einem kommerziellen System. Bild 7.3-15 zeigt in pragmatischer Vereinfachung die Architektur unter Hervorhebung der für die Fehlerverarbeitung relevanten Moduln. Dort gebe es eine Ablaufsteuerung, die als Menühandler ("Funktionenbaum") entwickelt ist.

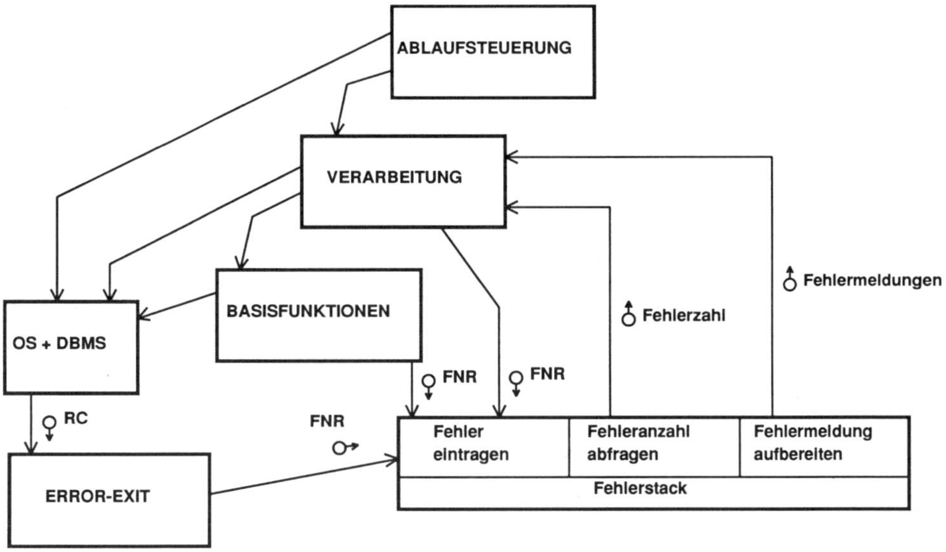

Bild 7.3-15: Architektur der Fehlerverarbeitung

Für die Verarbeitungsprogramme liegen Rahmenmoduln als Programm-Muster vor, aus denen die Anwendungsprogramme entwickelt werden und die die Schnittstelle zum Funktionenbaum realisieren. Jeder Modul ist in der Lage, eine Fehlermeldung abzusetzen. Dies ist aber nur über eine einheitliche Fehler-Routine "Fehler eintragen" zulässig. An diese wird die Fehlernummer und der Name des Programms, in dem der Fehler erkannt wurde, übergeben.

Der Fehler wird in einen Fehlerstack eingetragen, in dem alle im dynamischen Programmablauf erkannten Fehler zwischengespeichert werden. Aus diesem Stack wird erkannt, wieviele Fehler vorliegen. Ein Modul zum Abfragen des Stackpointers liefert die Anzahl der in einem konkreten Programmablauf (Transaktion) gesammelten Fehler. Diese Information wird benötigt, um sicher entscheiden zu können, ob ein Datenbank-Update zulässig ist. Hier gilt der Datenbank-Grundsatz:

> **Der Inhalt der Datenbank darf nur verändert werden, wenn von den Prüfungen keine Fehler in den Ausgangsdaten festgestellt worden sind, auch nicht im Vergleich zu bereits gespeicherten Daten.**

Unmittelbar vor Ausgabe der Ergebnismaske werden dann die im Stack gesammelten Fehler unter Zuhilfenahme einer Datei für Fehlermeldungen extern aufbereitet, gleichzeitig wird der Stack initialisiert (die einzelnen Fehler werden durch "pop" entnommen).

Durch besondere Maßnahmen muß aber darüberhinaus sichergestellt werden, daß in jedem Fall eine vernünftige Systemreaktion erfolgt. **Das Online-System muß bei jeder Fehlerart bedienbar bleiben!** Dies gilt auch, wenn Fehler entstehen, die außerhalb des Verantwortungsbereiches der Anwendung liegen.

So könnte zum Beispiel eine Datenbank gerade nicht zur Verfügung stehen, weil sie vom Systemadministrator gesperrt ist, oder es könnte sogar eine Magnetplatte defekt sein. Derartige Fehlersituationen führen dazu, daß Returncodes vom Betriebssystem oder vom Datenbanksystem an die Anwendung gegeben werden. Wenn diese nicht weiter auf den Fehler reagiert, dann wird die Anwendung zwangsweise beendet. Für den Benutzer bleibt der Bildschirm einfach dunkel, die Anwendung wird ohne für ihn erklärlichen Grund abgebrochen. Oder, noch schlimmer, er erhält die Kommandozeile des Betriebssystems, die ihm immer verborgen bleiben muß.

Im Falle solcher Systemfehler muß also dafür gesorgt werden, daß vor Beendigung der Anwendung noch einmal das Anwendungsprogramm (Modul "ERROR-EXIT") die Kontrolle erhält, wenigstens um eine verständliche Fehlermeldung abzusetzen. Besser ist es aber, wenn die Bedienbarkeit der Anwendung wieder voll hergestellt werden kann. Hierzu ist es erforderlich, die Fehlermeldung auf dem standardisierten Weg der normalen Fehlerverarbeitung zu übergeben und anschließend wieder zur normalen Bedienung zurückzukehren. Auch im Falle schlimmster Systemkatastrophen muß sich das System freundlich melden und dem Benutzer klar machen: "Die gewählte Systemfunktion steht leider erst in ca. 2 Stunden wieder zur Verfügung. Wir bedauern dies sehr.". Hier ist eine besonders positive Formulierung der Fehlermeldung erforderlich.

Dies ist ein Ergonomie-Argument (s. Kapitel 2.1.4.2, Punkt 6). Man könnte die Fehlermeldung auch anders formulieren: "Abbruch wegen schwersten Systemfehlers, Error-Code 2357A". Dies hätte eine ganz andere Wirkung auf den Anwender!

7.3.3.5 Prüfen

Für das Prüfen von Benutzereingaben gelten folgende Grundsätze:

- Das Bekannte vor dem Unbekannten prüfen. Wenn der Benutzer eine Eingabe zurücknimmt, weil er den Fehler erkannt hat, so muß diese Eingabe ignoriert werden.
- Erst syntaktisch, dann semantisch prüfen.
- Erst einzelne Felder prüfen (**Bereichsprüfungen**), dann Kombinationen.
- Erst intern prüfen (**Kombinationsprüfungen** innerhalb der Eingabe), dann extern (**Plausibilitäten** zu Datei-Inhalten): erst den Datensatz intern prüfen, bevor er extern benutzt wird.
- Datenbank-Änderungen nur mit geprüften Daten zulassen.

Im Normalfall sollte man Prüf-Funktionen **tabellengesteuert** realisieren. Die zulässigen Ausprägungen stehen als Aufzählung oder als Prädikate in Tabellen, auf die durch die konkrete Eingabe gesteuert ein Zugriff vorgenommen wird. Wenn diese Tabellen den Eingabewert nicht zulassen, erfolgt eine Abweisung durch Fehlermeldung. Die Tabellen werden vorzugsweise als Datenbanktabellen realisiert.

Welche Prüfungen muß nun ein Modul im Rahmen der Bearbeitung seiner Aufgaben durchführen? Vor allem in den Eingabe-Subhierarchien gibt es Prüfmoduln, deren Zweck in der Durchführung von Prüfungen besteht. Alle anderen Moduln des Gesamtdesigns sollten sich defensiv verhalten, d.h. mißtrauisch sein gegenüber bereits erfolgten Prüfungen. Andererseits darf natürlich nicht jede Prüfung mehrfach im System erfolgen. Bei feiner Faktorisierung würde sich das gesamte System bald nur noch mit Prüftätigkeiten befassen. Daher gelten folgende Empfehlungen (vgl. /JULIFF-90/ S.87):

- Ein Modul soll immer seine Eingabeparameter gegen jede Bedingung prüfen, die einen Programmabbruch verursachen könnte.
- Ein Modul braucht aber nicht diejenigen Eingabeparameter noch einmal zu prüfen, die im dynamischen Programmablauf bereits geprüft worden sind. Dies ist aber nur möglich, wenn in der Spezifikation explizit in den Preconditions festgelegt ist, welche Prüfungen bereits erfolgt sind.

7.3.3.6 Moduln mit Gedächtnis

Moduln können ein Gedächtnis haben. Wenn eine Datenabstraktion abgebildet werden soll, so ist dies auch oft beabsichtigt. In vielen Fällen bleiben aber interne Daten des Moduls bis zum nächsten Aufruf ungeändert erhalten und werden dann eventuell unbewußt weiterbenutzt. Manchmal wird es auch für eine bequeme Realisierungstechnik gehalten, sich bei einem Aufruf eines Unterprogramms an die Ergebnisse früherer Aufrufe zu erinnern. Man benutzt dann Schalter, die in einem früheren Aufruf gesetzt worden sind ("Und weiß ich nicht mehr weiter, dann setz' ich mir 'nen Schalter!"). Diese Vorgehensweise ist verwerflich. Solche Moduln sind im Prinzip unvorhersehbar, auch bei identischen Eingabeparametern können unterschiedliche Reaktionen erfolgen, abhängig von internen Datenfeldern. Wegen eventuell schwieriger Fehlersuche sollte man Moduln mit Gedächtnis soweit wie möglich vermeiden bzw. nur sehr bewußt nutzen.

7.3.3.7 Programmstruktur der Datenstruktur anpassen

Moduln werden einfacher, wenn die Programmstruktur der Datenstruktur angepaßt ist.

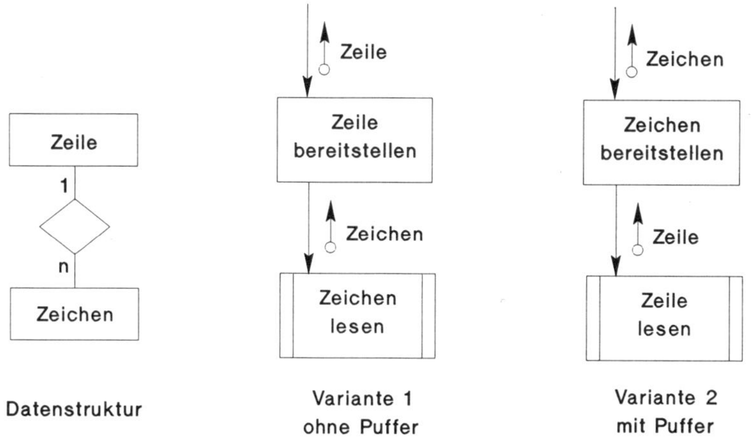

Bild 7.3-16: Programmstruktur und Datenstruktur

Ein Gedächtnis des Moduls wird sicher benötigt, wenn die Datenstruktur zur Programmstruktur entgegengesetzt ist.

Im Beispiel in Bild 7.3-16 erfordert der Modul "Zeichen bereitstellen" in Variante 2 ein Gedächtnis, das als Zeilenpuffer mit Lesezeiger implementiert werden muß, damit sich dieser Modul bei einem Folgeaufruf an das zuletzt zurückgegebene Zeichen erinnern kann.

Der Ansatz, Programmstrukturen direkt nach den zugrundeliegenden Datenstrukturen zu designen, ist in der Jackson-Methode (/JACKSON-75/) formuliert worden. Diese ist besonders gut geeignet, einzelne Programme zu designen, die komplizierte Datenstrukturen zu verarbeiten haben. Für die Konstruktion eines komplexen Gesamtsystems ist diese Technik weniger geeignet (vgl. /PAGE-JONES-88/ S.126). Die Informationsinhalte der Jackson-Diagramme sind auf elementare Weise in der Datenkatalog-Notation der Strukturierten Methoden darstellbar (vgl. /YOURDON-89c/ S.300-302 und /PAGE-JONES-88/ S.168ff). Aus diesen Gründen werden wir die Jackson-Methode nicht weiter verfolgen.

7.3.3.8 Information-Cluster

Als Information-Cluster bezeichnet man eine Menge von Moduln, die gemeinsam eine komplexe Datenstruktur als globale Daten nutzen, diese aber vor allen anderen Moduln des Systems verbergen. Diese Konstruktion wird zum Beispiel gern bei Puffer-Verwaltungen benutzt.

Die in einem Information-Cluster zusammengefaßte Gruppe von Moduln wird auch Data-Hiding-Modul genannt. Es ist erkennbar, daß die Gruppe von Moduln eine Datenstruktur vor den Nutzern verbirgt. Dies kann auch ein einzelner Modul sein. Also ist diese Darstellung auch für Zugriffsmoduln auf Datenbanken geeignet und auch für die Darstellung von abstrakten Datentypen.

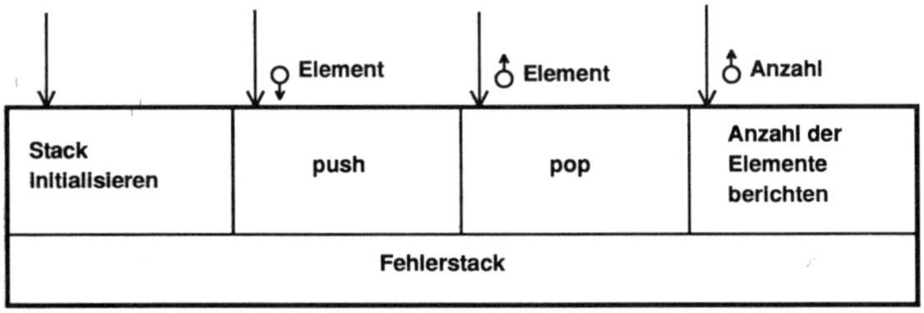

Bild 7.3-17: Information-Cluster

Wenn schon globale Variablen aus algorithmischen Gründen benutzt werden müssen, oder wenn wenigstens die Algorithmen bei Nutzung globaler Daten wesentlich einfacher werden, so muß man aber den Sichtbarkeits- und Gültigkeitsbereich dieser Variablen einschränken auf diejenigen Moduln, die auch tatsächlich unabweisbar einen Zugriff auf die globalen Daten haben müssen. Durch die Information-Cluster werden also globale Daten zum Teil wieder legalisiert, aber mit den folgenden unverzichtbaren Einschränkungen:

* wohldokumentierte Eingrenzung der Sichtbarkeit auf genau benannte Moduln,
* Information-Hiding gegenüber allen anderen Moduln des Systems,

* nur dann anzuwenden, wenn die Alternative noch schlimmer ist: Übergabe komplexer Datenstruktur als Parameter verbunden mit vielfach lokaler Deklaration derselben Daten.

7.3.3.9 Initialisierung und Terminierung

Oft und gern wird der klassische Ansatz gelehrt: am Programmanfang sollte man erst einmal alle lokalen Datenfelder initialisieren (Vorprogramm), am Ende alles terminieren (Schlußroutine). Eine derartige Vorgehensweise hat schwerwiegende Nachteile. Zunächst leidet die Verständlichkeit des Programms. Natürlich sollen nur bestimmte Felder initialisiert werden, z.B. Schleifenvariablen, Zähler. **Dies soll jedoch stets unmittelbar vor Ausnutzung der Zusicherung erfolgen, daß die Initialisierung erfolgt ist.** Sonst ist der Code lokal weder verständlich noch leicht prüfbar (Nachschlagen zur Initialisierung erforderlich) und es entsteht die Gefahr, daß durch unerkannte Fernwirkungen anderer Fehler (Dimensionsgrenzen überschreiben bei älteren Programmiersprachen) die Initialisierungszusicherung verletzt ist.

Manchmal krönt man noch den klassischen Ansatz mit dem (vollkommen falsch verstandenen) Modularitätsargument: alle Initialisierungen werden in einem einzigen Modul zusammengefaßt. Dieser hat dann natürlich nur zeitlichen Zusammenhalt, das einzige, was seinen Funktionen gemeinsam ist, ist der Zeitpunkt ihrer Ausführung. Die verbleibenden, von Initialisierungen "befreiten" Moduln sind nicht wiederbenutzbar, ohne daß auch die Initialisierungsmoduln benutzt werden. Ihre Inhalte haben eine sehr starke Bindung zu anderen Moduln. Sie sind nur eingeschränkt wiederverwendbar.

Für jede einzelne Funktion sollte die Initialisierung so spät und die Terminierung so früh wie möglich erfolgen, genau die erforderlichen Felder betreffen und mit der Funktion selber eine Einheit bilden. Damit werden die Funktionen wiederverwendbar und verständlich. Damit wird auch die Pflegbarkeit unterstützt.

Auch im Falle eines beliebigen aufgetretenen Fehlers muß bei Beendigung der Funktion eine ordnungsgemäße Terminierung (z.B. Freigabe der benutzten Geräte oder Freigabe von dynamisch angefordertem Speicherplatz im Heap) durchgeführt werden.

Das Initialisieren und Terminieren einer Funktion soll so tief wie möglich in der Hierarchie und ohne Nutzung eines Programmgedächtnisses erfolgen.

7.3.3.10 Restriktiv vs. allgemein

Moduln sollen mit dem Ziel der Wiederverwendbarkeit weder zu speziell noch zu allgemein sein. Es gibt einige Kennzeichen für **zu restriktive (spezielle) Moduln**:

- Der Modul benutzt willkürliche Dimensionierungsgrenzen und führt daher eine unnötig spezielle Aufgabe aus. Beispiel: String-Prüfung auf alphabetisch für Strings der Länge 20, 30, 40 B statt einem Modul mit dem Parameter Stringlänge.
- Der Modul behandelt sehr spezielle Datentypen, -werte oder -strukturen. Beipiel: Nettogewinn berechnen, aber nur für positive Werte.
- Der Modul benutzt Annahmen, in welchem Zusammenhang er aufgerufen wird.

Restriktive Moduln besitzen meistens eine schlechte Wiederverwendbarkeit und eine schlechte Wartbarkeit. Außerdem ist die Gefahr der Code-Redundanz groß, denn für geringfügig benachbarte Aufgabenstellungen muß eventuell eine individuelle Lösung geschaffen werden.

Im anderen Extrem gibt es **zu allgemeine Moduln**. Diese haben oft folgende Kennzeichen:

- Der Modul führt seine Aufgabe auf einem zu breiten Gültigkeitsbereich aus. Beispiel: Datumprüfung auch für das Jahr 1752 (13 Tage gestrichen wegen Übereinstimmung mit dem Gregorianischen Kalender).
- Der Modul behandelt zu allgemeine Datentypen, -werte, -strukturen. Beispiel: Gleitkommazahlen nutzen für ein Anzahl-Feld.
- Es werden Parameter übergeben, deren Wert sich nie ändert, Beispiel: Anzahl der Tage einer Woche als Parameter.

Zu allgemeine Moduln führen auf folgende Probleme:

- schlechte Kopplung, schlechter Zusammenhalt,
- Extra-Code für überflüssige Funktionsteile muß entwickelt und gewartet werden.

In dieser Frage sind also die Extrema zu vermeiden. Vor jeder Realisierung muß aber wiederum mit Augenmaß und Erfahrung geprüft werden, ob der zu realisierende Modul nicht eventuell mit geringem Aufwand etwas allgemeiner gefaßt werden kann, wodurch seine Wiederbenutzbarkeit gesteigert und die Coderedundanz im Gesamtsystem gesenkt werden kann. Genauso muß aber auch geprüft werden, ob eine gesteigerte Allgemeinheit des Moduls tatsächlich im Gesamtsystem ausgeschöpft wird.

Ein Verallgemeinern von Moduln durch Einführung größerer Datenflexibilität ist weniger gefährlich als Einführung größerer funktioneller Flexibilität. Es muß aber streng darauf geachtet werden, daß nur die dem Problem angepaßten Datentypen benutzt werden. Ein harmloser und anzustrebender Weg zur Verallgemeinerung besteht in der Einführung einer **möglichst späten Bindung**: konkrete Wertzuweisung wird verzögert auf die Ausführungszeit.

- Wertzuweisung zur Coding-Zeit ist sehr restriktiv, Konstanten wie 2.71828 oder 30 im Programmcode. Wenig änderungsfreundlich, auch Konstanten können sich ändern oder durch präzisere Werte ersetzt werden.
- Wertzuweisung zur Ausführungszeit ist sehr allgemein, verkleinert aber gelegentlich die Verständlichkeit. Sorgsam abwägen.
- **Empfehlung**: alle Daten, die nicht mit großer Sicherheit für die Lebensdauer der Software konstant sind, erst zur Ausführungszeit zuweisen, Auslagerung in Dateien.
- Kompromiß: Zuweisung zur Compile-Zeit durch Include-Member o.ä.

Hier sind noch folgende Beispiele aus der Praxis interessant:

- Mathematische Konstanten (besonders beliebt: pi, e, ...) ändern sich zwar in ihrer Essenz nicht. Im Hinblick auf die Darstellungsgenauigkeit der Implementierungsumgebung können aber auch solche Konstanten, bzw. ihre Approximationen auf dem Rechner, im Laufe der Zeit oder bei Portierungen unterschiedliche Werte annehmen. Anwendungsfehler können leicht entstehen, wenn zum Beispiel ein Entwickler "gerade nicht den genaueren Wert von pi zur Hand hatte" und einfach zuweist: "pi := 3.14;". Der Verfasser hat diesen Fehler in einem CAD-Entwicklungsprojekt erlebt. Das Ergebnis war, daß Kreise nicht mehr genau gezeichnet wurden und viele interne Berechnungen "unerklärliche" Ungenauigkeiten besaßen. Eine nähere Analyse ergab, daß im gesamten System etwa 15 verschiedene Werte für pi codiert waren!

Eine Abhilfe ist möglich, wenn man entweder den Wert der Konstanten nach mathematischer Formelsammlung auf so viele Stellen genau wie möglich codiert. Der Compiler greift sich die maximal darstellbare Genauigkeit heraus und rundet dabei (normalerweise), also benutze man folgende Anweisung:

pi := 3.141592653589793;

Als Alternative kann man die Konstante auch wie eine Variable behandeln und ihren Wert dynamisch berechnen lassen:

pi := 4.0 * arctan(1.0);

Natürlich haben beide Lösungen ihre Nachteile, die ein **Verstecken** des jeweiligen Tricks in einem Modul rechtfertigen.

- Gerade im kommerziellen Bereich werden Konstanten im Laufe der Zeit geändert. Die Konstanten haben dann auch noch Attribute wie "Gültigkeitszeitraum". In den Verfahren muß man häufig auch Berechnungen für frühere Gültigkeitszeitpunkte durchführen, daher müssen diese Angaben vorliegen. Hier bietet es sich nur an, eine Datenbanktabelle mit Programmkonstanten einzurichten, in der Werte wie zum Beispiel der Mehrwertsteuersatz gespeichert werden. Natürlich dürfen normale Anwendungen aus dieser Datenbanktabelle nur lesen, die Änderung ist eine privilegierte Funktion. Die Konstanten sind zu **verstecken** und wie abstrakte Datentypen zu behandeln.

7.3.3.11 Fan-Out

Der Fan-Out gibt die Anzahl der direkt aufgerufenen Moduln eines gegebenen Moduls an. Aus Gründen der Übersichtlichkeit sollte diese Anzahl auf 7 +/- 2 beschränkt sein. Hierbei zählen Transaktionszentren einfach (alternativ aufgerufene Moduln).

Ein zu hoher Fan-Out wird bereinigt durch Einführung von Moduln eines "Mittel-Managements", zu geringer Fan-Out durch Faktorisieren.

7.3.3.12 Fan-In

Der Fan-In gibt die Anzahl der Moduln an, die den gegebenen Modul direkt aufrufen. Der Fan-In soll so groß wie möglich sein (Wiederverwendbarkeit), aber jeder Aufrufer muß gleich behandelt werden, gleiche Anzahl und Typen von Parametern. Der Zusammenhalt des Moduls muß gut sein (nicht mit Schaltern Fan-In erzwingen!). Zu geringer Fan-In kann durch Faktorisieren bereinigt werden.

Es ist zulässig, daß Moduln von verschiedenen Schichten im Design aufgerufen werden. Wenn der Modul eine wirklich nützliche Funktion hat, kann er überall im Design benutzt werden.

7.3.3.13 Die Form des Systems

Die Qualität des Systems läßt sich in sehr grober Form und in Abhängigkeit von zahlreichen Eigenschaften der Implementierungsumgebung wenigstens qualitativ durch seine Form sowie durch die Tiefe und Breite abschätzen (vgl. /YOURDON-CONSTANTINE-79/, /AKTAS-87/).

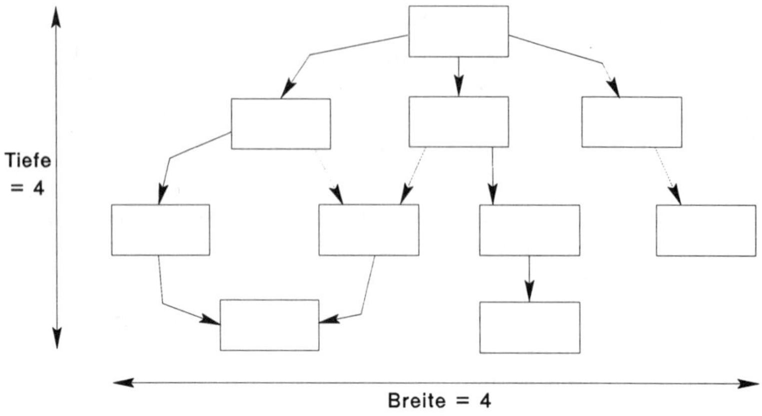

Bild 7.3-18: die Form des Systems

Die Tiefe ist die Anzahl der Ebenen in der Aufrufhierarchie, die Breite ist die maximale Anzahl von Moduln in den einzelnen Ebenen. Diese Angaben können für Teilsysteme von komplexen Systemen leicht angegeben werden. Es zeigt sich, daß die Extreme, nämlich große Tiefe kombiniert mit kleiner Breite bzw. große Breite kombiniert mit geringer Tiefe zu nicht sehr ausgewogenen Situationen führen. Am vorteilhaftesten ist die "Zigarrenform", bei der nämlich in den unteren Schichten der Anwendungsarchitektur besonders gut wiederverwendbare Moduln zu finden sind.

7.3.3.14 Semantische Konsistenz

Die bisher aufgeführten Kriterien ließen sich noch durch weitere ergänzen. Die meisten sind zwar formal definierbar, betreffen aber eine Grauzone zwischen formalen Erfordernissen der Implementierungsumgebungen und der abzubildenden Semantik. Kopplung zum Beispiel ist kein syntaktisch-formales Argument. Der Grad der Kopplung ist nur zu beurteilen im Hinblick auf die Struktur der Datenelemente, die bei der Kommunikation zwischen Moduln ausgetauscht werden.

Diese Kriterien erfassen dennoch nur einen Teil der Semantik. Über allem steht letztlich die Regel, daß der Modulaufruf **semantisch einheitlich** sein soll. Darunter wird folgendes verstanden: Die Leistung eines Moduls für seinen Aufrufer soll für den Aufrufer in allen Aspekten verständlich sein. Die Übergabeparameter müssen alle zu der Aufgabe des Moduls passen. Sie dürfen nicht einer anderen, für den Aufrufer unverständlichen Problemebene angehören.

Eine standardisierte Schnittstelle muß alle unter ihr liegenden Schichten verbergen. Der Benutzer der Schnittstelle darf von diesen anderen Schichten nichts merken.

7.4 SD-Methoden

Die Qualitätskriterien der SD-Modellbewertung sind für jedes Moduldesign sofort anwendbar, also auch in dem Projekt, an dem Sie, verehrter Leser, womöglich gerade arbeiten! Entwickeln Sie einmal einen Structure-Chart für Ihr Programmsystem und prüfen Sie, ob alle Qualitätskriterien erfüllt sind. Vielleicht erhalten Sie sofort einige nützliche Hinweise zur weiteren Verbesserung ihres Systems. Diese Kriterien sind also auch zum Beispiel in der Wartungsphase nützlich.

Man kann die Structure-Charts verbunden mit den Qualitätskriterien natürlich auch in der Entwicklung einfach an allen Stellen einsetzen, wo man bisher Programmorganisationspläne benutzt hat. Durch die bewußte Konstruktion der Schnittstellen und durch die möglichst späte Entscheidung von Implementierungsdetails entsteht auf jeden Fall eine Verbesserung. Wegen der mit ihnen verbundenen Gefahren sollte man Programmorganisationspläne jedenfalls nicht mehr benutzen.

In diesem Kapitel über die SD-Methoden werden wir aber davon ausgehen, daß ein **neues System** zu konstruieren ist. Sei also folgende Ausgangssituation gegeben:

- Im bisherigen Verlauf des Projektes ist ein **essentielles Modell** entwickelt worden. Dies kann auf sehr unterschiedliche Weise entstanden sein:
    * aus einer Strukturierten Analyse, wie in Kap. 4 geschildert,
    * aus einer Semantischen Analyse der Datenstrukturen, in deren Rahmen auch die erforderlichen Funktionen spezifiziert werden müssen, wobei die Lebenszyklen der Entitytypen untersucht werden (s. Kap. 6.4.6),
    * aus einer Strukturierten Real-Time-Analyse,
    * aus der Konstruktion eines abstrakten Datentyps, d.h. ausgehend von einer Datenstruktur und einer Familie von Funktionen, die diese Datenstruktur verbergen, wird ein SA-Modell formuliert.
- Im Rahmen der Systemanalyse hat man **Systemstatistiken** aufgenommen. Man kennt also die Fallzahlen, die zum Beispiel in Speichern untergebracht oder die pro Tag bearbeitet werden müssen. Man kennt darüberhinaus alle wesentlichen **Mengengerüste** (s. Kap. 4.4.8).
- Mit dem Anwender ist ein **Konzept** für die **Implementierungsgrenzen** diskutiert worden. Wenigstens die beabsichtigte Zielrichtung ist klar. Dieser Punkt wird meistens viel zu früh entschieden. Gelegentlich ist schon vor Projektbeginn festgelegt, welche Hardware zu verwenden ist, lange bevor man die wahren Anforderungen an das System kennt.

  Aber auch wenn die Frage der zu benutzenden Hardware (also der Prozessoren) sehr lange offengehalten wird, sollte unmittelbar vor Ende der Analyse klar sein, nach welchen Grundsätzen die Prozessorgrenzen gezogen werden sollen. Anhand der Kosten und Kapazitäten wird geklärt, welche Prozessoren einzusetzen sind und es wird zunächst grob umrissen, welche Aufgaben die Prozessoren haben sollen.

Den Prozeß der Entwicklung des Moduldesigns beim Übergang von der Analyse zum Design haben wir bereits an mehreren Stellen angesprochen. In Kapitel 4.5 wurde der Übergang von einem reinen SA-Modell in ein SD-Modell auch an einem Beispiel dargestellt. In Kapitel 5.4 ist der Übergang von einem RT-Modell aus gezeigt worden. In diesem Kapitel werden wir die Vorgehensweise aus der Sicht des Moduldesigns erläutern.

7.4.1 Konstruktion des neuen Systems

Die Eigenschaften der Implementierungsumgebung machen es erforderlich, daß wir das SA-Modell transformieren. Dabei ist aufgrund inhaltlicher Erwägungen über die **Lokalisation** der einzelnen Prozesse zu entscheiden. Folgende Grundsätze sind dabei wesentlich:

- Die Basis ist ein Modell der Essenz des neuen Systems. Dieses kann um eine Real-Time-Komponente oder um ein umfangreicheres semantisches Modell der Datenstrukturen als Basis für ein Datenbankdesign erweitert sein. Wir empfehlen aber, als **Ausgangspunkt für alle folgenden Schritte die Ebene der essentiellen Prozesse** zu benutzen. Ihre Verfeinerungen und Vergröberungen enthalten für den Übergang wichtige Informationen.
- Für die im folgenden beschriebenen Schritte ist keine verbindliche Reihenfolge anzugeben. Auch schon bei kleineren Systemen ist stets ein **iteratives Vorgehen** erforderlich.

7.4.1.1 Subsysteme nach Betriebsart abgrenzen

Entscheidendes Kriterium für die Wahl der Prozessorgrenzen sind die Betriebsarten, die für die einzelnen Teile des Systems angemessen sind. Nach der für Gruppen von Prozessen am besten geeigneten Betriebsart werden Subsysteme festgelegt.

- Einige Systemteile werden der **manuellen Bearbeitung** überlassen. Die Grenze zwischen manuell bearbeiteten essentiellen Aktivitätsteilen und der Spontanen Hülle ist dann fließend. Wichtig ist jedoch, daß alle Vorgänge, auf die geplant, einheitlich und effizient reagiert werden soll, auch im System präzise und verbindlich spezifiziert sind.

  Manuelle Prozesse werden meistens nicht mit der Präzision eines Programms beschrieben. Dafür ist im manuellen Bereich aber auch eine größere Flexibilität möglich (Beispiel: telefonische Rückfrage bei unklarem Inhalt eines Schriftstücks). Andererseits liegt hier auch eine Gefahr. Die Beschreibung manueller Prozesse führt auf organisatorische Regelungen, die sich zwar anordnen lassen, die aber in der Realität praktisch weder prüfbar noch erzwingbar sind. Nach einiger Zeit der Arbeit mit dem System könnten sich daher doch wieder Gewohnheiten herausbilden, die Qualitätsverlust bei Bequemlichkeitsgewinn bedeuten. Dies gilt es zu vermeiden. Einziges aussichtsreiches Hilfsmittel hierfür ist die Übernahme der wirklich wichtigen Verarbeitungen durch das Software-System.
- **Stapelverarbeitung (Batch)** spielt heute nicht mehr die beherrschende Rolle. Sie wird im Änderungsdienst nur noch angewandt, wenn die Informationen ohnehin maschinenlesbar vorliegen oder wenn es sich um ausgesprochene Massendaten handelt, bei denen im Fall fehlerhafter Angaben eine sofortige Fehlerklärung ohnehin nicht möglich ist. Die Druckausgabe von Bescheiden, Rechnungen und anderen Dokumenten für die Systemumgebung sowie die Durchführung des Zahlungsverkehrs im Datenträgeraustausch erfordern natürlich immer noch den Batchbetrieb.

- Im Normalfall werden heute Anwendungen als **Dialogverfahren** realisiert. Diese sind den Reaktionsmechanismen der essentiellen Zerlegung am besten angepaßt. Schnellstmögliche Durchlaufzeit und Aktualität der Datenspeicher erfordern geradezu Dialogverfahren (s. Kap. 4.3.2.4, Bild 4.3-18).
- **Real-Time-Anwendungen** sind immer dann zu realisieren, wenn das Programmsystem zum Zwecke der Regelung mit einem externen Prozeß synchronisiert werden muß. In solchen Systemen hat der Mensch nur noch die Rolle des Überwachers in der Spontanen Hülle. Am Prozeß selber nimmt er nur beobachtend teil.

Parallel zur Realisierung der Programmsysteme ist im konkreten Projekt hier noch einige Organisationsarbeit zu leisten. Aus Systemsicht müssen die manuell durchzuführenden essentiellen Aktivitätenfragmente spezifiziert und mit Prüfaktivitäten abgesichert werden. Aus Anwendersicht muß die Nutzung des EDV-Systems beschrieben werden (u.a. Formulierung von Benutzungsanleitungen). Beides läuft auf dasselbe hinaus und muß bis zum Beginn des Systemtests abgeschlossen sein.

7.4.1.2 Implementationsgrenzen festlegen

Nachdem festgestellt worden ist, welche Systemteile in welcher Betriebsart arbeiten sollen, ist eine Abgrenzung von Subsystemen möglich. Sie wird in die Diagramme eingezeichnet. Die Grenzen zwischen Teilsystemen verlaufen nach eventuell erforderlicher Fragmentierung einiger essentieller Prozesse durch Datenflüsse (direkte Kommunikationen zwischen Subsystemen) oder (vorläufig) durch Speicher, die von mehreren Subsystemen gemeinsam benutzt werden. Hier muß selbstverständlich sofort dafür gesorgt werden, daß für jeden Speicher immer nur eines der Teilsysteme zuständig ist, das seine eigenen Datenspeicher kapselt. Eine gemeinsame Nutzung durch Dialogverfahren (z.B. Online-Änderungsdienst) und die zugehörigen Batch-Verfahren (Rechnungerstellung) ist natürlich möglich, soweit die Speicher immer von den gleichen Zugriffsfunktionen genutzt werden.

In Abhängigkeit von Preis, Leistungsfähigkeit und Kapazität der verfügbaren Prozessoren und von inhaltlichen Gesichtspunkten wird entschieden, welche Prozesse in welcher Betriebsart auf welchen Arten von Prozessoren lokalisiert werden sollen. Hierbei sollte im ersten Schritt noch keine Bindung an konkrete Typen erfolgen. Dies ist erst Gegenstand der Systemauswahl.

Die Festlegung der Implementierungsgrenzen ist oft von leidenschaftlichen Diskussionen begleitet, denn es geht um die beim Sachbearbeiter **verbleibenden Arbeitsinhalte**, die bewußt gestaltet werden müssen (s. Kap. 2.1.4.1). Im kommerziellen Bereich geht es aber auch um die **Aufbauorganisation**, damit um Einflußbereiche und Führungspositionen. Es ist ein großer Fehler, vor Untersuchung der Abläufe im Unternehmen erst einmal die Aufbauorganisation festzulegen. Dann gibt es nämlich Positionen, auf denen Stelleninhaber sitzen, die ihre Position verbissen verteidigen. Viel besser ist es, erst einmal durch Konstruktion der Abläufe anhand der wahren Anforderungen des Anwenders die Funktion des Gesamtsystems sicherzustellen. Nach den inhaltlichen Notwendigkeiten, d.h. nach den Erfordernissen der Arbeitsabläufe und nach den Systemstatistiken kann dann leicht die Aufbauorganisation abgeleitet werden, natürlich mit Blick auf betriebswirtschaftliche Grundsätze.

In vielen Fällen wird man sich dafür entscheiden, die essentiellen Prozesse von einem Rechnersystem bearbeiten zu lassen. Die Bedienung des Systems wird der Spontanen Hülle überlassen, für diese allerdings durch Arbeitsanweisungen u.ä. beschrieben. Damit gibt man dem Sachbearbeiter den erforderlichen Freiraum, um die Umgebung wirklich beraten zu können und stellt gleichzeitig sicher, daß der Systemkern nach definierten Regeln funktioniert.

7.4.1.3 Weitere Unterteilung

Wenn die grundlegenden Implementierungsentscheidungen unter Abwägung aller Aspekte getroffen sind, dann sind weitere Unterteilungen für das Software-System erforderlich:

- Bei den Batch-Verfahrensteilen müssen **Jobs** und **Jobsteps** erkannt werden.
- Bei Dialog-Verfahrensteilen müssen **Transaktionsprogramme**, die den Dialog mit dem Benutzer führen, identifiziert werden.
- Bei den Real-Time-Verfahrensteilen müssen die **Tasks** erkannt werden, die alle Funktionen zusammenfassen, die zur Reaktion auf spezielle Ereignisse ausgeführt werden müssen.

Ergebnis dieser Bemühungen ist das Moduldesign für eine Familie von jeweils inhaltlich zusammengehörigen Programmeinheiten, die auch jeweils die erforderlichen Prüf- und Kommunikationsfunktionen umfassen. Die Programmeinheiten werden später vom Menschen (Operator), vom TP-Monitor oder von der Task-Verwaltung aktiviert. Sie stellen einen logischen Ablauf dar, der keine Parallelverarbeitung mehr enthält und der serialisiert ablaufen kann.

7.4.1.4 Essentielle Prozesse fragmentieren

Bei jedem dieser Unterteilungsschritte kann man zu der Entscheidung kommen, einige essentielle Prozesse auf mehrere Prozessoren aufzuteilen. Dabei geht man wesentliche Kompromisse ein. Man entscheidet sich für eine Zerstückelung essentieller Aktivitäten. Essentielle Aktivitäten-Fragmente müssen mit Aktivitäten umgeben werden, die zwar in der Implementierung erforderlich sind, aber mit der eigentlichen Aufgabe nichts zu tun haben. Für die Fragmentierung muß es also gute inhaltliche Gründe geben.

Bei Teilung eines essentiellen Prozesses muß natürlich die Verfeinerungsstruktur der Aufteilung angepaßt werden. Verfeinernde Diagramme und eventuell auch die PSPECs müssen so aufgeteilt werden, daß nach abgeschlossener Fragmentierung wieder ein in allen Aspekten konsistentes SA-Modell vorliegt.

Die essentiellen Prozesse und aus ihnen gebildete Fragmente müssen auf jeden Fall von geeigneten Administrations- und Infrastrukturprozessen umgeben werden, um eigene Fehler und Fehler der Umgebung abzuweisen und mit der Umgebung kommunizieren zu können. Jeder Datenfluß, der eine Prozessorzuordnungsgrenze überschreitet, muß auf beiden Seiten der Grenzlinie Administrations- und Infrastrukturprozesse verbinden. Darin müssen die relevanten Prüfregeln und Kommunikations-Mechanismen enthalten sein.

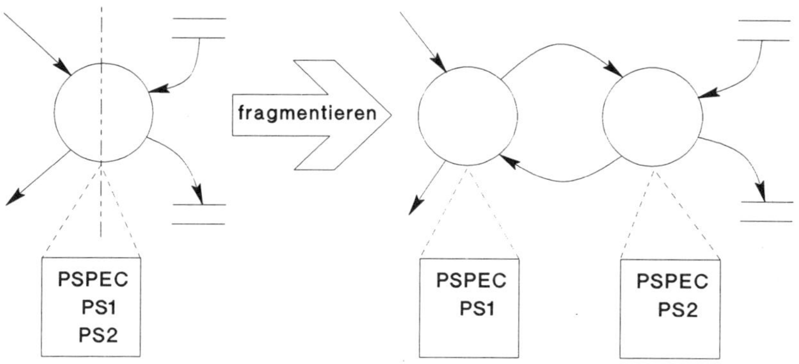

Bild 7.4-1: eine essentielle Aktivität fragmentieren

7.4.1.5 Implementationsabhängige Prozesse hinzufügen

Neben Prozessen der Administration und Infrastruktur werden im System eventuell noch weitere Prozesse erforderlich, die im Abgleich mit der ausgewählten Implementierungstechnologie sorgsam zu konstruieren sind. Prinzipiell sind diese Prozesse auch der Infrastruktur und der Administration zuzurechnen. Es muß aber besonders auf diese Aktivitäten hingewiesen werden, damit ihre bewußte Konstruktion nicht vergessen wird.

In kommerziellen Systemen ist hier vor allem die **Sicherung der Datenbestände** zu nennen. Zum Beispiel bei Batch-Subsystemen werden aber noch einige **organisatorische Maßnahmen** erforderlich, um dem Operator das Leben zu erleichtern und dem Arbeitsvorbereiter eine Prüfung auf formale und rechnerische Richtigkeit der Ergebnisse zu ermöglichen. Hierzu sind zum Beispiel sämtliche Batch-Programme mit einer besonderen Listenausgabe für den Arbeitsvorbereiter auszustatten. Diese enthält sämtliche Abstimmsummen, Fehler- und Verarbeitungsstatistiken sowie Laufzeitstatistiken und Restart-Angaben, die zur Bedienung des Verfahrens nötig sind. Außerdem sind natürlich die Maßnahmen zur **Einhaltung der rechtlichen Grundsätze** (**IKS**, vgl. Kap. 2.4.3) bewußt zu konstruieren.

In technischen Verfahren werden hier weitere Prozesse zur Einhaltung der **Sicherheitsnormen** (vgl. Kap. 2.3), zur **Unterstützung von Wartungstechnikern** und zur Einführung von Redundanz in das Gesamtsystem mit dem Ziel einer **besseren Ausfallsicherheit** der Hardware modelliert. Das **Redundanzmanagement** muß natürlich in die Spezifikation des Gesamtsystems eingefügt werden (s. Kapitel 5.4) .

7.4.1.6 Auswahl von Hardware und Software

Auf Details der Hardware- und Software-Auswahl werden wir nicht weiter eingehen. Hier sind nur einige grundsätzliche Bemerkungen angebracht:

- **Erst an dieser Stelle ist eine seriöse Auswahl möglich.** Man kennt nicht nur die wahren Anforderungen an das System, sondern man hat auch ein Konzept erarbeitet, was man mit welchen Hardware-Komponenten machen will und welche Aufgaben von den Software-Komponenten tatsächlich abgedeckt werden sollen.

- Erst hier ist auch eine Prüfung möglich, welche Software-Funktionen mit vorhandenen Komponenten aus dem Altsystem oder mit dazugekaufter **Standardsoftware** abgedeckt werden können. In der Praxis werden hier sehr oft Fehler gemacht, die beliebig teuer werden können. Aber man wirkt als Analytiker natürlich sehr kompetent, wenn man auch ohne nähere Prüfung sofort sagen kann, welche Hardware- und Basis-Software-Lösung wohl die beste sei.
- Für die individuell zu entwickelnden Systemteile muß auch Software ausgewählt werden, Betriebssystem, Programmiersprache, Datenbanksystem usw.
- Mit einer Auswahlthematik kann man im anderen Extrem aber auch erhebliche Projektressourcen verbrauchen, ohne daß dadurch die Qualität der Auswahlentscheidung wesentlich gesteigert wird. Meistens erfährt man die wirklichen Probleme, die mit einer als möglich identifizierten Lösung verbunden sind, nicht in der Auswahlphase, sondern nach einigen Monaten intensiver Nutzung. Oft stellen sich auch Eigenschaften der Produkte, die man erst im praktischen Gebrauch bemerkt und die man in der Auswahlphase übersehen hatte, als die eigentlichen Vorteile heraus. Dies bedeutet nicht, daß man die Systemauswahl vernachlässigen könnte. Aber man sollte sie auch nicht der übersichtlichen Methodik halber übertreiben. Auf jeden Fall sollte man den Projektaufwand für die Systemauswahl beobachten. Bester Rat ist prinzipiell von erfahrenen Praktikern zu erhalten, die genauere Nutzungserfahrung mit dem in Frage stehenden Produkt haben.

7.4.2 Transaktionsanalyse

Eine **konkrete Transaktion** besteht aus mehreren Bestandteilen (vgl. Kap. 3.1.1.1 sowie /PAGE-JONES-88/ S.209):

- einem **Ereignis** in der Systemumgebung, auf welches das System reagieren muß,
- einem **Auslöser**, durch den das System von dem Ereignis erfährt,
- einer **Aktivität** des Systems, mit der auf das Ereignis reagiert wird,
- einer **Antwort** auf den Auslöser, die das System erarbeitet ,
- und eventuell einer **Wirkung** auf die Systemumgebung als Ergebnis der Systemaktivität.

Konkrete Transaktionen betreffen einzelne Individuen, die schließlich erarbeitete Antwort des Systems ist als individuelle Ausprägung einer allgemein formulierbaren Antwort aufzufassen. Konkrete Transaktionen lassen sich zu **Transaktionstypen** zusammenfassen, die Anlaß geben, Ereignisse (eigentlich Ereignistypen) in unsere Ereignistabelle aufzunehmen und zugehörige essentielle Prozesse zu definieren.

Systeme haben meistens nur wenige Kanäle, über die Eingaben und Ausgaben mit der Umgebung ausgetauscht werden können. Daher sind Transaktionszentren erforderlich, um die einzelnen Transaktionen eines Eingabekanals zu verteilen. Dafür benötigt jede Transaktion eine Erkennungsmarke, die eine Verteilung durch das Transaktionszentrum ermöglicht. In manuellen Prozessen wird diese Erkennungsmarke oft inhaltlich erkannt. Zum Beispiel am Sachbearbeiterkürzel des Aktenzeichens eines Schriftstückes kann der Postverteiler den Empfänger erkennen. In Software-Systemen ist in der Regel eine standardisierte Marke mit der Transaktion verbunden, der **Transaktionscode**.

Aufgabe der Transaktionszentren ist die Identifikation des Transaktionstyps aus dem Transaktionscode und Verzweigung zu dem entsprechenden Prozeß. Aufgabe der Transaktionsanalyse ist die Identifizierung von Transaktionszentren und ihre Umsetzung in ein serialisiertes Moduldesign.

Jede Transaktion besitzt einen Transaktionstyp. Diesen haben wir in die Ereignistabelle aufgenommen und im System durch eine essentielle Aktivität modelliert. Transaktionszentren, die wir nicht in jedem Falle explizit modellieren, stellen sicher, daß die einzelne Transaktion aufgrund ihres Transaktionscodes dem richtigen Prozeß zugeführt wird, der nämlich Transaktionen des angegebenen Typs verarbeiten kann.

Die Transaktionsanalyse nimmt also einfach eine Zerlegung der Gesamtfunktionalität in Prozeßgruppen vor, die Transaktionstypen zugeordnet werden. Sie sorgt dafür, daß bei Vorliegen eines Auslösers der **zuständige** essentielle Prozeß (zusammen mit seinen Administrations- und Infrastrukturprozessen) den Auslöser zur Bearbeitung erhält. Im folgenden können wir daher davon ausgehen, daß die zu einem Transaktionstyp gehörenden Prozesse in einem Teildiagramm zusammengefaßt sind.

Daneben gibt es eine formale Regel, in welcher Weise Transaktionszentren in einen Structure-Chart lokal umzusetzen sind. Diese wird durch Bild 7.4-2 informell beschrieben. Für jede Verarbeitung muß es separate Moduln geben. Diese heißen **Transaktions-Moduln**. Daneben muß es einen Modul geben, der den Typ der eintreffenden Transaktion erkennt und entsprechend verzweigt. Dieser heißt **Transaktionszentrum**. Das Transaktionszentrum ist meist als ein Modul mit exklusiver Fallunterscheidung zu implementieren, im Structure-Chart als **Rautensymbol** angedeutet. Die unter dem Rautensymbol aufgerufenen Moduln werden aus einer Fallunterscheidung aufgerufen. Bei Berechnung des Fan-Out rechnen diese Moduln nur als ein Modul.

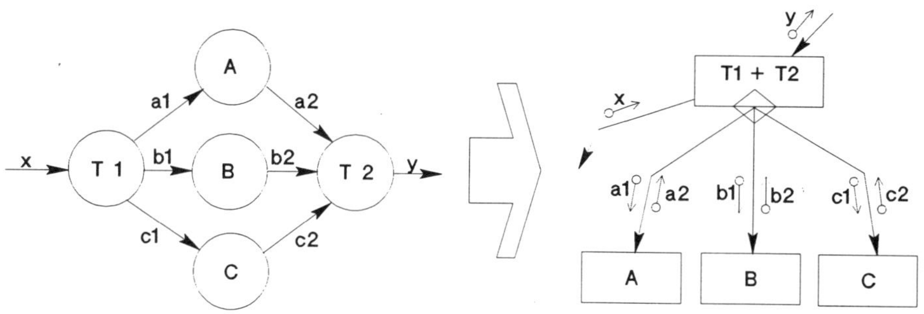

Bild 7.4-2: formale Transaktionsanalyse

Ein Transaktions-Zentrum hat häufig nur zufälligen Zusammenhalt. Dies ist jedoch deswegen kein großer Nachteil, weil das Transaktionszentrum ohnehin nur die Verteilung anhand der Transaktionscodes wahrnimmt. Beim Verständnis des Transaktionszentrum-Programms muß der Wartungsentwickler aus der Menge der aufgerufenen Moduln nur jeweils einen genau betrachten.

Transaktionszentren können nicht nur in der zentralen Verarbeitung, sondern auch in Eingabe- oder Ausgabe-Subhierarchien auftreten.

7.4.3 Transformationsanalyse

Die Transformationsanalyse ist eine Strategie zur Umformung der durch die Transaktionsanalyse isolierten DFD-Teilmodelle in einen Structure-Chart. Dabei entsteht bei richtiger Anwendung ein balanciertes Design. Die Transformationsanalyse ist jedoch kein Algorithmus, der korrekt angewandt immer auf "die" Lösung führt. Es ist eine Strategie, die dabei hilft, einer vernünftigen Lösung näherzukommen. Das erarbeitete Resultat ist aber nur als vorläufiges Zwischenresultat anzusehen. Diese Strategie umfaßt fünf einzelne Schritte.

1 - DFD für das System beschaffen:

Es wird davon ausgegangen, daß aus vorangehender SA ein konsistentes essentielles Modell vorliegt. Ist dies nicht der Fall, so ist die Methode nicht anwendbar.

Man kann sich zwar ohne Umstände schnell ein grobes DFD-Modell entwickeln. Dabei werden aber viele Details bekannt, die noch nicht geklärt sind. Der korrekte Weg besteht dann natürlich in der systematischen Beantwortung aller Fragen. Am Beginn der Design-Phase, nachdem also die Analyse als abgeschlossen gilt, unterbleibt dies leicht, weil man es "dem Anwender nicht mehr zumuten kann". Wenn das DFD-Modell darüberhinaus nur zu dem Zweck entworfen wird, einen Structure-Chart daraus zu entwickeln, dann ist die Gefahr sehr groß, daß man bereits in Lösungen denkt, d.h. das DFD so konzipiert, daß es zu einer vorgefaßten Grundidee des Moduldesigns paßt. Die Herleitung aus anderweitig erstelltem Konzept ist daher ein möglicher aber eher problematischer Weg. Wird er dennoch beschritten, so sollte das SA-Modell ohne formale Kompromisse entwickelt werden. Sonst ist das Projekt insgesamt in Gefahr.

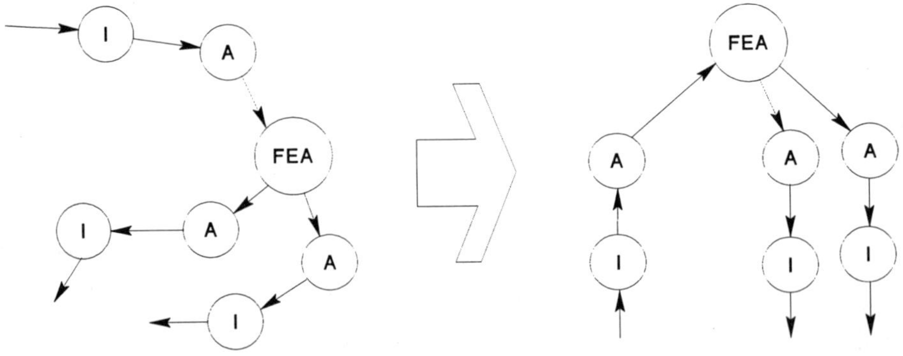

Bild 7.4-3: die zentrale Transformation

Im essentiellen Modell, zu dem bereits Subsystementscheidungen getroffen worden sind, die eine Implementationsgrenze definiert haben, identifiziert man die Transaktionstypen. Dies sind die essentiellen Prozesse (oder Fragmente davon), zusammen mit den zur Ausführung dieser Prozesse erforderlichen Administrations- und Infrastrukturprozessen. Diese bilden zusammen ein hierarchisches Datenfluß-Teildiagramm, bei dem der essentielle Prozeß an die Spitze (Wurzel) gestellt werden kann (Bild 7.4-3).

2 - Die zentrale Transformation identifizieren

Die zentrale Transformation ist der Teil des DFD, der die wesentlichen Funktionen des Systems enthält und der unabhängig von der speziellen Implementierung der Inputs und Outputs ist.

Da wir von einem **essentiellen Modell** ausgehen konnten, ist es leicht, die zentrale Transformation zu finden. Dies ist einfach der essentielle Prozeß, der den Transaktionstyp definiert und der im Zentrum des betrachteten Datenfluß-Teildiagramms steht. Dabei wird natürlich ein sauberes essentielles Modell vorausgesetzt. Wenn man zwar ein SA-Modell zur Verfügung hat, das aber nicht essentiell zerlegt ist, dann gibt es nur sehr mühsame und schlecht erklärbare Wege, die zentrale Transformation zu finden, nämlich:

- erste Möglichkeit: scharf hinsehen (DFD).
- zweite, bessere Möglichkeit:
    * Eingabe- und Ausgabe-Datenflüsse verfolgen, dabei die Datenflüsse markieren, die Input/Output in möglichst logischer Form darstellen. Hierzu Datenflüsse von außen nach innen verfolgen.
    * Diese Markierungspunkte in einer geschlossenen Kurve verbinden. Das von der Kurve umschlossene Innere wird als die zentrale Transformation angesehen.
    * Wenn unklar ist, ob ein Prozeß zur zentralen Transformation gehört, diesen im Eingabe- oder Ausgabe-Strom belassen.

In diesem Falle können mehrere Prozesse in der zentralen Transformation liegen.

3 - Einen ersten Structure-Chart erzeugen

Zunächst wird formal ein oberster Modul eingerichtet, der nur die Ablaufsteuerung wahrnimmt. Aus der zentralen Transformation (also dem essentiellen Prozeß oder einem Fragment davon) machen wir eine funktionale Abstraktion, die direkt von der Ablaufsteuerung aufgerufen wird.

Die Eingabe- und Ausgabe-Prozeßketten werden zu Teilen der Aufrufhierarchie, die gemäß ihrer Aufgabenstellung auf der Eingabe- oder Ausgabeseite relativ zur zentralen Transformation links oder rechts im Diagramm angeordnet werden.

Zugriffe auf Speicher erfordern auch Prozeßketten, in denen sich Administrations- und Infrastruktur-Aktivitäten verbergen. Daraus werden Aufrufhierarchien gebildet, die an den erforderlichen Stellen durch Moduln aufgerufen werden.

Die Datenflüsse des DFD werden zu Schnittstellen-Datenelementen, deren Richtung aus dem DFD erkennbar ist. Die Namen für Datenelemente werden möglichst beibehalten, dahinter verbergen sich immer noch die Datenkatalog-Einträge aus der Analyse. Neue Datenelemente werden in ihrer Zusammensetzung im Datenkatalog beschrieben.

Die Modulnamen entsprechen nicht notwendig den Prozeßnamen. Ein Modulname faßt die Aktivitäten seiner gerufenen Moduln und seine eigene Funktion in einem Namen zusammen, der für seine Aufrufer verständlich ist. Ein Prozeßname im DFD beschreibt dagegen nur die Aktivität des Prozesses.

An der Basis der Ein-/Ausgabe-Aufrufhierarchien werden Lese-/Schreib-Moduln gezielt hinzugefügt. Dies sind meistens Bibliotheksmoduln, die zum Beispiel die Betriebssystem-Zugriffe verstecken. In den Bildern 7.4-4 und 7.4-5 können diese Schritte nachvollzogen werden.

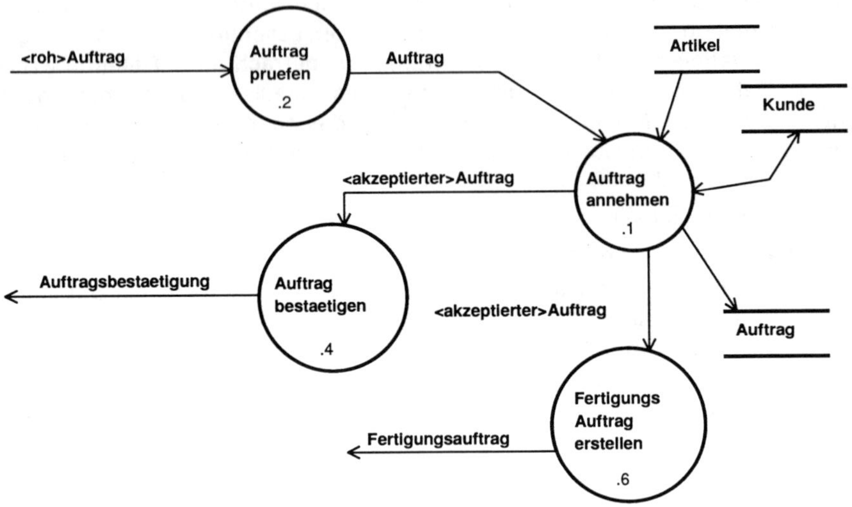

Bild 7.4-4: DFD eines erkannten Transaktionstyps

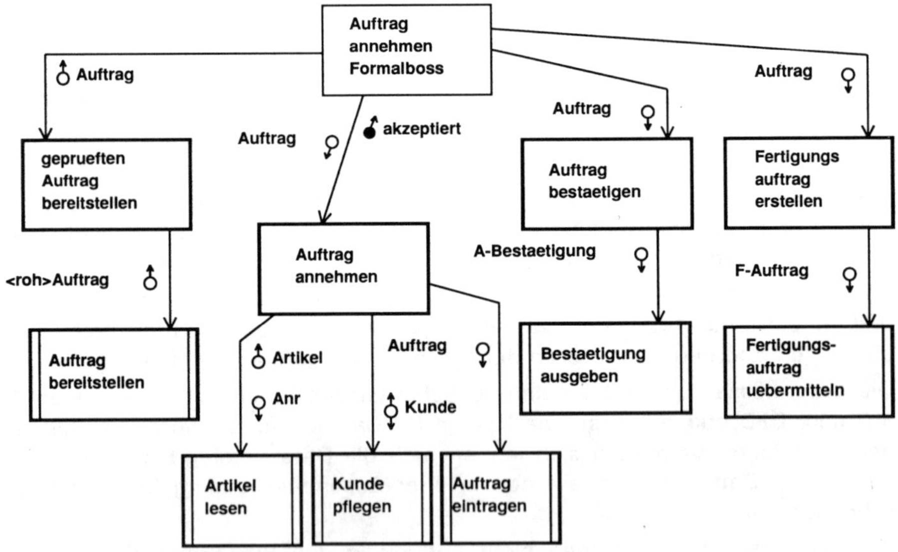

Bild 7.4-5: daraus hergeleitetes erstes Structure-Chart

Diese Vorgehensweise geht davon aus, daß der oberste Modul für die Ablaufsteuerung formal von außen hinzugefügt wird. Dies ist auch meist das bessere Vorgehen. Es gibt aber auch Fälle, in denen man einen Modul aus der zentralen Transformation auswählen kann, um ihn zur Ablaufsteuerung zu machen (wenn er Führungsqualität besitzt). Dies ist aber meistens ein schlechterer Weg, weil die essentiellen Prozesse echte Sachaufgaben zu bewältigen haben und daher oft zu betriebsblind sind, um als Manager etwas zu taugen. In diesen Moduln kann meist die Verarbeitung nicht von der Ablaufsteuerung so sauber getrennt werden, wie dies für eine wünschenswerte Architektur erforderlich ist.

Wenn die Eingabe- oder Ausgabe-Hierarchien sehr komplex werden, dann sollte man formal Vizepräsident-Moduln unterhalb der obersten Ablaufsteuerung für jede Eingabe- und Ausgabe-Aufrufhierarchie einführen.

4 - Den ersten Structure-Chart iterativ verbessern

Damit wurde in einem Schritt aus dem DFD ein erster Structure-Chart hergeleitet. Die Grundstruktur des essentiellen Modells kann leicht auf den Structure-Chart abgebildet werden, wie Bild 7.4-6 zeigt.

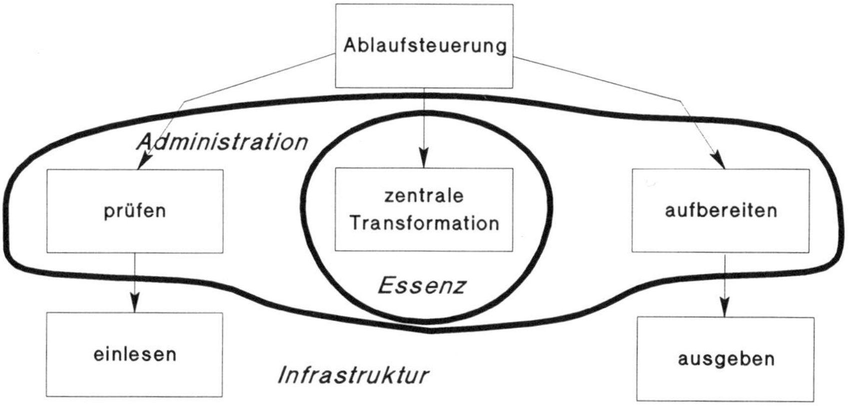

Bild 7.4-6: Aufbau des Structure-Charts für eine Transaktion

Daran ist erkennbar, daß ein **balanciertes Design** entstanden ist. Die Moduln an der Spitze des Designs benutzen nur Daten in ihrem logischen Format, befreit von physikalischen Besonderheiten und vollständig geprüft. Gleichzeitig wird eine Aufteilung des Designs in Zonen vorgenommen, die nur die essentiellen Prozesse realisieren und in Zonen, deren Prozesse nur die Anpassungen an die Implementierung realisieren. Anwendungen und technische Anpassungen sind voneinander getrennt.

Wenn sich die Essenz des Systems ändert (z.B. durch neue Gesetze), so muß in letzter Konsequenz die zentrale Transformation geändert werden, aber die Geräteanpassungen bleiben davon unberührt, eventuell auch die Prüfregeln für Eingaben und die Aufbereitungsregeln für Ausgaben.

Wenn umgekehrt neue Geräte unterstützt werden sollen oder wenn schärfere Prüfbedingungen eingeführt werden, so bleibt die zentrale Transformation, die Essenz, hiervon unberührt.

Diese Verhältnisse haben wir angestrebt (s. Kap. 2.2.3.1). Änderungen in der Implementierung sollen sich auf Randzonen des Designs beschränken und die Essenz nicht berühren. Umgekehrt soll bei Änderung der Essenz nicht die Implementierung in

Frage gestelllt werden. Die meisten Änderungen von Software-Systemen wenden sich an eine dieser Gedankenebenen, selten an beide.

Dennoch ist das Design noch lange nicht fertig, wir haben nur das Ziel in sichtbare Entfernung gerückt. In den einzelnen Moduln dürften in allen außer in ganz trivialen Anwendungen noch sehr viele Funktionen zusammengefaßt sein, so daß wir noch in allen Teilen des Moduldesigns den Zusammenhalt der Moduln durch Faktorisieren verbessern können. Dabei ist das DFD-Modell, von dem wir ausgegangen sind, die entscheidende Hilfe. Dort sind nämlich alle Aktivitäten ausführlich spezifiziert, so daß wir anhand der Verfeinerungen und anhand der PSPECs eine Anleitung zum Faktorisieren besitzen. Die zahlreichen sonstigen Qualitätskriterien des Moduldesigns bilden ein sicheres Kriterium für die Verbesserung unseres SD-Modells.

Es sind aber auch noch einige Besonderheiten zu beachten. Meistens erfolgt parallel zum Moduldesign bei kommerziellen Anwendungen das Datenbankdesign. Dabei können sich im Detail Änderungen ergeben, die eine Rückwirkung auf das Moduldesign haben. Bei technischen Anwendungen gilt Entsprechendes in bezug auf die Einführung von Redundanzmanagern und die parallel erfolgende Entwicklung der Prozeßhardware.

Das Design wird nun in allen Details sorgfältig ausgearbeitet. Die Fehlerverarbeitung wird modelliert, Kontrollflüsse werden berücksichtigt. Schließlich werden alle Design-Kriterien überprüft, Verbesserungen werden umsichtig eingeführt, um Erreichtes nicht zu gefährden.

5 - Qualitätskontrolle

Im letzten Schritt ist dann nur noch sicherzustellen, daß das entworfene Design auch wirklich alle Anforderungen realisiert.

7.4.4 Die Systemstruktur

Die Transaktionsanalyse hat eine große Vereinfachung in das Modell eingebracht. Die einzelnen essentiellen Aktivitäten wurden als Kerne der wesentlichen Transaktionsprogramme behandelt. Die Transaktionsanalyse stellt dabei sicher, daß bei Vorliegen eines Auslösers auch bestimmt der zuständige Prozeß aktiviert wird. Dazu gibt es Transaktionszentren, die nur die Transaktionscode-Logik verarbeiten und das zum eingegebenen Transaktionscode gehörende Transaktionsprogramm aufrufen (Bild 7.4-7).

Bemerkenswert ist, daß solch ein Transaktionszentrum keine weiteren Daten als Parameter übermitteln sollte. Seine einzige Aufgabe ist die Entscheidung, welches Programm aufzurufen ist. Nach Interpretation des Transaktionscodes erfolgt also der Aufruf aus einer umfassenden Fallunterscheidung heraus. Das Transaktionszentrum bleibt damit in seiner Struktur außerordentlich einfach. Neue Transaktionsprogramme können leicht eingehängt werden. Im Normalfall benötigt man allerdings eine Hierarchie derartiger Transaktionszentren, um eine echte Menüführung abzubilden. Diese kann allerdings auch als ein einziges Programm implementiert werden.

Ein derartiges Transaktionszentrum ist in modernen Entwicklungsumgebungen oftmals bereits enthalten. Ob es praktisch nutzbar ist, hängt unter anderem davon ab, ob sämtliche Lebenszeichen des schönen Produktes auch der jeweiligen Landessprache angepaßt werden können. In einigen amerikanischen Provinzen hat es sich offenbar noch nicht herumgesprochen, daß es neben der amerikanischen Sprache auch noch andere Sprachen gibt.

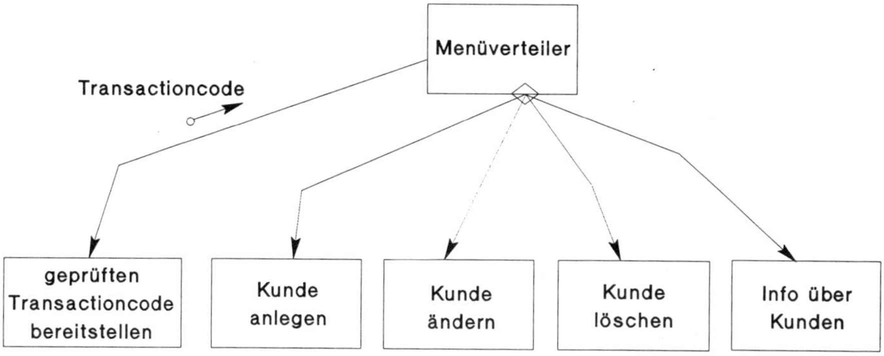

Bild 7.4-7: Transaktionszentrum Menüverteiler

7.4.5 Physisches Moduldesign

Bei der Implementierung wird über die Performance entschieden. Vielen Entwicklern ist nicht klar, daß der Designer / Realisierer folgende Prüfungen stets durchführen muß:

- wieviele DB-Zugriffe werden innerhalb einer Transaktion abgesetzt ?
  * Maßgeblich ist hier die zu erwartende Anzahl der logischen DB-Requests. Diese kann nicht immer elementar angegeben werden, es sind aber statistische Einschätzungen hinsichtlich eines Erwartungswertes oder einer Abschätzung möglich.
  * Die Anzahl der logischen Datenbankzugriffe sollte minimiert werden trotz Normalisierung, (s. Kapitel 6.4.8.2, Zugriffspfadanalyse). Hinter logischen Zugriffen stehen trotz effizienter Pufferverwaltung des Datenbanksystems immer auch physische Zugriffe.
  * In der Zielimplementierung muß festgestellt werden, wieviele logische Datenbankzugriffe pro Transaktion noch akzeptabel für gute Antwortzeiten sind. Diese Grenze darf nicht leichtfertig überschritten werden.
  * Optimierungsbemühungen auf seiten des Programmdesigns werden stets begleitet durch Maßnahmen auf der Seite des Datenbankdesigns. Dort wird letztlich aufgrund funktionaler Anforderungen eine vorsichtige Denormalisierung vorgenommen (s. Kap. 6.4.9).
- Im Programm selber sollte natürlich die Anzahl der Schleifendurchläufe minimiert werden.
- Auch die Anzahl der Unterprogrammaufrufe sollte wenigstens kontrolliert werden. So kann leicht die Performance darunter leiden, wenn man ein aufwendiges Unterprogramm aus einer Schleife heraus aufruft. Dies bedeutet nicht, daß man die positiven Maßnahmen zur Verbesserung des Moduldesigns wieder rückgängig macht. Aber genau wie beim Datendesign ist man auch im Moduldesign

manchmal gezwungen, eine Verschlechterung der Konzeption in Kauf zu nehmen, um das Projekt überhaupt erfolgreich abschließen zu können.

- Mit ähnlichen Gedanken ist man manchmal gezwungen, die Aufruf-Tiefe zu beschränken, d.h. Unterprogramme coderedundant in das aufrufende Programm zu kopieren und damit den Aufruf einzusparen. In manchen Umgebungen bedeutet ein Unterprogrammaufruf das Nachladen eines Moduls aus einer Bibliothek und damit physikalische Datenzugriffe.
- Schließlich muß die Wiederbenutzbarkeit kontrolliert werden. Fan-Out und Fan-In sind stets zu kalkulieren. In welchen Systemteilen ist der betrachtete Modul nützlich?

Diese Regeln stehen häufig im Widerspruch zu Grundsätzen des Software-Engineering. Oftmals stehen aber auch mehrere alternative Ansätze für eine Detaillösung zur Wahl, dann liefern diese Gesichtspunkte eine Hilfe. Man entscheide sich bei gleicher Qualität für die performantere Alternative. Ansonsten hat Wartbarkeit Vorrang vor HW-Effizienz. Es ist im Vergleich billig, etwas mehr Hardware zu investieren, als die spätere Wartbarkeit des Systems nachhaltig zu untergraben.

8. OOA Objektorientierte Analyse

Im Bewußtsein fortschrittlicher Entwickler nimmt die Vorstellung, daß man Funktionen und Daten als Einheit betrachten und entwickeln muß, so daß die Daten mit Hilfe der Funktionen "versteckt" werden, immer breiteren Raum ein. Theoretische Grundlage ist das Konzept der abstrakten Datentypen, das für die Anwendung um weitere Konzepte ergänzt wird und dann als Objektorientierte Vorgehensweise bezeichnet wird.

Dabei zeichnet sich ein Trend ab, der die seit langem formulierten Grundsätze des Software-Engineering auf breiter Basis in die Realität umzusetzen gestattet und der eventuell zu einer einheitlichen Entwicklungsmethodik für fast alle Anwendungsbereiche führen könnte. Andererseits kämpft der größte Teil der Branche noch mit Entwicklern, die immer noch nicht kapiert haben, weshalb sie kein GOTO verwenden sollen und mit Managern, die den Entwicklern nicht einmal die heute verfügbaren Methoden und Tools finanzieren wollen. Es muß eben gespart werden, egal was das kostet.

Für dieses Buch hat das Kapitel über objektorientierte Analyse (im folgenden nur noch kurz "OOA") folgende Bedeutung:

- Es soll aufgezeigt werden, wohin die Methodenentwicklung in den nächsten Jahren voraussichtlich gehen wird und welche Methoden von fortschrittlichen Anwendern benutzt werden.
- Es soll erreicht werden, daß sich die heutige Praxis der Methodennutzung an den Regeln orientiert, die in der Zukunft an Bedeutung gewinnen werden.

Keinesfalls ist eine Verunsicherung beabsichtigt. Um dies klar zu benennen: wer heute mit den Methoden und Tools der 80er Jahre entwickelt, der nutzt die marktreif verfügbaren Mittel aus, um die Zuverlässigkeit seiner Software abzusichern. Ihm wird ein Übergang in die Objektorientierung leicht fallen.

Wer aber heute noch mit den "Methoden" der 70er Jahre, also mit formalistischen Regeln und Vorschriften, primitiven Darstellungstechniken, Papier und Bleistift, aber ohne durchgängige Methode und ohne Tool arbeitet, der sollte sich ohnehin ein paar grundsätzliche Gedanken machen. Eine Einführung der Strukturierten Methoden mit Tool-Unterstützung und in "objektorientierter Grundhaltung" ist für ihn wohl der beste Rat.

Die Methoden werden natürlich ständig weiterentwickelt, auch wenn mindestens drei Viertel der Branche etwa 15 Jahre hinter der Entwicklung hinterherhinken. Die durch die Objektorientierte Entwicklung eintretende Veränderung bedeutet aber keineswegs, daß die Strukturierten Methoden nun auch gleich wieder abgeschafft werden könnten. Sie werden vielmehr ergänzt um Aspekte, die weitblickende Entwickler schon länger intuitiv beachtet haben. Solange objektorientierte Entwicklungsumgebungen nicht auch für große kommerzielle oder technische Systeme praktisch einsetzbar sind, werden die Strukturierten Methoden unverzichtbarer Bestandteil der Vorgehensmethodik bleiben. Dabei können sich die Betonungen durchaus gravierend verschieben.

In Kapitel 8.1 stellen wir einige Entwicklungen in der Branche dar, die zu einer veränderten Einstellung bei der Methodennutzung führen werden. Kapitel 8.2 untersucht einige Aspekte der bisher üblichen Analysemethoden und zeigt auf, an welchen Stellen die Methoden weiterentwickelt werden müssen. Außerdem werden Grundlagen der objektorientierten Vorgehensweise beschrieben. Ihre Wurzeln sind in der objektorientierten Programmierung, der Semantischen Datenmodellierung (s. Kap. 6) und in der Theorie der abstrakten Datentypen zu finden.

Es hat sich bisher noch keine einheitliche Vorgehensweise der objektorientierten Entwicklung herausgebildet. Es gibt jedoch den Vorschlag von (/COAD-YOURDON-90/) für eine objektorientierte Analyse, dem wir in Kapitel 8.3 folgen. Wir skizzieren die wichtigsten Grundlagen inklusive zugehöriger Modellnotation.

Schließlich beschreiben wir in Kapitel 8.4, welche Rolle die Strukturierten Methoden im objektorientierten Umfeld einnehmen, wie sie objektorientiert benutzt werden und wie ein evolutionärer Übergang zur OOA ablaufen könnte.

8.1 OOA-Vorbemerkungen

Seit den Anfängen der Strukturierten Methoden Mitte der 70er Jahre hat sich in der Anwendung von Software-Systemen einiges geändert:

- Die in der Systemrealisierung **nutzbare Technologie** ist **wesentlich leistungsfähiger** geworden. Methoden der Systemanalyse orientieren sich selbstverständlich auch an der prinzipiell verfügbaren Implementierungstechnologie. Heute stehen PCs und Workstations zur Verfügung und bringen eine ganz andere Größenordnung von lokaler Computing-Power an den einzelnen Arbeitsplatz. Zusammen mit den Objektorientierten Sprachen wie Smalltalk ist heute auf geeigneter Hardware-Plattform die Lösung anderer Problemklassen möglich geworden.
- Die heutigen Software-Systeme unterscheiden sich von den Systemen der frühen 80er Jahre und von noch älteren Systemen in vieler Hinsicht.

  Die Systeme sind zunächst wesentlich **komplexer** geworden. Die inhaltliche Aufgabenstellung des Gesamtsystems, die Essenz, ist wohl annähernd die gleiche geblieben, aber die Implementierungsgrenzen werden immer weiter gezogen. Rechner übernehmen nicht mehr nur die primitiven manuellen Massenfunktionen, sondern sie werden zusätzlich für weitere Aufgaben herangezogen.

  Heutige Systeme sind auch wesentlich stärker auf den **Dialogbetrieb** eingerichtet. Damit steht die **Gestaltung der Benutzerschnittstellen** im Zentrum des Interesses. In vielen Systemen wird mehr als die Hälfte des Codes für die Realisierung der Benutzerschnittstelle aufgewandt.

  Beide Aspekte fordern eine Objektorientierte Vorgehensweise. Es müssen noch wirkungsvollere Instrumente zur Beherrschung der Komplexität bereitgestellt werden. Zur Erreichung von standardisierten Benutzerschnittstellen ist die **Wiederbenutzbarkeit** ein wichtiger Gesichtspunkt.
- Heutige Systeme sind in stärkerem Maße **datenorientiert.** Früher hatte man versucht, alle Informationen zu einem Fall in einem Datensatz zusammenzufassen. Dadurch wurden die externen Datenstrukturen einfacher, aber die

Verarbeitungsfunktionen komplexer. Heute bevorzugt man normalisierte und damit redundanzfreie Datenstrukturen (s. Kapitel 6), die in ihrem äußeren Aufbau komplex, in ihrem Inneren aber einfach sind. Die Funktionen, die mit diesen Datenstrukturen arbeiten, werden recht einfach.

- In der Software-Entwicklung haben wir offenbar noch nicht den Stand der Hardware-Entwicklung erreicht. Dort hat man auch mit einfachen, diskret aufgebauten Schaltkreisen angefangen, aber im Laufe der Jahre hat man immer **mehr Leistung in die Bauelemente verlagern** können. Die Gesamtstruktur der Rechner wurde bei Benutzung dieser Integrierten Schaltkreise immer übersichtlicher, gemessen an der Funktionalität. Bisher ist vergleichbares auf der Software-Seite kaum entstanden. Es gibt bisher **noch keine wiederbenutzbaren Software-ICs** (vgl. /COX-86/).

8.2 OOA-Modellbewertung

In diesem Kapitel werden konzeptionelle Hintergründe erläutert. Die Überlegungen gehen von einer erneuten Betrachtung der Zerlegungsstrategien aus, die in den Analysemethoden umgesetzt sind. Es stellt sich heraus, daß die einzelnen Analysemethoden entweder die Datenmodellierung oder die Modellierung der Funktionalität zu stark ignorieren. In der OOA wird dieses Problem vermieden.

Danach werden die Wurzeln der OOA erklärt. An vieles brauchen wir uns nur zu erinnern. Eine bedeutsame Wurzel, die Semantische Datenmodellierung, ist in Kapitel 6 behandelt worden. Auch die abstrakten Datentypen sind aus Kapitel 7 schon etwas bekannt. Hier bleibt als dritte Wurzel noch ein einführender Überblick über die objektorientierte Programmierung darzustellen (das Ei war hier eher da als die Henne, auch in anderen Bereichen hat man erst Probleme der Realisierung bearbeitet, bevor man sich den früheren Schritten der Systementwicklung zugewandt hat).

8.2.1 Die Analysemethoden

Nach den grundsätzlichen Vorbemerkungen in Kapitel 3.1.6 über Ansätze zur Systemanalyse und den Darstellungen der Strukturierten Methoden in den Kapitel 4 bis 7 soll in diesem Kapitel eine Bewertung des erreichten Standes vorgenommen werden.

8.2.1.1 Funktionale Zerlegung

Der Analytiker muß bei der Vorgehensweise nach der funktionalen Zerlegung den Problemraum bereits verstanden haben. Dann dokumentiert er die offenbar benötigten Funktionen und Teilfunktionen des Systems. Die entstehende Spezifikation bildet damit den Problemraum nur indirekt ab. Beim Verstehen des Problemraumes hat der Analytiker keine methodische Hilfe. Er ist ausschließlich auf seine Erfahrung und Auffassungsgabe angewiesen. Das Problem liegt darin, in der komplexen Realität überhaupt die richtige Funktion zu erkennen und die Änderungsempfindlichkeit einer gewählten Zerlegung im Voraus abzuschätzen (vgl. /MEYER-88/ Kap. 4.3.3). Es gibt keine Regel, die die erkannten Funktionen auf den Problemraum abbildet und damit eine Überprüfung ermöglicht.

Durch den Ansatz der funktionalen Zerlegung wird weder das Verständnis des Problemraumes explizit ausgedrückt noch hinsichtlich seiner Korrektheit verifiziert. Feine Details innerhalb des Problemraumes können nur schwer erkannt werden.

Die funktionale Zerlegung ist jedoch nicht absolut betrachtet etwas Schlechtes. **In abgegrenzten Bereichen** ist sie gut verwendbar zur Reduktion der Komplexität, Beispiele:

- Verfeinerung essentieller Prozesse (s. Kap. 4.3.2.4),
- Faktorisieren im Moduldesign (s. Kap. 7.3.3.1). Die Qualitätskriterien der Funktionalen Zerlegung, die in Kapitel 7 für das Strukturierte Design formuliert worden sind, lassen sich natürlich auf jede Situation übertragen, in der funktional zerlegt wird. Kopplung und Zusammenhalt sind hier nützliche Hilfen, aber es ist dennoch schwierig, Subfunktionen so zu definieren, daß im Änderungsfall nur wenig an der Spezifikation des Systems und am System selber geändert werden muß.

Als primäre Zerlegungsstrategie der Systemanalyse ist die funktionale Zerlegung jedoch ungeeignet.

In den ersten Textbüchern über die Strukturierte Analyse wurde die funktionale Top-Down-Zerlegung empfohlen (/DEMARCO-78/, /GANE-SARSON-79/), aber diese Vorgehensweise hat sich in der Praxis als primäre Zerlegungsstrategie nicht bewährt.

8.2.1.2 Strukturierte Analyse

Die Probleme mit der funktionalen Top-Down-Zerlegung führten auf die **essentielle Zerlegung,** die wir im Kapitel 4 dargestellt und zur eigentlichen Methode der Strukturierten Analyse erklärt haben. Viele Probleme der funktionalen Zerlegung werden damit bewältigt, aber es bleiben noch einige weitere Probleme (vgl. /COAD-YOURDON-90/ Kap. 1.3.2) übrig:

- Ein Hauptgewicht der Methode liegt noch immer auf der funktionalen Abstraktion. Demgegenüber werden die **Datenstrukturen zu schwach betont**. Die Speicher sind gewissermaßen Hilfsmittel für die Prozesse.
- Die Modelle sind bei Systemen, die zwar **komplexe Datenstrukturen, aber nur einfache Funktionen** erfordern (heutige Dialoganwendungen) manchmal nicht sehr aussagekräftig.
- Die höheren Verfeinerungsebenen liefern das Gesamtbild, die Verfeinerungen die Details. Man muß jedoch recht viele Details kennen, um **das Gesamtbild verstehen** zu können. Die Komplexität wird in vielen Fällen nicht wirksam genug zerlegt.
- Die Anzahl der relevanten Ereignisse bestimmt die Anzahl der essentiellen Prozesse und damit die **Komplexität des Systems**. Bei der Vergröberung der essentiellen Ebene gibt es gutgemeinte Ratschläge (Speicher kapseln), die in der Praxis aber nicht immer zufriedenstellend anwendbar sind. Die Prozesse auf höheren Ebenen fassen tatsächlich eventuell viele nur wenig verwandte essentielle Prozesse zusammen und lassen sich daher meistens nur schwer **mit einem guten Namen versehen**.
- Der **Datenkatalog** umfaßt aufgrund der Verfeinerung mit der vereinfachten Backus-Naur-Form in Projekten von Praxis-Größenordnung eventuell **Hunderte**

von Einträgen, die eine Verständlichkeit für Außenstehende erschweren können. Ohne Tools verliert auch der Entwickler den Überblick. Vom Anwender wird aber ungewollt dennoch recht viel verlangt, so daß die Kommunikation gefährdet ist.

- Der **Übergang von der Analyse zum Design** ist trotz aller Anstrengungen problematisch. Die Begrenzungen der von Neumann-Maschine schlagen bis auf die Anwendungsebene durch, die Modellstruktur muß transformiert werden. (Objektorientierte Systeme laufen heute natürlich auch auf Rechnern mit von Neumann-Architektur. Dort ist die Serialisierung der auszuführenden Instruktionen jedoch "in den Objekten verborgen".)

  Parallel zur Transformation der Modelldarstellung müssen Implementierungsdetails hinzugefügt werden. Als Folge dieser parallel zu realisierenden Konstruktionsschritte ist meistens die **Rückverfolgung** der Konstruktionsschritte schwierig. In den kleinen Beispielen, die wir gewählt haben, um das Prinzip zu verdeutlichen, ist natürlich alles durchsichtig, aber die Realität ist um ein Vielfaches komplexer.

  Das Design sollte nur darin bestehen, das Modell der wahren Anforderungen des Anwenders um die erforderlichen Implementierungsdetails zu erweitern. In der Analyse und im Design sollte aber möglichst dieselbe Darstellungstechnik benutzt werden können.

Viele dieser Probleme haben wir bereits ausgeräumt. In Kapitel 4.4.6 haben wir empfohlen, nur sehr kleine SA-Modelle zu entwickeln, die Datenspeicher kapseln und nur vollständige essentielle Aktivitäten enthalten. Diese Modelle sind in sich abgeschlossen und kommunizieren auf Metaebene nur noch über Datenflüsse. Damit treten die unangenehmeren Folgen der oben genannten Probleme nicht mehr auf.

8.2.1.3 Semantische Datenmodellierung

Die Datenmodellierung ist wie die funktionale Zerlegung auch nur eine **partielle Methode**, die meistens nur eine Seite der Realität näher betrachtet. Außerdem enthält die Semantische Modellierung einen **indirekten Ansatz**, d.h. der Analytiker muß erst ohne direkte methodische Hilfe den Problemraum verstehen. Die Methode besteht dann darin, das Verstandene zu dokumentieren und systematisch weiterzuentwickeln. Demgegenüber verfolgt die essentielle Zerlegung der Strukturierten Analyse als Schritt-für-Schritt-Methode einen ganzheitlichen und direkten Ansatz.

Die Strategien der Entity-Analyse (Kap. 6.4.2) und der Entity-Synthese (Kap. 6.4.3) führen beide letztlich zu normalisierten Datenstrukturen, deren Entitytypen als Objekttypen bzw. als Klassen aufzufassen sind. Allerdings gibt es auch Probleme:

- Die **Objekterkennung** ist nur mit längerer Praxiserfahrung im Anwendungsbereich mit einem tragfähigen Ergebnis abzuschließen (s. auch hierzu Kap. 6.4.2). Die **Attributerkennung** ist noch schwieriger, wenn man nicht die Meßlatte der Prozesse im Blickfeld hat, die mit diesen Daten etwas anfangen wollen.
- Empfindlicher Mangel der Semantischen Modellierung ist die **Beschränkung auf die Datenstrukturen**. Diese werden zwar im Detail analysiert, aber sie werden auch zugleich **offengelegt**. Eine **schützende funktionale Hülle** ist zunächst nicht Inhalt der Datenmodellierung.

Dies klingt wie ein theoretisches Argument. In der Praxis bedeutet dies in vielen Projekten, daß die Datenstrukturen offengelegt werden, damit jeder Anwendungsprogrammierer auf die richtigen Datensichten zugreifen kann. Besonders im Zusammenhang mit der Entwicklung von umfassenden Informationssystemen wurde die Herleitung eines Unternehmens-Datenmodells empfohlen (vgl. z.B. /VETTER-88/). Dann ist aber die referentielle Integrität in Gefahr, denn nicht jeder kennt sämtliche relevanten Regeln (ein Argument, das in der Theorie der Entwicklung von Informationssystemen gerne großzügig übersehen wird). Außerdem entsteht eine starke Kopplung der Verfahren. Bei Weiterentwicklung eines Verfahrensteils müssen viele andere Verfahrensteile angepaßt werden.

Jedes Verfahren muß seine Datenbestände wirksam kapseln, d.h. jeden Zugriff eines Nutzers nur über dafür speziell vorgesehene Funktionen erlauben. Der Nutzer der Daten darf nicht wissen, wie diese intern strukturiert sind. Das führte zwar auch in früheren Zeiten zu der Entwicklung von **Zugriffsmoduln,** die eine physische und logische Datenunabhängigkeit realisierten. Im Zusammenhang mit der Nutzung moderner 4GL-Sprachen ist die Bereitstellung von Zugriffsmoduln wieder im Rückgang begriffen, denn die Datenunabhängigkeit wird dort schon in erheblichem Umfang von der Datenbank-Software geleistet. Man sieht eventuell nicht mehr die Notwendigkeit zur Entwicklung von Zugriffsmoduln.

- Die wesentlichen **Konzepte der Objektorientierung**, Methoden, Nachrichten, Vererbung, Strukturen, sind in der Semantischen Modellierung noch nicht angelegt.

8.2.1.4 Zusammenfassung bisheriger Methoden

Die einzelnen Methoden haben ihre Stärken und Schwächen. Vieles ist beeinflußt von den Denkstrukturen des Praktikers, die auch heute noch stark geprägt sind von der Vorstellung, daß Software-Entwicklung im wesentlichen die Entwicklung von Programmen sei. Dementsprechend stehen im Bewußtsein vieler Entwickler und damit auch in der Anwendungswirklichkeit der Methoden funktionale Gesichtspunkte meistens im Mittelpunkt des Interesses.

Das Hauptproblem besteht darin, daß bisherige Methoden meistens nur partiell sind, d.h. eine Entwicklungsebene betonen und die anderen vernachlässigen. Ganzheitliche Methoden (SA) besitzen noch eine zu schwache Integration der Entwicklungsebenen und betonen zu stark die Funktionalität.

Im Lebenslauf eines Systems ist die Wahrscheinlichkeit, daß Funktionen geändert werden müssen, recht groß. Demgegenüber sind die Datenstrukturen recht beständig (vgl. z.B. /MEYER-88/ Kap. 4.2). Die Architektur des Systems sollte daher nicht zu sehr auf den Funktionen beruhen. Die Datenstrukturen beschreiben eine längerfristig gültige Simulation der Objekte in der Realität, zusammen mit ihren angeborenen Attributen. Dies ist die Grundlage, auf der Funktionen angewandt werden können. Deswegen betont man heute den Gesichtspunkt, daß Daten im Zentrum des Systems stehen müssen.

Damit gewinnen die abstrakten Datentypen (kurz "ADT") an Bedeutung. Die einzelnen Datenbestände sollten im Nutzungszusammenhang vollständig in ihrer Struktur verborgen sein und jeweils von einer Menge von Funktionen dem Benutzer verfügbar gemacht werden. Wer also ein Objekt, sagen wir "Anschrift" ändern will, der darf nicht mehr die Datenstrukturen kennen, er weiß nicht, wie die Daten abgelegt sind, er ruft nur die Operation "Ändere_Anschrift" des Anschriften-ADTs auf und übergibt die erforderlichen Daten. Der ADT erledigt dann die Aufgabe und gibt eventuell ein Ergebnis zurück.

Abstrakte Datentypen werden durch die Funktionen beschrieben, die mit ihnen möglich sind. Die Struktur der Daten und ihr physikalischer Aufbau wird dem Nutzer verborgen. Die Datenstrukturen werden gekapselt.

Der Grundgedanke der ADTs benötigt für seine praktische Anwendung einige Ergänzungen. Dazu gehört ein Konzept für die Vermeidung von Redundanzen von Daten und Funktionen. Dies wird in der objektorientierten Welt durch das Konzept der Vererbung von Daten und Funktionen abgebildet. Außerdem müssen Instanzverbindungen zwischen Objekten dargestellt werden können.

Außerdem werden ADTs um das Konzept der Mitteilungsverbindungen erweitert. Durch logische Ansprache wird bei Eintreffen einer Mitteilung (Message) bei einem Objekt eine Methode ausgelöst, die eine Leistung für den Aufrufer vollbringt.

	Funktionale Zerlegung	SA + RT	SM	SD	OOA (Kap. 8.3)
Entwicklungsebenen					
- ganzheitlich		(x)			x
- partiell	x		x	x	
Unterstützung der Entwicklung					
- direkt (Entwicklung)		x		x	
- indirekt (Dokumentation)	x		x		x
Vorgehensweise					
- Schritt-für-Schritt		x		(x)	
- Erzeugen-und-Prüfen			x		x
- sonstige	x				
Daten und Funktionen					
- Datenmodellierung		(x)	x		x
- Funktionenmodellierung	x	x		x	x
- ADTs		x		(x)	x

Bild 8.2-1: Eigenschaften der Analysemethoden

In Bild 8.2-1 sind die wichtigsten Eigenschaften der Methoden noch einmal zusammengefaßt. Kreuze in Klammern bedeuten eingeschränkte Gültigkeit der Zuordnung. Die Spalte OOA bezieht sich auf die von (/COAD-YOURDON-90/) eingeführte und in Kapitel 8.3 skizzierte Vorgehensweise.

Eine Methode unterstützt die Entwicklungsebenen (vgl. Bild 3.4-1) **partiell** (nur eine der Entwicklungsebenen) oder **ganzheitlich** (Integration der Ebenen ist in der Methode vorgesehen).

Die Entwicklung wird **direkt** unterstützt, wenn die Methode zum Verständnis des Problemraumes benutzt wird und dabei den Analytiker in der Vorgehensweise anleitet. **Indirekte** Unterstützung bedeutet, der Analytiker muß aufgrund inhaltlicher Überlegungen zu einem Ergebnis kommen, das er mit der Methode dokumentieren kann.

Schritt-für-Schritt-Vorgehensweisen erlauben eine Beschreibung der Vorgehensweise in kleinen Portionen, die der Reihe nach korrekt angewandt normalerweise auch zu einem Ergebnis führen. **Erzeugen-und-Prüfen-Vorgehensweisen** fordern die Erzeugung von Lösungskandidaten aufgrund Methoden-fremder Gedanken, liefern dann aber Kriterien für die Bewertung der Kandidaten auf weitere Tauglichkeit. Leider ist die Erzeugung nicht formal eingrenzbar, wogegen sich die Tests oft nur auf formale Aspekte beschränken können.

Auch bei der Definition dieser Begriffe wäre eine formalere Festlegung anzustreben, aber im semantischen Raum ist dies kaum möglich.

8.2.2 Objektorientierte Programmierung

Die Objektorientierte Analyse hat mehrere Wurzeln. Im folgenden wird ein kurzer Überblick (vgl. /OTT-90/) über die Begriffe und Prinzipien der objektorientierten Programmierung (im folgenden kurz "OOP") gegeben. Dem Leser sei an dieser Stelle eine praktische Auseinandersetzung mit Smalltalk empfohlen (vgl. /DIGITALK-88/, /HOFFMANN-87/).

8.2.2.1 Geschichte

Die Idee der OOP tauchte erstmals in der Programmiersprache **Simula** auf. Es bot sich zur Programmierung von Simulationen an, die Simulations-Objekte direkt als Software-Objekte ins Programm aufzunehmen. Ende der sechziger Jahre wurde in den PARC-Laboratorien von Rank-Xerox die Idee der OOP weiterentwickelt. Dafür wurde eine eigene Sprache entworfen - **Smalltalk**. Smalltalk gilt auch heute noch wegen seiner Ideen und Konzepte als die objektorientierte Sprache überhaupt. Hier wurde das Prinzip der OOP am konsequentesten durchgesetzt. Es wurde deutlich, daß mit objektorientierten Prinzipien eine weitaus **natürlichere Art der Programmierung** als mit herkömmlichen Methoden möglich ist.

Anstatt Programme als Algorithmen und Datenstrukturen zu betrachten, sieht die OOP Anwendungen als das Verhalten von Objekten und die Kommunikation zwischen Objekten.

8.2.2.2 Objekte und Mitteilungen

Objekte sind eine Abbildung realer Dinge. Sie enthalten Daten und Methoden, um diese Daten zu bearbeiten. Ein Objekt ist eine nach außen hin abgeschlossene Programmeinheit. Die lokalen Daten des Objektes können nur über die für das Objekt definierten Methoden angesprochen werden und sind anders nicht bekannt und veränderbar.

Ein wichtiges Konzept der OOP ist, daß Daten und Operationen, die mit diesen Daten ausgeführt werden, zusammengehören. Sie verschmelzen zu einer Einheit (**Kapselung**, encapsulation), bei der sowohl die Daten wie auch die Methoden vor der Umgebung **verborgen** werden. Der Vorteil dieser Technik liegt darin, daß die **Verwendung und Implementierung eines Objektes getrennt** werden. Die Implementierung eines Objektes kann nachträglich durch eine neue ersetzt werden, ohne daß die von ihm abhängigen Programmteile geändert werden müssen. Implementierungsdetails werden im Objekt versteckt (**information hiding**).

Objekte tauschen untereinander Informationen aus, indem sie sich **Mitteilungen** (messages) schicken (message passing). Mitteilungen lösen beim Empfangsobjekt die Ausführung einer Methode aus. Methoden stellen die Funktionalität des Objektes dar. Nach Empfang einer Mitteilung wird normalerweise ein Resultat zurückgeliefert. Dies kann wiederum ein Objekt sein. Die Mitteilung beschreibt mit einem Mitteilungs-Selektor (message selector) , was der Absender haben möchte, nicht wie er es haben möchte (call-by-desire). Der Benutzer muß nicht wissen, wie eine Methode intern arbeitet, sondern nur, welche Mitteilung er schicken muß, um das gewünschte Verhalten zu erzielen (vgl. /LEDBETTER-COX-85/).

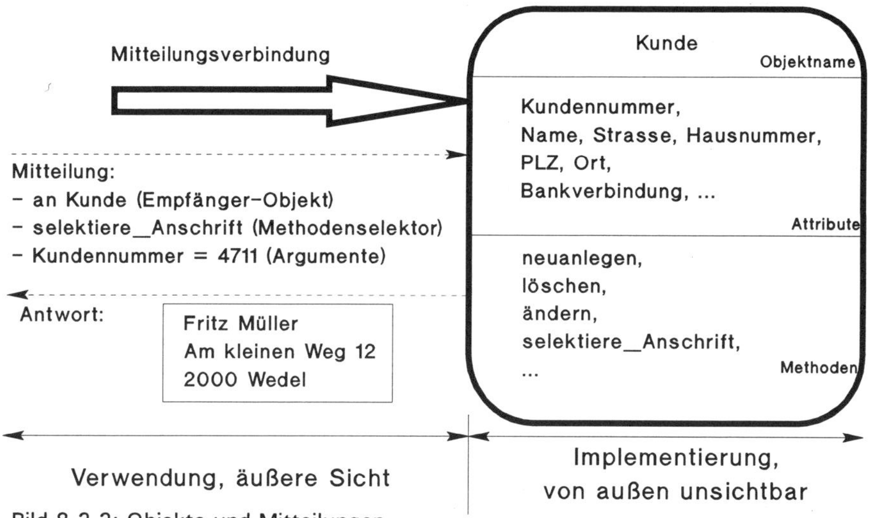

Bild 8.2-2: Objekte und Mitteilungen

Diese Sicht ist weitaus natürlicher als die Benutzung von Daten und Funktionen in den konventionellen Programmiersprachen. Dort werden die Daten an die Funktion übergeben. Es agieren aktive Funktionen mit passiven Daten. Daten und die sie manipulierenden Prozeduren werden als voneinander unabhängige Teile behandelt (vgl. /KEMPEL-PFANDER-90/). Bei der OOP dagegen wird an ein Objekt die Bitte nach einer Operation mit sich selbst gesendet (vgl. /PASCOE/). **Die Trennung zwischen den Daten und ihrer Manipulation wird aufgehoben.**

Mit einem Beispiel soll der Unterschied zwischen dem Konzept der "Daten und Prozeduren" und dem der "Objekte und Mitteilungen" deutlicher gemacht werden (vgl. /DIGITALK-88/).

> Der Ausdruck 1 + 2 wird sowohl funktional als auch objektorientiert gleich dargestellt. Der Unterschied liegt in der Art und Weise, wie dieser Ausdruck ausgewertet wird.
>
> Aus funktionaler Sicht wird die Operation + mit den Daten 1 und 2 durchgeführt. Die aktive Funktion + erhält als Eingabe-Daten die passiven Zahlen 1 und 2. Sie addiert die Zahlen und liefert das Ergebnis, die Zahl 3, zurück.
>
> Aus objektorientierter Sicht wird dem Objekt 1 die Mitteilung + geschickt. Dazu wird ein Argument übergeben, das Objekt 2. Das Objekt 1 addiert daraufhin zu seinem Inhalt das Argument hinzu.

Objektorientierte Umgebungen erlauben das **Überladen von Operatoren** (operator overloading). Damit ist es möglich, verschiedene Prozeduren oder Funktionen mit gleichem Namen zu benutzen. Die Entscheidung, welche der Prozeduren oder Funktionen in der jeweiligen Situation zu benutzen ist, wird zur Compilezeit durch die Anzahlen und Typen der aktuellen Parameter getroffen (vgl. /KEMPEL-PFANDER-90/ S. 14). Dieser Mechanismus ist in herkömmlichen Programmiersprachen nur für die grundlegenden arithmetischen Operatoren implementiert. Er erfährt in der objektorientierten Umgebung eine Verstärkung seiner Bedeutung.

Der Vorteil dieser Technik ist deutlich. Die Mitteilung + kann auch in anderen Objekten benutzt werden. Es können auch andere Objekte addiert werden, indem dort die Methode + speziell implementiert wird.

8.2.2.3 Klassen und Instanzen

Klassen sind Mengen von Objekten. Die Elemente von Klassen heißen auch **Instanzen** (Klassen können auch Elemente anderer Klassen sein, s. "Vererbung"). Eine Klasse enthält alle Informationen, die notwendig sind, um Objekte dieser Klasse zu beschreiben, zu erzeugen und zu benutzen, ähnlich wie Typ-Definitionen in konventionellen Sprachen (data abstraction). Durch Erzeugen einer neuen Klasse erhält man einen abstrakten Datentyp.

Eine Klasse enthält auch die Methoden. Eine Methode wird ausgeführt, indem einer Instanz einer Klasse eine Mitteilung geschickt wird. Da alle Instanzen einer Klasse die gleichen Methoden verarbeiten, sind die Methoden für alle Instanzen nur einmal in der Klasse gespeichert. Bei den Methoden einer Klasse unterscheidet man Instanz- und Klassenmethoden. **Instanzmethoden** werden an die Instanzen der Klasse geschickt. **Klassenmethoden** werden an die Klasse selbst geschickt.

Die lokalen Daten eines Objektes werden in **Instanzvariablen** gespeichert. Jedes Objekt hat seine eigenen Instanzvariablen. Instanzvariablen können auch indiziert sein, z.B. um eine Klasse Array zu implementieren.

Zusätzlich zu den Instanzvariablen können Objekte noch Klassenvariablen benutzen. **Klassenvariablen** sind globale Variablen, die für alle Instanzen einer Klasse zur Verfügung stehen und nur einmal in der Klasse selbst vorhanden sind.

8.2.2.4 Vererbung

Bei **Vererbung** (inheritance) werden Klassen in einer Hierarchie angeordnet, in der sich Eigenschaften von oben nach unten vererben. Eine Klassenhierarchie (class hierarchy) bildet sich nach dem Grundsatz von Generalisierung und Spezialisierung. Eine Klasse, die sich in der Hierarchie unter einer anderen Klasse befindet, ist ihr gegenüber eine **Unterklasse** (subclass, child class). Die in der Hierarchie höher gestellte Klasse ist die **Oberklasse** (superclass, parent class, ancestor class).

Dies soll an einem Beispiel verdeutlicht werden. Eine Klasse Trompete ist eine Unterklasse der Klasse Blasinstrument. Diese ist wiederum eine Unterklasse der Klasse Musikinstrument. Eine Trompete beinhaltet somit Charakteristika von Musikinstrumenten und von Blasinstrumenten (vgl. /PASCOE-86/).

Die Unterklasse bekommt alle Instanzvariablen, Klassenvariablen und Methoden der Oberklasse vererbt. Zusätzlich zu den vererbten Variablen und Methoden kann sich die Unterklasse neue Variablen und Methoden definieren oder auch ererbte Methoden überschreiben.

Vererbte Methoden existieren nur einmal: Alle Unterklassen greifen auf denselben in der Oberklasse vorhandenen Code zu. Wenn eine Instanz einer Klasse eine Mitteilung nicht verarbeiten kann, wird sie an die entsprechende Oberklasse geschickt. Kann auch diese die Mitteilung nicht verarbeiten, wird sie wieder weiter geschickt. Dies passiert so lange, bis die Mitteilung verstanden wird oder es in der höchsten Klasse zu einem Fehler kommt. Methoden werden für jede Klasse zusammen mit ihren Selektoren in einem Methoden-Verzeichnis gespeichert.

Vererbung ist ein wichtiges Mittel, um bereits vorhandene Objekte und Methoden zu benutzen und damit Redundanz von Daten und von Code zu vermeiden. Der Programmierer kann neue Klassen erzeugen, indem er die Unterschiede zu bestehenden Klassen beschreibt. Er muß nicht jedesmal von Grund auf beginnen. Der Implementierungsaufwand wird stark reduziert. Viele schon vorhandene Teile können wiederbenutzt werden (reusability). Programmcode für eine bestimmte Aufgabe befindet sich an nur einem Platz. Dies erleichert die Software-Pflege von komplexen Systemen (vgl. /PASCOE-86/).

Der Preis der Vererbung besteht jedoch in Laufzeiteinbußen, da der ganze Mechanismus der (dynamischen) Zuordnung von Methoden mehr Aufwand erfordert als ein einfacher Funktionsaufruf.

Abstrakte Klassen sind Klassen, die nur dazu da sind, ihre Eigenschaften zu vererben. Von ihnen existieren daher keine Instanzen.

Multiple Vererbung (multiple inheritance) bedeutet, daß eine Klasse mehr als eine Oberklasse haben kann. Sie erbt also von mehreren Superklassen deren Variablen und Methoden. In den meisten Implementationen von OOP ist dies allerdings nicht möglich.

8.2.2.5 Klassenhierarchie

Bei der Entwicklung einer objektorientierten Anwendung im Rahmen eines OOP-Systems kann man meistens auf eine bestehende Klassenhierarchie zurückgreifen. Die Anwendungs-Objekte werden in diese Klassenhierachie eingebaut und werden damit Unterklassen von bestehenden Klassen.

In einem OOP-System gibt es zumeist eine Vielzahl von Standard-, Tool- oder Utilityklassen, die von allen Anwendungen benutzt werden. In Smalltalk besteht die grundlegende Klassenhierarchie aus mehr als 230 Klassen mit insgesamt mehr als 4500 Methoden (vgl. /DIGITALK-88/).

8.2.2.6 Polymorphismus

Ein **Polymorphismus** liegt vor, wenn unterschiedliche Objekte die gleichen Mitteilungen verstehen können. Jedes Objekt führt jedoch beim Empfang einer Mitteilung unterschiedliche Realisierungen dieser Mitteilung aus.

In einem graphischen System gibt es beispielsweise die Klassen KREIS und QUADRAT. Sie sind beide Unterklassen der Klasse GRAPHISCHES OBJEKT. Ein Kreis zeichnet sich anders als ein Quadrat. Beide Objekte reagieren auf die Mitteilung DRAW daher mit der **Ausführung ihrer spezifischen Prozeduren** zum Zeichnen.

Durch Polymorphismus wird Erweiterbarkeit und Flexibilität eines OOP-Systems erreicht.

8.2.2.7 Frühe und späte Bindung

Späte oder **dynamische Bindung** (dynamic / late / virtual binding) bedeutet, daß ein Objekt zur Laufzeit entscheidet, welche Methode ausgeführt wird, d.h. ob eine Methode der unmittelbaren Klasse des Objektes oder eine Methode der Oberklasse ausgeführt wird. Es besteht eine dynamische Bindung von der Mitteilung zur Methode. Bei später Bindung muß zur Laufzeit die Klasse des Objektes festgestellt werden. In der Methodentabelle der Klasse wird die entsprechende Methode aufgerufen. In OOP-Systemen muß die späte Bindung realisiert werden, da ohne späte Bindung Polymorphismus und Operator-Überladung nicht möglich ist.

Dagegen steht die frühe oder **statische Bindung** (static / early binding). Hier wird schon zur Übersetzungszeit des Programms festgelegt, welche Methode aufgerufen wird. Zur Laufzeit kann keine Veränderung des Aufrufs vorgenommen werden.

8.2.3 Charakterisierung der Objektorientiertheit

Objektorientierte Vorgehensweise ist also

- Das Konzept der **ADTs** (u.a. Information Hiding, Kapselung der Daten durch Operationen) erweitert um Vererbung, dynamische Bindung, Methoden und Mitteilungsverbindungen, die Methoden auslösen.
- Die Entwicklung von Softwaresystemen als strukturierte Sammlungen von Implementierungen derartiger abstrakter Datentypen (/MEYER-88/ Kap. 4.8). Hier haben sowohl das Ziel der **Wiederbenutzbarkeit** als auch der Gedanke der **Software-ICs** (Verlagerung von Leistungen in die Bauelemente) einen entscheidenen Einfluß.

In (/MEYER-88/ Kap. 4.9) wird ein Stufenmodell für Eigenschaften objektbasierter Systeme angegeben, in dem diese Anforderungen weiter präzisiert werden.

8.3 OOA-Methoden

Ein vollständiges OOA-Modell (vgl. /COAD-YOURDON-90/) besitzt fünf Schichten:

- Die **Subjekt-Schicht** enthält Zusammenfassungen von Objekten und dient der Reduktion der Komplexität. Es werden nur soviele Objekte in einem Subjekt zusammengefaßt, wie ein Leser des Modells auf einmal verstehen kann.
- Die **Objekt-Schicht**. Ein Objekt ist eine Datenabstraktion zusammen mit exklusiver Verarbeitung dieser Daten. Damit wird die Fähigkeit des Systems modelliert, Informationen über Dinge der Realität (Systemumgebung) zu speichern und zu kommunizieren.
- Die **Struktur-Schicht**. Struktur repräsentiert die Komplexität des Problemraumes. Man unterscheidet zwei Arten von Strukturen:
    * Klassifikations-Strukturen zur Abbildung von Klasse-Mitglied-Beziehungen sowie Verallgemeinerung-Spezialisierung.
    * Zusammensetzungsstrukturen, die eine Zusammenfassung von Teilen zu einem Ganzen abbilden.
- Die **Attribut-Schicht**. Ein Attribut ist ein Datenelement zur Beschreibung der Instanzen eines Objektes oder einer Klassifikations-Struktur.

- Die **Methoden-Schicht**. Eine Methode ist eine Verarbeitung, die bei Empfang einer Mitteilung durchgeführt werden muß. Die gesamte Funktionalität eines Systems ist in den Methoden seiner Objekte verborgen.

Zur Modelldarstellung kann die in Bild 8.3-1 angedeutete Notation (/COAD-YOURDON-90/) benutzt werden.

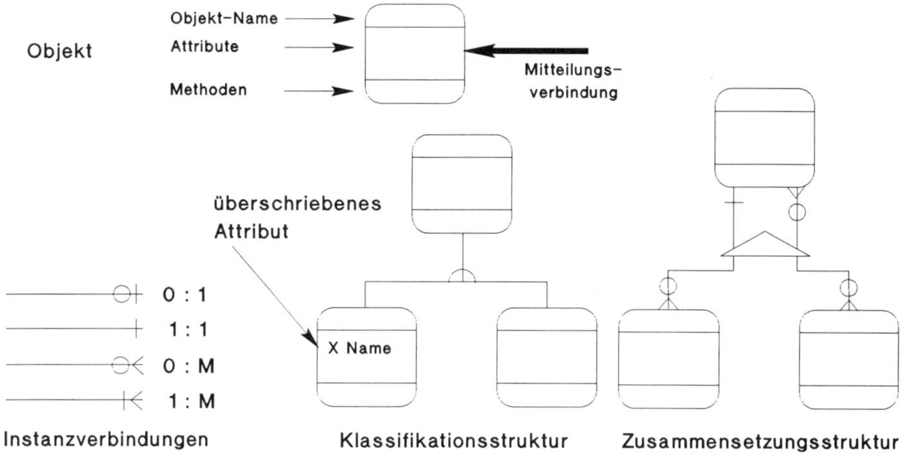

Bild 8.3-1: OOA-Notation

Diese Notation ist nach den Erläuterungen im letzten Kapitel weitgehend selbsterklärend. Einige Hinweise geben wir aber noch in diesem Kapitel im jeweiligen Sachzusammenhang.

Die einzelnen Schichten werden wie Transparente übereinandergelegt. In den frühen Analysephasen hat man nur eine erste Schicht, meist die Objektschicht, entwickelt, die nach und nach angereichert wird. Wenn am Ende auch alle Methoden und Mitteilungsverbindungen spezifiziert worden sind, dann liegt eine Systemspezifikation vor, die direkt in einer objektorientierten Entwicklungsumgebung realisiert werden kann.

Die Objektorientierte Programmierung erfordert eine Technik der Systemanalyse und der Spezifikation, die letztlich auch den Eigenschaften der Implementierungsumgebung angepaßt ist. Eine konventionelle Spezifikation ist hier nur eingeschränkt brauchbar.

Neben den Operatoren eines Abstrakten Datentyps müssen auch Details der Klassenhierarchie sowie die Objekt-internen Datenstrukturen abgebildet werden. Hierfür ist eine Spezifikationstechnik entwickelt worden (vgl. /COAD-YOURDON-90/), die wir im folgenden kurz beschreiben.

8.3.1 Objekte identifizieren

Objekte, d.h. eigentlich Klassen von Objekten, haben wir schon in Kapitel 6.4.2.1 als Entitytypen erkannt. Die dort dargestellte Vorgehensweise, die genannten Probleme der Objekterkennung und vor allem die praktischen Empfehlungen sind natürlich zu übertragen, schließlich ist es der exakt gleiche Schritt. Im ersten Schritt geht die OOA also die Wege der Semantischen Modellierung.

Manche Autoren behaupten, die Objektsuche wäre etwas sehr einfaches:

> "In der physikalischen oder abstrakten Wirklichkeit sind die Objekte modelliert und warten darauf, aufgelesen zu werden! Die Softwareobjekte spiegeln diese externen Objekte einfach wieder." (/MEYER-88/ S.55).

Diese Ansicht kann nicht geteilt werden. Damit ist auch nur gemeint, der erste intuitive Ansatz ist oftmals erstaunlich fruchtbar. Man sollte nicht nach einer Methode suchen, wenn man im konkreten Anwendungsprojekt die Objekte schon gefunden hat. Manchmal sieht man einfach die erforderlichen Objekte. Aber solch ein Vorgehen hat auch Gefahren: die vorgefaßten Lösungsideen des Analytikers oder des Anwenders werden kritiklos übernommen. Auch wenn man die ersten Ideen nur als Lösungskandidaten auffaßt, so sind die Beteiligten doch oft nur schwer davon abzubringen.

Der erfahrene Analytiker hat mit der Objekterkennung meistens nur wenige Probleme, insbesondere wenn er mit dem Anwendungsbereich eigentlich vertraut ist. Aber damit geben wir uns eigentlich nicht zufrieden. Immerhin gibt es auch noch den Berufsanfänger und auch aus methodischer Sicht ist es nicht egal, ob wir zur Problemlösung nur ein Erzeugen-und-Prüfen-Verfahren anbieten können oder eine Schritt-für-Schritt-Methode, die korrekt angewandt immer zu einem tragfähigen Ergebnis führt.

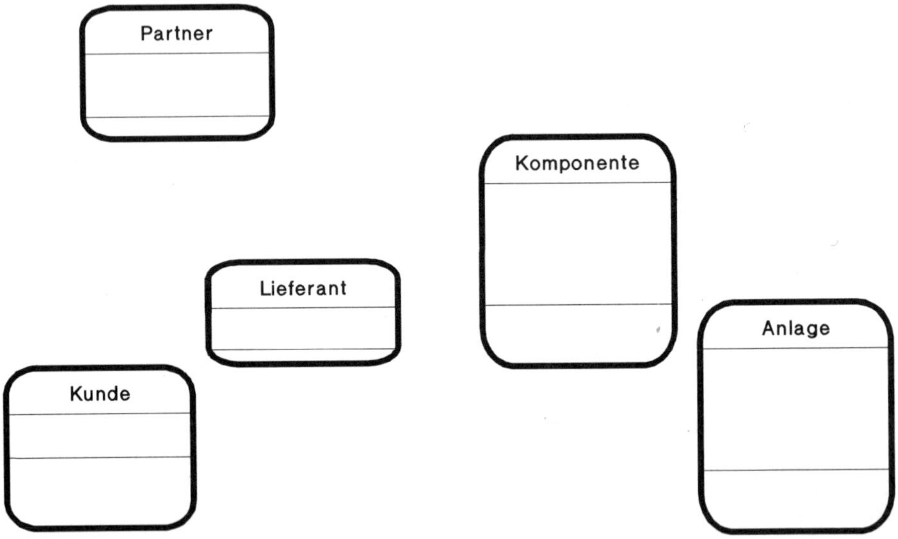

Bild 8.3-2: Objekte Montagebetrieb

Die **Erzeugung** von Klassen-Kandidaten ist in Kapitel 6.4.2.1 dargestellt. In Objektorientierter Umgebung kann man noch nach Klassen suchen, die bereits implementiert sind. Entsprechend muß man bei der Entwicklung neuer Anwendungen besonders auf gute Wiederverwendbarkeit der Klassen achten.

Im Falle der Objekterkennung können wir aber tatsächlich nur die **Test**-Seite des Verfahrens verfeinern, über die Tips in Kapitel 6.4.2.1 hinaus sind praktisch keine weiteren Anleitungen zur Erzeugung von Objekt-Kandidaten bekannt.

Beim Test der Klassen-Kandidaten gehe man neben den Kriterien aus Kapitel 6.4.2 nach folgender Regel aus der Theorie der abstrakten Datentypen vor (vgl. /MEYER-88/ S.353): Ein Begriff sollte nur dann zu einer Klasse gemacht werden, wenn er eine Menge von Objekten beschreibt, die nur von interessanten Operationen (den Funktionen des unterliegenden abstrakten Datentyps) mit bedeutsamen Eigenschaften (den Axiomen) charakterisiert werden.

Als Beispiel betrachten wir einen Betrieb, in dem Komponenten zu Anlagen zusammengebaut werden. Die Komponenten werden von Lieferanten bezogen, die Anlagen kauft der Kunde. Wir identifizieren in diesem einfachen Beispiel ohne Umstände die Objekte in Bild 8.3-2.

8.3.2 Strukturen identifizieren

Im nächsten Schritt werden Strukturen erkannt, die die Komplexität des Problemraumes repräsentieren. Man unterscheidet Klassifikations- und Zusammensetzungsstrukturen.

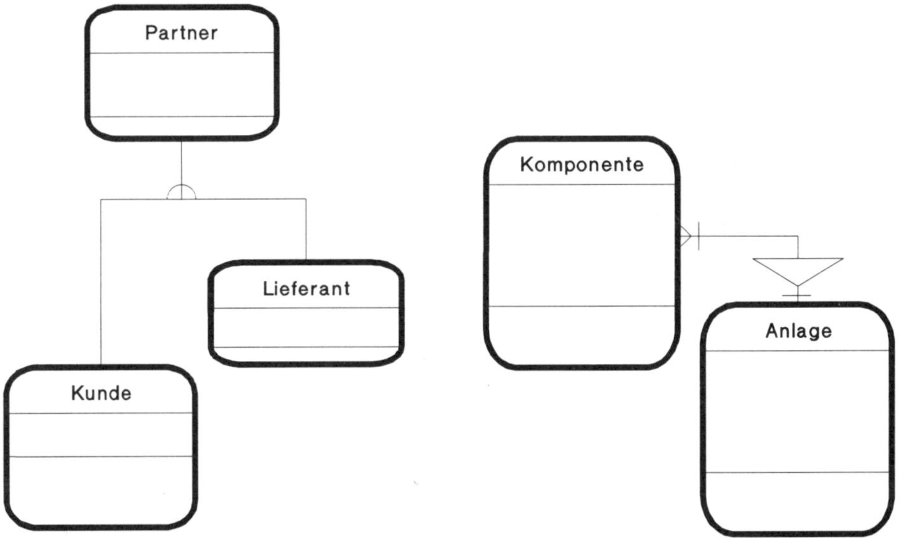

Bild 8.3-3: Strukturen Montagebetrieb

Klassifikationsstrukturen beschreiben die Klassen-Mitglieds-Struktur des Problemraumes. Zur Erkennung von Klassifikationsstrukturen betrachtet man jedes Objekt als Verallgemeinerung von anderen, dann als Spezialisierung von anderen. Durch die Klassifikation entstehen Aufteilungen des Problemraumes. Attribute und Methoden werden in paarweise disjunkte Gruppierungen aufgeteilt. Daneben wird die Struktur dafür benutzt, eine höhere Abstraktionsebene zu identifizieren, die Subjekt-Schicht (s.u.). **Vererbung** ist ein wesentlicher Teil der Bildung von Klassifikationsstrukturen. Objekte teilen die Attribute und Methoden, die oberhalb in ihrer Klassifikationsstruktur definiert worden sind. Eigene objektspezifische Attribute und Methoden können hinzugefügt werden.

Zusammensetzungsstrukturen beschreiben die Zusammensetzung von Teilen zu einem Ganzen. Zur Erkennung von Zusammensetzungsstrukturen betrachtet man jedes Objekt zunächst als Ganzes und sucht nach Bestandteilen oder Komponenten, aus denen es aufgebaut ist, dann als Komponente von anderen Objekten. Dabei muß stets geprüft werden, welche Information der realen Welt im Modell abgebildet werden muß. Nicht alle gefundenen Strukturen sind für die Aufgabenstellung relevant.

Wir setzen das Beispiel des Montagebetriebs fort. Kunden und Lieferanten sind eigentlich Spezialisierungen einer Oberklasse "Partner". Anlagen sind aus Komponenten zusammengesetzt. Das kleine Dreieck in der Notation weist auf den Oberbegriff, die Oberklasse.

8.3.3 Subjekte definieren

Subjekte sind ein Mechanismus zur Kontrolle, wieviel von einem Modell der Leser in einem Moment betrachten soll. Die Subjekt-Schicht enthält Zusammenfassungen von Objekten und dient der Reduktion der Komplexität. Gemäß der 7 +/- 2 Regel von George A. Miller (/MILLER-56/) werden zusammengehörige Strukturen und Objekte zusammengefaßt, um für den Leser die Komplexität zu reduzieren.

Im Subjektdiagramm werden Subjekte und Mitteilungs-Verbindungen (die noch zu modellieren sind) zwischen Objekten dargestellt.

Das Beispiel des Montagebetriebs braucht eigentlich nicht in mehrere Subjekte unterteilt zu werden. Nur um das Prinzip zu zeigen, wählen wir dennoch eine Gliederung in zwei Subjekte "Partner" und "Anlage".

Bild 8.3-4: Subjekte Montagebetrieb

8.3.4 Attribute und Instanzverbindungen definieren

Ein **Attribut** ist ein Datenelement zur Beschreibung der Instanzen eines Objektes oder einer Klassifikations-Struktur. Zunächst müssen Attribute identifiziert werden. Hier treten die in Kapitel 6.4.3 geschilderten Probleme auf. Der Erfolg ist gar zu sehr abhängig von den methodenfremd erzielten Kenntnissen des Problemraumes. Die Attribute werden den Objekten und Klassifikations-Strukturen zugeordnet. Attribute sollten so tief in der Struktur angeordnet werden wie möglich, ohne jedoch redundant bei mehreren Objekten oder Klassen vorzukommen. Gemeinsame Attribute werden also in der kleinsten gemeinsamen Oberklasse positioniert.

Im nächsten Schritt werden **Instanzverbindungen** erkannt und definiert und in das Modell eingetragen. Dabei werden die Kardinalität und die Art der Verbindung beschrieben (s. Kap. 6.2.2). Man erhält zunächst ein komplexes Datenmodell, das später von Redundanzen befreit wird (Normalisierung).

Schließlich werden die Attribute und Instanzverbindungen spezifiziert.

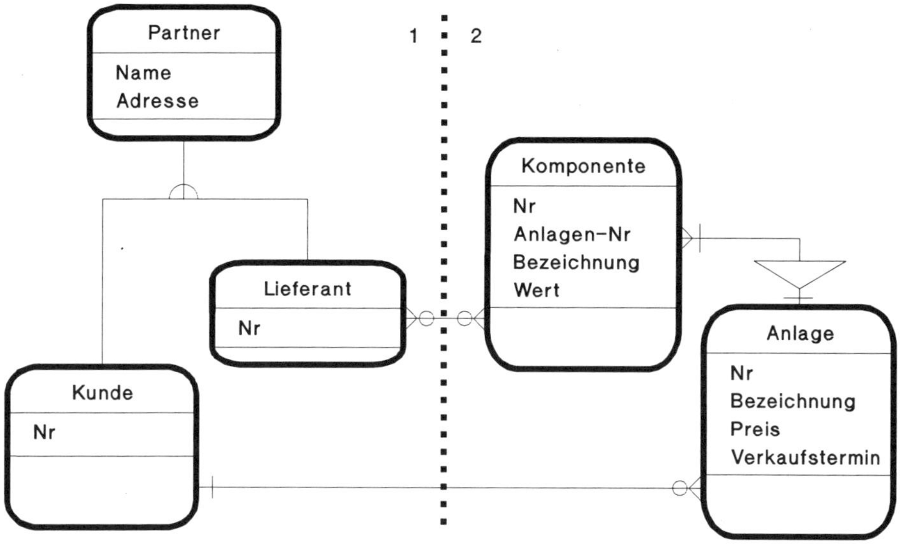

Bild 8.3-5: Attribute und Instanzverbindungen Montagebetrieb

In Fortsetzung des Beispiels unseres Montagebetriebs müssen wir darstellen, daß Kunden Anlagen erwerben und daß Lieferanten die Komponenten liefern. Damit erhalten wir in Bild 8.3-5 das um die Attributschicht erweiterte Modell.

8.3.5 Methoden und Mitteilungsverbindungen definieren

Eine **Methode** ist eine funktionale Abstraktion, die bei Empfang einer Mitteilung ausgeführt werden muß. Die gesamte Funktionalität des Systems ist in den Methoden von Objekten enthalten. Methoden müssen aufgrund der wahren Anforderungen des Anwenders identifiziert werden. Zunächst benötigt jedes Objekt **fundamentale Methoden für Instanzen** (hinzufügen, ändern, löschen, selektieren), für **instanzabhängige Berechnungen** und eventuell für die **Überwachung oder Beobachtung externer Systeme.**

Eine wichtige Strategie zur Methodenerkennung besteht auch in der Untersuchung der **Lebenszyklen von Objekten** (s. Kap. 6.4.6, das Beispiel), wobei die Objekte als endliche Automaten aufgefaßt werden, die bestimmter Zustandsübergänge fähig sind.

Eine **Mitteilungsverbindung** bildet eine Instanz auf eine andere ab, wobei ein "Sender" eine Mitteilung zu einem "Empfänger" sendet, um eine Verarbeitung erledigen zu lassen. Mitteilungsverbindungen werden zunächst parallel zu jeder Instanzverbindung eingerichtet, denn diese werden auf jeden Fall benötigt. Weitere Mitteilungsverbindungen richten sich nach den funktionalen Anforderungen. Mitteilungsverbindungen werden in den Methoden-Spezifikationen des Senders beschrieben, die aufgerufenen Methoden des Empfängers werden bei diesem spezifiziert. Die Spezifikation von Methoden konzentriert sich auf das erforderliche extern beobachtbare Verhalten. Für die Spezifikation sind mehrere Techniken verwendbar, im Projekt muß man natürlich eine verbindlich festlegen. Wir geben hier eine Schablone zur Spezifikation von Objekten und Klassen wieder, die bei (/COAD-YOURDON-90/ S.139) empfohlen wird:

```
Spezifikation <ObjektName>
    beschreibendesAttribut <...>
    immerAbleitbaresAttribut <...>    (braucht nicht gespeichert zu werden)
    gelegentlichAbleitbaresAttribut <...>    (muß gespeichert werden)
    externerSystemInput <...>
    externerSystemOutput <...>
    InstanzVerbindungsEinschränkung <...>
    ZustandEreignisReaktion <...>
    ObjektLebensZyklus <...>
    Notizen <...>
    AbsichtUndZweck <...>
    Methode <...>    (Methoden werden mit Precondition/Postcondition spezifiziert)
    Methode <...>
    Methode <...>
    <...>
    Klasseninvarianten <...>
        (müssen von Objekten und Klassen erfüllt sein nach Instanzenerzeugung und nach
        dem Aufruf jeder Methode)
EndSpezifikation
```

Auf die Wichtigkeit der Zusicherungen in Pre-/Postconditions sowie in den Klasseninvarianten weist auch (/MEYER-88/ Anhang B.3) hin.

Die Interaktion des Benutzers mit dem System wird auch über Mitteilungsverbindungen realisiert. Diese werden im Modell jedoch nicht dargestellt.

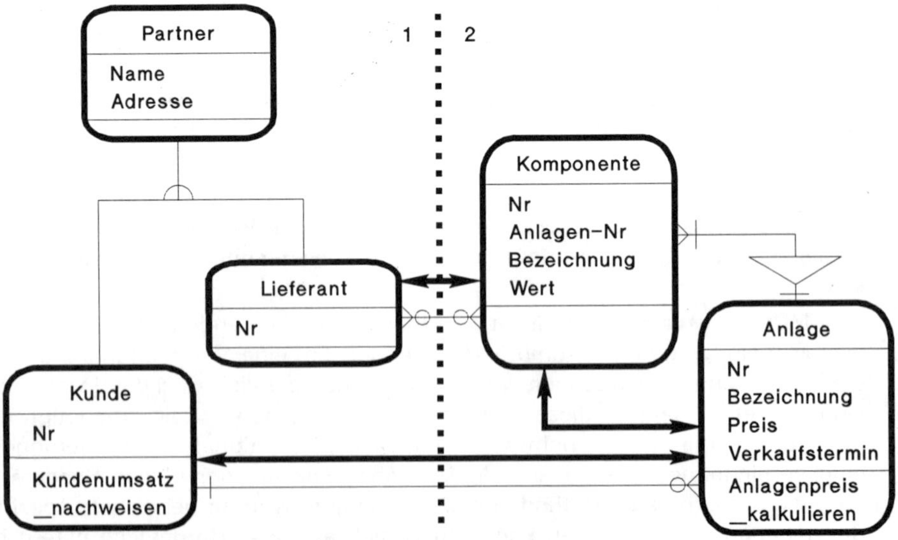

Bild 8.3-6: Methoden und Mitteilungsverbindungen Montagebetrieb

Im Beispiel unseres Montagebetriebs werden Methoden und Mitteilungsverbindungen definiert. Zu jedem Objekt gibt es Standardmethoden (löschen, einrichten, ändern, usw), die auch die Integritätsregeln zwischen Objekten einhalten müssen. Außerdem definieren wir Anwendungsmethoden wie zum Beispiel:

zum Objekt Kunde: "Kundenumsatz nachweisen",

zum Objekt Anlage: "Anlagenpreis kalkulieren".

8.4 OOA und die Strukturierten Methoden

8.4.1 Bewertung der OOA

Die objektorientierte Vorgehensweise besitzt entscheidende Vorteile. Dazu gehört die konsequente Datenmodellierung bei gleichzeitiger Kapselung aller Datenstrukturen in abstrakten Datentypen. Durch die Methodik entsteht ein hohes Maß an Wiederbenutzbarkeit (der entwickelten Klassen durch Vererbung an Unterklassen) und an Änderbarkeit (Lokalität aller Entwurfsentscheidungen). Es sind aber auch Probleme sichtbar, die bisher ungelöst sind. Diese stellen nicht die Methode in Frage, aber sie warnen vor übereilter Euphorie (s. Bild 8.2-1):

- OOA ist eine **indirekte Methode.** Sie führt den Analytiker nicht in seiner Tätigkeit der Untersuchung des Problembereiches, sie erlaubt ihm nur die Dokumentation seiner Gedanken in objektorientierter Form.
- OOA ist eine **Erzeugen-und-Prüfen-Methode.** Das Ausgangsmaterial der Modelle entsteht nicht konstruktiv, sondern dadurch, daß auf Verdacht Kandidaten erzeugt werden, deren Tauglichkeit als Objekt durch Testkriterien untersucht wird.
- OOA läßt einiges an Präzision vermissen, was in den anderen Methoden eigentlich schon formuliert war und sich bei vernünftiger Anwendung auch in der Praxis sehr bewährt hat. Dazu gehört
  - die klare **Abgrenzung der Aufgabenstellung des Projektes** durch ein Umgebungsmodell, in dem die Aufgabenstellung des Systems vor allen anderen Schritten festgelegt wird (eine Änderung der Aufgabenstellung ist dann nur noch in kontrollierter Weise möglich),
  - die Festlegung hinsichtlich der **Schnittstellen des Systems**, die sich zwar im Laufe der Zeit ändern kann, die sich aber nur kontrolliert ändern sollte,
  - die klare Festlegung, daß zum System nicht nur die Aktivitäten des Rechners gehören, sondern genauso die Aktivitäten des Sachbearbeiters. Man darf nur das **Gesamtsystem** betrachten, sonst entsteht eine Teiloptimierung.
- Leider ist die OOA in ihrer Praxisdurchsetzung auch abhängig von der Verfügbarkeit geeigneter **Implementierungsumgebungen.** Wenn keine objektorientierte Programmiersprache und kein objektorientiertes Datenbanksystem zur Verfügung stehen, dann kann man sich nur mit Konventionen in Form von Programmier-Richtlinien und eventuell selbstentwickelten Werkzeugen als Schale für vorhandene Basiswerkzeuge behelfen. Die Performance muß man dann sorgfältig beobachten.

Die Situation ist vergleichbar mit der Einführung der anderen besprochenen Methoden. Auf dem Gipfel der Entwicklung von Batch-Verfahren entstand SD als Hilfsmittel, die wachsende Komplexität der Funktionalität damaliger Verfahren zu beherrschen. SD war vollkommen angepaßt an die damals verfügbare Implementierungstechnologie. Die SA hatte zuerst auch beherrschende funktionale Züge, sie ist mittlerweile jedoch auf interaktive Systeme angepaßt worden. Durch die RT-Erweiterung ist sogar die Anpassung der Methode an die Entwicklung von Real-Time-Systemen geglückt. SM ist erst durch Verfügbarkeit und breite Nutzung relationaler (bzw. halb-relationaler) Datenbanksysteme populär geworden. Wahrscheinlich wird es der OOA ähnlich ergehen. Sobald objektorientierte Entwicklungsumgebungen auf breiter Basis kommerziell verfügbar sind, ist die Ausweitung der objektorientierten Vorgehensweise auf die Analyse unverzichtbar. Bis dahin ist die OOA den fortschrittlichen Entwicklern vorbehalten.

Ein Durchbruch der OOA in der Praxis ist zu erhoffen. Bis dahin sollte man die Strukturierten Methoden einsetzen, jedoch in Kenntnis der Anforderungen objektorientierter Methodik. **Man muß die Strukturierten Methoden zur Konstruktion von abstrakten Datentypen aufgrund der wahren Anforderungen des Anwenders nutzen.** Damit hält man auch eine Migration der Systeme in eine objektorientierte Entwicklungsumgebung ohne erneute Systemanalyse prinzipiell offen.

8.4.2 Bestandsaufnahme

Die Strukturierten Methoden sind in ihrem Kern schon vor vielen Jahren formuliert worden. Praktiker und auch Theoretiker sollten zur Kenntnis nehmen, daß die Methoden seit ihrer ersten Publikation alle maßgeblich weiterentwickelt worden sind.

Die für die OOA erforderlichen Methodenbausteine sind bei der Beschreibung der einzelnen Methoden fast alle vorgekommen. Hier können wir uns weitgehend darauf beschränken, bereits modellierte Bausteine einzusammeln. Dies liegt allerdings im wesentlichen daran, daß die einzelnen Strukturierten Methoden in diesem Buch schon in einer Weise dargestellt worden sind, die sie in die Nähe der Objektorientierung rückt.

Welche **Eigenschaften** der Strukturierten Methoden müssen wir also im Hinblick auf objektorientierte Vorgehensweise besonders **betonen**?

- Die **essentielle Zerlegung** mit ereignisorientierter Zerlegung der Funktionalität und objektorientierter Zerlegung der Speicher. Objekte (Entitytypen) entstehen nach Erkennung der Auslöser und Antworten durch Normalisierung. Dies Verfahren der Herleitung der Objekte entspricht der **Bottom-Up-Entity-Synthese** (s. Kap. 6.4.3). Durch Beginn mit der ereignisorientierten Zerlegung entsteht eine Betonung der Funktionalität.
- Genauso kann man von einer **Top-Down-Entity-Analyse** (identisch zur Objekterkennung der OOA) im Rahmen der Semantischen Datenmodellierung (s. Kap. 6.4.2) ausgehen. Die mindestens erforderlichen Prozesse gewinnt man systematisch durch eine **Zustandsmodellierung der relevanten Entitytypen**, wobei diese als endliche Automaten aufgefaßt werden (s. Kap. 6.4.6).
- Modelle der SA tendieren zwar dazu, bei zunehmendem Umfang recht unhandlich zu werden. In Kap. 4.4.6 wurden daher **Regeln zur Kontextabgrenzung** aufgezeigt. Diese verfolgen das Ziel, den Modellumfang möglichst klein zu halten. Dabei wurden zwei Regeln hervorgehoben:

* Jede essentielle Aktivität muß ganz oder gar nicht im Kontext enthalten sein. Damit wird die Regel der **Vollständigkeit** der essentiellen Prozesse unterstützt.

* Kontexte werden so gebildet, daß **Speicher total gekapselt** werden, d.h. Speicher sind stets nur innerhalb eines Kontextes sichtbar. Die zu dem Modell gehörigen Prozesse bilden die Methoden des Objektes (der Klasse).

Damit wird letztlich empfohlen, **SA zur Konstruktion abstrakter Datentypen** zu benutzen. Man grenze Teilprojekte innerhalb des gesamten Projektes so ab, daß ADTs entwickelt werden. Die ADTs sind dann noch mit der Vererbungsstruktur auszustatten.

Nach heutigen Beobachtungen ist die Strukturierte Analyse (Kap. 4) besonders nützlich, das Innere von Objekten zu spezifizieren. Das Äußere ist Gegenstand von "SA-Metamodellen", diese sind bis auf syntaktische Unterschiede identisch mit den Modellen der OOA.

Tatsächlich passen alle dargestellten Methoden in dieses Konzept. Es gibt ADTs mit Real-Time-Eigenschaften, diese werden mit RT-Techniken (Kap.5) modelliert. Die Datenstrukturen im Inneren der ADTs und die Instanzverbindungen zwischen ADTs werden unter Nutzung aller bewährten Gedanken der Semantischen Datenmodellierung (Kap. 6) modelliert. Die Methoden schließlich müssen in ihrer Entwicklung ebenfalls spezifiziert werden. Dabei sind Kriterien der funktionalen Konstruktion und der Anpassung an die von Neumann-Architektur, die im Strukturierten Design (Kap. 7) beschrieben sind, anzuwenden.

Welche **Eigenschaften** werden dagegen bei den Strukturierten Methoden im Hinblick auf objektorientierte Vorgehensweise **besonders vermißt**?

- In den Strukturierten Methoden haben wir, abgesehen von der Möglichkeit der Darstellung von Subtypen und Supertypen, in der Semantischen Datenmodellierung (s. Kap. 6.2.3) **keine Möglichkeit, das Konzept der Vererbung zu modellieren**. Auch die Subtypen/Supertypen reichen uns nicht aus. Schließlich muß sichergestellt werden, daß Datenstrukturen ganz in den abstrakten Datentypen gekapselt werden und daß auch die Operationen der abstrakten Datentypen an der Vererbung teilnehmen.
- Statt **Mitteilungsverbindungen**, die wir in einem objektorientierten Modell gerne modellieren würden, haben wir nur Datenflußverbindungen. Hierzu haben wir in Kapitel 4.4.6.5 einige Beispiele betrachtet.

8.4.3 Vorgehensweise

Damit ergeben sich folgende Vorschläge für eine Vorgehensweise, die Vorteile der Objektorientiertheit nutzen will:

- Projekte sollten so in **Teilprojekte** aufgeteilt werden, daß die entstehenden SA-Teilmodelle als abstrakte Datentypen aufzufassen sind. Dabei entsteht ein **Gesamtmodell des Unternehmens als Familie von abstrakten Datentypen**. Diese haben wir in Kapitel 4.4.4.6 als Elementarkontexte bezeichnet. Solche Modelle lassen sich leicht zu einer Hierarchie von Superkontexten oder **Metamodellen** zusammenfassen. In diesen kommunizieren die Elementarkontexte nur noch über Datenflüsse, Speicher sind alle in den Elementarkontexten gekapselt.

- Alternativ kann man der Modellierung der abstrakten Datentypen noch eine **Blitz-Phase** (s. Kap. 4.4.5.2) **der Objekterkennung** vorschalten, um die Definition von Teilprojekten auf der Basis der zu erwartenden abstrakten Datentypen zu erleichtern.

Eine Migration in Richtung objektorientierter Implementationsumgebungen erfordert dann noch die **Einführung der Vererbung in die Modellhierarchie** sowie eine Anpassung der Metamodelle im Hinblick auf **Ersetzung der Datenflußverbindungen durch Mitteilungsverbindungen.**

An dieser Stelle können wir aber auch mit guter Begründung einen Anhaltspunkt für die Beherrschung der zahlreichen Datenkatalogeinträge in großen SA-Projekten geben. Diese entstehen einfach dadurch, daß die Modelle zu groß sind. Die Kontexte sind zu weit gefaßt.

Nun werden Praktiker sagen, die internationale Erdölgesellschaft, die ich untersuchen muß, ist nun einmal groß. Stimmt!

Deswegen muß man als Analytiker eben seine Zerlegungsstrategien auf die Komplexität der Realität einrichten. Die objektorientierte Vorgehensweise zeigt, wie man das machen muß. **Die Komplexität gehört in die Bauelemente, d.h. in die abstrakten Datentypen.** Wenn diese besonders leistungsfähig sind, indem sie mächtige Informationen und Verarbeitungen kapseln, dann wird der Rest des Systems in seiner Struktur einfach.

Der konkrete Rat bei großen SA-Projekten lautet also: **das Projekt in Teilprojekte aufteilen, die abstrakte Datentypen modellieren.** Im Projektverlauf die Kompatibilität der Schnittstellen zwischen den ADTs überwachen. Nachher alles wieder zusammenführen.

9. Projektmanagement

Die Entwicklung von Systemen findet in Projekten statt. Sie ist geprägt von der möglichst sachlichen Auseinandersetzung verschiedener Menschen über ernste Inhalte der Gestaltung der Arbeitswelt oder der Kontrolle technischer Systeme. In Projekten treten neben den Fachproblemen (über deren Lösbarkeit unter Technikern zumeist schnell und unkompliziert eine Einigung erzielt werden kann) folgende Probleme auf:

- Man muß mit den Restriktionen von Budget und Zeit kämpfen und dennoch Qualität erzeugen (s. Kap. 1).
- Die Ziele des Projektes müssen meßbar definiert werden (s. Kap. 2.5).
- Mit dem Anwender muß intensiv über seine wahren Anforderungen gesprochen werden. Dies setzt Geduld und die Bereitschaft zum Zuhören auf beiden Seiten voraus (s. Kap. 4.3.5).
- Von großer Bedeutung ist die Zielorientierung. Man sollte so schnell wie möglich ein Modell des neuen Systems entwickeln und keine Projektressources mit einer wenig effektiven Untersuchung des IST-Zustandes vergeuden (s. Kap. 4.4.5.1)

Der Erfolg des Projektes ist wesentlich abhängig von der Vorgehensweise im Projekt. Ausgangspunkt für ein Projektmanagement sollte daher das **Vorgehensmodell** sein.

Im Laufe der Zeit wurden mehrere Vorgehens-Paradigmen (d.h. Muster, Vorbilder) vorgeschlagen. Jede Firma hat ihr eigenes Vorgehensmodell danach formuliert. Die entstandenen Modelle sind alle unterschiedlich, jedoch in den meisten Punkten auch wieder miteinander verwandt. Eigentlich gehen bisher fast alle von dem selben Paradigma aus, dem **Wasserfallmodell**.

Man tut manchmal so, als ob alle Projekte im Prinzip gleich wären. Egal ob man ein EDV-Gesamtkonzept für eine Versicherung oder ein ABS-System für einen PKW oder auch ein Datenbanksystem entwickelt oder ob man sogar einen Tunnel unter den Ärmelkanal baut,- das sind alles letztlich nur Projekte, deren Führung mit einem einheitlichen Projektmanagementsystem möglich sein soll. Dieser Ansatz ist schon aus betriebswirtschaftlicher Sicht unhaltbar, wenn auch einige wenige Aspekte der Personalführung, der Budgetkontrolle und der Projektabrechnung vom Projektinhalt selber recht unabhängig sind.

Wenn sich jedoch das Vorgehensmodell nicht im Allgemeinen erschöpfen soll, dann muß es die unterschiedlichen Anwendungsbereiche und die jeweils anzuwendenden Methoden berücksichtigen. Erst in den Methoden ist genau beschrieben, wie man die benötigten Ergebnisse erarbeitet. Dem Entwickler ist mit allgemein gehaltenen formalistischen Richtlinien nicht geholfen, sondern nur mit methodischer Anleitung bei der Lösung seiner Probleme.

Dabei muß die doppelte Moral, die heute für die Vorgehensmodelle kennzeichnend ist, unbedingt wieder aus der Branche verschwinden. Die festgeschriebenen Vorgehensmodelle sind untauglich, also hält sich keiner daran. Dies ist schlimmer, als wenn es keine Vorgehensmodelle geben würde. Der Anwender und das Management glauben, daß den Vorschriften entsprechend entwickelt wird, in Wirklichkeit herrscht das Gesetz des Dschungels.

Eingeführte Vorgehensmodelle müssen sich also dem Anwendungsbereich und jeder zur Aufgabenstellung passenden Methodik anpassen lassen. Hierfür schlagen wir in Kapitel 9.2 ein Konzept vor, das allen Anforderungen genügt. Vorher werden wir allerdings einige wichtige Paradigmen von Vorgehensmodellen mit ihren Vor- und Nachteilen kurz skizzieren.

9.1 Vorgehensmodelle

9.1.1 Das Wasserfallmodell

Das **Wasserfallmodell** (ursprüngliche Definition in /ROYCE-70/, zitiert nach /BOEHM-86/) geht davon aus, daß sich der gesamte Entwicklungsprozeß in mehrere Phasen unterteilen läßt. Diese werden nacheinander so ausgeführt, daß mit einer Phase erst dann begonnen wird, wenn alle davor liegenden Phasen abgeschlossen sind. Am Ende von Phasen werden Meilensteinsitzungen abgehalten, in denen über den Projektfortschritt berichtet und über die nächste Phase entschieden wird. Mit den Meilensteinen ist auch eine Qualitätssicherung verbunden, die Projektergebnisse werden von einem Qualitätskontrolleur begutachtet und entsprechend kommentiert. Mangelnde Qualität eines Teilergebnisses hat eine Wiederholung der zugehörigen Schritte zur Folge. Nach erfolgreicher Qualitätsabnahme wird das Ergebnis "eingefroren" und kann dann nur durch eine formale Änderungsanforderung modifiziert werden.

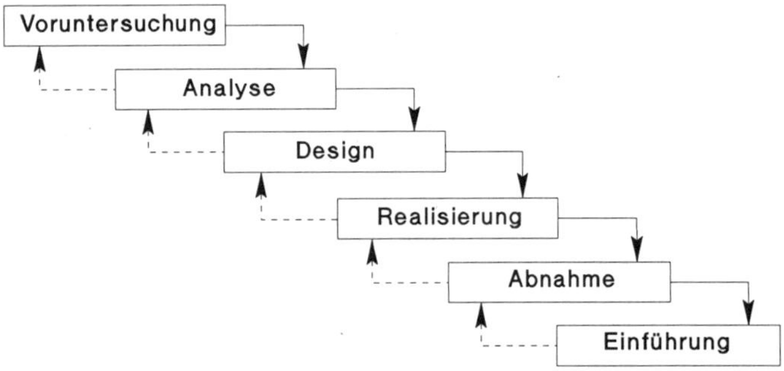

Bild 9.1-1: das Wasserfallmodell

Phasen werden in hierarchisch organisierte Checklisten von Aktivitäten zerlegt. Zu jeder durchgeführten Aktivität wird ein Ergebnisdokument erzeugt. Hier entsteht für den Entwickler eine gewisse Freiheit, denn in welcher Reihenfolge und in welcher Tiefe er die Aktivitäten der Checkliste ausführt, bleibt seinem Planungsgeschick und den Randbedingungen der Aufgabenstellung überlassen. Entsprechend individuell unterschiedlich sind die Ergebnisse. Wenn die gegenseitigen Abhängigkeiten bekannt sind, lassen sich die Aktivitäten auch in einen Netzplan einordnen, der ein Modell für das Management paralleler Prozessoren ist.

Wenn das Wasserfallmodell mit einem Versionsmanagement verknüpft wird, in dessen Rahmen eine Weiterentwicklung des Produktes vorgenommen wird, so schließt sich das Modell zu einem **Lebenszyklus-Modell** zusammen, d.h. mit jeder neuen Version beginnt ein neues Projekt, in dessen Rahmen auf anderen Voraussetzungen das bisher vorliegende Produkt weiterentwickelt wird. Die Reaktion auf eine Anforderung zur Änderung der Software erfordert dann, daß der gesamte Entwicklungszyklus durchlaufen wird.

Das Wasserfallmodell klingt sehr suggestiv und tatsächlich werden zum Beispiel auch Methoden meist in Wasserfallform definiert. Dennoch hat das Wasserfallmodell **gravierende Nachteile:**

- Reale Projekte folgen nicht unbedingt der sequentiellen Abfolge der Phasen. Iterationen treten häufig auf und sind in der Planung nicht leicht abzubilden.
- Reale Projekte halten nur selten die strenge Trennung zwischen je zwei Phasen ein.
- Das Produkt ist erst nützlich anwendbar, wenn es vollkommen fertiggestellt ist.

  Weder der Anwender noch das Management kann sich ein Bild von der Qualität des Systems machen, bevor es fertiggestellt ist.

  Der Anwender hat eventuell keine Chance, sich graduell an die neue Arbeitsweise mit dem System zu gewöhnen.
- Obwohl das ganze Projekt fieberhaft am Ergebnis arbeitet und obwohl ständig Dokumente erzeugt werden, hat man kein zuverlässiges Kriterium für den tatsächlichen Projektstand. Es entsteht ein Sicherheitsgefühl, weil permanent Dokumente erzeugt werden. Deren Qualität kann aber meistens nicht abschließend beurteilt werden. Man erkennt trotz aller fertiggestellten Dokumente nicht die Größenordnung des Berges, der noch vor einem liegt.
- Meilensteinsitzungen sind als Mittel der Qualitätssicherung untauglich. Stattdessen werden Hilfen zur begleitenden Qualitätssicherung benötigt.
- Vom Anwender wird erwartet, daß er in der ersten Projektphase alle Anforderungen explizit artikulieren kann. Mit der zu Projektanfang meistens vorliegenden allgemeinen Unsicherheit wird das Wasserfallmodell nicht leicht fertig.

9.1.2 Das Prototypingmodell

Die Vorgehensweise des **Prototyping** enthält Chancen und Gefahren (s. Kap. 1.5.3). Die Entwicklung eines Prototyps kommt zum Beispiel immer dann in Frage, wenn

- zwar die allgemeinen Ziele des Software-Systems festliegen, aber Eingabe- oder Ausgabeformate oder auch die zentralen Verarbeitungsregeln nicht hinreichend klar sind und auf andere Weise nicht geklärt werden können,
- wenn die Effizienz eines Algorithmus vorab geprüft werden muß,
- wenn die Eigenschaften der Benutzerschnittstelle abgestimmt werden müssen.

Dabei muß auf folgende **Grundsätze** geachtet werden:

- Durch Prototyping sind die wahren Anforderungen des Anwenders nicht zu erheben.
- Der Prototyp darf nicht in die Produktion übernommen werden, er ist "zum Wegwerfen" bestimmt.

Durch diese beiden Gesichtspunkte wird die sonst leicht entstehende Euphorie hoffentlich gedämpft. Wenn man Prototyping in das Wasserfallmodell einbauen will, so muß man diese Grundsätze beachten. Dementsprechend ähneln alle Prototyping-

Zusätze zum Wasserfall-Modell dem Vorgehensmodell in Bild 9.1-2 (vgl. /PRESSMAN-87/ S.22).

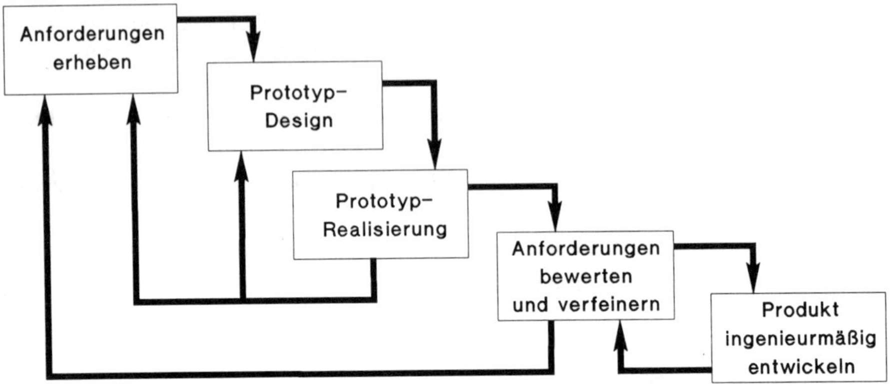

Bild 9.1-2: das Prototypingmodell

Trotz der aufgezeigten Probleme kann der Prototyping-Ansatz eine effektive Hilfe im Projekt sein. Zu Anfang des Projektes müssen nur eben die Spielregeln genau festgelegt werden: **der Prototyp ist nur ein Hilfsmittel zur Diskussion über Anforderungen**. Das eigentliche System wird aber nach den Software-Engineering-Regeln sorgfältig konstruiert.

9.1.3 Das Spiralmodell

Das **Spiralmodell** (vgl. /BOEHM-86/) nutzt auch den Prototyping-Ansatz. Das Hauptunterscheidungsmerkmal zum Wasserfallmodell ist der Ansatz der Risikoanalyse verbunden mit der dynamischen Reaktion auf neue Erkenntnisse im Projekt.

Die Spirale des Vorgehensmodells durchläuft in jedem Zyklus alle vier Quadranten (s. Bild 9.1-3). Nach Klärung der Ziele, Alternativen und Randbedingungen des Zyklus werden die Alternativen bewertet und Risiken für den Projekterfolg identifiziert und gelöst. In vielen Fällen kann man die Risiken durch Untersuchungen an einem Prototyp mindern, der bei jedem Zyklus weiterentwickelt wird. Danach folgt wie im Wasserfallmodell die Abarbeitung einer Phase. Jeder Durchlauf eines Zyklus entspricht somit einer Phase des Wasserfallmodells, wobei aber zu Phasenbeginn präziser nach einer Risikoanalyse geplant wird. Am Ende der Phase findet ein Review und die Planung der nächsten Phase statt. Beim Spiralmodell werden Rückkopplungen und sich während des Projektes ändernde Anforderungen dynamisch berücksichtigt. Iteration und Parallelität werden allerdings nicht besonders unterstützt.

Das Spiralmodell stellt eigentlich eine längst fällige Anpassung der Theorie an die Realität dar. In seriösen Projekten werden durchaus an jedem Phasenanfang Überlegungen hinsichtlich der Risiken und an jedem Phasenabschluß Sitzungen des Steuerungsgremiums durchgeführt, wenigstens, solange im Projekt ein Phasenende präzise bestimmt werden kann. Die Aufwandsschätzung sollte sich stets nur auf die unmittelbar folgende Phase beziehen. Diese Regeln können heute als Allgemeingut gelten. Die Entwicklung und Weiterentwicklung eines Prototypen muß allerdings auch finanziert werden, dafür ist in den engen Budgets meist kein Raum. Insofern unterbleibt die präzise Untersuchung der Risiken mit Hilfe von Prototypen.

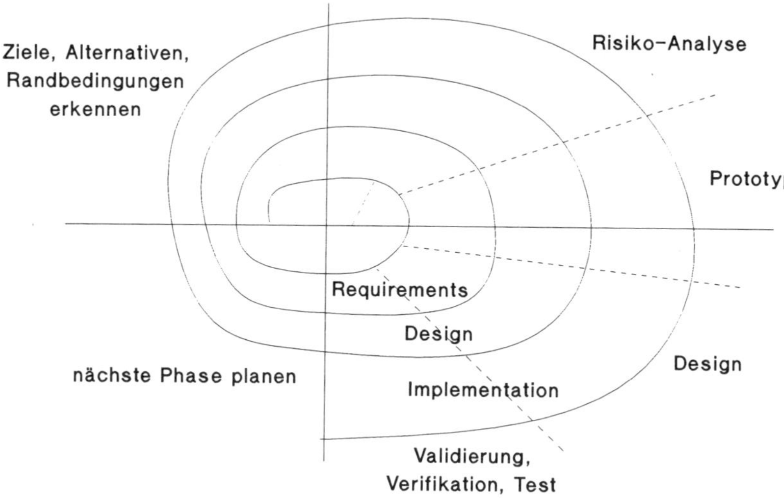

Bild 9.1-3: das Spiralmodell

Wenn wir also heute in der Praxis vom Wasserfallmodell sprechen, so ist meist schon implizit die Spiral-Erweiterung enthalten.

9.1.4 Evolutionäre Auslieferung

Die **evolutionäre Auslieferung** (vgl. /GILB-88/) zerlegt das eine große Projekt in möglichst viele kleine Projekte, in denen Teilergebnisse erarbeitet werden, die bereits für den Anwender nützlich sind. Damit werden nicht alle Erwartungen auf den großen Tag der Systemeinführung projiziert, sondern bereits kurze Zeit nach Start des Projektes kann der Anwender mit den ersten Ergebnissen arbeiten. Die hierbei gesammelten Erfahrungen werden zur Steuerung des weiteren Projektfortschritts benutzt. So wird das eine große Ziel zerlegt in viele leicht zu erreichende Teilziele, deren Lösungen alle einzeln wie in einem "kleinen Wasserfallmodell" erarbeitet werden.

Die Teilziele werden so bestimmt, daß eben auf billigstem Wege und in möglichst kurzer Zeit etwas entsteht, das nützlich und zugleich lehrreich für das Projekt ist. Daher wählt man die **kritischen Erfolgsziele als erstes** aus. Die ersten Realisierungen von Teilzielen wird man später den gereiften Erfahrungen und weiterentwickelten Systemen anpassen müssen, aber der Umfang solcher Änderungen läßt sich über die Größe der Teilziel-Realisierungen wirksam kontrollieren.

Die evolutionäre Entwicklung hat folgende **Vorteile**:

- Der Anwender erhält frühzeitig einen bereits nützlichen Teil des Gesamtsystems und kann aufgrund praktischer Erfahrungen an der weiteren Entwicklung mitwirken. Er sieht, daß seine Anregungen berücksichtigt werden.
- Die einzelnen Entwicklungsschritte der Teilziele führen zu sehr kleinen Teilprojekten, deren Ergebnisse eine dringend benötigte Rückkopplung für den Entwickler darstellen.

- Die Vorab-Definition der Anforderungen beim Wasserfallmodell läßt unrealistische Erwartungshaltungen entstehen. Sowohl der Anwender wie auch das Management wie auch die Entwickler starren gebannt auf den Einführungstermin. Der Auftrag ist formal nur dann erfüllt, wenn alle zugesagten Leistungen auch wirklich verfügbar sind. Dabei kann der Anwender ohnehin in der ersten Zeit meistens nur einen verschwindend kleinen Teil des neuen Systems tatsächlich nutzen. Erst im Laufe der Zeit dringt er in die Möglichkeiten im einzelnen ein.

  Bei der evolutionären Auslieferung ist vieles anders. Die wirklich dringend benötigten Systemleistungen erhält der Anwender als erstes. Seltene Funktionen werden dann erst einmal auf längere Zeit nicht vermißt. Jeder versteht, daß man für ihre Realisierung etwas länger braucht.

- Der für das Projekt verantwortliche Manager hat eine bessere Chance, rechtzeitig neue Mittel für eine Projektverlängerung einzuwerben, wenn sie denn erforderlich werden sollte. Er kann auf Erfolge des Projekt-Teams und auf die grundsätzliche Zufriedenheit der Anwender verweisen. Außerdem ist im Projekt schon seit längerem bewiesen, daß ein grundsätzliches Erfolgsrisiko nicht mehr besteht.

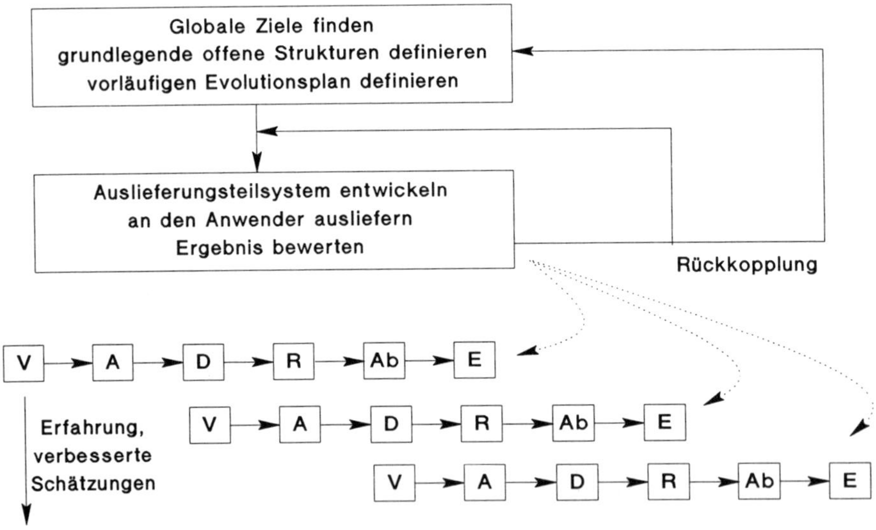

Bild 9.1-4: evolutionäre Auslieferung

Im Bild 9.1-4 (vgl. /MAYRHAUSER-90/S.17) sind die Buchstaben Abkürzungen für die Phasennamen aus dem Wasserfallmodell (s. Bild 9.1-1).

Es bleibt zu ergänzen, daß dieses Modell der evolutionären Auslieferung vorzüglich zu den modernen Methoden paßt, die wir in den Kapiteln 4 bis 8 dargestellt haben. In der SA wurden Regeln zur Kontextdefinition vorgeschlagen, die auf **kleine Teilsysteme** führen. Deren Verbindung zu den **Objekten** bzw. **Klassen** eines **objektorientierten Entwurfs** haben wir in Kapitel 8 herausgestellt.

9.1.5 Weitere Ansätze

Zahlreiche weitere Ansätze sind formuliert worden, wobei die meisten Variationen des Wasserfallmodells sind. Hierzu zählt etwa der **strukturierte Lebenszyklus** (vgl. /YOURDON-89c/ S.88). Die gegenseitigen Abhängigkeiten, Lücken und Überschneidungen der strukturierten Methoden sind im Hinblick auf die Durchgängigkeit der Vorgehensweise sehr sorgfältig untersucht worden (/HELLER-89/). Bedeutsam ist auch die Beobachtung von (/PRESSMAN-87/ S.24), nach der der traditionelle Lebenszyklus bei Benutzung von Entwicklungsumgebungen der vierten Generation (**4GL-Sprachen**) erheblich vereinfacht werden kann. (/MAYRHAUSER-90/) und (/SAGE-PALMER-90/ Kap.2) geben einige weitere Varianten der diskutierten Paradigmen an.

Hier sei nur noch auf den Ansatz der **"fast tracking radical" Implementierung** (/YOURDON-89c/ S.430) verwiesen, der in manchen Situationen anwendbar ist und zu erheblichen Projektzeitverkürzungen führen kann. Dieser Ansatz geht davon aus, daß ein gewisser, sogar erheblicher Teil der Realisierung bereits parallel zur Analyse durchgeführt werden kann, einfach weil die Architektur des Systems schon vorher sichtbar ist und von einzelnen speziellen Verarbeitungen nicht mehr beeinflußt werden darf.

Hier ist an die grundsätzlichen Überlegungen zur Software-Architektur in Kapitel 2.2.3 zu erinnern. Die Architektur sollte stets **anwendungsunabhängig** sein. Ohne Probleme soll man weitere Funktionen oder Datenobjekte in die Architektur einfügen können. **Die Analyse beeinflußt eigentlich nur die Verarbeitungsschicht der Anwendungen und einen Teil der Basisfunktionen.** Der Architektur-Rahmen ist aber schon lange vor Ende der Analyse klar. Es ist sogar anzuraten, die grundlegenden Architekturentscheidungen so früh wie möglich zu treffen und dann sofort mit der Realisierung der Architektur (natürlich nicht der Verarbeitungsfunktionen) zu beginnen. So schafft man in größeren Projekten auch die Voraussetzungen für eine Pilotanwendung. Man darf nicht erst bis zum Ende der Analyse warten, um zum Beispiel aus den im Infrastrukturring des neuen Systems erforderlichen Transaktionszentren den Menümanager eines neuen Informationssystems herzuleiten und erst dann zu spezifizieren.

9.2 Strukturiertes Projektmanagement

Die Vorgehensmodelle gehen also alle von Phasen aus, die der Reihe nach durchlaufen werden. Meist sind es Modifikationen des Wasserfallmodells. In jedem Fall findet man aber mindestens in Teilphasen Abschnitte vor, die nach dem Muster des Wasserfallmodells funktionieren.

Weitere Verfeinerungen der Vorgehensmodelle wurden firmenspezifisch formuliert. Die dabei ausgearbeiteten Checklisten haben jedoch in den meisten Fällen folgende Eigenschaften:

- Die Aktivitäten werden nur sehr grob angedeutet.
- Es werden keine Hinweise auf Methoden gegeben.
- Es wird so getan, als ob die Aktivitäten alle in Sequenz (die vom Entwickler an vielen Stellen festgelegt werden mag) durchgeführt werden müssen. **Kontrollstrukturen sind den Autoren der Checklisten nicht bekannt gewesen.**

Mit unserem Ansatz können wir diese Mängel vermeiden. Es gibt aber noch weitere **Anforderungen an Vorgehensmodelle**, nämlich:

- **Schnittstellen** zu allen relevanten betriebswirtschaftlichen Anwendungen des Unternehmens sowie zur Projektplanung (Netzplantechnik, Schätzhilfen wie z.B. Cost-Database, Planung, Steuerung, Kontrolle, Auftragsverfolgung, Terminverfolgung, Kostenverfolgung, Projektabrechnung usw.).
- **Zielorientierung:** Es muß vermieden werden, daß wertvolle Projektressourcen für die Erfüllung von formalen Anforderungen vergeudet werden, deren Nutzen für das Projekt nicht offenkundig ist. Das Vorgehensmodell muß sich sowohl der Anwendungsklasse (Anwendungssoftware, Systemsoftware, Batch, Online, Real-Time, wissensbasiert, embedded, ...) wie auch der jeweiligen konkreten Aufgabenstellung mit ihren immer vorhandenen Besonderheiten anpassen lassen.
- Trotz **intensivem Methodenbezug** mit systematischer Anleitung des beauftragten Entwicklers muß die Systematik der Vorgehensmodellerzeugung **unabhängig von den konkret benutzten Methoden** sein. Die Methoden werden auch weiterentwickelt, neue Methoden sollen künftig nahtlos und kooperierend mit bisherigen eingebaut werden können.
- Das ganze System darf dem Analytiker und dem Entwickler **keine** formalen, sinnentleerten **Pflichtübungen** abverlangen. Es muß von allen Beteiligten als echte Hilfe und Erleichterung der Arbeit aufgenommen werden. Die Kreativität der Beteiligten muß gesteigert werden.
- Dennoch soll die **Verbindlichkeit und Sicherheit in der Vorgehensweise**, die von Vorgehensmodellen immer angestrebt war, erreicht werden.
- **Abnahmeverfahren** (z.B. durch den TÜV bei Systemen mit Sicherheitsaufgaben) und **Firmenstandards** müssen durch das Vorgehensmodell unterstützt werden.
- Die **Qualitätssicherung** muß zu einem integralen Bestandteil aller Tätigkeiten werden. Der Entwickler darf den Qualitätssicherungscharakter einiger Aktivitäten gar nicht mehr spüren.
- Die Bestandteile der Vorgehensmodelle sollen **wiederverwendbar** sein. Bewährte Vorgehensweisen sollen Baustein-artig wiederbenutzt werden können, ohne daß damit große Aufwände verbunden sind.

Wir gehen nicht davon aus, daß es möglich sei, ein einziges Vorgehensmodell für alle Arten von Projekten universell zu formulieren. Stattdessen sollte man nicht nur für jede Projektklasse, sondern sogar für jedes Projekt ein eigenes Vorgehensmodell definieren.

Dieser neue Ansatz fordert, man sollte vor Beginn der Entwicklungsarbeit **die Vorgehensweise im Projekt spezifizieren**. Dabei greift man aber nicht auf vorgefertigte, statische Checklisten zurück, sondern auf bereits spezifizierte Methodenaktivitäten oder Gruppen davon. Diese lassen sich auf der nächsten Abstraktionsstufe als Aktivitätengruppen, Hauptaktivitäten und schließlich Phasen ansehen. Die vergröbernde Abstraktion können wir getrost den lokalen Richtlinien überlassen, solange die Vorgehensweise im Projekt konkret methodenbezogen und aufgabenbezogen geplant wird.

9.2.1 Definition des Strukturierten Projektmanagements

Elementare Aktivitäten sind innerhalb der Spezifikation eines Projektes nicht weiter erklärt. Als elementare Aktivitäten kommen in Frage:

- **Methodenschritte**, die in der Literatur erklärt sind, mit entsprechendem Verweis, zum Beispiel:

  "LITERATUR = /RAASCH-91/Kap.9.2.1".

  Bei der Beschreibung der Entwicklungsmethoden haben wir die Beschreibungen zur Vorgehensweise stets in einem besonderen **Unterkapitel "Methoden"** zu jeder Methode dargestellt. Diese Kapitel enthalten das **Urmaterial**, aus dem das individuelle Vorgehensmodell für ein konkretes Projekt zu formen ist.
- Vorgaben aus dem **Abnahmeverfahren.**
- **Wiederbenutzbare Aktivitätengruppen** aus früheren Projekten.
- **Firmenstandards.**

Komplexe Aktivitäten werden aus anderen Aktivitäten (elementar oder komplex) zusammengesetzt mit Hilfe der **Kontrollstrukturen**:

- **Sequenz, Verzweigung,**
- **Schleife** (in der Realität werden Konstruktionsschritte solange wiederholt, bis die Fachabteilung mit dem Ergebnis einverstanden ist. Natürlich gefällt dies dem Projektleiter nicht, denn seine Kostenschätzungen sind in Gefahr, aber zunächst einmal müssen wir Schleifen vorsehen.),
- **Sequenz ohne definierte Reihenfolge** (ähnlich der strukturierten Sprache der SA wollen wir bei der Spezifikation des Projektvorgehens vermeiden, daß sich falsche Anforderungen einschleichen. Daher sollte Parallelität der Aktivitäten ermöglicht und sogar begünstigt werden),
- **Prozedur** (Delegation von Aufgaben mit Abfrage von Ergebnissen).

Alle Aktivitäten dürfen mit Parametern beschrieben werden. Durch diese Parameter wird nicht die Vorgehensweise spezifiziert. Etwa die Terminierung von Schleifen muß durch eine geeignete Schleifenkonstruktion sichergestellt werden. Die Parameter dienen der Aufwandsschätzung und damit der Projektplanung. Dabei sind natürlich Redundanzen zu vermeiden:

AUFWAND(min,max,real)

Zu jeder definierten Aktivität darf eine Aufwandsschätzung abgegeben werden.

ITERATION(min,max,real)

Die Anzahl der Schleifendurchläufe will man natürlich unter Kontrolle halten. Regelmäßig wird man damit rechnen müssen, daß es zu einem Konstruktionsschritt wenigstens einen Nachbesserungsdurchlauf mit Abstimmung gibt.

MODUS= [Konstruktion | Qualitätssicherung | Abnahme | Leitung | ...]

Die meisten Aktivitäten sind in unterschiedlichen Betriebsarten einplanbar. Bei erstmaliger Durchführung läuft die Aktivität sicher im Konstruktions-Modus mit entsprechendem Aufwand. Später können auch Arbeitsaufträge erteilt werden, um die Qualität einer Konstruktionsaufgabe abzusichern oder um die technische Abnahme durchzuführen. Bei dieser erneuten Durchführung der Aktivität im Qualitätssicherungsmodus wird nur sichergestellt, daß anschließend die geforderte Qualität erfüllt ist. Ein Beispiel ist die Normalisierung. Im Rahmen der Analyse wird diese Aktivität jedenfalls im Konstruktionsmodus ausgeführt. Nach jeder Änderung des Datenmodells muß diese Aktivität stets auch im Qualitätssicherungsmodus durchgeführt werden.

Diese Parameter sollen bei der realistischen Schätzung des Aufwandes helfen. Weitere Parameter sind definierbar, um Randbedingungen und verfügbares Firmen-knowhow für das Projekt zu mobilisieren. Diese Parameter werden im Beispiel deutlich werden.

Die Unterschiede zur konventionellen Vorgehensweise scheinen bei sehr oberflächlicher Betrachtung gering zu sein,

- Methodenbeschreibungen statt Checklisten,
- Benutzung von Kontrollstrukturen.

In der Praxis sind jedoch die Unterschiede erheblich:

- Die Vorgehensweise muß wirklich **konstruiert** werden. Dies ist unabhängig von dem Inhalt nicht fortgeschriebener Checklisten. Das spezifizierte Modell muß funktionieren.
- Die Kontrollstrukturen erlauben erstmals, die in vielen Methoden wesentliche **iterative Vorgehensweise** auch in der Projektplanung in den Griff zu bekommen. Wir haben auch an einigen Stellen darauf hinweisen müssen, daß bestimmte Ergebnisse mit Sicherheit einige Iterationen erfordern. Eigentlich ist dies charakteristisch für alle Konstruktionsschritte, die nicht eine einfache Übersetzung sind.
- Die Kontrollstrukturen sind in der Lage, dem Projektleiter und vor allem dem Auftraggeber **den tatsächlichen Aufwand deutlich zu machen.**

Für die Darstellung und vor allem für die Tool-unterstützte Entwicklung des projektbezogenen Vorgehensmodells lassen sich bis zur Verfügbarkeit entsprechender Tools mit Vorteil die Structure-Chart-Editoren benutzen, allerdings mit veränderter Semantik:

Die Kontrollstruktur "Sequenz ohne definierte Reihenfolge" erlaubt die Parallelität von Aktivitäten. Die Structure-Charts verlieren also in diesem Zusammenhang ihren im Rahmen des SD geltenden Charakter der vollständigen Serialisierung aller Aktionen.

9.2.2 Beispiel - DBMS-Entwicklung

Im folgenden Beispiel nehmen wir folgende Projektsituation an:

In einem Software-Haus soll ein neues Datenbanksystem entwickelt werden, Projekt "DBMS-X". Unabhängig von gerade nicht fortgeschriebenen Checklisten kommt der verantwortliche Planer inside-out zu dem Schluß, daß das eigentliche Ziel (das ja nicht in der Dokumentation des Projektes besteht) in vier globalen Phasen, "Anforderungen festlegen", "Entwicklung", "Betatest", "Vertrieb" zu erreichen ist.

Hier ist bereits erkennbar, daß bei Nichtbewährung im Betatest die Entwicklung wieder aktiv werden muß (nicht nur für kleinere Nachbesserungen). Eine Weiterentwicklung des Systems erfolgt in Versionen. Die für diese Management-Entscheidungen erforderlichen Kontrollstrukturen sind in der Aktivitäten-Box "Projekt DBMS-X" codiert.

Wir werden hier nicht auf wenigen Seiten ernsthaft beschreiben, wie die Entwicklung oder der Vertrieb eines Datenbanksystems funktioniert. Aber als qualitatives Beispiel wollen wir doch die Bereiche "Anforderungen festlegen" und "Betatest" spezifizieren.

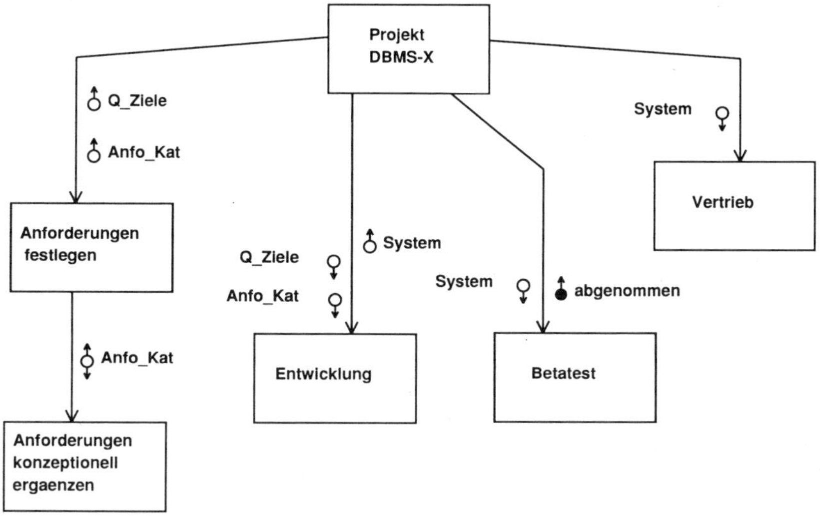

Bild 9.2-1: Beispiel Projektplan DBMS-Entwicklung

```
AKTI Anforderungen festlegen
    (ERGEBNIS = Anforderungskatalog V.1, Stufenplan, Abnahmeplan, Beitrag Testkonzept)
    * Basis : Marktübersicht *
    Konkurrenzfirmen ansprechen (WARTEN = 2 Wochen)
    BEGIN (AUFWAND = (2,10,5))
      Antworten auswerten
      Anforderungskatalog V.0 erstellen
      CALL Anforderungskatalog konzeptionell ergänzen (MODUS = K)
      Prioritäten der Anforderungen festlegen
      Stufenplan entwerfen    * must / should / nice to have *
      LOOP (ITERATION = (1,3,1))
        Abnahme (TERMIN = 17.10.1990)
        Änderungen einfügen
      POOL UNTIL Anwender_ok
    END
    BEGIN (AUFWAND = 0.5)
      Anforderungskatalog festschreiben V.1
      Stufenplan festschreiben
    END
ITKA
```

```
AKTI Anforderungskatalog konzeptionell ergänzen
    (ERGEBNIS = Anforderungskatalog V.+1, Abnahmeplan V.+1, Beitrag Testkonzept)
    IF kein Anforderungskatalog als Basis verfügbar
      MODUS := K
      AUFWAND += (1,8,3)
    FI
    CASE MODUS = K * Konstruktion *
      Qualitätsziele festlegen (LITERATUR = /RAASCH-91/ Kap. 2.5)
      Sicherheitsanforderungen identifizieren (LITERATUR = /DIN V VDE 0801/)
      Risikoanalyse          (LITERATUR = /GILB-88/ Kap. 6, /RAASCH-91/ Kap2.3.2)
      Anforderungskatalog V.0 erstellen (VORPROJEKT = 4711 * gleiche Darstellung *)
      Tests definieren
      Abnahmeverfahren beschreiben (ERGEBNIS = Abnahmeplan V.0)
    CASE MODUS = Q * Qualitätssicherung intern *
      << ähnlich MODUS = K, jedoch nur neue Erfahrungen aus dem
        Projekt einarbeiten >>
    CASE MODUS = A * Abnahme *
      Präsentation vorbereiten
      LOOP (ITERATION = (1,3,1))
        aktuellen Anforderungskatalog, Abnahmeplan
          und Beitrag Testkonzept vorstellen und diskutieren
        Anregungen und Änderungen einarbeiten (AUFWAND += (1,5,1))
      POOL UNTIL Abnehmer_ok
    ESAC
ITKA

AKTI Betatest
   LOOP (1,5,3)
     LOOP (1,5,3)
       Pilotkunde erhält Version n.m
       Pilotkunde testet Version n.m
       Pilotkunde meldet Testergebnis
       erforderliche Korrektur durchführen
     POOL UNTIL Fehlerfrei (Q-Ziel Zuverlässigkeit erfüllt)
     Sicherheitsprüfung und Abnahme   * TÜV *
     Sicherheitsmängel nachbessern
   POOL UNTIL Sicherheit = ok
ITKA
```

9.2.3 Eigenschaften des Strukturierten Projektmanagements

Dies ist nur ein erster grober Aufriß. Vielleicht ist manch ein Entwickler geneigt, die Pseudocode-Sprache dieser Spezifikationsweise als formale Sprache festzulegen. Dies kann man zweifellos tun, aber im Vordergrund stehen andere Ziele. **Wir wollen die Projektplaner dazu bringen, vor der Durchführung ein realistisches Modell ihres Projektes zu entwickeln, das alle benötigten Schnittstellen unterstützt.**

Dabei erfolgt eine Anpassung an die Aufgabenstellung ohne Redundanz. Erstmalig ist eine wirksame Dokumentation speziellen Know-Hows und eine Berücksichtigung aufgabenbezogener Besonderheiten (Standards, Abnahmeverfahren, Randbedingungen des Auftraggebers, ..) bereits in der Vorgehensweise des Projektes angesiedelt.

Das spezifizierte Vorgehensmodell ist besonders als Führungsinstrument geeignet. Es läßt sich genau festlegen, wann welche Ergebnisse abgefragt und Entscheidungen getroffen werden müssen. Die Beteiligung des Managements kann genau eingeplant werden. Mißverständnisse bezüglich der Aufgabenstellung können leicht vermieden werden. Der Empfänger eines Arbeitsauftrages prüft die Spezifikation und kann aus seiner Perspektive Fehler erkennen und Besonderheiten feststellen. Besonders hilfreich ist auch die Möglichkeit, Teilprojekte mit klarer Zielsetzung zu definieren.

Diese Ziele wurden von den konventionellen Vorgehensmodellen auch alle angestrebt, aber in der Praxis niemals so richtig erreicht. Es wurde einfach nicht die Verbindung von der fast unbrauchbaren Checkliste zur eigenen konkreten Aufgabe gesehen.

Unsere Vorgehensweise ist darauf angelegt, in einem Tool implementiert zu werden, das seinem Benutzer die interaktive Pflege der Projektplanung ermöglicht. Dabei sollten Schnittstellen zum Beispiel zu folgenden Verfahren vorgesehen werden:

- Netzplan,
- Aufwandserfassung, Fakturierung,
- Cost-Database, Aufwandsschätzung
- Personalwirtschaft, Know-How-DB

Literaturverzeichnis

/ALDRUP-89/
R. Aldrup: Möglichkeiten und Grenzen des Einsatzes von Expertensystemen in der Revisionsabteilung von Versicherungsunternehmen - am Beispiel der Prüfung des Internen Kontrollsystems im Bereich Kraftfahrt-Haftpflicht-Schadenbearbeitung
Diplomarbeit, FH Wedel 1989

/AKTAS-87/
A. Z. Aktas: Structured Analysis & Design of Information Systems
Prentice-Hall International, 1987

/ALTROGGE-88/
G. Altrogge: Investition
München: Oldenbourg, 1988

/BABER-90/
R. L. Baber: Fehlerfreie Programmierung für den Software-Zauberlehrling
München; Wien: Oldenbourg, 1990

/BACKHOUSE-89/
R. C. Backhouse: Programmkonstruktion und Verifikation
München, Wien: Hanser; London: Prentice-Hall, 1989

/BALZERT-82/
H. Balzert: Die Entwicklung von Software-Systemen - Prinzipien, Methoden, Sprachen, Werkzeuge -
Mannheim-Wien-Zürich, Bibliographisches Institut, Reihe Informatik / 34, 1982

/BALZERT-88/
H. Balzert: Einführung in die Software-Ergonomie
de Gruyter, Berlin, 1988

/BALZERT-89/
ed. H.Balzert: CASE - Systeme und Werkzeuge
Mannheim-Wien-Zürich, Bibliographisches Institut, Reihe Angewandte Informatik / 7, 1989

/BELLIN-SUCHMAN-89/
David Bellin, Susan Suchman: The Structured Systems Development Manual
Englewood Cliffs, Yourdon Press/Prentice-Hall, 1989

/BERZINS-LUQI-90/
V. Berzins, Luqi: Software Engineering with Abstractions
Addison-Wesley, 1990

/BDSG-77/
Gesetz zum Schutz vor Mißbrauch personenbezogener Daten bei der Datenverarbeitung (Bundesdatenschutzgesetz - BDSG) vom 27.Januar 1977
Bundesgesetzblatt Teil I, Z 1997 A, Nr.7 v. 1.Februar 1977

/BIGGERSTAFF-PERLIS-89/
Software Reusability
Addison-Wesley; ACM Press, 1989

/BJOERNER-JONES-82/
D.Bjoerner, C.B.Jones: Formal Specification & Software Development
Prentice-Hall, 1982

/BJOERNER-HOARE-LANGMAACK-90/
D. Bjoerner, C.A.R. Hoare, H. Langmaack (ed): VDM '90
VDM and Z - Formal Methods in Software Development
Third International Symposium of VDM Europe, Kiel, FRG, April 1990
Lecture Notes in Computer Science 428, 1990

/BLOHM-LÜDER-88/
H. Blohm, K. Lüder: Investition - Schwachstellen im Investitionsbereich des Industriebetriebes und Wege zu ihrer Beseitigung
München: Vahlen, 1988 (6. Auflage)

/BOEHM-77/
Barry W. Boehm: Software Reliability: Measurement and Management
International Software Management Conference, London, Spring 1977

/BOEHM-81/
Barry W. Boehm: Software Engineering Economics
Englewood Cliffs, Prentice-Hall, 1981

/BOEHM-86/
Barry W. Boehm: A Spiral Model of Software Development and Enhancement
ACM SIGSOFT Software Engineering Notes 11 (1986) 22-42

/BROOKS-75/
F.P. Brooks: Vom Mythos des Mann-Monats
Bonn: Addison-Wesley, (1987)
Originalausgabe: The Mythical Man-Month
Massachusetts: Addison-Wesley, 1975

/BUDDE-84/
ed. R. Budde, K. Kuhlenkamp, L. Mathiassen, H. Züllighoven: Approaches to Prototyping
Berlin, Heidelberg, New York, Tokyo: Springer, 1984

/BUHR-84/
R.J.A. Buhr: System Design with ADA
Englewood Cliffs, Prentice-Hall, 1984

/BYTE-04.89/
Methodology: The Experts Speak
mit Beiträgen von Ken Orr, Edward Yourdon, Peter P. Chen, Larry Constantine
Byte April 1989 S. 221 - 233

/CHEN-76/
Peter Chen: The Entity-Relationship Model - Toward a Unified View of Data
ACM Transactions on Database Systems, Vol 1, 1976

/CHEN-77/
Peter Chen: The Entity-Relationship-Approach, to Logical Data Base Design
Q.E.D. Information Sciences, 1977

/COAD-YOURDON-90/
Peter Coad, Edward Yourdon: Object-Oriented Analysis
Englewood Cliffs, Yourdon Inc./Prentice-Hall, 1990

/CODD-72/
E.F. Codd: Further Normalization of the Data Base Relational Model
Data Base Systems, Courant Computer Science Symposia Series, Vol. 6.
Englewood Cliffs, Prentice-Hall, 1972

/COLLOFELL-WOODFIELD-82/
J.S. Collofell, S.N. Woodfield: A Project-Unified Software Engineering Course Sequence
ACM-SIGCSE Bulletin, Vol.14, No.1 (February 1982) 13-19

/COX-86/
Brad Cox: Object-Oriented Programming: an Evolutionary Approach
Addison-Wesley, 1986

/DATE-90/
C. J. Date : An Introduction to Database Systems , Vol. I
Addison-Wesley, 5.Auflage: 1990

/DATE-83/
C. J. Date : An Introduction to Database Systems , Vol. II
Addison-Wesley, 1983

/DEMARCO-78/
Tom De Marco: Structured Analysis and System Specification
New York: YOURDON Inc., 1978/1979

/DEMARCO-82/
Tom De Marco: Software Projektmanagement
München: Wolfram, 1989
Originalausgabe: Controlling Software Projects - Management Measurement & Estimation
New York: YOURDON Inc./Prentice-Hall, 1982

/DERISSEN-et.al.-89/
J. Derissen, P. Hruschka, M.v.d.Beeck, TH. Janning, M. Nagl: Integrating Structured Analysis and Information Modelling
RWTH Aachen, Fachgruppe Informatik, Aachener Informatik-Berichte, Nr. 89-17

/DGQ-NTG-86/
DGQ-NTG-Schrift 12-51: Softwarequalitätssicherung
Berlin, Beuth Verlag, 1986

/DIGITALK-88/
Digitalk Inc.: Smalltalk / V 286 - Tutorial and Programming Handbook
Los Angeles, 1988

/DIN V 19250/
Grundlegende Sicherheitsbetrachtungen für MSR-Schutzeinrichtungen
Vornorm, Januar 1989

/DIN V VDE 0801/01.90/
Grundsätze für Rechner in Systemen mit Sicherheitsaufgaben
DK 681.3:614.8; Januar 1990

/DREYFUS-86/
Hubert L. Dreyfus, Stuart E. Dreyfus: Mind over Machine
Free Press New York, 1986
dt. Ausgabe:
Künstliche Intelligenz - von den Grenzen der Denkmaschine und dem Wert der Intuition
Rowohlt 1680, 1987

/FAMA-87/
Grundsätze ordnungsgemäßer Buchführung bei Computer-gestützten Verfahren und deren Prüfung
Die Wirtschaftsprüfung 1/2, 40.Jahrgang, 1987, 1-35

/FISCHER-80/
"Fischer Weltalmanach 1980"

/FÄHNRICH-87/
K.-P. Fähnrich (Hrsg.): Software-Ergonomie (State of the Art 5)
München; Wien: Oldenbourg, 1987

/GANE-SARSON-79/
Chris Gane, Trish Sarson:
Structured Systems Analysis: Tools & Techniques
Englewood Cliffs, Prentice-Hall, 1979

/GI-87/
GI-Fachseminar: Software Engineering 1987 (Proceedings)

/GILB-88/
Tom Gilb: Principles of Software Engineering Management
Addison-Wesley, 1988

/GOLDSCHLAGER-LISTER-90/
L. Goldschlager, A. Lister: Informatik - Eine moderne Einführung
3.Aufl., München; Wien: Hanser; London: Prentice-Hall International, 1990

/GoS-78/
Schreiben betr. Grundsätze ordnungsgemäßer Speicherbuchführung (GoS)
Vom 5.Juli 1978 (BStBl. I S.250), (BMF IV A 7 - S0316-7/78)

/GRAEF-GREILLER-82/
Martin Graef, Reinald Greiller: Organisation und Betrieb eines Rechenzentrums
Stuttgart - Wiesbaden, Forkel-Verlag, 1982

/HALLMANN-90/
M. Hallmann: Prototyping komplexer Softwaresysteme
Stuttgart, Teubner, 1990

/HANSEN-86/
Hans Robert Hansen: Wirtschaftsinformatik I
Stuttgart, Gustav Fischer Verlag, 5.Aufl., 1986

/HASS-89/
M. Hass: Datenstruktur eines Warenverteilsystems
Diplomarbeit, Wedel 1989

/HATLEY-PIRBHAI-87/
Derek J. Hatley, Imtiaz A. Pirbhai: Strategies for Real-Time System Specification
New York, Dorset House, 1987

/HEILMANN-REUSCH-84/
Wolfgang Heilmann, Günter Reusch: Datensicherheit und Datenschutz
Wiesbaden, Forkel-Verlag, 1984

/HELLER-89/
Franz-Josef Heller: Aufbau eines harmonisierten Methodenkonzeptes der Softwareentwicklung unter besonderer Berücksichtigung der Strukturierten Systemanalyse und des Strukturierten Designs
Diplomarbeit, FH Wedel, 1989

/HERRMANN-83/
Otto Herrmann: Kalkulation von Softwareentwicklungen
München; Wien: Oldenbourg, 1983

/HOFFMANN-87/
H.-J. Hoffmann: SMALLTALK verstehen und anwenden
München; Wien: Hanser, 1987

/HOGAN-90/
Rex Hogan: A Practical Guide to Data Base Design
Englewood Cliffs, Prentice-Hall, 1990

/HOPCROFT-ULLMANN-90/
J.E. Hopcroft, J.D. Ullmann: Einführung in die Automatentheorie, formale Sprachen und Komplexitätstheorie
Addison-Wesley, 2. Aufl., 1990

/JONES-86/
Cliff B. Jones: Systematic Software Development Using VDM
Prentice-Hall, 1986

/JULIFF-90/
Peter Juliff: Program Design
Third Edition, New York.., Prentice Hall, 1990

/KALMAN-FALB-ARBIB-69/
R.E. Kalman, P.L. Falb, M.A. Arbib: Topics in Mathematical Systems Theory
McGraw-Hill, 1969

/KEMPEL-PFANDER-90/
Hans-Jürgen Kempel, Gotthard Pfander: Praxis der objektorientierten Programmierung
München; Wien: Hanser, 1990

/KLAUS-BUHR-71/
Georg Klaus, Manfred Buhr: Philosophisches Wörterbuch
Berlin, 1971 (8.Auflage)

/LAUTER-87/
Barbara Lauter: Software-Ergonomie in der Praxis
München; Wien: Oldenbourg, 1987

/LECARME et.al. 89/
Olivier Lecarme, Mirelle Pellissier-Gart, Mitchell Gart: Software Portability with Microcomputer Issues
McGraw-Hill, 1989

/LEDBETTER-COX-85/
Lamar Ledbetter, Brad J. Cox: Software-ICs
BYTE, Juni 1985

/MARTIN-81/
James Martin: Einführung in die Datenbanktechnik
München; Wien: Hanser, 1981

/MARTIN-McCLURE-88/
James Martin, Carma McClure: Structured Techniques - the Basis for CASE
Englewood Cliffs: Prentice-Hall, 1988

/MAYRHAUSER-90/
A. v. Mayrhauser: Software Engineering - Methods and Management
Academic Press, 1990

/MECKELBURG-90/
Hans-Jürgen Meckelburg: Systems Engineering in der Sicherheitstechnik
RWTÜV, TÜV Rheinland Symposium, Köln, 1990
(enthalten in /MECKELBURG-JANSEN-90/, S.5-25)

/MECKELBURG-JANSEN-90/
Hans-Jürgen Meckelburg, Herbert Jansen (ed.): Entwicklung und Prüfung sicherheitsbezogener Systeme, Software- und Systemaspekte
Berlin; Offenbach: vde-Verlag, 1990

/MCMENAMIN-PALMER-84/
Stephen M. McMenamin, John F. Palmer: Strukturierte Systemanalyse
München; Wien: Hanser, 1988
Amerikanische Originalausgabe: Essential Systems Analysis
Yourdon Inc. New York 1984

/MERTENS-86/
Peter Mertens: Industrielle Datenverarbeitung 1
Wiesbaden, Gabler, 6.Aufl. 1986

/MERTENS-GRIESE-84/
Peter Mertens,Joachim Griese: Industrielle Datenverarbeitung 2
Wiesbaden, Gabler, 4.Aufl. 1984

/MEYER-88/
Bertrand Meyer: Objektorientierte Softwareentwicklung
München; Wien: Hanser; London: Prentice-Hall, 1990
Prentice-Hall, 1988

/MILLER-56/
G.A. Miller: The Magical Number Seven, Plus or Minus Two: Some Limits on our Capacity for Processing Information
The Psychological Review, Vol.63, No.2 (1956) 81 - 97

/MOHME-90/
Th. Mohme: Konzeption und Realisierung eines Software-Tools für die Datenmodellierung auf der Basis objektorientierter Systementwicklung mit Smalltalk
Diplomarbeit, Wedel 1990

/NAGL-90/
M. Nagl: Softwaretechnik: Methodisches Programmieren im Großen
Springer, 1990

/NEWPORT-86/
J.P. Newport, Jr.: A Growing Gap in Software,
Fortune, April 28, 1986

/OTT-90/
Ch. Ott: Entwicklung eines objektorientierten, universellen Listengenerators mit Schnittstelle zu einer objektorientierten Datenbank im Rahmen einer warenwirtschaftlichen Anwendung für den Großhandel
Diplomarbeit, Wedel 1990

/PAGE-JONES-88/
Meilir Page-Jones: The Practical Guide To Structured Systems Design (second edition)
New York, YOURDON inc., 1988

/PASCOE-86/
Geoffrey A. Pascoe: Elements of Object-Oriented-Programming
BYTE, August 1986

/PETERS-88/
Lawrence Peters: Advanced Structured Analysis and Design
Prentice-Hall International, 1988

/PFEIFFER-90/
G.Pfeiffer: Pascal-Skript
FH Hamburg, 2.Auflage, 1990

/PHILIPP-90/
Werner Philipp: Systematische Softwareentwicklung und Einsatz von Methoden
RWTÜV, TÜV Rheinland Symposium, Köln, 1990
(enthalten in /MECKELBURG-JANSEN-90/, S.75-88)

/PLATZ-83/
Gerhard Platz: Methoden der Softwareentwicklung
München; Wien: Hanser, 1983

/PRESSMAN-87/
R.S. Pressman: Software Engineering
McGraw-Hill, 1987

/RAMAMOORTHY-et.al.-84/
C.V. Ramamoorthy, A. Prakash, W. Tsai, Y.Usuda: Software Engineering: Problems and Perspectives
IEEE Computer, October 1984, pp. 78-80

/RAUBACH-90/
U.Raubach: DV-Anwendungen
Vorlesung FH Wedel, 1990, (persönliche Mitteilung)

/ROSS-76/
D. Ross: Homilies for Humble Standards
Communications of the ACM, Vol.19, No.11, Nov. 1976, S. 595-600

/ROYCE-70/
W.W. Royce: Managing the Development of Large Software Systems, Concepts and Techniques
Proceedings, WESCON, August 1970

/SAGE-PALMER-90/
A.P. Sage, J.D. Palmer: Software Systems Engineering
John Wiley & Sons, 1990

/SCHÜLER-GERTZ-88/
A. Schüler, M. Gertz: Entwicklung eines SADT-Tools
Diplomarbeit, Wedel 1988

/SCS-89/
DSA und Datendesign - Schulungsunterlagen der SCS-Akademie, Hamburg, 1989

/SCHEER-88/
August-Wilhelm Scheer: Wirtschaftsinformatik
Springer, 1988

/SCHLAGETER-STUCKY-83/
G.Schlageter, W.Stucky : Datenbanksysteme: Konzepte und Modelle
Stuttgart, Teubner, 1983

/SCHMITZ et.al.-83/
Paul Schmitz, Heinz Bons, Rudolf van Megen:
Software-Qualitätssicherung - Testen im Software-Lebenszyklus
Braunschweig, Wiesbaden: Vieweg, 1983

/SCHUPPENHAUER-82/
R. Schuppenhauer: Grundsätze für eine ordnungsmäßige Datenverarbeitung
Düsseldorf, IDW-Verlag, 1982

/SEEMANN-90/
U. Seemann: Software-Wartung unter Einsatz der Techniken des Reverse Engineering
Diplomarbeit, Wedel 1990

/SENN-89/
James A. Senn: Analysis and Design of Information Systems
McGraw-Hill, 1989

/SHLAER-MELLOR-88/
Sally Shlaer, Stephen J. Mellor: Object-oriented Systems Analysis
Prentice-Hall, 1988

/SNEED-83/
Harry M. Sneed: Software-Qualitätssicherung für kommerzielle Anwendungssysteme
Köln, Braunsfeld, 1983

/SOMMERVILLE-89/
Ian Sommerville: Software-Engineering
Bonn: Addison-Wesley, 3.Aufl., 1987

/SPECHT-88/
Olaf Specht: Betriebswirtschaft für Ingenieure und Wirtschaftsingenieure
Ludwigshafen, Kiehl, 1988

/STRUNZ-77/
W.Strunz: Entscheidungstabellentechnik
München; Wien: Hanser-Verlag, 1977

/VETTER-87/
Max Vetter: Aufbau betrieblicher Informationssysteme mittels konzeptioneller Datenmodellierung
Stuttgart, Teubner, 1987

/VETTER-88/
Max Vetter: Strategie der Anwendungssoftware-Entwicklung
Stuttgart, Teubner, 1988

/WARD-89/
P.T.Ward: How to Intagrate Object Orientation with Structured Analysis and Design
IEEE Software (1989) 74-82

/WECK-84/
Gerhard Weck: Datensicherheit
Stuttgart, Teubner, 1984

/WEDEKIND-76/
Hartmut Wedekind: Systemanalyse
München; Wien : Hanser, 1976

/WEIZENBAUM-76/
J. Weizenbaum: Die Macht der Computer und die Ohnmacht der Vernunft
Frankfurt am Main: Suhrkamp, 1978
W. H. Freeman and Company, 1976

/YOURDON-88/
Edward Yourdon: Managing the Structured Techniques, 4th edition,
Englewood Cliffs, Prentice-Hall, 1988

/YOURDON-89a/
Edward Yourdon: The Yourdon Approach
Byte April 1989 S. 227 - 230

/YOURDON-89b/
Edward Yourdon: Structured Walkthroughs, 4th edition,
Englewood Cliffs, Yourdon Press/Prentice-Hall, 1989

/YOURDON-89c/
Edward Yourdon: Modern Structured Analysis
Englewood Cliffs, Prentice-Hall, 1989

/YOURDON-89d/
Edward Yourdon: CASE: Software Automation for the 1990s
Vortrag auf der Europäischen CASE-Konferenz, 30.-31.Oktober 1989
in Hamburg (Vortragsunterlagen)

/ZANGEMEISTER-76/
Ch. Zangemeister: Nutzwertanalyse in der Systemtechnik - Eine Methodik zur multidimensionalen Bewertung und Auswahl von Projektalternativen
München, 1976 (4.Auflage)

/ZELLS-90/
Lois Zells: Managing Software Projects
Wellesley: QED Information Sciences, 1990

Index

Anhang: Anforderungen an die Benutzerschnittstelle

Für Dialoganwendungen können aus ergonomischer Sicht zahlreiche Anforderungen aufgeführt werden, die natürlich sofort als Kriterien bei der Auswahl von Rechner- und Basis-Software-Systemen oder auch zur Formulierung von Entwicklungsstandards dienen können. Hierzu gehören die leichte Erlernbarkeit, die einfache Bedienung, die Vermeidung von Über- bzw. Unterforderung des Benutzers, die Vermeidung fremdsprachlicher Meldungen, das Vorhandensein von Hilfe- und Informations-Funktionen, die autodidaktische Unterstützung durch Laien- und Expertenmodus und eine hohe Fehlertoleranz.

.1 Durchgängigkeit, Einheitlichkeit

> **Grundsatz**: Innerhalb der gesamten Anwendungs- und Arbeitsumgebung, auch Anwendungs-übergreifend müssen alle Anwendungssysteme gleichartige Benutzerschnittstellen aufweisen.

- Effizienz und Akzeptanz für ein Dialogsystem sind in hohem Maße abhängig von seiner **Konsistenz** (auch **Orthogonalität**). Man kann unterscheiden:
  * **physische Konsistenz**: Hardware, z.B. einheitliche Tastaturen und Bildschirme.
  * **syntaktische Konsistenz**: Einheitliche Bildschirmgestaltung und einheitliche Gestaltung der Abfolge von Arbeitsschritten.
  * **semantische Konsistenz**: Einheitlicher Ablauf von Funktionen und Vorhersagbarkeit der Systemreaktion.
- Der Benutzer soll sich **schnell einarbeiten** können und in allen Verfahrensteilen **gleichartige Regeln** im Umgang mit dem Rechner vorfinden.
  * Gleichartiges Anmelden (Benutzername + Password).
  * Gleichartige Nutzung der Maskenfeld-Attribute, Blinken, Farbe und Invertierung. Empfehlung: sparsam benutzen.
  * Gleichartige Bildzeichen (Piktogramme) bei grafischen Benutzerschnittstellen (Windows).
  * Einheitliche Dialoggestaltung.
  * Einheitlicher Maskenaufbau.
  * Einheitliche Befehle.
  * Einheitliche Funktionstastenbelegung.

.2 Dialoggestaltung

> **Grundsatz**: Die vom System bereitgestellte Nutzbarkeit von Funktionen muß sich dem Kenntnisstand des Anwenders flexibel anpassen lassen.

- Gleichartigkeit von Sprache, Syntax, Kommandos, Meldungen in allen Arbeitssituationen.
- Der Benutzer darf nur zu den zu einem Datenobjekt verfügbaren Funktionen Zugang erhalten. Daten dürfen nur mit Hilfe der dafür vorgesehenen Funktionen geändert werden.

- Mehrere Formen der Dialogverarbeitung sind zu unterscheiden:
  * Beim **benutzergeführten Dialog** liegt die Initiative beim Benutzer. Damit entsteht eine hohe Flexibilität durch freie Auswahl des Kommandos bzw. freie Wahl der Abfolge der Arbeitsschritte. Außerdem ist der benutzergeführte Dialog bei entsprechender Vorkenntnis des Benutzers sehr effizient. Der Benutzer kann frei das jeweils geeignetste Kommando auswählen.

    Es gibt aber auch Nachteile. Hierzu gehört eine eventuell schwierige Erlernbarkeit mit langer Ausbildungs- bzw. Trainingszeit und ein hohes Fehlerrisiko.
  * Dagegen hat der **systemgeführte Dialog** (Initiative beim System) die Vorteile der guten Erlernbarkeit verbunden mit meistens geringem Ausbildungsaufwand und eine geringere Fehleranfälligkeit. Nachteile des systemgeführten Dialogs sind in der geringeren Flexibilität zu finden.
- Der Benutzer soll entsprechend seiner Kenntnis des Anwendungssystems zwischen **Laien- und Expertenmodus** wählen können. Die Auswahl erfolgt im Arbeitsprofil des Benutzers oder besser dynamisch durch entsprechende Eigenschaften der Menüsteuerung (autodidaktische Unterstützung).
  * Im Laienmodus Führung des Benutzers in ausführlicher Normalfolge.
  * Im Expertenmodus direkte Ansprache jeder gewünschten Position im Menübaum.

.3 menügestützte Arbeitsweise:

Grundsätze:

1 Führung des Benutzers durch einen Menübaum an die jeweils gewünschte Funktion in einheitlicher Weise.

2 Der Benutzer darf keinen Zugang zur Kommandozeile des Betriebssystems haben

- Menüs: Anzeige und Auswahl der verfügbaren Funktionen, gelegentlich auch Mehrfachauswahl möglich. Auswahl erfolgt durch
  * Benennen des Menüelements durch Ziffernauswahl,
  * oder durch ersten Buchstaben,
  * Zeigen auf das entsprechende Menüelement, z.B. über Cursor.
- Anzahl der Menüelemente klein halten (5-9 Einträge).
- Folgende Arten von Menüs werden unterschieden:
  * **Menümasken**: der gesamte Bildschirm-Arbeitsbereich wird genutzt.
  * **Pop-up-Menüs**: erscheinen als Fenster (window) auf dem Bildschirm, an der aktuellen Cursorposition oder an einer fest definierten oder auch dynamisch berechneten Stelle. Dadurch bleibt der Arbeitsbereich weitgehend sichtbar.
  * **Pull-down-Menüs**: haben meist zwei Hierarchieebenen, die erste ist eine ständig sichtbare Menüleiste. Wird ein Element daraus gewählt, erscheinen die Elemente der zweiten Ebene in einem Fenster, das senkrecht darunter eingeblendet wird.

* **Stichwortmenüs:** Menüelemente am unteren Rand des Bildschirms aufgeführt, z.B. 1 = Drucken, 2 = Speichern, 3 = Ende.

  Empfehlung: man verbrauche nicht den ohnehin knappen Platz auf einer alphanumerischen Maske durch redundante Information. Besser führt man Standards ein, die für alle Masken des Anwendungssystems gelten.

- Nur die derzeit anwählbaren Funktionen sollen im Menü angezeigt werden. Hierbei sollten auch die Zugriffsberechtigungen des Benutzers berücksichtigt werden, d.h. der Benutzer erhält nur die Funktionen angezeigt, für die er auch eine Berechtigung hat.
- Der Benutzer darf niemals die Kommandozeile des Betriebssystems zur Eingabe zur Verfügung haben! **Das Betriebssystem soll niemals direkt für den Benutzer sichtbar werden**, weder in der Ausgabe (Systemmeldungen innerhalb der Anwendung abfangen) noch in der Eingabe (systemnahe Funktionen z.B. Datei umbenennen, löschen, .. nach Bedarf in die Anwendung einbetten). Hier sind vor allem Sicherheitsaspekte zu beachten. Wer die Kommandozeile des Betriebssystems zur Verfügung hat, kann ungewollt oder sogar beabsichtigt eventuell großen Schaden anrichten (trotz individueller Zuordnung von Benutzer-Rechten).
- Menüführung orientiert an Datenobjekten (Datenpflege) oder an Vorgängen.
- Maskenfolge:
  * Wenn der Benutzer die nächste Maske nicht explizit aufruft, muß das Dialogsystem die nächste Maske bestimmen (**geschlossener Zustandsgraph**).
  * Der Benutzer muß aus jeder Maske den Dialog beenden oder neu beginnen können. Dabei muß stets die Konsistenz des Datenmodells gewährleistet sein (**Zurücksetzen auf den letzten konsistenten Datenstand bei Abbruch**).
  * Zusammenhängende Teile der Arbeitsaufgabe müssen auf einer Bildschirmseite untergebracht werden können.

.4 Maskengestaltung

> **Grundsatz**: Bildschirminhalte müssen genau die im jeweiligen Arbeitsschritt relevanten Informationen wiedergeben. Bildschirme dürfen nicht mit Informationen überladen sein. Die wiedergegebenen Informationen müssen strukturiert dargeboten werden.

- Beim Entwickeln einer Maske werden u.a. die Feldarten (Eingabe-, Ausgabefeld), die Feldtypen (numerisch, alphabetisch, alphanumerisch), die Feldlängen und die Feldattribute (z.B. hell, blinkend) festgelegt.
- Bildschirmmasken sollen in 4 verschiedene Bereiche unterteilt werden:
  * **Bereich für Statusinformationen:**

    Namen der Anwendung, der UserID, Bezeichnung der aktuellen Funktion und des Verarbeitungszustandes, Datum und Uhrzeit.
  * **Arbeitsbereich:**

    Die eigentliche Arbeitsaufgabe betreffende Daten.
  * **Bereich für Steuerungsinformationen:**

    Z.B. die gültige Funktionstastenbelegung und Namen der Folgemaske.

  * **Meldungsbereich:**
    Fehler-/Zustandsmeldungen und Bedienerführungsnachrichten.
- Möglichst Zusammenfassung mehrerer Benutzerbefehle und Eingaben in Makros oder Kommandoprozeduren gestatten.
- Ein Wiederholen eines Eingabedialogs mit Hilfe derartiger Kommandoprozeduren (sehr nützlich im Rahmen des Testkonzeptes) sollte möglich sein. Einzelne Datenfelder sollten dabei geändert werden können.
- Möglichst automatische Protokollierungseigenschaft des Systems vorsehen zum Festhalten und Wiederholen der Benutzereingaben und zur Unterstützung der Entwicklung von Kommandoprozeduren.
- Parametervorbesetzung:
  * Soweit möglich sollen sinnvolle Standardwerte in Eingabefeldern vorbesetzt werden.
  * Bei Anwahl einer Funktion sollen die aktuellen Ordnungsbegriffe als Vorschlag dynamisch vorbesetzt werden, damit **für den Benutzer das Zwischen-Notieren von Ordnungsbegriffen entfällt** (Fehlermöglichkeit, Komfort).
  * Kommen nur wenige Alternativen in Frage, soll der Benutzer diese nacheinander im Eingabefeld abrufen können (z.B. durch Funktionstaste) und so die passende Feldbesetzung auswählen können (setzt lokale Intelligenz voraus).
  * Sonst erfolgt die Realisierung feldspezifischer Hilfsfunktionen mit Anzeige des gesamten Schlüsselverzeichnisses und Import der in der Hilfsmaske gewählten Alternative.
- Gestaltung der Eingabefelder:
  * Felder als Eingabefeld kennzeichnen und mit eindeutiger Bezeichnung versehen.
  * Der Cursor wird grundsätzlich nur über Eingabefelder geführt.
  * Literale und Ausgabefelder sind vor Eingaben geschützt und können durch die standardmäßigen Cursor-Bewegungen nicht erreicht werden.
- Kommandoeingaben:
  * Dem Benutzer sollten zur Anwahl von Dialogschritten/Funktionen immer mindestens zwei Eingabemöglichkeiten offen stehen:
    . Eingabe des Kommandonamens,

    alternativ:

    . Betätigen einer Funktionstaste oder Eingabe einer Ziffer oder Anwahl mit der Maus oder Eintippen eines Kürzels des Kommandos (z.B. erster Buchstabe).
- Funktionstasten:
  * Mit Funktionstasten sollte man sparsam umgehen, damit auch der ungeübte Benutzer stets den Überblick behält.

  * Nur 8 - 10 Tasten nutzen, die **auf jeder in Frage kommenden Tastatur verfügbar** sind.
  * Eventuell Tastenbedeutung auf der Maske anzeigen oder einheitliche, flächendeckende Konvention (jeweils Vorteile / Nachteile).
- Bildschirminhalt:
  * Einhaltung eines einheitlichen Grundaufbaus.
  * Nicht zu viele Daten auf einer Maske unterbringen.
  * Unterteilung durch Zeilen/Spaltenraster und Leerzeilen, Verwendung von Groß/Kleinschreibung zur Erhöhung der Übersichtlichkeit.
  * Felder spaltenweise anordnen, Zahlen rechtsbündig, Texte linksbündig.
  * Gegliederte und strukturierte Darstellung:
    . Zusammengehöriges benachbart anordnen,
    . für gleichartige Felder gleiches Format verwenden,
    . Feldreihenfolge entsprechend der Bearbeitungsreihenfolge.
  * Bezeichnung der Felder:
    . Einmal vorkommende Felder: Feldnamen linksbündig vor das Feld, gefolgt von einem Doppelpunkt.
    . Mehrfach vorkommende Felder (Wiederholgruppen): Darstellung in Tabellenform, Feldnamen als Überschrift ohne Doppelpunkt.
  * Markierung der Eingabebereiche, z.B. durch Unterstriche oder farbliche Hervorhebung.
  * Der Cursor sollte auf das erste Eingabefeld positioniert werden. Bei Masken, die keine Eingabefelder enthalten, steht er i.d.R. in der linken oberen Ecke des Bildschirms oder er wird gar nicht angezeigt.
- Statusinformationen sollen in jeder Situation für den Benutzer verfügbar sein (Anzeige oder Abruf).
- Unterbrechen und Fortsetzen: abhängig von der Anwendung soll der Benutzer falls sinnvoll möglich einen Dialog unterbrechen und zu einem späteren Zeitpunkt mit den letzten aktuellen Daten fortsetzen können.

.5 Standardfunktionen

> **Grundsatz**: Das Dialogsystem muß neben den Kernfunktionen des Anwenders zusätzliche Dienste anbieten, die den Umgang mit dem Software-System erleichtern und absichern.

- Das Arbeitsprofil (user profile) enthält benutzerspezifische Angaben zur Steuerung und Arbeitsweise des Anwendungssystems:
  * geschützter Teil (vom Benutzer nicht änderbar),
  * privater Teil (vom Benutzer zu ändern und zu erweitern).
- Berechtigungsprofil:
  * Erteilung von Zugriffsberechtigungen durch den Systemadministrator oder EDV-Koordinator (Vererbung der eigenen Zugriffsberechtigungen).

* Möglichst transparent für den Benutzer, er sollte nur die Auswirkungen merken.
* Nur manuelle Fortschreibung erlauben bei Erweiterungen der Anwendungen im Zuge der Verfahrens-Weiterentwicklung.

- Identifikation:
  * Der Benutzer muß sich ausweisen über Name, Password.
  * Dies kann auch für einzelne Anwendungen oder Dialogschritte gelten.
  * Ein geschützter Dialog soll nach einer im Arbeitsprofil angegebenen Zeit ohne Benutzereingabe abgebrochen oder bis zu erneuter Identifikation gesperrt werden.
- Wechsel zwischen Anwendungen, Parallel-Anwendungen:
  * Der Benutzer sollte die Möglichkeit haben, andere Programme oder Prozeduren aufzurufen, ohne die gegenwärtige Anwendung zu verlassen.
  * Dabei sollte der dynamische Zustand der verlassenen Anwendung bis zur Rückkehr erhalten bleiben.
- Hilfsschlüssel und Programmkonstanten:
  * Der Benutzer muß sich durch geeignete Funktionen über den Inhalt von Prüfdateien (z.B. zulässige Postleitzahlen), die Eingabemöglichkeiten in bestimmten Feldern enthalten, umfassend informieren können. Hierzu gehören auch Dateien, in denen Programmkonstanten aus den Programmen ausgelagert werden (z.B. Mehrwertsteuersatz).
  * Ein Ändern dieser Dateien ist aber eine privilegierte Funktion, zu der der normale Anwender keinen Zugang haben darf!
- Druck-Management:
  * **spoolen**: Der Benutzer wählt, ob eine Druckausgabe sofort gedruckt oder zwischengespeichert werden soll.
  * **Wahl des Druckers** (Geräte-Unabhängigkeit): Der Benutzer soll die Ausgabe auf einem von mehreren Druckern wählen können.
  * **Umlenkung**: Der Systemadministrator soll Drucker aktivieren/deaktivieren können mit zugehöriger Umlenkung des für einen deaktivierten Drucker vorgesehenen Outputs auf einen anderen.
  * **Disposition**: Der Druck-Operator soll bei Formulardruck alle anstehenden Outputs in ihrem Umfang einschätzen und zu geeignetem Zeitpunkt den Formulardruck nach Formularen sortiert starten können.

.6 Fehlertoleranz und Fehlertransparenz

Grundsätze:

1 Das System muß im Falle eines erkannten Fehlers besonders freundlich sein und den Benutzer mit Einfühlungsvermögen informieren.

2 Das System muß immer bedienbar bleiben, d.h. alle auftretenden Fehlerbedingungen müssen abgefangen werden.

- Klassifikation von Meldungen:
  * **Quittungen** berichten über erfolgreiche Ausführung einer Funktion.

  . Sparsam verwenden, um die Aufmerksamkeit des Benutzers nicht durch redundante Information zu verschütten.
  . Wünschenswert ist häufig eine Sofortquittung nach Start einer längeren Funktion.
 * **Warnungen** deuten Fehlermöglichkeiten an, führen aber nicht zum Abbruch einer Funktion.
 * **Fehlermeldungen** berichten dem Benutzer, daß die Verarbeitung abgebrochen wurde. Der Fehler kann durch andere Benutzereingaben korrigiert werden.
 * **Abbruchfehlermeldungen** geben an, daß von der Basis-SW ein fehlerhafter Returncode empfangen wurde. Nur durch den Systemadministrator zu bereinigen. Das Dialogsystem muß immer bedienbar bleiben!
  . Alle Returncodes der Basis-SW abfangen.
  . Diese in normale, für den Benutzer verständliche Meldungen umsetzen.
  . Alle möglichen Daten-Inkonsistenzen zurücksetzen.
  . Die weitere Bedienbarkeit des Anwendungssystems wiederherstellen.
- Fehlermeldungen:
 * Alle Eingaben auf ihre Gültigkeit prüfen, im Fehlerfall aussagefähige Meldungen in der Sprache des Benutzers ausgeben. Dabei einen inhaltlichen Bezug auf die Anwendung herstellen, nicht die zugrundeliegende Systemsituation beschreiben. Die Fehlersituation muß für den Benutzer verständlich werden.
 * Fehlermeldungen sollen sich auf den aktuellen Arbeitsschritt beziehen, d.h. auf eine fehlerhafte Eingabe muß sofort vom Programm reagiert werden.
 * Die Hilfe-Information zur Fehlermeldung gibt den Fehlertext, Ursache und Behebung in der Sprache des Benutzers an.
 * Fehlermeldungen sind nur dann gleich, wenn sie neben demselben Text auch dieselbe Ursache haben und dieselben Maßnahmen zur Behebung erforderlich sind.
 * Bei größeren Systemen sind Fehlermeldungen i.d.R. numeriert (Fehlercodes). Dokumentation im Fehlerhandbuch, besser online verfügbar durch Hilfe-Funktion.
 * Richtlinien zur Numerierung und Gestaltung von Fehlermeldungen im Projekt festlegen.
 * Fehlermeldungen sollten im Klartext abgefasst sein, nicht nur Fehlercodes angeben. Dennoch sollten in der Meldung Fehlercodes enthalten sein zur sparsamen Kommunikation mit den Entwicklern.
 * Die Formulierung von Fehlermeldungen ist schwierig. In möglichst kurzer Form sollte die Fehlerursache erkennbar sein. Der Benutzer sollte durch die Formulierung nicht verängstigt werden (also nicht "schwerer Systemfehler" sondern "das System steht bald wieder zur Verfügung").
- Feldorientiertes Arbeiten (PC, Workstation, PC-Terminal):

  * Im Eingabefeld eingegebene Daten prüfen, sobald das Feld gefüllt ist oder verlassen wird.
- Maskenorientiertes Arbeiten (normale Terminals am Großrechner):
  * Nach Eingabe aller Felder und Abschicken der Maske mit <enter> erfolgt eine Prüfung aller Eingabefelder:
    . syntaktisch
    . semantisch
      .. Kombination der Eingabefelder
      .. in Kombination zu Dateiinhalten
  * Gefundene Fehler werden mit entsprechender Fehlermeldung ausgegeben.
  * Fehlerhafte Eingaben werden farblich hervorgehoben, temorär highlighting oder (weniger schön) blinkend gesetzt.
  * Der Cursor steht auf dem ersten fehlerhaften Feld und wird möglichst bei der Korrektureingabe standardmäßig nur über fehlerhafte Eingabefelder geführt.
- Auch Systemfehler wie fehlerhafte I/O-Operation abfangen und in verständliche Meldung umsetzen. Grundsatz: **DAS SYSTEM MUSS IMMER BEDIENBAR BLEIBEN!**
- Rückgängig-machen **undo / redo**: möglichst jeweils mindestens den letzten Dialogschritt rücksetzbar gestalten.

.7 Hilfesysteme, Nachrichten, Handbücher

> **Grundsatz: Man vermeide Handbücher in gedruckter Form.** Ein Dialogsystem sollte sämtliche Informationen, die für den Benutzer relevant sind, online zur Verfügung stellen.

- Fehler-Hilfe:
  * Bei Anforderung erfolgt standardmäßig nur die Beschreibung des aktuellen Fehlers.
  * Hilfe sollte aber auch rückwirkend über die Fehler seit Sitzungsbeginn möglich sein.
- Funktionen-Hilfe:
  * Erläuterungen zur gegenwärtig gewählten Funktion,
  * Erklärung von Feldern, Muss- und Kann-Felder,
  * Erklärung von Masken / Kommandos.
- Beschreibung allgemeiner Art über das System sollte verfügbar sein.
- Auskunft über den jeweiligen Systemzustand.
- Hinweise auf folgenschwere Aktionen (z.B. beim Löschen).
- Passive und aktive Hilfesysteme:
  * Passive Hilfesysteme reagieren nur auf Anfragen des Benutzers.
  * Aktive Hilfesysteme berücksichtigen den Kontext der Verarbeitung, z.B. Angabe von Randbedingungen in Abhängigkeit von der Datenlage.

Aktive, kontextabhängige Hilfesysteme sind noch die Ausnahme (Benutzerverhalten berücksichtigen, Analyse der Aktionen des Benutzers, Analyse der Kompetenz des Benutzers).

- Statische und dynamische Hilfesysteme:
  * Statisch: Geben auf dieselbe Frage immer dieselbe Antwort.
  * Dynamisch: Berücksichtigen den aktuellen Systemzustand bzw. den Kontext der Hilfeanfrage.
- **Nachrichten** (Mail) sind Mitteilungen, die zwischen den einzelnen Systembenutzern "verschickt" werden. Diese Form der Kommunikation ist vor allen Dingen bei einem Benutzerkreis von Bedeutung, der räumlich getrennt ist. Weiterhin kann der Systemadministrator - wenn erforderlich - auf diese Weise alle Systembenutzer erreichen.
- **Benutzerhandbücher** enthalten u.a.
  * Allgemeine Leistungsbeschreibung des Systems,
  * Beschreibung der Bildschirmmasken und der möglichen Eingaben,
  * Beschreibung der Systemkonfiguration,
  * Meldungen.
  * Sie sollten als Online-Handbuch im System verfügbar gemacht werden (Aktualität, Pflegbarkeit, aktuelle Verfügbarkeit).

Für die Gestaltung der Benutzerhandbücher existieren keine allgemeinen Regelungen. Konventionen bestehen nur auf Herstellerebene. Wichtig:

- verständlich schreiben,
- sowohl zum Lernen als auch zum Nachschlagen nutzbar machen,
- änderungsfreundlich, Redundanz möglichst vermeiden.

.8 Technische Konsequenzen

> **Grundsätzliche Beobachtung:** Die Bereitstellung einer hochwertigen und orthogonalen Benutzerschnittstelle ist nur sinnvoll möglich, wenn das System intern ein gutes Design aufweist.

- Funktionen mit logischer Schnittstelle versehen (keine physischen Datenformate),
- Trennung Funktionalität / Benutzerschnittstelle (s.o.),
- Wie konstruiert man einen Menü-Handler ?
- Das System muß intern "aufgeräumt" sein, nur dann kann man seine Funktionsweise verständlich machen.
- Unterschiede Groß-EDV/PC : u.a. blockweise/zeichenweise Übertragung.
- Kontextabhängige Funktionen-Steuerung erfordert Wissensbasis.
  * Rückfragen abhängig machen vom aktuellen Inhalt der Lösungsmenge.
  * In Abhängigkeit von Zwischenresultaten Folgefunktionen ansteuern.
- Fehlerverarbeitung erfordert besondere konstruktive Maßnahmen:
  * Alle Eingaben prüfen.

* Vollständige Fallunterscheidungen ("unmögliche Fehler" abfangen).
* Allgemeiner Konsistenzcheck als letzte Instanz, mindestens für Analysezwecke.
* Das System muß immer bedienbar bleiben (s.o.).

.9 Hardware-Ergonomie

Wir beschränken uns hier auf einige wichtige Hinweise. Bei Gestaltung der Arbeitsplätze sind zunächst die **Belastungsarten des Benutzers** zu beachten:

- **physische** Belastungen (Wirbelsäule, Arm- und Kniegelenke, Augen, Strahlenbelastung)
- **psychische** Belastungen (Unbehagen durch Störungen, monotone Tätigkeit, Aggressivität, Depressivität)

Viele **Vorsorgemaßnahmen** sind möglich:

- dynamische Arbeitsabläufe anstreben, monotone vermeiden
- Lärm vermeiden (Summe aller Geräuschquellen im Raum < 55 dB)
- Luftfeuchtigkeit regeln (50 % bis 65 %)
- dynamisches Sitzen, Bewegungsübungen
- arbeitsmedizinische Vorsorgeuntersuchungen
- Brillenträger: Monofokalbrillen (also keine Kombibrillen nah-fern)

Regeln und Gesetze sind zu beachten:

- Arbeitssicherheitsgesetz
- Betriebsverfassungsgesetz (Information des Betriebsrates, Beteiligungsrechte des Betriebsrates, Mitbestimmung)
- Tarifrecht
- DIN-Normen

Die mit dem EDV-Einsatz zu benutzenden **Arbeitsmittel** müssen besonders gestaltet sein:

- **Bildschirm** (Positivbildschirme, Groß-/Kleinschreibung, Bildwiederholfrequenz (möglichst > 90 Hz), Spiegelungen und Reflexionen auf dem Bildschirm vermeiden).
- **Tastatur** (getrennt vom Bildschirm, flach (< 30 mm), Tastenabsenkung und Druckpunkt erforderlich (nicht nur Berührung), vorderste Tastenreihe 5 bis 10 cm von der Tischplattenkante entfernt (sog. kleiner Greifraum)).
- Gestaltung des **Mobiliars**.
- Umgebung des **Arbeitsplatzes**:
    - Beleuchtung (gleichmäßige Helligkeitsverteilung, weder zu harte noch zu weiche Kontraste, keine Blendungen und Reflexionen, Beleuchtungsstärke ca. 750 bis 1000 Lux, Helligkeitsverteilung: harte Schatten vermeiden, Blendfreiheit, blendfreier Lichteinfall (weder vom Fenster abgewandt noch mit Blickrichtung zum Fenster aufstellen).